훈민정음, 그리고 불경 언해

훈민정음, 그리고 불경 언해

김무봉

역락

머리말

　훈민정음의 창제는 우리 민족의 언어생활에 커다란 변화를 가져 왔다. 그러나 창제 후 어떤 절차에 의해 실제 사용에 이르게 되었는지에 대해서는 알려진 내용이 별로 없다. 훈민정음과 관련하여 우리가 알고 있는 정보는『조선왕조실록』이나『훈민정음』해례본에 의한 것이 대부분인데, 두 문헌에는 그런 정보가 충분하지 않기 때문이다. 두 책에 창제의 취지, 배경, 원리 등에 대한 정보는 적지 않지만, 사용의 절차나 정착 과정에 대한 내용은 소략하기 때문이다. 그런 점 때문에 창제 후 간행된 정음문헌들에 대한 면밀한 검토가 요구되고, 지금까지 상당한 연구 성과도 거두었다. 우리의 이 연구 역시 그러한 필요성에서 비롯되었다. 대상 자료로는『훈민정음』해례본을 맨 앞에 두었다. 문자의 창안과 그에 따른 해설서가 만들어진 경우를 다른 언어에서는 찾기 어려울 뿐 아니라, 창제의 원리 등 훈민정음의 실상을 알 수 있는 내용이 많이 들어 있기 때문이다.

　훈민정음 연구에서 해례본 못지않게 중요한 자료는 창제 직후에 간행된 정음문헌들이다. 창제 다음해부터 간행되기 시작한 정음문헌들은 훈민정음 사용의 확대 및 정착의 과정을 알게 해주는 실증적인 자료가 된다. 우리는 이 때 간행된 정음문헌 중『훈민정음』해례본과 불교 관련 문헌 9종류 등 모두 10종류의 문헌을 연구의 대상으로 하여 다방면에 걸쳐 정치(精緻)한 논의를 진행했다. 이를 통해 당시 언어생활의 실상을 파악하고, 훈민정음이 어떤 과정을 거쳐 정착의 단계에 이르게 되었는지를 확인할 수 있었다. 따라서 이 책은 훈민정음 창제 직후의 문자사용 및 국어사용의 실태를 분석하고, 훈민정음의 정착 과정을 체계화하여 이를 종합적으로 기술하는 데 목적을 두었다.

이 책은 모두 12장으로 구성되어 있다. 훈민정음 해례본을 포함하여 그 이후 간행된 열 종류의 정음문헌을 대상으로 연구를 진행하였다. 각 장별로 한 문헌씩을 다루되, 논의 순서는 간행 연대를 기준으로 하였다. 그 외의 한 장에서는 언해(諺解)의 이론적 토대를 세워서 언해 사업 전반을 연구의 대상으로 다루어 보고자 했다. 다른 한 장에서는 간경도감(刊經都監)의 운영 현황과 간경도감 간행의 언해 문헌들을 집중 조명하여 문자 정착 과정에서의 역할을 확인해 보고자 했다.

　훈민정음 창제 후 15세기 말까지 간행된 정음문헌 중 현전하는 문건은 모두 40여 종류에 이른다. 이 중 언해의 과정을 거친 문헌은 30여 종류이고, 그 가운데 불교 관련 언해서는 20여 종류나 된다. 불교 관련 언해서는 책별 권수가 많은 편이어서 이를 양으로 환산하면 거의 절대적이라고 할 만큼 비중이 크다. 이를 통해서도 알 수 있듯이 훈민정음 창제 직후부터 15세기 말까지 간행된 정음문헌의 상당수는 불교 관련 언해서들이다. 불교 관련 언해서들은 당시에 우리 문자가 어떻게 사용되었는지를 가장 잘 보여주는 문헌이라는 점에서 연구 자료로서의 가치가 크다. 아울러 우리 문자 사용 및 우리 문자에 의한 출판이 어떤 방향에서 이루어졌는지를 보여주기도 한다. 언해라는 독특한 번역 양식과 인출 양식을 만들어 낸 것이다. 이때 언해의 과정을 거쳐 조성된 책들은 우리 문자 사용의 실상을 알게 해 주는 소중한 자료들임을 확인할 수 있었다.

　이 책은 훈민정음 해례본의 저술 방식이 불경 찬술 방식에 기반을 두었다는 사실에서 출발하였다. 그리고 정음문헌에 대한 개념의 정리, 언해의 과정과 언해의 의미, 간경도감과 불경 번역의 특성 등 15세기에 간행된 정음문헌들을 대상으로 하여 우리 문자인 훈민정음의 사용이 어떻게 확대되고, 어떠한 정착의 과정을 거쳤는지 등에 대해 정리하였다. 아울러 15세기에 간행된 모든 언해 문헌 및 불교 관련 언해 문헌을 대상으로 책의 성격과 형태에 따른 분류를 시도하였다. 이러한 바탕 위에서 언해 사업의 사회·문화적 배경과 의미 등에 대해서도 깊이 있는 논의를 하였다.

또한 세조대에 설치하여 수많은 한문 불경과 언해 불경을 조성해 낸 간경도감의 역할은 물론, 훈민정음의 정착 및 표기법 등 국어의 변천 과정에 대한 해석을 새롭게 하기도 했다. 구체적으로는 훈민정음 창제 다음해에 간행된 『석보상절』에서 시작하여, 15세기 말에 간행된 『육조법보단경언해』에 이르기까지 15세기에 간행된 불교 관련 언해 문헌을 대상으로 국어학, 불교학, 서지학 등 여러 측면에서 고찰하고, 책의 성격 및 국어사 자료로서의 가치와 위상을 정립하고자 했다. 『몽산화상법어약록언해』, 『오대산 상원사 중창 권선문』, 『영험약초언해』 등은 불경을 언해한 책이 아니지만, 불교 관련 언해 문헌이어서 포함했다.

궁극적으로는 당시에 간행된 불경 언해류 책들이 국어사 자료로서 어떠한 가치를 가지는가 하는 문제 제기와 그에 따른 답을 얻고자 한 것이다. 그리고 어떤 연유에서 문자 창제 초기에 그토록 방대한 분량의 불경을 언해해 냈는가에 대한 해석을 시도하였다. 창제 초기에 간행된 『석보상절』, 『금강경언해』, 『반야심경언해』 등의 책에서 후기의 『불정심다라니경언해』나 『영험약초언해』 등의 책으로 번역의 대상을 이동한 이유에 대한 연구를 통해서는 당시 한국 불교의 관심과 흐름에 대해 알 수 있는 계기가 되었다. 어떻든 불경 언해류 책들은 훈민정음 창제 후 문자의 사용이 어떤 과정을 거쳐서 확대 및 정착으로 이어졌는지를 알게 해 주는 자료로서의 가치가 있음을 확인했다.

이 책에 실린 내용은 그간 역주 등을 통해 책 전체를 살펴보고, 책 전반에 대한 이해의 필요성에 의해 단편적으로 다루어 왔던 내용을 대폭 보완하고 수정한 것이다. 지난 날 이루어졌던 연구에서 미흡했던 부분은 보충하고, 오류는 바로 잡았다. 하지만 여전히 부족한 부분에 대해서는 지속적으로 보완해 나갈 것이다.

이 책의 원고를 작성하고 교정하는 동안 많은 분들의 도움을 받았다. 김영배 선생님은 학부 시절 이후 지금까지도 가르침을 주고 계신다. 원고를 쓰는 동안에도 많은 도움과 격려를 해 주셨다. 저자와 학연이 있는 박대범, 서정호 군은 긴 시간 동안 원고 교정 및 원문 확인 작업을 맡아서 해 주었다. 여기에 적어서 깊은 감사의 뜻을 새긴다. 김성주 교수, 하정수 박사, 전기량 양은 교정의 수고를 아끼지 않았다. 양승목 군은 부록에 실은 '진전문과 발문' 등의 원문 대조 및 교정을 해 주었다. 두루 감사한 마음이다. 끝으로 어려운 여건에서도 책의 출판을 기꺼이 맡아 준 도서출판 역락의 이대현 대표와 지난한 편집 작업을 꿋꿋하게 진행해 준 권분옥 편집장 및 오정대님께 고마운 뜻을 표한다.

2015년 12월 5일

김무봉

차례

[부록] 진전문과 발문

제1장 훈민정음과 『훈민정음』 해례본(解例本)

1. 머리말

1.1.

조선조 제4대 임금 세종[1]은 즉위 28년(1446년) 9월[2] 상한(上澣)에 국문자인 '훈민정음'[3]을 창제・반포하였다.[4] 이 고유문자의 창제로 우리 민족

---

1) 생몰 연대(음) : 1397.4.10.~1450.2.17. 재위 기간(음) : 1418.8.10.~1450.2.17.

2) -이 달에 훈민정음이 이루어졌다. (是月訓民正音成) - <세종실록 113권 36장, 세종 28년(1446년) 9월 29일 甲午條>

3) 문자 이름을 '訓民正音'이라고 한 점에 대해서는 많은 사람들이 의문을 표해 왔다. 이에 대한 답으로 박창원(2005 : 14)에서 정리한 내용이 비교적 온당해 보여서 그대로 옮긴다.

   "즉 '訓民正字'나 '訓民正文'으로 하지 않고 왜 '訓民正音'이라고 했는가 하는 점이 문제로 제기되는 것이다. 이것은 세종이 문자와 소리를 구분하지 못하고 혼동한 것이 아닌가 하는 의구심을 자아낼 수 있는 부분이다. 그러나 제자해의 설명을 보면 이러한 의문은 말끔히 해소된다. 세종은 '소리의 이치와 문자의 이치는 하나이다.'라는 인식으로, '소리의 이치'를 밝혀서 문자를 만들었기 때문에 문자 그 자체를 소리와 같은 것으로 인식한 결과이다."

4) '훈민정음'의 '창제・반포'라고 하지만, 이에 대한 논란도 적지 않다. 실록 등의 문건에 반포와 관련된 구체적인 언급이 없고, 다른 증빙 자료를 통해 확인하는 것 역시 가능하지 않기 때문이다. 하지만 '훈민정음' 창제에 대해 반대가 만만치 않았던 당시의 시대 상황 등을 고려하면, 날짜를 정해 실록에 실을 만한 내용의 행사를 치르

은 말과 글이 서로 달랐던 이중적인 언어생활의 불편함을 청산하고, 우리 글자로 우리말을 적을 수 있는 새로운 언어생활의 시대, 곧 국문자 시대를 열게 되었다.

물론 훈민정음 창제 이전에도 우리 나름의 표기(表記) 수단이 없었던 것은 아니다. 두루 아는 대로 이웃 나라의 문자인 한자를 빌려다 한문 문법체계를 그대로 이용해서 우리말을 적거나, 이두(吏讀), 향찰(鄕札) 등의 한자(漢字) 차용(借用) 표기체계(表記體系)를 만들어서 사용하는 등 국문자 대용(代用)의 표기수단을 가지고 있었다.[5] 그런가 하면 한문 문장을 우리말로 쉽게 읽기 위해 고안해 낸 구결(口訣)이 널리 쓰이기도 했다.

그러나 중국어를 적기 위한 문자인 한자나, 한자의 음(音)과 훈(訓)을 빌려서 만든 한자 차용 표기체계는 우리말을 적는 데 적합하지 않았다.[6] 이런 이유로 우리 문자 창안에 대한 욕구가 고조(高潮)된 데에다, 새로운

기가 쉽지 않았을 것이라는 점에 대해서는 어느 정도 수긍이 간다. 따라서 세종 28년 9월 29일 갑오조(甲午條)의 실록 기사 '是月訓民正音成'과 해례본의 정인지 서문에 나오는 작성 일자 '九月上澣'에 근거하여 이렇게 표현하는 것이다.

5) 한문 문장이나 이두(吏讀), 향찰(鄕札) 등 한자를 차용(借用)하여 우리말을 적는 표기 방식은 비교적 긴 시간 동안 사용되었지만, 이 논의의 주된 대상이 아니므로 여기서 따로 다루지는 않는다.

6) 차용 표기체계의 한계와 문제점에 대한 '훈민정음' 창제 당시 식자층의 생각은 『훈민정음』해례본의 '정인지(鄭麟趾) 서문(序文)'에 잘 드러나 있다. 해례본의 작성에 주도적으로 참여했던 정인지는 그 서문에서 다음과 같이 지적한 바 있다.

'옛날 신라의 설총이 처음으로 이두를 지은 후, 관부와 민간에서 지금에 이르기까지 쓰인다. 그러나 모두 한자를 빌려 쓰는 것이어서 어떤 경우는 걸리고 어떤 경우는 막히어, 다만 비루하고 무계할 뿐만 아니라, 언어 사이에 있어서는 능히 그 만분의 일도 통달하지 못할 것이다. (昔新羅薛聰 始作吏讀 官府民間 至今行之 然皆假字而用 <u>或 澁或窒 非但鄙陋 無稽而已 至於言語之間 則不能達其萬一焉</u>)' <훈민정음 해례본, 정인지 서문>

'정인지(鄭麟趾) 서문(序文)'이라는 표현은 『세종실록』 28년 9월조의 '禮曹判書鄭麟趾 序曰'에 기반을 둔 명칭이다. 해례본의 본문 맨 앞에 있는 세종의 '御旨序文'과 구분하기 위해 '훈민정음 후서'라고 하는 경우도 있지만 적확(的確)한 명칭은 아니다. 세종의 어지서문이 본문편(本文編)의 서문에 해당하므로, 정인지의 서문은 해례편(解例編)의 서문인 셈이다. 자세한 설명은 안병희(1997 : 193~194) 참조.

왕조의 안정에 따른 사회 조직 및 생활 문화의 변화로 국문자의 필요성이 더욱 절실해졌었다. 이러한 시대적 요구는 호학애민(好學愛民)의 군주인 세종에 의해 국문자의 창안으로 결실을 보게 되었으니, '훈민정음'이라는 고유문자의 창제가 그것이다. 이로써 고립어(孤立語)인 중국어를 적기 위해 만들어진 중국 글자로 교착어(膠着語)인 우리말을 적었던 천수백여 년 동안의 비정상적인 언어생활의 시대는 가고, 우리 글자로 우리말을 적을 수 있는 국문자 시대가 열린 것이다.

1.2.

이에 앞서 세종은 즉위 25년(1443년) 12월[7]에 친히 한글 자모(字母) 28자를 만들어 이름을 '訓民正音'이라 하고,[8] 곧이어 정인지 등 집현전 학사 8인으로 하여금 문자 체계 및 제자원리에 대한 해설과 자모의 실제 표기 용례 등을 보이는 해설서를 만들게 했다.[9] 이 해설서가 바로 『訓民正音』

---

7) 1443년 12월은 음력에 의한 연대이므로 이를 태양력으로 환산하여 1444년 1월로 해야 한다는 주장이 있으나, 당시는 그레고리력이 사용되지 않았을 뿐만 아니라, 그렇게 하면 다른 역사 기술의 연표 확정에도 혼란이 올 수 있어서 바람직하지 않다. 이런 이유로 이 논의에서는 세종 25년 12월의 일을 1443년 12월의 일로 기술할 것이다. 이런 주장은 안병희(1997 : 191)에도 보인다.

8) -이 달에 임금이 친히 언문(諺文) 28자를 지었다. 그 글자의 모양은 옛 전자(篆字)를 본떴으되, 초성·중성·종성으로 나누어지며, 합친 연후에야 글자를 이룬다. 무릇 한자 및 우리나라의 말에 관한 것은 모두 적을 수 있다. 글자가 비록 간요(簡要)하지마는 전환이 그지없으니, 이를 훈민정음(訓民正音)이라고 이른다. (是月上親制諺文二十八字 其字倣古篆 分爲初中終聲 合之然後乃成字 凡于文字及本國俚語皆可得而書 字雖簡要 轉換無窮 是謂訓民正音) - <세종실록 102권 42장, 세종 25년(1443년) 12월 30일 庚戌條>
'계해년(癸亥年) 겨울에 우리 전하께서 정음 스물여덟 자를 창제하시고, 간략한 보기와 뜻을 들어 보이셨다. 이름은 훈민정음이라고 하셨다. (癸亥冬 我殿下 創制正音二十八字 略揭例義以示之 名曰訓民正音)' <훈민정음 해례본, 정인지 서문>

9) '드디어 자세히 해석을 가하여 모든 이에게 알려 주라고 명(命)하시니, 이에 신(臣)이 집현전 학사 … 등과 더불어 삼가 여러 가지 해설과 예를 지어 … (遂命詳加解釋 以喩諸人 於是 臣與集賢殿 … 等 謹作諸解及例 …)' <훈민정음 해례본, 정인지 서문>

(解例本)이다. 1940년 이 책이 간송미술관(澗松美術館)에 수장되면서 학계에 알려진 이후 우리는 이를 '훈민정음 원본'이라고 불러 왔다.[10] 이 책은 세종이 친제(親製)한 글인 본문, 곧 예의(例義) 부문과 정인지 등의 집현전 학사들이 작성한 해례(解例) 부문으로 되어 있는데, 본문은 말할 것도 없고 해례 부문의 문자도 한자로 되어 있어서, 다른 이름으로는 '한문본(漢文本)'이라고도 한다. 정인지의 서문 맨 끝에 있는 간행과 관련된 기록에 의해 세종 28년(1446년) 9월 상한에 훈민정음의 반포(頒布)와 더불어 간행된 책임을 알 수 있다.[11] 따라서 '훈민정음'은 세종이 창제한 고유문자의 이름이면서, 이 문자에 대해 설명하고 표기 용례를 보인 해설서의 이름이기도 하다.[12]

『훈민정음』은 우리 문자에 대한 해설서이자, 우리 문자를 대상으로 한 논저(論著)의 성격을 띤다. 새로 문자를 만들고, 그 문자에 대해 해설한 후 표기의 실제 용례까지 붙인 책을 다른 언어의 경우에서는 찾을 수가 없어서, 지금까지 문자인 '훈민정음' 못지않게 책자로서의 『훈민정음』에 대한 관심도 컸다. 이 책의 이러한 독창성(獨創性)과 과학성(科學性) 그리고 국가 기록문화 유산으로서의 가치로 인해, 정부는 1962년 12월에 국보 제70호로 지정하여 우리나라의 대표적인 문화재임을 분명히 했다. 또 1997년 10월에는 국제연합 교육과학문화기구(UNESCO)에 의해 세계 기

---

10) 1940년 이 책이 알려지기 전까지는 언해본을 반포 당시의 원본이라고 생각해 온 듯하다. 1927년 동인지(同人誌) 형태로 간행되었던 『한글』 창간호에 실려 있는 권덕규 복원의 재구 원본이 「언해본」이었다는 사실이 이를 보여 주는 것이다. 안병희(1997 : 177) 참조.

11) '정통 11년(세종 28, 1446년) 9월 상한(上澣)에 자헌대부 예조판서 집현전 대제학 지춘추관사 세자우빈객 신(臣) 정인지는 두 손 모아 절하고, 머리를 조아려 삼가 씁니다. (正統十一年九月上澣 資憲大夫 禮曹判書 集賢殿大提學 知春秋館事 世子右賓客 臣鄭麟趾 拜手稽首謹書)' <훈민정음 해례본, 정인지 서문>

12) 이 논의에서는 이런 중의성(重義性)을 감안하여 문자로서의 훈민정음을 지칭할 때는 '훈민정음'이라 하고, 책자를 지칭하는 경우에는 관행대로 '『훈민정음』(해례본, 또는 원본)', 간단히는 '『훈민정음』'이라 부를 것이다.

록문화 유산으로 등재되어, 이 책이 국가 문화유산의 울타리를 넘어 세계의 문화유산임을 확인하고 알리는 계기가 되었다.[13] 이는 '훈민정음' 및 『훈민정음』에 대한 풍성하고도 깊이 있는 연구와 이해에 의한 것으로, 우리 문화의 세계화라는 점에서 여간 반가운 일이 아니다.

1.3.

『훈민정음』 공개 후 60여 년 동안의 연구 성과는 놀라울 정도다. 역주서(譯註書)는 말할 것도 없고, 논저의 수도 일일이 다 열거할 수 없을 만큼 많다. 상당한 성과도 거두었다고 본다. 다만 이 책이 현전 유일본인데다가[14] 출현이 늦어서 언해본을 원본으로 오인하기도 하는 등의 혼란이 있었다.[15] 또 책 앞쪽 두 장의 결락(缺落)으로 원본 복원(復原)을 비롯한 여러 부분에 이견(異見)이 상존하고, 학계의 연구 성과가 반영된, 원본에 가까운 복원본의 제작이 요구되기도 한다.[16] 최근에는 원본의 원 소장자에 대한 새로운 주장이 나오기도 했다.[17] 김주원(2005)에서는 해례본의 각장 뒷면에 적힌 글씨의 내용이 『십구사략언해(十九史略諺解)』의 일부에 해당

---

13) 훈민정음 창제 560년째 되던 해인 2006년 7월에는 문자로서의 훈민정음이 문화관광부에 의해 '100대 민족문화상징'으로 선정되었다.

14) 이 표현은 앞으로 재고(再考)되어야 할 것이다. 2008년 7월에 경상북도 상주시에서 '훈민정음 해례본' 1책이 새로 발굴되었다는 언론 보도가 있었고, 이후 소유권에 대한 소송 등으로 세간의 관심을 끈 바 있다. 현재도 소장자가 공개를 하지 않고 있어서 그 전모를 살피기가 어렵다. 귀중한 문화유산이므로 조속한 시일 내에 해결이 되어 그 가치에 어울리게 보존되기를 바란다. 단편적인 언론 보도에 의하면 이 책 역시 어지(御旨) 서문 부분이 낙장(落張)이고, 일부 책장(冊張)의 훼손이 있는 것으로 보인다. 또한 몇몇 장(張)에는 원래 소장했던 이의 것으로 보이는 필사 흔적이 있다고 전한다.

15) 앞의 주 10) 참조.

16) 안병희(1997), 이현희(1997), 김영배(2000ㄱ), 김주원(2005) 참조.

17) 박영진(2005), 박종덕(2006) 참조.

하고, 거기에 경상도 방언이 반영되어 있으며, 필사의 시기가 17~18세
기 연간이라는 견해, 그리고 결락된 장의 떨어져 나간 시기 등에 대한
추정으로 괄목할 만한 성과를 보인 바 있다. 이처럼 훈민정음 및 해례본
에 대한 연구는 지금까지의 고찰로 상당한 성과가 있었음에도 불구하고
여전히 계속되어야 할 과제임에 틀림이 없다.

　『훈민정음』은 33장 1책의 목판본이다. 1권 1책으로 간행되어 있지만
어제(御製) 본문인 예의(例義)와 정인지 등 집현전 학사들이 작성한 해례(解
例)는 판심서명이 각각 '正音'과 '正音解例'로 되어 있고, 장차(張次)도 각
각이어서 두 부문을 합편(合編)한 책임이 드러난다. 글씨체도 임금의 친
제를 대필한 앞부분은 해서체(楷書體)로 되어 있고, 신하들의 해례는 해행
서체(楷行書體)로 되어 있는 등의 차이가 있다. 글씨는 당대의 명필인 안평
대군(安平大君)이 쓴 것으로 알려져 있다.[18]

1.4.

　문자로서의 '훈민정음'은 물론이거니와 해례본이 만들어지기까지 세
종을 비롯한 집현전 학사들이 쏟은 노력과 감내한 고충은 이루 말할 수
없이 컸던 것으로 보인다. 최만리(崔萬理)의 반대 상소문(上疏文)이나 세종
의 답변 등에서 그 일단을 볼 수 있다. 문자 창제와 해례본의 편찬도 그
렇지만 그 후속 작업의 어려움도 곳곳에서 엿보인다. 반대 상소문에 보
이는 '二十七字 云云'의 내용이나 『동국정운(東國正韻)』(1447년)[19]과 『홍무정

---

18) 해례본의 글씨체 등에 대해서는 안병희(1997 : 199~200) 참조.
19) 『동국정운』은 훈민정음 반포 다음해인 1447년(세종 29년) 9월에 편찬이 완료되었
　　으나, 실제 간행된 것은 이듬해인 1448년 11월의 일이다. 편찬에는 신숙주, 최항,
　　성삼문, 박팽년, 이개, 강희안, 이현로, 조변안, 김증 등 9인이 참여하였다. 신숙주
　　가 쓴 '東國正韻序'를 통해 편찬의 취지를 알 수 있다. 이 논의에서는 발행 연도를

운역훈(洪武正韻譯訓)』(1455년)의 편찬, 그리고 언해본에 '한음(漢音) 치두음(齒頭音) 및 정치음(正齒音)' 항목의 편입과 정음문헌의 한자음 표기가 해례본과 정음 초기 문헌에서 일부 다르게 나타나는 등이 이러한 저간(這間)의 사정을 보여 주는 것이라고 본다. 이는 훈민정음과 해례본 그리고 초기 정음문헌이 만들어지는 과정에서 여러 가지 안(案)이 상정되고, 검토와 수정을 반복하는 등의 단계를 거쳤음을 짐작하게 하는 것이다.

『훈민정음』은 당시까지의 우리 언어생활 및 출판문화의 전통이 온히 집적된 결정판이면서, 우리나라 한자음의 표기원칙이 제시된 『동국정운』과 더불어 새로운 문자생활과 이후 기록문화의 방향을 제시하는 본보기로서의 역할을 수행해 온 책이기도 하다. 이런 점에서 『훈민정음』이 가지는 문화재로서의 가치, 특히 출판 문화재로서의 가치는 매우 크다고 할 수 있을 것이다. 앞에서 말한 대로 『훈민정음』은 한국을 배경으로 하고 있는 기록문화 유산의 범주를 뛰어 넘어 인류 모두가 아끼고 보존해야 할 세계의 문화재가 되었다.

1.5.

이 글은 이러한 점에 비중을 두어 문자로서의 '훈민정음'은 물론, '훈민정음'과 관련된 정보를 모두 담고 있는 텍스트 『훈민정음』 해례본[20]의 가치를 살피는 데 목적이 있다.

이를 위해 제2절에서는 『훈민정음』의 형태서지 등 해례본에 관련된 특성을 살피고, 제3절에서는 해례본에 반영된 우리의 문화, 특히 출판과

책의 완성에 비중을 두어 편찬이 완료된 1447년으로 표시한다.
20) 이하 이 논의에서는 『훈민정음』 해례본을 『훈민정음』, 또는 『훈민정음』 해례본으로 표현할 것이다. 상황에 따라서는 '해례본'이라고 부르기도 할 것이다.

관련된 문화적 특징을 논의할 것이다. 제4절에서는 국문자인 '훈민정음'의 가치를 여러 측면에서 분석하고 조명하고자 한다.

2. 훈민정음 해례본의 형태서지

2.1.

『훈민정음』은 세종어제 본문인 예의 부문과 정인지 등의 해례 부문이 합편(合編)되어 있는 33장 1책의 목판본이다. 본문은 4장이고, 해례와 정인지의 서문을 합한 부문은 29장이다.[21] 책의 크기는 같은 통문관(通文館) 발행의 책인 이상백(1957 : 해제 영문요약 부문 8쪽)과 김민수(1957 : 98)에 소개된[22] 내용이 서로 다르고, 뒤에 발표된 논저들에서는 대체로 이 소개를 그대로 인용하고 있어서 논저자들이 접한 책에 따라 두 갈래로 다르게 옮겨져 있다. 반곽(半郭) 역시 두 책에 나와 있는 내용이 각각 조금씩 차이가 난다.[23] 특히 김민수(1957)는 해제에 제시한 내용과 영인본의 표지

---

21) 상세히 기술하면 다음과 같다. 본문의 내용은 1장 앞면 제1행부터 4장 앞면 제7행까지에 걸쳐 있고, 4장 앞면 제8행과 4장 뒷면 전체는 계선(界線)만 있는 공면(空面)이다. 해례는 모두 29장인데, 1장 앞면 제1행부터 26장 뒷면 제3행까지 제자해, 초성해, 중성해, 종성해, 합자해, 용자례가 차례로 나오고, 26장 뒷면 제4행부터는 한 글자 내려서 쓴 정인지의 서문이 29장 뒷면 제3행까지 이어진다. 본문 4장 뒷면의 경우는 원래 공면이었으나 뒤에 누군가가 제자해(制字解)의 앞부분 일부와 '或問大學之道'로 시작하는 글을 필사해 놓았다. 필사 시기에 대해서는 김주원(2005 : 189)에서 제시한 내용이 온당해 보인다. 면(面)의 뒤쪽에 필사된 내용이 『십구사략언해(十九史略諺解)』인데, 그 글보다는 나중에 쓰인 것으로 추정한 것이다. 이유는 4장 뒷면의 지배(紙背)에 모두 9행에 걸쳐 필사된 내용이 있는데, 이 중 종이가 뚫어져 있는 제5행 둘째 칸을 의도적으로 피한 듯, 제5행과 제6행은 다른 행과는 달리 계선의 위에 글씨가 쓰여 있어서, 다른 면의 필사 형태에 비추어 뒷면에 쓰인 글씨보다 나중에 필사된 것으로 추정한 것이다.

22) 김민수(1957 : 98)에는 책 크기에 대한 보고가 나오는데, 이는 초판(初版)에 없던 것을 나중에 보충한 것이다. 이용에 착오가 있을 수 있다.

안쪽에 적어 놓은 내용이 서로 다를 정도다.24) 이는 해례본이 간송미술
관에 수장된 이후 새로이 개장(改裝)한 데에다 개장 이후에는 실사(實查)가
거의 이루어지지 않았고, 실사가 이루어진 경우에도 계측(計測)의 기준이
달랐기 때문으로 보인다. 또 하나는 우리 고서(古書)의 광곽(匡郭)이 면마
다 일정하지 않기 때문이기도 하다. 안병희(1997 : 193)에 이르러 책의 크
기는 세로 29.3cm, 가로 20.1cm이고, 반곽은 본문의 4장 앞면을 기준으로
세로 22.6cm, 가로 16.1cm로 정리하였다.25) 또 다른 문제는 장정(裝幀)에 관
한 것이다. 이 책이 간송미술관에 수장된 이후 개장하는 과정에서 책의
아래와 위쪽의 일부, 곧 천지(天地)의 일부가 잘려 나갔다는 사실이다. 이
는 개장된 책의 형태에 대한 일별(一瞥)에서도 쉽게 확인할 수 있다. 선장
본(線裝本)인 이 책은 침공(針孔)이 4개인 사침안(四針眼)으로 되어 있는데,
이러한 제책 방법은 중국이나 일본에서 사용하는 사침안정법(四針眼訂法)
에 의한 것으로, 우리나라 선장본의 전통인 오침안정법(五針眼訂法)과는
거리가 있다. 이는 개장하면서 천지(天地)의 상당 부분이 잘려 나갔음을
보여 주는 것이다.26) 지금의 책은 능라주단(綾羅紬緞) 표지와 화선지(畵宣紙)

---

23) 이상백(1957)에는 반곽에 대한 소개가 책 크기에 대한 소개(해제 영문 요약 부문
    8쪽)와는 달리 국문 해제 21쪽에 있다.
24) 이는 해제(解題)를 쓴 이(김민수)와 영인·출판을 한 이(이겸로)가 기준으로 삼은
    면이 서로 달랐기 때문인 듯하다.
25) 반곽(半郭)의 크기를 소개하면서 굳이 4장 앞면이라고 명시한 것은 우리 고서의
    광곽(匡郭)이 면에 따라 조금씩 차이가 나서 기준이 되는 면을 밝힌 것으로 보인
    다. 해례본의 예의 부문 4장 중 앞쪽 2장은 낙장을 보사한 것이고, 제3장은 앞면 좌
    하귀 부분이 침습으로 손상되어 있다. 이런 이유로 비교적 온전한 형태를 유지하고
    있는 부분의 첫 번째 장인 제4장 앞면을 선택한 것임을 알 수 있다. 같은 면을 대
    상으로 했음에도 다른 소개와 차이가 나는 것은 계측의 기준이 달랐기 때문이다.
    위에서 제시한 반곽은 변란의 안목을 잰 수치이다(안병희(1997 : 193) 참조).
26) 김주원(2005 : 181~186)에서는 제책 당시의 침공(針孔) 흔적을 볼 수 있는 책의
    서영(書影)으로 원간본 책의 침공 개수를 확인하고, 뒷면에 필사되어 있는 내용[十
    九史略諺解] 중 위쪽 일부와 아래쪽 일부가 없어진 사실을 근거로 하여 이 책이 원
    래는 오침안정법의 선장본으로 제본되었었는데, 개장하면서 책의 천지 일부가 잘
    려 나가 사침안정법으로 장정(裝幀)할 수밖에 없었음을 증명하였다. 이에 대해서

호엽(護葉)까지 있는 개장본(改裝本)인데, 통문관 영인본의 책 등쪽 양엽(兩葉)에 위에서 아래까지 일정한 간격으로 뚫려 있는 침공(針孔) 자국을 보면 개장 전에는 오침안정법의 선장본이었으나 개장 과정에서 줄어든 것임을 알 수 있다.

『훈민정음』은 간송미술관에 수장된 후 일반에는 실책의 공개가 드물고, 대신 역주와 함께 유통되고 있는 영인본으로 접할 수 있다. 영인본은 대체로 두 계통으로 나뉜다. 하나는 한글 반포 500주년을 기념하여 1946년 10월에 조선어학회(朝鮮語學會)에서 간행한 책과 이를 저본(底本)으로 해서 복제(複製)한 일군(一群)이고, 다른 하나는 통문관에서 축소·영인하여 1957년 7월과 8월에 잇달아 김민수의 『주해 훈민정음』과 이상백의 『한글의 기원』에 부록으로 실은, 이른바 통문관 영인본과 이를 저본으로 하여 복제한 일군이다. 현재 유통되고 있는 대부분의 영인본들은 이 두 책 중 하나를 저본으로 해서 복제한 것이기 때문에 두 책이 범한 오류(誤謬)도 그대로 답습(踏襲)하고 있다.[27]

해례본의 본문과 해례 부문은 체제를 달리 하고 있다. 판광(板匡)은 차이가 없으나 서체(書體)와 행관(行款) 등의 판식(板式)은 서로 조금씩 차이가 난다. 본문의 반엽(半葉)은 유계(有界) 7행인 데 비해, 해례는 유계 8행으로 되어 있어서 행의 폭은 본문 부문이 넓고 글자의 크기도 본문의 글자가 약간 크다. 매행(每行)의 글자 수는 본문이 11자이고, 해례는 13자이다. 해례의 뒤에 있는 정인지의 서문은 한 글자 내려서 시작하여 12자이다.

는 안병희(1997 : 192)에도 상세한 설명이 있다.

27) 안병희(1997)에는 두 영인본의 오류에 대한 상세한 지적이 있고, 김주원(2005)에는 초기의 연구에 이용되었던 홍기문, 송석하 소유의 모사본에 대한 새로운 인식과, 영인본과 모사본의 유통에 대한 보고 및 오류에 대한 지적이 있었다. 김영배(2000ㄱ)에는 1998년까지 이루어진 해례본 및 언해본 영인의 현황 및 목록이 제시되어 있고, 박창원(2005)에는 2004년까지의 영인 현황 및 훈민정음(문자·책자)에 대한 논저 목록이 있어서 연구에 많은 도움이 된다.

이러한 차이는 본문과 본문에 대한 주소(註疏)를 다르게 다루어 온 전통이 반영되어 그렇게 된 것이다. 본문과 해례를 다르게 구성한 이런 찬술(撰述) 형태는 불전류(佛典類) 책들에서 어렵지 않게 볼 수 있다. 경(經)의 본문과 주소를 함께 실을 경우, 행(行)을 달리하여 서로를 구분하기도 하고, 주소 부분 전체를 한 글자씩 내려서 쓰기도 했다. 그뿐만 아니라, 글자의 크기와 자수(字數)에 차이를 두기도 했다. 이른바 금구(金口) 성언(聖言)과 그에 대한 풀이를 구분하여 저술(著述)한 것이다. 세조 연간에 간행된 불경 언해서들은 이런 사실을 잘 보여 주는 대표적인 문헌들이다. 본문과 해례를 달리 구성한 해례본의 찬술 방식은 불전류 책 등의 찬술 형태에 기대어 어제(御製)의 글과 신하의 저술을 다르게 다룬 결과이다.

본문과 해례의 판밑 글씨는 안평대군[28]이 쓴 것임에도 임금의 어제를 신하가 대필한 본문은 해정(楷正)한 해서체(楷書體)로 썼고, 해례는 해행서체(楷行書體)로 써서 서로를 구분하였다. 판심서명은 본문이 '正音', 해례는 '正音解例'로 되어 있어서 합편한 책(冊)임이 드러난다. 판심은 흑구(黑口) 상하하향(上下下向) 흑어미(黑魚尾)인데, 이러한 상하하향 흑어미는 조선 초기까지의 문헌에서 흔히 볼 수 있다. 일부나마 정음으로 표기된 문헌 중 상하하향 흑어미가 있는 문헌은 이 책이 유일하다. 아래쪽 어미 바로 밑에 장차(張次) 표시가 있는데, 본문과 해례의 장차가 별도여서 본문의 4장 다음에 다시 해례의 1장이 시작된다.

---

28) 해례본의 판밑 글씨가 안평대군이 쓴 것임은 널리 알려져 있으나, 안병희(1979)에서는 안평대군이 직접 짓고 쓴 「법화경발(法華經跋)」(1448년)을 통해 이러한 사실을 확인하였고, 안병희(1997 : 200)에서는 안평대군의 자필 서문이 실려 있는 『당송팔가시선(唐宋八家詩選)』(1444년 간행)과 '몽유도원도(夢遊桃源圖)'의 기문(記文) 글씨를 통해 다시 확인한 바 있다.

2.2.

『훈민정음』의 앞 두 장은 결락(缺落)인 채로 전해지다가 1940년 새로운 소장처인 간송미술관에 수장되기에 앞서 원 소장자였던 후촌(後村) 이한걸(李漢杰)의 3남 이용준(李容準)에 의해 보사(補寫)되어 끼워 넣어진 것으로 알려져 있다.[29] 보사된 내용을 보면 보사한 이는 실록 소재의 기사와 '언해본'을 참고로 해서 보수(補修)한 것으로 보인다.[30] 그런데 보사한 내용에는 오류가 적지 않다. 이런 이유로 최근에 이르기까지 복원에 대한 논의가 많았고, 이제는 학계의 연구 성과가 반영된 원본에 가까운 형태로의 복원이 요구되는 단계에 이르렀다.

최근에는 박영진(2005), 박종덕(2006)에 의해 원 소장자와 관련된 새로운 문제 제기가 있었다. 특히 주목되는 부분은 이용준이 책을 간송미술관에 넘길 때 긍구당(肯構堂) 소유 사실을 숨기기 위해 장서인(藏書印)이 있는 앞부분 두 장을 뜯어냈다는 내용이다. 이는 앞 두 장의 결락 시기를 추정하는 데 중요한 단서가 되므로 소홀히 할 수 없는 내용이다. 지금까지 알려진 바로는 이 책의 원 소장자는 경상북도 안동시 와룡면 주하리 이한걸이었고, 책은 진성(眞城) 이씨(李氏) 문중의 세전가보(世傳家寶)였다. 앞 두 장이 떨어져 나간 경위는 정철(1954) 이후 별 다른 논란이 없었던 것으로 기억한다.

> (1) "일찍 先祖께서 女眞征伐의 功이 있어 世宗大王으로부터 賞으로 받
> 아(단 한 卷) 늘 궤 中에 감추어 世傳家寶로 남겨 오다가 燕山君 때 諺文

---

29) 정철(1954 : 15) 참조.
30) 정철(1954 : 15)에서는 '세종실록본'을 참고했다고 하였으나, 실록의 '欲使人易習'이 '欲使人人易習'으로 되어 있고, 'ㄲ'을 설명한 한자 '두(蚪)'가 '규(虯)'로 바로잡힌 점으로 미루어 두 문헌을 모두 참고한 것으로 보인다. 또 그즈음까지는 '언해본'이 원본이라고 믿어 왔으므로 두 책 모두를 참고했을 것이다.

冊 所持者를 嚴罰할 때 生命을 維持하기 위하여 不得已 첫 머리 두 장을
뜯어 버리고 돌돌 말아서 書笈에 秘藏했던 것입니다.”

(정철, 1954 : 15)

현전 유일본인 『훈민정음』은 진성 이씨 문중의 세전가보로, 여진(女眞)
정벌에 공을 세운 진성 이씨의 선조가 세종으로부터 하사받아서 보관해
오다가 연산군(燕山君) 때 앞 두 장을 떼어 낸 후 그 상태로 전해 왔다는
것이다. 글을 쓴 이 정철은 당시 안동고교 교사로 있으면서 이 글을 쓴
점으로 보아 위의 내용은 그 문중(門中)의 전언(傳言)을 바탕으로 해서 작
성한 것으로 생각된다. 간송미술관에 소유권이 넘어간 경위는 '당시 명
륜원(明倫院)에 다니던 이한걸의 3남 이용준이 명륜원에도 출강하던 경성
제대 교수 김태준(金台俊)에게 이 책의 소장 사실을 알렸고, 사실 관계를
확인한 김태준 교수의 주선으로 간송(澗松) 전형필(全鎣弼)의 수중에 들어
가게 된 것'이라고 전해진다.

그런데 박영진(2005)에서는 이 책이 진성 이씨 후손인 이한걸 문중의 세
전가보가 아니라는 것이다. 이한걸의 3남이면서 처음으로 책의 존재 사실
을 알리고, 소유권 이전에 관여했을 뿐만 아니라, 보사에도 직접 참여했던
인물, 곧 이용준 집안의 소유가 아니고, 그의 처가인 광산(光山) 김씨 안동
(安東) 종가(宗家) 긍구당(肯構堂)의 세전가보였다는 주장을 하였다. 그리고 정
철(1954)에 기술된 내용 중 사실에 어긋나거나 문제점이 발견되는 부분에
대해 지적하고, 긍구당 종손 김대중의 증언을 근거로 들었다. 박종덕(2006)
에서는 이용준과 그의 장인 김응수(金應洙) 및 이용준과 장모 송씨(宋氏) 사
이에 오갔던 서신의 내용 그리고 광산 김씨 문중의 분재기(分財記)에 나오
는 수결(手決)이 『훈민정음』의 맨 끝장 좌하귀에 보이는 수결 중 하나와 일
치한다는 점을 들어 원 소장자가 광산 김씨 문중임을 주장하였다.

한편 김주원(2005 : 201~203)에서는 이한걸이 이 책의 주해서를 저술하

고, 실제로 여성 교육에 이용한 점을 들어 진성 이씨 문중의 세전가보임
을 거듭 확인한 바 있다.

(2) "원 소장자인 이한걸 선생이 훈민정음을 해석하여 『國文學(訓民正
音註解)』이라는 제목의 책을 저술하였다 하니, 아직 이 책을 보지는 못하
였지만, 현존한다면 원본 『훈민정음』에 대한 최초의 주해서가 되는 셈이
다. 이제 분명한 것은 원본 『훈민정음』이 다락에 갈무리되어 있던 책이
아니라 여성 교육에 사용되었던 교재였다는 점이다."

(김주원, 2005 : 202)

박영진(2005), 박종덕(2006)의 보고 중에는 수긍되는 부분이 없지 않으나,
많은 부분을 증언에 의존하고 있는 한계 때문에 단정이 쉽지 않다. 우선
박종덕(2006)에서 제시한 서신(書信)에 대한 부분이다. 이용준이 장인인 김
응수와 교환한 서신에서 거론되는 매도(賣渡) 대상의 책이 바로 『훈민정
음』이라고 단정할 만한 근거가 약하다. 단 한 차례도 책의 이름이 직접
거명된 적이 없다. 이는 귀중본의 매도와 매입(買入)이라는 내밀한 거래
로 인해 지켜져야 할 불가피한 보안 때문이라고 해도, 이때 거래가 성사
(成事)된 책이 곧 『훈민정음』이라고 확정하는 것은 성급한 판단일 수 있
다. 해례본 말미의 좌하귀에 있는 수결과 광산 김씨 김치상이 그의 아들
김인탁에게 준 분재기에 있는 수결이 동일한 것인가에 대해 서영(書影)만
으로는 확인이 어렵다. 그렇다면 구두 전언이 중요한 근거가 될 수밖에
없는데 현재로서는 단정하기 이르다는 생각이다.

김주원(2005)의 주장 역시 이한걸이 저술했다는 '훈민정음 주해'가 지금
전하지 않고, 강의를 들었던 사람 중에 생존자가 없어서 확인이 쉽지 않다
는 한계가 있다. 다만 김주원(2005 : 197~200)에서 3장 앞면의 뒤쪽에 필사된
내용이 『십구사략언해(十九史略諺解)』인데, 낙장된 1, 2장의 지배(紙背)에도 『십

구사략언해』의 3장 앞면 지배에 적힌 내용의 앞부분이 적혀 있었을 것으로 추정한 점은 시사하는 바 크다. 이는 어떤 책을 필사할 때 처음부터 필사하는 것이 일반적이고, 앞부분에 필사했을 내용의 양도 떨어져 나간 두 장에 적힐 만한 양이라는 점에 착안한 것으로,[31] 그동안 궁금했던 문제인 앞 두 장의 결락(缺落) 시기를 해결한 것이라는 점에서 여간 다행한 일이 아니다. 그 논의에서는 『십구사략언해』의 필사 시기를 18세기 전·후로 보았기 때문에 낙장의 시기는 그 이후가 될 것이고, 정철(1954)에서 제시한 '연산군(燕山君) 때 운운'의 주장은 무리라는 사실이 확인된 셈이다.

그런데 1, 2장의 낙장으로 인해 맨 앞장이 된 상태로 보관되어 오던 제3장은 좌하귀가 심하게 마모되어 있다. 첫 두 장의 낙장이 시간상으로 오래 되었고, 그 이후의 보관 상태를 전해 주는 것이다. 이런 점으로 볼 때 소유권 이전 무렵에 긍구당(肯構堂) 장서인(藏書印)을 없애기 위해 첫 두 장을 뜯어냈다는 주장도 설득력이 약하다. 현재로서는 원 소장자에 대한 결론을 유보할 수밖에 없는 이유이다.

3. 출판 문화재로서의 특징

3.1.

우리 문자가 매우 독창적이고 과학적으로 만들어진 것처럼, 이 문자에 대해 설명하고 표기의 예를 보인 해례본의 내용도 그에 못지않게 과학적이고 체계적이다. 책의 정치(精緻)한 구성과 정연한 설명은, 새로 창

---

31) 김주원(2005 : 197~200) 참조.

제한 문자에 대한 해설서라기보다 논저(論著)에 가깝다. 그만큼 학술적이고 논리적이다. 또 하나 주목되는 것은 해례의 설명 방식이다. 해례 부문의 '제자해, 초성해, 중성해, 종성해, 합자해, 용자례' 중 용자례를 제외한 편목(編目), 곧 다섯 편에 달하는 해례[五解]의 설명 방법 역시 매우 독특하다. 산문(散文)으로 된 설명이 끝나면 이를 다시 운문(韻文)으로 요약하는 색다른 방법을 쓰고 있는데, 이러한 설명 방식은 불경(佛經)에서 불타(佛陀)의 교설(敎說)을 내용과 형식에 따라 나눈 열두 가지 방법[十二部經] 중 두 번째인 중송(重頌)32)에 해당된다. 중송(重頌)은 앞에 나온 산문의 교설을 운문으로 바꾸어 보충하거나 요약한 형식이다. 이때의 산문을 '장항(長行)'33)이라 하고, 운문을 '중송(重頌)', 또는 '응송(應頌)'이라고 한다. 『법구경(法句經)』처럼 산문 없이 이루어지는 운문 형식만의 교설은 '고기송(孤起頌)', 또는 '게송(Gāthā, 偈頌, 伽陀, 偈陀)'이라고 해서 구분했다.

같은 내용에 대해 표현의 형식을 달리 해서 다시 설명한, 이러한 편찬 방법은 내용에 대한 이해를 돕고, 전달 효과를 높이기 위해 불교의 경전 찬술 방식34)에서 차용한 것으로 보인다.

---

32) '기야(祇夜)', 또는 '응송(應頌)'이라고도 한다. 이를 좀 더 구분하여 설명하면, 산문(散文)을 단순히 운문(韻文)의 송(頌)으로만 표현한 것은 '응송(應頌)'이라 하고, 산문을 더욱 간결하게 표현하여 송(頌)으로 나타낸 것은 '중송(重頌)'이라고 한다.

33) 산문체의 경문을 이른다.

34) 불교에서는 불타의 일대(一代) 교설(敎說)을 경문의 성질과 표현 방식에 따라 9종이나 12종으로 나누는데, 이를 9부경, 또는 12부경이라고 한다. 9부경은 12부경 중 3부를 제외한 것인데, 소승(小乘)과 대승(大乘) 각각에서 제외하는 대상이 서로 달라서 다시 소승 9부, 대승 9부로 나누기도 한다. 소승 9부는 12부경 중 '화가라, 우타나, 비불략 등 3부를 제외하고, 대승 9부는 '니타나, 아파타나, 우바제사' 등 3부를 제외한 것이다. 12부경의 내용을 요약·정리하면 다음과 같다.

① 수다라(修多羅)[계경(契經)·법본(法本)] : 산문체의 경문.
② 기야(祇夜)[중송(重頌)·응송(應頌)] : 산문체 경문의 뒤에 그 내용을 운문(韻文)으로 노래한 것.
③ 화가라(和伽羅)[수기(授記)] : 불타의 설법 중 문답 형식으로 해석한 것. 또는 제자에게 미래에 성불할 것이라고 예언한 부문.

(3) ㄱ. "天地之道 一陰陽五行而已 坤復之間爲太極 而動靜之後爲陰陽 凡
有生類在天地之間者 捨陰陽而何之 故人之聲音 皆有陰陽之理 顧
人不察耳 今正音之作 初非智營而力索 但因其聲音而極其理而已
理旣不二 則何得不與天地鬼神同其用也"

<훈민정음해례 제자해>[35]

"천지(天地)의 이치(理致)는 한 음양(陰陽)과 오행(五行)일 뿐이니,
곤(坤)과 복(復)의 사이가 태극(太極)이 되고, 움직임[動]과 고요
함[靜]의 뒤가 음양이 되느니라. 무릇 천지 사이에 있는 삶을
받은 무리로서 음양을 버리고 어이하랴. 그러므로 사람의 목소
리[聲音]도 다 음양의 이치가 있되, 돌아보건대 사람이 살피지
못할 뿐이다. 이제 한글[正音·訓民正音]을 지음도 애초부터 지
혜(知慧)로 경영(經營)하고 힘으로써 찾음이 아니라, 다만 그 목
소리를 좇아 그 이치를 다했을 뿐이니, 이치가 이미 둘이 아니
라면, 곧 어찌 천지(天地)와 귀신(鬼神)으로 더불어 그 쓰임[用]
을 같이하지 않을 수 있으리오."

(박종국, 1976 : 27)에서 옮김.

---

④ 가타(伽陀)[풍송(諷頌)·고기송(孤起頌)] : 4언·5언·7언 등의 운문(韻文)으로 구성
된 것.
⑤ 우타나(優陀那)[무문자설(無問自說)] : 묻는 형식 없이 불타(佛陀)가 스스로 설한
법문.
⑥ 니타나(尼陀那)[인연(因緣)·연기(緣起)] : 불타를 만나 설법을 들은 인연 등을
말한 부문.
⑦ 아파타나(阿波陀那)[비유(譬喻)] : 비유로써 가르침을 명백하게 풀이한 부문.
⑧ 이제왈다가(伊帝曰多伽)[본사(本事)] : 불타나 제자들의 지난 생에서의 인연을
말한 부문.
⑨ 사타가(闍陀伽)[본생(本生)] : 불타 자신의 지난 생에서의 보살행(菩薩行)을 말한
부문.
⑩ 비불략(毘佛略)[방광(方廣)] : 방정(方正)·광대(廣大)한 진리를 설한 부문.
⑪ 아부타달마(阿浮陀達摩)[미증유법(未曾有法)] : 불타가 보인 여러 가지 신통력(神
通力), 불사의(不思議) 등을 말한 부문.
⑫ 우바제사(優波提舍)[논의(論議)] : 상세한 주석적 설법. 또는 교법(敎法)의 이치
를 논하고 문답한 부문.
35) 원전에 있는 구두 표시는 여기서 떼어쓰기로 대신하고, 한자의 권성(圈聲) 표시는
생략한다. 이하 『훈민정음』(해례본)의 내용을 예문으로 인용할 경우에는 이에 따
를 것이다.

ㄴ. "訣曰

　　天地之化本一氣 陰陽五行相始終

　　物於兩間有形聲 元本無二理數通"

<훈민정음 해례 제자해>

"결(訣)에 이르되,

천지(天地)의 조화(造化)는 본래가 한 기(氣)이니,

음양과 오행(五行)이 서로 처음이 되고 끝이 되니라.

물건은 둘 사이에 꼴과 소리가 있으나,

근본은 둘이 아니니 이수(理數)가 통하니라."

(박종국, 1976 : 34)에서 옮김.

(3ㄱ)은 제자해의 앞부분으로 문자 창제의 큰 원리를 밝힌 글이다. 이에 대해 (3ㄴ)에서는 칠언(七言)의 한시(漢詩) 형식을 빌려 다시 간결하게 요약하고 있는데, 이러한 설명 방식은 다음의 예에서 보듯 불전의 중송(重頌)과 같다.

(4) ㄱ. " … 佛子 譬如大海 普能印現四天下中 一切衆生 色身形象 是故共設 以爲大海 諸佛菩提 亦復如是 普現一切衆生心念 根性樂欲 而無所現 是故說名諸佛普提" <大方廣佛華嚴經 권52 '如來의 成正覺', 如來出現品(第三十七之三)>

" … 불자여, 비유하면 큰 바다가 널리 사천하 가운데에 모든 중생의 색신(色身)과 형상(形象)을 도장 찍듯 나타내니, 그러므로 함께 말하여 큰 바다가 된다는 것과 같으니라. 모든 부처님의 보리(菩提)도 또한 그러하여 널리 모든 중생의 마음과 근성(根性)과 욕낙(欲樂)을 나타내되, 나타내는 바가 없으니 그러므로 설하여 모든 부처님의 보리라고 이름 하느니라."

(전해주, 2001 : 158)에서 옮김.[36]

---

36) 이 논의의 불교 관련 부분은 海住스님(동국대 교수)의 상세한 설명과 자료에 기댄 바 크다.

ㄴ. "欲重明此義 而說頌言

… 如海印現衆生身 以此說其爲大海

菩提普印諸心行 是故說名爲正覺" <大方廣佛華嚴經 권52 '如來의

成正覺', 如來出現品(第三十七之三)>

이 뜻을 거듭 밝히려고 게송을 설하여 말씀하셨다.

… 바다에 중생 몸을 도장 찍듯 나타내니

이로써 큰 바다가 된다고 말하듯이

보리에 마음과 행을 도장 찍으니

그리하여 바른 깨달음이라 이름 하도다."

(전해주, 2001 : 165)에서 옮김.

(4ㄱ)은 '여래(如來)의 성정각(成正覺)' 부문 중 '於一念中悉知三世一切諸法 [한 생각에 삼세의 모든 법을 알다.]'을 비유로 보인 것이다. (4ㄱ)과 같은 산문 (散文)을 불경에서는 '장항(長行)'이라 하고, (4ㄴ)과 같은 운문(韻文) 요약을 '중송(重頌)'이라고 한다.

해례본의 산문으로 된 설명은 경전의 '장항(長行)'과 같은 방식이고, 운 문으로 된 요약은 경전의 '중송(重頌)'과 같은 방식이다. 해례본의 산문으 로 된 마지막 구절의 다음에 오는 '訣曰'과 경전의 '欲重明此義 而說頌言' 은 표현은 다르지만 같은 형식을 가리키는 말이다. 이로써 『훈민정음』 해례본의 설명 방법은 불경 편찬의 방식과 일치한다는 사실이 드러났다. 고려시대 이래 가장 널리 애독(愛讀), 애송(愛誦)해 왔던 책인 불경의 편찬 방식을 해례본의 설명 방법으로 차용(借用)한 것임을 알 수 있다. 해례본 의 해례 부문 역시 '장항'으로 설명하고, '중송'으로 요약하는 형식을 취 하여, 불교 경전들 중 가장 정제되고 발달한 형식의 경전들에서 흔히 접 할 수 있는 책 찬술 방법의 전통을 그대로 계승한 것이다.

3.2.

우리 민족이 기록을 남기기 위해 노력한 흔적은 여러 곳에서 발견된다. 현전하는 자료 중 가장 오래된 것으로는 현재의 지명으로 울산광역시 울주군 두동면 천전리 소재의 암각화(岩刻畵)를 들 수 있다. 아직 체계를 갖춘 문자의 단계에 이르지 못해 그림[그림문자]의 상태인 이 암각화의 상부에는 청동기 시대에 이루어진 것으로 보이는 점(點)으로 새긴 기하학적(幾何學的) 문양(紋樣)과 각종 동물상이 있고, 하부에는 삼국시대나 통일신라시대에 새긴 것으로 보이는 선각화(線刻畵)와 800여 자(字)의 명문(銘文)이 있다.[37] 기록을 남기기 위한 이러한 노력은 고유문자를 가지지 못했던 시기에는 한문 문장을 이용했거나,[38] 한자 차용 표기체계를 이용했는데, 지금은 이들이 돌이나 금속 등에 새겨진 명문(銘文)의 형태와 극히 일부의 장적(帳籍) 등에 남아서 전해진다. 명문(銘文)형태의 대표적인 것으로는 경북 포항시 중성리(中城里)와 포항시 냉수리(冷水里)에서 발견된 신라(新羅)의 비석(碑石)을 들 수 있다. 각각 신라시대인 441년 또는 501년, 443년 또는 503년에 조성된 것으로 보이는 이 비석의 전면, 후면, 윗면 등에는 재산의 소유와 재산의 상속을 확인해 주는 내용의 글이 적혀 있다. 그 외에도 국어사 자료로 소개되어 널리 알려진 임신서기석(壬申誓記石, 552년 또는 612년), 경주시 남산의 신성비(新城碑, 591년), 경북 김천시 개령면의 갈항사조탑기(葛項寺造塔記, 758년) 등이 있고, 만주(滿洲) 통화(通化) 집안현(集安縣)의 광개토대왕(廣開土大王, 재위 기간 : 391~412년)의 비(碑), 신라 진흥왕(재위 기간 : 540~575년)의 순수비(巡狩碑) 등도 기록 금석비문의 대표적인

---

37) 대한출판문화협회(1993), '한국의 책문화 특별전' 도록(圖錄) 참조.
38) 한문 문장을 이용해서 표기했거나, 서기체(誓記體) 형식으로 표기(表記)한 것 등을 포괄하는 의미이다. 박창원(2005 : 273~278)에서는 '수용'과 '변용'이라는 용어를 써서 문장차용에 의한 것과 차자표기에 의한 것을 구분·정리하였다.

것들이다. 금속에 새긴 것으로는 경남 의령에서 출토된 '연가칠년명금동
여래입상(延嘉七年銘金銅如來立像)' 뒷면에 있는 간행 관련 기록이 대표적이
다. 명문(銘文)에 의해 고구려 고국원왕(故國原王) 때인 539년에 평양 동사
(東寺)에서 만들어진 것임을 알 수 있다. 그 외에도 불경(佛經)을 돌에 새긴
석경(石經)과 경석(經石)들이 종교와 관련된 기록문화의 실상을 전해 준다.
불교 경전을 손으로 베껴 쓴 신라 '백지묵서대방광불화엄경사경(白紙墨書
大方廣佛華嚴經寫經, 755년)' 등과 함께 우리 기록문화의 전통을 보여 주는
소중한 자료들이다.

 이러한 전통을 이어받은 선조들은 목판인쇄의 기술을 터득함으로써
다량 출판의 계기를 마련하였다. 목판인쇄에 의한 출판은 신라시대에 시
작하여 고려시대에 찬란한 꽃을 피운 후, 조선시대에까지 이어졌다. 삼
국시대에 불교가 들어오면서 경전이 유입된 이래, 그 유통을 위해 초기
에는 필사(筆寫)의 방법이 이용되더니, 다량 유통의 필요성이 대두되면서
목판본 출판으로 발전하였다.

 1966년 10월에 경주 불국사 석가탑 2층 탑신부 사리공(舍利孔)의 금동사
리외함(金銅舍利外函) 속에서 나온 무구정광대다라니경(無垢淨光大陀羅尼經)은
우리의 목판인쇄 기술이 8세기 중엽경에 이미 상당한 수준에 다다라 있
었음을 보여 준다. 이렇게 시작된 목판인쇄술은 고려시대에 초조대장경
(初雕大藏經), 교장(敎藏), 재조대장경(再雕大藏經) 등을 잇달아 조성하여 우리
출판문화의 수준을 중국에서도 인정하게 했다. 사찰에서 만들어진 목판
불경도 상당량에 달한다. 이러한 출판문화를 바탕에 두고 있었기에 세계
최초의 금속활자도 개발할 수 있었던 것이다. 목판인쇄는 인쇄에 소요되
는 나무판, 붓, 먹, 종이 등 인쇄 재료의 발달과 더불어 가능했지만, 많은
경비와 노력이 부담스러워지고, 목판의 원목인 박달나무 등 목재 확보가
어려워지면서 소량 인쇄물인 경우 활자 인쇄에 역할을 넘기게 되었다.

이후에는 비용과 인력이 적게 드는 활자 인쇄에 의한 출판이 성행했다.[39] 세종 당대에만 해도 운학(韻學), 아악(雅樂), 의례(儀禮), 문학, 농업, 의약(醫藥), 역사, 철학, 종교, 법학(法學), 천문(天文), 수학(數學), 지리(地理) 등에 걸쳐 200여 종의 책이 간행되었는데 대부분 활자본이다.[40] 그럼에도 불구하고『훈민정음』은 목판 인쇄로 출판되어 있는데, 이는 목판 인쇄의 장점인 다량 인쇄와 후쇄본(後刷本) 인출의 편리함 때문에 그렇게 한 것이 아닌가 한다. 몇 벌에 지나지 않는 소량의 인쇄일 경우는 활자 인쇄가 적합하겠지만, 해례본처럼 많은 독자를 대상으로 하는 책일 경우 후쇄의 필요성까지 감안하여 목판으로 인쇄한 것으로 보인다. 다만 현전 자료 중 어디에도 이 책의 간행에 대한 기록이 없어서 당시에 몇 부가 간행되었는지, 그리고 판목(板木)은 어디에 보관되었었는지 등의 의문과 함께 그때 간행된 책 중 간송미술관 소장본 및 아직 공개가 되지 않은 상주본만 전해지는 것은 매우 아쉬운 일이다.

4.『훈민정음』해례본의 가치

4.1.

『훈민정음』은 본문과 해례를 통해 훈민정음의 제자원리와 자모 운용의 원칙을 이론적으로 밝힌 후, 용자례(用字例)에서 구체적인 표기 용례(用例)를 보이는 정교하고도 치밀한 구성으로 되어 있다. 이 해례본이 바탕

---

39) 출판에 대한 논의는 손보기(1971), 천혜봉(1976), 손보기(1986), 천혜봉(1990ㄴ), 대한출판문화협회(1993) 등을 참조하였다.
40) 세종 당대의 출판에 대해서는 손보기(1986)에 상세한 보고와 설명이 있다.

이 되고, 이 책이 나온 다음해에 편찬이 완료되어 한 해 뒤에 간행한 책인 『동국정운』으로 우리나라 한자음 표기의 원칙을 제시하면서 비로소 국문자 사용의 구체적인 틀이 마련되었다. 정음문헌의[41] 간행이 가능하게 된 것이다. 『훈민정음』의 해설과 표기 용례는 말 그대로 국문자 이용의 규범이 되고, 본보기가 되었다. 제자원리와 그 해설 그리고 표기 용례를 담고 있는 책(冊) 자체가 당시까지의 우리 언어문화가 집적(集積)된 문화적 산물이면서, 새로운 문자생활의 방향을 제시하는 지침서 구실을 하였다.

4.2.

훈민정음의 자모(字母)는 로마자의 그것과는 달리 자음과 모음의 형태가 구분되어 있다.[42] 초성(初聲)은 꺾은 곡선(曲線)과 원(圓)으로 되어 있고, 중성(中聲)은 원점(圓點)과 직선(直線)으로 되어 있어서 초성·중성·종성을 모아쓰기한 글자는 음절 단위의 네모글자, 곧 방형문자(方形文字)가 된다.[43] 이러한 방형문자는 음소 단위로 문자를 만들었으면서도 음절 단위로 모아쓰기를 하게 한 것이어서 의문을 불러일으켰다. 그러나 이는 당시까지의 문자생활을 고려한 고뇌에 찬 결정임을 생각지 않을 수 없다. 한자는 우리 문자가 창제되기까지 우리 문자생활의 전부였다고 해도 과언이 아닐 정도로 긴 세월 동안 국문자를 대신하는 대용문자(代用文字)의

---

41) 여기서 지칭하는 '정음문헌'이란 국문자로 표기된 모든 간행물과 필사된 문건을 아울러 가리킨다. 정음 창제 직후에 간행된 문헌이나 필사된 문헌 중 정음만으로 된 것은 없으므로 여기서의 '정음문헌'은 국한 혼용으로 표기된 문헌을 이른다.

42) 강창석(1996 : 53) 참조.

43) 안병희(2002)에서는 이를 '방괴문자(方塊文字)'라 하고, 훈민정음의 제자에는 한자의 구성원리 연구가 참고가 되었음을 밝혀서 이 논의에 많은 도움이 되었다.

역할을 해 왔다. 아무리 새로 만든 문자라고 해도 기존의 문자인 한자와
의 병용(倂用) 표기를 염두에 두지 않을 수 없었을 것이고,[44] 이러한 고려
(考慮)의 산물이 바로 음소문자(音素文字)인 훈민정음을 음절 단위로 모아
쓰기한 이유일 것이다. 또한 이는 문자 창제 과정에서부터 모아쓰기를
전제로 하여 제정했기 때문에 자음과 모음의 형태가 다르게 만들어진
것이고, 한글과 로마자가 같은 음소문자임에도 자음의 자양(字樣)과 모음
의 자양(字樣)이 다른 형태로 된 이유가 될 것이다.

　본문(예의)에서 "· ― ㅗ ㅜ ㅛ ㅠ 附書初聲之下 ㅣ ㅏ ㅓ ㅑ ㅕ 附書於
右"라 하여 모아쓰기의 원칙을 제시한 후, 해례의 합자해(合字解)에서 이를
구체화하고 그 예를 들어 보였다. 해례의 고유어 표기나 한자음 표기는
모두 이 규정에 의해 이루어졌고, 이후에 간행된 정음문헌도 마찬가지다.

> (5) "初中終三聲合而成字 初聲或在中聲之上 或在中聲之左 如君字ㄱ在ㅜ
> 上 業字ㆁ在ㅓ左之類 中聲則圓者橫者在初聲之下 · ― ㅗ ㅛ ㅜ ㅠ 是也 縱
> 者在初聲之右 ㅣ ㅏ ㅑ ㅓ ㅕ 是也 如呑字·在ㅌ下 卽字―在ㅈ下 侵字ㅣ在
> ㅊ右之類 終聲在初中之下 如君字ㄴ在구下 業字ㅂ在 어下之類."[45]
> 　　　　　　　　　　　　　　　　　　　　　　　<훈민정음 해례 합자해>

　이 합자해(合字解)에서는 본문의 내용을 구체화하면서 표기의 예를 들
어 놓았는데, 본문에서는 모음의 순서가 기본자, 초출자, 재출자 순이었
으나 해례의 합자해에서는 그 순서를 지키면서 양성모음과 음성모음의

---

44) 이에 대한 증거는 여러 가지를 상정할 수 있겠지만, 합자해(合字解)의 "文與諺雜用
　　則有因字音而補以中終聲者 如孔子ㅣ魯ㅅ:사롭之類" 등은 이를 잘 보여 준다.
45) 앞의 주 35)에서와 마찬가지로 원전(原典)에 있는 구두 표시는 띄어쓰기로 대신하
　　고, 한자의 권성(圈聲) 표시는 생략한다. 『훈민정음』 (해례본)에서는 단체자(單體
　　字)인 모음 '·'와 '·'가 포함되어 있는 합체자(合體字) 'ㅗ ㅏ ㅜ ㅓ ㅛ ㅑ ㅠ ㅕ'
　　등에서의 '·' 역시 모두 둥근 점[圓劃]으로 표기했다. 하지만 이 논의에서는 해례
　　본의 내용을 인용할 때, 꼭 구분해야 할 경우가 아니면 현대의 활자체로 바꾸어서
　　표기할 것이다.

순서도 고려해서 배열하였다. 중성이 초성의 아래쪽과 오른쪽에 있을 경우의 예를 모두 제시하여 혹 있을지 모를 표기의 혼란을 막은 것이다. 뒷부분에 종성 표기의 위치와 용례를 제시한 것, 특히 하서(下書)와 우서(右書)로 나누어 보이는 것 등은 매우 정치한 내용이다.

4.3.

훈민정음 창제 직후 간행된 책은 『용비어천가』(1447년), 『석보상절』(1447년), 『월인천강지곡』(1447년), 『동국정운』(1447년), 『사리영응기』(1449년) 등이 있다. 이 외에도 세종 때 편찬을 시작하여 단종 때 완성된 『홍무정운역훈』(1455년)이 있고, 역시 세종 때 번역이 시작되었으나 원고본으로 보관되다가 성종 12년(1481년)에 간행된 것으로 보이는 『삼강행실도』 등이 있다. 한편 『석보상절』 1권의 권두에도 실렸을 것으로 추정되는[46] 「훈민정음 언해본」 등이 훈민정음 창제 직후에 간행된 초기의 정음문헌에 해당된다. 내용별로 나눈다면 조선 개국 초기의 왕업을 찬양한 내용으로 된 것 1건, 불교 관련 내용으로 된 것 3건, 어학 관련 내용으로 된 것 3건, 유교적 교화 관련 내용으로 된 것 1건 등 정음 초기의 문화와 주된 관심사가 무엇이었는지를 알게 해 주는 문헌들이다. 이 정음문헌들은 『훈민정음』의 규정을 바탕으로 해서 편찬이 이루어졌겠지만 체제나 표기 등에서는 조금씩 차이를 보인다. 이는 문자 창제 당시에도 그러했던 것처럼 실제 사용에 있어서도 검토와 수정의 과정이 반복되었음을 보여 주는 것이다. 그러한 과정을 통해 가장 이상적인 체제와 표기의 형태를 추구했던 것이 아닌가 한다. 해례본의 간행에 이어 우리나라 표준 한자음의 정리를 위해 『동

---

46) 안병희(1990) 참조.

국정운』을 만들고, 중국 한자음의 정확한 표기를 위해『홍무정운역훈』
을 편찬하였으며, '언해본'에 '치두음과 정치음'의 표기를 위한 규정을
새로 첨기(添記)한 것도 이와 무관하지 않을 것이다. 문자 창제의 목적이
처음보다 확대되었음을 알 수 있는 내용이다.

『훈민정음』의 한자음 주음 표기를 보면 초성해(初聲解)에서 '쾌(快)'와
'뀨(虯)'의 한자음이 '[쾌]', '[뀨]'로 주음되어 있는데, 이는 언해본의 '[쾡]',
'[뀽]'와 다르다. 언해본의 한자음이『동국정운』에 규정된 한자음에 기반
을 둔 것에 비추어 보면, 해례본 당시에는『동국정운』한자음의 확정이
아직 이루어지지 않았음을 보여 주는 것이다. 또 설내입성운미(舌內入聲韻
尾) 'ㄷ'이 종성해에서 '彆[볋]'으로 표기되어 '언해본'의 '[볋]'과 다른 점
역시 입성의 본질에 충실하고자 한 표기로 보인다.

『월인천강지곡』과『삼강행실도』의 한자음 주음 표기에서 모음으로
끝난 한자의 경우 종성에 'ㅇ'을 첨기하지 않은 것도 같은 맥락에서 보
아야 하지 않을까 한다.[47)]

4.4.

해례 종성해(終聲解)에는 "所以 ㅇ ㄴ ㅁ ㅇ ㄹ ㅿ 六字爲平上去聲之終
而餘皆爲入聲之終也 然 ㄱ ㆁ ㄷ ㄴ ㅂ ㅁ ㅅ ㄹ 八字可足用也 如빗곶爲梨

────────────
47) 안병희(2002 : 186)의 주 17)에서는 이에 대해 주목할 만한 지적을 하고 있다.
"… 『동국정운』의 한자음 종성 표기가 확정되기 전에 'ㅇ'에 대하여는 표기 여부에
대한 상반된 견해가 막판까지 공존하였는데, 문제의 두 문헌은 표기하지 않은 견
해에 따른 것이 아닐까 하는 생각을 현재의 필자는 가지고 있다. 물론『삼강행실
도』의 편찬과 간행이 성종 때의 일이 아니라『월인천강지곡』과 비슷한 시기인
1447(세종 29년)무렵의 일로 보는 것이다."
필자가 생략한 앞부분에 주장의 근거가 제시되어 있다. 자세한 내용은 그 논의를
참고하기 바란다.

花 엿의갗爲狐皮 而ㅅ字可以通用 故只用ㅅ字"라 하여 종성 표기에서 'ㄱ, ㆁ, ㄷ, ㄴ, ㅂ, ㅁ, ㅅ, ㄹ'의 8자만으로 모든 종성 표기가 가능함을 밝혔다. 하지만 『용비어천가』에는 8자 외에 'ㅍ, ㅈ, ㅊ, ㅿ' 등이 쓰이고, 『월인천강지곡』에는 8자 외에 'ㅌ, ㅍ, ㅈ, ㅊ, ㅿ' 등이 쓰였다. 이후에 간행된 문헌들에서는 대체로 8종성 표기가 지켜졌으나, 일부에서 'ㅿ'이 더 쓰인 예가 있다. 또 동명사 어미 'ㅭ'의 표기도 보인다.

병서(並書)는 본문의 "初聲合用則並書 終聲同"의 규정과 합자해(合字解)의 다음 설명에 의해 큰 방향이 정해졌다.

(6) "初聲二字三字合用並書 如諺語·따爲地 짝爲隻 ·쁨爲隙之類 各自並書 如諺語·혀爲舌而·혀爲引 괴·여爲我愛人而괴·여爲人愛我 소·다爲覆物而쏘·다爲射之類 中聲二字三字合用 如諺語·과爲琴柱 ·홰爲炬之類 終聲二字三字合用 如諺語홁爲土 ·낛爲釣 돐·뻬爲酉時之類 其合用並書 <u>自左而右 初中終三聲皆同.</u>"

<훈민정음 해례 합자해>(밑줄 필자)

합용자(合用字)는 각자병서, 합용병서 공히 초성자·중성자는 물론이거니와 종성자 표기에서도 '自左而右'의 원칙에 따르는 것으로 했다. 특히 중성자는 '선횡후종(先橫後縱)'의 원칙을 따르고 있다. 이후의 문헌들은 이 규정에 충실하다. 다만 각자병서는 『원각경언해』(1465년) 이후에는 단일자로 바뀌었다.

방점(傍點)은 본문의 "左加一點則去聲 二則上聲 無則平聲 入聲加點同而促急"과 합자해(合字解)의 "… 凡字之左 加一點爲去聲 二點爲上聲 無點爲平聲 …"에 의해 글자의 왼쪽에 점을 찍어 표시했다. 초기에는 둥근 점[圓劃]을 찍었으나 『홍무정운역훈』의 한글 주음부터는 비스듬히 찍은 점[점획(點劃)]으로 바뀌었다. 방점 표기는 이후 16세기 무렵에 혼란한 양상을 보이다가 17세기 문헌부터 폐지되었다.

훈민정음 창제 당시부터 둥근 점[圓劃]이었던 모음의 ‘·’는 『훈민정음』 (해례본)과 『동국정운』에서는 단체자(單體字)와 합체자(合體字) 모두에서 이른바 원획으로 표기했다. 『용비어천가』, 『석보상절』, 『월인천강지곡』, 『사리영응기』(1449년) 등에서는 단체자(單體字)인 ‘·’와 합체자 중 ‘·ㅣ’48)의 경우에만 원획으로 표기하고, 그 밖의 합체자(合體字)에 있는 ‘·’는 고딕체인 막대형의 방획(方劃)으로 자양(字樣)이 바뀌었다. 『홍무정운역훈』부터는 단체자 ‘·’와 합체자 ‘·ㅣ’에 있는 ‘·’가 점획(點劃)으로 바뀌어, 「훈민정음 언해본」 등 이후의 문헌에서는 단체자 ‘·’와 합체자인 ‘·ㅣ’에서의 ‘·’는 점획, 그 외 다른 합체자에 들어있는 ‘·’는 모두 방획으로 표기했다.49) 방점 표기도 마찬가지다.

합자해(合字解)에는 “文與諺雜用則有因字音而補以中終聲者 如孔子ㅣ魯ㅅ：사룸之類”라 하여 한자와 정음의 혼합 표기원칙 및 용례가 나온다. 한자와 우리 글자를 섞어서 쓸 경우의 원칙을 제시한 것인데, ‘魯ㅅ：사룸’은 사이글자 표기의 실례(實例)를 보인 셈이어서, 이후 문헌에서 사이글자 표기는 이 예에 따라 이루어졌다. 사이글자는 ‘ㅅ’이 일반적이지만 『용비어천가』에는 ‘ㅅ’ 외에 ‘ㄱ, ㄷ, ㅂ, ㆆ, ㅿ’이 보이고, 예외적으로 ‘ㄹ’ 다음에 ‘ㆆ’이 쓰인 경우도 있다. 『석보상절』에는 ‘ㅅ’ 외에 ‘ㄱ, ㄷ’이 보이고, 『월인천강지곡』에는 ‘ㅅ’만이 보인다. 「훈민정음 언해본」에는 ‘ㅅ’ 외에 ‘ㄱ, ㄷ, ㅂ, ㅸ, ㆆ’이 나타나나 그 밖의 문헌에서는 ‘ㅅ’으로 단일화하였다. 다만 글자의 위치는 환경에 따라 앞글자의 종성 위치 또는 종성

---

48) 여기서 가리키는 합체자 ‘·ㅣ’는 모음 초출자 중 하나인 음성모음 ‘ㅓ’와는 다른 글자이다. 이 합체자는 ‘·’에 ‘ㅣ’가 합해진 글자로, 해례본의 중성해(中聲解)에서 제시한 이른바 ‘一字中聲之與ㅣ相合字十’ 중 첫 번째에 해당하는 글자이다. 바로 ‘익’, ‘딕’, ‘씩’ 등에 쓰인 중성 글자를 이른다.

49) 해례본 및 정음문헌의 판본체 등에 대해서는 박병천(2000) 참조.

과 병기, 두 글자의 사이 그리고 뒷글자의 초성과 병기하는 방법 등 세
가지 유형으로 나타난다.

> (7) ㄱ. 즘겟길, ᄆᆞᅀᆞᆷ경, 눈ᄌᆞᅀᅵ, 사ᄅᆞᆷ서리 : 하ᄂᆞᆳ ᄠᅳᆮ들, 부텻 光明,
>   ㄴ. 無ㆆ字, 漂ㅸ字 : 魯ㅅ 사ᄅᆞᆷ, 世尊ㅅ 일, 菩薩ㅅ 中에
>   ㄷ. 엄쏘리, ᄆᆞ숨ᄭᆞ장 : 十年 쌰ᄋᆡ예

(7)은 합성어나 구 구성의 명사 사이에 사이글자를 둔 예이다. (7ㄱ)은
중성자로 끝나는 선행명사의 아래쪽이나 유성자음으로 끝나는 선행명사
의 종성 글자 바로 옆에 'ㅅ, ㄷ, ㅂ, ㆆ' 등의 사이글자를 표기한 예이다.
(7ㄴ)은 선행명사가 한자로 적힌 경우의 예이다. 선행명사와 후행명사의
가운데에 사이글자 표기를 하였다. (7ㄷ)은 사이글자 'ㅅ'을 후행명사의
초성 글자와 병행 표기한 예이다.

4.5.

해례본 이후에 간행된 정음문헌들은 모두 국한 혼용문이다. 한자에는
정음의 주음이 있는 경우도 있고, 주음 없이 한자만으로 표기된 것도 있
다. 한자음의 정음 주음은 『동국정운』에 바탕을 둔 이른바 '동국정운음'
이다. 초기의 국한 혼용 문헌에 보이는 한자 및 한자음 표기의 방법은
다음과 같은 세 가지 유형이다.[50]

> (8) ㄱ. 海東 六龍이 ᄂᆞᄅᆞ샤 일마다 天福이시니 古聖이 同符ᄒᆞ시니
>   <용비어천가 제1권 1ㄱ>

---

50) 띄어쓰기는 필자가 했으나, 방점 표기는 생략한다.

ㄴ. 셰世존尊ㅅ 일 술<ruby>보리니</ruby> 먼萬리里 외外ㅅ 일이시나 눈에 보논
가 너기ᅀᆞᄫᆞ쇼셔

<월인천강지곡 상권 1ㄱ>

ㄷ. 世솅尊존이 象쌍頭뚱山산애 가샤 龍룡과 鬼귕神씬과 위ᄒᆞ야 說
솛法법 ᄒᆞ더시다

<석보상절 제6권 1ㄱ>

(8ㄱ)은 한자와 한글을 혼용 표기하되, 한자음 주음을 두지 않은 예이
다. 『용비어천가』(1447년), 『상원사 어첩 및 중창 권선문』(1464년), 『두시언
해』(1481년) 등이 이에 해당된다. (8ㄴ)은 한자에 동국정운 한자음 주음을
하되, 한글을 큰 글자[大字]로 쓰고 한자를 작은 글자[小字]로 부기한 예이
다. 이 책『월인천강지곡』외에 다른 문헌에서의 예는 없다. (8ㄷ)은 한자
를 큰 글자[大字]로 하고 동국정운 한자음을 정음 작은 글자[小字]로 부기
한 형식이다.『석보상절』이후에 간행된 대부분의 문헌이 이 유형에 해
당된다.『동국정운』한자음은『진언권공·삼단시식문언해』와『육조법보
단경언해』(1496년)부터 폐지되어 현실 한자음 표기로 바뀌었다.[51]

4.6.

제자원리와 표기원칙에 따라 이루어진 실제 표기의 예가 용자례(用字
例)에 94개의 어휘로 제시되는데, 이 용자례의 정음 표기는 이후 국문자
를 이용해서 우리말을 적는, 새로운 표기 형태의 전범(典範)과 같은 것이
되었다. 특히 지적하고 싶은 것은 용자례에 등장하는 고유어 어휘들의
성격이다. 이 어휘들을 통해 우리는 해례본 편찬자들의 독자를 위한 배

---

51)『육조법보단경언해』등의 동국정운 한자음 폐지에 대해서는 김무봉(2006ㄱ) 참조.

려를 읽을 수 있다. 여기에 실려 있는 어휘들은 그 무렵 우리 선조들의 생활상을 일부나마 들여다볼 수 있는 좋은 자료가 되기도 한다.

종성해(4개), 합자해(25개), 용자례(94개) 등에 등장하는 123개의 어휘는 대부분 당시의 언중들이 일상생활에서 쉽게 접할 수 있는 단어들이거나 흔히 사용하던 어휘들로 보인다. 특히 용자례(用字例)에 쓰인 94개의 어휘들은 모두 구상명사이면서 당시의 실생활과 밀접하게 관련되어 있는 단어들이다. 표기의 실례(實例)에 해당하는 어휘로써의 성격이 고려된 듯 '발측[跟]'을 제외하면 모두 단일어이다. 이러한 사실만 보아도 이 책의 편찬이 얼마나 세심한 고찰과 깊은 사려의 결과로 이루어졌는지 짐작이 간다. 독자, 곧 우리 문자를 사용할 언중들의 입장에 서서 누구나 쉽게 이해하고 사용할 수 있도록 가장 가까이에서 접할 수 있는 어휘들을 대상으로 한 것이다. 초성 17자 중 고유어에 쓰이지 않은 'ㆆ'을 제외한 16자에다 'ㅸ'의 용례를 포함시켰다. 순경음 'ㅸ'은 순음인 'ㅂ, ㅍ, ㅁ' 뒤에 나오는데, 이는 "운서(韻書)의 자모도(字母圖)에서 순경음이 순중음에 계속되는 관계를 적용한 때문으로 보인다."[52] 초성은 17자에 대해 각각 2가지씩 용례를 보여 34개의 어휘가 등장한다. 중성은 모두 11자인데 '초성+중성'만으로 구성된 어휘의 예와 '초성+중성+종성'으로 된 어휘의 예가 각 중성자 당 2개씩이어서 모두 44개의 어휘가 나온다.[53] '초성+중성+종성' 구성으로 되어 있어서 중성해의 설명에 가장 부합하는 어휘, 곧 중성 본래의 모습을 온전히 보여 줄 수 있는 어휘 2개씩을 먼저 보이고, 이어서 '초성+중성' 구성으로 된 어휘 2개씩을 연달아 제시했다. 종성은 8자에 대해 2개씩의 예를 보여서 16개의 어휘가 나오므로 모두 94개의 어휘가 예로써 등장하는 셈이다.

지시 대상의 성격을 기준으로 한 94개 어휘의 갈래는 다음과 같다.[54]

---

52) 안병희(2002 : 181)에서 인용.
53) 이에 대한 자세한 논의는 안병희(2002 : 181~182) 참조.

1) 식물 이름

감[柿], 골[蘆], 콩[大豆], 뒤[茅], 파[蔥], 마[薯蕷], 폿[小豆], ▽래[楸],
피[稷], 버들[柳], 고욤[柹], 삽됴[蒼朮菜], 율믜[薏苡], 벼[稻], 닥[楮],
신[楓], 잣[海松] (17개)

2) 식물 관련 어휘

우케[未舂稻], 쟈갑[蕎麥皮] (2개)

3) 동물 이름

러울[獺], 두텁[蟾蜍], 노로[獐], 납[猿], 벌[蜂], 폴[蠅], 사비[蝦], 부형
[鵂鶹], 비육[鷄雛], ᄇ얌[蛇], 너싀[鴇], 그력[鴈], 사ᄉᆞᆷ[鹿], 쇼[牛], 남
샹[龜], 약[蠅蟸], 져비[燕], 굼벙[螬蠐], 올창[蝌蚪], 반되[螢], 범[虎]
(21개)

4) 동물 관련 어휘

깃[巢], 밀[蠟], 굽[蹄] (3개)

5) 광물 이름

구리[銅] (1개)

6) 자연물 이름

뫼[山], 셤[島], 믈[水], 쉽[泉], 못[池], 둘[月], 별[星] (7개)

7) 자연 현상

서에[流澌], 무뤼[雹], 어름[氷], 서리[霜] (4개)

8) 생활용품 및 생활 관련 어휘

드븨[瓠], 자[尺], 죠희[紙], 체[籭], 채[鞭], 드레[汲器], 키[箕], 톱[鉅],

---

54) 용자례(用字例)에 보이는 어휘들의 특징을 살피기 위해 지시 대상의 성격을 중심으
로 나누었다. 가능한 한 지시 대상의 성격이 같은 부류에 속하는 어휘끼리 묶었으
나, 정밀하지 못한 부분이 있다. 순서는 용자례에 나오는 차례를 기준으로 했다.

벼로[硯], 이아[綜], 숫[炭], 널[板], 다야[匜], 죽[飯㡄], 슈룹[雨繖], 쥬
련[帨], 독[甕], 갇[笠], 신[屨], 섭[薪] (20개)

9) 신체 관련 어휘
   볼[臂], 손[手], 힘[筋], 특[頤], 발측[跟] (5개)

10) 혈연 및 인간관계를 보이는 어휘
   아스[弟], 죵[奴] (2개)

11) 음식 관련 어휘
   밥[飯], 엿[飴餹] (2개)

12) 종교 관련 어휘
   뎔[佛寺] (1개)

13) 주거 관련 어휘
   담[墻], 울[籬], 브섭[竈] (3개)

14) 인공 구조물
   드리[橋] (1개)

15) 농사 관련 어휘
   논[水田], 호미[鉏], 낟[鎌] (3개)

16) 잠업 관련 어휘
   고티[繭], 누에[蚕] (2개)

94개 어휘 중 겹치는 예는 없다. 식물명, 동물명, 생활 관련 어휘가 대
부분을 차지한다. 앞에서도 지적했듯이 당시의 언중들이 가장 쉽게 접할
수 있었던 어휘들로 보인다. 각 항목별 해당 어휘를 일별(一瞥)하면, 부문

별로 그 무렵의 언중들이 주로 사용했던 어휘가 어떤 것들이었는지와 당시의 생활 및 문화의 일단을 엿볼 수 있고, 식물이나 농기구의 이름을 통해서는 농업 중심의 생활상을 살필 수 있다. '고티[繭], 누에[蚕]' 등의 어휘는 지금은 사라진 '잠업'이 당시에는 꽤 성행했던 산업이었음을 짐작하게 한다. 다만 '드뵈[瓠], 비육[鷄雛], 쟈감[蕎麥皮], 쥬련[帨]' 등은 이 문헌에서의 용례(用例) 외 다른 사용례를 당시의 문헌에서 찾기가 쉽지 않다.

4.7.

해례본 이후에 간행된 정음문헌들은 문헌의 성격과 내용에 따라 체제 등에서 조금씩 다른 모습을 보인다. 표기의 경우에서 이미 확인한 대로 검토와 수정의 과정이 반복되었음을 알 수 있다. 대부분 번역의 형식을 띠고 있는 이른바 언해본들은 언해 체제의 변개를 통해 독자들의 가독성(可讀性)을 높이는 방향으로 수정을 거듭한 것으로 보인다.

원문을 분단하여 정음으로 구결을 달고, 이를 언해한 불경언해서 등에서는 방점이 찍힌 구결의 행이 한 행으로 된 것과 두 행으로 된 것이 있고, 구결에 방점을 찍지 않은 문헌도 있다. 초기에 간행된 문헌에는 구결에 방점이 찍혀 있으나, 활자본 『능엄경언해』(1461년) 이후에 간행된 간경도감 간행의 불경언해서들에는 방점이 없다. 언해문의 글자 크기도 다른데, 대체로 이른 시기에 간행된 문헌들은 언해문에 한글 중간 글자[中字]를 쓰고 있으나 활자본 『능엄경언해』(1461년) 이후에 간행된 책들은 한글 작은 글자[小字]를 쓰고 있다. 한자어의 주음이 원문과 언해문 모두에 있는 문헌은 초기의 정음문헌들이고, 활자본 『아미타경언해』(1461년) 이후에 간행된 문헌들에는 언해문에만 한자어의 주음이 있다. 어려운 전문 용어나 주석이 필요한 경우에는 협주(夾註)를 두었는데, 협주의 시작과 끝에 흑어미(黑魚尾)를 둔 문헌과 그렇지 않은 문헌으로 나뉘기도 한다. 대체로 목판본『능엄경언해』(1462년) 등 상대적으로 후대에 간행된 문헌에 흑어미가 보인다. 구결문과 언해문을 구분하는 방법도 행을 바꾸어 시작하는 초기 문헌과는 달리 후대로 가면 ○ 표시를 두어 구분을 명확히 하는 쪽으로 바뀌었다.

이러한 변화는 모두 초기의 정음문헌 시대를 거쳐 후대로 이행하면서 보이는 현상이다. 출판의 대상이 확대되면서 보다 많은 분량을 실어야 하는 부담의 해소와 독자들의 읽기의 편의를 도모하는 쪽으로의 시도가 반영된 변화인 것이다.[55] 출판문화가 양적으로는 말할 것도 없고, 질적으로도 진전된 모습을 추구하는 단계에서 나타나는 노력과 그 결과의 반영이다.

5. 맺는말

지금까지 세종 28년(1446년) 9월에 간행된 책인『훈민정음』해례본을 대상으로 하여 그 내용과 출판문화재로서의 가치를 살펴보았다. 이 책은 예의(본문)와 해례로 구성되어 있다. 본문에는 훈민정음의 창제 목적을 밝힌 세종의 어지(御旨) 서문과 자모의 음가, 운용법 등에 대한 설명이 있다. 그런가 하면 해례의 제자해, 초성해, 중성해, 종성해에는 제자원리와 제자 기준, 학문적 배경 그리고 초성, 중성, 종성의 본질에 대한 설명이 있고, 합자해에서는 초성, 중성, 종성을 합해서 표기하는 원리와 성조에 대한 설명이 있다. 용자례에서는 94개의 어휘를 대상으로 표기의 실제 용례를 제시했다. 해례 뒤에는 해례 작성자를 대표해서 정인지가 쓴 서문이 있다.

---

55) 정음문헌의 분류와 체제 변화 등에 대해서는 김영배·김무봉(1998 : 307~415)에 소상히 설명되어 있다.

5.1.

이 논의에서는 책 전반에 걸쳐 지금까지 다뤄지지 않았거나 미해결의 과제로 남겨졌던 몇몇 사안에 대해 천착하고 그 답을 찾아보고자 하였다. 논의는 '훈민정음'과 『훈민정음』 해례본이 앞 시대의 문화가 집적(集積)된 결과물이면서, 새로운 문자생활의 방향을 제시하는 지침서라는 입장에서 출발했다. 따라서 이 책이 훈민정음 이후 우리 언어생활의 변화를 견인하고, 우리의 새로운 문화를 선도한 소중한 기록문화 유산이라는 데 비중을 두어 진행했다. 당연히 훈민정음과 『훈민정음』 해례본 전반에 대한 면밀한 검토가 선행되어야 한다는 전제에서 출발하였다.

5.2.

제2절에서는 형태서지를 살폈다. 예의 부문과 해례 부문은 서체(書體)와 행관(行款), 판심제(板心題) 등이 다른데, 이는 임금이 친제한 어제 부문과 정인지 등 신하들이 해설한 해례 부문을 달리 다루었기 때문이다. 본문인 예의 부분은 판심제가 '正音'이고, 해례 부문은 '正音解例'로 되어 있어서 합편한 책(冊)임을 알 수 있다. 본문은 반엽(半葉)이 유계 7행 11자이고, 해례는 유계 8행 13자로 차이가 난다. 글씨체도 본문 부문은 해서체(楷書體)이고, 해례 부문은 해행서체(楷行書體)이다. 이는 불교 경전에서 경(經)의 본문과 주소(注疏)가 함께 있을 경우, 주소의 행을 경 본문과 달리하고, 주소 전체를 한 글자씩 내려서 쓰는 등 본문과 주석을 다르게 다루어 왔던 전통의 반영임을 밝혔다. 그 외에 형태서지에서 제기되는 몇몇 문제에 대해서 해명했다.

5.3.

제3절에서는 『훈민정음』의 출판문화재로서의 특성을 살폈다. 특히 해례본 중 '해례(解例)'의 기술 방식과 불경 찬술 방식의 연관성에 대해 논의하여 영향 수수 관계를 규명했다. 해례의 설명 방법은 독특하다. 산문 형식의 설명이 끝나면 뒤에 운문으로 요약을 하였는데, 이는 내용에 대한 이해를 돕고 전달의 효과를 높이기 위해 불경 찬술 방법 중 하나인 '장항(長行)'과 '중송(重頌)'에서 차용(借用)해 온 것이다. 논의 과정에서 불경 찬술 방법에 대한 고찰을 통해 이를 밝혔다.

『훈민정음』은 목판본으로 되어 있다. 세종 당대에는 활자 인쇄 기술이 상당한 수준에 도달했고, 실제 활자 인쇄가 성행했다. 그럼에도 불구하고 굳이 목판본으로 간행을 했다. 그 이유는 목판 인쇄의 장점인 다량 인쇄와 후쇄본 간행을 염두에 둔 원려(遠慮)의 결과였을 것으로 생각한다.

5.4.

제4절에서는 우리 문자가 음소문자임에도 불구하고 음절 단위로 모아쓰기를 한 이유를 밝혔다. 훈민정음의 초성은 꺾은 곡선(曲線)과 원(圓)으로 되어 있고, 중성은 원점(圓點)과 직선(直線)으로 되어 있는데, 이는 우리 문자가 모아쓰기에 의한 음절 단위의 표기를 전제로 하여 창안된 것임을 짐작케 하는 것이다. 그리고 당시까지 우리 문자생활의 전부였던 한자와의 병행 표기를 염두에 둔 고뇌에 찬 결단이었음을 알 수 있게 해주는 내용이다. 애초에 모아쓰기를 전제로 해서 창제했기 때문에 같은 음소문자임에도 로마자와는 달리 초성과 중성의 자양(字樣)이 서로 다를 수밖에 없었을 것이다.

　　훈민정음 창제 직후에 간행된 책인 『용비어천가』(1447년), 『석보상절』 (1447년), 『동국정운』(1447년), 『사리영응기』(1449년) 등과 비록 간행은 늦었지만 편찬 작업이 세종 때 시작되어 훈민정음 창제 당시의 언어가 반영된 것으로 보이는 『홍무정운역훈』(1455년), 『삼강행실도』(1481년), 「훈민정음 언해본」(1459년 이전) 등을 통해 새로운 문자인 훈민정음의 적용 양상과 표기의 변화, 체제의 변개 등을 살펴서 훈민정음과 훈민정음에 의한 출판이 어떻게 정착되고 발전되어 왔는지를 밝혔다.

　　용자례에 나오는 94개의 어휘의 성격과 내용을 필자가 정한 기준에 따라 분류하고 분석하여, 이 어휘들의 성격과 용자례의 용례 어휘로 선택될 수 있었던 이유에 대해 살펴보았다. 94개의 어휘는 당시 언중들이 일상생활 속에서 쉽게 접할 수 있고, 또 널리 사용했던 어휘들임을 알 수 있었다. 아울러 이 어휘들을 통해 당시의 생활상과 문화의 양상도 부분적으로 살펴볼 수 있었다.

　　『훈민정음』은 국문자 창제 당시까지의 우리의 언어와 문화가 집적된 결과물이면서 새로운 문자생활의 방향을 제시한 훌륭한 문화유산이다. 지금까지의 연구 성과가 적지 않지만 지속적인 노력으로 책에 담겨 있는 뜻이 온전히 밝혀져서 그 가치가 더욱 빛날 수 있게 되기를 바란다.

제2장 조선 전기 언해 사업의 현황과 사회·문화적 의의

1. 머리말

1.1.

우리 민족이 이 땅에 뿌리를 내리고 공동체적 삶을 일구어 온 것은 꽤 오래 전부터의 일이다. 그러나 불행하게도 우리는 고대국가 시대 이래 상당한 기간 동안 고유의 문자를 가지지 못했었다.[1] 어느 민족에서나 그 민족 문화의 큰 줄기는 언어에 의해서 창출(創出)되고 전하여지는 바, 고유의 문자를 가지지 못했다는 사실은 그런 점에서 각별히 안타까운 일이 아닐 수 없었다. 아직 고유문자 창제의 역량을 갖추지 못했던 당시의

---

[1] 훈민정음 이전에 삼황내문(三皇內文), 신지비사문(神誌秘詞文), 왕문문(王文文), 수궁내문(手宮內文), 각목자(刻木字), 고구려문자(高句麗文字), 백제문자(百濟文字), 발해문자(渤海文字), 고려문자(高麗文字) 등의 문자가 존재했었다는 주장이 있으나(권덕규 : 1923 ; 김윤경 : 1938/1954), 근거에 해당하는 문자가 전해지지 않거나, 이후 진전된 내용이 없으므로 논외(論外)로 한다. 그 외 평양 법수교(法首橋)의 비문(碑文), 남해도(南海島) 상주리(尙州里) 지면암(地面巖)의 석각문(石刻文), 울산(蔚山) 반구대(盤龜臺)의 암각화(岩刻畵) 등을 어떻게 다룰 것인가 하는 문제 역시 다른 차원의 접근이 필요한 내용이어서 논외로 한다.

조상들은 고유문자를 대신할 수 있는 방안(方案)으로 인접 국가인 중국의 문자를 이용해서 우리말을 적는 방법을 마련하게 되었다. 지리적으로 근접해 있던 중국과의 자연스러운 교류가 언어의 접촉으로도 이어지고 그로 인해 문자까지 빌려다 쓰기에 이른 것이다.

그 방법은 두 방향으로 진행되었다. 하나는 중국 문자인 한자(漢字)는 물론, 중국어의 문법체계(文法體系)까지도 그대로 빌려와 우리말을 중국어 문법체계로 바꾸어서 한자로 표현하는 방법이고, 다른 하나는 중국 글자인 한자의 음(音)과 훈(訓), 자획(字劃)이나 부수(部首) 등을 적절히 활용하여 우리말을 적는 이른바 차자표기(借字表記) 방법이었다. 앞의 방법은 삼국시대 이래 19세기 말까지 활발하게 쓰였으나, 이제는 일부 한문 문장에 그 자취를 남기고 있을 뿐이다. 뒤의 방법은 변화에 변화를 거듭하며 계속 쓰이다가 훈민정음 창제 후 서서히 사라지기 시작하여 갑오경장(甲午更張)에 즈음해서는 거의 모습을 감추었다. 다만 그 표기체계의 변화는 주목할 만하다. 초기에는 중국에서 주변 국가에 대해 그랬던 것처럼 단순히 고유의 인명(人名)이나 지명(地名), 관직명(官職名) 등의 고유명사 표기에 쓰이던 것이 점차 확대되어 한자를 우리말 어순으로 배열하는 방법으로 쓰이기도 하고, 한문 문장에 한자로 우리말의 형태를 첨기(添記)하거나 토를 다는 방법, 곧 한자의 음(音)과 훈(訓)을 빌어 우리말 문법 형태소(形態素)를 적는 방법으로까지 발전하였었다.[2] 우리 고유문자는 아니지만 당시로서는 꽤 진전된 표기체계로 변화한 것임에 틀림없다. 고려조(高麗朝)나 조선조(朝鮮朝)에 이르러서는 한자의 약체자(略體字)가 널리 쓰이기도 했다.

---

2) 이는 차용할 한자의 음(音)과 훈(訓)에 대한 정리가 이루어져서 우리 나름의 소리와 의미, 곧 한자음과 훈이 정해진 상태를 전제하는 것이므로, 한자 전래 이후 상당한 기간이 경과한 7세기 이후 무렵이 될 것이다.

1.2.

이렇듯 훈민정음이 창제·반포(세종 28년, 1446년)[3]되기까지 참으로 긴 세월 동안 우리 조상들은 말로 하는 언어[口語]와 글로 쓰는 언어[文語]가 서로 다른, 그야말로 이원화된 언어생활을 해 왔다. 이러한 이원화된 언어생활로 당시의 언중(言衆)들이 겪은 불편함은 이루 말할 수 없이 큰 것이었다. 구어(口語)와 문어(文語)가 서로 다른 비정상적인 언어생활은 삼국시대와 통일신라시대 그리고 고려시대를 거치면서 이두(吏讀), 구결(口訣), 향찰(鄕札)이라는 우리 나름의 독특한 차용 표기체계를 만들어 냈으나 언중(言衆)들의 자유로운 문자생활과는 거리가 멀었다. 근자에 이르기까지 잇달아 발굴·소개되고 있는 고려 및 선초(鮮初)의 구결불경[4]들은 그 당시 차용 표기체계가 매우 발달해 있었음에도 불구하고 문자생활이 얼마나 궁색하고 불완전했는가를 보여주는 증거가 된다.

문자라는 시각적 기호는 구어를 제약하기도 하는데, 표의문자요 문어적 성격이 강한 중국 글자의 사용 기간이 길어지면서 우리말과 글에는 적잖은 양의 한문투 문장이 생성되었다. 거기에다 우리말 표기에 사용한 이두(吏讀) 또한 의미부에는 주로 한문 단어를 사용하고, 조사나 어미 등 형식 형태소에도 한자의 훈(訓)과 음(音)을 빌려 만든 차자(借字)를 사용하

---

3) 훈민정음의 창제와 반포를 각각 1443년과 1446년으로 구분해서 보는 견해도 있으나, 필자는 최만리(崔萬理)의 반대 상소문(上疏文, 세종 26년, 1444년) 등에 근거하여 1443년에 창제된 문자와 1446년에 발표된 문자가 완전히 일치한다고 보지는 않는다. 따라서 세종 28년에 완성된 문자가 곧 훈민정음이고, 반포(頒布)와 관련된 구체적인 기록이 없다고 하더라도, 『훈민정음』해례본(解例本)의 정인지 서문(序文)에 근거하여 세종 28년 9월 상한(上澣)을 '훈민정음' 사용의 기점으로 본다. 이 논의에서는 이를 반포와 같은 의미로 사용할 것이다. 1443년에 창제된 문자와 1446년에 발표된 문자의 차이에 대한 일련의 논의로는 이동림(1980, 1993)이 있다.
4) 주로 한자나 한자 약체자로 된 구결을 달아서 읽었던 한문경전을 이른다. 순독구결(順讀口訣)이 현토된 경전과 석독구결(釋讀口訣)이 현토된 경전을 포괄한다. 구결학회 등의 노력으로 학계에 알려진 것만도 상당수에 달한다.

였기 때문에, 한자를 모르는 일반 백성들의 불편은 식자층(識者層)의 그것
에 비해 훨씬 심각한 것이었다.

1.3.

세종의 훈민정음 창제로 국문자 사용이 가능해지면서 우리 조상들의
언어생활에는 적지 않은 변화가 일었다. 매우 한정적이기는 하지만 우리
말 표기에 우리 문자를 쓰기 시작한 것이다. 물론, 지금의 기대 수준에서
본다면 분명 만족할 만한 정도는 아니었다. 그러나 당시의 시대 상황이
나 문화 충격 등 불가피했던 여러 정황을 감안하면 그만큼이라도 놀랄
만한 성과임에 틀림없다. 어려운 환경 속에서도 국문자 사용의 노력은
지속되었고, 그 흔적을 창제 다음해부터 잇달아 간행되기 시작한 한글
문헌들에서 찾을 수 있다. 이른바 정음문헌[5]의 간행이다. 훈민정음 반포
이듬해인 1447년부터 15세기 말까지의 50년 남짓한 기간 동안[6] 간행된
문헌들 중 상당수에서 표기 문자로 정음이 쓰인 것을 볼 수 있다. 그때
까지 한자나 한자 차용 표기체계를 이용해서 문자생활을 해 왔던 민족
문화사에 일대 획을 그을 만한 변화였다.

국문자의 창제란 우리 문자에 의한 우리말의 전면적 표기(表記)를 전제
로 한다. 하지만 그것은 가능성과 당위(當爲)를 이르는 것일 뿐, 실제는

---

5) 여기서 지칭하는 '정음문헌'은 국문자로 표기된 인본(印本)과 필사된 문건을 아울러
   가리킨다. 당시 간행된 문헌들 중 온전히 정음만을 표기수단으로 한 책은 없다. 당
   시의 표기 방식은 정음과 한자를 병기한 형태, 이른바 국·한 혼용의 방법을 사용했
   다. 따라서 이 논의에서는 활자본(活字本), 목판본(木版本), 목활자본(木活字本)은 물
   론이고, 필사본(筆寫本)도 국문자와 한자가 함께 쓰였으면 정음문헌에 포함시킨다.
6) 여기에 근거하여 이 논의에서는 '조선 전기'를 훈민정음 창제로부터 15세기 말까지
   의 기간으로 한정해서 사용할 것이다. '언해' 문헌만을 논의의 대상으로 할 경우, 중
   종(中宗) 즉위년(1506년) 이후부터 『소학언해』(1588년) 전까지의 기간에는 간행된
   책이 많지 않기 때문이다.

다를 수밖에 없었다. 오랜 기간의 한자 사용으로 한문 문장 구사에 익숙해 있던 지식인들이 사용 문자를 바꾸는 것은 간단치 않은 일이었을 것이다.[7] 더구나 한자는 우리말과는 구조가 다른 언어, 곧 고립어인 중국어를 적는 문자여서 한자로 표기되는 한문은 우리말과 어순(語順)부터 달랐다. 당연히 사대부(士大夫)들은 한자 사용의 익숙함에서 벗어나지 못했을 뿐만 아니라, 훈민정음의 수용을 외면하기도 했다. 식자층(識者層)의 반대는 예상 외로 강했다. 그런가 하면 오랫동안 문자 없는 백성으로 살아왔던 일반 민중들에게 국문자를 습득하게 하는 일 역시 쉽지 않았다. 지금과는 달리 문자 보급을 위한 매체 및 교육 여건이 미비했던 터라 학습과 전파(傳播)가 용이치 않았던 탓이다.

변화 수용(受容)에 대한 주저는 어떤 경우에도 있게 마련이고, 새로운 제도의 정착에는 시간이 필요한 것이지만, 훈민정음을 알리고 배우게 하는 일 또한 순탄치 않았던 듯하다. 새로 제정된 문자의 보급 및 전파에 비교적 효과가 크다고 할 수 있는 방법이 아닌, 매우 제한된 방향으로 진행되었다는 사실이 이를 증명해 준다. 국문자가 새로 창제되었음에도 불구하고 국가 중요 문서의 기록에는 여전히 한자가 사용되어 우위(優位)에 있었고, 정음은 비켜나 있었다. 이는 새로 창제된 문자 사용에 대한 적극적이면서도 전면적인 의지의 반영과는 거리가 먼 것이었다. 결과만을 가지고 추측하면 문자 사용 및 보급의 방향이 매우 소극적이면서도 한정된 형태로 전개되었던 것이 아닌가 한다.[8]

---

7) 이 문제는 사실 어느 한 시대, 한 계층만의 문제는 아닐 것이다. 어떤 경우에도 쓰던 문자를 바꾸는 것은 쉬운 일일 수 없다. 아무리 이민족(異民族)의 문자라고 해도 이미 긴 시간 동안 차용해서 사용해 왔다면, 비록 자국 문자가 만들어졌어도 적응 기간이 필요해서 새로운 문자의 수용이 쉬울 리는 없을 것이기 때문이다.

8) 필자는 조선조의 대표적인 국가기록문서, 곧 실록(實錄)의 문자로 훈민정음을 이용하지 않은 데 대해 아쉬움을 표했던 적이 있다. 실록이나 공문서와 같은 국가 중요 문서에 정음을 표기 문자로 사용하는 일 등, 일련의 기록 작업을 적극적인 방법에 의한 국문자 사용례로 상정(想定)할 수 있지 않을까 한다.

당연히 창제를 주도했던 왕과 왕실이 이의 타개에 나섰고, 그 한가운데에 세종과 세조가 서게 된다. 채택된 방법은 한자나 한자 차용 표기체계에 전적으로 의존할 수밖에 없었던 그 당시 문자생활의 현실에서 최선의 결정이었던 것으로 보인다. 그중 하나는 한문 문헌에 대한 국어역, 곧 '언해'를 행하는 방법이고,9) 다른 하나는 새로 만들어진 문자를 이용하되, 정음과 한자를 함께 사용하는 이른바 국한문 혼용의 방식10)을 택한 것이다.11) 이는 개인에 의해 창안된 문자를 사용·보급하는 방법으로는 가장 적절하면서도 지혜로운 선택을 한 것이 아니었을까 한다. 비록 그것이 국왕에 의해 이루어진 창안(創案)이라고 하더라도 자연 발생적으로 형성된 문자가 아니라는 점에서 볼 때 더욱 그러하다. 우리 문자가 아니면서 우리 문자의 역할을 대신했던 한자와 그 한자로 문자생활을 영위해 왔던 오랜 한자 사용의 관행을 고려한 불가피한 선택이었을 것이다.

---

9) 여기서 사용하는 '언해'라는 용어는 제2절에서 논의할 내용인 중국어 및 한문 원전 (原典)에 대한 국어역, 곧 국어로 번역의 과정을 거친 내용이나 문헌만을 가리킨다. 좁은 의미의 '언해'를 이르므로 언해된 문장이나 문헌에만 한정해서 사용한다.

10) 국한문 혼용의 방법은 훈민정음 창제 당시에 이미 계획된 일이기도 하다. 창제 당시에 이미 국한 혼용을 전제로 하였음은 『훈민정음』 해례본(解例本) 합자해(合字解)의 '文與諺雜用則有因字音而補以中終聲字 孔子ㅣ魯ㅅ사룸之類 (한자와 우리말을 섞어서 쓸 때에는 한자음에 따라 우리말의 중성 글자나 종성 글자로 보완한다. 가령 '孔子ㅣ魯ㅅ사룸' 등과 같은 것이다.)' 등으로 확인이 된다. 그뿐만 아니라 문자의 제자 과정이나 부서법(附書法), 사성법(四聲法) 등에 대한 설명을 보면 당시로서는 불가피한 선택이었을 것으로 판단한다.

11) 물론, 언해 문헌들도 국한문을 함께 쓴 이른바 국한 혼용의 문장으로 되어 있기는 하다. 하지만 여기서는 『용비어천가』(1447년)나 『월인천강지곡』(1447년) 등 언해의 과정을 거치지 않은 문헌들의 표기 방식인 국한 혼용과 구분하기 위해 편의상 이렇게 나눈다.

1.4.

앞에서 조선 전기라고 정리한 기간, 곧 훈민정음 창제로부터 연산군 대에 이르는 50여 년 사이에 간행된 정음문헌은 오늘에 전하는 것만도 40여 건[12]이나 된다. 새로운 문자에 대한 습득 및 적응을 위한 초기 단계라고 할 수 있는 시기여서, 성숙하지 못했던 문자 사용 여건이나 열악했던 출판 사정을 감안하면 놀랄 만한 성과라고 할 수 있다. 이때에 간행된 정음문헌들은 극히 일부의 예외를 제외하면[13] 대부분 왕실이나 간경도감(刊經都監) 같은 국가기관이 주재(主宰)해서 만든 관판본(官版本)이다. 출판에 필요한 인력이나 물자 조달이 일반에 비해 상대적으로 좋은 여건이어서 그러했겠지만 관판 문헌들은 후대의 사각본(私刻本)들과 뚜렷이 구분된다. 사용된 종이의 지질(紙質)이나 장책(粧冊) 수준은 말할 것도 없고 형태서지 등이 후대의 그것들과는 비교가 되지 않을 정도로 정제(整齊)되어 있다. 전문적 식견이 없는 비전문가의 일별에서도 완벽에 가깝다고 할 수 있을 정도이다. 철저한 관리에 의해 만들어진 책임을 짐작케 한다. 왕실이나 국가기관의 주도로 진행되어 그만큼 인출(印出) 환경이 양호했다는 증거다. 왕실의 어떤 의도가 들어 있는 목적 사업일 뿐만 아니라, 국가의 문화적 역량이 모두 결집(結集)된 성과물임을 알 수 있게 해 준다.

이런 사정들은 새로 제정된 문자의 정착·보급과 직간접으로 맥락이

---

12) 같은 문헌 명으로 여러 권이 책이 있을 경우, 책권의 수를 '건수(件數)'로 표시하는 것은 당시의 일반적인 관행을 따른 것이다. 그 무렵에 간행된 책 중에는 하나의 문헌 명에 여러 권의 책이 있는 경우가 많아서 계수(計數)의 편의를 위해 그렇게 한 것으로 본다. 김수온(金守溫)의 발문(1472년), 학조(學祖)의 발문(1495년) 등에서 이미 그렇게 쓰고 있다.

13) 15세기에 간행된 정음문헌들은 대부분 관판본이다. 극히 일부의 예이기는 하지만 사각본(私刻本)으로 간행된 책도 있다. 의약서(醫藥書) 언해인 『신선태을자금단(神仙太乙紫金丹)』(1497년) 등이 그러하다.

닿아 있다. 앞에서의 설명대로 새로운 문자를 이용해서 책을 만드는 일
에는 종전보다 몇 갑절 많은 노력과 세심한 배려가 필요했을 것인데, 많
은 수의 문헌들을 겨우 반세기만에 수준 높게 간행해 낸 것만 보더라도
미루어 짐작할 수 있는 일이다. 국문자에 어울리는 문체(文體)14)의 개발
은 물론, 전에 없던 서체(書體)와 활자(活字)를 새로 만들어야 했고, 판형(版
型) 및 판식(版式)도 바꾸어야 하는 등의 어려운 과정을 생각할 때, 문화
사업 전반에 걸친 종합적인 노력의 경주(傾注) 없이는 가능하지 않았을
일들이었다. 정음문헌의 간행은 새로 만들어진 국문자의 확산을 위해 왕
실과 국가기관이 선도한 목적 사업의 결과였음이 뚜렷하게 드러난다.

1.5.

이런 과정을 거쳐서 이루어진 결과물이 바로 정음문헌인 것이다. 정
음문헌들은 그 자체로서 중요한 가치를 가지지만 무엇보다 우리의 관심
을 끄는 것은 정음문헌에 실려 전하는 언어 사실이다. 그 언어들이 비록
중앙의 상층부 언어에 국한되어 있고, 구결의 영향을 입은 번역투 문장
이 많아서 당시의 생생한 구어를 반영하고 있는 것은 아니라고 하더라
도, 새로 제정된 우리 문자를 사용하였다는 사실만으로 충분히 주목에
값한다. 어떻든 우리 문자의 사용이 익숙하지 않았던 때에 그 정착을 위
해 왕실이나 국가기관 등 창제를 주도했던 세력이 나서게 된 것은 당연
한 역할이자 의무였을 것이다. 또한 오랫동안 사용해 왔던 차용(借用) 문
자인 한자를 극복하고, 그 자리에 새로 제정된 우리 문자를 대치(代置)하
기 위해 국역(國譯)이라는 방편(方便)을 사용한 것 역시 불가피한 선택이었

---

14) 번역을 문체의 문제로 다룬 논의로는 김완진(1983)이 있다. 이후 평론 분야 등에
서도 논의가 이어졌다.

을 것으로 생각한다. 그것이 당시로서는 국문자 정착을 위해 취할 수 있
는 최선의 방법이었고, 비록 울림이 크지는 않았다고 하더라도[15] 국문자
보급을 위해 마련한 최상의 정책일 수밖에 없었다. 언해 사업 관련자들
이 의도한 일이었건, 아니면 결과적으로 그렇게 된 일이었건 그들에 의
해 이루어진 언해 문헌들은 15세기 한국어의 모습을 비교적 소상하게
보여 주면서, 그 이전이나 이후의 모습까지 짐작케 하는 귀중한 문헌들
임에 틀림없다.[16]

앞에서 훈민정음 초기에 만들어진 국한 혼용의 문헌들을 '정음문헌'
이라 하고, 그중 번역의 과정을 거친 문헌들을 '언해'라고 하였지만, 이
는 형태서지학에 기댄 용어는 아니다. 학계에서는 이 용어들을 널리 쓰
고 있는데, 적어도 창제 초기의 국어역 문헌에 국한한다면 적확(的確)한
표현이 아닐 뿐만 아니라 그 범주도 모호하다. 15세기에 간행된 문헌 중
서명에 '언해'를 명기(明記)한 문헌은 없을 뿐더러, 당시의 기록에도 그런
명칭을 쓴 예가 없기 때문이다. '언해'란 용어가 처음으로 내제(內題)에
등장한 것은 1518년에 간행된 『정속언해(正俗諺解)』부터이고, 판심서명까
지를 포함하여 본격적으로 서명(書名)에 쓰이기 시작한 것은 16세기 후반
의 『소학언해』(1588년) 등 교정청에서 간행된 문헌부터이다. 그럼에도 불
구하고 15세기에 간행된 번역 문헌에까지 소급해서 그렇게 쓰고 있는
이유는 무엇일까?

또 하나 우리가 주목해야 할 것은 당시 그토록 체계적인 관리하에 다

---

15) 여기서 이렇게 표현한 것은 언해 사업이 새로 제정된 문자의 정착 및 보급에 일정
   부분 기여하였음에도 불구하고, 간행 부수가 한정되어 있는 데에다 독서할 수 있
   는 계층의 폭이 좁았던 탓으로 성과가 기대치에 미치지 못했기 때문이다. 하지만
   초기의 이러한 출발이 오늘날 전면 사용에 이르게 한 실마리로 작용했다는 관점에
   서 생각한다면 결코 가볍게 평가할 문제는 아니라고 본다.
16) 이는 훈민정음의 체계가 당시 한국어의 음운 분석의 결과로 이루어졌기 때문에 가
   능했던 것이고, 그것이 바로 우리 문자가 가진 우수성 중의 하나이기도 하다.

량으로 인간(印刊)된 언해 문헌들이 우리에게 전하는 의미가 무엇일까 하는 점이다. 언해 문헌의 대부분을 차지하는 '불전언해'를 비롯하여 당시에 간행된 언해 문헌들이 우리에게 던지는 의미는 간단하지 않다. 단순히 출판을 위한 출판만으로 정리할 수 없는 그 너머에 대한 해석이 필요한 시점이다. 곧, 15세기 언해 문헌들이 던져 주는 가치 문제에 대한 해석이다.

이 연구는 이런 점에 대한 논의의 필요성에서 출발하여 15세기 언해 문헌 및 관련 작업 전반을 살피고, 언해 사업의 사회 문화적 의의를 밝히는 데 목적이 있다. 대상은 훈민정음 창제로부터 연산군 대에 이르는 15세기 50여 년 동안 간행된 언해 문헌에 한정한다.

2. 언해의 개념 및 언해 절차

2.1. 언해의 개념

2.1.1.

먼저 '언해'란 용어를 언제부터 사용해 왔고, 또 어떤 의미로 사용해 왔는지에 대해 살펴보고자 한다. 국어학계에서는 훈민정음 창제 후부터 갑오경장(甲午更張) 이전까지 간행된 한문 문헌의 한글 번역본을 가리켜 '언해'라 부르고 있다. 그뿐만 아니라 한문 문헌을 우리말로 번역했던 그 번역의 방법, 곧 국어역의 과정까지를 포괄해서 '언해'라 부르기도 한다. 그러나 학계에서 큰 거부감 없이 널리 쓰고 있는 이 용어에 대해 한번쯤 개념 정리를 할 필요가 있을 것으로 본다.

훈민정음 창제로부터 연산군 대 말기까지의 기간에 간행된 언해 문헌에 국한한다면 '언해'는 적정하게 사용된 용어는 아니다. 적어도 15세기 언해 문헌에는 적용되지 않는 말이라는 뜻이다. 기록상으로는 그렇다. 세종 재위 시는 물론이고 15세기에 간행되었던 정음문헌을 통틀어도 '언해'란 용어가 책명으로 쓰이거나 문헌에 직접 나타난 예는 없다.17) 실록의 기사에서도 그러하거니와 세종 이후 15세기 말까지 약 50년간 진행된 한문 문헌에 대한 번역, 곧 국어역에 의해 출판된 책들의 서명(書名)이나 진전문(進箋文), 서발(序跋) 등 어디에서도 '언해'라는 용어는 쓰이지 않았다. 그러니까 15세기에는 아직 '언해'라는 용어가 쓰이지 않은 것이다.

그럼에도 불구하고 학계에서는 오랫동안 별다른 주저 없이 15세기에 간행된 국어역 문헌에까지 소급하여 '언해'라는 용어를 쓰고 있다. 그럴 만한 상당한 이유가 있을 것이다. 15세기에 간행된 정음문헌 중 흔히 '언해서'라고 불리는 책들의 서명(書名)을 보면 어디에도 '언해'라 적어 놓은 것은 없다. 대체로 한문본의 서명과 동일하다. 동일한 서명을 가진 문헌이 표기 문자 등 형식을 달리해서 두 가지 형태로 전하는 경우, 각각 다르게 부를 수밖에 없을 것이다. 하나는 한문만을 표기수단으로 하고 있고, 다른 하나는 한문과 정음의 혼용 표기로 전할 때, 이를 구분할 마땅한 방법이 따로 없었을 것이고, 이 점이 바로 국한 혼용의 표기 문헌에 대해 '언해'라는 용어를 붙인 직접적인 계기가 된 것으로 본다. 같은 내용, 같은 제명의 두 책 중 하나는 한자로 표기된 원전이요, 다른 하나는 국한문 혼용으로 표기된 번역본이라면, 결국 번역본에는 그에 상응하는 다른 이름을 붙일 수밖에 없다. 그래서 국어역인 번역본에 자연스레 '언

---

17) 을해자본 『능엄경언해』(1461년) 권5의 경우처럼 15세기에 간행된 정음문헌 중에도 제첨(題簽)에 '언해'라는 이름을 쓴 예가 보이기는 한다. 하지만 이는 뒷날 개장 시(改裝時)에 그렇게 했을 가능성이 높다. 모두 10권의 책 중 나머지 9권에서는 '언해'가 붙은 것을 볼 수 없기 때문이다.

문으로 번역했다'는 의미를 가진 '언해'라는 이름을 붙인 것으로 본다.

이는 요즈음에도 외국 문자로 표기된 책을 국어로 옮겨서 출판할 때 서명 뒤에 '번역'이나 '국역'이라고 밝히지 않더라도 '번역본' 등으로 부르는 것과 같은 맥락인 것이다. 그렇다면 '번역'이라는 일반적이고도 보편적인 용어 대신 갑오경장(甲午更張) 이전에 간행된 한문 문헌의 국어 번역본에 대해서만 굳이 '언해'라 하여 용어 적용에 차이를 두는 이유는 무엇일까? 그리고 '언해'라는 용어의 뜻은 어떻게 정리해야 할까? 또 그 사용은 언제부터 시작된 것일까? 이런 점에 대한 이해가 앞서야 오늘날 우리가 사용하고 있는 '언해'란 용어의 위상을 찾을 수 있을 것이다.

2.1.2.

오늘날 '언해'라고 부르는 책의 상당수는 15세기 중·후반에 걸쳐 간행된 정음문헌들인데, 앞에서 지적한 대로 15세기 정음문헌 중 서명(書名)에 '언해'라는 용어가 직접 쓰인 책은 없다. 실록에서도 마찬가지다. 실록에 '언해'란 용어가 처음 등장한 것은 16세기 초반인 중종(中宗) 때이고, 기록상으로도 1510년대에 처음 나타날 뿐이다. 내제(內題)에 '언해'가 처음 쓰인 책은 1518년에 간행된 『정속언해』이지만, 판심서명까지를 포함하여 서명(書名)에 '언해'가 본격적으로 쓰인 것은 그보다 훨씬 뒤인 16세기 말 무렵 교정청(校正廳)에서 간행된 유교(儒教) 경서(經書)의 국어 번역본에서부터이다.[18]

세종~연산군 대의 실록이나 훈민정음 창제 이후 15세기 말까지 언해된 책들의 여러 기록에는 아직 '언해'란 말이 없고, 그 자리에 '역해(譯解),

---

18) 앞에서 밝힌 대로 판심제(版心題)에까지 '언해'라는 용어를 쓴 책은 『소학언해』(1588년)가 처음이다.

역(譯), 번역(飜譯), 번서(飜書), 반역(反譯), 언석(諺釋), 언역(諺譯)' 등의 용어가 주로 쓰였다. 이 용어들은 모두 '원전을 다른 나라 말로 옮김', 또는 '한문 원전을 우리말로 옮김'을 뜻하는 말들이지만, 특히 '언석'과 '언역'은 '언해'와 그 뜻이 매우 흡사하여 주목된다.

실록에 '언해'란 용어가 처음 등장한 것은 16세기 초(初)인 중종(中宗) 때이다. 1514년(중종 9년) 4월 정미조(丁未條)의 기사 중 '언해의서(諺解醫書)'가 그 예이다.[19] 중종실록 권20에 나오는 이 기사를 통해 '언해'라는 용어를 처음 접하게 된다. 실록은 아니지만 그 뒤를 이어 「노박집람범례(老朴集覽凡例)」(1510년대 초)[20]와 「이륜행실도서(二倫行實圖序)」(1518년),[21] 그리고 최세진의 「사성통해서(四聲通解序)」(1517년)[22] 등에 보이는 '언해(諺解)'가 초기 용어 사용의 예가 될 것이다. 모두 1510년대이다. 그리고 중앙에서 간행된 책은 아니지만 같은 시기에 서명(書名)에 언해가 쓰이기도 했다. 『정속언해(正俗諺解)』(1518년)의 권두서명 및 권말서명에 '正俗諺解'라고 한 예가 그것이다.[23] 하지만 책의 이름에 언해가 본격적으로 쓰이기 시작한 것은 이보다 몇십 년이 흐른 뒤인 16세기 말경의 일이다. 곧, 내제(內題)

---

19) -언해 의서(醫書) 한 장을 정원에 내렸다. (以諺解醫書一張 下政院) - <중종실록 20권 23장, 중종 9년(1514년) 4월 14일 丁未條> 이하 이 논의에서 참고로 하는 실록은 모두 '태백산 사고본'이다.

20) -두 책(박통사, 노걸대)을 언해함에 있어 간질(簡帙)이 무겁고 커서 『박통사』는 상·중·하로 나누고, 『노걸대』는 상·하로 나누어서 뒤적여 보기에 편하도록 했다. (兩書諺解 簡帙重大 故朴通事分爲上中下 老乞大分爲上下 以便繙閱) - <노박집람 범례 : 2ㄱ>

21) -『언해 정속』과 『언해 여씨향약』은 향촌(鄕村)의 풍속(風俗)을 바르게 하는 것이고 … (曰 諺解正俗 諺解呂氏鄕約 正鄕俗也) - <이륜행실도 서문 : 2ㄴ>

22) -신(臣)이 곧 두 책(박통사, 노걸대)의 음의(音義)를 언해하고, 책 중의 고어를 모아 『집람(輯覽)』을 조성한 후, 사정을 진술해서 간행을 요청하려고 합니다. (臣則將二書 諺解音義 書中古語 裒成 輯覽 陳乞刊行) - <사성통해 서문 : 2ㄱ~ㄴ>

23) 『정속언해(正俗諺解)』는 중종(中宗) 13년(1518년)에 경상도 관찰사 김안국(金安國)이 원문에 차자(借字)로 구결을 달아서 번역·간행한 교화서(敎化書)이다. 현전하는 책 중 임진란 이전에 간행된 것으로 보이는 이원주(李源周) 교수 소장의 중간본은 권두서명과 권말서명이 '正俗諺解'라 되어 있다. 판심제는 '正俗'이어서 판심서명까지 '小學諺解'라고 한 『소학언해』(1588년)와는 차이가 있다.

및 판심제(版心題) 등에 '小學諺解'라고 쓴 선조조 교정청(校正廳) 간행의『소학언해』(1588년)부터이다. 이를 시작으로 비슷한 시기에 교정청에서 간행된 『대학언해』, 『중용언해』, 『논어언해』, 『맹자언해』, 『효경언해』(각각 1590년) 등의 유교 경서 언해본에는 내제 및 판심제에 '諺解'가 쓰였다.

17세기 이후 교정청 간행의 유교 경서 언해가 일반에 널리 유통되면서, '언해'란 용어가 한문 원전을 국어로 옮긴 책들의 서명에 두루 쓰였다. 이렇듯 한문 원전을 국어로 옮긴 책의 서명에 '언해'를 쓰는 것이 일상화되면서 자연스럽게 15세기 국어역 문헌에까지 소급해서 이 용어를 사용했고, 이후 한문으로 된 원전의 '국어역' 전체를 일러 '언해'라고 부르게 된 것으로 본다.

15세기에 언해된 책들의 진전문(進箋文)이나 서발(序跋) 등에는 언해와 같은 의미로 '언자역해(諺字譯解)', '언문역해(諺文譯解)', '언서역해(諺書譯解)' 등의 말을 쓰고 있다. 그러니까 '언해'는 '언자역해(諺字譯解)'나 '언문역해(諺文譯解)', 또는 '언서역해(諺書譯解)'의 줄임말인 것이다. 요약하면 '언해'는 당시 우리말과 글의 다른 이름이었던 '언문(諺文)'으로 '번역'했다는 뜻이다.[24] '훈민정음역(訓民正音譯)' 또는 '정음역(正音譯)' 등의 표현을 쓰지 않고 굳이 '언해'라는 용어를 쓴 것은 '언문역해', '언자역해', '언서역해' 등에 나오는 '언(諺)'이라는 말이 중국어에 대한 상대어로서 우리말을 지칭하는 의미를 가졌기 때문인 것이다.[25] 그래서 한문 원전에 대한 번역

---

24) 언문과 훈민정음의 관계에 대해서는 이동림(1972, 1973, 1980, 1993) 참조.
25) 이는 다음의 기사로 확인된다.
　　－이 달에 임금이 친히 언문 28자를 지었다. 그 글자의 모양은 옛 전자(篆字)를 본떴으되, 초성·중성·종성으로 나누어지며, 합친 연후에야 글자를 이룬다. 무릇 한자 및 우리나라의 말에 관한 것은 모두 적을 수 있다. 글자가 비록 간요(簡要)하지마는 전환이 그지없으니, 이를 훈민정음이라고 이른다. (是月上親制諺文二十八字 其字做古篆 分爲初中終聲 合之然後乃成字 凡于文字及本國俚語皆可得而書 字雖簡要 轉換無窮 是謂訓民正音)－ <세종실록 102권 42장, 세종 25년(1443년) 12월 30일 庚戌條>
　　－이 달에 훈민정음이 이루어졌다. (是月訓民正音成)－ <세종실록 113권 36장, 세종

대상 언어의 명칭으로 '언문'이 선택되었을 가능성이 높다.26) 또 대상 언
어를 구체화하지 않은 용어인 '번역'이나 '역해' 등의 막연한 표현을 쓰
기보다는 우리 고유어를 지칭하는 용어인 '언문'으로 '역해'한 글이므로
'언해'라는 용어를 사용했다고 판단한다.

2.2. 언해의 절차

2.2.1.

머리말에서 밝힌 대로 국문자 창제와 동시에 한문 원전을 국어로 번역
하기 시작했음을 알 수 있는 기록이 있다. 훈민정음이 반포되기 훨씬 전
인 창제 과정에서 이미 그러한 논의가 있었음을 보여 주는 실록의 기사
가 그것이다. 세종이 최만리(崔萬理) 등의 반대 상소문에 대해 행한 답변(세
종 26년, 1444년) 중 응교(應敎) 정창손(鄭昌孫)에게 이른 말을 통해서이다.27)

세종은 정음 창제 후 그 사용 방안에 대해 적잖게 고심을 했던 것으로

28년(1446년) 9월 29일 甲午條>
26) 훈민정음 창제 당시 우리 문자의 공식 명칭은 '훈민정음', 또는 줄인 이름인 '정음'
   이었다. 그러나 오래 전부터 써 왔던 '언문'이라는 용어도 여전히 함께 사용했다.
   최만리(崔萬理)의 상소문(上疏文)에서는 물론, 세종의 답변에서도 '언문'이라 쓰고
   있고, 실록에서도 '언문'이란 말을 일상적으로 쓰고 있다. 이는 당시 우리 글자의
   공식명칭은 '훈민정음'이라고 해도, 우리말을 가리키는 용어로 오래 전부터 써 왔
   던 '언문'도 함께 썼음을 보여 주는 예이다.
27) 세종이 백성들의 교화를 위해 간행을 명했던 『삼강행실』의 언해와 관련된 기사가
   그것이다.
   -'어찌 꼭 언문으로 번역한 후에라야 사람들이 모두 본받을 것입니까.'라고 하였
   으니, … 먼젓번에 임금이 정창손에게 하교하기를, "내가 만일 언문으로 삼강행실
   (三綱行實)을 번역하여 민간에 반포하면, 어리석은 남녀가 모두 쉽게 깨달아서 충
   신·효자·열녀가 반드시 무리로 나올 것이다."라고 하였는데, 창손이 이 말로 계
   달(啓達)했기 때문에 이제 이러한 하교가 있는 것이다. (何必以諺文譯之, 而後人皆效
   之 … 前此 上敎昌孫曰 予若以諺文 譯三綱行實 頒諸民間 則愚夫愚婦 皆得易曉 忠信孝子烈
   女必輩出矣 昌孫乃以此啓達 故今有是敎) - <세종실록 103권 21장, 세종 26년(1444년)
   2월 20일 庚子條>

3보인다. 그리고 그 사용 방안의 하나로 일찍부터 언해를 염두에 두고 있었던 것이 아닌가 짐작하게 하는 조치인 것이다. 세종은 새로 제정된 문자의 정착 및 보급을 위해[28] '훈민정음'을 과시(科試)에 포함시키고,[29] 세조는 성균관 유생들의 학습 과정 중 하나로 만드는 등[30] 왕실을 중심으로 여러 방안을 검토하고 이를 시행하기도 했으나, 결국 한자로 쓰인 한문 문헌을 우리글로 번역하는 것이 가장 바람직하다는 인식에 도달한 듯하다.

세종~연산군 대에 간행된 정음문헌 중 언해가 아닌 책은 『월인천강지곡』 등 몇몇 문헌에 지나지 않을 정도로 번역 문헌이 대부분을 차지하고,[31] 세종, 세조실록의 기사에서 번역의 첫 단계에 해당하는 구결 작성

---

28) 세종 시대의 어문 정책에 대한 종합적인 고찰은 이근수(1979), 강신항(1987/2003) 참조.

29) 이러한 사실은 조선왕조실록에서 확인할 수 있다.
　　-이조(吏曹)에 전지(傳旨)하기를, "금후로 이과(吏科)와 이전(吏典)의 취재(取才) 때에는 '훈민정음(訓民正音)'도 아울러 시험해서 뽑게 하되, 비록 의(義)와 이(理)는 통하지 못하더라도 능히 합자(合字)하는 사람을 뽑게 하라."라고 하였다. (傳旨吏曹 今後吏科及吏典取才時 訓民正音 並令試取 雖不通義理 能合字者取之) - <세종실록 114권 28장, 세종 28년(1446년) 12월 26일 己未條>
　　-이조(吏曹)에 전지하기를, "정통(正統) 9년(1444년) 윤달 7월의 교지(教旨) 내용에, 먼저 '훈민정음(訓民正音)'을 시험하여 입격한 자에게만 다른 시험을 보게 할 것이며, 각 관아의 관리 시험에도 모두 '훈민정음'을 시험하도록 하라."라고 하였다. (傳旨吏曹 正統九年閏七月教旨 節該 … 始先試訓民正音 入格者許試他才 各司吏典取才者 並試訓民正音) - <세종실록 116권 4장~5장, 세종 29년(1447년) 4월 20일 辛亥條>

30) -예조(禮曹)에서 성균관(成均館)의 구재(九齋)의 법을 참정(參定)하고 아뢰기를, "… 또 식년(式年)에 거자(擧子)에게 사서(四書)와 삼경(三經)을 강(講)하게 할 때, 다른 경서를 강하고자 자원(自願)하는 자와, 『좌전(左傳)』, 『강목(綱目)』, 『송원절요(宋元節要)』, 『역대병요(歷代兵要)』, 『훈민정음(訓民正音)』, 『동국정음(東國正音)』을 강하고자 하는 자도 들어주소서."라고 하였다. (禮曹參定成均館九齋之法啓 …又於式年講 擧子四書三經 自願講他經者及欲講 左傳 綱目 宋元節要 歷代兵要 訓民正音 東國正音者聽) - <세조실록 34권 27장, 세조 10년(1464년) 9월 21일 辛未條>

31) 15세기에 간행된 정음문헌 중 번역의 과정을 거치지 않은 책으로는 『악학궤범(樂學軌範)』(1493년)과 같은 음악서와 『사리영응기(舍利靈應記)』(1449년)나 『금양잡록(衿陽雜錄)』(1492년)처럼 인명, 곡물명을 적은 책이 있고, 『해동제국기(海東諸國記)』(1471년)나 『이로파(伊路波)』(1492년)와 같이 정음으로 독음을 단 책 등이 있다. 이 중 '사리영응기, 금양잡록, 해동제국기' 등 세 책에는 정음으로 된 부분이 일부에 지나지 않으므로 책 전체를 정음문헌으로 보기는 어렵다.

과 관련된 내용을 어렵지 않게 볼 수 있는 점이 이를 뒷받침한다. 이로 미루어 언해는 훈민정음 창제 단계에서부터 고려된 문자 보급 정책 중 하나였음을 알 수 있다.

그런데 '번역'[32]을 '언해'로 바꾸어 불렀던 조선조 후기의 역학서(譯學書)에서는 '언해'를 중국어로 된 문헌, 곧 중국 문자로 표기된 원전에 대한 국어역을 이르는 말로 인식했던 실례(實例)가 보인다.[33] 예컨대 한국인이 중국어 학습을 위해 중국어 구어(口語)를 적어 놓은 책인『노걸대(老乞大)』를 국어로 옮긴 책이라고 하더라도, 중국어를 바로 국어로 옮긴 역학서는『노걸대언해』(1670년)라고 부른 데 비해, 중국어로 된 원문을 만주어와 몽골어로 옮겼다가 이를 다시 국어로 옮긴 역학서인 경우에는『청어노걸대』(1703년),『몽어노걸대』(1741년)라 하여 서로를 구분하였다. 이렇듯 '언해'라고 했을 때의 원전은 중국어로 되어 있거나 한문으로 되어 있는 문헌이다.

2.2.2.

훈민정음 창제 직후에 언해의 절차를 거쳐 간행된 문헌들을 보면, 언

---

32) 그러면 당시에 '번역(飜譯)'이라는 용어는 어떤 뜻으로 썼을까? 우리는 이에 대한 해답을 「석보상절서」에서 찾을 수 있다.『월인석보』1권 권두에 실려 있는 「석보상절서」 중 "~又以正音 就加譯解~"의 역(譯)이라는 글자에 대한 언해문의 협주에 매우 간명(簡明)하게 정리해 놓은 것이다.

'譯은 飜譯이니 ᄂᆞ민 나랏 그를 제 나랏 글로 고텨 쓸씨라' <석보상절서 : 6ㄱ>

위의 협주로 미루어 번역을 "외국어로 된 문장을 자국어 문장으로 바꿔 쓰는 일"로 이해하고 있었음을 알 수 있다. 다시 말하면 "외국어로 된 원천언어(源泉言語, source language)를 목표언어(目標言語, target language)인 자국어로 바꿔 쓰는 일"인 것이다. 이때 "자국어 문장으로 바꿔 쓰는 일"이 바로 '번역'이요, 단순히 그 말만을 옮기는 '통역(通譯)'과는 다른 의미임을 분명히 하고 있다.

33) 小倉進平(1940), 최현배(1942/1961), 안병희(1985) 등을 참조하였다.

해는 대체로 다음과 같은 과정으로 진행되었음을 알 수 있다. 우선 한문 문장에 구두(句讀)를 확정하고 정음으로 구결을 달아 구결문(口訣文)을 만드는 일에서 시작되었다. 한문 문장의 번역에서 원문에 구결을 다는, 이른바 구결 현토(懸吐)는 올바른 번역을 위한 중요하고도 비중 있는 일이었다. 구결을 제대로 달았다는 사실은 원전에 대한 이해가 바르게 되었다는 사실의 반영이면서, 동시에 번역을 할 수 있는 준비가 되었음을 보여 주는 것이기도 하다. 그래서 언해 작업에서는 일반적으로 구결 확정부터를 번역의 시작으로 보는 것이다. 세조대에 간행된 불교 경전이나 유교 경서에는 왕이나 왕실이 직접 나서서 구결을 확정했다는 기록이 권두서명 아래쪽의 구결 작성자 기명행(記名行)과 발문(跋文) 등에서 확인된다.34)

구결 현토가 끝나면 내용 전체를 우리말로 옮기는데, 내용의 적당한 곳을 끊어서 단락을 만들고 단락을 중심으로 번역을 했다. 이렇게 하여 번역이 완성되었다고 하더라도 그것은 원고본에 지나지 않는다. 이 원고본을 바탕으로 판각을 하거나 문선 및 식자를 하고, 어려운 인쇄의 과정을 거쳐야 비로소 출판에 이르게 된다. 번역부터 간행에 이르기까지의 과정 중 어느 하나 소홀히 할 수 있는 것은 없었다.

당시 행해졌던 번역의 전 과정을 비교적 소상히 알 수 있는 기록이 있다. 활자본(活字本) 『능엄경언해』(1461년) 권10 뒤쪽의 어제발(御製跋) 중 3장 뒷면 2행부터 4장 앞면 2행까지에 걸쳐 실려 있는 내용35)이다. 비록 『능

---

34) 이는 언해본의 구결 작성자 기명행(記名行)이나 발문(跋文) 등에 보이는 다음과 같은 기록을 이른다. '御定口訣' 『원각경언해』(구결 작성자 기명행), '康寧殿口訣' 『주역전의구결』(구결 작성자 기명행) 등과 동궁(東宮) 편전(便殿)인 비현합(丕顯閤)에서 이루어진 '丕顯閤訣' 『목우자수심결언해』(구결 작성자 기명행), 그리고 '親加口訣' 『능엄경언해』(김수온 발문), '親印口訣' 『선종영가집언해』(신미 발문), '親定口訣' 『금강경언해』(효령대군 등의 발문) 등이 그 예이다.

35) 이 내용은 목판본(木版本) 『능엄경언해』(1462년) 권10에도 그대로 실려 있는데, 이 본(異本)에 따라 있고 없음의 차이가 있다. 국보 제212호인 동국대 중앙도서관 소장의 책에는 이 내용을 포함해서 어제발(御製跋)이 없다. 목판본의 경우에는 이 내

엄경언해』에 관한 것이라고 해도 당시 번역이 얼마나 엄격한 과정을 거쳐서 이루어졌는지 알 수 있게 해 준다. 이를 옮기고 각 과정별로 정리하면 다음과 같다.

上이 입겨출 드르샤 慧覺尊者의 마기와시눌 貞嬪韓氏等이 唱準ᄒ야눌 工曹參判臣韓繼禧 前尙州牧使臣金守溫ᄋ 飜譯ᄒ고 議政府檢詳臣朴楗 護軍臣尹弼商 世子文學臣盧思愼 吏曹佐 郞臣鄭孝常ᄋ 相考ᄒ고 永順君臣溥ᄂ 例一定ᄒ고 司瞻寺尹臣曺變安 監察臣趙祉ᄂ 國韻 쓰고 慧覺尊者信眉 入選 思智 學悅 學祖ᄂ 飜譯 正히온 後에 御覽ᄒ샤 一定커시눌 典言曺氏豆大ᄂ 御前에 飜譯 닑ᄉ오니라

<활자본 『능엄경언해』 권10 어제발 3, 4장>

	번역(언해)의 과정	주관자 및 참여자
1	한문 원문에 구결을 단다.	세조
2	구결이 현토된 문장을 확인한다.	혜각존자 신미
3	구결이 현토된 문장을 소리 내어 읽으면서 교정한다.	정빈한씨 등
4	정음으로 번역한다.	한계희, 김수온
5	번역된 문장을 여럿이 서로 비교·고찰 한다.	박건, 윤필상, 노사신, 정효상
6	예(例)를 정한다.	영순군 부
7	동국정운음으로 한자음을 단다.	조변안, 조지
8	잘못된 번역을 고친다.	신미, 사지, 학열, 학조
9	임금이 보고 번역을 확정한다.	세조
10	어전에서 소리를 내어 읽는다.	두대

이렇듯 언해본의 판밑 원고를 만들 때, 그 번역의 과정은 매우 체계적이면서도 엄격했다. 번역이 끝난 후 출판에 이르기까지의 과정 역시 간단하지는 않았다. 대문(大文)의 형식이나 글자의 크기는 물론, 자양(字樣)

용이 권10 뒤쪽의 어제발(御製跋) 4장 앞면과 뒷면에 걸쳐 실려 있다. 세종대왕기념사업회에서 간행한 역주『능엄경언해』 권 9·10 합본(1998년)의 영인(影印)에는 이 내용이 실려 있어서 이용에 도움이 된다. 다만 영인의 저본을 어떤 책으로 했는지는 밝히지 않았다.

및 획형(劃形)을 결정하는 일에도 세심한 배려를 잊지 않아서 책마다, 그리고 간행의 시기마다 가독성(可讀性)을 높이는 방향으로 약간씩의 변개가 있었다. 간행에 이르기 위해서는 몇 단계를 더 거쳐야 했다. 인쇄·출판문화의 환경이 지금과는 많이 달랐기 때문에 그 과정도 좀 더 복잡했다. 활자본, 목판본, 목활자본 등 간본(刊本)의 성격에 따라 인출 과정이 달랐고, 책이 간행된 다음에 교정36)을 다시 하는 등 교정에 철저를 기한 점 역시 특기할 만하다. 대체로 이러한 과정을 거쳐서 번역과 인간(印刊)의 완성을 보았다.

3. 언해본 현황

3.1. 언해본 목록

훈민정음이 창제·반포된 세종 28년(1446년)부터 연산군 6년(1500년)에 이르는 15세기 말까지의 50년 남짓한 기간 동안 간행된 정음문헌은 모두 40여 건에 달한다. 이들 문헌 중 대부분은 어떤 형태로든 오늘에 전해지고 있다.37) 하지만 일부는 그 이름만 남긴 채 실책이 전하지 않아서 언

---

36) 고서의 교정은 두 가지 방법으로 이루어졌다. 하나는 지금처럼 인쇄 과정에서 원고와 대조하여 잘못된 부분을 바로잡는 일이고, 하나는 인출 후 잘못되었거나 빠진 곳을 고치는 일이다. 인출 후의 교정인 경우 붓으로 가획하거나 칼로 탈획(脫劃)을 하는 비교적 간단한 방법이 쓰이기도 했고, 잘못된 글자를 오려 내고 다시 쓰거나 새로 인쇄하여 붙이는 복잡한 방법이 동원되기도 했다. 그런가 하면 잘못된 글자의 옆에 새로 써넣는 경우도 있고 교정의 인기(印記)를 두기도 했다. 고서의 교정에 대해서는 안병희(1974) 참조.

37) 15세기 정음문헌 중 상당수는 원간 초쇄본(初刷本)이나 후쇄본(後刷本), 또는 복각본(覆刻本) 등 중간본(重刊本)의 형태로 오늘날 전해지고 있으나, 일부 문헌은 원간본(原刊本)과 중간본을 통틀어도 영본(零本)으로 남아 있다. 최근에도 적지 않은 문헌들이 발굴·공개되고 있어서 이 방면의 연구에 많은 도움이 된다.

어 사실은 물론 형태서지 등 자세한 내용을 알 길이 없다. 실록 등 몇몇 기록에 의해 간행 사실만을 확인할 수 있을 뿐이다.

여기서는 당시에 간행되었던 정음문헌 중 현전하는 언해 문헌들을 가려내어 몇몇 기준에 따라 분류하고, 각 문헌의 형태서지적 특성을 밝히려고 한다. 먼저 내용별로 분류하고, 내용별 분류가 끝나면, 문체, 언해 체제 등 몇몇 사항에 대해 살필 것이다. 언해 문헌은 앞의 2.2.에서 밝힌 기준에 따라 언해의 과정을 거친 모든 간행물은 물론, 필사된 문건까지를 아울러 이른다. 따라서 구결문만으로 된 책인 『원각경구결(圓覺經口訣)』(1465년), 『주역전의구결(周易傳義口訣)』(1466년), 『주역전의대전구결(周易傳義大全口訣)』(1466년 이후) 등은 제외한다. 또한 정음 음역(音譯)만 있는 책인 한글판 『오대진언(五大眞言)』(?1476년)[38] 및 『오대진언(五大眞言)』(1485년)[39] 등도 제외한다. 다만, 원전 없이 언해문만 있는 책인 『석보상절(釋譜詳節)』(1447년)과 『월인석보(月印釋譜)』(1459년)는 언해의 과정을 거쳤으므로 포함한다.[40]

---

38) 이 책은 5대 진언의 정음 음역(音譯)과 「수구즉득다라니」의 '영험약초'인 『수구영험』 등 일부의 언해문만 남아 있는 낙장본(落張本)이다. 여기서는 음역이 있는 '진언' 부분은 제외하고, '영험약초'의 언해가 있는 『수구영험』 부분만 다룰 것이다. 한글판 『오대진언(五大眞言)』(?1476년)에 대해서는 안병희(1987ㄱ) 참조.

39) 『오대진언(五大眞言)』(1485년)의 98장 앞면부터 106장 뒷면까지는 「영험약초」 한문본이 편철되어 있고, 그 뒤에 한문본 후기(後記) 및 학조(學祖)의 발문(跋文)을 둔 후, 언해본 『영험약초』를 합편했다. 이 부분은 언해에 해당하므로 논의의 대상으로 한다.

40) 언해본이 아닌 15세기 정음문헌의 목록을 내용 및 형태를 중심으로 나누어 보이면 다음과 같다.
  1. 시가 관련 문헌
    1)용비어천가(1447년) 2)월인천강지곡(1447년)
  2. 한문 원문에 정음으로 구결만 단 문헌
    1)원각경구결(1465년) 2)주역전의구결(1466년) 3)주역전의대전구결(1466년 이후)
  3. 범자(梵字)나 한자에 정음 음역(音譯)을 행한 문헌
    1)한글판 오대진언(?1476년) 2)오대진언(1485년)
  4. 구전 시가 등을 옮겨 놓은 문헌
    1)악학궤범(1493년)
  5. 인명·곡물명 등의 어휘를 적어 놓은 문헌
    1)사리영응기(1449년) 2)금양잡록(1492년)

먼저 전체 언해 문헌을 일별하면 다음과 같다.[41]

1. 석보상절(釋譜詳節, 1447년)
2. 훈민정음언해(訓民正音諺解, ?1447년)[42]
3. 월인석보(月印釋譜, 1459년)
4. 몽산화상법어약록언해(蒙山和尙法語略錄諺解, ?1459년)
5. 활자본 아미타경언해(活字本 阿彌陀經諺解, ?1461년)
6. 활자본 능엄경언해(活字本 楞嚴經諺解, 1461년)
7. 목판본 능엄경언해(木版本 楞嚴經諺解, 1462년)
8. 법화경언해(法華經諺解, 1463년)
9. 선종영가집언해(禪宗永嘉集諺解, 1464년)
10. 목판본 아미타경언해(木版本 阿彌陀經諺解, 1464년)
11. 금강경언해(金剛經諺解, 1464년)
12. 반야심경언해(般若心經諺解, 1464년)
13. 오대산 상원사 중창 권선문(五臺山 上院寺 重創 勸善文, 1464년)
14. 원각경언해(圓覺經諺解, 1465년)
15. 구급방언해(救急方諺解, 1466년)
16. 목우자수심결언해(牧牛子修心訣諺解, 1467년)
17. 사법어언해(四法語諺解, 1467년)
18. 내훈언해(內訓諺解, 1475년)
19. 수구영험(隨求靈驗, ?1476년)
20. 두시언해(杜詩諺解, 1481년)

---

6. 외국어나 외국 문자에 정음으로 독음을 단 문헌
  1)해동제국기(1471년) 2)이로파(1492년)
7. 어학관련 문헌
  1)훈민정음 해례본(1446년) 2)동국정운(1447년) 3)홍무정운역훈(1455년)
41) 서명(書名)은 형태서지학에 근거한 이름을 써야 하겠지만, 이해의 편의를 위해 그
  간 써 왔던 관행대로 하거나 약칭으로 쓴다.
42) ?표는 간행 연도가 확실치 않은 문헌의 추정 연대를 가리킨다. 『상원사 어첩 및 중
  창 권선문』은 비록 세조의 '어첩'과 신미의 '권선문'으로 나뉘어 있기는 하지만, 두
  건의 권선문을 합해야 십여 면(面)에 불과한 짧은 문헌인 데에다 두 권선문이 한
  문본, 언해본으로 나뉘어 각각 하나의 첩장(帖裝)에 편철(編綴)되어 있어서 단일
  문헌으로 다룬다.

21. 삼강행실도언해(三綱行實圖諺解, 1481년)

22. 금강경삼가해언해(金剛經三家解諺解, 1482년)

23. 남명집언해(南明集諺解, 1482년)

24. 불정심다라니경언해(佛頂心陀羅尼經諺解, 1485년)

25. 영험약초언해(靈驗略抄諺解, 1485년)

26. 구급간이방언해(救急簡易方諺解, 1489년)

27. 육조법보단경언해(六祖法寶壇經諺解, 1496년)

28. 진언권공언해(眞言勸供諺解, 1496년)

29. 삼단시식문언해(三壇施食文諺解, 1496년)

30. 신선태을자금단언해(神仙太乙紫金丹諺解, 1497년)

31. 개간 법화경언해(改刊 法華經諺解, 1500년)

각 문헌의 간행 연대는 간기(刊記)나 서발(序跋), 내사기(內賜記) 등에 충실했으나, 어디에서도 정확한 연대를 알 수 없을 때는 언해 체제나 언어 사실, 그리고 그 밖의 관련 자료 연구를 통해 추정된 결과를 종합해서 결정했다.[43]

이 외에 실록 등 몇몇 문헌에 간행 사실만 알려져 있을 뿐 실책이 전하지 않는 15세기 언해 문헌에는 『명황계감언해(明皇誡鑑諺解)』(세조 8년, 1462년), 『연주시격언해(聯珠詩格諺解)』(성종 14년, 1483년), 『황산곡시집언해(黃山谷詩集諺解)』(성종 14년, 1483년), 『구급이해방언해(救急易解方諺解)』(연산군 5년, 1499년) 등이 있다.[44] 이 외에도 『초학자회(初學字會)』(1459년)의 언해를 시도했다는

---

43) 『몽산화상법어약록언해』의 간행 연대는 김무봉(1993ㄱ)에서 추정한 연도를 따랐고, 활자본 『아미타경언해』와 『훈민정음언해』는 각각 안병희(1980, 1990)에 의해 추정된 연도를 따랐다. 『수구영험』(1476년)은 근자에 발굴·공개된 한글판 『오대진언』의 뒤편 진언(眞言)이 끝난 부분에 편철(18ㄱ~26ㄱ)되어 있는 언해 문헌이다. 「수구즉득다라니(隨求卽得陀羅尼)」의 신령스러운 효험, 곧 영험담을 정음으로 옮긴 것이다. 『오대진언』(1485년)의 뒤에 편철되어 있는 『영험약초』언해 해당 부분과의 비교를 통해 국어의 변천을 살피는 자료로서 이용 가치가 큰 문헌이다. 한글판 『오대진언』과 『수구영험』에 대한 자세한 논의는 안병희(1987ㄱ) 참조.

44) 『명황계감언해』는 세종이 박팽년 등 집현전 학사들에게 명하여 당명황(唐明皇, 玄宗)의 고사(故事)를 그림으로 그리게 하고 대문에 따라 사실을 적게 한 후, 세종이

기사가 있으나, 실제 언해가 이루어졌는지는 알 길이 없다.[45] 또 小倉進
平(1940 : 263~264)에 『지장경언해』(세조조 간행)라는 서명이 소개되어 있으
나 문헌이 전해지지 않아서 확인이 가능하지 않다.

3.2. 내용에 따른 분류

위에 적시한 31건의 언해 문헌들을 내용에 따라 분류하면 다음과 같
다. 서명(書名)은 이해의 편의를 위해 학계의 관행에 따른 명칭을 쓴다.
이하 같다.

> 1. 시가(詩歌) 관련 문헌
>   1) 두시언해(杜詩諺解, 1481년)
>
> 2. 불교(佛教) 관련 문헌
>   1) 석보상절(釋譜詳節, 1447년)
>   2) 월인석보(月印釋譜, 1459년)
>   3) 몽산화상법어약록언해(蒙山和尙法語略錄諺解, ?1459년)
>   4) 활자본 아미타경언해(活字本 阿彌陀經諺解, ?1461년)
>   5) 활자본 능엄경언해(活字本 楞嚴經諺解, 1461년)
>   6) 목판본 능엄경언해(木版本 楞嚴經諺解, 1462년)
>   7) 법화경언해(法華經諺解, 1463년)
>   8) 선종영가집언해(禪宗永嘉集諺解, 1464년)
>   9) 목판본 아미타경언해(木版本 阿彌陀經諺解, 1464년)

직접 고금의 시를 붙여 만든 책이다. 종전에는 세조 때부터 언해를 시작하여 성종
조에 완성한 것으로 알려져 있었으나(小倉進平 : 1940), 김일근(1976)에 의해 후사
본이 소개되면서 세조 8년(1462년)에 간행된 문헌임이 밝혀졌다.
『사성통고(四聲通攷)』(단종 3년, 1455년)에 대해서는 그 실체를 『홍무정운역훈』으
로 본 논의(최현배, 1942/1961 : 196~204)가 있었으나, 이후 연구에서 별다른 진
전이 없어 부전(不傳) 문헌으로 알려져 있다.
45) 부전(不傳) 언해 문헌 등에 대한 자세한 내용은 김영배・김무봉(1998 : 321) 참조.

10) 금강경언해(金剛經諺解, 1464년)

11) 반야심경언해(般若心經諺解, 1464년)

12) 오대산 상원사 중창 권선문(五臺山 上院寺 重創 勸善文, 1464년)

13) 원각경언해(圓覺經諺解, 1465년)

14) 목우자수심결언해(牧牛子修心訣諺解, 1467년)

15) 사법어언해(四法語諺解, ?1467년)

16) 수구영험(隨求靈驗, ?1476년)

17) 금강경삼가해언해(金剛經三家解諺解, 1482년)

18) 남명집언해(南明集諺解, 1482년)

19) 불정심다라니경언해(佛頂心陀羅尼經諺解, 1485년)

20) 영험약초언해(靈驗略抄諺解, 1485년)

21) 육조법보단경언해(六祖法寶壇經諺解, 1496년)

22) 진언권공언해(眞言勸供諺解, 1496년)

23) 삼단시식문언해(三壇施食文諺解, 1496년)

24) 개간 법화경언해(改刊 法華經諺解, 1500년)

3. 교화(敎化) 관련 문헌

1) 내훈언해(內訓諺解, 1475년)

2) 삼강행실도언해(三綱行實圖諺解, 1481년)

4. 의약(醫藥) 관련 문헌

1) 구급방언해(救急方諺解, 1466년)

2) 구급간이방언해(救急簡易方諺解, 1489년)

3) 신선태을자금단언해(神仙太乙紫金丹諺解, 1497년)

5. 어학(語學) 관련 문헌

1) 훈민정음언해(訓民正音諺解, ?1447년)

3.3. 문체에 의한 분류

당시에 간행된 정음문헌들 중 온전히 정음만으로 표기된 문헌은 없다. 국한 혼용 형식이다. 그런데 언해문의 한자에는 대부분 정음으로 주음을 했다. 이는 독자들의 독서 편의를 위한 배려에서 온 것으로 보인다. 그런데 비록 적은 숫자이기는 하지만 그렇지 않은 경우도 있다. 『두시언해』 같은 한시(漢詩) 언해의 경우가 그러하고, 모연문(募緣文) 성격의 글인 『오대산 상원사 중창 권선문』이 그렇다. 그런가 하면 한자음을 주음할 때 한자를 큰 글자로 썼느냐, 정음을 큰 글자로 썼느냐 하는 차이가 문헌에 따라 다르게 나타나기도 한다.46) 한자와 정음을 같은 크기로 쓴 문헌도 있다. 1.4.에서 설명한 대로 김완진(1983)에서는 언해문의 이러한 형식적 특성을 문체의 문제로 보고, 그 차이는 독자를 고려한 문화정책상의 배려라고 하였다. 여기서는 글자의 크기는 고려하지 않고 방식의 차이에 따라 나눈다.

1. 한자에 한자음을 달지 않은 문헌
   1) 오대산 상원사 중창 권선문
   2) 두시언해

2. 한자를 큰 글자[大字]로 하고 주음을 정음 작은 글자[小字]로 표기한 문헌
   1) 석보상절
   2) 월인석보
   3) 간경도감본 등 대부분의 불전언해서

---

46) 두루 알고 있는 사실이지만 『월인천강지곡(月印千江之曲)』(1447년) 같은 책은 정음을 큰 글자로 하여 앞에 두고 그 뒤에 한자를 작은 글자로 적었다.

3.4. 판본에 따른 분류

출판 분야의 한결 같은 과제는 독자들의 책 읽기를 수월하게 하고 독서 능률을 향상시키는 방향으로 편집 체제를 바꾸는 일이다. 최근에는 기계화 공정으로 전문성을 확보하는 동시에 가독성(可讀性)을 높이는 쪽으로 변화의 방향을 잡아 가고 있다. 변화의 속도는 놀라워서 책의 내용은 물론, 체제 및 장정(裝幀)도 날로 새로워지고 있다.

이런 노력은 국문자 창제 초기에도 마찬가지였다. 새로 제정된 국문자로 처음 행하는 출판이어서 거기에 어울리는 자형(字形) 및 판식(板式)을 개발하여 한글 출판의 시대를 열었다. 시간의 진행에 따라 판형(版型) 및 활자(活字)의 종류가 다양해지고, 자형이나 자체(字體) 개발의 폭도 넓어져서 지금의 기준으로 보아도 손색이 없을 정도의 인쇄·출판문화를 창출했다. 동활자본, 목판본, 목활자본, 필사본 등으로 판본을 다양화하고, 자양(字樣) 개발에도 힘을 써서 판형에 부합하면서도 미려(美麗)하기 그지없는 자체(字體)를 만들어 냈다. 15세기 언해 문헌들을 판본별로 분류하면 다음과 같다.

  1. 활자본(금속)
    1) 석보상절[한글 : 고딕체의 초주갑인자 병용 한글 동활자, 한자 : 큰 글자(大字, 갑인자), 작은 글자(小字, 갑인자)]
    2) 활자본 능엄경언해(을해자)
    3) 활자본 아미타경언해(을해자)
    4) 구급방언해(을해자)
    5) 내훈언해(봉좌문고본, 을해자)
    6) 두시언해(을해자)
    7) 금강경삼가해언해(을해자)
    8) 남명집언해(을해자)
    9) 불정심다라니경언해 및 영험약초언해(원문 : 목판본, 언해문 : 을해자)
    10) 구급간이방언해(을해자)

2. 목활자본
   1) 육조법보단경언해(인경목활자)
   2) 진언권공언해(인경목활자)
   3) 삼단시식문언해(인경목활자)

3. 목판본
   1) 훈민정음언해
   2) 월인석보
   3) 간경도감본 전부
   4) 불정심다라니경언해 및 영험약초언해(원문 : 목판, 언해문 : 을해자)
   5) 신선태을자금단언해

4. 필사본
   1) 오대산 상원사 중창 권선문

3.5. 언해 체제에 따른 분류

훈민정음 창제 직후 간행되었던 언해 문헌들의 언해 방식은 앞에서 이미 살펴본 바 있다. 우선 원문의 내용을 중심으로 적당한 곳을 끊어 대문(大文)을 만들고, 대문이 만들어지면 띄어 읽기를 해야 할 곳에 구결을 달아 구결문을 만든 후 번역하는 방법을 취했다. 구결을 달거나 한자에 독음을 다는 일은 책의 성격이나 독자층을 염두에 두고 결정했던 듯하다. 또 언해의 목적에 따라 달라진 경우도 있었던 것 같다. 이러한 언해 과정을 거친 문장은 불가피하게 원문이나 구결문에 영향을 받게 되어 당시에 간행된 언해문의 대부분은 직역(直譯) 위주다.[47] 구결문에 기댄

---

47) 물론, 예외적인 모습을 보이는 책이 없지는 않다. 원문 구결문이 같은 책에 실려 있지 않은 『석보상절』 등은 언해 문헌이지만 비교적 자유역(自由譯, free translation)에 가깝다.

번역은 원문의 자구(字句)에 얽매일 수밖에 없어 축자역(逐字譯)의 테두리를 벗어나기가 어렵기 때문이다. 끊임없이 계속되던 독자층에 대한 고려는 언해 체제의 변개를 가져왔고, 그러한 변화가 각 언해 문헌들에 반영되어 하나의 정형화(定型化)된 언해 양식으로 정착할 수 있었던 것으로 본다. 이런 이유로 같은 15세기 언해 문헌이라고 하더라도 훈민정음 창제 직후, 간경도감 설치 전후의 시기 그리고 간경도감 폐지 이후에 간행된 문헌들에서 어느 정도의 차이는 불가피하게 나타난다. 당시의 언해 문헌들을 언해 체제에 따라 나누면 다음과 같다.

1. 원문이나 구결문 없이 언해문만 있는 문헌
   1) 석보상절
   2) 월인석보

2. 구결문 없이 원문과 언해문만 있는 문헌
   1) 구급방언해
   2) 수구영험
   3) 두시언해(주해가 있는 경우는 정음구결 현토)
   4) 구급간이방언해
   5) 신선태을자금단언해

3. 구결문 없이 원문과 언해문을 두되, 원문과 언해문이 별도로 있는 문헌
   1) 오대산 상원사 중창 권선문
   2) 영험약초언해
   3) 불정심다라니경언해

4. 구결문 없이 원문 및 그 한자음역과 언해문이 있는 문헌
   1) 진언권공언해
   2) 삼단시식문언해

5. 원문구결문·원문언해문·주해구결문·주해언해문이 모두 있는 문헌
   1) 능엄경언해
   2) 법화경언해
   3) 선종영가집언해
   4) 금강경언해
   5) 반야심경언해
   6) 원각경언해 등 간경도감본의 일부

6. 원문구결문·주해구결문·주해언해문이 있는 문헌
   1) 금강경삼가해언해

7. 원문구결문과 언해문만 있는 문헌
   1) 아미타경언해
   2) 목우자수심결언해
   3) 사법어언해
   4) 내훈언해
   5) 남명집언해
   6) 육조법보단경언해

훈민정음 창제 초기에 간행된 언해본들은 정음구결이 한 줄인지, 두 줄인지에 따라 간행 연대에 차이가 나기도 하고, 정음구결의 방점 표시 여부에 따라 연대가 나눠지기도 한다. 모두 독자들의 독서 편의를 위한 배려, 곧 가독성을 높이고자 한 데에서 나온 방안들인데 오늘날에는 문헌의 간행 연대를 파악하는 중요한 단서가 된다.

언해 체제의 차이를 중심으로 분류하면 간행 연대의 선후를 알 수 있다. 그 내용은 다음과 같다.

1. 정음으로 된 구결에 방점이 찍혀 있는지 여부와 방점이 표시된 정음구결이 한 줄인지 두 줄인지의 차이에 의한 구분

(1) 구결에 방점이 찍힌 문헌

   1) 훈민정음언해

   2) 석보상절서[48]

   3) 월인석보서

   4) 몽산화상법어약록언해

   5) 활자본 아미타경언해

(1-1) 방점이 찍힌 구결이 단행인 문헌

   1) 훈민정음언해

   2) 석보상절서

(1-2) 방점이 찍힌 구결이 쌍행인 문헌

   1) 월인석보서

   2) 몽산화상법어약록언해

   3) 활자본 아미타경언해

(2) 구결에 방점이 찍히지 않은 문헌

   1) 활자본 능엄경언해

   2) 간경도감본 전부(간경도감본은 방점이 없는 구결이 모두 쌍행
    이다.)

위에서 살핀 대로 구결에 방점이 찍혀 있는 문헌은 비교적 이른 시기에 간행된 언해본들이다. 구결에 방점이 없는 문헌은 대체로 활자본 『능엄경언해』(1461년) 이후에 간행된 책들인 간경도감본 등이 이에 해당된다. 방점이 찍힌 구결이 단행(單行)인 문헌은 훈민정음 창제 직후인 세종대에 간행된 문헌이고, 방점이 찍힌 구결이 쌍행(雙行)인 문헌은 세조대 초기에 간행된 문헌들이다.

---

48) 『석보상절』과 『월인석보』는 원문에 구결을 단 구결문이 함께 실려 있지 않기 때문에 논의에서 제외한다. 비록 단행본은 아니지만 『월인석보』 1권 권두에 실려 있는 「석보상절서」와 「월인석보서」는 구결이 현토된 원문과 언해문이 모두 있어서 대상으로 한다. 이하 같다.

2. 언해문의 글자가 중간 글자[中字]인지 작은 글자[小字]인지 여부
  (1) 언해문에 한글 중간 글자를 사용한 문헌
    1) 훈민정음언해
    2) 석보상절서
    3) 월인석보서
    4) 몽산화상법어약록언해
    5) 활자본 아미타경언해

  (2) 언해문에 한글 작은 글자를 사용한 문헌
    1) 활자본 능엄경언해
    2) 간경도감본 전부

언해문에 사용된 한글 글자의 크기에 따른 분류이다. 훈민정음 창제 직후 등 이른 시기에 간행된 문헌일수록 중간 크기의 글자를 사용했고, 활자본 『능엄경언해』(1461년) 이후에 간행된 책들은 작은 글자를 사용했다.

3. 한자어의 주음이 본문[49]과 언해문 모두에 있는지 여부
  (1) 본문과 언해문 모두에 주음된 문헌
    1) 훈민정음언해
    2) 석보상절서
    3) 월인석보서
    4) 몽산화상법어약록언해

  (2) 언해문에만 주음된 문헌
    1) 활자본 아미타경언해
    2) 활자본 능엄경언해
    3) 간경도감본 전부

---

49) 여기서 말하는 본문(本文)은 원문(原文)에 구결을 현토해서 만든 구결문 중 한자로 쓰여 있는 문장 부분을 이른다.

한자어 주음이 본문과 언해문에 모두 있는 경우와 언해문에만 있는 경우를 나눈 것이다. 한자의 주음이 본문과 언해문에 모두 있는 문헌은 비교적 이른 시기에 간행된 문헌이고, 주음이 언해문에만 있는 문헌은 조금 늦은 시기인 활자본 『아미타경언해』(?1461년) 이후에 간행된 문헌이다.

4. 협주의 앞뒤에 흑어미가 있는지 여부
 (1) 협주에 흑어미 표시가 없는 문헌
  1) 훈민정음언해
  2) 석보상절
  3) 월인석보
  4) 몽산화상법어약록언해
  5) 활자본 아미타경언해
  6) 목판본 아미타경언해
  7) 육조법보단경언해[50]
  8) 진언권공언해

 (2) 협주의 시작과 끝에 흑어미 표시가 있는 문헌
  1) 활자본 능엄경언해
  2) 간경도감본 일부(아미타경언해, 목우자수심결언해, 사법어언해 제외)
  3) 불정심다라니경언해
  4) 영험약초언해

 (3) 협주의 시작에만 흑어미가 있는 문헌
  1) 금강경삼가해언해
  2) 남명집언해

---

50) 『육조법보단경언해』나 『진언권공언해』는 간행 시기가 15세기 중 후대에 속하지만 협주에 흑어미 표시가 없다. 이는 후기로 오면서 언해 체제의 간편화가 반영된 것으로 본다. 따라서 훈민정음 창제 직후의 문헌들에서 흑어미를 두지 않은 것과는 다른 차원에서 다루어야 할 것이다.

두루 아는 대로 언해 문헌에는 독특한 번역 양식이 있어서 시선을 끌기
도 한다. 그중 하나가 협주문(夾註文)을 두는 것이다. 어려운 한자 어휘나
불교용어, 또는 설명이 필요한 곳에 쌍행(雙行)의 작은 글자로 풀이를 두었
는데,[51] 이것이 바로 협주문이다. 그런데 협주를 일반 문장과 구분하기 위
해 따로 표시를 하는 방법이 있다. 위 (1)의 경우처럼 훈민정음 초기 문헌
에서는 쌍행의 작은 글자만으로 대신하다가 나중에는 일반 언해문과 구분
하기 위해 위 (2)의 경우처럼 협주가 시작되는 처음과 끝 부분에 흑어미
'【 】' 표시를 두는 방법으로 바뀌었다. 조선조 중기 이후에는 흑어미의
안에 꽃 문양(紋樣)을 두어 화문어미(花紋魚尾)를 만들기도 했다. 흑어미의 유
무나 흑어미를 두는 방법, 또는 흑어미의 문양에 따라 간행 시기를 구분하
기도 했다. 협주의 상하 모두에 흑어미를 두는 문헌에서도 언해문이 끝나
는 부분에 협주를 두게 되면, 아래쪽 흑어미 표시를 생략하기도 했다.

> 5. 본문과 언해문을 구분하는 방법
> > (1) 행을 달리한 문헌
> > > 1) 훈민정음언해
> > > 2) 석보상절서
> > > 3) 월인석보서
> > > 4) 몽산화상법어약록언해
> > > 5) 활자본 아미타경언해
> >
> > (2) ○ 표시를 둔 문헌
> > > 1) 활자본 능엄경언해
> > > 2) 간경도감본 전부
> > > 3) 금강경삼가해언해
> > > 4) 남명집언해

---

51) 드물기는 하지만 협주를 단행(單行)으로 둔 문헌도 있다.

앞에서 밝힌 대로 당시에 간행된 언해 문헌들은 본문에 구결을 달아 구결문을 만든 후, 그 뒤에 바로 언해문을 두는 형식을 취했다. 따라서 본분과 언해문이 글자의 크기로 구분되는 경우에는 별문제가 없겠으나, 약소(略疏) 등을 언해한 부분에서는 구분이 쉽지 않은 경우가 있다. 이럴 경우 초기 문헌에서는 행을 달리하여 구분했고, 활자본『능엄경언해』(1461년) 이후에는 ○ 표시를 두어 구분했다.

위의 분류를 통해 알 수 있는 바와 같이 세조 7년(1461년)에 있었던 '간경도감'의 설치를 전후하여 그 이전에 간행되었던 언해본들과 이후에 간행된 언해본들은 언해의 형식이나 간행 체제 등에 적지 않은 변화가 있었다.[52] 간경도감 이전에는 왕실을 중심으로 하여 개별적이고 단편적으로 진행되던 언해 사업이 간경도감이라는 중심 기관이 생기면서 보다 체계적이고 계획적으로 진행한 결과로 본다. 이런 이유로 언해 양식의 변화가 생기고, 이러한 변화가 결국에는 출판문화의 새로운 시대를 여는 견인차 역할을 했던 것이다.

4. 언해의 사회·문화적 배경과 가치

4.1.

앞의 논의에서 확인한 바와 같이 15세기에 간행된 정음문헌은 모두 40건 남짓이고, 이 중 언해본은 31건에 달한다. 내용별로 분류할 때 가장

---

52) 이와 같은 변화의 모습은 대체로 1461년경에 간행된 활자본『아미타경언해』, 또는 활자본『능엄경언해』부터 나타난다. 대부분 활자본『능엄경언해』부터 그러하지만, 어떤 경우에는 활자본『아미타경언해』에서 나타나기도 한다.

많은 간행 건수(件數)를 보이는 문헌은 단연 불교 관련 언해 문헌이다. 전체 31건의 문헌 중 24건이나 된다. 그렇다면 당시의 언해 사업 관련자들은 무엇 때문에 그토록 많은 양의 언해 문헌들을 만들어 낸 것일까? 그리고 언해 문헌 중 불전언해가 다수를 차지하는 이유는 무엇일까? 이 물음에 대한 해답과 함께 훈민정음 창제 직후 언해 사업의 의미를 찾아보고자 한다.

당시 언해 사업을 기획하고 추진했던 이들의 의도가 무엇이었든 결과적으로 언해 문헌들은 훈민정음 창제 직후 중앙어의 전파(傳播)와 새로 제정된 문자의 정착 및 보급에 적지 않은 기여를 했다. 무엇보다 중요한 것은 그러한 작업의 결과물을 통해 우리는 오늘날 당시의 언어 및 문화의 일단(一端)이라도 접할 수 있게 된 것이다. 그리고 이러한 기여는 불경 언해 및 여타의 언해 문헌들이 가지는 언해 양식의 특수성에 말미암는다. 경전 등의 심오한 가르침과 한문 문장의 난해한 내용들을 일반에 설명하고 전하기 위해서는 특별한 번역 양식이 필요했을 것이고, 그 필요에 의해 독창적인 언해 체제를 창안해 낼 수 있었던 것이다.

첫째, 언해의 첫 단계에서 한문 문장에 두었던 정음구결은 중세국어시기 한국어의 곡용 및 활용의 모습을 온전하게 보여 주면서, 종전의 한자 구결이 자연스럽게 정음구결로 이동하는 실례를 보여 주었다.

둘째, 불교용어나 난해한 한자 어휘를 설명한 협주(夾註)는 우리 고유어 사용의 폭을 넓히면서 고유어의 온전한 모습을 전하는 데 기여한 바가 크다.

셋째, 가독성(可讀性)을 높이기 위한 방안으로 끊임없이 시도된 언해 체제의 변개는 우리 출판문화의 수준을 몇 단계 높이는 데 적잖은 기여를 했다. 그리고 이러한 변화는 언해 문헌의 대부분을 차지했던 불전언해가 주도했다. 언해 문헌이 불전 관련 문헌만 있었던 것은 아니지만, 훈민정음 창제 직후부터 대량으로 간행되었던 불전언해가 당시의 언해 사업을 선도하면서 체제의 변화를 시도하여 이룰 수 있었던 결과이다.

넷째, 그러한 노력의 결과 우리는 오늘날 당시의 언어생활, 특히 문자 생활의 일부분이나마 알 수 있는 소중한 기록 유산을 비교적 많이 보유 하게 되었다. 나아가 당시의 출판문화는 물론, 사회 문화의 실상을 아는 데 많은 도움을 받고 있다.

4.2.

수양대군이 우리 문자로 표기된 최초의 불경언해인 『석보상절』을 조 성한 후, 불전언해 사업은 주로 왕실(王室)이나 종친(宗親)을 중심으로 이 루어졌다. 하지만 간경(刊經)을 비롯해서 불사(佛事)를 행하는 일은 조선조 의 치국 이념이나 당시의 시대 상황과는 배치되는 일이었다. 그렇다면 그런 사업에 왕실이 그토록 정성을 쏟은 이유는 무엇 때문이었을까?

초기에 표면에 내세운 이유는 돌아간 모후(母后)의 명복을 비는 이른바 추천 불사(追薦佛事)였다. 그리고 그 결과는 '언해라는 방식을 통해 정음문 헌을 간행한다.'는 새로운 시도로 귀결되었다. 유신(儒臣)들에게 외면당하 던 국문자를 정착·보급시킬 수 있는 전기의 마련일 수도 있다. 국문자 의 실제 수요자(需要者)였던 일반 백성들의 뿌리 깊은 불심에 기대어 국문 자의 광포(廣布)를 도모할 수 있는 가능성을 발견하게 된 것이다.

세종~세조 초에 걸쳐 단편적으로 이루어졌던 불전언해 사업은, 세조 7년(1461년) 6월에 간경도감(刊經都監)이 설치되면서[53] 조직과 체계를 갖춘

---

53) -처음으로 간경도감을 설치하고 도제조, 제조, 사, 부사, 판관 등을 두었다. (初設刊 經都監 置都提調提調調使副使判官) - <세조실록 24권 25장, 세조 7년(1461년) 6월 16일 乙酉條>

사업으로 격상되었다.54) 간경도감 간행의 불전들이 언해불전만 있었던 것은 아니다. 간행 건수를 단순하게 비교한다면 한문불전이 언해불전에 비해 3배 이상 많다. 하지만 훈민정음 창제 직후 한국어의 모습을 아는 데는 그만한 자료를 가지게 되었다는 사실만으로도 주목 받기에 충분하다. 다만 500여 년이라는 짧지 않은 세월이 흐른 지금에 이르러 원간본 중 일부의 일실(逸失)로 간행 당시의 언어 사실이나 서지사항들을 아는 데 부족한 부분이 있어서 아쉬울 따름이다. 간경도감은 세조가 승하하고 예종을 거쳐 성종 2년(1471년) 12월 폐지되었는데, 중앙에 본사를 두고, 개성, 상주, 전주, 남원, 안동, 진주 등지에 분사를 두었었다. 간행에 간여했던 승려는 학승인 신미(信眉), 수미(守眉), 학열(學悅), 해초(海超), 학조(學祖) 등이고, 문신(文臣)은 김수온(金守溫), 윤사로(尹師路), 황수신(黃守身), 박원형(朴元亨), 한계희(韓繼禧) 등이다. 종친 중에서는 효령대군(孝寧大君), 계양군(桂陽君) 등이 동참했다.

그 외 다수의 승려들과 문신들이 참여했는데, 각 책의 권두에 실려 있는 조조관(雕造官)의 열함(列銜)이나 진전문(進箋文), 서문(序文), 발문(跋文) 등에서 참여자의 면면을 볼 수 있다. 한때는 공장(工匠)만도 170여 명이나 되었다고 한다. 1461년부터 1471년까지 11년 동안 언해불전만 9건을 간행했다.55) 11년의 존속 기간 중 언해 경전이 주로 간행된 시기는 1462년

---

54) 간경도감은 1461년부터 1471년까지 11년 동안 존속하면서 한문불전 30여 건, 언해불전 9건을 간행했다. 한문불전의 목록 등 자세한 내용은 뒤의 제5장 참조.
55) 간경도감 간행 언해불전의 목록은 다음과 같다.
   1461(세조 7)년 간경도감 설치
   1462(세조 8)년 능엄경언해, 10권 10책 간행
   1463(세조 9)년 법화경언해, 7권 7책 간행
   1464(세조 10)년 선종영가집언해, 2권 2책 간행
                  아미타경언해, 1권 1책 간행
                  금강경언해, 2권 1책 간행
                  반야심경언해, 1권 1책 간행
   1465(세조 11)년 원각경언해, 10권 10책 간행

의『능엄경언해』부터 1467년의『사법어언해』에 이르기까지 겨우 6년간이다. 간행 작업 기간이 짧은 것에 비해 그 양이 방대하다는 사실로 미루어 작업의 밀도를 짐작케 한다. 간경도감본 언해불전들은 대부분 대승불교(大乘佛敎) 경전들이고, 일부는 선서류(禪書類)들이다. 이 경전들은 한국 불교 사상 형성의 주류를 이루어 온 경전이거나 선 수행(禪修行) 지침서 역할을 해 온 경전들이다. 모두 목판본으로 당시의 정연한 표기법을 엿볼 수 있다.

　간경도감본 언해불전류의 번역 방식은 대체로 경(經)이나 경소(經疏)에 정음으로 구결을 단 후 번역하는 이른바 대역(對譯)의 방법을 취했다. 번역문의 한자에는 동국정운 한자음이 주음되었는데, 이는 당시 언어 정책의 일면을 짐작할 수 있는 단서가 된다. 구결문의 정음구결에는 방점을 찍지 않아서 간경도감 설치 이전에 간행된 언해불전들과 구분된다. 11년의 존속 기간 동안 간행해 낸 언해불전들은 우리나라 최초의 한글 경전이라는 가치를 가진다. 또한 당시 우리말 중앙어의 정연한 표기법을 볼 수 있는 문헌들이라는 점에서 국어사 자료로서 활용 가치가 높다. 결과적으로 간경도감 간행의 언해서들은 이후에 간행된 불전언해서들의 전범 역할을 하면서 우리 출판문화사에 기록될 만한 업적을 남겼다.

　간경도감에서 간행된 언해불전들은 세종~연산군 대에 간행된 다른 언해불전들과 함께 중세 한국어 연구 자료로서 거의 절대적이라고 할 만큼 중요한 위치에 있다. 출판문화 사업이 지금처럼 전문적이지도 않고, 공정(工程)도 기계화나 자동화와는 거리가 멀었던 당시에, 그만한 성과물을 가질 수 있었다는 사실은 출판문화의 향상이라는 차원에서 시사

　　1467(세조 13)년　목우자수심결언해, 1권 1책 간행
　　　　　　　　　　　사법어언해, 1권 1책 간행
　　1471(성종 2)년　간경도감 폐지

(示唆)하는 바가 크다. 경전 언해라는 지난(至難)한 작업이 종교적으로는 말할 것도 없고, 국문자 보급과 관련하여서도 결코 허투루 다룰 수 없는 성업(聖業)이라는 인식 때문에 가능했던 것으로 보인다.

간경도감 폐지 이후의 언해 사업은 대체로 왕실의 여성들에 의해서 주도되었다. 유신(儒臣)들의 극렬한 반대로 잠시 주춤했던 불전언해 사업을 재개(再開)시킨 사람은 자성대왕대비(慈聖大王大妃) 윤씨였다. 세종~세조대 일련의 불전언해 사업을 옆에서 지켜 왔던 세조비(世祖妃) 정희왕후(貞熹王后) 윤씨는 대왕대비의 지위에 올라 불전언해 사업을 주도하였다.

자성대왕대비가 착수한 첫 번째 불전언해 사업의 대상은 세종 이래 오랜 과제이던 『금강경삼가해언해』와 『남명집언해』56)의 간행이었다. 이 두 문건은 지난날 세종이 동궁(東宮)인 향(珦 : 뒷날 文宗)과 수양대군에게 명하여 『석보상절』의 마지막에 번역해서 넣으라고 한 숙제였다. 그러나 『금강경삼가해』는 일부의 번역만 이루어지고, '남명천선사계송(南明泉禪師繼頌)'은 세종이 직접 30여 수를 번역하기도 했으나, 왕의 승하로 계속되지 못했다. 세종은 스스로 이루지 못한 부분을 반드시 마치라고 유교(遺敎)까지 내렸었다. 하지만 문종은 재위 기간이 짧았고, 세조는 다른 불전언해 사업에 바빠 인간(印刊)이 미뤄졌던 것인데, 자성대왕대비에 의해 비로소 완성을 보게 되었다. 그는 학조(學祖)로 하여금 이미 번역되어 있던 『금강경삼가해』를 교감(校勘)하게 하는 한편, 『남명천계송』을 번역하게 해서 각각 300부와 500부를 인간(성종 13년, 1482년)하였다. 이로써 세종 이래의 오랜 숙원이 풀리게 된 것이다.57)

---

56) 『남명집』의 갖은 이름은 『永嘉大師證道歌南明泉禪師繼頌』이지만, 약칭으로는 『證道歌南明繼頌』, 『證道歌繼頌』, 『南明繼頌』 등으로도 부른다. 언해본의 이름으로는 『남명집언해』가 널리 쓰여서 그대로 따른다.

57) 『금강경삼가해』와 『남명천계송』의 번역 및 간행 경위는 두 책의 뒤에 똑같이 수록되어 있는 한계희(韓繼禧)와 강희맹(姜希孟)의 발문에 자세히 나와 있다. 이 책의 끝부분에 부록으로 발문 2건을 번역해서 싣는다.

4.3.

성종~연산군 대에는 전시대에 간경도감에서 간행되었던 일부 언해불전들을 다시 간행하는 간경 불사가 두 차례 있었다. 성종 3년(1472년) 김수온(金守溫)에 의해 이루어진 간경 불사와 연산군 1년(1495년) 학조(學祖)에 의해 이루어진 간경 불사가 그것이다. 전자는 성종의 모후인 인수대비(仁粹大妃) 한씨에 의해 가능하였고, 후자는 성종의 계비인 정현대비(貞顯大妃) 윤씨에 의해 가능하였다. 전자에는 김수온의 발문(跋文)58)이 있어서 당시 언해 사업의 일단을 엿볼 수 있다. 김수온의 발문(跋文)을 가지고 인출된 책 중 언해본으로는 『원각경언해』, 『몽산법어언해』 등이 오늘에 전한다. 후자에는 불전 인출만을 위해 특별히 조성(造成)된 이른바 '인경목활자(印經木活字)'로 된 학조의 발문59)이 있다. 학조의 발문을 가지고 인출된 책 중 언해본으로는 『영가집언해』, 『금강경언해』, 『반야심경언해』 등이 오늘에 전한다. 김수온이나 학조의 발문을 가지고 인출된 언해본에는 간경도감 당시에 만들어진 역자(譯者)와 구결 작성자의 기명이 삭제되어 있고, 학조의 발문을 가지고 인출된 책에는 간경도감 당시의 발문까지 삭제되어 있다. 이는 간경도감 폐지와 관련이 있는 것으로, 당시의 시대 상황을 보여 주는 내용이다. 이 무렵 인수대비는 부녀자 교육용으로 유교적(儒敎的) 교화서(敎化書)인 『내훈』(1475년)을 간행하기도 했다.

성종 16년(1485년)에는 다섯 가지 진언을 범자(梵字)로 적고 한글과 한자로 음역한 『오대진언』과 네 가지 진언이 나타낸 신령스러운 사실, 곧 영험담을 담은 『영험약초』가 간행되었다. 『오대진언』의 학조 발문에 의해

---

58) 김수온(金守溫)의 발문(1472년)에는 성종 당시의 불전언해 사업은 물론, 한문불전 간행 경위에 대해 소상히 기록해 놓았다. 이 책의 끝에 이를 번역해서 부록으로 싣는다.

59) 학조(學祖)의 발문(1495년)에는 연산군 당시의 불전언해 사업에 대한 내용을 자세히 기록해 놓았다. 이 책의 끝에 이를 번역해서 부록으로 싣는다.

인수대비의 의지로 간행되었음을 알 수 있다. 『영험약초』는 한문 원전 없이 언해본만 전해지는 책도 있지만, 원간본 계통은 『오대진언』의 뒤쪽에 합철되어 있어서 『오대진언』과 함께 간행된 책(冊)임을 알 수 있다. 판심제가 『오대진언』과 같이 '오대(五大)'이고 장차(張次)도 일련 장차로 이어진다.[60] 같은 해에 간행된 『불정심다라니경언해』도 학조에 의해 간행된 책임을 그의 발문을 통해 알 수 있다. 다음에 설명할 『육조법보단경언해』의 번역과 간행을 주도한 것 등 15세기 후반에는 세조대에 활동했던 승려 중 학조만이 남아서 간경 사업을 이어가고 있었다.

연산군 2년(1496년)에는 인수대왕대비와 정현대비(貞顯大妃)에 의해 조성된 이른바 '인경목활자(印經木活字)'로 『육조법보단경언해』, 『진언권공언해』, 『삼단시식문언해』 등의 책이 인출되었다. 역시 학조가 인수대비의 명을 받아 번역한 것이다.[61]

이상의 고찰에서 알 수 있는 바와 같이 당시의 불전언해 사업은 대부분 왕실의 의지로 가능했다. 초기에는 세종이나 세조 등 왕이 직접 관여했고, 성종 이후에는 대비나 왕비 등이 주도했다. 이러한 일련의 언해 사업의 결과는 조선 전기의 사회상과 종교문화 그리고 언어 정책의 일단을 살필 수 있는 좋은 근거가 되고 있다. 그 성과의 크고 작음에 관계없이 당시의 사회상과 문화 정책의 특성을 반영하고 있다. 아울러 새로 제정된 국문자의 정착과 보급에도 상당 부분 기여하였다.

---

60) 한글판 『오대진언』에 대해서는 안병희(1987ㄱ), 『영험약초』에 대해서는 뒤의 제11장 참조.
61) 『진언권공언해』, 『삼단시식문언해』 등의 책이 불경은 아니지만, 책을 만든 활자는 통칭 '인경목활자'라고 부른다.

4.4.

두루 아는 대로 조선조는 유교국가 시대였다. 그럼에도 불구하고 15세기에 간행된 정음문헌 중 유교 관련 문헌은 두 건에 불과하다. 그것도 구결만 정음으로 현토한 구결 문헌이다. 유가(儒家)의 가르침을 바탕으로 했거나 유교 경서의 일부 구절을 발췌하여 언해한 교화서도 두 건에 지나지 않는다. 불교 관련 언해 문헌들의 양이나 건수와는 비교가 되지 않을 정도로 차이가 난다. 그렇다고 해서 당시에 유교 관련 언해 문헌의 간행 의지가 없었다거나 준비가 소홀했던 것은 아니다. 앞에서 밝힌 대로, 훈민정음 창제 과정에서 이미 그러한 논의가 있었다는 사실을 실록의 기사[62]가 확인해 준다. 비록 한문 구결에 관한 것이지만 유교 경서의 교과서격인 오경(五經)에 구결 현토를 명령한 기록[63]은 그보다 훨씬 앞선다. 이렇듯 사전 준비와 국왕의 명령이 있었음에도 불구하고 『삼강행실도(三綱行實圖)』의 번역은 성종 12년(1481년)에 이르러 비로소 가능했고, 『사서언해(四書諺解)』는 훈민정음 창제 후 140여 년의 세월이 흐른 뒤인 1590년대에 이루어졌다.

---

62) ─먼젓번에 임금이 정창손에게 하교하기를, "내가 만일 언문으로 삼강행실(三綱行實)을 번역하여 민간에 반포하면 … (前此 上敎昌孫曰 予若以諺文 譯三綱行實 頒諸民間 …)─ <세종실록 103권 21장, 세종 26년(1444년) 2월 20일 庚子條>
아래의 기사는 '훈민정음' 창제 후의 일을 기록한 것이지만, 지난 날 집현전에서 '사서(四書)'를 언문으로 번역하게 했었다는 내용이어서 사정을 짐작할 수 있다. ─집현전(集賢殿)에서 어명을 받들어 언문(諺文)으로 '사서(四書)'를 번역하게 하였다. 직제학 김문(金汶)이 이를 맡아 했었으나 … (時集賢殿奉校 以諺文譯四書 直提學 金汶主之 …)─ <세종실록 119권 19장, 세종 30년(1448년) 3월 28일 癸丑條>

63) ─임금이 변계량에게 말하기를, "옛날 태종(太宗)께서 권근(權近)에게 명하여 '오경(五經)'에 토(吐)를 달라고 하니, 권근이 사양하였으나 허락을 얻지 못했다. 드디어 『시경(詩經)』, 『서경(書經)』, 『역경(易經)』의 토를 달았으나, 오직 『예기(禮記)』와 『사서(四書)』에는 토가 없다. 나는 후학(後學)들이 혹시 본래의 뜻도 잘 모르고 여러 생도들을 가르칠까 봐 염려된다. 만약 이것을 가지고 가르친다면 어찌 유익하지 않겠는가." (上語卞季良曰 昔太宗命權近著五經吐 近讓之不得 遂著詩書易吐 唯禮記四書無之 予念後學 或失本意 以訓諸生 若因此而敎 豈不有益)─ <세종실록 40권 14장, 세종 10년(1428년) 윤4월 18일 己亥條>

이에 대해 안병희(1985)에서는 유교 경서의 경우에는 구결 확정이 늦었기 때문이라고 설명하고 있다. 구결 확정이 늦어진 이유는 여말과 선초에 집중적으로 이루어졌던 한문 불경에 대한 구결 현토와 연관이 있을 듯하다. 통일신라시대 이래 유교 경서에 대한 구결 현토가 없었던 것은 아니지만, 훈민정음 창제를 앞둔 시점에서 활발하게 행해졌던 구결불경 조성의 전통이 국문자 창제 이후 불경언해에 자연스럽게 이어졌기 때문인 것이다. 그런 까닭으로 한문 불경의 구결 확정과 언해 작업이 비교적 손쉽게 이루어진 데 비해, 유교 경서의 언해는 구결 확정 단계부터 늦어져서 15세기보다는 16세기 이후에 보다 활발하게 전개될 수 있었던 것이다.

4.5.

앞에서 밝힌 대로, 훈민정음 창제 직후에 추진된 국문자 사용 방안의 하나는 한문 문헌에 대한 국어역, 곧 언해를 행하는 일이었다. 당시로서는 불가피한 선택이었다. 하지만 다른 한편으로는 문자 보급의 방법으로 가장 적절하면서도 지혜로운 선택을 한 것으로 판단한다. 이러한 언해 사업은 국문자에 의한 출판 시대를 열었고, 이후 끊임없는 체제의 변화를 통해 괄목할 만한 성과를 거두었다. 언해는 한문 문헌에 대한 국어역을 이르는 말이면서 새로운 출판 양식을 지칭하는 말이기도 하다. 조선 전기 언해 사업의 가장 큰 업적은 바로 우리 문자로 우리의 책을 만들 수 있는 새로운 출판문화의 시대를 열었다는 점이다.

그리고 조선 전기를 관통했던 통치 이념과는 거리가 있는 것이지만, 수요가 있는 곳에 공급이 따른다는 원칙에 따라 일반 민중들의 불교 소양에 기대어 문자의 보급을 아울러 꾀한 것이 아닌가 한다. 불전을 언해

함으로써 일반 민중들의 신앙과 독서 욕구에 편승한 것이다. 이견(異見)이 있을 수 있겠지만, 앞 시대에 구결불경을 읽던 전통을 계승한 것이면서, 당시의 사회상을 반영하고 있기도 하다. 조선 개국과 더불어 표면에 내세운 치국 이념이 초기의 왕실이나 기층 민중들의 신앙생활과는 어느 정도 거리가 있었다는 사실도 짐작할 수 있다.

5. 맺는말

5.1.

지금까지 훈민정음 창제 이후 15세기 말까지 간행된 언해 문헌 전반을 대상으로 하여 언해의 개념 및 언해 절차, 언해 사업의 현황 그리고 언해의 사회 문화적 배경 및 가치에 대해 살펴보았다. 제2절에서는 언해의 개념과 과정을 정리하고, 제3절에서는 언해 문헌들을 내용, 성격, 문체, 판본, 언해 체제 등의 기준에 따라 분류하여 각 문헌들의 특성을 확인하였다. 제4절에서는 언해의 사회 문화적 배경 및 가치에 대해 살폈다.

5.2.

책 만드는 일이 어렵기는 예나 지금이나 마찬가지겠지만, 그때는 지금과는 달리 자동화나 기계화와는 거리가 멀었던 시대여서 더욱 많은 시간과 노력이 필요했을 것이다. 구결의 확정, 번역, 동국정운 한자음 주음 등 원고본의 작성은 말할 것도 없고, 활자의 주성(鑄成)이나 목판의 판각, 교정, 인쇄, 장책(粧冊) 등 출판의 모든 과정 중 어느 것 하나 단시일 내에 손쉽게 이룰 수 있는 일은 없었을 것이다.

여간한 노력과 시간의 투자 없이는 가능하지 않은 일이 바로 출판문화 사업이다. 그런 까닭에 세종대에 기획하고 추진했던 언해 작업의 결실이 때로는 몇십 년 후에 이루어지기도 하고, 때로는 1세기를 훌쩍 뛰어넘는 시간의 흐름 뒤에 나타나기도 했다. 이러한 복잡한 작업 과정으로 인해 그 시작은 비록 세종대였다고 해도, 인출은 세조대나 성종대에 이르러 비로소 간행된 책도 있었다. 16세기 말에서야 간행된 책도 있다. 하지만 많은 언해 작업들이 훈민정음 창제 직후부터 연산군 대에 이르는 50여 년 동안에 이루어졌다. 언해를 위한 출판 환경과 사회 문화적 여건이 웬만큼 조성되었기에 가능했을 것이다.

그래서 이 논의는 훈민정음이 창제·반포된 이듬해인 세종 29년(1447년)부터 연산군 6년(1500년)에 이르는 50여 년간 간행된 언해본 전체를 논의의 대상으로 삼았다. 논의 과정에서 당시에 간행된 언해본들을 몇 가지 기준에 따라 분류하였다. 이런 방법을 통해 조선 전기 언해 문헌들의 성격과 내용, 문체, 언해 체제, 판본 등의 특성을 웬만큼 정리할 수 있었다. 이 언해본들은 국문자 창제 초기에 만들어진 문헌답게 체제의 변화를 통해 출판문화의 새로운 모형을 만들어 냈다. 언해 문헌들의 내용이나 성격을 통해서는 당시의 사회상이나 문화정책의 성격을 살필 수 있었다.

5.3.

'언해'는 '중국어, 또는 한문 원전의 국어 번역'을 이르는 말이다. 굳이 '언해'라고 한 것은 중국어에 대한 상대어로서 '언문'이라는 이름에 내포된 상징성 때문으로 보인다. '언해'라는 용어가 기록, 실록 등의 문건이나 『정속언해』(1518년)의 내제(內題)에 처음 등장한 것은 1510년대이다. 이는 곧 15세기에는 아직 그 용어가 쓰이지 않았음을 보여 주는 것이다. 그러던 것이 16세기 말에 간행된 『소학언해(小學諺解)』(1588년)부터는 내제(內題)는 물론, 판심서명에도 이 용어가 쓰였다. 용어 사용이 일반화된 것이다. 학계에서는 이에 근거하여 15세기에 간행된 언해 문헌에까지 소급해서 이 용어를 쓰게 되었다. 이후 15세기 중엽의 훈민정음 반포로부터 갑오경장 때까지 간행된 정음문헌 중 중국어, 또는 한문 원전을 국어로 옮긴 문헌 전체를 일러 '언해'라고 부르고 있다. '언해'는 훈민정음 창제 후 중국어 문장이나 한문 문장을 우리말로 옮기기 위한 강렬한 욕구에서 창안된 독특한 번역 양식이고, 인출 양식인 셈이다.

그러면 50년이라는 상대적으로 짧은 시간 동안 그토록 많은 양의 언해 문헌들을 간행해 낼 수 있었던 힘은 어디에서 온 것일까? 이는 새로 제정된 국문자의 정착과 보급을 위한 당시 왕실의 의지와 관련된 것으로 본다. 국가에서 뚜렷한 목적을 가지고 시행한 국책 사업이 아니고서는 가능하지 않을 정도로 그 양이 방대하고, 내용상으로 우수할 뿐만 아니라, 매우 정연한 출판 형태를 보여 주기 때문이다. 왕실을 중심으로 일부 문신(文臣)들의 협조와 문화적 역량이 결집(結集)된 결과일 것이다.

특히 언해 문헌들의 상당 부분을 차지하는 언해불전들은 시사(示唆)해 주는 바가 크다. 불전의 간행과 같은 불사(佛事)는 조선의 치국 이념이나 시대 상황과 배치되는 일이었다. 그럼에도 불구하고 상당수의 불경들을 언해의 대상으로 삼은 것을 보면 거기에 어떤 의도가 있었던 것임을 짐작케 한다. 관료 조직인 사대부들의 생각과는 달리 왕실에서는 일반 백성들의 뿌리 깊은 불심에 기대어 불교 관련 언해서들을 간행해 낼 수 있었고, 이를 토대로 하여 국문자의 정착·보급이 이루어졌던 것이 아닌가 한다. 어떻든 이러한 일련의 과정이 우리 문자에 의한 출판물 간행이라는 새로운 문화 모형의 창출로 이어졌던 것이다.

5.4.

실록 등의 기록에 의하면 유교 경서에 대한 구결 작성 및 언해 준비가 훈민정음 창제를 전후한 시기부터 활발히 전개되고 있었으나 정작 15세기에는 언해된 유교 경서를 찾기 어렵다. 정음구결이 현토된 경서 두 책과 유교적 가르침이나 경서에 바탕을 둔 교화서 두어 권이 있을 뿐이다. 이렇듯 유교 경서의 언해가 늦어진 것은 언해의 과정 중 첫 단계에 해당하는 구결이 확정되지 않았기 때문이다. 이는 불경언해 작업이 매우 조직적으로 이루어지고, 그 양이 방대한 것과 대조가 된다. 그 원인은 여말과 선초에 집중적으로 이루어졌던 구결불경의 전통 때문일 것이다. 여말선초에 대량으로 작성된 구결불경들이 국문자 창제 이후 불경언해에 자연스럽게 이어진 데 비해, 상대적으로 유교 경서에 대한 한문 구결의 현토(懸吐)가 늦었기 때문이다. 통일신라시대 이래 유교 경서에 대한 구결 현토가 없었던 것은 아니지만, 고려 중엽 이후 활발했던 구결불경의 조성과는 비교가 되지 않는다.

5.5.

훈민정음의 창제는 우리 문화 전반에 적지 않은 변화를 가져왔지만, 무엇보다 두드러진 변화는 출판 영역에서 먼저 일어났다. 그리고 그러한 변화의 결과 중 가장 큰 하나가 언해 문헌의 출간이다. 언해 문헌들은 중앙어의 정착 및 보급에 일정 부분 기여했다. 독자들의 이해를 돕기 위해 두었던 협주(夾註)를 통해 우리말의 온전한 모습을 지키는 데 기여했을 뿐만 아니라, 가독성을 높이기 위한 배려에서 나온 언해 체제의 변화로 우리 나름의 독창적인 출판 양식을 창출해 낼 수 있게 하였다. 언해 문헌들의 표기 방법이나 체제의 변개(變改)는 결과적으로 15세기 한국어의 모습과 당시 출판문화의 저변을 보여 주는 것임에 틀림없다. 언해 사업 관련자들이 의도한 일이었든, 아니면 결과적으로 그렇게 되었든, 15세기 언해 문헌들이 보여 주는 언어 사실 및 사회 문화적 배경은 이 방면의 연구자들에게 소중한 자료로 활용되고 있다. 비록 언해 문헌에 실려 있는 언어가 당시 실제 사용되었던 생생한 구어가 아니고, 번역투의 제한된 문어와 중앙 일부 계층의 언어만을 반영하고 있다고 하더라도, 훈민정음 창제 직후 한국어의 모습을 전해 주고 있다는 사실만으로도 충분히 중요하다. 아울러 당시의 사회상 및 문화적 위상을 또렷하게 전해 주고 있기도 하다.

제3장 석보상절(釋譜詳節) 권20

1. 머리말

1.1.

『석보상절』(1447년)은 애초 24권으로 간행되었다.[1] 이 초간본 중 8권만
이 현전한다. 권6, 9, 13, 19 등 4책은 국립중앙도서관에,[2] 권23, 24 등 2책
은 동국대학교 중앙도서관에 소장되어 있다. 그리고 권20, 21 등 2책은
삼성미술관 리움에 있다. 이 책들이 발굴·공개된 경위에 대해서는 그동
안 여러 보고가 있었으므로 여기서 따로 다루지는 않는다.[3] 초간본은 아

---

1) 『석보상절』 초간본의 간행 권수(卷數)가 24권이라는 사실은 일찍이 이동림(1959ㄴ),
   이병주(1967), 김영배(1986) 등에 의해 밝혀진 바 있다. 곧 국립도서관 소장본 4책
   의 원 소유자였던 세종 때의 황해도 해주 목사(권9의 마지막장에 쓴 職銜은 '嘉善大夫
   黃海道都觀察黜陟使兼兵馬都節制使兼判海州牧事'로 되어 있다.) 신자근(申自謹)이 정통
   (正統) 14년(세종 31년, 1449년)에 손수 쓴 것으로 보이는 '共卄四'를 토대로 한 것이
   다. 이 '共卄四'라는 글자는 권6과 권13의 표지 아래쪽 마구리에 적혀 있었다고 한
   다. 그러나 개장(改裝) 때의 도련(刀鍊)으로 지금의 책에서는 볼 수 없다. 이병주
   (1967), 김영배(1986)에서는 권23과 권24의 내용으로도 확인한 바 있다.
2) 국립도서관 소장의 4책에는 주묵(朱墨)으로 교정을 한 흔적이 있다. 이른바 교정본
   (校正本)인 것이다. 『석보상절』의 교정에 대해서는 안병희(1974)에 상세한 설명이
   있다. 이호권(2001)에는 교정 및 교정에 따른 정정(訂正) 내용이 논의 곳곳에 나오
   고, 부록에는 4책의 교정 일람표가 있어서 연구자들에게 많은 도움을 준다.

니지만 복각본(覆刻本) 2책도 현전한다. 권3과 권11이다. 권11은 심재완 교수에 의해 영인·공개(1959)된 바 있다. 이 책은 1560년경 전라도 순창(淳昌)의 무량사에서 간행된 것으로 보고 있다.4) 권3은 천병식 교수에 의해 영인·공개(1985)되었다. 간기(刊記)는 없지만, 책의 맨 뒷면 안쪽에 붙어 있는 후세(後世)의 부전(附箋)으로 간행 연대를 추정하였다. 곧 부전에 적힌 '嘉靖四拾辛酉年中月龜岳山無量寺開板'을 근거로 하여 1561년(명종 16년)에 역시 순창의 무량사에서 중간(重刊)된 것으로 보았다. 이로써『석보상절』은 전체 24권의 책 중 초간본 8권, 중간본 2권 등 모두 10권의 책이 오늘에 전하고 있는 셈이다.5)

1.2.

초간본 권20은 1990년 2월 24일 무렵의 언론 보도로 처음 현전 사실이 공개되었고, 그해 3월에는 서지학자 천혜봉 교수가 미술 관련 잡지『가나아트』3·4월호(통권 12호)에 소개하여 전모가 밝혀졌다. 당시의 소장자

---

3) 국립도서관 소장의 4책에 대해서는 일인(日人) 에다 도시오(江田俊雄 : 1936), 동국대 중앙도서관 소장의 2책에 대해서는 이병주(1967), 삼성미술관 리움 소장의 2책에 대해서는 천혜봉(1990ㄱ)에 상세한 소개가 있다. 중간본인 권3에 대해서는 천병식(1985), 권11에 대해서는 심재완(1959)에 간행 연도 추정 등 책 전반에 대한 논의가 있다.

4) 중간 복각본인 권11의 간행 연도에 대해서는 안병희(1974 : 20~21)에서 무량사판『월인석보』권23(명종 14년, 1559년 간행) 및 같은 무량사판인『월인석보』권21(명종 17년, 1562년 간행)과 비슷한 시기에 같은 장소에서 간행되었을 것으로 추정한 바 있다.

5) 현전하는 10권의 문화재 지정 여부는 다음과 같다. 문화재청의 문화재 검색 사이트에 의하면 국립도서관 소장의 '권6, 9, 13, 19' 등 4책은 보물 제523-1호, 동국대 중앙도서관 소장의 '권23, 24' 등 2책은 보물 제523-2호로 각각 지정되어 있다. 애초 심재완 교수 소장이었다가 지금은 삼성미술관 리움으로 소장처가 바뀐 '권11' 역시 보물 제523-3호로 지정되어 있다. 그러나 천병식 교수 소장의 '권3' 및 삼성미술관 리움 소장의 '권20, 21'에 대한 정보는 없다.

가 자신의 고전적(古典籍)을 정리하다가 우연히 진가(眞價)를 알고, 세상에
내놓게 된 것이라고 한다. 앞에서 밝힌 대로 현재는 '초간본 권21'과 함
께 삼성미술관 리움에 있다.6) 위의 천혜봉(1990ㄱ : 98~99)에 의하면 두 책
은 납탑본(納塔本)이었다고 한다. 두 권이 한 책으로 묶여서 탑장(搭藏)되어
있다가 빛을 보았다는 것이다. 하지만 지금은 현 소장처의 방침으로 원
본의 실사(實査)가 가능하지 않다. 따라서 이 논의는 공개 당시에 입수한
복사본을 대상으로 진행한다.

1.3.

이 책은 53장 106쪽으로 되어 있으나, 애초 천혜봉 교수가 소개한 대
로 권수(卷首) 쪽의 첫 장이 완전히 떨어져 나갔고, 2장부터 15장까지의
좌하귀 부분이 침윤(浸潤)과 마멸(磨滅)로 심하게 훼손되어 있어서 이 부분
에 대한 해독이 쉽지 않다. 이런 이유로 역주(譯註) 작업 및 연구(研究)의
필요성이 끊임없이 제기되어 왔다. 그러나 책의 원본이 공개되지 않아
단편적인 보고 외에 더 이상의 진척을 보지 못했다. 발굴·공개된 이래
20여 년의 세월이 흘렀다. 원본의 실사를 기다리며 마냥 미루어 두기가
어렵게 되었다. 이에 책의 형태서지 및 구성 그리고 같은 내용이 실려
있는 『월인석보』 및 『법화경언해』와의 대응 관계, 어학적 특성 등을 살
펴서 책의 성격은 물론, 국어사 자료로서의 가치를 밝히려고 한다.

---

6) 초간본인 권21 역시 천혜봉 교수에 의해 1989년 11월 16일경 언론에 공개되었다.
권20이 공개되기 이전의 일이다. 이 책은 고서(古書) 수집가 우찬규(禹燦奎) 소장이
었는데, 천혜봉(千惠鳳) 교수가 발굴하여 공개한 것이다. 권21은 모두 65장 130쪽
정도의 분량일 것으로 추정한다. 하지만 끝의 두 장인 64, 65장이 낙장이고, 60~63
장까지는 훼손이 심해서 해독이 어렵다. 이 책 역시 복사본으로 연구자들에게 유통
되고 있다.

2. 형태서지

2.1.

앞에서 밝힌 것처럼 필자는 『석보상절』 권20을 직접 살피지 못했다. 필자가 이용하고 있는 책은 공개 당시의 첫 번째 소장처에서 나온 복사본을 다시 복사한 것이다. 이 재복사본은 『석보상절』 권20이 세상에 공개된 1990년 이후 연구자들 사이에 유통되었던 사본(寫本)이다.

이 책의 전반적인 형태서지(形態書誌)는 현전(現傳)하는 다른 초간본 책들과 대체로 일치한다. 원본에 의한 것은 아니라고 해도 판식(板式) 등 사본에 의해서도 확인이 가능한 몇몇 사항을 간략하게 소개하기로 한다. 복사본이어서 책 전체의 크기는 알 수가 없다. 판광(版匡)의 반곽(半郭)은 세로[縱] 21.45cm, 가로[橫] 15.9cm이다. 이를 국립도서관 소장의 책인 권6, 9, 13, 19의 반곽 22~22.3cm × 15.7~15.9cm 및 동국대학교 도서관 소장의 책인 권23, 24의 반곽 22.2cm × 15.8cm 등과 비교해 보면 원척(原尺)대로 복사한 것임을 알 수 있다. 변란(邊欄)은 사주단변(四周單邊)이다. 첫 장(張)이 낙장(落張)이어서 정확한 권두서명(卷頭書名)은 알 수가 없지만 다른 초간의 책들처럼 1장의 첫 행(行)에 세로로 '釋 · 셕譜 : 봉詳썅節 · 졂第 · 뗭二 · 싱十 · 씹'이라고 썼을 것으로 판단한다. 본문의 끝장인 53장의 뒷면을 보면, 쌍행(雙行)으로 되어 있는 첫 행(行) 다섯 번째 글자에서 내용이 마무리되는데,[7] 이 책의 편집 관행대로 품(品)이 종료되었다는 사실에 대한 설명의 글이다.[8] 그 다음 행(行)인 2행부터 6행까지는 원래 공란(空

---

7) 권20의 맨 뒷장에 실려 있는 마지막 문장, 곧 협주문을 가리킨다. 『법화경』의 24번째 품(品)인 묘음보살품(妙音菩薩品)이 종료되었음을 설명하는 문장이다. 협주에 쓰인 " · 잇ㄱ · 자 · 온 妙 · 묳/音흠菩뽕薩 · 삻品 : 픔 · 이 · 라" 중 '/' 뒤쪽에 있는 '音흠菩뽕薩 · 삻品 : 픔 · 이 · 라'를 이른다. 이 10자를 5자씩 두 줄로 배열한 것이다.

欄]이었다.9) 그리고 7행(行)에 대자(大字)로 '釋‧셕譜:봉詳쌍節‧졇第‧뗑二‧씽十‧씹'이라고 권말서명(卷末書名)을 두었다. 판심(版心)은 상하(上下) 공히 대흑구(大黑口)이고, 상하내향흑어미(上下內向黑魚尾)이다. 위쪽 흑어미 바로 밑에 판심서명(版心書名)인 '釋譜'를 두고, 바로 이어서 권차(卷次)인 '二十'을 썼다. 그리고는 중간에 두어 자 정도의 사이를 띈 후 아래쪽 흑어미 바로 위에 장차(張次)를 썼다. 매엽(每葉)은 무계(無界) 8행(行)이고,10) 매행(每行)의 글자 수는 15자(字)이다. 협주(夾註)가 필요한 곳에는 작은 글자 쌍행(雙行)으로 설명을 하였으나 따로 흑어미 등의 표지는 두지 않았다. 협주에서 주로 다룬 내용은 『법화경(法華經)』의 계환(戒環) 요해(要解)에 해당하는 부분이다. 이에 대해서는 뒤에서 따로 논의할 것이다. 활자(活字)는 한자와 정음자 모두 동활자(銅活字)가 사용되었다.11) 한자는 갑인자(甲寅字)로 큰 글자[大字]와 작은 글자[小字]의 두 종류이다. 큰 글자[大字]는

---

8) 『석보상절』 권13부터 권21까지의 저경(底經)은 『법화경』이다. 그러니까 권13에서 시작하여 권21까지에 걸쳐 『법화경』 7권 전체를 언해한 것이다. 본문에 경(經)의 원문이나 구결문(口訣文)은 두지 않고, 경(經) 원문의 국어역인 번역문만을 실어 놓았다. 그리고 설명이 필요한 부분에는 협주를 두어 이해를 도왔다. 이런 이유로 협주에는 『법화경』의 계환(戒環) 요해(要解)를 옮긴 것이 많다. 제1품(品)인 서품(序品)부터 마지막 품(品)인 제28품 보현보살권발품(普賢菩薩勸發品)까지를 번역해서 실은 것인데, 각 품(品)의 끝에는 위에서 밝힌 것처럼 쌍행으로 "잇ᄀᆞ자온 ~ 品이라"라고 하여 품(品)의 마무리임을 알리고 있다. 이 책 권20도 마찬가지다.

9) 이 53장 뒷면은 원래 품(品)의 종료임을 알리는 1행의 일부와 권말서명이 있는 7행을 제외한 그 나머지 지면이 공란(空白)이었던 것으로 짐작된다. 하지만 지금 전하는 책에는 나중에 누군가가 붓으로 쓴 낙서(落書)가 있다. 2행부터 6행까지와 권말서명의 아래쪽, 그리고 8행에 '인생(人生)의 무상(無常)함'을 토로한 필서(筆書)가 있어서 자세히 보지 않으면 권말서명을 놓칠 수 있다.

10) 이미 알려진 대로 『석보상절』의 초간본은 동활자본(銅活字本)이고, 중간본은 복각(覆刻)의 목판본(木版本)이다. 이렇게 판본(版本) 자체가 달라졌으므로 판식(版式) 등에서도 부분적으로 차이가 있다. 두드러진 차이점 중 하나는 초간본에는 행(行)과 행 사이에 계선(界線)이 없는 데 비해, 중간본 중 권3에는 계선을 두었다는 점이다. 같은 중간본임에도 권11에는 계선이 없다. 그 외 방점(傍點)의 모양이 초간본은 원획(圓劃)인 데 비해 중간본은 점획(點劃)인 것도 그렇고, 활자의 자양(字樣) 등에서도 차이가 난다.

11) 이호권(2001:27)에 의하면 동활자(銅活字)가 없는 경우에는 목활자(木活字)로 보충을 하기도 했다고 한다.

본문에 쓰였고, 작은 글자[小字]는 협주에 쓰였다. 정음자(正音字)의 경우에
는 큰 글자[大字], 중간 글자[中字], 작은 글자[小字]가 쓰였다. 큰 글자[大字]
는 본문에 쓰였고, 중간 글자[中字]는 협주에 쓰였다. 작은 글자[小字]는 본
문과 협주의 한자 독음(讀音)에 쓰였다.[12]

2.2.

앞에서 지적한 대로『석보상절』권20의 보존 상태는 그렇게 좋은 편
이 아니다. 긴 시간 동안의 탑장(塔藏)과 그 이후 보존 과정에서의 침습(浸
濕) 및 마멸(磨滅)로 인해 해독이 쉽지 않은 부분이 곳곳에 있다. 훼손에
의해 해독이 불가능한 부분을 정리하고, 그 부분에 대한 원본의 내용을
추정하여 제시하면 다음과 같다. 오른쪽 ( ) 안에 쓴 것은 필자가 같은
책의 전후(前後) 맥락(脈絡)은 물론,『월인석보』와『법화경언해』의 같은 곳
을 참고하여 복원(復原)한 내용이다. '*' 표시는 1행 15자를 기준으로 했을
때, 1∼2자 정도가 많거나 적음을 표시한 것이다.『석보상절』권20의 1행
(行)당 글자 수가 예외를 두지 않고 15자씩인 점으로 미루어, 이 부분은
원본 부합(符合)의 정확도가 떨어짐을 함의하고 있다.

　　　1장 : 낙장(落張)
　　　2ㄱ : (1행)[13] 아래쪽 5자 안 보임(뽕提똉法 · 법)
　　　　　　(7행) 위쪽 2자, 아래쪽 5자 안 보임(·펴·아),[14] (: 업서 能늫)

---

12)『석보상절』에 쓰인 정음(正音) 글자의 명칭에 대해서는 의견이 분분한데, 이호권
　　(2001 : 27)의 각주 14)에서는 이를 정리하고, '갑인자 병용 한글자'라는 명칭이 비
　　교적 온당하다는 견해를 제시했다.
13) 'ㄱ'은 장(張)의 앞면을 가리키고, 'ㄴ'은 장(張)의 뒷면을 가리킨다. ( ) 안의 숫자
　　는 장(張)의 오른쪽에서 시작하는 행차(行次)를 표시한 것이다.
14) 이 부분은 사본에 첫 번째 글자가 뭉개져 있고, 두 번째 글자는 희미하게라도 보이
　　는데, '아'인지 '어'인지 분간이 어렵다. 같은 행에 있는 다른 글자의 'ㅏ' 및 'ㅓ'와

(8행) 위쪽 1자, 아래쪽 7자 안 보임(·히), (佛·뿛智·딩慧·쀓 如)

2ㄴ : (1행) 아래쪽 7자 안 보임(·쯩然연智·딩慧·쀓)

3ㄱ : (7행) 아래쪽 1자 안 보임(恩)

　　　(8행) 아래쪽 7자 안 보임(라 그저·긔 菩뽕薩)

3ㄴ : (1행) 아래쪽 8자 안 보임(·히 부텻 ·이 :마·롤 듣줍)

　　　* 1자 많음

　　　(2행) 위쪽 2자 안 보임(깃·부)

　　　(2행) 아래쪽 1자 안 보임(恭)

4ㄱ : (7행) 아래쪽 1자 안 보임(·은)

　　　(8행) 아래쪽 6자 안 보임(·호·몰 조ᄎ·시·며) * 1자 적음

4ㄴ : (1행) 아래쪽 5자 안 보임(·도 도로 :네 ·곧) * 2자 적음

　　　(2행) 아래쪽 1자 안 보임(·에)

5ㄱ : (7행) 아래쪽 2자 안 보임(엇·뎨)

　　　(8행) 위쪽 2자 안 보임(시·니)

　　　(8행) 아래쪽 9자 안 보임(世·솅尊존·하 ·이 藥·약王)

5ㄴ : (1행) 아래쪽 13자 안 보임(뽕薩·삺·이 百·빅千·쳔萬·먼億·흑 那)

6ㄱ : (8행) 아래쪽 4자 안 보임(쉰師ᄉ 佛)

6ㄴ : (1행) 아래쪽 4자 안 보임(:톄 八·밣十)

7ㄱ : (8행) 아래쪽 4자 안 보임(러·니 一·힗) * 1자 많음

7ㄴ : (1행) 중간 4자 안 보임(二·싱), (ㄱ), (·라)

　　　(1행) 아래쪽 3자 안 보임(·이 寶 :봉)

8ㄱ : (8행) 아래쪽 2자 안 보임(·득ᄒ)

8ㄴ : (1행) 아래쪽 1자 안 보임(一)

9ㄱ : (8행) 아래쪽 3자 안 보임(·내 비·록)

9ㄴ : (1행) 아래쪽 2자 안 보임(·ᄒ·ᅀ)

10ㄱ : (8행) 아래쪽 2자 안 보임(界·갱)

의 비교도 쉽지 않다. 자음 없이 'ㅏ, ㅓ'로만 된 모음이 없기 때문이다. 어떻든 이 말의 앞에는 '대자비(大慈悲)롤'이라는 목적어가 있으므로 타동사여야 한다는 제약이 있다. 이 부분에 해당하는 경(經)의 원문은 '有大慈悲'이다. 이를 『월인석보』에서는 '큰 慈悲 잇고'로 옮겼고, 『법화경언해』에서는 '有大慈悲ᄒ고'로 옮겼다. 따라서 앞뒤의 문맥과 희미하게 보이는 두 번째 글자에서 유추하여 '펴아'가 쓰였던 것으로 추정했다.

10ㄴ : (1행) 아래쪽 3자 안 보임(·돌·히 훈)

11ㄱ : (8행) 아래쪽 2자 안 보임(줌줌)

11ㄴ : (1행) 아래쪽 3자 안 보임(供공養)

12ㄱ : (8행) 아래쪽 2자 안 보임(妙·뽕)

12ㄴ : (1행) 아래쪽 2자 안 보임(·을 여)

13ㄱ : (8행) 아래쪽 1자 안 보임(菩)

13ㄴ : (1행) 아래쪽 1자 안 보임(·몃)

14ㄱ : (8행) 아래쪽 1자 안 보임(·몸)

14ㄴ : (1행) 아래쪽 1자 안 보임(陁)

15ㄱ : (8행) 아래쪽 1자 안 보임(ᄒᆞ)

15ㄴ : (1행) 아래쪽 1자 안 보임(·하)

위의 일별(一瞥)에서 볼 수 있는 바와 같이 좌하귀 부분의 마멸로 인해 2장부터 15장까지 각 장(張) 앞면의 끝 행인 제8행 아래쪽과 뒷면의 첫 행인 제1행 아래쪽에 해독(解讀)이 어려운 글자가 상당수 있다. 이러한 상태는 뒷장으로 갈수록 나아져서 점점 해독 불가능한 글자의 수가 줄어든다. 16장부터 마지막 장인 53장까지는 비교적 무난하게 읽을 수 있다. 앞에서 밝힌 대로 복원(復原) 작업은 책의 앞뒤 내용을 통해 그 맥락을 살피고, 『월인석보』와 『법화경언해』를 참고하는 한편 글자의 수를 고려하여 확정했다. 한자어의 독음(讀音)은 『동국정운(東國正韻)』에서 가져왔다.

3. 내용의 구성

3.1.

『석보상절』 권13부터 권21까지에는 『법화경』의 경(經) 본문이 정음(正

音)으로 번역되어 실려 있다.『법화경』첫 번째 품(品)[15]인 '서품(序品)'부터 마지막 품(品)인 제28품 '보현보살권발품(普賢菩薩勸發品)'까지를 번역하여 옮겨 놓은 것이다. 이 중 권20에는『법화경』권6에 실려 있는 제22품 '촉루품(囑累品)', 제23품 '약왕보살본사품(藥王菩薩本事品)', 권7에 실려 있는 제24품 '묘음보살품(妙音菩薩品)' 등 세 개의 품이 들어 있다. 이『법화경』의 내용은 나중에『월인석보』(1459년)[16]와『법화경언해』(1463년)에 다시 번역되어서 국어사 연구 자료로 널리 이용되고 있기도 하다.[17] 이를 정리하면 다음과 같다.

『석보상절』에는 품이 종료되는 마지막 부분에 "·잇ᄀ·자·온 ~ 品: 품·이·라(여기까지는 ~ 품(品)이다.)"라는 쌍행(雙行)의 협주(夾註)를 두어 앞선 품의 종료와 새로운 품의 시작을 알리고 있다.[18] 그리고는 그 행의 끝까지를 공백(空白)으로 두었다. 다음 행은 'ㄱᄢ', 또는 '그저긔'로 시작하여 내용이 전환되었음을 알려 준다. 이런 이유로 이 책에는『석보상절』다른 책에서 내용이 바뀔 때 흔히 사용하던 원권(圓圈) 표시[○]를 두지 않았다. 권21도 마찬가지다. 권20에 나오는 내용을 요약하면 다음과 같다.

---

15) '품(品)'은 범어로 'varga'라고 한다. 같은 종류의 것을 모아서 한 뭉치로 만드는 것을 이르는 말이다. 품류(品類), 또는 품별(品別)이라는 뜻으로 쓰인다.『법화경』에서는 '편(篇)과 장(章)을 나누어서 뜻과 이치(理致)를 차별화한 것'이라는 의미로 쓰였다.

16)『법화경』이 번역되어 실려 있는『월인석보』는 권11부터 권19까지이다. 따라서『석보상절』권13부터 권21까지와 대응되는『월인석보』는 권11부터 권19까지임을 알 수 있다.

17) 물론 세 차례의 번역(飜譯)이 동일한 형식으로 이루어진 것은 아니다. 두루 알고 있는 대로『월인석보』(1459년)는 '월인천강지곡(月印千江之曲)'을 삽입하여 재편찬한 결과 모두 25권으로 확대된 것이고,『법화경언해』(1463년)는 경(經)의 원문(原文)은 물론, 계환(戒環)의 요해(要解)까지에도 정음(正音)으로 구결을 달아서 번역을 한 것이다.

18) 이 점은『월인석보』의 설명이 보다 친절한 편이다. '[~ 잇ᄀ장 ~品 ᄆᆞᆺ고 아래는 ~品이라](~ 여기까지 ~品(品)을 마치고, 아래는 ~品(品)이다.)'라고 하여 다음 품(品)의 내용까지 밝혔기 때문이다.

1.『석보상절』20 : 1ㄱ2~5ㄱ4 ←『법화경』권6 촉루품(囑累品) 제22

'촉루(囑累)'는 '후일(後日)에 할 일을 미리 말하여 맡겨 두고, 부탁한다'
는 뜻을 가진 불교용어이다. 따라서 이 '촉루품(囑累品)'에는 석가모니불
(釋迦牟尼佛)이 많은 보살(菩薩)·마하살(摩訶薩)들에게 당부하는 내용으로
되어 있다. 대중(大衆)들에게『법화경』의 가르침을 닦고 익혀서 널리 펼
것을 부탁한다는 설법(說法)이다. 곧 무량(無量)의 보살(菩薩)들에게 미래
세(未來世)에 할 일을 미리 부촉(付囑)하고, 그 일을 하도록 여러 분신화불
(分身化佛)과 다보불(多寶佛)을 본국으로 돌려보낸다는 내용이다.

2.『석보상절』20 : 5ㄱ5~32ㄴ3 ←『법화경』권6 약왕보살본사품(藥王
菩薩本事品) 제23

'본사품(本事品)'은 '본사설(本事說)'이라고도 한다. 12부경의 하나로, 경
전(經典) 가운데 불제자들이 지난 세상에 이룬 행업(行業)이나 사실(事實)
등을 설(說)한 부분이다. 따라서『법화경』제23품 약왕보살본사품(藥王菩
薩本事品)은 약왕보살(藥王菩薩)의 지난날의 행적(行蹟)과 이러한 행업(行
業)을 생각하여 이 내용이 들어 있는 약왕보살본사품(藥王菩薩本事品)을
호지(護持)할 것을 수왕화보살(宿王華菩薩)에게 부촉하는 내용이다.

이 품(品)은 수왕화보살(宿王華菩薩)과 석가모니불(釋迦牟尼佛)의 대화
형식으로 구성되어 있다. 앞쪽에는 약왕보살(藥王菩薩)의 전신인 일체중
생희견보살(一切衆生喜見菩薩)의 소신(燒身) 법공양(法供養)에 대한 설명이
상세하다. 그 다음에는『법화경』을 수지(受持)해서 얻는 공덕이 소신에
의한 법공양보다 크다는 부처님의 설법이 중심을 이룬다. 그리고는『법
화경』이 모든 경전 중에서도 으뜸임을 여러 비유를 통해 설명하고 있다.
뒤에는 약왕보살본사품(藥王菩薩本事品)을 듣고 수지(受持)하여 얻는 공덕
의 큼과 신비함에 대한 설명이 이어진 다. 그리고 난 후 부처님이 수왕화
보살(宿王華菩薩)에게 약왕보살본사품(藥王菩薩本事品)을 호지(護持)할 것
을 부촉하는 내용으로 끝냈다.

3.『석보상절』20 : 32ㄴ4~53ㄴ1 ←『법화경』권7 묘음보살품(妙音菩薩
品) 제24

지난 세상에서 10만 종류의 음악을 운뢰음왕불(雲雷音王佛)에게 공양

하고 정화수왕지불(淨華宿王智佛)의 국토에 태어났다는 묘음보살(妙音菩薩)의 행적(行蹟)을 설명한 품(品)이다. 묘음보살(妙音菩薩)은 여러 부처님을 친근(親近)하여 깊은 지혜를 성취하고, 헤아릴 수 없이 많은 삼매(三昧)를 얻었으며, 신통력(神通力)을 갖추었다고 한다. 이런 이유로 앞쪽에는 묘음보살이 정화수왕지불의 국토에서 삼매(三昧)와 신통력(神通力)의 힘으로 8만 4천의 보살들에게 둘러싸여 사바세계의 기사굴산(耆闍堀山)에 왔다는 내용으로 시작한다. 사바세계에 온 이유는 석가모니불을 공양하고 법화경을 듣기 위해서였다고 한다. 그 다음에는 화덕보살(華德菩薩)이 부처님께 묻고, 부처님이 답하는 형식을 빌려서 묘음보살이 신통력(神通力)을 갖게 된 전생(前生)의 인연(因緣)을 설명하고 있다. 이어서 부처님이 설법하는 형식을 통해 묘음보살이『법화경』을 설하기 위해 화현(化現) 등의 다양한 방편(方便)을 써서 중생들을 도탈(度脫)하게 하고, 궁극적으로는 중생에게 많은 이익을 준다는 내용이 있다. 끝에는 묘음보살이 부처님과 다보불(多寶佛)에게 공양하고, 8만 4천의 보살에 둘러 싸여 정화수왕지불의 국토로 돌아간다는 내용으로 되어 있다.

위의 내용을 표로 정리하면 다음과 같다.[19)]

권차 (卷次)	경의 내용	장차(張次)	저경(底經)	해당 월곡 (月曲)
권20	· 석가모니불이 무량보살(無量菩薩)에게 미래세에 법화경을 널리 설법할 것을 부촉함	2ㄱ1~4ㄱ4	妙法蓮華經 囑累品 第22	其321
	· 석가모니불이 분신화불(分身化佛)과 다보불(多寶佛) 등을 본국으로 돌려보냄	4ㄱ4~5ㄱ4		

---

19) 이 내용은 김기종(2010 : 64~65)에서 가져 왔다. 일부의 내용은 오류를 바로잡고 다시 정리했다. 이 외에도 같은 책에는 저경(低經)에 관한 상세한 논의가 있어서 관련 연구에 많은 도움이 된다.

권차 (卷次)	경의 내용	장차(張次)	저경(底經)	해당 월곡 (月曲)
권20	·약왕보살(藥王菩薩)의 전신(前身)인 일체중생희견보살(一切衆生喜見菩薩)이 몸과 팔을 태워 법공양(法供養)을 한 인연	5ㄱ5~20ㄱ2	妙法蓮華經 藥王菩薩本事品 第23	
	·법화경을 수지(受持)하여 얻는 공덕이 일체중생희견보살(一切衆生喜見菩薩)의 법공양보다 크다는 석존의 설법	20ㄱ2~26ㄱ7		
	·약왕보살본사품(藥王菩薩本事品)을 듣고 수지(受持)하여 얻는 공덕	26ㄱ7~30ㄱ2		
	·석가모니불이 수왕화보살(宿王華菩薩)에게 약왕보살본사품(藥王菩薩本事品)을 호지(護持)할 것을 부촉함	30ㄱ2~32ㄴ3		
	·묘음보살(妙音菩薩)이 석존을 공양하고 법화경을 듣기 위해 기사굴산(耆闍堀山)에 옴	32ㄴ4~45ㄱ6	妙法蓮華經 妙音菩薩品 第24	其322 ~324
	·묘음보살(妙音菩薩)이 신통력(神通力)을 갖게 된 전생의 인연에 대한 설명	45ㄱ6~47ㄱ3		
	·묘음보살(妙音菩薩)의 신통력과 지혜에 대한 석가모니불의 설법	47ㄱ3~51ㄴ7		
	·묘음보살이 석가모니불과 다보불(多寶佛)에게 공양하고 돌아감	51ㄴ7~53ㄴ1		

3.2.

『석보상절』 권20의 본문은 위에서 논의한 바와 같이 『법화경』 권6의 촉루품(囑累品) 제22, 약왕보살본사품(藥王菩薩本事品) 제23, 권7의 묘음보살품(妙音菩薩品) 제24 등 경(經)의 본문을 정음으로 옮긴 것이다. 그런데 경 본문 속에는 쌍행으로 배열된 협주가 나온다. 두루 아는 대로 협주는 번역자나 번안자가 독자의 이해를 돕기 위해 설명을 가(加)한 주석(註釋)에 해당된다. 당연히 고유의 말을 많이 사용할 수밖에 없고, 이런 이유로 국어사 연구자들에게는 소중한 자료가 되고 있다. 이 책에 나오는 협주의 대부분은 『법화경』을 요해(要解)한 송(宋)나라 계환(戒環)의 요해 부분을 정음으로 옮긴 것이다. 물론 순수하게 협주 고유의 기능을 가진 것도 있다.

협주(夾註)의 내용 중 상당 부분이 『법화경』 계환(戒環)의 요해(要解) 부분과 일치한다는 사실은 아래의 비교를 통해서 확인이 된다. 『석보상절』에서는 요해(要解) 중 일부를 협주로 하였고, 『월인석보』에서는 요해(要解) 전체를 협주로 하고 있다.

(1) ㄱ. [·녀나·ᄆᆞᆫ 深심妙·묭ᄒᆞᆫ 法·법·은 權꿘敎·꾱 漸:쪔敎·꾱·ᄅᆞᆯ 니르·시·니 深심妙·묭ㅣ·라 ·ᄒᆞ샨 ·ᄠᅳ·든 ·이 法·법·이 :다 ᄒᆞᆫ 佛·뿡乘씽·이·론 젼·ᄎᆡ·라]

<석상20 : 3ㄱ, 협주문>

ㄴ. [如셩來링ㅅ 智·딩慧·ᄦᅦᆼ 信·신·타 ·ᄒᆞ샤·ᄆᆞᆫ 能능·히 種:죵智·딩 信·신·ᄒᆞ·야 一·ᅙᅵᆶ乘씽向·향ᄒᆞᆫ :사·ᄅᆞ미·니 ·이 經경·을 爲·윙·ᄒᆞ·야 닐·어 佛·뿡慧·ᄦᅦᆼ·ᄅᆞᆯ 得·득·게 ·ᄒᆞ·야 二·ᅀᅵᆼ乘씽·에 걸·이·디 아·니케 ᄒᆞᇙ·디니·라 ·녀나·ᄆᆞᆫ 深심妙·묭法·법·은 權꿘漸:쪔敎·꾱·ᄅᆞᆯ 니ᄅᆞ·시·니 ·ᄯᅩ 深심妙·묭·타 니ᄅᆞ·샤·ᄆᆞᆫ ·이 法·법·이 :다 一·ᅙᅵᆶ佛·뿡乘씽·올 爲·윙·ᄒᆞ·논 젼·ᄎᆡ·라]

<월석18 : 18ㄱ~18ㄴ, 협주문>

ㄷ. 信如來ㅅ 智慧ᄂᆞᆫ 謂能信種智ᄒᆞ야 趣向一乘者ᄒᆞ시니 當爲說是經ᄒᆞ샤 令得佛慧ᄒᆞ야 而不滯二乘也ㅣ샷다 餘深妙法은 指權漸敎也ᄒᆞ시니 亦曰深妙者ᄂᆞᆫ 是法이 皆爲一佛乘故ㅣ시니라

<법화6 : 124ㄱ, 계환 요해 정음구결문>

ㄹ. 如셩來링ㅅ 智·딩慧·ᄦᅦᆼ 信·신·호·ᄆᆞᆫ 能능·히 種:죵智·딩·ᄅᆞᆯ 信·신·ᄒᆞ·야 一·ᅙᅵᆶ乘씽·에 ·가向·향ᄒᆞᆫ :사ᄅᆞ·

몰 니른·시·니 반·드기· 이 經경·을 爲·윙·ᄒᆞ·야 니
른·샤 佛·뿛慧·쀙·를 得·득·ᄒᆞ·야 二·싱乘쌩·에 ·
거·디 아·니·케 ·ᄒᆞ샬 ·때로·다 ·녀나·ᄆᆞᆫ 深심妙·묳
法·법·은 權꿘·엣漸 :쪔敎·굫·롤 ᄀᆞ른·치시·니 ·ᄯᅩ 深
심妙·묳ㅣ·라 니른·샤·ᄆᆞᆫ ·이 法·법·이 :다 一·힗
佛·뿛 乘쌩 爲·윙·ᄒᆞ·샨 젼·치시니·라

<법화6 : 124ㄱ~124ㄴ, 계환 요해 언해문>

협주 중에는 어려운 용어에 대한 해설이나 품(品)의 종료임을 나타내
는 것도 있다.

(2) ㄱ. 容용顔안·이 甚·씸·히 奇킝妙·묳·ᄒᆞ시·며 [容용·은 :즈
ᅀᅵ·오 顔안·ᄋᆞᆫ ·모·야히·라]

<석상20 : 15ㄱ>

ㄴ. [·잇ᄀᆞ·자·ᄋᆞᆫ 藥·약王왕菩뽕薩·삻本 : 本분·事·쏭品 : 픔·이·라]

<석상20 : 32ㄴ, 협주문>

(2ㄱ)은 어휘 '용안(容顔)'에 대한 설명이다. 협주에서 명사류를 설명하
는 전형적인 방법인 '~ᄂᆞᆫ/는/ᄋᆞᆫ/은 ~이라'의 형식으로 되어 있다. (2ㄴ)
은 23품(品)의 종료임을 나타내는 협주문이다. 이 책뿐만 아니라 『법화경』
을 저경(低經)으로 하고 있는 『석보상절』 권13부터 권21까지의 책 중 현
전하는 권13, 권19, 권21 모두에서 품(品)을 마치는 자리에는 '·잇ᄀᆞ·
자·ᄋᆞᆫ ~品 : 픔·이·라'라는 협주를 두어 종료임을 표시했다. 대부분
그렇지만 앞뒤에 다른 내용을 덧붙인 경우도 있다.[20]

---

20) [·잇ᄀᆞ·자·ᄋᆞᆫ 囑·죡累 :륑品 : 픔·이·니 : 말ᄊᆞ·ᄆᆞ·로 브·틸 ·씨 囑·죡·이·
오 法·법·으·로 니·슬 ·씨 累 : 륑·라] <석상20 : 5ㄱ>, [… ·이 如셩來링ㅅ ·ᄆᆞᆺ
노ᄑᆞ·신 德·득·이·라 ·잇ᄀᆞ·자·ᄋᆞᆫ 觀관世·솅音흠菩뽕薩·삻普 : 퐁門몬品 : 픔·
이·니 ᄒᆞ옷 소·리·롤 聲셩·이·라 ᄒᆞ·고 …] <석상21 : 19ㄴ>.

앞에서 논의한 내용을 중심으로 하여 『석보상절』, 『월인석보』, 『법화
경언해』 등 세 책의 대응 관계를 정리하면 다음과 같다.

석보상절 권20	월인석보 권18	법화경언해 권6, 권7
	[협주] 축루품 제22에 대한 설명 : 12ㄴ7 ~ 14ㄴ1	6 : 116ㄱ1 ~ 119ㄱ5 계환(戒環)의 요해(要解) 정음구결문 및 언해문
	<월곡>기 321 : 14ㄴ2 ~ 15ㄱ1	
석가모니불이 무량보살(無量菩薩)에게 미래세에 법화경을 널리 설법할 것을 부촉함 (1ㄱ2 ~ 4ㄱ4)	원편과 같음 : 15ㄱ2 ~ 19ㄴ2	6 : 119ㄴ6 ~ 125ㄴ9
석가모니불이 분신화불(分身化佛)과 다보불(多寶佛) 등을 본국으로 돌려보냄 (4ㄱ4 ~ 5ㄱ4)	원편과 같음 : 19ㄴ2 ~ 20ㄴ7	6 : 126ㄱ2 ~127ㄴ3
	[협주] 약왕보살본사품 제23에 대한 설명 : 20ㄴ7 ~ 22ㄴ7	6 : 128ㄱ1 ~ 132ㄱ2 계환(戒環)의 요해(要解) 정음 구결문 및 언해문
약왕보살(藥王菩薩)의 전신(前身)인 일체중생희견보살(一切衆生喜見菩薩)이 몸과 팔을 태워 법공양(法供養)을 한 인연 (5ㄱ5 ~ 20ㄱ2)	원편과 같음 : 22ㄴ7 ~ 44ㄱ4	6 : 132ㄱ3 ~ 159ㄱ9
법화경을 수지(受持)하여 얻는 공덕이 일체중생희견보살(一切衆生喜見菩薩)의 법공양보다 크다는 석가모니불의 설법 (20ㄱ2 ~ 26ㄱ7)	원편과 같음 : 44ㄱ4 ~ 53ㄱ4	6 : 159ㄴ2 ~ 172ㄴ4
약왕보살본사품(藥王菩薩本事品)을 듣고 수지(受持)하여 얻는 공덕 (26ㄱ7 ~ 30ㄱ2)	원편과 같음 : 53ㄱ4 ~ 58ㄴ2	6 : 172ㄴ5 ~ 180ㄱ7
석가모니불이 수왕화보살(宿王華菩薩)에게 약왕보살본사품(藥王菩薩本事品)을 호지(護持)할 것을 부촉함 (30ㄱ2 ~ 32ㄴ3)	원편과 같음 : 58ㄴ2 ~ 62ㄱ6	6 : 180ㄱ9 ~ 184ㄴ8

석보상절 권20	월인석보 권18	법화경언해 권6, 권7
	[협주] 묘음보살품 제24에 대한 설명 : 62ㄱ6 ~ 63ㄱ6	7 : 1ㄱ5 ~ 3ㄱ3 계환(戒環)의 요해(要解) 정음구결문 및 언해문
	<월곡>기 322 ~ 324(3) : 63ㄱ7 ~ 64ㄴ6	
묘음보살(妙音菩薩)이 석가모니불을 공양하고 법화경을 듣기 위해 기사굴산(耆闍堀山)에 옴 (32ㄴ4 ~ 45ㄱ6)	원편과 같음 : 64ㄴ7~81ㄴ5	7 : 4ㄱ6 ~ 23ㄱ8
묘음보살(妙音菩薩)이 신통력(神通力)을 갖게 된 전생의 인연에 대한 설명 (45ㄱ6 ~ 47ㄱ3)	원편과 같음 : 81ㄴ5 ~ 84ㄴ2	7 : 23ㄴ2 ~ 26ㄱ3
묘음보살(妙音菩薩)의 신통력과 지혜에 대한 석가모니불의 설법 (47ㄱ3 ~ 51ㄴ7)	원편과 같음 : 84ㄴ2 ~ 87ㄱ7 이하는 낙장(落張)으로 인해 비교 불가능	7 : 26ㄱ3 ~ 34ㄱ1
묘음보살이 석가모니불과 다보불(多寶佛)에게 공양하고 돌아감 (51ㄴ7 ~ 53ㄴ1)	낙장(落張)으로 인해 비교 불가능	7 : 34ㄱ2 ~ 36ㄱ3

4. 어학적 고찰

4.1.

두루 알고 있는 대로 『석보상절』은 우리 문자인 '훈민정음'을 사용해서 찬술(撰述)한 최초의 산문(散文) 문헌이다. 이 책은 '훈민정음' 반포(頒布) 이듬해인 1447년에 간행되었기 때문에 일찍부터 국어사 연구자들의 관심을 끌었다. 책에 실려 있는 내용도 그러하지만, 우리 문자가 사용된 가장 이른 시기의 산문 자료(散文資料)라는 점에서도 연구 대상으로 시선을 모으기에 충분했다. 표기(表記)는 물론, 형태, 통사, 어휘 등 책 전체가 국어사 자료로 활용되고 있다. 전해지는 책이 적어서 공개되는 순간부터 많은 연구자들이 관심을 가지고 찾는 이유도 이 때문일 것이다. 권20이 학계에 소개된 지 20여 년이 지났다. 하지만 여전히 연구가 활발하지 않은 편이다. 원본에 대한 접근이 제한적이어서 그런 것으로 보인다. 여기서는 표기와 어휘 등을 중심으로 살펴서 이 책의 국어사 자료로서의 가치를 밝히려고 한다.

이 책의 표기에서 두드러진 점은 방점(傍點)과 모음 'ㆍ' 및 'ㆎ'21)의 'ㆍ' 표기에 둥근 점인 이른바 원획(圓劃)을 썼다는 것이다. 정음이 일부라도 들어있는 문헌에서 'ㆍ'가 들어가는 모음 및 방점 표기에 전면적으로 원획(圓劃)이 쓰인 책은『훈민정음』(해례본, 1446년)과『동국정운』(1447년 편찬)22) 정도를 들 수 있다. 이렇듯 초기 문헌에서는 두 형태에 원획(圓劃)을 썼으나『홍무정운역훈』(1455년)부터는 비스듬히 찍는 점인 점획(點劃)으로 바뀌었다.『훈민정음』(해례본)과『동국정운』에서는 방점도 그렇지만 모음의 단체자(單體字)와 합체자(合體字) 모두에서 'ㆍ'를 원획(圓劃)으로 표기했고,『용비어천가』(1447년),『석보상절』,『월인천강지곡』,『사리영응기』(1449년) 등에서는 방점 및 모음 'ㆍ'와 합체자 'ㆎ'의 'ㆍ'만 원획으로 표기하였다. 'ㆎ' 이외의 합체자(合體字)에 쓰이던 원획의 'ㆍ'는 고딕체인 막대형의 방획(方劃)으로 자양(字樣)이 바뀐 것이다.『홍무정운역훈』부터는

---

21) 앞의 제1장 주 48)에서 이미 지적한 바와 같이 여기서 가리키는 합체자 'ㆎ'는 모음 초출자 중 하나인 음성모음 'ㅓ'와는 다른 글자이다. 이 합체자는 'ㆍ'에 'ㅣ'가 합해진 글자로, 해례본의 중성해(中聲解)에서 제시한 이른바 '一字中聲之與ㅣ相合字 十' 중 첫 번째에 해당하는 글자이다. 바로 '의', '디', '써' 등에 쓰인 중성 글자를 이른다.

22) 여기서 '간행'이라 하지 않고 '편찬'이라고 한 것은 이 책의 간행이 이루어진 해는 이보다 1년 늦은 세종 30년(正統 13년, 1448년)이라고 본 견해(안병희 : 1979 등)를 따른 것이다.

방점은 물론, 단체자 'ᆞ'와 합체자 'ᅵ'에서의 'ᆞ'까지 점획(點劃)으로 바꾸고, 그 외의 합체자들은 앞의 문헌에서 그랬던 것처럼 방획(方劃)을 썼다. 이후에 간행된 책인 『월인석보』나 간경도감 간행의 정음문헌에서는 방점 및 'ᆞ'와 'ᅵ'의 'ᆞ'는 점획으로 표기하였고, 그 외 모든 합체자 모음에 쓰이던 'ᆞ'는 방획으로 표기하였다.

4.2.

모음조화의 경우에는 일부 예외가 없는 것은 아니지만23) 대체로 잘 지켜지고 있다. 다만, [i], [j] 다음에서는 체언에 조사가 통합되는 경우와 용언 어간에 어미가 통합되는 경우가 서로 다르다. 체언에 조사가 통합되는 경우에는 양성모음 다음은 물론이거니와, [i], [j] 다음에서도 양성모음 계열 조사의 통합이 절대적으로 우세하다. 고유어와 한자어 모두에서 별 다른 차이가 없다. 『석보상절』은 한문 불경(佛經)의 번역이어서 고유어에 비해 한자어 어휘가 많은 편이다. 따라서 용례도 한자어가 많을 수밖에 없다. 용언 어간에 어미가 통합되는 경우에는 대체로 어간의 계열에 따라 모음조화가 이루어졌으나, [i]와 [j] 다음에서는 음성모음 계열의 어미 및 선어말어미의 통합이 우세하다. 다만 [i], [j] 다음에 '-오/우'로 시작되는 어미가 통합되는 경우에는 [i], [j] 앞에 오는 음절주음이 양성모음인 경우에 '-오'를 취하는 경향이 높다. 그 외에 모음조화의 원칙을 벗어난 수의적(隨意的)인 형태도 더러 보인다. 다음은 조사 통합의 경우에 나타나는 모음조화의 예이다.24)

---

23) 봈[처]의 경우가 대표적이다. 『석보상절』 다른 책에서와 마찬가지로 이 책에서도 이 단어의 경우에는 예외 없이 처소부사격조사와의 통합에서 '의'를 취한다. 밧긔 <11ㄴ, 21ㄴ>, 밧긧것쑬니오<12ㄱ>, 안팟글<11ㄴ>.

24) 『석보상절』의 모음조화에 대해서는 이호권(2001 : 64~86)에 상세한 분석이 있어

(3) ㄱ. 사루문<13ㄱ>, 쁘든<3ㄱ>, 마룰<3ㄴ>, 부텨를<7ㄴ>, 모물<11
ㄴ>, 주를<7ㄴ>, 모매<3ㄴ>, 쁘데<24ㄴ>, 고주로<7ㄱ>, 거스
로<11ㄱ>

ㄴ. 이[是]눈<27ㄴ>, 히[歲]눈<27ㄱ>, 이[是]룰<10ㄴ>, 홰[炬]익<25
ㄱ>

ㄷ. 여래(如來)눈<2ㄴ>, 해(解)눈<14ㄱ>, 칙(勅)온<3ㄴ>, 투쟁(鬪諍)
온<27ㄴ>, 대자비(大慈悲)룰<2ㄱ>, 법화삼매(法華三昧)룰<53ㄱ>,
무생법인(無生法忍)올<27ㄴ~28ㄱ, 53ㄱ>, 일체중생(一切衆生)올
<24ㄱ>

  (3ㄱ)은 고유어 어휘에 보조사 '온/은', 목적격조사 '룰/를/올/을', 처소
부사격조사 '애/에', 도구부사격조사 '으로/으로'가 통합된 예이다. 모음
조화가 철저하게 지켜졌음을 알 수 있다. (3ㄴ)은 고유어 [i]와 [j] 다음에
서 양성모음 계열의 조사가 통합된 예이고, (3ㄷ)은 [i]와 [j]로 끝나는 한
자어 체언 다음에서 양성모음 계열의 조사가 통합된 예이다. [i]와 [j]로
끝나는 고유어와 한자어 체언 뒤에서는 양성모음 계열의 조사 통합이
우세함을 보여 준다. 다음은 어간과 어미의 통합에서 보이는 모음조화의
예이다.

(4) ㄱ. 다드라<52ㄱ>, 나토아<50ㄴ>, 나아<46ㄱ> / 불어<2ㄴ>, 드러
<2ㄴ>, 수머<41ㄱ>

ㄴ. 노프니<11ㄱ>, 업스니<49ㄱ>, 안즈며<7ㄴ>, 드르며<45ㄱ>

ㄷ. 시므니<50ㄴ>~시므며<45ㄴ>, 비흐니[散]<9ㄱ>~비흐며<52ㄱ>

ㄹ. 조쳐<27ㄴ, 46ㄱ>, 거리쪄<35ㄱ>, 느려<42ㄴ>, 가져<42ㄴ>,
거리처<48ㄴ>, 이셔<49ㄱ>

ㅁ. 버으로미<7ㄱ, 42ㄱ>, 앗교미<2ㄱ>, 앗곰과<43ㄴ>, 니교몰<8
ㄱ>, 브룜<12ㄴ>, 얽미쑈몰<25ㄴ> / 너교디<8ㄴ, 17ㄴ>, 이쇼

_____
서 이 논의에 많은 도움이 되었다.

디<21ㄴ> cf. 즐규믈<12ㄱ>

ㅂ. 펴아<2ㄱ, 11ㄴ, 30ㄱ>, 내야<3ㄴ>, 내야ᅀᅡ<31ㄴ>

(4ㄱ)은 어간 끝음절 모음의 계열에 따른 모음조화의 예이고, (4ㄴ)은 받침이 있는 어간 끝음절 모음의 계열에 따른 '으/으' 선접형 어미의 모음조화의 예이다. (4ㄷ)은 [i]로 끝난 어간에 받침이 이어진 경우, '으/으' 선접형 어미의 '으/으'가 혼용(混用) 표기된 예이다. '빟-'의 경우는 혼용의 예가 흔한 편이지만 '시ᄆᆞ-/시므-'의 경우에는 '시므-'가 절대적으로 우세한데, 이 책에는 이 정도의 예만 보인다. (4ㄹ)은 [i]로 끝나는 어간 다음에 연결어미로 '-어'가 통합된 예이다. 이 책에서 어간이 [i]로 끝난 경우에는 이처럼 연결어미로 '-아/어' 중에 '-어'가 왔다. (4ㅁ)은 어간이 [ㄹ]로 끝난 경우와 [i]로 끝난 경우에 명사형어미 '-옴/움' 중에서 '-옴'이, 설명형어미 '-오디/우디' 중에서 '-오디'가 온 예이다. (4ㅂ)은 어미 통합에서 모음조화 원칙에서 벗어난 이른바 수의적인 통합형이다. 음성모음 다음과 [j] 다음에서 각각 양성모음 계열의 어미가 통합된 예이다. '펴아'는 『월인석보』 권18에서 '펴'(2회)로 바뀌기도 하고 '發ᄒᆞ샤'(1회)로 바뀌기도 했다.

이렇듯 어미 통합의 경우에도 대체로 모음조화가 지켜졌으나, 조사 통합에서와는 달리 어간의 끝음절 [i] 다음에서는 음성모음 계열의 어미 통합이 우세함을 알 수 있다. 다만 어간 끝음절 모음이 비록 음성모음이라고 하더라도 받침이 [ㄹ]인 경우와 [i]로 끝난 경우에는 명사형어미 '-옴/움' 중 '-옴'이, 설명형어미 '-오디/우디' 중 '-오디'가 와서 모음조화에 어긋나기도 했다.

4.3.

이 책에서 종성 'ㆁ'은 모음 앞에서 연철표기를 하였다. 다른 『석보상절』에서는 분철한 예가 없지 않으나 이 책에서는 'ㆁ'이 어간 말음인 경우에 예외 없이 연철했다.[25]

> (5) ㄱ. 잇ㄱ자온<5ㄱ, 32ㄴ, 53ㄱ>
>   ㄴ. 쳔랴이니<11ㄴ>, 쳔랴이<11ㄴ>
>   ㄷ. 야ㅇ로<27ㄱ>, 야올<50ㄱ>
>   ㄹ. 기자이<9ㄱ>, 바오롤<17ㄴ>, 스스이샤<19ㄱ>, 당다이<31ㄱ>

이 책에 종성에 'ㆁ'이 쓰인 명사는 위에 보이는 정도인데, 모음으로 시작하는 조사와의 통합에서는 모두 연철했다. (5ㄱ)은 각 품(品)의 종료에 나오는 협주문에서의 예이다. 'ㄱ장'은 여기서 '끝'이라는 의미로 쓰였다. (5ㄴ)은 '살림살이에 드는 돈과 양식(糧食)'이라는 뜻을 가진 한자어 '錢糧(: 쳔량)'에서 온 말인데, 이 책이 원전을 함께 싣지 않고 번역한 데에다 당시에 이미 한자어라는 인식이 엷었던 듯 정음으로 적혀서 연철되었다. (5ㄷ)의 ' : 양'도 '모양(模樣/貌樣)'을 가리키는 한자어 '樣'에서 온 말로 보이는데, 이 어휘도 초기 문헌부터 이렇게 정음으로 적혀서 연철되었다. (5ㄹ)의 경우도 각각 이 책에 한두 용례씩 보인다. '기장'에 대해서는 뒤에 다시 논의할 것이다.

---

25) 현전하는 초간본 여덟 권의 'ㆁ' 연철과 분철에 대해서는 이호권(2001 : 97~103) 참조. 그에 따르면 권9와 권13도 'ㆁ'의 경우 예외 없이 연철되었다고 한다.

4.4.

이 책에는 같은 뜻을 가졌지만 표기에서는 다르게 실현된 형태들이
더러 보인다.『석보상절』이 정음 초기에 간행된 문헌이어서 당시까지 표
기 형태를 확정 짓지 못해서 그럴 수도 있고, 편찬자의 개인적인 언어
습관일 수도 있는 내용이다. 이러한 형태에 대해서는 현전하는『석보상
절』다른 책이나 같은 해에 간행된 책인『용비어천가』및『월인천강지
곡』등과의 비교를 통해서 그 내용을 확인할 수 있다. 아울러 같은 내용
을 싣고 있는『월인석보』,『법화경언해』등과의 면밀한 비교·검토를 통
해 그러한 표기 전반에 대한 이해에 이를 것으로 본다. 몇몇 예를 보면
다음과 같다.

> (6) ㄱ. 부텻긔<5ㄱ, 39ㄱ> / 부텨끠<9ㄴ, 15ㄱ, 45ㄱ, 50ㄴ>, 부텨끠며
>   <21ㄱ>
>   ㄴ. 가아<36ㄱ, 37ㄴ, 52ㄴ>, 나아<13ㄴ, 46ㄱ> / 가<15ㄱ, 27ㄱ>
>   ㄷ. 업긔<11ㄴ, 12ㄴ>, 조킈<11ㄴ>, 펴디긔<16ㄴ>, 표현(表現)킈<17
>   ㄴ>, 버서나긔<25ㄴ>, 이익(利益)긔<32ㄴ>, 요익(饒益)긔<51ㄱ>,
>   득(得)긔<53ㄱ> / 알에<2ㄴ>, 맛게<35ㄴ>, 보게<40ㄴ>, 블바
>   믜에<41ㄴ~42ㄱ>, 보ᅀᅳᆸ게<44ㄴ>, 득(得)게<3ㄱ, 49ㄴ>
>   ㄹ. 즉자히<18ㄱ> 등

(6ㄱ)은 통합형조사인 'ㅅ+긔'와 단일형 조사인 '끠'가 함께 쓰인 예이
다. 이호권(2001 : 106)에서는 이를 'ㅅ+긔'의 문법화 진행 정도를 반영한
것이 아니고, 표기자의 언어 취향인 것으로 정리하였다. '끠'의 문법화가
이보다 훨씬 이전에 이루어졌다는 판단의 결과이다. 그렇기는 하지만 이
책뿐만 아니라 현전하는 다른『석보상절』에서도 '끠'가 많이 쓰였다는
점은 어원에 대한 인식이 엷어져서 '끠'의 형태로 정착한 결과가 반영된

것이라고 본다. 다만, 이 책보다『월인석보』권18에 '부텻긔' 형태가 더 많은 것은 원고 작성자의 언어 소양이 반영된 것이거나 'ㅅ'에 대한 표기원칙의 변화에 따른 것일 수 있다.

(6ㄴ)은 어간의 모음과 동일한 형태를 가진 모음 어미와의 통합에서 어미를 쓰기도 하고 생략하기도 하여 두 가지 형태로 표기된 예이다. 이렇게 어간과 같은 형태의 모음 어미를 겹쳐서 쓴 예는『월인석보』에도 더러 보인다. 이는 문법 의식과 표기 편의의 상충에서 기인한 것으로, 아직 기준이 마련되지 않았거나 표기자의 언어 습관이 반영된 것으로 본다.

(6ㄷ)은 보조적 연결어미 '-긔'와 '-게'의 사용례이다. 책 전체로 보면 '-게' 사용례가 더 많다. 나중에 나온 책들에서 '-게'의 사용이 점점 많아지는 점으로 보아 '-긔'가 고형(古形)이고 '-게'가 신형(新形)임을 알 수 있다. (6ㄹ)은 한자어 '즉(卽)'과 '즉시(卽時)'의 옮김인데, 이 책에 많은 용례가 보인다. 그리고 모두 이 형태로만 쓰였다.『석보상절』권20에 쓰인 '··즉자·히'는『월인석보』권18에서 표현이 달라진 1개를 제외하고, 모두 '··즉재'로 바뀌었다.26)

4.5.

이 책에는 동명사 어미 '-ㄹ'과 '-ㅭ'의 혼용 예가 상당수 보인다. 두 형태 중 '-ㅭ'의 쓰임이 훨씬 우세하다. '-ㄹ'은 후행하는 체언의 두음이 각자병서인 경우, 또는 유성자음으로 시작하는 명사 및 의존명사의 앞이나, 'ㅅ' 계열 합용병서가 두음인 의존명사 및 'ㅅ'에 의해 구조화된

---

26)『석보상절』권20에는 '··즉자·히'가 여러 차례 나오는데,『월인석보』권18에서는 대부분 '··즉재'로 바뀌었다. 다만, 다음에 제시하는 오직 하나만 '곧'으로 옮겨졌다. 즉자히 아바넚긔 술ᄫᅩ디<석상20 : 13ㄴ> → 곧 아비 爲ᄒᆞ야 偈ᄅᆞᆯ 닐오디<월석18 : 34ㄱ>.

어미 앞에 온다. ‘-ᇙ’은 후행하는 체언의 두음이 무성자음인 고유어 및 한자어 앞에 오고, ‘ㅂ’계 합용병서를 두음에 가진 일반명사와 의존명사 ‘ᄃᆞ’에 의해 구조화된 어미 앞에 온다.

(7) ㄱ. 聲聞 求호ᇙ 사ᄅᆞᆷ돌콰<18ㄴ>, 호ᇙ 사ᄅᆞ미<20ㄴ>, 受持호ᇙ 사ᄅᆞᆷ<31ㄱ>
ㄴ. 니르시ᇙ 時節에<4ㄴ>, 涅槃호ᇙ 時節이<15ㄴ>, 成道ᄒᆞ시ᇙ 時節에<31ㄱ>
ㄷ. 주그ᇙ 주리<31ㄱ>, 니ᄅᆞ시ᇙ[說] 저긔<32ㄱ> ~ 니르시ᇙ[說] 저긔<51ㄴ, 53ㄱ> / 니르실[起] 쩌긔<44ㄴ>, 濟渡ᄒᆞ욜 야올<50ㄱ> / 븘 분뎡<47ㄱ>, 밍ᄀᆞᇙ ᄃᆞᄅᆞ미라<44ㄴ>, 홀 ᄡᅳᄅᆞ미리라<12ㄴ>
ㄹ. 너고ᇙ 쁘들<36ㄴ>, 너고ᇙ 쁜<37ㄴ>
ㅁ. 호ᇙ디니<2ㄴ~3ㄱ>, 아니호ᇙ딘댄<19ㄴ>
ㅂ. ᄀᆞ줄 쑬<35ㄴ>, 입힐훔홀 씨라<27ㄴ>, 이실 씨니<17ㄴ>, 니즐 씨<12ㄱ>, 아니홀씨니라<13ㄱ>
ㅅ. 求홀따<12ㄴ~13ㄱ>

(7ㄱ)은 무성자음으로 시작되는 명사 앞에 ‘-ᇙ’이 온 예이다. 이 책에는 고유어가 많지 않아서 후행하는 체언이 일반명사인 예는 ‘사ᄅᆞᆷ’이 유일하다. ‘-ㄹ+각자병서’의 예는 없다. (7ㄴ)은 후행하는 한자어 체언의 두음이 무성자음 ‘ㅅ’인 경우의 예이다. (7ㄷ)은 후행하는 체언이 의존명사인 경우이다. 의존명사의 두음이 무성자음이면 ‘-ᇙ+전청자형’과 ‘-ㄹ+각자병서’형이 모두 쓰였으나 ‘-ᇙ’의 예가 더 많다. 후행 체언이 유성자음으로 시작되는 명사나 의존명사 앞에서는 ‘-ㄹ’이 쓰였다. 후행하는 의존명사가 ‘ㅅ’계 합용병서인 경우에는 ‘-ㄹ’이 왔다. ‘-ㄽ’으로 표기된 것은 후행하는 의존명사의 초성 ‘ㅅ’이 위치 이동을 한 것에 지나지 않는다. (7ㄹ)은 후행하는 체언이 ‘ㅂ’계 합용병서인 일반명사 앞에 ‘-ᇙ’이 표기된 예이다. (7ㅁ)과 (7ㅂ)은 같은 의존명사에 의해 문법

화한 어미라고 하더라도 '드'계열의 어미와 'ㅅ'계열의 어미 앞에 오는 동명사가 서로 다름을 보여 주는 예이다. '드'계열의 어미 앞에는 '-ㅭ'이 오고, 'ㅅ'계열 어미 앞에는 '-ㄹ'이 온 것이다. (7ㅅ)은 의문형인데, 이 책에 '-ㅭ다'형은 없고 이 형태만이 유일하다.

4.6.

『석보상절』 권20에는 사용례가 적어서 널리 알려져 있지 않거나, 이 책에 처음 나오는 어휘가 있다. 이른바 희귀어(稀貴語)와 고어사전 미수록(未收錄) 어휘들이다. 그런가 하면 기원적으로는 한자어인데, 고유어처럼 일관되게 정음(正音)으로만 적힌 어휘들도 있다. 먼저 희귀어 및 미수록 어휘를 밝히고, 이어서 한자어이지만 정음으로 적힌 어휘의 순으로 논의하고자 한다. 이를 차례대로 보이면 다음과 같다.

> 1) 기장 : 명사. 아주 적은 무게의 단위를 나타내는 도량형(度量衡) 명사
> 이다. [1수(銖)의 100분의 1이고, 1냥(兩)의 2,400분의 1에 해당
> 하는 아주 가볍거나 적은 양을 이른다.] ¶ 一·릌百·빅 <u>기</u>
> <u>자</u>·이 훈 銖쓩ㅣ·오 여·슷 銖쓩ㅣ 훈 分분·이·오 :네
> 分분·이 훈 兩:량·이·라<9ㄱ>

'기장'은 사용례가 흔하지 않은 어휘이다. 이 책에도 단 한 차례만 쓰였다. 무게의 단위로 1수(銖)의 100분의 1에 해당하는 적은 양을 가리킨다. 1수(銖)는 1냥(兩)의 24분의 1에 해당하므로, 1기장은 1냥(兩)의 2,400분의 1이다. 애초에는 기장쌀[黍] 한 알의 무게를 이르는 말이었으나, 점점 일반화하여 가벼운 것을 가리키는 말로 쓰고 있다. 따라서 '기장'은 매우 가벼운 무게 단위를 가리키는 이른바 도량형 명사 중 하나이다.

이 어휘를 『고어사전』(교학사)에서는 잡곡 '기장[黍]'으로 풀었고, 『이조어사전』(연세대 출판부)에서는 '기장쌀 한 알의 무게' 또는 '1수(銖)의 10분지 1'이라고 하였으나, 1기장은 '1수(銖)의 100분의 1'이므로 잘못이다. 또 『우리말큰사전』(어문각)에서는 '①기장[黍], ②기장 한 알의 너비, 곧 1푼, ③기장 한 알의 무게, 곧 2,400냥 분의 1 등'으로 풀었다. 한자 자전에서는 1서(黍)에 대해 1척(尺)의 100분의 1의 길이, 1홉[合]의 1,200분의 1의 용량(容量), 1수(銖)의 100분의 1의 중량(重量)이라고 정리하였다. 따라서 '기장'은 원래 곡식 '기장[黍]'을 가리키는 말이었으나, 의미가 변하여 '기장'처럼 매우 가벼운 무게[量]나, '기장' 정도의 길이, 또는 너비를 나타내는 말로 쓰였음을 알 수 있다. 처음의 뜻에서 무게 단위나 길이, 또는 너비를 가리키는 말로 바뀐 것이다.

용례 : 훈 기잢 너븨 分이오 돈 ᄒ나히 文이라<영가 상 : 38ㄴ>, 열 기장이 絫ㅣ오 열 絫ㅣ 銖ㅣ라<능엄3 : 24ㄱ>.

> 2) 데어 : 명사. 밖. 외부(外部) ¶ 神씬力·륵·으·로 ·ᄒ샨 供공養·양·이 데어·쳇 :쳔랴·이·니 :쳔랴·이 法·법·만 :몯홀·씨<11ㄴ>, 得·득道 :똟홀 ·면 :다 얼구·를 데어·체 :혜·여 죽사·리·롤 니·즐·씨<12ㄱ>, 迹·젹·은 자·최·니 데어·쳇 ·보논 :이·롤 迹·젹·이·라 ᄒ·ᄂ니·라<38ㄴ>

'데어'은 다른 중세국어 문헌에 용례가 드물다. 다만 이 책에서는 위와 같이 세 차례에 걸쳐 쓰였다. 그 외에는 『법화경언해』에 한 용례가 더 있을 뿐이다.[27] '데어'의 의미를 『우리말큰사전』(어문각)에서는 '데면데면한 거죽'이라 풀어 놓았다. 같은 내용이 실려 있는 『월인석보』<18 :

---

27) 한 마룰 너비 더드머 幾룰 窮究ᄒ며 [幾ᄂᆫ 져글 씨니 멀터운 데어치 아니라] 조ᅀᆞ로 외닐 자바(博探衆說ᄒ야 硏幾撫要ᄒ야) <법화 서 : 21ㄴ>.

31ㄱ>에서는 『석보상절』의 '데어쳇'을 '밧'이라고 옮겼다. 또 『법화경언해』<6 : 142ㄱ> 계환(戒環) 요해(要解)에 대한 정음구결문에는 '外(외)'라 되어 있고, 언해문에서는 '밧'이라 한 점으로 미루어 '데엋'은 '거죽', 또는 '밖'이나 '외부(外部)'의 의미를 가진 말이라고 할 수 있다.[28]

> 3) ㅂᅀᆞᆲ·미-[耀] : 형용사. 눈이 부시다. ¶ 光광明명·이 ㅂᅀᆞᆲ·미·에 비·취시·며 믈읫 相·샹·이 :다 ᄀᆞᆽ·샤<41ㄴ~42ㄱ>

사전에 수록되어 있지 않은 이른바 미수록 어휘이다. 이 부분에 대한 『월인석보』의 내용은 '光明이 ㅂᅀᆞ와미에 비취시며<월석18 : 77ㄴ~78ㄱ>'이고, 『법화경언해』의 정음구결문은 '光明이 照曜ᄒᆞ시며(光明이 비취시며)<법화7 : 18ㄴ>'이다. 이 형태는 『월인석보』에 몇몇 용례가 있고, 『법화경언해』에도 쓰였다. 이로 미루어 'ㅂᅀᆞ와·미-(브ᅀᅳ와·미-)'는 『월인석보』 간행 무렵 'ㅸ>ㄴ/ㅜ'의 변화가 반영된 표기임을 알 수 있다. 'ㅂᅀᆞ와·미-(브ᅀᅳ와·미-)'의 직전 형태인 'ㅂᅀᆞᆲ·미-'는 이 책에 처음 나오고, 'ㅸ>ㄴ/ㅜ'의 변화에 의해 이후에는 'ㅂᅀᆞ와·미-(브ᅀᅳ와·미-)'로 표기된 것이다. 『번역박통사』(1510년대)에는 '브ᅀᅳ와·미-<70ㄴ>'의 형태가 보인다.

> 4) :게여·ᄫᅵ : 부사. 너그럽게. 큼직하게. :게엽-[雄]+·이(부사파생 접미사) → :게여·ᄫᅵ(부사). ¶ ᄀᆞ·장 端단正·졍ᄒᆞ·고 ·뜯·과 ·힘·괘 :게여·ᄫᅵ 勇:용猛 :밍ᄒᆞ·니·라<42ㄱ>

사전에 없는 미수록 어휘이다. 형용사 ':게엽-[雄]'에서 접미사에 의

---

28) 神力으로 밍ᄀᆞ르샨 거시 밧 천량애 넘디 아니ᄒᆞ니<월석18 : 31ㄱ>, 神力의 化ᄒᆞ샨 거슨 밧 천량애 남디 못하니(神力所化ᄂᆞᆫ 不過外財ᄒᆞ니) <법화6 : 142ㄱ~144ㄱ>.

해 파생된 부사이다. 부사의 형태는 이 책에 처음 보인다.

4.7.

『석보상절』에는 기원적으로 한자어지만 정음으로 표기된 어휘들이
더러 보인다. 이 책 권20에도 마찬가지다. 이에 대해서는 두 가지의 해석
이 있을 수 있다. 하나는 『석보상절』이 원문을 싣지 않고 번역문만을 실
은 데서 기인했다고 보는 것이다. 다른 하나는 이 어휘들이 대부분 불경
과 밀접히 관련된 불교용어인 점으로 미루어 불교가 곧 생활이었던 고
려시대에 우리말처럼 쓰였기 때문이 아닌가 한다.

> 1) 양·주 : 명사. 모습. 모양. 한자어 '樣子/樣姿'에서 온 말이다. ¶ 諸졍
> 菩뽕薩·솷摩망訶항薩·솷 衆·즁·이 ·잇 양·주·로 :
> 세 번 혼·쁴 소·리 :내·야 술·ᄫ·ᄃᆡ<3ㄴ~4ㄱ>

이 책에는 정음으로 적혀서 '얼굴 생김새' 및 '모습/모양'의 뜻으로 쓰
였다. 이 책에는 사용례가 많은 편인데 모두 '양·주'로 표기되었다. 그
런데 이 말을 『월인석보』에서 그대로 받은 예는 하나에 지나지 않고, 그
외는 주로 한자 '相', 또는 '形'으로 받거나, 앞에 오는 '잇'과 함께 '(·이)
·ᄀᆞ티'로 옮겼다.[29) 『월인석보』에서 '相'이나 '形'으로 옮긴 것은 저경

---

29) ① 菩뽕薩·솷衆·즁·돌·히 양·주·도 :격거·늘<석상20 : 37ㄱ> → 菩뽕薩·솷
    衆·즁·도 양·직 ·쏘 :격거·든<월석18 : 71ㄱ>.
  ② ·이럴·씨 種:죵種:죵 양·주 ·나 ·토시 ·며<석상20 : 38ㄱ~ㄴ> → ·이럴·
    씨 種:죵種:죵 形형·을 나 ·토 ·아<월석18 : 72ㄴ>.
  ③ 너희 :위·ᄒᆞ·야 그 양·주·롤 :뵈·시리·라<석상20 : 40ㄴ~41ㄱ> → 너희
    爲·윙·ᄒᆞ·야 相·샹·올 나 ·토 ·시리·라<월석18 : 76ㄱ>.
  ④ ·잇 양·주·로[如是] :세 번 혼·쁴 소·리 :내·야<석상20 : 4ㄱ> → ·이 ·
    ᄀᆞ티 :세 번 혼·쁴 소·리 :내·야<월석18 : 19ㄱ>.

(底經)인 『법화경』에 그렇게 되어 있기 때문일 것이다. 이로 미루어 '양·
ᄌᆞ'는 당시 이미 고유어처럼 인식된 어휘로 생각된다.

2) : 양 : 명사. 모양. 한자어 '樣'에서 온 말로 보인다. ¶ 濟·졩渡·똥·
ᄒᆞᆯ :야·ᄅᆞᆯ 조·차 양·ᄌᆞ·롤 現·현·ᄒᆞ·야<50ㄱ>

'양·ᄌᆞ'와 비슷하게 쓰인 말로 ' : 양'이 있다. 이 말 역시 한자 '樣'에
서 온 것으로 보이는데, 이 책에서는 ' : 양'으로 표기되었다. 용례가 드
문 편이다. 정음으로 적혀서 ' : 양'의 말자음 'ㅇ'이 연철 표기 되었다.

3) 샹·녜 : 부사. 늘. 항상. 언제나. 한자어 '常例'에서 온 말이다. ¶ · 이
:사ᄅᆞ·미 現·현호 :뉘·예 이·베·셔 샹·녜 靑쳥蓮
련華勢 香향·내 나·며<29ㄴ>

한자어 '常例'에서 온 말인데, 훈민정음 초기 문헌부터 자음 동화가 반
영된 표기인 '샹·녜'로 적었다. 이 책의 용례는 모두 '샹·녜'로 표기되
었다. 『월인석보』 권18에도 그대로 실현되었다. '샹녜'는 명사로도 쓰였
으나 이 책에 명사로 쓰인 것은 없다. 이 말 역시 저경인 『법화경』 원문
의 '常'을 옮긴 것이다.

4) 침노·ᄒᆞ- : 동사. 쳐들어가다. 한자어 '侵勞/侵擄·ᄒᆞ-'에서 온 말
이다.[30] ¶ 침노·ᄒᆞ·야 害·혱·ᄒᆞᄂᆞᆫ ·고ᄃᆞ·로 니
롤·씨 賊·쯱·이·라 ᄒᆞ·고<29ㄱ>

'침노·ᄒᆞ-'는 불법적(不法的)으로 쳐들어가는 것을 이르는 말이다. 한
자어 '侵勞(侵擄)·ᄒᆞ-'에서 온 말인데, 이 책에는 '침노·ᄒᆞ-'라 적혀

---

30) '침노·ᄒᆞ-'의 '침노'는 한자로 '侵勞' 및 '侵擄'를 쓸 수 있겠으나, 당시에는 한자로
적을 경우 모두 '侵勞'만을 썼다.

있다. 이후에 간행된 다른 문헌의 경우, 대부분 한자로 '侵勞·ᄒᆞ-'라 썼다. 드물지만 '침로·ᄒᆞ-'라 쓴 예도 있다. '침노·ᄒᆞ-'는『법화경』 계환(戒環) 요해(要解)의 '侵'을 옮긴 말이다.

용례 : 衆生이 常住를 侵勞ᄒᆞ야 損커나<월석21 : 39ㄱ~39ㄴ>, 魍魎 鬼神이 서르 침로ᄒᆞ야<불정 : 32ㄴ>, 사ᄅᆞᆷ을 侵勞ᄒᆞ며<육조 중 : 63ㄱ>.

> 5) 풍류·ᄒᆞ- : 동사. 연주하다. 한자어 '風流·ᄒᆞ-'에서 온 말이다. ¶
> 여·러 寶 : 봉臺띵 우·희 各 : 각各 : 각 百·빅億·흑
> 諸경天텬·이 하·눐 풍류·ᄒᆞ·야 놀·애·로 부텨·
> 를 讚·잔嘆·탄·ᄒᆞᅀᆞᆸ·ᄫᅡ<7ㄴ>

'풍류(風流)를 즐기다', 또는 '악기를 연주하다' 등의 의미를 가지고 있으나 이 책에 다른 용례는 없다. 이 말은『법화경』의 '伎樂'을 옮긴 것인데,『월인석보』권18에서는 '풍류·ᄒᆞ'로 옮기거나 경 원문대로 '伎樂'을 쓰기도 했다.

> 6) 미·혹·ᄒᆞ- : 동사. 마음이 어리석어 헤매다. 한자어 '迷惑·ᄒᆞ-'에서 온 말이다. ¶·쏘 ᄂᆞ외·야 嗔친心심·과 미·혹·
> ᄒᆞ·미 어·즈류·미 아·니 ᄃᆞ외·며<27ㄴ>

'미혹(迷惑)'은 불교에서 말하는 3독(毒)의 하나이다. '우치(愚痴)'를 이르는 말로 현상(現象)과 도리(道理)에 대하여 마음이 어두운 것을 가리킨다. 곧 고통 받는 근원과 모든 번뇌의 근본이라는 뜻이다. '미·혹·ᄒᆞ-'는 한자어 '迷惑·ᄒᆞ-'에서 온 말인데, 정음 초기 문헌부터 이렇게 정음으로 적혔다. 한자어라는 인식이 엷었음을 보여 주는 것이다.『법화경』 원문의 '愚痴'나 '痴暗'을 옮긴 말이다.

7) : 힝·뎍 : 명사. 행한 일의 실적. 한자어 '行蹟'에서 온 말이다. ¶
　　貴·귕훙 : 힝·뎍 ·히므·로 智·딩慧·휑ㅅ ·브·리
　　곡도 因힌緣원·을 노·겨 : 업·긔 ㅎ·고<11ㄴ>

한자어 '行蹟'에서 온 말인데, 이후에 간행된 다른 문헌에서도 주로 정
음으로 적었다. 정음으로 적혀서 아래의 『월인석보』 권1에서는 ': 힝·뎍'
의 어간 말자음 'ㄱ'이 연철표기되었다. 『법화경』 계환(戒環) 요해(要解)의
'妙德 妙行'을 옮긴 말.

용례 : 梵은 조훈 힝뎌기라 혼 뜨디니<월석1 : 20ㄱ>, 維那離國은 싸홈 즐
기고 조훈 힝뎍 업스며<월석2 : 11ㄱ>, 觀照로 힝뎍 닷그면<남명 상 : 15ㄱ>.

8) : 위·ㅎ- : 동사. 위하다. 한자어 '爲·ㅎ-'에서 온 말이다. ¶ 한 聲
　　셩聞문衆·즁 : 위·ㅎ·야 法·법華황經경·을 니르·
　　더시·니<7ㄴ~8ㄱ>

『석보상절』에는 이 말을 전부 정음으로 적었다. 그만큼 당시에 널리
쓰였다는 사실을 보여 주는 것이다.

9) : 천량 : 명사. 재물(財物). 한자어 '錢糧'에서 온 말이다. ¶ 供공養·
　　양·이 데어·쳇 : 천랴·이·니 : 천랴·이 法·법·만 :
　　몯홀·써<11ㄴ>

'돈[錢]'과 '양식[糧]'의 합성어인데, 당시 문헌에는 대부분 정음으로 적
혔다. 『법화경』 계환(戒環) 요해(要解)의 '財'를 옮긴 말이다. 정음으로 적혀
서 ': 천·량'의 어간 말자음 'ㅇ'이 연철표기되었다.

이 외에 한자어 '分別'에서 온 말인 '분·별'도 두 차례[31] 보인다. '分

別'의 원뜻인 '가름'의 의미가 아니라, '근심/걱정'의 의미로 쓰였다. 우리말에 오랫동안 쓰이면서 의미의 변화를 겪은 것이다. 곧 유연성(有緣性) 상실로 인해, 한자어 기원의 어휘라는 인식이 엷어져 정음으로 표기된 것으로 보인다. 『법화경』 원문(原文)의 '慮'를 옮긴 말인데, 『월인석보』에는 '分別'로, 『법화경언해』에는 '분·별'로 표기되었다. 또 한자어 '盜賊'에서 온 '도족<28ㄴ>'도 쓰였다.

현전 『석보상절』의 다른 책에 '즁싱'으로 적힌 바 있는 '衆生'은 이 책에서 전부 한자 '衆·즁生싱'으로 표기되었다. 이는 『석보상절』 권20에서 이 어휘의 출현이 대부분 '일체(一切) 중생(衆生)'의 형태로 '일체(一切)'와 짝을 이루어 나타나거나 한자 어휘 속에 포함되어 나오기 때문일 것이다. 물론 단독으로 쓰인 예도 있지만, 그런 경우에도 한자로 적었다.

5. 맺는말

지금까지 『석보상절』 권20의 공개 경위, 형태서지, 책의 상태 및 훼손된 부분에 대한 원문 복원, 수록된 내용, 같은 내용이 번역되어 있는 『월인석보』 및 『법화경언해』와의 대응 관계 그리고 표기 및 형태의 특징, 희귀어 및 사전 미수록 어휘 등에 대해 살폈다. 이를 요약해서 정리하면 다음과 같다.

---

31) 世·솅尊존·하 분·별 :마·ㄹ쇼·셔<3ㄴ, 4ㄱ>.

5.1.

　『석보상절』은 처음 24권으로 간행되었으나 현재 전하는 책은 모두 10권이고, 이 중 권6, 9, 13, 19, 20, 21, 23, 24 등 여덟 책만이 초간본(初刊本)이다. 권3과 권11의 두 권은 16세기 중엽 무렵에 간행된 복각본(覆刻本)이다. 우리가 논의의 대상으로 삼고 있는 권20은 초간본 중 가장 늦게 발굴·공개된 책이다. 소장처의 입장으로 원본 실사가 가능하지 않다. 그런 이유로 그동안 다른 책들에 비해 연구가 활발하지 못한 편이었다. 모두 53장 106쪽의 분량이지만 첫 장이 낙장(落張)이고, 15장까지는 좌하귀 부분이 훼손되어 각 장의 앞면 8행 아래쪽과 뒷면 1행 아래쪽의 해독에 많은 어려움이 있다. 이를 보완하기 위해 같은 저경의 내용이 번역되어 실려 있는『월인석보』,『법화경언해』등을 참고로 하여 복원·제시했다.

　『석보상절』권13부터 권21까지는『법화경』제1품인 서품(序品)부터 마지막 품(品)인 제28품 보현보살권발품(普賢菩薩勸發品)까지를 번역해서 실어놓았다. 권20에는『법화경』권6의 제22품 촉루품(囑累品), 제23품 약왕보살본사품(藥王菩薩本事品), 권7의 제24품 묘음보살품(妙音菩薩品) 등이 번역되어 실려 있다. 한편『월인석보』는 모두 25권 중 권11부터 권19까지 아홉 권이『법화경』을 번역해서 실어 놓은 것이다. 그러니까『석보상절』권20의 내용은『월인석보』권18과『법화경언해』권6 및 권7에도 들어 있다. 이러한 관계를 감안해 세 책에서 서로 대응되는 부분을 정리·제시하여 비교 연구가 가능하도록 했다. 세 책은 간행 연도에 따라, 그리고 편찬 방법 및 편찬자의 언어 습관에 따라 얼마간 차이가 날 수밖에 없다. 그런 점에 착안하여『석보상절』의 특성을 찾고자 했다.

5.2.

『석보상절』은 한글 반포 다음해인 1447년에 간행되었다. 정음으로 기록된 최초의 산문 자료이다. 거기에다 다른 불경언해서들과는 달리 원문이나 정음구결문 등이 없이 번역문만으로 된 책이다. 그만큼 원문으로부터 자유로울 수 있는 환경에서 찬술되었다는 뜻을 함의하고 있다. 그런 때문인지 번역도 비교적 자유역(自由譯)에 가깝고, 어휘도 비록 한자어에서 온 말이라고 하더라도 정음으로 적은 예가 많다는 점 등 국어사 자료로서의 가치가 큰 문헌이다. 특히 표기 형태가 매우 정연할 뿐만 아니라, 동주자(銅鑄字)의 아름다움을 간직하고 있는 자양(字樣) 등도 이 책의 특징 중 하나이다. 번역에서는 경(經)의 본문은 본문 그대로 당시의 우리말로 옮겼고, 계환(戒環)의 요해(要解) 부분은 협주로 옮겨서 가독성(可讀性)을 높이면서도 이해의 편의를 도모하도록 했다.

문자 표기에서는 방점 및 모음 '•'와 '•ㅣ'의 아래아[•] 글자는 원획(圓劃)으로 하고, 그 외의 모음 표기는 고딕체의 방획(方劃)을 써서『훈민정음(해례본)』(1446년) 및 『동국정운』(1447년)보다는 후대(後代)의 형태를 보이고 있다. 이러한 표기 방법은 『용비어천가』(1447년), 『월인천강지곡』(1447년) 및 『사리영응기』(1449년)와 일치한다. 이렇게 단체자 '•' 및 합체자 '•ㅣ'의 아래아[•]와 방점을 원획(圓劃)으로 표기하는 방법은『홍무정운역훈』(1455년)을 거치면서 바뀌었다. 『홍무정운역훈』을 시작으로 『월인석보』(1459년)는 물론, 그 이후에 간행된 간경도감본들은 방점 및 모음의 표기에 점획(點劃) 및 방획(方劃)만을 사용하였다.

5.3.

어학적 고찰에서는 이 책의 언어 성격을 알 수 있는 몇몇 형태를 대상으로 했다. 모음조화와 'ㆁ'의 연철표기 그리고 '부텻긔/부텨ᄭᅴ', '가아/가'처럼 같은 뜻을 가진 말의 두 가지 형태 표기 등에 대해 살펴보았다. 특히 보조적 연결어미 '-긔'와 '-게'의 표기 경향, 동명사 어미 '-ㄹ' 및 '-ㅭ'이 어떻게 실현되었는지 등에 대해서도 살폈다. 이러한 표기 특성은, 이 책이 정음 창제 직후에 간행되어 아직 우리말 표기에서 어떤 원칙 같은 것이 확립되기 이전의 모습이 반영된 결과라고 봤다. 이 책에는 다른 문헌에 쓰인 적인 없는 희귀어 및 고어사전 미수록 어휘가 몇몇 보인다. 이에 대해 경 원문 및 다른 문헌에서의 용례 등을 살펴서 그 뜻을 밝혔다. 대표적인 어휘로는 곡식의 이름에서 무게 단위를 가리키는 어휘로 바뀐 '기장', '외부(外部)나 외면(外面)'을 뜻하는 '데엊' 등을 들 수 있다. 그리고 '눈부시다'는 의미를 가진 형용사 'ᄇᆞᄉᆞᄫᆞ·ᄆᆡ-[耀]'와 '너그럽게, 큼직하게'의 뜻을 가진 ':게엻-[雄]'의 파생부사 ':게여·ᄫᅵ'도 처음 나오는 어휘이다.

그리고 기원적으로는 한자어지만 이 책에서 정음으로 적힌 어휘의 특성에 대해서도 살펴보았다. '양·ᄌᆞ/樣子/樣姿, :양/樣, 샹·녜/常例, 침노·ᄒᆞ-/侵勞·ᄒᆞ-/侵擄·ᄒᆞ-, 풍류·ᄒᆞ-/風流·ᄒᆞ-, 미혹·ᄒᆞ-/迷惑·ᄒᆞ-, :힝·뎍/行蹟, :위·ᄒᆞ-/爲·ᄒᆞ-, :천량/錢糧' 등이다. 이들은 모두 정음으로 적혔다. 이 책에 정음으로 적힌 한자어 기원의 어휘가 많은 이유는 두 가지 해석이 가능하다. 하나는 『석보상절』의 편찬 방법과 관련된 것이다. 책의 편찬에서 원문 없이 정음만으로 번역된 것이 그 원인 중 하나일 것이다. 또 하나는 정음으로 적힌 어휘의 대부분이 불교 관련 어휘이거나 일상생활에서 널리 쓰일 수 있는 어휘인 점으로 미루어 불교가 곧 생활의 일부분이었던 고려시대에 이들 어휘가 우리말처럼 쓰였기 때문이 아닌가 한다. 이런 이유로 일찍부터 한자어라는 인식이 엷어져서 우리말처럼 사용되었고, 문자 창제 이후에는 표기도 정음으로 하게 된 것으로 본다.

여기에서 다 살피지 못한 내용은 향후 체계적이고도 종합적인 논의의 장으로 미룬다.

제4장 몽산화상법어약록언해(蒙山和尙法語略錄諺解)

1. 머리말

1.1.

『몽산화상법어약록언해』[1]는 중국 원(元)나라 때의 승려였던 몽산(蒙山) 덕이(德異)[2]의 법어(法語)를 추려서 한글로 구결을 달고 번역·간행한 책이다. 정확한 간행 연도는 미상이다.

　고려 말의 승려 보제존자(普濟尊者) 나옹(懶翁)은 몽산의 법어에서 일부 내용을 가려 뽑아 초록(抄錄)을 만들었다.[3] 이 초록이 『몽산화상법어약록』

---

1) 이하 『몽산화상법어약록언해』를 줄인 이름인 『몽산법어언해』, 또는 『몽법언해』라고 도 부를 것이다.

2) 몽산(蒙山) 덕이(德異)의 생몰(生沒) 연대는 확실치 않다. 그의 저서 등을 통해 '?1231∼ ?1310년'으로 추정할 뿐이다. 그는 고려 때의 혜감국사(慧鑑國師) 만항(萬恒), 보감 국사(寶鑑國師) 혼구(混丘) 등과 교류하고, 이후 우리나라 불교에 많은 영향을 미친 것으로 알려져 있다.

3) 초록 작성자에 대해서는 나옹이 아니고 역해자인 신미가 직접 작성했을 것이라는 견 해도 있으나(이숭녕, 1986), 오늘날의 기록만 가지고는 정확한 사실을 알 수 없다. 하지만 신미가 나옹의 법맥을 잇고 있는 점과 나옹이 원나라에 머물던 중(1347∼ 1358년) '몽산이 거처했던 휴휴암(休休庵)을 찾았다(1350년)'는 등의 기록(懶翁和尙 行狀)으로 보아 귀국 후 나옹이 직접 초록을 작성했을 가능성이 높다. 다만 나옹의 법어인 「示覺悟禪人法語」 1편만은 역해자(譯解者)인 신미가 언해 과정에서 첨부(添

이다. 이렇게 만들어진 한문본 책을 저본(底本)으로 하여, 조선 세조 때
혜각존자(慧覺尊者) 신미(信眉)[4]가 한글로 구결을 달고, 번역을 해서 간행하
였다. 학계에서는 통상 이 책을 『몽산화상법어약록언해』[5]라고 부른다.
목판본 1권 1책으로 되어 있다. 원간본 계통의 책들에서 볼 수 있는 권
두·권말 서명은 '蒙山和尙法語略錄'이고 판심제는 '法語'이다.

『몽산화상법어』는 선(禪) 수행자들의 자세에 대해서 설(說)한 선 수행
지침서 성격의 법어록이다. 이 책에는 몽산의 법어인 시고원상인(示古原上
人), 시각원상인(示覺圓上人), 시유정상인(示惟正上人), 시총상인(示聰上人), 무자
십절목(無字十節目), 휴휴암주좌선문(休休庵主坐禪文) 등 6편이 실려 있다. 그
런데 언해본에는 나옹의 법어인 시각오선인법어(示覺悟禪人法語) 1편이 추
가되어 모두 7편의 법어가 번역·수록되어 있다.[6]

중간본 중 몇몇 책에는 『사법어언해(四法語諺解)』[7]가 합철(合綴)되어 있
어서 수록된 법어의 편수가 늘어나지만, 원간본으로 보이는 책들의 경우

附)했을 것으로 생각된다. 일부에서 나옹이 몽산을 친견(親見)하고 문답했다는 견해
도 있으나, 몽산의 생존 연대(?1231~?1310년)와 나옹의 생존 연대(1320~1376년)
는 서로 달라서 신빙성이 없다. 남권희(1991) 참조.
4) 역해자(譯解者)인 혜각존자(慧覺尊者) 신미(信眉)는 세종~세조 때의 승려로, 세조의
불경 한글 번역 사업에 깊이 관여했던 인물이다.
5) 앞의 제2장에서 논의한 대로 15세기에 한글로 번역·간행된 책의 서명에 '언해'란
용어를 쓴 것은 없다. 다만, 학계에서는 한문으로 된 원전과 정음으로 번역한 책이
있을 경우, 번역한 책에 대해서는 서명 뒤에 '언해'를 붙여서 구분해 왔다. 이 논의
에서도 그런 관행을 따라 한글 번역서에는 서명 다음에 언해를 붙여서 쓴다.
6) 이 점에 대해서는 원간본 계통의 책 권두서명 다음에 작은 글자 두 줄로 잇달아 쓰여
있는 '普濟尊者法語附' 라는 기록에 의해서도 알 수 있다. 이후 간행된 대부분의 중간
본들도 서명 다음에 같은 내용을 적어서 나옹의 법어가 추가되어 있음을 밝혔다.
7) 『사법어언해』는 권두·권말 서명 및 판심제가 '法語'로만 되어 있으나, 이 책에 수록된
법어의 편수(篇數)가 송광사본 『몽산법어언해』(1577년)에 합철된 것을 제외하고는 모
두 4편이어서 『사법어언해』로 통용되고 있다. 물론 『사법어언해』에 수록되어 있는 법
어는 『몽산법어언해』에 들어 있는 것들과는 다르다. 『사법어언해』는 단간(單刊)된 것
은 보이지 않고 『목우자수심결언해(牧牛子修心訣諺解)』(1467년)나 『몽산법어언해』 등에
합편(合編)되어 전하는데, 후술(後述)할 송광사본에는 『몽산법어언해』에 있던 나옹의
법어(示覺悟禪人法語)가 『사법어언해』 뒤에 옮겨져 있어서 '오법어언해'인 셈이다.

에는 합철된 것을 볼 수 없으므로 여기서는 주로 원간본 『몽산화상법어약록언해』를 논의의 대상으로 삼는다. 다만 중간본 하나인 송광사본(1577년)은 언해 체제와 언어 사실 등이 전면적으로 바뀐 개찬본(改撰本)이어서 원간본 등과 비교 연구의 필요성이 있어서 함께 다룰 것이다.

1.2.

『몽산법어언해』는 간행 연도를 알 수 없는 책 중의 하나이다. 원간본 계통의 책 중 어느 것에서도 초인(初印)의 간기(刊記)를 볼 수가 없기 때문이다. 그런 사유로 간행 연도를 확정하지 못했다. 따라서 지금까지는 책에 실려 있는 언어 사실로 간행 연도를 추정하기도 하고, 중간본인 송광사본(1577년)의 앞쪽에 합철되어 있는 『사법어언해』의 원간본 간행 연도, 곧 1467년을 『몽산법어언해』의 간년으로 보기도 했다.[8]

그러나 언어 사실에만 비중을 두어 간행 연도를 추정(推定)한다면 언해 연대와 간행 연대가 서로 다른 것으로 해석될 여지가 있다. 또한 『사법어언해』와 합철되어 있는 『목우자수심결언해』의 간기(成化 三年, 1467년)와 『사법어언해』 뒤에 누군가 붓글씨로 써놓은 간기(成化三年丁亥歲 朝鮮國刊經都監奉敎雕造)[9]만을 근거로 하여 『몽산법어언해』의 간년을 1467년으로 삼

---

8) 일부에서 『몽산법어언해』의 간년을 1467년, 간행처를 간경도감(刊經都監)으로 추정(推定)한 것은 원간본 『사법어언해』와 합철된 『목우자수심결언해』의 간년(刊年)이 '성화(成化) 3년(1467년)'이고 간행처가 간경도감이어서, 『목우자수심결언해』, 『사법어언해』, 『몽산법어언해』를 모두 같은 해에 간경도감에서 간행된 것으로 보기 때문이다. 그러나 중간본 『사법어언해』와 중간본 중 일부에 『몽산법어언해』가 합철된 것은 주로 '몽산(蒙山)과 관계가 있는 스님들의 법어 언해'라는 공통점 때문이지 간년이나 간행처와는 무관한 듯하다. 『사법어언해』의 판심제가 『몽산법어언해』처럼 '法語'로 되어 있는 점은 같으나, 언해 양식은 원간본 계통의 것과 중간본의 것이 서로 달라서, 원간본 계통은 함께 실린 『목우자수심결언해』의 그것과 같고, 중간본 역시 합철된 『몽산법어언해』의 그것과 같다. 따라서 원간본 『사법어언해』의 간행처 및 간행 연도 역시 확실치는 않다.

는 것은 합리적이지 않다. 이런 이유로 그동안 행해진 간행 연도의 추정
이나 원간본의 비정(比定) 그리고 언어 사실의 해명에 대해 새로운 논의
의 필요성이 대두되었다.

1.3.

우리는 이제 국어사 연구는 문헌에 수록된 언어뿐만 아니라, 그 문헌
의 판식 및 언해 체제에 대한 면밀한 검토와 그에 따른 합당한 해석이
바탕이 되어야 한다는 전제 위에서 『몽산법어언해』가 가지는 국어사 자
료로서의 위상과 가치를 구명해 보고자 한다. 제2절에서는 언해 체제 및
불교용어의 한자음 표기에 근거하여 원간본의 간행 연도를 추정할 것이
다. 제3절에서는 여러 이본들을 비교하여, 그중에서 원간 초쇄본을 찾아
보고자 한다. 제4절에서는 언어 사실에 대한 고찰을 통해 이 책의 국어
사적 가치를 구명할 것이다. 제5절에서는 제3절에서 밝혀진 원간 초쇄본
과 전면 개찬(改撰) 중간본(重刊本)인 송광사본을 대상으로 하여, 언해 체제
및 언어 사실의 변화 등 1세기 남짓한 기간 동안의 여러 변화를 비교해
보는 방법으로 논의를 진행하고자 한다. 궁극적으로는 『몽산법어언해』
의 국어사 자료로서의 가치를 밝히는 데 목적을 둔다.

---

9) 최현배(1942/1961 : 115~117) 참조.

2. 간행 연도 추정

2.1.

『몽산법어언해』의 체제가 간경도감 간행의 언해본 책들과 일치한다고 하여 오랜 기간 이 책을 간경도감 간행의 책으로 단정해 왔으나, 우리는 몇 가지 이견이 있어서 이에 동의할 수가 없다. 판식 및 체제만을 놓고 볼 때 『몽산법어언해』는 간경도감 간행의 언해본 책들과는 상당한 거리가 있다. 오히려 「훈민정음 언해본」이나 『월인석보』 1권 권두(卷頭)에 실린 「석보상절서」 및 「월인석보서」,10)에 가깝고, 활자본 『아미타경언해』(?1461)와는 부분적으로 일치하며, 활자본 『능엄경언해』(1461)나 간경도감 간행의 언해본 책들에는 앞선다.11) 이를 몇 가지 사실로 나누어 검토하면 다음과 같다.

2.2.

원간 초쇄본이나 그 후쇄본으로 보이는 책들만을 대상으로 하면, 『몽산법어언해』의 판심은 내향흑어미(內向黑魚尾)이고 반엽(半葉)의 행관(行款)

---

10) 여기서 『석보상절』이나 『월인석보』의 본문이 아니고, 「서문」을 비교의 대상으로 삼은 것은 비교 조건 부합(符合)의 문제 때문이다. 『석보상절』은 원문인 『석가보(釋迦譜)』 등이 없이 언해문만 있고, 『월인석보』는 「月印部」와 「詳節部」로 나누어져 있어서, 『몽산법어언해』의 구결이 달린 원문 다음에 언해문을 둔 것과는 비교가 성립되지 않는다. 따라서 비교 조건이 동등한 「서문」을 대상으로 한 것이다.
    또한 「석보상절서」는 현재 『석보상절』 권1이 전해지지 않아서, 『월인석보』 권1의 권두에 실려 있는 서문을 대상으로 했다.

11) 활자본 『능엄경언해』는 체제가 간경도감 간행의 언해본 책들과 일치하므로 앞으로 체제를 논의할 때는 간경도감본의 범주에 포함시킬 것이다. 이하 간경도감에서 간행된 언해본 책들을 이를 때는 '간경도감본'이라 칭하기도 할 것이다.

은 유계 8행, 주(注)는 쌍행이다. 큰 글자[大字]로 된 법어의 본문은 1행 17
자이다. 법어의 본문에 한글 작은 글자[小字]로 구결을 단 후, 행을 달리
하여 1자 공격(空格)을 두고 한자와 한글 중간 글자[中字]로 언해를 하였다.
주목할 점은 한글로 된 구결에도 방점이 찍혀 있는 사실이다. 이러한 방
점 표시 방식은 「훈민정음 언해본」, 「석보상절서」, 「월인석보서」, 활자본
『아미타경언해』(1461년)[12]에서 그 예를 찾을 수가 있다. 또 방점이 표시된
한글 구결이 쌍행인 것은 「월인석보서」, 활자본 『아미타경언해』와 같다.
언해문에 한글 중간 글자를 사용한 점은 「훈민정음 언해본」, 「석보상절
서」 및 「월인석보서」, 활자본 『아미타경언해』와 일치한다.

　간경도감 간행의 언해본 책들은 쌍행인 한글 구결에 방점을 찍지 않
았고, 언해문은 한자·한글 모두 작은 글자로 되어 있다.

　2.3.

　한자는 법어 본문이나 언해문을 막론하고 글자마다 동국정운(東國正韻)
한자음이 주음되어 있다. 이러한 주음 방식을 취한 정음 초기 문헌은 「훈
민정음 언해본」, 「석보상절서」 및 「월인석보서」 등이 있고, 활자본 『아미
타경언해』나 간경도감 간행의 책들은 언해문의 한자에만 동국정운 한자
음이 주음되어 있다.

　협주(夾註)의 시작과 끝 부분에 아무런 표시가 없다. 간경도감 간행의
언해본 책들은 대체로 협주의 시작과 끝에 흑어미가 놓인다. 협주에 아
무런 표시가 없는 문헌은 「훈민정음 언해본」, 『석보상절』, 『월인석보』,
활자본 『아미타경언해』 등이 있다.

---

12) 활자본 『아미타경언해』 및 그 간행 연도에 대해서는 안병희(1980) 참조.

2.4.

『몽산법어언해』는 본문이 끝나면 행(行)을 달리하여 언해문이 시작된다. 그러나 간경도감 간행의 책들은 본문 바로 밑에 언해문이 이어지고 본문과 언해문 사이에는 ○ 표시를 두어 구분했다.『몽산법어언해』와 같은 형식을 취한 문헌은 「훈민정음 언해본」,「석보상절서」,「월인석보서」, 활자본『아미타경언해』등이 있다. 또 「훈민정음 언해본」과 「석보상절서」에는 본문 다음에 협주가 올 경우에 본문과 협주 사이에 아무런 표시가 없으나,「월인석보서」의 경우에는 ○ 표시가 있다.13)

2.5.

초기 불서언해에서 간행 연도 추정의 유력한 근거가 되는 불교용어(안병희 : 1974, 1980 참조)인 '阿難, 解脫, 菩, 般若' 중『몽산법어언해』에는 '解脫' 한 단어만이 한 번(48ㄴ) 눈에 띈다. '解脫'에서 '解'의 동국정운음은 몇 차례 변개(變改)가 있었다.14)

　　① ·행<석상23 : 16ㄱ>
　　② ：갱<월석 서 : 8ㄱ>, 활자본 <아미 : 13ㄱ>, 활자본 <능엄6 : 64ㄱ>,

---

13) 안병희(1979 : 110, 1980 : 378 주5, 1990)에서 「훈민정음 언해본」과 『석보상절』이 같은 연대에 간행되었을 것이라는 논의가 있었는데, 본문과 협주 사이의 ○ 표시 유무(有無)도 이를 뒷받침하는 근거가 될 것이다.
14) 몇몇 불교용어 한자음 표기의 변개(變改) 이유에 대해서 필자는 졸고(1993 : 16)에서 간경도감 설치와 관련지어 설명한 바 있는데, 산스크리트어로 된 다라니(陀羅尼)의 유입도 불교용어의 한자 음역(音譯)에 대한 새로운 조명에 상당 부분 기여했을 것으로 생각된다. 결국 이러한 요인들로 인해 범어(梵語)나 팔리어(巴里語)에서 한자로 음차(音借)된 불교용어나 중국에서 한자로 조어(造語)된 후 우리나라에 유입된 불교용어에 대한 새로운 주음(注音)이 시도되었을 것이고, 이러한 일련의 과정이 몇몇 불교용어의 한자음 주음에 변개를 가져왔을 것으로 보인다.

목판본 <능엄6 : 24ㄴ> cf. : 갱<몽법 : 48ㄴ>
③ : 행<법화6 : 17ㄴ>, <금강 : 25ㄱ>

『몽산법어언해』 '28ㄱ, 49ㄴ, 57ㄱ' 등에서 다른 어휘를 구성하는 데 쓰인 '解'자의 동국정운음은 모두 ' : 행'이다. 이는 '解脫'에서 '解'의 음이 의도적인 변개를 입었음을 보여 주는 것이다. 『몽산법어언해』의 간년 추정에 시사(示唆)하는 바가 크다. 또 『몽산법어언해』 1장 앞면 3행 역기 (譯記)의 '譯解'에서 '解'의 주음이 다른 예와는 달리 ' : 갱'로 되어 있는 점도 특기할 만하다. '解脫'의 한자음에서 영향을 입은 듯하다.

2.6.

위 2.1.~2.4.를 살펴보면 훈민정음 창제 초기의 문헌에서도 오늘날과 같이 독자들의 독서 능률 제고(提高)를 위한 여러 방면에서의 노력이 눈에 띈다. 이러한 가독성(可讀性)의 고려는 판식 및 체제의 변개를 가져왔고, 이러한 변개가 간년 추정의 근거가 됨을 배제할 수 없다. 후술할 언어 사실 외에 체제만을 가지고 『몽산법어언해』의 간년을 추정한다면, 목판본인 『몽산법어언해』의 간행이 『월인석보』(1459년)와는 비슷한 시기, 활자본 『아미타경언해』(?1461년)나 간경도감본(1461년 이후)보다는 이른 시기에 이루어졌음을 알 수 있다.[15] 『몽산법어언해』는 1467년 간경도감에

---

15) 『몽산법어언해』의 간행 연도를 간경도감본보다 이른 시기로 다룬 논의로는 남광우(1959), 이기문(1963), 나카무라 다모쯔(中村完, 1963), 시부 쇼헤이(志部昭平, 1983), 안병희 (1992ㄱ) 등이 있다. 남광우(1959)는 역자(譯者)와 철자법(綴字法)에 근거하여 『월 인석보』와 동시대(同時代)라 하였고, 이기문(1963)은 언어 사실과 표기법에 근거하여 세종대에 가까운 것으로 추정하였다. 나카무라 다모쯔(中村完, 1963)은 언해 양식에 비추어 『월인석보』와 비슷한 시기에 간행된 것으로 보았고, 시부 쇼헤이(志部 昭平, 1983)에서는 표기법과 언해 양식에 비중을 실어 『몽산법어언해』와 활자 본 『아미타경언해』를 『월인석보』와 활자본 『능엄경언해』 사이로 추정하였다. 안병희

서 간행된 책으로 다루어져서는 안 되고, 1459년경에 간행된 법어록 언해이면서, 동시에 국어사 자료로서 제대로의 위치를 찾아야 할 것이다.

3. 현전본 및 원간본 비정(比定)

3.1.

현재 전해지는 『몽산법어언해』의 간본(刊本)을 정리하면 다음과 같다.16)

[갑류(甲類)] 원간 초쇄본(初刷本)이나 그 후쇄본(後刷本)으로 보이는 책들
[을류(乙類)] 원간본의 복각본(覆刻本) 책들
[병류(丙類)] 원간본과 언어 사실은 같으나 체제를 달리한 개각본(改刻本, 縮刷) 책들
[정류(丁類)] 체제는 [병류(丙類)]와 비슷하나 언어 사실이 달라진 전면 개찬본(改撰本) 책들

[갑류] 원간본이나 원간본 계통(『사법어언해』 없음)
1) 원간 초쇄본 추정(1459년 간행 추정)
    동국대 도서관 소장본(보물 제767호), 도서번호17) : 貴214.2 - 덕69ㅁ2

(1992ㄱ)에서는 『몽산법어언해』와 『사법어언해』의 간행 연도를 모두 '?1459'로 적어 놓았다.
16) 판본 중 필자가 실사하지 못한 책은 최현배(1942/1961), 동국대 불교문화연구소(1964), 심재완(1969), 동국대 불교문화연구소(1976), 안병희(1979), 박병채(1980) 등을 참고하였다. 현재는 소장자 및 소장처가 바뀐 판본도 있으나, 그 소재가 불분명한 것은 원소장처만 밝혔다.
17) 이 책의 도서번호는 책의 앞표지 오른쪽 하단에 적혀 있는 번호와 도서목록에 나와 있는 번호가 부분적으로 차이가 난다. 책의 오른쪽 하단에는 '貴 214.2 덕 69ㅁ 2 c2'라고 적어 놓았다.

　　　　-역기 있음, 간기 없음

　　2) 원간 후쇄본(김수온 발문, 1472년 간행)

　　　　한제원 소장본(보물 제768호), 세종대왕기념사업회 소장본(보물 제
　　　　769호),18) 호림박물관 소장본(보물 제1172호),19) 김민영 소장본(보물
　　　　제1012호) 등20)

　　　　-역기 없음, 김수온 발문(成化 8년, 성종 3년, 1472년 작성) 있음

　　3) 고려대 만송문고 소장본

　　　　-역기 중 '譯解' 두 글자 삭제, 간기 없음

　　4) 성암문고, 일본 덴리대(天理大) 도서관 소장본

　　[갑류]의 책 중 2)항의 책들은 끝에 갑인소자(甲寅小字)로 된 김수온(金守
溫)의 발문이 있다.21) 그 내용 중에 '於是命令分詣板本所在 模印法華經六
十件…法語二百件…以經計者 凡二十九秩 總若千件…'이라고 한 점으로 보
아 초쇄본이 아님이 분명하다. 그런데 1954년 통문관에서 당시 이겸로
소장의 책을 영인·배포하면서 발문 1장(작성자와 작성 날짜가 나와 있는 부
분)이 낙장(落張)인 원본 그대로 간행하여, 역기(譯記)가 있는 같은 판본의

---

18) 세종대왕기념사업회 소장의 책 영인본에는 뒤에 김수온의 발문이 있음에도 첫 장
　　에 '慧覺尊者信眉 譯解'라는 역기가 있는데, 이는 나중에 누군가가 첫 장을 다른 인
　　본(印本)에서 떼어 와 다시 장철해 넣은 결과라는 설명이 책 해제에 붙어 있다(박
　　종국, 1987 : 114). 이러한 사실은 앞표지 이면(裏面)에 쓰여 있는 글을 통해 알려
　　졌다. 거기에는 "제1장이 결락(缺落)되어 동판식(同板式)으로 사료되는 타책(他冊)
　　제1장으로 보완하다. 1960년 모산서사(慕山書舍)"라는 묵서(墨書)와 함께 심재완
　　(沈載完)의 인장이 찍혀 있다. 1장에 대한 보완 경위 및 소장처의 이동을 짐작할
　　수 있는 내용이다.
19) 이 책은 다도(茶道) 정립으로 유명한 조선조 후기의 승려 초의선사(草衣禪師) 의순
　　(意恂, 1786~1866)의 수택본(手澤本)으로 알려져 있다. 특기할 만한 내용으로는
　　책 4, 6, 7장의 뒷면에 1844년 초의선사가 직접 묵서로 필사한 서산대사의 '淸盧堂
　　實藏錄'이 있는 점이다.
20) 지난날 조명기, 이겸로 등 고인이 된 분들도 김수온의 발문을 가진 책을 소장하고
　　있었던 것으로 알려졌었다. 이 분들이 소장하고 있던 책은 소장처의 이동이 있은
　　것으로 짐작한다.
21) 김수온의 발문(跋文)을 이 책의 뒤 부록편에 원문과 함께 번역(임종욱 박사)해서
　　실어 두었다.

다른 책이 출현하기까지 원간 초쇄본으로 오해하는 결과를 초래하기도
했다. 김수온의 발문을 가지고 간행된 『몽산법어언해』에는 원간 초쇄본
의 첫 장 앞면 3번째 행에 있던 역기가 삭제되어 역기란(譯記欄)이 비어
있다. 이것은 당시의 시대 상황과 관련된 것이라는 주장이 있다.22) 세종
대왕기념사업회 소장본을 영인한 책(박종국, 1987 영인 : 1~146)에는 1장 3행
에 역기가 뚜렷한데, 이는 다른 판본의 것으로 보완했기 때문이다.23)

3)항의 책은 박병채(1980)에서 간경도감본으로 소개하고 있으나 1장 앞
면의 지각(地脚) 변란(邊欄)에 변개(變改)가 보이고, 방점도 원간본 계통의
다른 판본과 부분적으로 차이가 나는 곳이 있다.24) 또 역기 중 '譯解'라
는 글자가 삭제되어 있다. 특기할 점은 주격 표지 'ㅣ'의 위치에 관한 것
이다. 선행 체언 말음이 '이, ㅣ' 이외의 모음 다음에 오는 주격 표지 'ㅣ'
가 구결문에서는 행의 오른쪽에 표기되어 있고, 언해문 및 협주문에서는
행의 가운데에 있는 것이 이 책의 일반적인 현상인 데 비해,25) [갑류] 중
1), 3)항의 책 <4ㄱ>에는 언해문인데도 주격조사 'ㅣ'가 행(行)의 오른쪽
에 표기되어 있는 점이다. 1, 3)항의 책에는 일반적인 표기원칙을 따른
주격 및 서술격 표지가 상당히 많은데, 이 곳 <4ㄱ>에만 행의 오른쪽(工

---

22) 이에 대해서는 안병희(1979 : 주14), 박병채(1980 : 해제 5쪽) 참조.
23) 이에 앞서 심재완(1969)에서는 당시에 자신이 소장하고 있던 책을 원간 완본(完
本)으로 소개하기도 하였으나, 김수온 발문이 있는 다른 책들과는 달리 역기가 함
께 있다는 사실이 모순이다. 앞의 주 18)에서 밝힌 대로 역기가 있는 첫 장은 다
른 책의 것으로 보완했기 때문이고, 이 책은 원간 후쇄본이다. 지금은 소장처가 바
뀌었다.
24) 이 책 1장 앞면의 지각(地脚) 변란(邊欄)은 글자 1자가 들어갈 정도의 여백을 두고
밑으로 내린 흔적이 있다. 방점이 달라진 몇몇 예를 보이면 다음과 같다.
   <甲類의 다른 판본>   <만송문고본>
      : 이 · 롤   · 이 · 롤<30ㄴ>
      當 · ᄒ · 야   當ᄒ · 야<69ㄱ~ㄴ>
      아 · 니ᄒ · 면   아니ᄒ · 면<70ㄴ>
      : 일리 · 라   : 일리라<70ㄴ>
25) 이러한 표기 현상은 『월인석보』를 포함하여 그 이후에 간행된 대부분의 책에서도
마찬가지다.

夫ㅣ<4ㄱ>)에 표기한 것이다.26) 1, 3)항 이외의 책에는, 구결문에서는 오른쪽, 언해문 및 협주문에서는 가운데에 두는 표기원칙을 일관되게 지키고 있다. 이러한 예외적인 표기는 원간 후쇄본(後刷本) 이후 교정된 것으로 보인다.

4)항에 있는 책들은 필자가 실사(實査)하지 못해서 그 정확한 모습을 알 수가 없다. 소장처만 제시한다. 나카무라 다모쯔(中村完, 1963)에 의하면 이마니시 류(今西龍) 소장의 책도 있었던 것 같으나, 지금은 소장처가 바뀐 것인지 자세한 내용은 알 수 없다.

> [을류] 원간본의 복각본(간기 있음)
> 　1) 강원도 금강산 유점사본(중종 16년, 1521년 간행)
> 　　-『사법어언해』 없음, 역기 있음, 간기 있음
> 　　-동국대 도서관, 성균관대 도서관, 송석하 소장본
> 　2) 경북 풍기 석륜암본(중종 18년, 1523년 간행)
> 　　-『사법어언해』 없음, 간기 있음
> 　　-간송박물관 소장본
> 　3) 황해도 황주 심원사본(중종 20년, 1525년 간행)
> 　　-『사법어언해』 있음, 역기 없음, 간기 있음
> 　　-고려대 만송문고 소장본
> 　4) 전북 진안 중대사본(중종 38년, 1543년 간행)
> 　　-『사법어언해』 있음, 간기 있음
> 　　-연세대 도서관 소장본

---

26) 모음으로 끝나는 체언에 후행(後行)하는 주격 및 서술격 표지가 구결문에서는 행(行)의 오른쪽에 가는 글씨로 적히었고, 언해문 및 협주문에서는 행(行)의 중간에 굵은 글씨로 적혔는데, 1), 3)항의 책에서는 '工夫ㅣ<4ㄱ>'라고 할 때의 주격조사 'ㅣ'가 언해문인데도 행(行)의 오른쪽에 가는 글씨로 적혀 있다. 그러나 그 밖의 다른 판본에서는 구결문에서는 행의 오른쪽에 있고, 언해문에서는 모두 행(行)의 중간에 제대로 표기되어 있다. 다른 곳과는 달리 1), 3)항의 책에 보이는 <4ㄱ>의 예는 특별한 경우에 해당된다.

위 [을류]의 책은 모두 지방 사찰에서 간행된 중간본들인데, 1), 2)항은 『몽산법어언해』만 있는 책이고, 3), 4)항은 뒤쪽에 『사법어언해』가 합철되어 있는 책이다. 이 중 『몽산법어언해』 부분은 모두 원간본 계통의 책을 복각(覆刻) 간행한 것이다. 판본(板本)의 판밑을 어느 것으로 했느냐에 따라 역기 유무가 드러난다. 3), 4)항의 책에 함께 실려 있는 『사법어언해』는 원간본27) 책과는 달리 언해 체제가 바뀌어 있다. 각 편의 법어를 몇 개의 단락(段落)으로 분단(分段)한 후 구결을 달고 언해하여, 앞부분에 있는 『몽산법어언해』와 언해 체제를 맞추려고 한 것으로 보인다. 다만 『몽산법어언해』와는 달리 원문의 한자에는 한자음 주음이 없다. 판식도 서로 많이 다르다. 이는 『몽산법어언해』가 원간의 복각본이어서 불가피하게 그렇게 된 것이겠지만, 대문을 나누어 언해하는 방식을 따른 것은 읽는 이들의 편의를 돕기 위한 배려로 짐작된다. 『목우자수심결언해』와 합철되어 있는 원간본 『사법어언해』는 법어 하나가 하나의 대문으로 되어 있는 것에 비해, 복각본 『몽산법어언해』와 합철되어 있는 책에는 하나의 법어가 여러 개의 단락으로 나누어져 있는 것이다. 판식은 전자가 유계 9행인 것에 비해, 후자는 유계 7행이다.

[병류] 개각(改刻, 축쇄)본(판식 및 체제 바뀜)
    1) 충남 연산 고운사본(중종 12년, 1517년 간행)
      - 성종 조(1472) 판본의 중간(重刊), 역기란 없음, 『사법어언해』
        있음, 간기 있음
      - 서울대 가람문고, 고려대 화산문고, 이병주 교수 소장본
    2) 평안도 영변 빙발암본(중종 30년, 1535년 간행)

---

27) 여기서 말하는 원간본 『사법어언해』는 『목우자수심결언해』와 합철되어 있는 책을 가리킨다. 원간본으로 짐작되는 『사법어언해』에는 간기가 없지만, 합철되어 있는 『목우자수심결언해』의 간기에 적힌 '성화(成化) 3년(1467년)'을 이 책의 원간 연도로 보는 것이다.

- 역기란 없음, 간기 있음, 1)항의 고운사본을 저본으로 한 복각
본임, 고운사본과 다른 점은 앞쪽에『사법어언해』를 두고, 그
뒤에『몽산법어언해』를 편철한 점임
- 고려대 만송문고 소장본

위 [병류]의 책 2종에는『몽산법어언해』와『사법어언해』가 합철되어
있다.『몽산법어언해』의 경우, [갑류], [을류]에 속한 책들의 반곽의 행관
이 유계(有界) 8행인 것에 비해, [병류]의 책들에서는 유계(有界) 7행으로
바뀌고, 1장 앞면의 역기란이 없어졌다. 언해문은 작은 글자[小字] 쌍행(雙
行)으로 변개되면서, 원간본 계통 및 복각본 책들의『몽산법어언해』전체
71장이 54장으로 줄어들었다. 그런데 합철되어 있는『사법어언해』는 [을
류] 3), 4)항의 책들과 형식은 물론 내용도 같다. 언어 사실까지 동일한
것을 보면, 당시에 개간본『사법어언해』는 같은 판본의 책이 중간을 거
듭하며 지역을 넘어 널리 유통되었던 것으로 짐작된다.

[정류] 전면 개찬본
1) 순천 송광사본(선조 10년, 1577년 간행)
- 역기란 없음, 간기 있음
- 현실 한자음 주음, 체제는 [병류]와 유사하나 언어 사실이 바
뀜,『사법어언해』,「시각오선인법어」,『몽산법어언해』순으로
구성됨
- 동국대 도서관, 서울대 규장각 일사문고, 국립도서관, 고려대
도서관 소장본

위 [정류]에 대해서는 5장에서 상술할 것이다.

3.2.

이상에서 『몽산법어언해』의 여러 이본들을 고찰한 결과, 어떤 판본에서도 원간본의 간기를 볼 수가 없었다. 비슷한 시기에 간행된 활자본『아미타경언해』나 활자본『능엄경언해』등도 역시 간기가 없는데, 이는 간행처와 관련된 것으로 보인다. 앞에서 말한 책들이 간행될 당시에는 불서 인행(印行)을 담당했던 출판 기관인 책방(冊房)이나 정음청(正音廳)이 폐지되어 불서 인행을 담당할 기관이 마땅치 않았을 것이다.28) 결국 불서는 활자의 주조(鑄造)와 일반도서의 인행(印行)을 담당했던 주자소(鑄字所)나 경적(經籍)의 인행을 주관했던 교서관(校書館)에서 은밀히 간행되었을 것이다. 따라서 불서 인행을 반대하던 유신(儒臣)들의 문제 제기를 피하기 위해 간기를 두지 않은 것으로 짐작된다. 활자본『아미타경언해』나 활자본『능엄경언해』는 교서관에서 간행된 것으로 보이는데, 불경언해가 교서관에서 간행될 수 있었던 것은 임금인 세조가 언해를 주관했기 때문이었고(안병희, 1980),『몽산법어언해』는 역해자(譯解者) 신미가 세조의 사례(師禮)를 받던 '慧覺尊者'였기에 활자본『아미타경언해』나 활자본『능엄경언해』보다 앞서 '교서관'에서 간행이 이루어지지 않았을까 한다.

이런 이유로 비록 간기는 없다고 하더라도 역기와 김수온의 발문 유무(有無),『사법어언해』와의 합철 여부 등을 감안(勘案)하면 원간본의 체제를 갖추고 있는 유일본은 [갑류] 1)항의 동국대 도서관 소장본이다. 또한 [을류] 1)항은 동국대 도서관 소장본인 [갑류] 1)항의 복각본임을 알 수 있다. 이렇게 볼 때 [갑류] 1)항의 『몽산법어언해』는 원간 초쇄본(初刷本)이거나 적어도 그에 가장 가까운 책이라는 결론에 도달한다. 실제로 이

---

28) 조선 초기 불서 언해의 인행(印行)에 대해서는 이숭녕(1970), 이봉춘(1978), 강신항(1987/2003) 참조.

책은 방점 표시, 변란, 체제, 장정 등 모든 면에서 원간본의 모습을 보여
준다. 이제 우리는 [갑류] 1)항의 동국대 도서관 소장본을 『몽산법어언해』
의 원간 완본으로 다루고자 한다. 이 책을 원간본으로 보는 이유는 무엇
보다 '慧覺尊者信眉 譯解'라는 역기가 뚜렷이 남아 있는 데에다, 판식 등
책의 체제, 지질, 제책 상태 등이 간경도감 간행의 언해본 책들에 앞선다
는 사실이다. 이 책의 간단한 형태서지는 다음과 같다.

> 표　　지 : 능화문양(菱花紋樣)이 있는 황색(黃色) 장지(壯紙)
> 본　　문 : 저지(楮紙) 71장
> 책크기 : 세로 30.0cm × 가로 20.2cm
> 반　　곽 : 세로 21.5cm × 가로 15.3cm
> 판　　식 : 사주쌍변(四周雙邊)
> 행　　관 : 유계 8행, 행당 글자수 17자, 원문; 큰 글자[大字], 언해문; 중
> 　　　　　간 글자[中字], 협주 및 동국정운 한자음; 작은 글자[小字], 협
> 　　　　　주표시; 없음
> 장　　정 : 五針眼訂法의 線裝本, 서외제(제첨); 蒙山和尙法語略錄(종서)
> 권두, 권말서명 : 蒙山和尙法語略錄
> 판심서명 : 法語
> 특　　징 : 앞 표지 이면(裏面)에 세로로 3행에 걸쳐 '淨岑'이라는 호(號)를
> 　　　　　가진 이가 왕(王)과 왕비(王妃)의 만세(萬歲), 세자(世子)의 천세
> 　　　　　(千歲)를 기원하는 글이 있고 아래쪽 중앙에 수결이 있음. 권
> 　　　　　두서명 다음에 잇달아 '普濟尊者法語附'라고 작은 글자 쌍행으
> 　　　　　로 쓰여 있음. 전체적으로 보존 상태가 양호한 편임. 중앙의
> 　　　　　판심 하단 부분에 침윤(浸潤)에 의한 훼손 자국이 부분적으로
> 　　　　　보이지만 내용 판독에는 문제가 없음.

이 책의 구성은 다음과 같다.
> 시고원상인(示古原上人) : 1ㄱ 4행 ～ 10ㄱ 7행
> 시각원상인(示覺圓上人) : 10ㄱ 8행 ～ 20ㄱ 7행

시유정상인(示惟正上人) : 20ㄱ 8행 ～ 30ㄴ 7행

시총상인(示聰上人) : 30ㄴ 8행 ～ 50ㄴ 1행

무자십절목(無字十節目) : 50ㄴ 2행 ～ 63ㄱ 1행

휴휴암주좌선문(休休庵主坐禪文) : 63ㄱ 2행 ～ 69ㄱ 2행

시각오선인법어(示覺悟禪人法語) : 69ㄱ 3행 ～ 70ㄴ 8행

4. 어학적 고찰

4.1.

훈민정음 초기의 언해서가 대부분 그러하듯 『몽산법어언해』도 번역의 형식은 원문에 충실한 번역, 이른바 축자역(逐字譯)의 범주에서 벗어나지 않았다. 그러면서도 법어의 언해라는 특성, 독서의 편의[29] 등을 고려한 듯 전문용어나 한자어 등을 고유어로 바꾸려고 노력한 흔적이 역력하다. 물론 이런 경우에도 꼭 필요한 불교용어나, 고유어로 바꾸기가 마땅치 않은 말은 원문을 그대로 쓰고, 때로는 협주(夾註)를 두기도 했다.

　(1) ㄱ. 境界及身心이 皆不同先已ᄒᆞ며<4ㄴ>[30]

　　　　境界와 ᄯᅩ 몸과 ᄆᆞᅀᆞᆷ괘 다 녜 ᄀᆞᆮ디 아니ᄒᆞ며<4ㄴ>

　　　ㄴ. 捉敗佛祖이 得人憎處ᄒᆞ야ᄃᆞᆫ<44ㄱ>

　　　　부텨와 祖師왜 사ᄅᆞ미게 믜이샨 고ᄃᆞᆯ 슬긔자바ᄃᆞᆫ<44ㄱ>

중세국어 자료 중 불경언해류는 소재언어(源泉言語 source language)가 불경

---

29) 중세국어 문헌에서 독자를 의식한 배려의 예로는 『월인석보』 권두의 「훈민정음 언해본」, 『훈몽자회』(1527년) 권두의 「언문자모표(諺文字母表)」와 「평상거입정위지도(平上去入定位之圖)」 등이 있다.

30) 방점 생략. 이하 꼭 필요한 경우가 아니면 원문의 방점을 생략한다.

이라는 특수성(特殊性) 때문인지 당시 언어의 모습을 폭넓게 보여 주지는 못한다. 특히 『몽산법어언해』는 법어(法語)가 가지는 성격상 어미의 활용(活用)이 단조롭다. 대부분의 종결어미는 직설법이나 추측법 선어말어미와 결합한 평서형이고, 간혹 의문형이 보일 뿐이다. 또 부정문은 일관되게 긴 부정문이다. 그리고 이 책에는 다른 문헌에서 볼 수 없는 특이(特異)한 어휘가 몇몇 눈에 띄는데, 이것은 앞에서 말한 대로 역해자(譯解者)가 한자어를 고유어로 바꾸려고 노력한 데서 결과된 것으로 보인다. 『몽산법어언해』의 표기법은 정음 창제 초기의 문헌, 특히 『월인석보』(1459년)와 근사(近似)하다.

4.2. ㅸ

'ㅸ'은 '훈민정음'의 17자 초성체계에 포함되지는 않았다. 하지만 『훈민정음』 해례본의 예의 및 제자해에서 순경음(脣輕音)으로 규정된 이후, <해례>·<용가>[31] 등에서 가장 고형(古形)으로 적히고, <석상>·<월곡>·<훈언>·<월석> 등에서는 변화된 양상을 보이다가 <능엄> 이후 거의 폐지되었다. 그런데 『몽산법어언해』에는 용례가 많다.

(2) ㄱ. 지벽으로[礔]<10ㄱ> cf. 지역<영가 하 : 73ㄴ>, <육조 상 : 46ㄴ>

ㄴ. 조ᅀᆞᆯ뷔요미<23ㄴ>, 비바틔ᄐᆞ니[吐]<31ㄱ> cf. 비와톨쎠<능엄3 : 110ㄱ>

ㄷ. 갓가ᄫᅵ리라<4ㄴ, 43ㄴ>, 더러ᄫᅩᆫ<5ㄴ>, 누ᄫᅥ며<15ㄱ>

ㄹ. 눉두ᄧᅦ[眼皮]<2ㄴ>, 수ᄫᅵ<7ㄱ, 24ㄱ>, 더러ᄫᅵ디<46ㄴ>

ㅁ. 法다ᄫᅵ<21ㄴ, 33ㄴ> cf. 드외―<27ㄴ, 48ㄱ>

---

31) <해례>는 『훈민정음』 해례본의 약칭이다. 이외에도 출전은 주로 약칭을 사용한다. <능엄>은 목판본 『능엄경언해』를 이른다.

ㅂ. 가온딕<43ㄴ, 64ㄴ> cf. 가ᄫᅵᆫ딕<월석14 : 80ㄱ>, 가온딕<석상
6 : 31ㄱ>
니르와다<3ㄴ> cf. 니르ᄫᅡ다<석상23 : 54ㄴ>, 니르와다<석상
9 : 23ㄱ>

'ㅸ'의 쓰임은 체언, 용언 어간, 용언 활용형, 파생어 등에 두루 나타난
다. 정음 초기 문헌(용가 : 98장)에서 한 차례 용례(ᄃᆞᄫᅵ-)가 보일 뿐, 그 이후
단독으로는 쓰임이 없는 'ᄃᆞᄫᅵ-'는 여기서도 예외가 아니어서 'ᄃᆞ외-',
또는 접미사인 '-ᄃᆞᄫᅵ'가 쓰였을 뿐이다. (2ㅂ)의 '니르ᄫᅡᆮ-/니르완-'은
정음 초기 문헌부터 혼기(混記)되던 예인데 『몽산법어언해』에서는 '니르
완-'의 형태로 나타난다. '가ᄫᅵᆫ딕'는 위의 용례(월석14 : 80ㄱ) 이외에는 모
두 '가온딕'로 표기되었다.

4.3. ㆆ

'ㆆ'은 훈민정음 초성체계에서는 후음(喉音)의 전청자(全淸字)로 영모(影
母)에 해당하지만, 『훈민정음』 해례본의 용자례(用字例)에는 빠져 있다. 고
유어 표기에서는 초성(初聲)뿐만 아니라 종성(終聲)에서도 단독으로 쓰인
예가 없다. 주로 동국정운 한자음과 사이글자의 표기에 사용되었고, 고
유어 표기에서는 동명사(動名詞) 어미 '-ㄹ'과 수의적(隨意的)으로 교체(交
替)되던 '-ㅭ'에 사용되었다.

(3) ㄱ. 그츯 갈히며<53ㄱ>, 마롫디니라<58ㄱ>, 옳 제 보며<15ㄴ>, 비
홇 사ᄅᆞ미<31ㄴ>, 허롫 히미<5ㄴ>
ㄴ. ᄭᆡᄃᆞ롫 時節이니<10ㄱ>, 낧 三昧王을<48ㄴ>
ㄷ. 起홇 쩨<26ㄴ>, 갊 짜히니<10ㄴ>

ㄹ. 사롤 이롤<19ㄴ>, 드롤 이롤<30ㄴ>

ㅁ. 이럴씨<2ㄱ>, 從홀씨<6ㄴ>

ㅂ. 便論工夫홀디니라<33ㄱ> cf. 곧 工夫롤 닐옳디니라<33ㄱ>

(3ㄱ)은 '동명사 어미 ㅡㅭ+아·설·순·치음의 전청자형'으로 표기
된 것이다. 다만 후음(喉音)만은 초성에 'ㆆ'이 쓰인 적이 없어 차청(次淸)
으로 대신했다. 이러한 표기는 <법화>, <금강> 등에서 'ㅡㄹ+아·설·
순·치음의 전탁자형'으로 표기되기도 하였는데, <원각> 이후에는 각자
병서(各自竝書)가 폐지되면서 'ㅡㄹ+전청자형' 형태로 통일을 이루었다. (3ㄴ)
은 'ㅡㅭ'의 후행 요소가 한자인 경우이다. (3ㄷ)에서 후행 요소가 합용병
서(合用竝書)이면 'ㅡㄹ'과 'ㅡㅭ'이 다 쓰였음을 알 수 있다. (3ㄹ)는 후행
요소가 불청불탁자인 경우 'ㅡㄹ'이 쓰인 예이다.

(3ㅁ)은 동명사 어미 'ㅡㄹ'과 의존명사 'ㅅ'의 통합형 어미인데, '*ㅡㅭ
시' 같은 대당형(對當形)이 없이 정음 초기 문헌부터 'ㅡㄹ씨'로만 표기되
었다.32) (3ㅂ)은 동명사 어미 'ㅡㄹ'과 의존명사 'ᄃ'의 통합형 어미인데
정음구결문에서의 'ㅡㄹ+전청자형'과 언해문에서의 'ㅡㅭ+전청자형'으
로 서로 다르게 표기된 예이다.

4.4. 초성 병서 표기

『몽산법어언해』는 'ㅡㅭ+전청자형' 표기가 일반화되어 각자병서는 제
한적으로 쓰였을 뿐이다. 정음 초기 문헌에 쓰인 8가지(ㄲ, ㄸ, ㅃ, ㅉ, ㅆ, ㆅ,
ㅇㅇ, ㅥ) 중에서 3가지(ㅆ, ㆅ, ㅇㅇ)만 나타난다. 합용병서는 10가지(ㅺ, ㅼ, ㅽ, ㅻ ;

---

32) 'ㅡㄹ씨'형은 언해문의 경우 예외(능엄1 : 72ㄱ, 아닐식)가 없는 것은 아니지만, <용
가>(1447)에서 <금강>(1464)까지 일관되게 쓰이다가 <원각>(1465) 이후 각자병
서가 폐지되면서 'ㅡㄹ식'로 바뀐다.

ㅲ, ㅄ, ㅶ, ㅷ ; ㅴ, ㅵ) 중 3가지(ㅼ, ㅶ, ㅵ)가 나타나지 않는다.

4.4.1. 각자병서

(4) ㄱ. ·혀[引]<57ㄱ>, 두르·혀[廻]<22ㄴ>, 도ᄅᆞ·혀[還]<62ㄱ>
ㄴ. 믜·ᅇᅵᆫ·고·ᄃᆞᆯ[憎處]<19ㄴ> cf. 믜·이샨·고·ᄃᆞᆯ<44ㄱ>
ㄷ. :말ᄊᆞ·ᄆᆞᆯ<47ㄴ> ; ·이럴·씨<2ㄱ>, 從ᄒᆞᆯ·씨<6ㄴ>
ㄹ. :녯 廟 :ᄡᅩᄇᆡᆺ 香爐ㅣ<41ㄱ>

정음 초기 문헌에서 어두음(語頭音) 표기에 사용되었던 'ㅆ, ㆅ' 중 어두음에서의 'ㅆ'의 용례(用例)는 여기서 발견되지 않는다. (4ㄴ)은 피동의 접미사와 결합된 것인데, 같은 책에서 혼기(混記)되어 나타난다. (4ㄷ)의 '이럴씨, 從ᄒᆞᆯ씨'는 동명사(動名詞) 어미(語尾) '－ㄹ'과 의존명사 'ᄉᆞ'의 통합형인데, 전술(前述)한 대로 정음 초기 문헌부터 '－ㄹ씨'로만 표기되었다. 동명사 어미 '－ㄹ'과 의존명사 'ᄉᆞ'의 통합형은 활자본 <능엄> 이후 정음 구결에서 동명사 어미 '－ㄹ＋전청자형'으로 먼저 시행되어 '－ㄹ＋전탁자형'인 언해문과 불일치(不一致)를 보이다가,[33] <원각>(1465년) 이후에는 '－ㄹ＋전청자형' 표기로 완전히 바뀌었다. 구결과 언해에서 동명사 어미 '－ㄹ'과 의존명사 'ᄉᆞ' 통합형 표기의 통일을 이루게 된 것이다. (4ㄹ)은 사이글자를 내려 쓴 표기이다.

4.4.2. 합용병서

다음은 『몽산법어언해』의 합용병서(合用竝書) 목록이다. 한 어사(語辭)에 곡용형(曲用形)이나 활용형(活用形)이 여럿 있을 경우에는 대표적인 용례

33) 부톄 圓通ᄋᆞᆯ 무르실씨(佛問圓通ᄒᆞ실시)<활자본 능엄5 : 56ㄴ~57ㄱ, 68ㄴ~69ㄱ>, 正果ᄅᆞᆯ 取ᄒᆞ실씨(取正果ᄒᆞ실시)<활자본 능엄6 : 7ㄱ~ㄴ>.

하나만을 제시한다.

(5) ㄱ. <ㅺ> ·ᄭᅮ메[夢]<4ㄴ>, ·ᄭᆡᄃᆞ롫[悟]<10ㄱ>, 馬祖·ᄭᅴ<31ㄱ>,
·ᄭᆡ·며[寤]<42ㄴ>, ·ᄭᆡ·야[甦]<59ㄱ>
<ㅼ> ·ᄯᅩ[又]<3ㄴ>, ·ᄯᅡ히·라[地]<10ㄴ>
<ㅽ> ᄲᆞᄅᆞ·디[急]<8ㄴ>
<ㅾ> 없음.
ㄴ. <ㅳ> ·ᄠᅳ드·로[意]<14ㄱ>, ᄠᅥ·러·펴[抖擻]<24ㄱ>,
·ᄠᅮ리·니[開]<24ㄴ>, ᄠᅥ·러디·긔[落]<31ㄴ>
<ㅄ> ·ᄡᅳ·디[用]<14ㄴ>, ·ᄡᅳ·러ᄇᆞ·리린·댄[撥無]<47ㄴ>,
ㅡ·로·ᄡᅥ[以]<48ㄴ>
<ㅶ> 없음
<ㅷ> :ᄩᅳᆨ<44ㄱ>, ·ᄩᅥ딜·씨·니[拆]<44ㄱ>
ㄷ. <ㅴ> ·ᄢᅴ·라[時]<15ㄱ>, ·ᄢᅡ디·며[沈]<37ㄱ>, ᄢᅳ·리·고
[包]<67ㄴ>
<ㅵ> 없음

합용병서 10가지 중 'ㅾ, ㅶ'이 쓰이지 않는 것은 이들이 출현할 만한 어사가 없었기 때문이고, 'ㅵ'이 올 수 있는 환경에서 'ㅴ'이 쓰인 것은 역해자의 개인적인 취향에서 그렇게 된 것으로 보인다.

4.5. 종성 표기

4.5.1.

『몽산법어언해』의 종성 표기는 『훈민정음』 해례본의 종성 규정에 충실했다. 'ㄱ, ㆁ, ㄷ, ㄴ, ㅂ, ㅁ, ㅅ, ㄹ'의 8종성 외에 어떤 받침도 쓰인 예가 없다. 간경도감본에서 'ㅅ'과 수의적으로 교체되던 'ㅿ'이 여기서는

쓰이지 않았다.34) 이는 <석상>, <월석>과 궤를 같이 한다.

> (6) ㄱ. 桃花ㅅ곳 보고<10ㄱ>, 늣도 아니ᄒᆞ야<7ㄱ> : 스뭇디 몯ᄒᆞ며
> <12ㄱ>, 긋디 아니ᄒᆞ면<1ㄱ> : 흗디 아니ᄒᆞ며<43ㄱ>, 터럭
> 귿매나 이시면<12ㄴ>
> ㄴ. 짓와 괴요매<1ㄴ>

4.5.2.

이 책에서 'ㆁ'을 받침으로 가진 명사는 모음으로 시작되는 조사와 만
나면 반드시 분철했다.35)

> (7) ㄱ. 양ᅌᆞ로<3ㄱ, 62ㄱ, 70ㄴ> cf. 양ᅌᆞ로<석상6 : 21ㄱ>, <석상24 :
> 15ㄱ>, <월석7 : 2ㄱ~ㄴ> / 야ᅌᆞ로<석상9 : 38ㄱ>, <월석2 : 22 -
> 2ㄴ>, <능엄4 : 90ㄴ>
> ㄴ. 즁이<11ㄴ> cf. 즁이라<월석1 : 18ㄴ>, 즁이<능엄1 : 29ㄱ>
> ㄷ. 좋이라<20ㄴ>, 좋이어뇨<22ㄴ> cf. 좋이<능엄9 : 100ㄱ> / 죠이
> <월석9 : 33ㄴ>

이익섭(1991 : 34~35)은 모음 조사 앞에서의 분철은 <석상>에 처음 등
장하여 <능엄>에서 활발해지고, <석상>(1481년 간행)에서 정착 단계에 이
른다고 보았다.

---

34) 'ㅅ'과 'ㅿ'의 교체에 대한 논의로는 이기문(1962 : 129, 1963 : 83~84)가 있다.
35) 이에 대해서 이익섭(1991 : 34~35)은 일반 분철(分綴) 현상의 일환으로 설명하기
보다는 'ㆁ'을 애초부터 초성으로 발음되지 않은 음으로 설명하는 것이 바람직하다
는 견해를 보이고 있다.

4.6. 사이글자

사이글자는 체언이 결합할 때 선행 체언 말음과 후행 체언 초성의 음성적(音聲的) 환경(環境)에 따라 두 체언 사이에 끼어드는 자음 글자인데, <용가>에는 'ㄱ, ㄷ, ㅂ, ㅅ, ㅿ, ㆆ'의 6자, <훈언>에는 <용가>의 'ㅿ' 대신 'ㅸ'이 쓰여서 'ㄱ, ㄷ, ㅂ, ㅸ, ㅅ, ㆆ'의 6자가 쓰였다. <석상>에 와서는 'ㅅ'으로 통일되었으나, 부분적으로는 <용가>와 <훈언>의 잔형(殘形)인 'ㄱ, ㄷ'이 쓰이기도 했다. <월석>에는 'ㅅ'과 잔형인 'ㄱ, ㄷ, ㅂ, ㆆ' 등이 나타난다.[36]

『몽산법어언해』의 사이글자는 주로 'ㅅ'이 쓰였으나 'ㆆ'이나 'ㄷ'이 나타나기도 한다. 'ㆆ'은 무종성자(無終聲字)인 '무(無)'자와 '자(字)'자의 사이에만 나타나고, 'ㄷ'은 동일한 환경에서 'ㅅ'과 혼기되기도 한다.

> (8) ㄱ. 믌겨리리라<27ㄴ>, 祖師ㅅ關올<10ㄴ>, 後ㅅ일돌홀<10ㄱ>
>   ㄴ. 無ㆆ字<11ㄴ, 13ㄴ, 15ㄱ, 54ㄱ>
>   ㄷ. 눉두베<2ㄴ>, 눉光明이<53ㄴ> / 눈시우롤<24ㄴ>, 눈ㅈ쉬<25ㄱ>

4.7. 주격과 서술격 표기

4.7.1. 주격 표기

주격조사의 쓰임은 선행 체언 말음의 음운론적 조건에 따라 달라지는데, 구결문과 언해문에서의 실현에 다소 차이가 있다. 언해문에서는 '이, ㅣ, ∅'로 실현되고, 구결문에서는 '이, ㅣ'만 실현된다. 구결문에서는 체언의 말음이 /i, j/일 때도 'ㅣ'를 거듭 적었다.

---

36) 정우영(1992), 고영근(1993) 참조.

(9) ㄱ. 이 : 各各 일후미 잇느니<39ㄱ> / 身心이 輕淸ᄒ·야<39ㄴ>

　　ㄴ. ㅣ : :제(⇐저+ㅣ) :보리·라<15ㄴ>, :네(⇐너+ㅣ) 어·듸이·
　　　　　 셔<53ㄴ> / 工夫ㅣ<38ㄱ>

　　ㄷ. ∅/ㅣ : 믈와 문과는 事理 俱通홀씨라<38ㄱ>, ᄀᆞᆺ 하느리 ᄀᆞᆮᄒᆞ
　　　　　 뼈 이 第一 ᄆᆞ디니<40ㄴ>, 그 害 ᄒᆞ나히 아니니라<45ㄱ> /
　　　　　 澄秋野水ㅣ<27ㄴ>, 一切疑碍ㅣ<29ㄴ>, 如秋天相似時ㅣ<40
　　　　　 ㄴ>, 正眼開ㅣ<43ㄴ>

(9)의 예에서 보는 바와 같이, 주격조사 통합에서 선행 체언이 한자로
표기된 경우에는 반드시 분철표기를 했고, 정음의 경우에는 연철표기를
했다. (9ㄴ)의 '제'와 '네'는 선행 체언 말음이 /i, j/ 이외의 모음일 때 주격
조사 'ㅣ'와 결합하여 하강이중모음을 이룬 예이다. 받침이 없는 체언 말
음절(末音節) 모음이 평성(무점)이면 주격조사와 결합 시 상성(2점)으로 성조
가 바뀐다. 그러나 체언 말음절 모음이 거성이거나 상성이면 성조에 아
무런 변동(變動)이 일어나지 않는다. (9ㄷ)의 뒤쪽 예에서 보는 바와 같이
구결문에서는 주어부의 끝음절이 /i, j/임에도 주격의 자리에 'ㅣ'표기를
했다. 이는 앞 시대 구결 현토의 전통이 반영된 것이면서, 한자로 표기되
어 있는 문장의 특성상 문장 구성 요소(주어부)의 구분이 쉽지 않은 점을
고려하여 실현된 의도적인 표기일 것이다.

4.7.2. 서술격 표기

서술격조사도 선행 체언 말음의 음운론적 조건에 따른 교체(交替)가 대
체로 주격조사와 같은 양상을 보인다. 다만 위 (9ㄷ)의 뒷부분과 같은 환
경, 곧 구결문에서 체언의 음절 말음이 /i, j/로 끝나는 경우에 언해문과
동일하게 'ㅣ'표기를 하지 않았다. 서술격조사는 주격조사와는 달리 언
해문은 물론 구결문에서도 /i, j/ 다음에 'ㅣ'표기를 생략한 것이다.

(10) ㄱ. 이 - : 三昧ㅅ 일후미라<48ㄴ> / 常光現前이 謂之禪이오<63ㄴ~
　　　　　64ㄱ>

　　ㄴ. ㅣ - : 有ㅣ라 無ㅣ라<14ㄴ> / 不搖ㅣ 謂之坐ㅣ오<64ㄱ>

　　ㄷ. ∅ - : 호가지라<42ㄴ> / 非眞心 發疑라<1ㄴ>, 大悟ㅣ 近矣리니
　　　　　<27ㄴ~28ㄱ>, 極爲大害니라<47ㄱ>, 骨髓시며<51ㄴ>

예문 (10ㄱ, 10ㄴ)에서 보는 바와 같이 서술격조사의 통합도 주격조사
와 같은 표기의 모습을 보인다. 선행 체언이 한자로 표기되어 있으면 분
철표기를 하고, 정음으로 표기되어 있으면 연철표기를 했다. (10ㄷ)에서
주격의 경우와는 달리 구결문에서도 서술격의 'ㅣ'가 생략되어 나타난
다. 주격의 경우에는 앞에서 설명한 대로 'ㅣ'가 생략되어 구절 표시가
없어지면, 문맥 파악이 늦어지고 가독성(可讀性)이 낮아지기 때문에 그것
을 피하기 위한 고려에서 그렇게 한 것이다. 하지만 서술격의 경우에는
'ㅣ'가 생략되더라도 활용어미가 능히 구절 표시 기능을 담당하여 해독
에 별 어려움이 없기 때문일 것이다. 또 현대 한자어 발음이 '수'인 '髓'
다음에 서술격 조사 'ㅣ'표기가 없는 것은 당시 '髓'의 동국정운 한자음
'쓩'가 반영되어 그렇게 표기한 것임을 알 수 있다.

4.8. 희귀어

『몽산법어언해』에는 다른 문헌에서 용례를 찾을 수 없는 희귀어(稀貴
語)가 더러 눈에 띈다. 이는 한자어를 고유어로 바꾸려는 노력에서 결과
된 것으로 역해자의 언어수행(言語遂行) 능력이 돋보이는 부분이다. 대부
분 고어사전에 수록되어 있으나 미진한 부분에 대해서는 설명을 보탤
것이다.

(11) 가·ᄀᆨᄒ·다 [동사] 급박하다, 급하다
　　　ᄒ다가 므슴 ᄲᅮ미 <u>가ᄀᆨᄒ면</u> (若用心이 急ᄒ면)<7ㄴ>

『구급방언해』<상：24ㄴ, 하：79ㄴ>(1466년)에 부사 '가ᄀ기[卒](갑자기)'가 있고, 『(신간증보)삼략직해』<상：31ㄱ>(1805년)에 '급박ᄒ며　가긱ᄒ고[急刻ᄒ고]'가 보인다. 또『정속언해』<3ㄴ>(1518년)에 '가ᄀᆨ건[顚沛之頃]'이 쓰인 점으로 보아 용례는 드물지만 '급하다'의 의미를 가진 말임을 알 수 있다. 따라서 어기(語基)는 '가ᄀᆨ'일 것으로 판단한다.

(12) ·대·수 [명사] 대숲
　　　직벽으로 <u>대수</u> 톤 소리예<10ㄱ>

<월석8：99ㄴ>와 <법화1：155ㄴ> 등에 보이는 '대숲(<대숲'의 이형태이다. 앞의 책 <월석>과 같은 장 앞면(8：99ㄱ)에는 '대수ㅎ'가 쓰이기도 했다.

(13) ：비밭·다 [동사] 뱉다
　　　곧 혀롤 <u>비밭ᄐ니</u>(便吐舌ᄒ니)<31ㄱ>

'：비왇·다'의 직접 소급형이지만 당시의 문헌에 다른 용례는 문증(文證)되지 않는 유일한 예이다.

(14) 술·기잡·다 [동사] 옭아매다, 옭아 잡다
　　　부텨와 祖師왜 사ᄅᆞ미게 믜이샨 고돌 <u>술기자바돈</u>(捉敗佛祖이 得人
　　　憎處ᄒ야돈)<44ㄱ>

『몽산법어언해』 이외의 다른 용례는 없으나, <사법어：2ㄴ>에서 같은 원문에 대한 풀이로 '사ᄅᆞ미게 믜ᄝᅩᆫ 고돌 <u>올기자보리니</u>'가 있는 것으로 봐서 위와 같은 풀이가 타당할 듯하다.

(15) ·서의·히 [부사] 성기게, 엉성하게
서의히 호 디위 호야(淡一上호야)<38ㄴ>

<몽법 : 16ㄴ>에 '서의호몰'이 있고, '서의호 –'의 활용형이 산견(散見)되
는 점으로 보아 접미사 '–이'에 의한 부사 파생어(派生語)임을 알 수 있다.

(16) ·쇠·뷔 [명사] 쇠비
쇠뷔라 호야 쓰디 몯호리며(不得作鐵掃箒호야 用이며)<14ㄴ>

'·쇠(鐵)'와 '·뷔(箒)'의 합성어이다. 이러한 유(類)의 합성어로는 쇠붚
[鍾]<석상6 : 38ㄱ>, 쇠빅(鐵船)<금삼2 : 2ㄱ> 등이 있다.

(17) 셜셜 [부사] 설설(절절)
活潑潑온 셜셜 흐르는 믈겨레 비췬 둢비츨 닐온 마리니<43ㄱ>

'셜셜'은 위 문장에서의 쓰임으로 미루어 힘차게 흐르는 물결을 표현
한 이른바 의태어(擬態語)이다. 당시의 문헌에 이 책의 예가 유일하여 다
른 용례는 보이지 않는다.

(18) 올긔 [명사] 올가미
趙州의 올긔롤 자바돈(捉敗趙州호야돈)<12ㄱ>

<사법어 : 2ㄴ>에 보이는 동사 '올긔잡-(옭아잡-)'의 어기(語基) '올긔'
의 변이형으로 생각된다.

(19) 저·즈리·다 [동사] 짐쳐 헤아리다(짐작하다, 재다)
헤아리며 저즈리디 말며(不要思量卜度호며)<28ㄴ>

당시에도 매우 드물게 쓰이던 어휘이다. 『진언권공』<36ㄱ>에 한 예가

더 있을 뿐이다.

> (20) 족 [명사] 조각, 쪽
> ᄆᆞᅀᆞᆷ 조기 뮈여(則動肉團心ᄒᆞ야)<7ㄴ>

'쪽'의 변이형으로 보이는데, 당시의 다른 문헌에는 주로 '쪽'이 주로
쓰여서 '족'은 매우 드물게 나타난다.

> (21) ·ᄒᆞ져·즐·다 [동사] 저지레하다
> ᄒᆞ져즈로미 俗子ㅣ ᄀᆞᆮᄒᆞ야(作爲似俗子ᄒᆞ야)<47ㄴ>

『고어사전』, 『이조어사전』에는 'ᄒᆞ져즈르다'를 기본형으로 하였으나,
<66ㄱ>의 'ᄒᆞ져즈로다'로 보나 '저즐다'와의 관련성으로 보나 '·ᄒᆞ져·
즐·다'로 해야 할 것이다. 『우리말큰사전』에는 'ᄒᆞ져즐다'를 표제어로
하고 있다. 당시의 문헌에서 다른 용례는 찾기 어렵다.

> (22) 흐웍기 [부사] 흡족히, 두텁게, 윤택하게
> 흐웍기 ᄒᆞᆫ 디위 ᄒᆞ고(濃一上)<38ㄴ>

예문 (15)의 '서의히'와 대(對)가 되는 말이다. '흐웍ᄒᆞ-'에 부사 파생접
미사 '-이'가 통합되어 형성된 파생부사이다.

> (23) ᄒᆞᆫ·굴·ᄋᆞᆫᄒᆞ·다 [형용사] 한결같다
> 話頭ㅣ ᄒᆞᆫ굴ᄋᆞᆫᄒᆞ면(話頭ㅣ 純一ᄒᆞ면)<69ㄴ>

형용사 'ᄒᆞᆫ굴ᄀᆞᇀ-'<소언5:97ㄴ>의 고형(古形)이다. <몽법>에는 'ᄒᆞᆫ굴ᄋᆞᆫ
ᄒᆞ-'의 형태가 쓰였다. 『고어사전』, 『이조어사전』, 『우리말큰사전』 등에
는 기본형을 모두 'ᄒᆞᆫ굴ᄋᆞᆫᄒᆞ-'로 하고 있다. 당시의 문헌에서 이 책 외

에 달리 쓰인 예가 없지만, 파생부사 '호 골으티'는 널리 쓰였다. 16세기에는 선조(宣祖) 내사본(內賜本)『내훈』(1573년)에 쓰인 예가 있다.[37] 다만 이 책이 16세기 후반에 간행된 중간본이라고 해도 원간본(성종 6년, 1475년) 언어의 영향을 적지 않게 입었을 것이라는 점을 간과해서는 안 될 것이다.

4.9. 기타

『몽산법어언해』는 인출(印出) 과정에서 고도의 정확성을 기한 듯 위에서 본 대로 표기법은 대체로 일관된 규칙을 유지하고 있다. 또 모두 71장 중 오류로 보이는 부분은 <59ㄴ>의 한 곳뿐으로,[38] 인행(印行)에 상당히 주의를 기울인 흔적이 뚜렷하다. 'ㅿ'은 종성과 사이글자를 제외하고는 출현할 수 있는 대부분의 환경에 나타난다.

모음조화는 대체로 지켜졌으나 언해문의 조사에서 양성모음의 출현이 우세하다. 특히 '온, 논, 올, 롤'이 그러하고 한자어 어간 뒤에서 두드러진다.

> (24) 衲僧온<62ㄴ : 구결문/衲僧은>[39] ; 뎌논<29ㄱ>, 境界논<5ㄴ> :
>   定올<25ㄴ> : 어듸롤<13ㄴ>, 話頭롤<2ㄴ>

어간 'ㅎ-'와 어미의 결합에서 어미의 초성이 'ㄱ, ㄷ'으로 시작되면 반드시 축약형(縮約形)으로 실현되었다.

---

37) 言行이 호 골온호야(言行一致)<선조 내사본 내훈1 : 17ㄱ>.
38) <59ㄴ>의 오류로 보이는 것은 8행 맨 앞의 '三玄' 다음에 '体 : 톙'가 삽입된 것을 이른다.
39) < > 속에 들어 있는 '구결문/衲僧은' 부분은 구결문의 조사와 언해문의 조사가 서로 다르다는 내용을 보인 것이다.

(25) 녯 聖人내 보라몰 보미 맛당컨뎡<20ㄱ>, 定올 貪코<25ㄴ : 구결문/貪
定ᄒ고>, 아줄티 아니호리라<26ㄱ>, 話頭롤 擧티 아니ᄒ야도<4ㄱ>

장형사동(長形使動)을 만드는 보조적 연결어미의 사용례는 얼마 되지
않으나 수의적 교체형(交替形) '-긔'와 '-게'가 함께 실현되었다.

(26) 護持ᄒ야 샹녜 닛게 ᄒ야<9ㄱ>, 뻐러디긔 우리틸씨라<31ㄴ>

여격 표시어 '이/의그에'의 쓰임은 보이지 않고 모두 '이게/의게'로 나
타난다.[40]

(27) 모더 ᄂ믹게 穿鑿히 求티 말며<28ㄴ>, 곧 常 무릭게 디리라<47ㄱ>

명사 '막다・히/막 : 대' 중에서 '막다・히<51ㄴ, 52ㄴ>'만 쓰였고, 부
사 '반・ᄃ기/반・ᄃ시' 중 '반・ᄃ기<4ㄱ, 34ㄱ>'만 쓰인 점도 주목할
만하다.

또 진리의 문답에 쓰이는 꾸짖는 소리 '할![喝]'<31ㄴ, 55ㄱ>과 얼결에 저
절로 내는 소리 '화![吶]'<18ㄴ, 29ㄴ> 등의 감탄사도 보인다.

(28) ㄱ. 喝ᄒ고 니ᄅ샤더<55ㄱ>
ㄴ. 믄득 화ᄒ논 ᄒᆞᆫ 소리예<18ㄴ>

---

40) 보조적 연결어미 '긔/게', 여격표시어 '이/의 그에'와 '이게/의게' 등의 언어 사실로
국어사 자료의 번역 연대를 추정한 논의로는 고영근(1991)이 있다.

5. 원간본과 중간본인 송광사본(松廣寺本)의 비교

제2절에서 추정(推定)한 바와 같이 『몽산법어언해』 원간본의 간행 연도를 '?1459년'이라고 하면, 중간본인 송광사본(1577년)과는 약 110여년 차이가 난다. 송광사본은 원간본과는 체제는 물론, 언어 사실 등이 달라진 전면 개찬본(改撰本)이다. 이 책은 임진란(壬辰亂) 직전 지방 사찰에서 간행된 국어사 자료[41]로서 같은 해에 같은 장소에서 간행된 『계초심학인문(誡初心學人文)』[42]과 함께 관련 연구자들에게 소중한 자료가 되고 있다. 여기서는 언해 체제는 물론, 언어 사실에 대한 비교를 통해 이 책의 국어사 자료로서의 가치를 밝혀 보고자 한다. 다만 아쉬운 점은 중간본은 앞 시대 문헌에 이끌릴 수밖에 없는 한계 때문에 중간본 언어에 원간본 언어의 영향이 적지 않다는 사실이다. 이런 이유로 논의의 주된 대상은 음운 및 표기법의 변화가 될 것이다.

5.1.

송광사본 『몽산법어언해』는 앞부분에 『사법어언해』와 나옹화상의 '示覺悟禪人法語'가 있고, 그 뒤에 『몽산법어언해』가 합철되어 있다. 『몽산법어언해』 중 유일하게 나옹화상의 법어가 『사법어언해』 뒤에 옮겨져 장철된 것이다. 일련 장차도 『사법어언해』에 이어져 있어서 '오법어'가 수록되어 있는 셈이다. 판심제(版心題)는 다른 판본의 책들과는 달리 『사

---

41) 임진란 직전의 국어사 자료에 대해서는 안병희(1972ㄴ) 참조.
42) 『계초심학인문(誡初心學人文)』에는 이외에도 「발심수행장(發心修行章)」, 「야운자경서(野雲自警序)」 등이 권(卷)을 달리하여 합철(合綴)되어 있으나, 장차(張次)가 일련번호이므로 여기서는 『계초심학인문』으로 책명(冊名)을 삼는다.

법어언해』부분은 '法', 『몽산법어언해』부분은 '六'이라 되어 있다. 『몽산법어언해』에는 6편의 법어가 수록되어 있기 때문일 것이다. 장차(張次)도 두 부분으로 나누어 매겼다. 나빗간의 어미(魚尾)는 삼엽(三葉)의 세화문어미(細花紋魚尾)를 주로 썼으나 간혹 흑어미도 보인다.[43] 역기란(譯記欄)은 없어졌고, 56장 앞면 끝 행에서 뒷면 첫 행에 걸쳐 간기(刊記)[44]가 있다. 반엽(半葉)의 행관(行款)은 3장의 [병류]와 비슷한 매면(每面) 유계 7행, 매행(每行)은 본문과 언해문 모두 15자씩이나 언해문은 행(行)의 위쪽에 1자 공격(空格)을 두었다. 본문은 큰 글자[大字]이고, 언해문은 작은 글자[小字] 쌍행(雙行)이다.

위에서 밝힌 대로, 원간본 계통의 책에서는 『몽산법어언해』의 맨 뒤쪽에 편철되어 있던 나옹(懶翁)의 법어 '시각오선인법어' 1편이 '사법어' 다음에 같은 판심서명과 일련 장차를 가지고 실려 있다. 그런데 그 뒤쪽에 있는 『몽산법어언해』와는 달리 원문과 언해문 모두 같은 크기의 글자 한 행으로 되어 있어서 체제가 서로 다르다. 또한 원간본 계통의 책들과는 달리 구결에는 방점을 표시하지 않았다. 한자음은 당시의 현실 한자음이 주음되어 있는데, 본문과 언해문 모두 글자마다 주음이 있으나, 다만 본문 한자음 중 앞에서 나온 글자의 주음인 경우 생략한 것이 많다. 본문과 언해문 사이에는 ○ 표시를 했는데 본문이 행을 다 채우고 끝나면 ○ 표시 없이 행(行)을 바꾸어서 언해에 들어갔다. 협주에는 흑어미(黑魚尾)를 두었다. 본문은 원간본의 두 단락(段落)을 한 단락으로 합한 것이 많다. 이렇듯 송광사본 『몽산법어언해』는 체제에서 원간본과 많은 차이를 보인다.

---

43) 이러한 현상은 지방의 사찰 등에서 간행된 사각본(私刻本) 책들에서 흔히 볼 수 있는 일이다. 『계초심학인문』에도 같은 예가 나타난다.

44) 간기의 내용은 '萬曆五年丁丑季夏日順天地曹溪山松廣寺留板'이라 되어 있다.

5.2.

『몽산법어언해』원간본은 정음 초기 무렵의 한국어 및 당시의 표기법 (表記法)이 비교적 잘 반영되어 있는 자료 중 하나이다. 그에 비해 1577년 에 간행된 송광사본은 임진란 직전, 곧 16세기 후반 국어의 모습을 반영 하고 있을 뿐만 아니라, 지방 사찰 간본(刊本)으로서 간행 지역의 방언형 (方言形)까지 보여 주고 있다. 따라서 두 판본을 대상으로 하는 언어 연구 는 15세기 중기(中期) 국어와 16세기 후기(後期) 국어의 차이, 곧 국어사의 변화를 이해하는 데 많은 도움을 준다. 다만 송광사본을 다룰 때에는 원 간본의 언어가 그대로 옮겨진 부분이 많다는 점, 탈각(脫刻)이나 오각(誤刻) 이 적지 않다는 점 등에 유의를 해야 한다. 여기서는 원간본과 송광사본 과의 차이를 몇 가지 항목으로 나누어 살펴볼 것이다. 그러나 이 두 판 본에서 언어의 차이는 주로 표기법과 음운 변화에 국한되어 있고, 형태, 어휘면에서의 변화는 거의 보이지 않는다. 중간본은 대체로 원간본에서 많은 영향을 입기 때문이다.

5.3. ㅸ

원간본에 보이던 'ㅸ'은 송광사본에서는 예외 없이 'ㅂ'으로 바뀌었다. 'ㅸ'의 일반적인 변화는 'ㅸ>오/우, ㅇ'인데, 후자(後者)에서의 이러한 표기 는 방언형(方言形)의 반영으로 보인다. 어휘 내부, 용언 활용형, 접미사 통 합 등 모든 경우에 동일하다.[45]

(29) ㄱ. 눖두베<2ㄴ> → 눈두베<2ㄱ>, 지벽으로<10ㄱ> → 지벽으로

_____
45) 이하 앞쪽은 원간본, 뒤쪽은 송광사본의 용례이다.

　　　　<7ㄴ>, 조ᅀᅳᆯ뷔요미<23ㄴ> → 조ᅀᅳᆯ비요미<18ㄱ>

　　ㄴ. 도뵈몷<17ㄱ> → 도보몷<13ㄱ>, 므거본<2ㄴ> → 므거븐<2ㄱ>

　　ㄷ. 수뷔<24ㄱ> → 수비<18ㄴ>, 法다뷔<33ㄴ> → 法다비<25ㄴ>

5.4. ㆆ

동명사 어미 '-ㅭ'은 모두 '-ㄹ'로 바뀌었으며, 동국정운 한자음의 폐지로 한자음에서의 용례도 사라졌다. 다만 '無'와 '字' 사이의 사이글자 'ㆆ'은 그대로 남아 있는데, 이는 원간본의 영향으로 생각된다.

(30) ㄱ. 씨ᄃᆞ롫 時節이니<10ㄱ> → 씨ᄃᆞ롤 時節이니<7ㄴ>, 갏 ᄶᅡ히니
　　　　<10ㄴ> → 갈 ᄶᅡ히니<8ㄱ>, 잡드롫디니<17ㄱ> → 잡드롤디
　　　　니<13ㄱ>

　　ㄴ. 힗<1ㄴ> → 일<1ㄱ>

　　ㄷ. 無ㆆ字<11ㄴ> → 無ㆆ字<9ㄱ>

5.5. 초성 병서 표기

각자병서는 (31ㄱ)과 같이 모두 단일자형(單一字形)으로 바뀌었으나, 합용병서는 (31ㄷ)과 같이 그대로 표기되었다. 각자병서 중 'ㅆ'은 (31ㄴ)과 같이 '-ㄹ'과 의존명사 'ㅅ'의 통합형 '-ㄹ씨니'가 그대로 쓰인 예와 사이글자 'ㅅ'을 내려 쓴 예가 각각 한 차례 보인다. 중간본에 각자병서가 들어가 있는 '-ㄹ씨니'가 그대로 쓰인 것은 중간본 당시의 표기법과는 달리 현실 발음의 반영이거나 원간본의 영향을 입은 것으로 보인다.

(31) ㄱ. 믜옌<19ㄴ> → 믜인<15ㄱ>, 두르혀<22ㄴ> → 두르혀<17ㄴ>,

말ᄊᆞ몰<47ㄴ> → 말ᄉᆞ몰<37ㄴ>

ㄴ. 들씨니<30ㄴ> → 들씨니<23ㄴ> / 홀씨니<31ㄴ> → 홀시니
    <24ㄱ>, 녯 廟쏘뱃<41ㄱ> → 녯 廟쏘뱃<32ㄱ> / 氣韻이 소배
    드러<44ㄱ→34ㄴ>

ㄷ. ᄲᅡᄅᆞ디[急]<8ㄴ→6ㄴ>, ᄯᅡ히라[地]<10ㄴ→8ㄱ>, ᄡᅳ디[用]<14ㄴ
    →11ㄴ>, ᄠᅥ러디긔[落]<31ㄴ→24ㄱ>, ᄢᅥ디며[沈]<37ㄱ→28ㄴ>,
    ᄲᅵ며[癖]<42ㄴ→33ㄱ>, ᄲᅮᆨ<44ㄱ→34ㄴ>

5.6. 사이글자

원간본에 쓰였던 'ㄷ, ㅅ, ㆆ' 중 'ㅅ, ㆆ'은 그대로 쓰였으나 'ㄷ'은 쓰이지 않았다.

(32) ㄱ. 眞實ㅅ 疑心<1ㄱ→1ㄱ>, 桃花ㅅ곳<10ㄱ→7ㄴ>, 돐비치<43ㄱ→
    33ㄴ>

ㄴ. 無ㆆ字<11ㄴ→9ㄱ, 15ㄱ→12ㄱ 등>

ㄷ. ᄂᆞᆫ시우롤<24ㄴ> → 눈시우롤<19ㄱ>, ᄂᆞᆫᄌᆞᇫ<25ㄱ> → 눈ᄌᆞ
    ᅀᆞᆨ<19ㄱ>

(32ㄷ)에서 보는 것처럼 합성어 사이의 'ㄷ'이 중간본에서는 아예 쓰이지 않은 경우가 있다. 이뿐만 아니라 합성어 사이의 'ㅅ'이나 구(句) 구성(構成)의 속격 'ㅅ'도 중간본에 쓰이지 않은 예가 종종 보인다.

(33) ㄱ. 눉두베<2ㄴ> → 눈두베<2ㄱ>

ㄴ. ᄀᆞ숪 미햇<27ㄴ> → ᄀᆞ술 미햇<21ㄱ>

5.7. 'ㅿ' 및 'ㆁ' 표기

'ㅿ' 및 'ㆁ' 표기는 원간본의 모습 그대로 아무런 변화가 없다. 'ㅿ'은 어휘 내부에서는 물론, 동사 활용형, 강세첨사 등 모든 형태에서 원간본의 모습을 그대로 유지하고 있다. 'ㆁ'은 어휘 내부의 음절 말에서 원간본과 동일한 표기 양상을 보인다. 형태소 경계에서의 분철 표기 현상도 원간본과 같다. 다만 원간본에 보이던 'ᄒᆞ쇼셔'체의 의문형어미 '-니잇가<11ㄴ>'는 송광사본에서도 그대로 쓰였는데, '-니잇가<8ㄴ>'로 표기된 예가 단 한 차례 있다. 하지만 바로 다음에 이어지는 문장에서 '-니잇가'를 쓴 것과, 같은 표현이 그대로 반복되는 문장<40ㄴ ← 51ㄱ>에서 '-니잇가'를 쓴 것으로 보아 이는 오각일 것이다.

> (34) ㄱ. 므슴매<1ㄴ→1ㄴ>, 두ᅀᅥ<3ㄴ→2ㄴ>, 조ᅀᆞᆯ뷔니라<9ㄴ> →
>   조ᅀᆞᆯ븨니라<7ㄱ>, 셜셜<43ㄱ→33ㄴ>, 니ᅀᅳ며 니ᅀᅥ<41ㄴ→
>   32ㄴ>, 時節에ᅀᅡ<9ㄱ→ 6ㄴ>
>   ㄴ. 샹녯<3ㄱ→2ㄴ>, 양ᄋᆞ로<3ㄱ→2ㄴ>, 즁이<11ㄴ→8ㄴ>, 잇ᄂᆞ
>   니잇가 업스니잇가<11ㄴ> → 잇ᄂᆞ니잇가 업스니잇가<8ㄴ~9
>   ㄱ>, 죵이라<20ㄴ→16ㄱ>, 죵이어뇨<22ㄴ→17ㄱ>, 홇디언뎡
>   <24ㄴ> → 홀디언뎡<18ㄴ>, 둥(背)<24ㄴ→18ㄴ>

5.8. 한자음 표기

원간본의 동국정운 한자음 표기에서 현실 한자음 표기로 바뀐 송광사본에서는 일모자(日母字/ㅿ/)는 유모자(喩母字/ㅇ/)화하였으나, /ㅿ/이 그대로 쓰이기도 하고 혼기(混記)의 예도 곳곳에 보인다.

> (35) ㄱ. 若약<1ㄴ> → 약<1ㄱ>, 汝셩<32ㄴ> → 여<25ㄱ>

ㄴ. 而싱<36ㄴ> → 싀<28ㄱ>, 日싫<51ㄱ> → 싈<40ㄴ>

송광사본에서는 각 법어 제목의 '人' 音(음)이 '싄' 또는 '인'으로 주음되고, <12ㄴ>의 '然'자도 본문에서는 '쎤'이고 언해문에서는 '연'으로 주음되었다. 이러한 혼기(混記) 현상은 동국정운 한자음이 주음된 『몽산법어언해』 다른 판본에 비해 처음 시행된 현실 한자음 표기의 어려움을 보여 주는 것으로, 현실 한자음 표기에서 통일된 표기 준칙(準則)이 마련되지 않았기 때문으로 보인다.

전술(前述)한 4.7.2.에서 동국정운 한자음에 의해 서술격 'ㅣ-'가 생략된 용례(用例)가 있었는데, 송광사본의 언해문에서는 현실음의 반영으로 'ㅣ-'가 표기되었다.

(36) 骨髓시며<51ㄴ> → 骨髓ㅣ 시며<41ㄱ>

간년 추정의 근거가 되었던 '解脫'이 송광사본에서는 '‥하‥탈'<38ㄱ>로 주음되어 있다. '解脫'에서 '解'의 현실음은 한자음 표기에서 현실음이 실현된 초기의 문헌인 『육조법보단경언해』<상 : 73ㄱ>(1496년)와 『진언권공』<11ㄱ>(1496년) 이후 '‥하'로 주음하여 왔다. 송광사본 『몽산법어언해』의 '‥하'와 방점만 다를 뿐이다. 그러나 다른 어휘를 구성하는 데 쓰인 '解'의 음(音)은 모두 '‥히'로 표기되었다. 여기서도 불교용어의 한자음에 변개가 있었음을 알 수 있다.

(37) 學·학解 : 행<57ㄱ> → 學·혹解·히<46ㄱ> cf. 涅·널槃반解 : 히<육조 중 : 93ㄱ>

5.9. 중철표기

중철표기의 예는 어간 말음이 'ㅁ'인 경우에 고유어와 한자어 표기에서 각각 1회씩 나타난다.

(38) ㄱ. 두서 열 거르믈 거러<3ㄴ> → 두서 열 거름믈 거러<2ㄴ>
ㄴ. 信心올<7ㄴ> → 信心몰<6ㄱ>

(38ㄱ)의 예는 송광사본보다 앞서 간행된 책인 고운사본(1517년)과 빙발암본(1535년)에도 보인다.

5.10. 구개음화(口蓋音化)

지금까지 't' 구개음화가 반영된 이른 시기의 문헌으로 중간본(重刊本) 『촌가구급방언해(村家救急方諺解)』(1571~1572년 추정)와 『계초심학인문(誡初心學人文)』(1577년)46)이 거론되었고, 백두현(1991)에 의해 『몽산화상육도보설언해(蒙山和尙六道普說諺解)』(1567년)가 제시된 바 있다. 송광사본 『몽산법어언해』에도 구개음화의 예가 나타난다.47) 특히 한자 어휘에서의 예가 많이 보

---

46) 『촌가구급방언해』와 『계초심학인문』의 구개음화에 대해서는 각각 안병희(1978ㄱ, 1972ㄴ) 참조.

47) 't' 구개음화 현상을 16세기 후반 남부(南部)와 북부(北部) 방언(方言)에서 발생한 것으로 보는 근거는 『촌가구급방언해』가 함경도 함흥(咸興), 『몽산화상육도보설언해』가 전라도 순창(淳昌), 『계초심학인문』과 『몽산법어언해』가 전라도 순천(順天)에서 간행되었기 때문이다. 그런데 현재 전하지 않는 『촌가구급방언해』의 원간본이 1538년 전라도 남원(南原)에서 김정국(金正國)에 의해 간행된 것이라는 사실(안병희 : 1978ㄱ 참조)로 보아, 만일 중간본(重刊本)이 원간본(原刊本)의 언어 사실에서 영향을 받았다면 't' 구개음화가 반영된 초기 문헌이 주로 남부 방언권(方言圈)에서 간행된 점으로 미루어 't' 구개음화의 발생은 남부 방언에서 시작된 것으로 봐야 할 것이다. 구개음화의 발생과 지리적(地理的) 분화(分化)에 대한 논의는 곽충구(1991)이 있다.

인다. 그런가 하면 원래의 'ㅈ'을 'ㄷ'으로 교정한 이른바 구개음화의 과도교정(過度矯正, hypercorrection) 예도 보인다.

한자 어휘의 구개음화 예를 검증하기 위해 현실 한자음이 반영된 초기의 문헌, 곧 『진언권공(眞言勸供)』(1496년), 『육조법보단경언해(六祖法寶壇經諺解)』(1496년), 예산문고본(叡山文庫本) 『훈몽자회(訓蒙字會)』(1527년) 등과 송광사본 『몽산화상법어언해』(1577년)를 비교하여 그 변화를 살펴보고자 한다. 같은 한자에 대한 주음의 경우 구개음화 이전의 모습과 구개음화가 반영된 모습의 혼기(混記) 예가 곳곳에 보인다. 이는 송광사본 조성 당시에 간행지인 순천 지역은 구개음화가 진행 중인 시기여서 뚜렷한 표기 준칙이 없었기 때문에 그렇게 된 것으로 판단한다. 몇몇 예만을 제시하면 다음과 같다('/' 표시 앞뒤의 예는 모두 송광사본 내에서의 사례를 보인 것이다).

(39) ㄱ. 고유어 구개음화
  : 發ᄒᆞᆫ디<원간본 몽법 : 1ㄴ> → 發ᄒᆞᆫ지<송광사본 몽법 : 1ㄴ>
  ㄴ. 한자어 구개음화
  1) 護持 : 호디<진권 : 19ㄱ>, 호디<송광사본 몽법 : 20ㄴ> / 호지
      <송광사본 몽법 : 14ㄱ>
  2) 直 : 딕<훈몽 하 : 29ㄱ>, 딕<육조 중 : 4ㄱ>, 딕<송광사본 몽
      법 : 16ㄱ> / 직<송광사본 몽법 : 9ㄱ>
  3) 昏沈 : 혼팀<송광사본 몽법 : 14ㄱ> / 혼침<송광사본 몽법 : 1ㄴ>

(40) 과도교정(hypercorrection)의 예
  ㄱ. 혼가지라<원간본 몽법 : 18ㄴ> → 혼가디라<송광사본 몽법 :
    14ㄱ>
  ㄴ. 正 : 졍<진권 : 10ㄱ>, 졍 / 뎡<송광사본 몽법 : 30ㄱ>
  ㄷ. 靜 : 졍<진권 : 20ㄱ>, 졍<송광사본 몽법 : 33ㄱ> / 뎡<송광사
    본 몽법 : 31ㄱ>

6. 맺는말

6.1.

『몽산법어언해』는 그 언어 사실과 추정(推定)된 간행 연도가 서로 달라서 국어사 연구자들에게 풀리지 않는 몇 가지 과제를 남겼던 중세국어 자료 중 하나이다. 이런 과제가 상당 기간 미해결인 상태로 남아 있었던 근본적인 원인은 원간본으로 보이는 책에 간기(刊記)가 없었기 때문이다. 그간 몇 가지 사실에 근거하여 『목우자수심결언해』의 간행 연도인 1467년을 『몽산법어언해』의 간행 연도로 추정하고, 그 책의 간기를 근거로 간경도감을 간행처로 단정하기도 했다. 그러나 『몽산법어언해』에 실려 전하는 언어가 간경도감 간행의 언해본 책들에 앞선 것이어서 자료의 위상에 대해 적지 않은 의문이 제기되어 왔다. 우리는 언어 사실은 물론 언해 체제에 대한 면밀한 검토를 통해 간행 연도를 1459년으로 추정하고, 여러 판본의 비교를 거쳐 동국대 도서관 소장본(貴214.2–덕69ㅁ2)을 원간 초쇄본으로 비정(比定)하였다. 그리고 원간본과 중간본인 송광사본(1577)을 비교하여 1세기 남짓한 기간 동안 국어의 변천을 살폈다.

6.2.

『몽산법어언해』의 언해 체제는 「훈민정음 언해본」, 「석보상절서문」, 「월인석보서문」과 근사(近似)하고, 활자본 『아미타경언해』와는 부분적으로 일치하며, 활자본 『능엄경언해』나 간경도감 간행의 언해본 책들에는 앞선다. 그 근거를 요약하면 아래와 같다. 따라서 언해 체제로 추정한 『몽산법어언해』의 간행 연대는 『월인석보』(1459년) 이후 활자본 『아미타경언해』

(?1461년) 이전이 된다.

1) 구결문의 한글로 된 구결에 방점이 찍혀 있다. 이러한 방식을 취한 정음초기 문헌에는 「훈민정음 언해본」, 「석보상절서문」, 「월인석보서문」, 활자본 『아미타경언해』가 있고, 간경도감본은 쌍행(雙行)인 구결에 방점을 찍지 않았다. 또 방점이 찍혀 있는 한글 구결이 쌍행인 점은 「월인석보서문」, 활자본 『아미타경언해』와 같다.

2) 한자는 법어(法語) 본문이나 언해문을 막론하고 글자마다 동국정운 한자음이 주음되어 있다. 이러한 주음 방식을 취한 정음 초기 문헌은 「훈민정음 언해본」, 「석보상절서문」, 「월인석보서문」이 있고, 활자본 『아미타경언해』와 간경도감본은 언해문의 한자에만 주음되어 있다.

3) 협주(夾註)의 시작과 끝에 아무런 표시가 없다. 간경도감본은 협주의 시작과 끝에 흑어미(黑魚尾)를 두었다. 협주에 아무런 표시가 없는 문헌에는 「훈민정음 언해본」, 「석보상절서문」, 「월인석보서문」, 활자본 『아미타경언해』가 있다.

4) 언해문에 한글 중간 글자[中字]가 사용되었다. 이러한 체제의 문헌에는 「훈민정음 언해본」, 「석보상절서문」, 「월인석보서문」, 활자본 『아미타경언해』가 있고, 간경도감 간행 언해본 책들은 모두 작은 글자[小字]로 되어 있다.

5) 본문이 끝나면 행(行)을 달리하여 언해문이 시작된다. 간경도감본은 본문 바로 밑에 언해문이 이어지고 본문과 언해문 사이에 ○ 표시가 있다. 『몽산법어언해』와 같은 형식의 문헌에는 「훈민정음 언해본」 등 앞의 네 문건이 있다.

6) 정음 초기(初期) 불경언해에서 간년 추정의 유력한 근거가 되는 불교용어 중 『몽산법어언해』에는 '解脫'만이 쓰였는데 '解'의 동국정운음이 ' : 갱'로 되어 있다. 『몽산법어언해』와 같이 ' : 갱'로 주음된 문헌은 <월석>, 활자본 <아미>, 활자본 <능엄>, 목판본 <능엄> 등이 있다.

위의 언해 체제에 근거하여 우리는 『몽산법어언해』가 <월석>(1459년)과는 비슷한 시기, 활자본 <아미>(?1461), 활자본 <능엄>(1461)이나 간경도감본(1461년 이후)보다는 이른 시기에 간행된 자료임을 확인할 수 있었다.

6.3.

현전하는 각 판본(板本)을 비교하여 동국대 도서관 소장의 『몽산법어언해』가 원간본이거나 적어도 그에 손색(遜色)이 없는 자료임을 확인하였다. 간행처는 교서관(校書館)이며, 간기가 없는 이유는 간행처와 관련된 것으로 보았다.

『몽산법어언해』 여러 판본 중 간기가 있는 복각본(覆刻本), 언해 체제를 달리한 개간본(改刊本), 체제와 언어 사실을 달리한 전면 개찬본(改撰本)을 제외하면 원간본 계통만 남는다. 이번에는 원간본 계통의 책들을 역기(譯記)의 유무(有無), 김수온(金守溫)의 발문(1472년 기록) 유무 등에 비추어 원간본과 그 후쇄본으로 나누고, 다시 장정(裝幀), 변란(邊欄), 표기 사실의 변화 유무, 방점의 정밀성 등을 고찰한 결과 동국대 도서관 소장본이 원간본이거나 적어도 원간본에 가장 가까운 책임을 알게 되었다. 그럼에도 불구하고 간기가 없는 점으로 하여 확인할 길이 없었는데, 이런 사정은 비슷한 시기에 간행된 활자본 <아미>(?1461년)와 활자본 <능엄>(1461)에서도 마찬가지다. 이에 착목하여 간기가 없는 이유를 위의 책들이 간행될 당시의 간행처와 관련시켜 해명해 보았다. 여러 이유로 국가 기관인 교서관(校書館)에서의 인행이 불가피하여 왕의 사례(師禮)를 받던 혜각존자(慧覺尊者)의 의지나 세조의 권위에 힘입어 인행을 달성했을 것이다. 그러나 유신(儒臣)들의 항의를 피하기 위해 간기는 두지 않은 것으로 생각된다. 세 책의 간행 연도는 언해 체제나 언어 사실로 미루어 먼저 『몽산법어언해』(?1459)가 간행되고, 이어서 활자본 <아미>, 활자본 <능엄>의 순으로 보았다.

6.4.

『몽산법어언해』의 언해는 축자역(逐字譯)에 충실하였으나 가능한 한 한자어를 고유어로 바꾸려고 노력한 흔적이 뚜렷하다. 언어 사실은 대체로 <월석>과 가깝다.

1) 'ㅸ'의 사용이 일반화되어 나타난다. 'ㅸ'의 사용은 <능엄> 이후 거의 폐지되었다.

2) 'ㆆ'은 동국정운 한자음과 사이글자의 표기에 사용되었고 고유어에서는 동명사 어미 '-ㄹ'과 수의적으로 교체되던 '-ㅭ'에 사용되었다. '-ㅭ'은 '아·설·순·치음의 전청자형(全淸字形)' 앞에서는 예외 없이 실현되고, 후행하는 초성이 합용병서일 경우는 '-ㄹ'과 '-ㅭ'이 모두 쓰였다. 불청불탁인 경우는 '-ㄹ'로만 실현되었다.

3) 초성병서는 '-ㅭ+전청자형' 표기의 일반화로 각자병서에서는 그 쓰임이 한정적이다. 정음 초기 문헌에 쓰인 8자 중 3자(ㅆ, ㆅ, ㆀ)만 보이고, 합용병서는 10자 중 7자(ㅺ, ㅼ, ㅽ ; ㅳ, ㅄ, ㅶ ; ㅴ)가 쓰였다.

4) 종성 표기는 『훈민정음』 해례본의 종성 규정에 충실하여 8종성만이 쓰였고 'ㅅ'과 수의적으로 교체되던 'ㅿ'은 출현 환경이 있음에도 실현되지 않았다.

5) 'ㆁ'을 받침으로 가진 명사는 모음 조사와 만나면 반드시 분철했고, 'ㅿ'은 종성과 사이글자를 제외한 모든 출현 환경에 나타난다.

6) 사이글자는 'ㄷ, ㅅ, ㆆ'이 보이지만 주로 'ㅅ'이 쓰였다.

7) 주격조사는 언해문에서는 '이, ㅣ, Ø'로 실현되나 구결문에서는 '이, ㅣ'만 실현되었다. 구결문의 주격조사 표기에서 'i, j'로 끝나는 모음 뒤에도 'ㅣ'가 실현된 것은 주격의 경우 'ㅣ'가 생략되어 구절 표시가 없어지면 문맥 파악이 늦어지고, 그만큼 읽기가 어려워지는 것을 고려한 때문으로 보인다. 그러나 서술격의 경우에는 'ㅣ-'가 생략되더라도 활용어미가 있기 때문에 능히 구절 표시 기능을 가지므로 굳이 'ㅣ-'를 적을 필요가 없어 이를 생략한 것으로 보았다.

8) 서술격조사는 구결문이나 언해문 모두 '이, ㅣ, Ø'로 실현되었다.

9) 모음조화는 대체로 지켜졌으나 언해문의 조사에서 양성모음의 출현
이 우세하고, 어간 'ᄒᆞ-'와 어미의 결합에서 어미의 초성이 'ㄱ, ㄷ'으로
시작되면 반드시 축약형으로 실현되었다.

10) 장형사동(長形使動)을 만드는 보조적 연결어미는 '-긔'와 '-게'가
함께 쓰였고, 여격표시는 모두 '의/의게'가 쓰였다.

11) 『몽산법어언해』에만 나타나는 희귀어도 상당수 보인다.

6.5.

중간본인 <송광사본>(1577)은 원간본과 110여 년의 차이를 두고 간행
된 책인데, 체제는 원간본과 완전히 달라졌으나 언어 사실은 원간본의
언어가 그대로 옮겨진 것이 많고, 탈각(脫刻)이나 오각(誤刻)에 의한 오표
기(誤表記)도 적지 않다. 그렇다고 해도 임진란 직전인 16세기 후반 국어
의 모습은 간직하고 있고, 간행 지역의 방언형(方言形)까지 반영하고 있어
서 국어사 연구에 좋은 자료가 된다.

1) 원간본의 'ㅸ'은 모두 'ㅂ'으로 바뀌었다. 'ㅸ'의 일반적인 변화는
'ㅸ>오/우, ㅇ'인데 여기에서는 방언이 반영된 것으로 보인다.

2) 한자음은 동국정운 한자음의 폐지로 현실 한자음 주음으로 바뀌었
으나, 뚜렷한 표기(表記) 준칙(準則)이 없었기 때문인 듯 표기의 혼란이 심
한 편이다. 일모자(日母字/ㅿ)는 대체로 유모자(喩母字/ㅇ)화하였다.

3) 'ㆆ'은 현실 한자음 주음으로 한자음 표기에서 사용이 폐지되어 '-ㅭ'
은 모두 '-ㄹ'로 바뀌었다. 다만 사이글자의 예는 남아 있는데 이는 원
간본의 영향으로 보인다.

4) 초성병서 중 각자병서는 한두 예를 제외하고는 모두 단일자형(單一
字形)으로 바뀌었다. 합용병서는 그대로 쓰였다.

5) 사이글자는 'ㅅ'으로 통일되었는데 'ㆆ'이 쓰인 예도 있다(無ㆆ字).

6) 'ㅿ, ㆁ' 표기는 원간본의 모습 그대로 아무런 변화가 없다.

7) 한자어와 고유어에서 'ㅁ' 중철(重綴) 표기의 예가 나타난다.

8) 구개음화는 고유어에서는 하나의 예만이 발견되지만 한자어의 경우에는 상당히 많은 편이다. 한자어의 구개음화를 검토하기 위해 현실 한자음 초기 문헌인 『진언권공』(1496년)과 『육조법보단경언해』(1496년), 그리고 예산문고본 『훈몽자회』(1527년) 등과 비교하는 방법을 취했다. 'ㅈ'을 'ㄷ'으로 교정한 이른바 구개음화 과도교정(hypercorrection)의 예도 상당수 보인다.

제5장 간경도감(刊經都監)과 불경 번역

1. 머리말

1.1.

번역은 원천언어(源泉言語, source language)로 표현된 글을 목표언어(目標言語, target language)로 바꾸어 옮기는 일이다. 우리나라에서는 신라시대 이래 중국에서 수입된 한문경전을 국어로 바꾸기 위한 노력을 끊임없이 해 왔다. 문자가 없던 시대에는 한자 차용표기(借用表記) 체계인 구결(口訣)을 이용했고, 국문자 창제 초기에는 문자의 보급을 언해불경에 의탁한 것이 아닐까 하는 생각이 들 정도로, 한문경전의 국어역(國語譯)에 적극적이었다. 번역에 관계하는 이들의 공통된 바람은 원전(原典)의 문맥을 훼손하지 않으면서, 원천언어로 표현된 내용을 목표언어로 자연스럽게 옮기는 일일 것이다.

좋은 번역을 위한 노력에는 시대와 사람의 차이가 없었던 듯, 훈민정음 창제 직후에 이루어진 번역 문헌들을 보면 당시에도 번역의 방법을 놓고 적지 않게 고뇌했던 흔적이 있다.[1] 곧 동일한 원전을 두 차례 이상 번역했을 경우, 그 각각의 번역 방법이 서로 달랐다는 사실이다. 보다 나은 번역을 위한 이러한 노력은 지금은 물론이거니와 앞으로도 계속될 것이다.

국문자인 훈민정음이 창제된 직후 왕실을 중심으로 많은 불교 경전들이 한글로 번역되었다. 우리는 이들 경전, 곧 원천언어가 한문인 불교 경전의 국어역에 대해 '불경언해(佛經諺解)'라고 불러 왔다. 이 무렵에 국어로 옮겨져 간행된 언해 경전들은 국문자 창제 초기 우리말의 모습을 비교적 잘 간직하고 있는 매우 소중한 문헌들이다.

세종~세조대에는 적지 않은 양의 불서들이 정음으로 간행되었다. 이 중 한문을 원전으로 하는 문헌의 국어역에 대해서만 '언해'라는 이름을 붙였으므로 불경언해는 모두 한문불경을 저본(底本)으로 한 한글 번역본인 것이다. 세조는 즉위 후 간경도감(刊經都監)이라는 불전 간행을 위한 국가기관을 만들어 놓고 많은 불서들을 제작·보급했다. 어떤 불전에는 직접 구결을 달거나 번역을 하기도 했다.

1.2.

한문으로 된 불교 경전을 우리말로 읽고, 이를 문자²⁾로 옮기기 위한 노력은 현대에 이르러서도 계속되고 있다. 최근까지 이어지고 있는 역경

---

1) 이는 『법화경』에 대한 번역이 세 차례나 이루어진 예 등에서 볼 수 있다. 곧 『법화경』의 내용이 『석보상절』(1447년), 『월인석보』(1459년), 『법화경언해』(1463년) 등 16년 동안 모두 세 번 번역이 된 것이다. 『아미타경』도 『월인석보』(1459년), 활자본 『아미타경언해』(?1461년), 목판본 『아미타경언해』(1464년) 등 짧은 기간 동안 세 번에 걸쳐 번역·간행된 바 있다.
2) 여기서의 문자는 구결자 등의 차자(借字) 표기와 고유의 문자를 모두 아우른다. 형태가 어떠하든 전달 기호(記號)로서의 체계를 갖추었다는 점에 비중을 두어 그렇게 부르기로 한다.

(譯經)의 여러 결과물들이 이를 잘 보여 주고 있다. 그렇다면 역경의 시원
(始原)을 어디까지 소급(遡及)할 수 있을까? 통일신라 때인 7~8세기경이라
고 할 수 있을 듯하다. 이는 그 무렵에 이르러 한자(漢字)의 음(音)과 훈(訓)
이 비로소 우리말로 확정되었다는 사실에 근거한다. 불교 관련 문헌의
경우, 유교경전보다 한 세대 남짓 앞서 구결을 현토해서 읽었던 것으로
짐작되는 기록이 있다. 7세기 중엽경 의상대사(義湘大師 : 625~702년)가 『화
엄경』을 강의한 것을 그의 제자 지통(智通)이 집록(集錄)했다고 전하는 「요
의문답(要義問答)」과 또 다른 제자 도신(道身)이 집록했다고 전하는 「일승문
답(一乘問答)」이 그것이다. 이에 대해서는 고려의 대각국사(大覺國師) 의천(義
天)이 평(評)한 글에서 그 사실을 확인할 수 있다.3) 그런가 하면 유교 경전
을 구결로 읽었다는 이른 시기의 근거로는 『삼국사기(三國史記)』와 『삼국유
사(三國遺事)』에 실려 전하는 설총(薛聰) 관련 기사가 있다.4)

그러나 고려시대 이래 「요의문답」과 「일승문답」은 전하지 않는다. 다
만 균여(均如)가 남긴 몇몇 저술이나 일연의 『삼국유사(三國遺事)』, 의천(義
天)의 『신편제종교장총록(新編諸宗教藏總錄)』 등 고려시대의 자료에 두 책이
있었다는 사실만 기록으로 전할 뿐이다. 따라서 두 문헌에 있었다고 하

---

3) ─당시의 집록자가 문체가 좋지 않아서 문장이 촌스럽고 방언이 섞이었다. … 앞으
   로 군자가 마땅히 윤색을 가해야 할 것이다. (但以當時集者 未善文體 遂致章句鄙野 雜
   以方言 … 將來君子 宜加間色)─ 義天 『新編諸宗教藏總錄』 卷一 <韓國佛教全書 4권 682쪽,
   동국대학교>
   이를 남풍현(1988 : 238)에서는 '석독구결이 주종을 이루어서 문체가 그렇게 보인
   것'으로 추정했다. 어떻든 우리는 의상(義湘)의 강의 내용을 집록한 책에서 기록상
   으로는 처음 구결의 존재를 확인할 수 있게 되었다.
4) 설총이 이두를 제작하였다는 설의 근거인 다음의 기사를 이른다.
   ─우리말로 9경을 해독하여 후생을 훈도하였으므로 지금까지 학자들이 종주로 삼고
   있다. (以方言讀九經 訓導後生 至今學者宗之)─ <三國史記 46권>
   ─우리말로 중국과 신라의 풍속과 물건 이름에도 통달하여 6경과 문학에 토를 달고
   풀이하였으니 (以方音通會華夷方俗物名 訓解六経文學)─ <三國遺事 4권>
   이는 설총이 처음으로 이두(吏讀)를 만들어 기입한 것이 아니라, 그 이전부터 있었
   던 표기 방식을 이용해 차자(借字) 표기법(表記法)을 완성하고 경서(經書)에 구결(口
   訣)을 단 것으로 이해한다.

는 구결의 실체는 알 길이 없다. 지통의 「요의문답」이 실려 있는 「추동기(錐洞記)」가 지금은 전하지 않는 일서(逸書)이고,[5] 도신의 「일승문답」역시 원문만 균여의 기석(記釋)에 인용되어 있을 뿐이다.[6]

하지만 그 이후에 조성된 부호(符號)나 자토(字吐)에 의한 구결불경들 중 일부가 오늘날까지 남아 있어서 당시 번역의 일단(一端)을 엿볼 수 있다. 이러한 역경 관련 노력은 갑오경장(甲午更張) 때까지 이어져서 부호(符號, 點吐口訣 포함)나 한자 차자구결(借字口訣)이 현토(懸吐, 略體字 포함)된 경전인, 이른바 구결불경(口訣佛經)이 현재 다수 전한다. 한글 창제 이후에는 한문으로 된 원문(原文)에 정음(正音)으로 토를 달고 이를 우리말로 옮긴, 이른바 언해불경(諺解佛經)[7]의 간행이 활발해서 당시에 간행되었던 많은 수의 언해불경들이 오늘에 전한다. 물론 정음 창제 이후에도 갑오경장 때까지는 구결불경의 조성도 계속되었다.

한자 구결이 달린 구결불경들은 신라시대부터 조성되었다.[8] 고려시대

---

5) 김상현(1996 : 28~45)에 소개된 「화엄경문답(華嚴經問答)」은 새로운 사실을 전한다. 이 책은 중국 당(唐)나라 사문(沙門) 법장(法藏, 643~712)이 지은 것으로 알려져 있는데, 현재는 일본의 『대정신수대장경(大正新修大藏經)』과 『대일본속장경(大日本續藏經)』 등 2권에 실려 있다. 그 논의에서는 이 책을 추동기의 이본으로 추정하고, 저자도 법장이 아니라 의상의 제자가 필록(筆錄)한 것으로 보고 있다. 구두 전언(傳言)에 의하면 이 책의 한자 어순(漢字語順) 일부는 우리말 어순과 같다고 한다. 서영(書影)에는 일본 훈독법(訓讀法)을 표시한 것으로 보이는 구결이 있다.
6) 이에 비해 시기적으로 뒤지기는 하지만 10세기 중엽에 균여가 찬술한 '화엄경(華嚴經) 기석(記釋)' 가운데 『석화엄교분기원통초(釋華嚴敎分記圓通鈔)』 10권 중 권3에는 실제로 석독구결이 보인다. 균여의 저술에 보이는 구결에 대해서는 안병희(1987ㄴ), 남풍현(1988) 참조. 또 11세기에 활동했던 의천(1055~1101)의 문집인 『대각국사문집』에는 '飜譯方言'이라는 구절이 나오고, 12세기 초에 활동했던 임경화(林景和, 1103?~1159)와 관련된 기록에 '方言釋之'란 구절이 나오는 것(남권희, 1994)으로 보아 당시에는 구결에 의한 번역이 일반적인 현상이었던 것으로 본다.
7) 여기서 한자 구결(口訣)이 현토(懸吐)된 불교 경전과 15세기 이후에 정음(正音)으로 번역(飜譯)된 불교 경전을 각각 '구결불경', '언해불경'이라 부르고 있으나, 이는 학술적 합의에 의한 명칭은 아니다. 번역의 표기수단이 다른 두 유형의 경전을 구분하기 위해 필자가 임의로 사용한 용어이다.
8) 최근 조사가 진행되고 있는 일본 나라(奈良) 동대사(東大寺) 소장의 『화엄경』(節略本) 권 제12~제20에는 각필(角筆)에 의한 문자구결이 기입되어 있다고 소개된 바

에도 각필(角筆)에 의한 점토 석독구결과 붓으로 쓴 자토 석독구결이 사용되었는데, 자토 석독구결의 경우, 당시에는 우리 고유의 문자가 없었기 때문에 이 구결이 기입된 경전들은 경(經) 한문 본문의 구두(句讀) 좌우에 구결을 단 독특한 모습을 띠고 있다. 이 경전들을 통하여 각각 당대(當代) 우리나라 역경의 모습과 국어의 역사적 연구가 상당 부분 가능케 되었고, 적지 않은 연구 성과를 거두고 있다.

불경언해류는 국문자가 창제된 15세기 중엽 이후에 집중적으로 간행된 국역(國譯) 경전류, 이른바 언해불경류를 이른다.9) 이 경전들을 통해 우리는 한글 창제 직후에 활발하게 전개되었던 한글 경전 간행 사업과 조선시대 불교문화의 특성 등을 비교적 소상히 알게 되었다. 그뿐만 아니라 중세 시기의 한국어 연구에도 큰 도움을 얻고 있다.

1.3.

이 논의는 언해불경의 성격과 언해불경을 주로 간행했던 간경도감의 특성을 구명하는 데 목적이 있다. 이를 통해 조선 전기 번역 문화의 특성을 밝힐 수 있을 것이다. 제2절에서는 훈민정음 창제 이전에 간행된 구결불경과 이후에 간행된 언해불경의 관계를 살피고, 구결과 언해의 개념을 정리할 것이다. 제3절에서는 세조조에 불전 번역을 전담했던 간경도감의 체제와 운영, 그리고 불전의 언해 과정 등 간경도감 및 언해불전

있다. 남풍현(2013) 참조.
9) 언해불경이 조성된 시기는 훈민정음 창제 직후부터 개화기 무렵까지 조선시대 전반(全般)에 걸친다. 그러나 간행 사업이 활발하게 이루어진 시기는 15세기이다. 16세기 이후에는 간행의 양(量)이나 건수(件數)가 현저히 줄어들었다. 특히 17세기 이후에는 전시대(前時代)에 간행되었던 경전을 중간(重刊), 또는 복각(覆刻)하거나 번역의 양식만을 바꾸어서(대체로 簡便化) 간행한 책들이 주류를 이룬다.

의 간행과 관련된 몇 가지 사실을 살필 것이다. 제4절에서는 간경도감에서 간행된 언해불전들의 서지사항과 언해본들의 특징을 밝힐 것이다. 제5절에서는 당시에 행해진 불경 번역의 실례(實例) 분석을 통해 조선 전기 불경 번역의 특성을 정리해 보고자 한다. 이러한 과정을 거쳐 구결불경 및 언해불경의 특성 그리고 간경도감 및 간경도감 간행의 불경언해와 관련된 사항, 그리고 훈민정음 창제 즈음의 역경 사업 전반을 다루게 될 것이다. 궁극적으로는 언해의 의의, 간경도감 이전과 이후의 번역 양상, 아울러 간경도감이 우리나라 번역에 미친 영향 등을 밝히는 데 목적을 둔다.

2. 문자와 불경 번역

2.1. 구결과 불경 번역

2.1.1.

우리는 국문자 창제 이전 오랫동안 고유의 문자를 가지지 못했었다. 그동안 이웃 나라의 문자인 한자를 빌려와 우리말을 적는 데 이용했다. 이른바 차자표기 시대를 거쳤던 것이다. 차용 문자가 국문자를 대신했던 기간이 짧지 않았다. 사용 방법의 진화도 있었다. 같은 문자를 빌려 쓴 차자표기라도 대상으로 하는 글의 성격과 목적에 따라 활용 방법과 형태는 조금씩 달랐다. 당연히 명칭도 이두(吏讀), 구결(口訣), 향찰(鄕札) 등으로 다르게 불렀다. 이두가 주로 실용문인 이두문에 쓰인 차자표기인 데 비해, 구결은 경전 등의 번역문에 사용된 토를 이른다.[10) 향찰(鄕札)은 문

예문인 향가(鄕歌)의 표기에 주로 사용되었다.[11]

　'구결'이 고대국어 이래 한문 문헌의 구두(句讀)에 현토된 우리말 문법 형태소임은 이미 잘 알려진 사실이지만, '구결'이라는 용어가 처음 문헌에 등장한 것은 조선시대에 들어와서의 일이다. 『능엄경언해』의 김수온(金守溫) 발(跋)에 보이는 '친가구결(親加口訣)'이 그것이다. 이후 간경도감 간행의 언해서들에서 종종 볼 수 있다. 간경도감 간행 언해서의 내제 아래쪽에 구결 작성자를 밝히는 기명행(記名行)이 있는데, 원간 초쇄본 계통의 책에는 반드시 구결 작성자의 이름이 명기되어 있다. 그 외 진전문이나, 서발(序跋) 등에서도 볼 수 있다. 구결은 우리말 '입겿'의 한자 차용 표기인데 번역문에서는 대체로 '입겿'이라 하였으나, 계사 앞에서는 '입겾'으로 나타나기도 한다.[12] 우리말 차용표기에 쓰인 '구결'은 한문본 『금강경』의 주석서 중 하나인 「육조구결」에서 말하는 구결, 곧 '구수비결(口授祕訣)'의 뜻을 가진 중국어 구결과는 성격을 달리한다. 『금강경언해』의 「육조구결후서(六祖口訣後序)」에 나오는 '구결(口訣)'에 대해서는 그대로 '구결'이라 번역한 데 비해, 「효령대군의 발문」에 나오는 '親定口訣'의 '구결'에 대해서는 '입겻(입겿)'이라 번역하여 그 차이를 분명히 하였다.[13]

---

10) 구결(口訣)과 토(吐)를 같은 것으로 보는 견해와 다른 것으로 보는 견해가 진작부터 있었다. 각각 그 나름의 타당성이 있으나, 이 논의의 주된 흐름과 거리가 있으므로 여기서는 같은 것으로 전제하고 진행한다. 구결과 토를 같은 것으로 보는 대표적인 논의로는 최현배(1942/1961), 다른 것으로 보는 대표적인 논의로는 남풍현(1980)이 있다. 이에 대한 정리는 남풍현(1990) 참조.
11) 사용 목적에 따른 차용표기의 성격 등에 대한 논의는 이승재(1992) 참조.
12) '哉는 입겨체 쓰는 字ㅣ라' <월인석보서 : 9ㄱ>, '上이 입겨츨 드르샤' <능엄경언해 발 : 4ㄱ>
　'之는 입겨지라' <훈민정음언해 : 1ㄱ>, '焉은 입겨지라' <석보상절서 : 6ㄴ>
13) 안병희(1976, 1977) 참조. 그 외 구결의 명칭과 연원, 입겿의 어원에 대해서도 상세한 설명이 있다.

2.1.2.

1973년 12월경 충남 서산군 운산면에 있는 문수사의 '금동아미타여래
좌상' 복장품(腹藏品) 중 하나로『구역인왕경(舊譯仁王經)』(12세기 중엽 완성) 상
권(2, 3, 11, 14, 15장)이 발굴되었다.[14] 비록 남아 전하는 것이 다섯 장에 불
과한 낙장본(落張本)이지만, 이 경전의 출현으로 고려시대 구결불경의 실
상을 아는 데는 많은 도움이 되었다.[15] 아울러 종래 전기 중세국어 시기
의 국어사 연구가 음운 및 어휘의 연구에 한정될 수밖에 없었던 상황에
결정적인 변화의 계기를 가져다주기도 했다. 이 이후 발굴된『능엄경』등
다른 구결불경들과 함께 그 당시 역경의 실상을 그대로 보여 준 것은 물
론, 국어사 연구자들에게는 문자론적인 연구와 함께 문법론적인 연구에
까지 연구의 폭을 확대할 수 있게 해 준 것이다.

구결자료는 석독구결(釋讀口訣) 자료와 순독구결(順讀口訣) 자료로 나뉜
다.[16] 석독구결은 한문 문장에 부호(符號)나 토(吐)를 달아 그 문장을 우리
말로 새겨서 읽는 방법이고, 음독구결(音讀口訣)이라 부르기도 하는 순독
구결은 한문의 원문을 순서대로 음독하면서 구두(句讀)에 해당되는 곳에
한자로 토(略體字 포함)를 달아 읽는 독법(讀法)이다. 석독구결이 한문 원문

---

14)『인왕경』은 구역과 신역 2본이 있는데 구역은 4세기경 구마라집(鳩摩羅什)이 번역
한『불설인왕반야바라밀경』2권이고, 신역은 당나라 불공(不空)이 765년에 번역한
『인왕호국반야바라밀경』2권이다. 불타(佛陀)가 16국왕에게 각각 그 나라를 보호
하고 편안케 하기 위해서는「반야바라밀」을 수지(受持)하여야 한다고 설한 경전이
다.『법화경』,『금광명경』과 더불어 호국 3부경이라고 불린다.
고려 때는『인왕경』을 매우 신성시하여 13대 선종(宣宗) 2년(1085년)에는 임금의
행차 앞에 인왕경을 받들고 가게 하는 일까지 있었다고 한다. (始令駕幸時 奉仁王般
若經前導 遵宋制也) <고려사 10권 5장, 선종 2년(1085년) 2월 11일 乙亥條> 참조.
15) 앞에서 언급한 대로 신라시대의 구결이 기입된 자료가 일본의 나라(奈良) '동대사'
에 전해지고 있으나, 아직 연구 진행 중에 있기 때문에 이 글에서는 이러한 사실만
을 밝혀 둔다.
16) 석독구결과 순독구결의 구분과 그 개념의 정리는 남풍현(1988 : 233~234) 참조.
근자에 소개된 이른바 부호구결에 대해서는 이승재(2001 : 1~30), 정재영(2001 :
33~54) 등 참조.

의 순서를 우리말 어순으로 바꾸어 읽는 것이라면, 순독구결은 한문 원문의 순서 그대로 읽는 구결을 이른다. 발전된 형태의 구결을 말할 때는 주로 순독구결을 이른다. 현재 전해지고 있는 여말 선초(麗末鮮初)의 구결 문헌 중 순독구결 문헌이 석독구결 문헌에 비해 월등히 많은 것은 나중에 창안된 순독구결의 편리함에 힘입어 고려 중엽 이후 널리 쓰였기 때문이다. 구결 현토의 대상이 된 책들은 대부분 불경이다.

2.1.3.

최근의 구결 연구는 고려시대에 간행된 석독구결은 물론, 신라시대의 석독구결로 논의의 지평을 확대하고 있다. 이는 종래 13세기 무렵의 순독구결 연구에 국한했던 한계를 뛰어넘어, 그 이전 시기에까지 자료의 범주를 확대한 것으로 역경(譯經)의 역사를 살피는 입장에서는 말할 것도 없고, 국어의 역사적 연구에도 많은 도움을 준다. 이러한 일련의 연구로 고려시대 역경의 모습을 일부나마 살필 수 있게 된 것은 여간 다행스러운 일이 아니다.

구역인왕경의 발굴 이후 1990년대에는 자토(字吐)의 석독구결 자료가 속속 소개되었고, 2000년대 이후에는 점토(點吐)의 석독구결 자료가 잇달아 발굴·소개되어 구결불경과 언해불경과의 관련성 연구로 이어져 훈민정음 창제 이전 역경의 실상까지도 짐작할 수 있게 되었다.

앞에서 말한 대로 고려시대의 구결불경들에 대한 연구는 부호(符號)나 점토(點吐) 그리고 구결자(口訣字) 해독에서 상당한 성과를 거두고, 이제는 훈민정음 창제 이후 간행된 언해불경들과의 연관성 규명에까지 연구의 지평을 넓히고 있다. 구결 현토의 전통 계승에 대한 몇몇 단편적인 보고도 나왔다.[17)]

2.1.4.

여말(麗末) 선초에 조성된 구결 현토 문헌 중에는 순독구결 문헌이 월등히 많다. 이때 간행된 불교 문헌 중 구결『능엄경』, 구결『천로금강경(川老金剛經)』 등에 이르면 한층 체계화된 모습의 구결을 볼 수 있다. 주로 약체자(略體字)로 된 묵서(墨書)의 기입토(記入吐)인데, 이 문헌들에 기입된 구결은 훈민정음 창제 이후 간행된『능엄경언해』,『금강경언해』 등에 맥락이 닿아 있다. 곧 구결『능엄경』과 구결『천로금강경』에 기입(記入)되어 있는 구결의 일부는『능엄경언해』나『금강경언해』의 정음 구결과 부분적으로 일치한다는 점이다.

특히『능엄경』의 경우, 14세기 초에 간행된 것으로 보이는 남풍현 교수 소장의 구결『능엄경』, 남권희 교수 소장의 구결『능엄경』 등을 비롯한 여러 구결『능엄경』에 묵서(墨書) 또는 주서(朱書)로 기입된 구결이 간경도감본『능엄경언해』의 정음 구결과 직·간접적으로 이어지고 있음을 확인할 수 있다.

『능엄경언해』의 각권 권말에는 '요해(要解), 의해(義解), 회해(會解), 집주(集注)' 등 네 부분으로 나뉜 음석(音釋)이 있는데, 이 중 '요해' 부분은 남권희본의 '음' 부분을 그대로 전재하였다고 한다.[18] 이로 미루어서도 알 수 있듯이『능엄경언해』는 구결『능엄경』 여러 이본들을 통합해서 만든 것이다. 이러한 구결불경은 국문자 창제 이후에도 계속되어 한자 약체자가 기입된 구결불경은 물론 한글로 토를 단 구결『원각경』(1465년) 등이 현전한다.

---

17) 김영배(2002)에서는 구결『능엄경』과『능엄경언해』를 대상으로 구결 현토 전통의 계승 여부에 대해 논의한 바 있다. 실제로 구결『능엄경』 중 박동섭씨 소장본의 구결이 언해본에 적지 않게 계승된 사실을 확인할 수 있었다.

18) 이승재(1993) 참조.

국문자가 없던 시대에 국문자 대용(代用) 표기법으로 창안(創案)된 구결은 통일신라시대 이래 우리말 불경의 조성(造成)에 널리 이용되었다. 구결이 달린 불경은 통일신라와 고려조를 거치면서 점차 그 표기 방법의 정밀화를 꾀하여 '한자차용표기체계'의 정착을 선도하게 된다. 오늘날 전해지는 대부분의 전기 중세국어 자료가 구결이 현토되어 있는 불경이라는 사실이 이를 입증한다.

2.1.5.

구결불경은 우리 조상들의 언어생활의 일부가 반영된 중요한 국어사 자료로서 훈민정음 창제 이후까지도 계속 조성되었다. 당연히 훈민정음 창제 이후 간행된 한글 불경, 곧 불전언해본들은 앞 시대에 조성된 구결불경에 기대어 간행될 수밖에 없었다. 훈민정음 창제 이후 간행된 언해불전들은 어떤 형태이건 이전 시대 불경 번역의 전통을 계승하였을 것이고, 실제로 그와 같은 양상(樣相)이 15세기 불경언해서에 나타난다.

2.2. 훈민정음의 창제와 불경 번역

2.2.1.

훈민정음 창제 직후인 15세기 중엽부터 15세기 말까지 많은 수의 문헌들이 정음으로 간행되었다. 이때 간행된 문헌 중에는 불교 관련 문헌이 상당량을 차지한다. 이 중 현전하는 문헌들도 적지 않다. 이에 비해 양적으로 열세이기는 하지만 16세기에도 불교 관련 정음문헌의 간행이 이어졌다. 이러한 불교 관련 문헌 중 대부분은 불경을 정음으로 옮긴 언해불경이다.

훈민정음 창제 직후인 세종~세조 대에는 특히 많은 불서들이 정음으로 인간(印刊)되었다. 이 중 한문을 원전으로 하는 문헌의 국어역에 대해서만 '언해'라는 이름을 붙였으므로 불경언해는 모두 한문불경을 원전(原典)으로 한 한글 번역본인 것이다. 이러한 '언해불경' 간행의 중심에는 수양대군(首陽大君)이 있었다. 그는 왕이 된 후에도 한문불경에 직접 구결을 다는 등 경전의 번역 작업에 적극적이었다. 나중에는 한시적으로 간경도감(刊經都監)이라는 불전간행을 위한 국가기관을 만들어 놓고 많은 불서들을 제작·보급했다. 간경도감은 우리 역사에서 한글 경전 간행을 전담한 최초이자 유일한 국가기관이었다.

2.2.2.

세조는 대군 시절에는 물론이었거니와 왕위에 오른 후에도 불서[19]의 간행과 보급에 남다른 정성을 쏟았다. 아직 대군(大君)의 신분이었던 1447년(세종 29년)에 우리나라 최초의 한글 불서인 『석보상절』을 지어 부왕 세종에게 찬진(撰進)한 것을 시작으로, 왕위에 오른 후에는 재위(在位) 기간 내내 불서의 간행과 국역(國譯) 사업을 주도했다. 그는 즉위 후 정국이 안정을 찾자 본격적으로 국역불서의 간행 사업에 착수했다. 즉위 5년에는 부왕 세종이 지은 『월인천강지곡』에 자신의 『석보상절』을 합편하여 『월인석보』(1459년)를 편찬함으로써 본격적으로 한글 경전 간행의 시대를 열었다. 즉위 7년(1461년) 6월에는 경전 간행 등을 위해 한시적인 국가기관인

---

19) 15세기에 간행된 정음문헌 중 상당수는 불교 관련 문헌이다. 총 40여 건 중 31건이나 된다. 그런데 31건 중에는 경전이 아닌 문헌도 있어서 그 모두를 '언해불경(언해불전)' 또는 '국역불경'이라고 할 수는 없다. 따라서 '언해불경'과 여타 불교 관련 문헌을 함께 이를 때에는 그냥 '불서(佛書)'라 부를 것이다.

간경도감을 두어 간경사업을 전담케 했다.[20] 간경도감은 1471년(성종 2년) 폐지[21]될 때까지 11년 동안 존속하면서 한문경전 간행 약 30건,[22] 국역 경전 간행 9건 등의 성과를 냈다. 특히 존속 기간 중 전반기에 해당하는 5년 동안 그야말로 괄목할 만한 성과를 거두었다. 유교를 국가 운영의 기틀로 삼았던 당시의 시대 상황과 열악한 출판 환경 그리고 아직 정착 단계에 이르지 못한 국문자 '훈민정음'으로 그토록 방대한 양의 정음문 헌을 간행해 냈다는 사실은 실로 이적(異蹟)에 가깝다. 이로써 우리는 훈 민정음 창제 직후 한국 불교의 역경 사업과 우리말 전반을 살필 수 있는 귀중한 문화유산 상당수를 보유할 수 있게 되었다.

이러한 일련의 경전간행 사업은 국왕의 절대적인 의지와 지원에 의해서 상당 부분 가능했을 것이다. 하지만 그러한 사업이 최고 통치자의 의지만 으로 이루어질 수 있는 일은 아니다. 고려시대 이래 면면(綿綿)이 이어져 온, 한문경전을 우리말로 읽기 위한 노력 그리고 구결불경의 간행 등 앞 세대의 국역경전 간행에 대한 노력과 역량이 결집되었기에 가능했을 것이 다. 간경도감의 운영도 고려조에 있었던 팔만대장경의 간행 등 간경(刊經) 에 대한 역량 축적의 결과였다고 본다. 실제 간경도감(刊經都監)은 고려조의 대장도감(大藏都監)이나 교장도감(教藏都監)의 체제를 부분적으로 본떴다.

간경도감에서는 불서 인행(印行) 외에 왕실과 관계되는 사찰의 불사와 법회, 불교의례 등을 주관하기도 하고, 중국으로부터 서적을 수입하는 일 에도 관여했다는 기록이 있으나, 이 글의 논지와는 거리가 있어서 논외로

---

20) -처음으로 간경도감을 설치하고, (初設刊經都監) - <세조실록 24권 25장, 세조 7년 (1461년) 6월 16일 乙酉條>
21) -명하여 간경도감을 파하였다. (命罷刊經都監) - <성종실록 13권 18장, 성종 2년(1471년) 12월 5일 壬申條>
22) 문헌의 수를 건수(件數)로 표시하는 것은 당시의 관례를 따른 것이다. 한 문헌에 해 당하는 책권의 수가 여럿인 경우가 많아서 계수(計數)의 편의를 위해 그렇게 한 것 으로 본다. 김수온(金守溫)의 발문(1472), 학조(學祖)의 발문(1495) 참조.

한다. 또한 성종조(成宗朝)에는 불교계를 지휘 통솔하는 기구로서의 기능
도 하고, 대납(貸納)과 관련하여 물의(物議)를 빚기도 했다는 기록이 전한다.

2.2.3.

훈민정음 창제 직후 간행된 정음문헌들은 우리 문자로 기록된 초기의
전적(典籍)이라는 사실만으로 중요한 가치를 가지지만, 우리의 관심을 끄
는 것은 그 문헌들에 실려 전하는 언어 사실이다. 이런 까닭에 이들 문
헌(文獻)들을 다룰 때는 몇 가지 주의가 필요하다. 창제 직후 간행된 정음
문헌들은 세조(世祖)를 비롯한 왕실(王室)과 간경도감(刊經都監) 등의 중앙관
서가 간행에 주도적으로 참여했기 때문에 그 언어가 중앙의 상층부 언
어일 가능성이 크다는 점을 간과(看過)해서는 안 된다. 또 이 문헌들이 주
로 번역서(飜譯書)의 성격을 띤 불전언해였다는 점도 소홀히 다룰 수 없는
부분이다. 이때에 간행된 정음문헌 중 상당수는 불전언해이고, 이 문헌
들에 실려 전하는 언어들은 앞 시대의 구결(口訣)이 현토(懸吐)된 불경, 이
른바 구결불경들의 전통을 상당 부분 계승하고 있다. 언해불경들은 앞
시대의 구결불경에 견인된 결과 당연하게도 축자역(逐字譯, word-for-word
translation) 위주의 번역투 문장으로 되어 있어서 당시 실제로 사용되었던
생생한 구어(口語)의 반영과는 다소 거리가 있다. 물론 창제 직후 간행된
『석보상절』 등의 문헌은 번역서라고 하더라도 의역(意譯, literary translation)의
비중이 커서 당시의 일상 언어를 아는 데 많은 도움이 된다. 그러나 '훈
민정음 언해본' 이후 잇따라 간행된 대부분의 불전언해본들, 그중에도
간경도감 간행의 불전들은 앞 시대 구결불경의 영향을 받아서 직역 위
주 문어투 문장의 범주를 벗어나지 않고 있다. 대부분이 관판(官版)인 데
에다 구결의 의고성(擬古性)에 기댈 수밖에 없는 한계는 이 이후에도 한동

안 계속되었다. 이는 전시대에 활발하게 이루어졌던 한문구결 현토 경전 간행의 전통을 계승한 것으로, 자유로운 번역(自由譯, free translation)과는 어느 정도 거리가 있었다.

어떻든 이러한 노력의 결과 훈민정음 창제 직후인 15세기 중엽 이후 많은 양의 불교 경전들이 정음으로 옮겨졌고, 우리는 이를 언해불경이라 불러왔다. 15세기 말까지 겨우 50여 년간 간행된 언해불경의 수는 놀라울 정도다. 현재 전하는 것만도 상당수에 이른다. 언해불경의 경우, 16세기에 들어서는 더 이상 중앙이나 국가기관에서의 간행은 이루어지지 않았다. 대부분 지방의 사찰에서 간경 불사의 하나로 행해지던 이른바 사각본(私刻本) 불경언해의 시대로 바뀐 것이다. 간경의 경비 부담은 주로 시주자(施主者)들의 몫이었기에 15세기와 같은 대규모의 간경은 더 이상 가능하지 않았다.

3. 간경도감의 체제와 운영

3.1.

간경도감에서는 경전 간행 이외에 다른 역할도 수행했음은 앞에서 말한 바 있다. 경전 간행과 관련해서는 고려시대의 대장도감(大藏都監)이나 교장도감(教藏都監)에서 영향을 받은 듯하다. 간경도감에서 간행한 30여 건에 이르는 한문불서 중 상당수는 고려의 대각국사(大覺國師) 의천(義天)이 간행한 교장(教藏)²³⁾을 중수(重修)한 것들이다. 간경도감에서 간행한 한

---

23) '교장(教藏)'은 경(經)·율(律)·론(論)으로 구성된 경전 연구서를 가리키는 말이다. 고려의 대각국사 의천이 11세기 말~12세기 초 흥왕사(興王寺)에 교장도감을 설치

문불서 중 '교장'을 재조(再雕)한 것은 간기에 '중수(重修)'라고 하고, 초간(初刊)한 불서에 대해서는 '조조(雕造)'라 하여 서로를 구분하였다.

간경도감은 국가기관에 걸맞게 그 규모가 상당했던 것으로 기록에 전한다. 규모와 운영 등 모든 면에서 고려시대의 대장도감이나 교장도감을 방불케 한다. 관직 구성과 지방에 분사(分司)를 둔 점도 비슷하다. 관직 구성은 의정부(議政府)의 우의정(右議政)급을 도제조로 하고, 판서 등이 제조가 되는 등 조정의 중신들이 겸직한 경우가 대부분이다. 한 직책에 복수로 임명되기도 했다. 그만큼 간경사업을 중시했다는 뜻으로 판단한다. 설치 당시에는 도제조, 제조, 사, 부사, 판관 등의 직책을 둔 것으로 실록에 전하나24) 각 책의 권두에 보이는 조조관(雕造官)의 열함(列銜)에 의하면 간경도감 최초의 언해불서인 『능엄경언해』부터 제조 밑에 부제조라는 직책이 더해졌다. 처음에 계획했던 것보다 훨씬 큰 규모로 사업이 시행되었음을 시사한다. 현전 언해불서 중 초간에 해당하면서 조조관의 열함이 온전히 전하는 문헌을 중심으로 참여 인사의 수를 보이면 다음의 [표 1]과 같다. 도제조 이외의 인물에 대해서는 명수만 적는다. 대체로 한 문건(文件)당 20명 내외의 인사가 관여했음을 알 수 있다. 보직을 가진 인물 외에 판각과 교감 등 기타의 간역(刊役)에 동원된 장인(匠人), 역부(役夫)의 수도 170여 명25)에 달하는 등 그 규모가 상당했음을 짐작케 한다. 다만 『아미

하고, 송(宋)·요(遼) 등지에서 구해온 4천여 편의 '교장'을 다시 발행한 것을 말한다.
24) 간경도감 설치 당시의 직책은 세조실록의 다음 기사로 알 수 있다.
　-처음으로 간경도감을 설치하고, 도제조, 제조, 사, 부사, 판관 등을 두었다.
　(初設刊經都監 置都提調提調使副使判官)- <세조실록 24권 25장, 세조 7년(1461년) 6월 16일 乙酉條>
25) 이는 성종 초기의 사간원(司諫院) 대사간(大司諫) 김수녕(金壽寧) 등이 임금께 상소(上疏)하면서 올린 말 중에서 찾을 수 있다. '간경도감'에 대한 비판의 근거로 제시한 내용이기는 하지만, 그 당시 간경도감의 규모는 물론, 간경도감에 대한 유신(儒臣)들의 생각도 읽을 수 있는 내용이다.
　-"… 모든 쓸데없는 비용과 긴급하지 않는 사무를 일체 정지하여 파하게 하셨으나, 오로지 간경의 일만을 파하지 않으셨습니다. 대체로 장인 1백 70여 인이 소비

타경언해』, 『목우자수심결언해』, 『사법어언해』 등의 책에는 조조관 열함
이 없어서 알 길이 없다. 각각 그 나름의 이유가 있었을 것으로 판단한다.

[표 1] 간경도감 간행 언해불서 참여 인원

서명＼직책	도제조	제조	부제조	사	부사	판관	계
능엄경언해 (1462년간)	3(계양군, 윤사로, 황수신)	7	5	4	2	3	24
법화경언해 (1463년간)	2(윤사로, 황수신)	8	2	5	2	0	19
영가집언해 (1464년간)	1(황수신)	8	2	3	4	2	20
금강경언해 (1464년간)	1(황수신)	8	2	3	4	2	20
반야심경언해 (1464년간)	1(황수신)	8	2	3	4	2	20
원각경언해 (1465년간)	1(황수신)	9	1	5	3	1	20

위 표에서 보는 바와 같이 간경도감의 불서 간행에는 계양군 증, 윤사
로, 황수신 등이 도제조(都提調)로 활동했다. 특히 황수신의 역할이 두드러
진다. 그 외에 제조(提調) 등으로 한계희, 노사신, 박원형, 조석문, 강희맹,
윤자운, 성임, 김수온 등이 참여했다. 종친으로는 효령대군, 승려로는 당
대의 고승인 신미, 수미, 학열, 해초, 학조 등 나옹계 승려들이 동참했다.

간경도감은 서울에 본사(本司)를 두고 지방에 분사(分司)를 두었던 것으로
알려져 있다. 경상도의 상주목, 안동부, 진주부, 전라도의 남원부, 전주부, 황
해도의 개성부 등에 분사를 두었다. 본사의 위치26)에 대해서는 기록상으로

하는 식량이 하루에 5, 6석(碩) 이하가 아닐 것이니, 한 달의 비용을 계산하면 2백
석(碩) 가까이 됩니다. … " (… 凡無用之費 不急之務 一切停罷 而獨不罷刊經役 大匠百
有七十餘人餼廩 日不下五六碩 計一月之費 近二百碩 …) ― <성종실록 9권 12장, 성종 2
년(1471년) 1월 21일 甲午條>

전하는 것이 없다. 따라서 정확하지는 않지만 몇몇 실록의 기사로 미루어 궁내는 아니고[27] 경복궁 근처에 있었던 것으로 짐작한다. 화재를 염려하여 간경도감 부근의 민가 23호를 철거시켰다는 기록[28]과 경복궁 내 사옹원(司饔院)에 화재가 발생하여 간경도감의 일부가 소실되었다는 기록[29]이 그것이다.

간경도감은 설립 초기와 세조 재위(在位) 시에는 의욕적으로 사업을 펼쳤으나 세조 사후 예종대를 거치면서 점차 역할이 줄어들었다. 세조 이래 계속되던 유신(儒臣)들의 반대가 예조·성종대에는 더욱 극심해졌다. 성종 즉위 초 사간원(司諫院) 대사간(大司諫)인 김수녕(金壽寧) 등이 극렬하게 혁파를 상소하였고,[30] 급기야 성종 2년(1471) 12월에 폐지되기에 이르렀다.

3.2.

간경도감에서 간행된 한문불서들은 경전에 대한 논소(論疏)들과 선서(禪書)들이 대부분을 차지한다. 간기가 있는 끝부분이 낙장인 책이 많아서 확인이 쉽지 않지만 대략 30건 정도가 현전한다. 이를 연대순으로 보

---

26) 간경도감 본사의 위치에 대해서는 강신항(1957), 박정숙(1996) 등 참조.

27) ─임금이 간경도감(刊經都監)에 거둥하였다. (上幸刊經都監)─ <예종실록 7권 14장, 예종 1년(1469년) 9월 1일 辛巳條>

28) ─간경도감에서 아뢰기를, '화재가 날까 두려우니, 청컨대 부근의 인가를 철거시키십시오.'라고 하니, 명하여 또한 2월까지 철거하게 하였다. 모두 23호였는데, 복호(復戶)해 주고 쌀을 내려 주기를 모두 궁성 부근에 거주하는 사람의 예와 같게 하였다. (刊經都監啓 火災可畏 請撤去傍近人家 命亦及二月撤去 凡二十三戶 給復賜米 悉如宮城傍近居人例)─ <세조실록 27권 13장, 세조 8년(1462년) 1월 30일 乙丑條>

29) ─밤에 사옹원 동랑의 탄고에서 실화하여 본원과 간경도감의 동철·포백·미면 여러 창고와 등촉방 등 무릇 수십 간을 연소하여 불꽃이 크게 타오르니, (夜 司饔院東廊炭庫失火 延燒本院與刊經都監 銅鐵布帛米糆 諸庫及燈燭房凡數十間 火焰大熾)─ <세조실록 44권 49장, 세조 13년(1467년) 12월 14일 丙午條>

30) ─지금 간경도감은 본래 임시로 설치한 아문이어서 일이 끝나면 곧 파하는 것입니다. (今刊經都監 本是權置衙門 事已便罷者也)─ <성종실록 4권 22장, 성종 1년(1470년) 4월 14일 壬戌條>

이면 다음과 같다.31)

[표 2] 간경도감 간행 한문불서 일람표

순서	서명	권수	저·역자/편찬자	간행연도	간행지 및 기타
1	금강반야경소개현초 (金剛般若經疏開玄鈔)	6	공철(公哲)/ 지온(志蘊)	1461	본사(중수)
2	대반열반경의기원지초 (大般涅槃經義記圓旨鈔)	14	공공(崆空)	1461	본사(중수)
3	대승아비달마잡집논소 (大乘阿毘達磨雜集論疏)	16	현범(玄範)	1461~2	낙질본(중수)
4	정명경집해관중소 (淨名經集解關中疏)	4	도액(道液)	1461~2	낙질본(중수)
5	묘법연화경관세음보살 보문품삼현원찬과문 (妙法蓮華經觀世音菩薩 普門品三玄圓贊科文)	1	사효(思孝)	1461~2	낙질본(중수)
6	대반열반경소 (大般涅槃經疏)	20	법보(法寶)	1461~2	낙질본(중수)
7	개사분률종기의경초 (開四分律宗記義鏡鈔)	20	행만(行滿)	?	낙질본
8	수능엄경의소주경 (首楞嚴經義疏注經)	20	자선(子璿)	?	낙질본
9	화엄경론(華嚴經論) 속장본(續藏本)	100	영변(靈辯)/ 의천(義天)	?	낙질본
10	사분률산번보궐행사초 상집기 (四分律刪繁補闕行事鈔 詳集記)	14	징연(澄淵)	1461~3	상주·안동분사 (조조)
11	능엄경환해산보기 (楞嚴經環解刪補記)	10	보환(普幻)	1461	본사(중수)
12	대승기신론소필초기 (大乘起信論疏筆削記)	6	자선(子璿)	1462	전주분사(조조)

---

31) 목록의 작성에는 김두종(1974), 강신항(1957), 한국정신문화연구원(1990), 천혜봉
(1990ㄴ), 박정숙(1996) 등을 참고하였다.

순서	서명	권수	저·역자/편찬자	간행연도	간행지 및 기타
13	대방광불화엄경합론 (大方廣佛華嚴經合論)	120	이통현(李通玄)	1462	전주분사(조조)
14	대비로자나성불신변가 지경의석연밀초 (大毘盧遮那成佛神變加 持經義釋演密鈔)	10	각원(覺苑)	1462	본사(중수)
15	유가론소(瑜伽論疏)	40	지주(智周)	1462	안동분사(조조)
16	능엄경의해(楞嚴經義海)	30	함휘(咸輝)	1462	본사(조조)
17	오삼연야신학비용 (五杉練若新學備用)	3	응지(應之)	1462	본사(중수)
18	진실주집(眞實珠集)	3	예묘행(倪妙行)	1462	본사(조조)
19	지장보살본원경 (地藏菩薩本願經)	1	실차난타 (實叉難陀)	1462	본사(중수)
20	묘법연화경찬술 (妙法蓮華經纘述)	2	혜정(慧淨)	1463	낙질본(중수)
21	구사론송소초 (俱舍論頌疏鈔)	8	상진(常眞)	1462~3	진주·상주분사 (조조)
22	노산집(盧山集)	10	혜원(慧遠)	1463	본사(중수)
23	보리달마사행론 (菩堤達摩四行論)	2	달마(達磨)	1464	남원분사(중수)
24	대방광원각수다라요의경 (大方廣圓覺修多羅了義經)	3	불타다라 (佛陀多羅) 역/ 규봉종밀 (圭峰宗密) 소초	1464	본사(조조)
25	선문삼가염송집 (禪門三家拈頌集)	6	혜심(慧諶)/ 구암(龜庵)	1464	본사(중수)
26	자애화상광록 (慈愛和尙廣錄)	2	?	1466	본사(중수)
27	무주묘법연화경 (無注妙法蓮華經)	7	구마라집 (鳩摩羅什)	1467	본사
28	원종문류집해 (圓宗文類集解)	22	의천(義天)/ 확심(廓心)	1468	개성분사(중수)
29	석문홍각범임간록 (石門洪覺範林間錄)	2	각범(覺範)	1468	상주분사(중수)
30	금광명경문구소 (金光明經文句疏)	3	지의(智顗)	?	낙질본

간경도감에서 간행된 한문불서로는 위에 든 것 외에 다른 판본이 더 있을 것으로 짐작되나 현재 발굴·소개된 것은 이 정도이다. 1986년 경주시 기림사(祇林寺)의 복장 유물 조사 때에 발굴된 경전 중 간경도감본이 있었던 것으로 알려져 있으나, 직접 실사할 기회를 갖지 못했다.

3.3.

세조는 왕위에 오른 후 대군 시절에 모후(母后)의 추천 불사(追薦佛事)로 부왕에게 찬진(撰進)했던 『석보상절』(1447년)과 세종 찬(撰)의 『월인천강지곡』을 합편하여 『월인석보』(1459년)를 편찬했다. 그리고 즉위 7년(1461년)에 금속활자인 을해자(乙亥字)로 『능엄경언해』 10권, 『아미타경언해』 1권을 인간(印刊)한 바 있다. 이때 간행된 책들은 그 전부가 오늘에 전한다. 이 활자본들은 간경도감 설치 후에 목판본으로 재간(再刊)되었다. 짧은 기간 동안 각각 활자본과 목판본으로 잇달아 간행되었던 것이다. 이미 알려진 대로 간경도감 간행 언해불서들은 모두 9건이다. 그 목록은 다음과 같다. 간행기간은 1462년부터 1467년까지 겨우 5년간이고, 간행지는 모두 서울 본사였다. 이들 언해불서들에 대한 형태서지는 다음 장(章)에서 따로 논의할 것이다.

[표 3] 간경도감 간행 언해불서 일람표

순서	서 명	권수	저자, 주해자, 구결작성자, 역자 등	간행 연도	간행지
1	대불정수능엄경언해	10	반랄밀제역, 계환해, 세조구결, 한계희, 김수온 등 번역	1462	본사
2	묘법연화경언해	7	구마라집역, 계환해, 일여집주, 세조구결, 윤사로 등 번역	1463	본사
3	선종영가집언해	2	현각찬, 행정주, 정원과문수정, 세조구결, 신미 등 번역	1464	본사

순서	서 명	권수	저자, 주해자, 구결작성자, 역자 등	간행 연도	간행지
4	불설아미타경언해	1	구마라집역, 지의주석, 세조구결 · 번역	1464	본사
5	금강반야바라밀경언해	2	구마라집역, 혜능주해, 세조구결, 한계희 등 번역	1464	본사
6	반야바라밀다심경언해	1	현장역, 현수약소, 중희술, 세조구결, 한계희 등 번역	1464	본사
7	대방광원각수다라요의경언해	10	불타다라역, 종밀소초, 세조구결, 신미 등 번역	1465	본사
8	목우자수심결언해	1	지눌찬, 비현합결, 신미 번역	1467	본사
9	사법어언해	1	신미 구결 · 번역	1467	본사

간경도감 간행의 언해불경인 위 책들의 일별에서 보는 바와 같이 설치 초기에는 매우 의욕적으로 사업을 펼쳤으나 뒤로 가면서 점차 쇠퇴의 길로 접어들었음을 짐작할 수 있다. 이런 이유로 책의 형태서지도『목우자수심결언해』,『사법어언해』(1467년) 등에 이르러서는 앞서 간행되었던 책들과 조금씩 다르게 되어 있다.

위 9건의 책 외에『몽산화상법어약록언해』를 한동안 간경도감본으로 다루기도 했으나, 표기법, 언해 체제, 불교용어의 한자음 주음 위치 등을 종합해 보면 간경도감 이전에 간행된 책으로 본다. 아마도 교서관에서 간행했을 것으로 판단한다.[32] 이에 대해서는 필자가 몇몇 판본의 비교 · 고찰을 통해 '?1459년'에 간행된 것으로 비정(比定)한 바 있다. 간경도감본으로 잘못 인식한 것은 중간본『몽산화상법어약록언해』가 간경도감본『사법어언해』와 합철되어 있어서 그렇게 추정한 것으로 생각한다. 간경도감 간행의 불전언해들은 대체로 대승불교 경전류이거나 선서류들이다. 한국불교 사상 형성의 주류를 이루어 온 경전, 또는 불교 전문 강원의 사교과(四敎科) 과목 논서(論書)이거나 선 수행(禪修行) 지침서 역할을 해온

---

32)『몽산화상법어약록언해』의 간행 연도와 원간본의 비정은 김무봉(1993ㄱ) 참조.

경전들이다. 소의경전 역할을 해온 불서들도 있다. 모두 언해라는 독특한 번영 양식에 의해 조성된 경전들이다. 간경도감본 국역불서들은 이후 간행된 여러 언해서들의 지침이 되어 '언해'라는 독특한 문체를 형성하였고, 새로 창제된 국문자로 한문 문장을 옮기는 번역 양식을 만들었다.

3.4.

간경도감에 간행된 책들의 번역 방식은 대체로 경(經)이나 경소(經疏)에 정음으로 구결을 단 후 번역하는 이른바 대역(對譯)의 방법을 취했다. 번역문의 한자에는 동국정운(東國正韻) 한자음을 주음(注音)하였는데 당시 언어 정책의 일면을 짐작할 수 있는 단서가 된다. 구결문의 정음구결에는 방점을 찍지 않아서 간경도감 설치 이전에 간행했던 불서들과 구분하기도 하였다. 언해의 과정은 물론 교정도 매우 엄격하게 이루어졌던 듯하다. 이를 알 수 있는 기록들이 전한다. 언해의 과정에 대해서는 『능엄경언해』 권10의 어제발(御製跋) 4장 앞뒷면에 나와 있는 내용[33]을 참고할 수 있다. 그 글을 통해 언해의 과정을 비교적 소상하게 알 수 있다. 『능엄경언해』에 관한 것이지만 당시 불전언해가 얼마나 엄격한 과정을 거쳐서 이루어졌는지 짐작할 수 있게 해 준다.

上이 입겨출 ᄃᆞ르샤 慧覺尊者의 마기와시ᄂᆞᆯ 貞嬪韓氏等이 唱準ᄒᆞ야ᄂᆞᆯ
工曹參判臣韓繼禧 前尙州牧使臣金守溫ᄋᆞ 飜譯ᄒᆞ고 議政府檢詳臣朴楗 護軍

---

33) 이 내용은 『능엄경언해』 권10 이본(異本)에 따라 있고 없음의 차이가 있다. 국보 제212호인 동국대 중앙도서관 소장의 책에는 이 내용을 포함해서 어제발(御製跋)이 없다. 활자본(活字本) 『능엄경언해』(1461년)의 경우에는 이 내용이 10권 3장 뒷면 2행에서 시작하여 4장 앞면 2행에 걸쳐 실려 있다.
여기에서는 실려 있는 내용 전문만 싣는다. 각 과정별 실행 내용 및 담당자 등은 앞의 제2장에서 이미 정리한 바 있다.

臣尹弼商 世子文學臣盧思愼 吏曹佐 郞臣鄭孝常은 相考ㅎ고 永順君臣溥ㄴ
例一定ㅎ고 司膽寺尹臣曹變安 監察臣趙祉ㄴ 國韻 쓰고 慧覺尊者信眉 入選
思智 學悅 學祖ㄴ 飜譯 正희온 後에 御覽ㅎ샤 一定커시ᄂᆞᆯ 典言曹氏豆大ㄴ
御前에 飜譯 닑ᄉᆞ오니라

<『능엄경언해』 권10 어제발 4장>

　　위의 내용으로 미루어 언해본의 조성이 매우 엄격하면서도 철저한 관
리 속에 진행되었음을 알 수 있다. 번역 작업이 끝난 후에도 출판에 이
르기까지는 여러 어려운 과정을 거쳐야 했던 것으로 보인다. 그 결과 간
경도감본 언해불전들은 당시에 간행된 한글 문헌의 전범이 되었다. 그런
데 이렇게 방대한 양의 불서들을 짜임새 있게 간행하기 위해서는 구결
작성과 번역 등의 작업에 적지 않은 어려움이 있었을 것이다. 그러면서
도 책마다 약간씩 변개를 거듭했다. 모두 독자들의 읽기의 편의를 위해
가독성(可讀性)을 높이는 방향으로 개선을 했기 때문일 것이다. 그러면 간
경도감 설치 후 겨우 6년이라는 짧은 기간 동안 그토록 방대한 양의 불
전 인간(印刊)이 가능했던 것은 무엇 때문이었을까? 이는 왕이나 왕실의
비호를 받은 국가적 주요 사업이었다는 사실 외에, 전시대 구결불경의
전통이 그대로 이어졌기에 어느 정도 가능했다고 본다. 앞에서 지적한
대로 여말 선초에 간행되었던 구결불경과 간경도감에서 간행된 언해본
들을 비교하면 한자로 현토된 구결과 정음구결의 맥이 닿아 있다. 이는
신라 이래 유지되어 왔던 전통, 곧 한문경전을 우리말로 읽으려는 노력
이 정음 창제 후 결실을 본 것으로 판단한다. 이로 미루어 간경도감 간
행의 국역불서들은 불교 전래 이래 경전을 우리말로 읽으려는 노력이
국문자 창제로 비로소 결실을 보게 된 것이고, 거기에 간경도감이라는
국가기관이 있어서 대규모 사업으로까지 확대될 수 있었던 것으로 본다.

4. 간경도감 간행의 언해불경

간경도감에서 간행된 언해불서들은 언해 체제에서 몇 가지 공통된 특징을 보인다. 경 본문은 경의 적당한 곳을 끊어 단락을 나눈 후, 큰 글자[大字]인 경 본문의 구두에 구결을 달아 구결문을 만들었다. 한글로 적힌 쌍행의 구결에는 방점을 찍지 않았다. 간경도감 이전에 간행된 언해 문헌들과 구분되는 점이다. 구결문 다음에는 ○ 표시를 하고 언해문을 배치했다. 본문과 요해 등의 언해는 작은 글자[小字] 쌍행으로 했다. 요해 등이 있을 경우에는 중간 글자[中字]로 본문보다 한 줄 낮추어서 구결문을 만든 후 역시 언해문을 두었다. 구결문과 언해문 사이에는 ○ 표시를 하여 구분하였다. 협주가 있는 경우에는 양쪽에 흑어미 표시를 하였다. 모두 독자들의 읽기의 편의를 도모한 번역 양식으로 보인다. 이를 간단히 요약하면 다음과 같다.

1) 간경도감(刊經都監) 간행의 언해불서들은 모두 목판본(木版本)이다.
2) 한자에는 독음(讀音)으로 동국정운(東國正韻) 한자음이 주음(注音)되어 있는데, 한자는 큰 글자, 주음은 작은 글자로 표기하였다.
3) 구결문의 한글로 적힌 구결에는 방점을 찍지 않았다. 이 점이 간경도감 이전에 간행된 언해 문헌들과 구분되는 점이다. 구결은 모두 쌍행으로 되어 있다.
4) 언해문은 한글 작은 글자로 하였다.
5) 한자어 주음은 구결문에는 없고 언해문에만 하였다.
6) 협주(夾註)의 시작과 끝에는 흑어미를 두었다. 다만 『아미타경언해』, 『목우자수심결언해』, 『사법어언해』에는 하지 않았다.
7) 본문과 언해문 사이에 ○ 표시를 하여 구분했다.

이상의 내용으로 보면 간경도감 간행의 언해본들은 그 이전에 간행되었던 언해본들과는 번역 체제 등에서 뚜렷한 차이를 보인다. 이는 단편적이고 일회성으로 시행했던 전 시대 간경사업에 비해 전문성이 크게 신장되었기 때문일 것이다.

4.1. 능엄경언해(楞嚴經諺解)

『능엄경언해』는 송나라 온릉(溫陵) 계환(戒環)이 주해(注解)를 한 「수능엄경요해(首楞嚴經要解)」(1127년)에 세조가 정음으로 구결을 단 후, 한계희(韓繼禧), 김수온(金守溫), 신미(信眉) 등이 번역을 한 책이다. 계환(戒環)이 주해(注解)한 주해본(注解本) 「수능엄경요해(首楞嚴經要解)」의 저본(底本)은 중인도의 승려 반랄밀제(般刺蜜諦)가 한역(漢譯, 705년)한 『대불정여래밀인수증요의제보살만행수능엄경(大佛頂如來密因修證了義諸菩薩萬行首楞嚴經)』이다.[34] 활자본 『능엄경언해』는 세조 7년(1461년)에 교서관(校書館)에서, 목판본은 세조 8년(1462년)에 간경도감에서 각각 10권 10책으로 간행되었다.

『능엄경』은 고려 중엽 무렵 보환(普幻)에 의해 「능엄경환해산보기(楞嚴經環解刪補記)」라는 주석서가 만들어지기도 하고, 조선조에는 강원의 필수과목으로 채택되는 등 불가(佛家)에서 널리 유통되었던 선종(禪宗)의 중요한 경전 중 하나이다.

이 책의 번역과 관련해서 전하는 일화가 하나 있다. 이 책은 일찍이 세종의 명에 의해 번역이 시도된 바 있었으나 미처 이루지 못했다. 그러다가 세조 7년(1461년) 5월경 양주 회암사(檜岩寺)의 불사(佛事) 도중에 석가모니 분신 사리(分身舍利)의 신이(神異)가 나타났다. 세조가 이에 종교적 감

---

34) 이 경전은 갖은 이름이 길어서, 흔히 '대불정수능엄경, 수능엄경, 능엄경' 등으로 줄여서 부른다. 강원의 사교과(四敎科) 과목 중 하나로 채택되어 이용될 정도로 한국 불교에서 소중히 다루어 온 근본 경전의 하나이다. 중국에서 후대에 찬술한 위경(僞經)이라는 견해도 있다.

동을 받아서 미루어 오던 번역을 적극 추진하게 되었다는 것이다.35) 그리하여 같은 해 6월에 시작하여 8월에 탈고하고, 10월에 활자본으로 간행했으나, 너무 서둘렀기 때문에 잘못된 곳이 더러 있었다. 이를 교정해서 다음해에 목판으로 재간행하여 활자본과 목판본 두 가지 판본이 있게 된 것이다.

목판본을 중심으로 편찬 양식을 살피면 다음과 같다.

경(經)의 본문은 한자(漢字)의 경우 큰 글자[大字], 구결은 정음(正音) 작은 글자로 했다. 구결문의 끝에 ○ 표시를 한 후 언해문을 쌍행(雙行)의 작은 글자[小字]로 두었다. 중간에 협주가 나오면 '【' 표시로 시작하여 '】' 표시로 끝마쳤으나, 협주의 끝부분이 글의 분절 마지막인 경우에는 뒤의 흑어미 표시를 생략했다.

다음에는 줄을 바꾸어 한 글자 내려서 계환의 '요해'가 중간 글자[中字]로 씌었는데, 구결문과 언해는 본문과 같은 형식인데, 이렇게 한 단락이 끝나면 다시 경전 본문이 이어진다. 언해문의 한자에는 동국정운 한자음을 주음(注音)하였으나, 본문이나 '요해'의 한자에는 주음하지 않았으며, 구결에 방점을 찍지 않았다. 이러한 번역 양식을 정음 창제 초기에 만들어진 『석보상절』이나 『월인석보』의 그것과 비교해 보면, 가독성(可讀性)을 높이기 위한 배려에서 온 변화라고 판단한다.

완질인 목판본 권1의 편차(編次)와 각 권의 장수는 다음과 같다.

---

35) 이러한 내용은 세종대왕기념사업회 소장의 활자본 권10 뒷부분에 있는 세조의 「어제발(御製跋)」을 비롯하여 낙장 상태로 전해지는 신미, 김수온, 한계희 등의 발문을 통해 알 수 있다.

내용	장수
진수능엄경전(進首楞嚴經箋) 계양군(桂陽君)	4장
조조관(雕造官) 열함(列銜)	2장
수능엄경요해서(首楞嚴經要解序) 급남(及南)	5장
능엄경 권 제1	111장(계122장)
능엄경 권 제2	126장
능엄경 권 제3	119장
능엄경 권 제4	134장
능엄경 권 제5	90장
능엄경 권 제6	115장
능엄경 권 제7	95장
능엄경 권 제8	142장
능엄경 권 제9	123장
능엄경 권 제10	97장
어제발(御製跋)	7장
	총 1170장

원간본인 동국대 도서관 소장 목판본 권1의 형태서지는 다음과 같다.

책크기 : 35.7cm × 23cm
내　　제 : 大佛頂如來密因修證了義諸菩薩萬行首楞嚴經(卷第一)
판심제 : 楞嚴經(卷一)
반　　곽 : 21.6cm × 17.7cm
판　　식 : 4주 쌍변
판　　심 : 흑구 상하내향흑어미
행　　관 : 유계(有界) 9행, '본문'은 큰 글자 17자, '요해'는 중간 글자 16자,
　　　　　 '언해문'은 작은 글자 쌍행 17자[본문], 16자[요해]
권말제 : 大佛頂如來密因修證了義諸菩薩萬行首楞嚴經(卷第一)

이 『능엄경언해』는 간경도감에서 간행된 최초의 불경언해서로 이후에 나온 언해본의 전범이 되었다는 점에서 중요한 문헌이며, 특히 활자본은 서지학적으로도 귀중한 가치를 가진다. 10권 10책으로 어휘나 문법 자료 등이 풍부하여 국어사 연구에서는 기본적인 문헌의 하나로 평가받고 있다.

4.2. 법화경언해(法華經諺解)

『법화경언해』는 요진(姚秦)의 구마라집(鳩摩羅什)이 한역(406년)한 『묘법연화경(妙法蓮華經)』에 송나라 계환(戒環)이 요해(要解)를 하고, 명나라 일여(一如)가 집주(集註)한 것을 저본(底本)으로 했다. 경의 본문과 '요해'에 세조가 직접 정음으로 구결을 달고, 간경도감에서 번역하여 세조 9년(1463년)에 목판본 7권 7책으로 간행한 것이다.[36]

『묘법연화경』(이하 줄여서 '법화경') 7권 28품은 대승경전 중 대표적인 경전으로, 전반 14품인 적문(迹門)에서는 응신불(應身佛)로서의 부처의 가르침을, 후반 14품 본문(本門)에서는 응신불의 본체인 구원(久遠)의 근본불을 설했다. 일승(一乘)의 가르침은 가장 뛰어난 교법(敎法)으로서 직접 말로 표현할 수 없으므로 이를 세간에 있는 가장 아름답고 빼어난 꽃인 연꽃에 비유하여 『묘법연화경』이라고 했다고 한다.

『법화경언해』는 간경도감본 이전에 이미 번역되어 『석보상절』에 편입되어 있었다. 중복되는 게송(偈頌)을 제외하고 장항(長行)인 산문의 본문은 거의 번역되어 『석보상절』 권13에서 권21까지에 실려 있다.[37]

편찬 양식은 『능엄경언해』와는 달리 경전 본문 앞에 계환의 과문(科文)을 한 글자 내려서 구결과 함께 싣고, 언해를 한 다음에 본문 구결문과 언해문을 두었다.

큰 글자[大字]의 본문에는 구결을 달았다. 단락 끝에 ○ 표시를 한 후

---

36) 이는 윤사로(尹師路)가 쓴 '진묘법연화경전(進妙法蓮華經箋)'이나 세조실록 권31(1463년 9월 2일 戊午條)의 '간경도감(刊經都監)에서 새로 간행한 『법화경(法華經)』을 바쳤다. (刊經都監 進新刊 法華經)'이라는 기사로 알 수 있다.

37) 『석보상절』 권14~18의 5권은 현전본이 없는 듯하나, 현전하는 『석보상절』 권13에 『법화경』 권1의 서품 제1, 방편품 제2가, 『석보상절』 권19에 『법화경』 권6의 제18~21품이, 『석보상절』 권20에는 『법화경』 권6의 제22~23품과 권7의 제24품이, 『석보상절』 권21에 『법화경』 권7의 제25~28품이 실려 있으므로, 미발굴의 『석보상절』 권14~18의 5권에는 『법화경』 제3~17품이 수록되어 있음을 추정할 수 있다.

일여의 '집주'를 작은 글자[小字] 쌍행으로 쓰고, 끝나면 다시 ○ 표시를 둔 다음 본문의 언해를 적었는데, 이 또한 작은 글자[小字] 쌍행이다. 이어 한 글자 내려서 계환의 '요해'에 구결을 달고, 중간 글자[中字]로 하였으며, 그 끝에는 ○ 표시를 하고 언해하였는데, 이 역시 작은 글자[小字] 쌍행으로 하였다. 언해의 한자에는 동국정운 한자음을 주음하고, 간혹 중간에 협주가 있으면 처음과 끝에 각각 흑어미(黑魚尾) 표시를 했다.

이 책 권1의 편차와 각 권의 장수는 다음과 같다[동국대 영인본(1960) 기준].

권차	내용	장수
권1	진묘법연화경전(進妙法蓮華經箋)	5장
	조조관(雕造官) 열함(列銜)	2장
	신주법화경서(新註法華經序)	2(1~2)장
	묘법연화경 일여집주서(妙法蓮華經一如集註序)	3(3~5)장
	묘법연화경 홍전서(弘傳序)(道宣 述)	13(6~18)장
	묘법연화경 요해서(要解序)(及南撰)	5(19~23)장
	묘법연화경 권제1 (과문)	16(1~16)장
	묘법연화경 서품제일(序品第一)	114(17~130)장
	방편품제이(方便品第二)	119(131~249)장
		계 279장
권2	비유품 제3 신해품 제4	계 266장
권3	약초유품 제5 수기품 제6 화성유품 제7	계 202장
권4	오백제자수기품 제8 수학무학인기품 제9 법사품 제10 견보탑품 제11 제바달다품 제12 지품 제13	계 201장

권차	내용	장수
권5	안락행품 제14 종지용출품 제15 여래수량품 제16 분별공덕품 제17	계 213장
권6	수희공덕품 제18 법사공덕품 제19 상불경보살품 제20 여래신력품 제21 촉루품 제22 약왕보살본사품 제23	계 187장
권7	묘음보살품 제24 관세음보살보문품 제25 다라니품 제26 묘장엄왕본사품 제27 보현보살권발품 제28	계 194장
		총 1542장

이 책의 형태서지를 동국대 도서관 소장의 권1을 중심으로 요약하면
다음과 같다.

책크기 : 31.5cm × 22.5cm
내　제 : 妙法蓮華經
판심제 : 法華經(卷一)
반　곽 : 21.8cm × 17.8cm
판　식 : 4주 쌍변
판　심 : 중흑구 상하내향흑어미
행　관 : 유계 9행, '본문'은 큰 글자 17자, '언해'는 쌍행 작은 글자 17자,
　　　　 '요해'는 중간 글자 16자, '언해'는 쌍행 작은 글자 16자
권말제 : 妙法蓮華經(卷第一)

『법화경언해』와 비슷한 책으로 개간 『법화경언해』가 있다. 이 책은
간경도감판 『묘법연화경언해』와 내제, 판심제가 같으면서도 그 체제는

전혀 다르다. 본문만 구결을 달고 언해했으며, 계환의 요해와 그에 대한 언해는 생략했다. 판식이나 표기법 등이 원간본과는 다른 전혀 별개의 문헌이다. 이용에 주의를 요한다.

　　간기 : 弘治十三年庚申九月 日刊 同事林厚

4.3. 선종영가집언해(禪宗永嘉集諺解)

『선종영가집언해』는 당(唐)나라 영가(永嘉) 현각(玄覺, 665∼713년)스님의 『선종영가집』에 송(宋)나라 행정(行靖)이 주(註)를 달고, 정원(淨源)이 과문(科文)을 수정한 것에 세조가 정음으로 구결을 단 후, 혜각존자(慧覺尊者) 신미(信眉)와 효령대군(孝寧大君) 보(補) 등이 번역을 하여 세조 10년(1464년) 1월에 간경도감에서 간행한 목판본의 언해불서이다. 상하 2권 2책으로 되어 있다.

이 책은 선정(禪定)에 들 때 주의해야 할 일과 수행 방법을 10단으로 나누어 설명한 선종(禪宗)의 중요한 문헌 중 하나이다.

편찬 양식은 같은 해에 간경도감에서 간행한 『아미타경언해』·『금강경언해』·『반야심경언해』 등과 대체로 일치한다. 정음으로 구결을 단 본문을 먼저 보이고, 단락을 나눈 첫머리에 ○ 표시를 한 다음, 이어서 언해문은 작은 글자 쌍행으로 적었다. 이것이 끝나면 행(行)을 바꾸어서 한 글자 내려 과주(科注)를 두었는데, 여기에도 정음구결이 있다. 단락 끝에 ○ 표시를 하고 그 뒤에 언해문이 이어지는 형식으로 구성되어 있다.

본문의 한자(漢字)는 큰 글자, 과주의 한자는 중간 글자이고, 정음구결과 언해문은 같은 크기의 글자를 썼다. 이 책의 편차(編次)는 다음과 같다.

권상(上)

내용	장수	
진전문(進箋文) 황수신(黃守身) 등	3장	
서문 위정(魏靜)	17장	
조조관(雕造官) 열함(列銜)	2장	
본문		
제1문 모도지의(慕道志儀)		
제2문 계교사의(戒憍奢意)		
제3문 정수삼업(淨修三業)	120장	
제4문 사마타송(奢摩他頌)		
제5문 비바사나송(毗婆舍那頌)		계 142장

권하(下)

내용	장수	
제6문 우필차송(優畢叉頌)		
제7문 삼승점차(三乘漸次)		
제8문 사리불이(事理不二)	149장	
제9문 권우인서(勸友人書)		
제10문 발원문(發願文)		
함허당찬송병서(涵虛堂讚頌并序)	3(1~3)장	
함허당설의(涵虛堂說義)	7(4~10)장	계 159장

동국대 도서관 소장본(卷上)을 대상으로 그 형태서지를 밝히면 다음과 같다.

책크기 : 33cm × 21cm
내   제 : 禪宗永嘉集(卷上)
판심제 : 永嘉集(卷上)
반   곽 : 21.7cm × 16cm
판   식 : 4주 쌍변
판   심 : 대흑구 상하내향흑어미
행   관 : 유계(有界) 8행 19~20자, '과주(科注)'와 그 '언해'는 18~19자
권말제 : 禪宗永嘉集(卷上)

4.4. 불설아미타경언해(佛說阿彌陀經諺解)

『불설아미타경언해』는 요진(姚秦)의 구마라집(鳩摩羅什)이 한역(漢譯)한 『불
설아미타경』(弘始 4년, 402년)에 세조가 정음으로 구결을 달고 번역한 책이
다. 을해자본(乙亥字本)은 세조 7년(1461년), 또는 그 이전 시기에 교서관(校書
館)에서, 목판본은 세조 10년(1464년) 간경도감에서 간행한 것으로 본다.

부처가 기원정사(祇園精舍)에서 사리불(舍利弗) 등을 위하여 서방(西方)의
아미타불과 그 국토인 극락세계의 공덕·장엄을 이르고, 아미타불의 명
호(名號)를 한마음으로 부르면 극락세계에 태어나며, 육방(六方, 동·서·
남·북·상·하)의 많은 부처가 석가모니 부처의 말씀이 진실한 것임을 증
명하고, 염불하는 중생을 부처가 호념(護念)할 것임을 설한 내용이다.

활자본의 경우를 보면, 경(經)의 본문은 큰 글자, 구결은 정음 작은 글
자를 적고, 언해는 줄을 바꾸어 한 글자 내려서 정음 중간 글자로 적었
다. 주(注)는 쌍행(雙行)으로 정음 작은 글자를 썼다. 구결에도 방점이 찍혔
다. 이는 간경도감본들과 구분되는 점이다. 정음 중간 글자는 그 시기로
보아 최초의 중활자(中活字)로 본다.

활자본에는 서(序)나 발문(跋文)이 없어서 정확한 간행 연대를 알 수 없
으나, 불교용어 '해탈(解脫)'의 '해'자 주음이 아래와 같이 시대에 따라 다
른 점을 간행 연대 추정의 근거로 삼기도 한다(안병희, 1980).

1447년 『석보상절』	행
1459년 『월인석보』	갱
1461년 『능엄경언해』(활자본)	갱
1462년 『능엄경언해』(목판본)	갱
1463년 『법화경언해』	행
?1461년 『아미타경언해』(활자본)	갱(13ㄱ)

위와 같은 불교용어의 한자음 표기에 견주어 보면, 간행 연대의 상한은 을해자(乙亥字)를 주조한 세조 1년(1455년)이고, 하한은 1462년이다. 그런데 『월인석보』 제7에 이 『아미타경』이 번역·편입되어 있고, 본문의 정음구결에 방점이 찍힌 점을 고려하면 상한선은 1459년이 된다. 따라서이 활자본은 1459년에서 1461년의 활자본 『능엄경언해』 이전에 간행되었을 것으로 추정한다. 대체로 활자본 『능엄경언해』가 간행된 해인 1461년경에 간행된 것으로 본다.

활자본 25장 1책의 형태서지는 다음과 같다.

　　책크기 : 36.7cm × 23.3cm
　　내　제 : 佛說阿彌陀經
　　판심제 : 阿彌陀經
　　반　곽 : 27cm × 19.4cm
　　판　식 : 4주 단변(單边)
　　판　심 : 백구(白口) 상하내향흑어미
　　행　관 : '대문(大字)'은 1행 큰 글자 16자, '언해'는 중간 글자 20자, '쌍
　　　　　　행'의 주는 작은 글자 20자
　　권말제 : 佛說阿彌陀經

활자본은 1970년에 처음 발굴·공개된 유일본으로 성암고서박물관에 소장되어 있다. 목판본인 간경도감판(1464)의 원간 초쇄본은 현재 전하는 것이 없고, 후쇄본은 최영란을 거쳐 지금은 단양의 구인사 소장으로 전한다. 후쇄본과 복각본 등에 보이는 간기 '天順八年(1464년)甲申歲 朝鮮國刊經都監奉/敎雕造/忠毅校尉行忠佐衛中部副司正臣安惠書'에 의해 원간 초쇄본의 간행 연대를 확인할 수 있다.

간경도감 간행 목판본 29장 1책의 서지사항은 다음과 같다.

권두서명 : 佛說阿彌陀經

판심서명 : 阿彌陀經

책크기 : 분권(分卷)을 하지 않은 29장 1책의 목판본

　　　　30.4cm × 18.7cm.

판　식 : 사주 쌍변(四周雙邊)

판　심 : 상하 대흑구 내향흑어미.

행　관 : 반엽(半葉)은 매면(每面) 유계(有界) 8행, 본문 구결문은 큰글자

　　　　19자, 구결문의 정음구결은 쌍행인데, 방점이 찍혀 있지 않다.

　　　　언해문은 한 글자 내려서 중간 글자 18자. 흑어미 표시가 없

　　　　는 협주(夾註) 역시 18자이나, 작은 글자 쌍행이다.

간　기 : 天順八年甲申歲朝鮮國刊經都監奉敎雕造/ 忠毅校尉行忠佐衛中部

　　　　副司正臣安惠書

4.5. 금강경언해(金剛經諺解)

『금강경언해』는 구마라집(鳩摩羅什)이 한역(漢譯)한 『금강경』 본문과 육조(六祖)대사 혜능(惠能)의 해의(解義)에 세조가 정음으로 구결을 달고 한계희가 번역을 한 후, 효령대군과 판교종사(判敎宗事) 해초(海超) 등이 교정을 보아서 세조 10년(1464년)에 간경도감에서 간행했다. 『금강경』은 『금강반야바라밀경(金剛般若波羅蜜經)』의 줄임이다.

『금강경』은 석가모니가 사위국(舍衛國) 기수급고독원(祇樹給孤獨園)에서 수보리(須菩提) 등 제자를 위하여 경계(境界)의 공(空)함과 혜(慧)의 공(空)함과 보살공(菩薩空)을 밝힌 것으로서, 공·혜(空慧)로 체(體)를 삼고 일체법(一切法) 무아(無我)의 이치를 설(說)한 것이 주요한 내용이다.

간행 사실과 그 동기는, 황수신의 '진금강경심경전(進金剛經心經箋)'과 해초 등의 발문, 그리고 권말의 '번역광전사실(飜譯廣轉事實)' 등을 통해 알 수 있다.

곧, 임오년(壬午年, 1462년) 9월 9일, 세조의 꿈에 선대왕 세종이 보이고, 또 요절한 의경(懿敬)세자 도원군(桃源君)도 만났으며, 중궁(中宮)도 꿈에 세종이 이룩한 불상을 보았다는 것이다. 이에 세조는 지극히 감격하여 돌아간 세자의 명복을 빌고, 한편으로는 애통한 마음을 달래기 위해『금강경』을 번역하게 되었다고 한다.

편찬 양식은, 경의 본문은 큰 글자로 행(行)의 첫머리부터 시작하고, 육조의 해의(解義)는 한 글자 내려서 중간 글자로 썼으며, 언해는 단락이 끝나면 ○ 표시를 한 후 쌍행(雙行)의 작은 글자로 이어 썼다. 앞부분의 '육조해서(六祖解序)'나 뒤의 후서(後序)·발문 등은 중간 글자이고, 정음구결은 언해와 같이 작은 글자로 썼다. 언해의 한자에는 동국정운 한자음으로 주음했으며, 어려운 한자어나 불교용어에는 협주를 달았는데 처음과 끝부분에 각각 어미 표시를 하였다. 다만, 협주가 언해의 단락 끝에 놓일 경우에는 끝 표시를 생략했다. 방점은 한문의 정음구결에는 두지 않고 언해문에만 찍었다.

이 책의 간경도감 간행 원간본으로는 최근에 발굴·소개된 영광 불갑사(佛甲寺) 소장본이 있다.[38] 비록 일부가 낙장이어서 온전한 상태는 아니지만 간행과 관련된 기명행(記名行) 등이 그대로 있는 점 등으로 보아 원간 초쇄본임이 틀림없다. 아울러 현재 원간본 계통의 후쇄본, 복각본 등 몇몇이 전해지고 있다.

원간본인 불갑사 소장본의 형태서지는 다음과 같다.

> 책크기 : 33.3cm × 20.2cm
> 내　제 : 金剛般若波羅蜜經
> 판심제 : 金剛經

---

38) 불갑사본『금강경언해』의 형태서지 등 자세한 사항은 김성주 외(2006) 참조.

반　곽 : 22cm × 15.3cm
판　식 : 4주 쌍변
판　심 : 대흑구 상하내향흑어미
행　관 : 유계(有界) 8행 '본문'이나 '언해' 모두 19~20자
권말제 : 金剛般若波羅蜜經

4.6. 반야심경언해(般若心經諺解)

『반야바라밀다심경언해(般若波羅蜜多心經諺解)』(줄여서 '반야심경' 또는 '심경')
는 당나라 현장(玄裝)법사의 한역(漢譯)(649년)이다. 여기에 현수(賢首)대사가
약소(略疏)를 붙여 『반야바라밀다심경약소』(702년)를 짓고, 송나라 중희(仲
希)가 주해를 더하여 『반야심경소현정기(般若心經疏顯正記)』(1044년)가 이루어
진 것으로, 중희의 주해에 세조가 정음으로 구결을 달고, 효령대군(孝寧大
君)과 한계희(韓繼禧) 등이 번역하여 세조 10년(1464년)에 목판본 1책으로 간
행되었다.

이런 사실은 이 책과 『금강경언해』 첫머리에 있는 간경도감 도제조(都
提調) 황수신(黃守身)의 '진금강경심경전(進金剛經心經箋)'과 한계희의 발문으
로 알 수 있다.

'반야심경'은 대승불교의 대표적인 경전 중 하나로, 전문 260자의 짧
은 형식이나, 대반야경(大般若經) 600권의 정수(精髓)를 잘 요약한 것이며,
'색즉시공(色卽是空) 공즉시색(空則是色)'과 같은 구절은 일반인들에게도 널
리 알려져 있다.

간행 동기는 한계희의 발문에 "이 경은 승려들이 평소에 늘 익히는 것
이기에 주상께서 특별히 번역하게 하셨으니, 대저 아침저녁으로 (승려들
이) 외우면서도 외워야 하는 까닭을 모름을 민망히 여기심이니, 이는 곧

석가여래께서 이 중생들이 종일토록 '상(相)'에 노닐면서도 그 '상'의 뜻
이 무엇인지 알지 못함을 애석히 여기심이다."라고 밝혀 놓았다.

　편찬 양식은 본문은 큰 글자, 소(疏)는 중간 글자, 중희의 주해는 본문
이나 소(疏)에 이어서 쌍행의 작은 글자로 썼다. 본문은 행(行)의 첫머리부
터 쓰고, 소는 한 글자 내려 썼는데, 언해는 각각 ○ 표시를 한 후 쌍행
작은 글자로 써 내려 갔다.

　이 책의 편차는 다음과 같다.

내용	장수
진금강경심경전	3장
조조관(雕造官) 열함(列銜)	2장
반야심경현정기 병서	14(1~14)장
반야바라밀다심경	53(15~67)장
심경발(心經跋)	2장
	총 74장

　원간본인 자재암본(自在庵本)의 형태서지는 다음과 같다.

　책크기 : 32.5cm × 19cm
　내　제 : 般若心經疏顯正記
　판심제 : 心經
　반　곽 : 21.8cm × 15.8cm
　판　식 : 4주 쌍변
　판　심 : 흑구 상하내향흑어미
　행　관 : 유계, '본문' 8행 19자, '소'는 18자, '주해'는 작은 글자 쌍행
　　　　 18자, '언해' 작은 글자 쌍행 18·19자

4.7. 원각경언해(圓覺經諺解)

『원각경언해』는 북인도(北印度) 계빈국(罽賓國)의 불타다라(佛陀多羅, 覺救) 번역인 『대방광원각수다라요의경(大方廣圓覺修多羅了義經)』[39]에 역시 당나라의 종밀(宗密, 780~841년)이 『원각경대소초(圓覺經大疏鈔)』를 지은바, 이를 저본으로 하여 세조가 구결을 달고 신미(信眉), 효령대군, 한계희 등이 정음으로 번역하여 세조 11년(1465년)에 간경도감에서 간행한 10권 10책의 목판본이다.

이러한 사실은 권두의 내제 다음에 '御定口訣/慧覺尊者臣僧信眉孝寧大君臣補仁順府尹臣韓繼禧等譯'이란 기록과 황수신(黃守身)의 '진원각경전(進圓覺經箋)' 및 간행에 참여한 조조관(雕造官)[황수신을 비롯한 박원형(朴元亨), 김수온(金守溫) 등]의 열함(列銜)을 통해 알 수 있다. 연대기는 성화(成化) 원년(세조 11년, 1465년)으로 되어 있다.

이 책의 내용은 석가여래 부처님과 12보살—문수·보현·보안·금강장·미륵·청정혜·위덕자재·변음·정제업장·보각·원각·현선수보살—과의 문답을 통해 대원각(大圓覺)의 묘리(妙理)와 그 관행(觀行)을 설한 것이다.

이 책의 편찬 양식은 정음구결이 달린 원각경 본문의 단락이 끝난 곳에 ○ 표시를 하고 언해를 하였으며, 이어서 줄을 바꾸어 한자 내려서 종밀의 주해(註解)를 두었다. 이 주해 속의 협주는 작은 글자 쌍행으로 했으며, 주해의 언해 역시 ○ 표시를 하고 작은 글자 쌍행으로 써 나갔다. 번역문 속의 협주는 시작과 끝에 각각 내향흑어미를 두었다.

이 책의 편차와 각권의 장수를 완질인 서울대 규장각본(중간본의 복각본)에 따라 적으면 다음과 같다.[40]

---

39) 이를 줄여서 '대방광원각경, 원각수다라 요의경, 원각요의경, 원각경' 등으로 부른다.
40) 권10에 편철되어 있는 '進圓覺經箋'과 '雕造官' 등은 원간 초쇄본 책이라면 권1에 있어야 할 내용이다.

권차	내용	장수
권1	원각경약초서(圓覺經略鈔序)	1장
	원각경약소서(圓覺經略疏序)	13(2~14)장
	원각경서(圓覺經序)	70(15~84)장
권2	圓覺經 上一之一	1~118장
권3	圓覺經 上一之二	1~97장
권4	圓覺經 上一之二	95(98~192)장
권5	圓覺經 上二之一	1~53장
	圓覺經 上二之二	1~86장
권6	圓覺經 上二之二	87(87~173)장
	圓覺經 上二之三	1~47장
권7	圓覺經 下一之一	1~68장
	圓覺經 下一之二	1~57장
권8	圓覺經 下二之一	1~65장
	圓覺經 下二之二	1~47장
권9	圓覺經 下三之一	1~135장
권10	圓覺經 下三之二	1~103장
	진원각경전(進圓覺經箋)	3(1~3)장
	조조관(雕造官)	2(1~2)장
		총 1147장

서울대 규장각 가람문고본에 따른 형태서지는 다음과 같다.

책크기 : 32.4cm × 23.8cm
내　제 : 大方廣圓覺修多羅了義經
판심제 : 圓覺
반　곽 : 21.8cm × 18.5cm
판　식 : 4주 쌍변
판　심 : 대흑구 상하내향흑어미
행　관 : 유계 9행, '본문' 큰 글자 17자, '주해'와 '번역문'은 쌍행 작은
　　　　글자 17자
권말제 : 大方廣圓覺修多羅了義經

현전하는 원간본은 완질이 아니다. 거기에다 낙장본(落張本)이다. 복각

본이나 중간본의 관계도 간단치 않다.

4.8. 목우자수심결언해(牧牛子修心訣諺解)

『목우자수심결언해』는 고려 승려 보조국사(普照國師) 지눌(智訥, 호 : 牧牛子 1158~1210년)이 지은 『수심결』을 신미(信眉)가 정음으로 번역하여 세조 13년(1467년)에 간경도감에서 간행한 46장 1책의 목판본이다. 내제 다음에 '비현합결(丕顯閣訣) / 혜각존자역(慧覺尊者譯)'으로 돼 있어서 비현합[동궁의 편당]에서 구결을 달고, 신미가 번역한 사실을 알 수 있다. 간기가 붙어 있어서 간행 연대도 알 수 있다.

이 책은 선종(禪宗)뿐만 아니라 교종(敎宗)에서도 마음을 밝혀 주는 중요한 저술로 전수되어 온 선(禪) 이론서이다. 마음을 닦는 요체(要諦)를 돈오문(頓悟門)과 점수문(漸修門)으로 나누고 정혜쌍수(定慧双修)를 점수문의 요체라고 설명하고 있다.

편찬 양식 중 본문에 정음구결을 단 것은 다른 불경언해서와 같다. 하지만 본문을 구절이나 대문 단위로 끊고 번역문은 한 글자 내려서 써 나간 다른 언해서와 달리 이 책에는 아무런 제목 없이 본문이 시작되는데, 그 길이가 상당히 길다. 짧은 것은 8행이 한 번(6면ㄴ7행~7면ㄱ5행), 그 밖에는 모두 2면 이상이다. 긴 것은 8면(38ㄴ~42ㄱ)이나 계속된 것도 있다. 본문에 이어 바로 ○ 표시를 하고 작은 글자 쌍행의 번역문을 두는 식이다.

본문은 1장부터 46장 앞쪽 1행에서 끝나고, 2~6행을 비운 후 7행에 권말서명을 두었다. 뒤쪽(46ㄴ)에 간기를 적고, 한 행 비운 다음 판밑[板下]의 필사자를 다음과 같이 적어 놓았다. 이 중 '안혜'는 『불설아미타경언해』 목판본의 필사자이기도 하다.

保功將軍行忠佐衛右部副司猛臣安惠書
敦勇校尉行世子翊衛司右衛率臣柳脘書
迪順副尉行龍驤衛前部副司猛臣朴耕書

서울대 규장각 일사문고본에 따른 형태서지는 다음과 같다.

책크기 : 23.1cm × 16.8cm(일사문고본), 27.5cm × 16.7cm(김경숙 소장본)
내 제 : 牧牛子修心訣
판심제 : 修心訣
반 곽 : 18.8cm × 12.8cm
판 식 : 4주 쌍변
판 심 : 흑구 상하내향흑어미
행 관 : 유계 9행 17자, '번역문' 작은 글자 쌍행 17자
권말제 : 牧牛子修心訣

4.9. 사법어언해(四法語諺解)

『사법어언해』는 '완산정응선사시몽산법어(皖山正凝禪師示蒙山法語), 동산숭장주송자행각법어(東山崇藏主送子行脚法語), 몽산화상시중(蒙山和尙示衆), 고담화상법어(古潭和尙法語)' 등 법어(法語) 4편에 혜각존자 신미가 정음으로 구결을 달고 번역한 책이다.

이『사법어』는 모두 9장 18면의 적은 분량이어서 이 책만 따로 간행된 것은 없고, 『목우자수심결언해』나 『몽산화상법어약록언해』에 합철되어 있다. 번역 양식이나 표기는 『목우자수심결언해』와 거의 같고, 그 간행 연대도 같은 해인 세조 13년(1467년)으로 추정하고 있다.

편찬 양식은 『목우자수심결언해』와 같은데, 다만 각 법어의 제목을 먼저 적은 후 행을 바꾸어 정음구결을 단 본문을 두고, 본문이 끝나면

○ 표시를 한 후 바로 이어서 번역문을 쌍행의 작은 글자로 적었다.

서울대 규장각 일사문고본에 따른 형태서지는 다음과 같다.

책크기 : 23.1㎝ × 16.8㎝
내   제 : 法語
판심제 : 法語
반   곽 : 18.8㎝ × 12.8㎝
판   식 : 4주 쌍변
판   심 : 흑구 상하내향흑어미
행   관 : 유계 9행 17자, '번역문' 작은 글자 쌍행 17자
권말제 : 法語
서문·간기 없음.

5. 조선 전기 불경 번역의 특성

위에서 불전언해의 성격 및 인출(印出) 과정, 인간(印刊)을 주관한 기관인 간경도감, 그리고 간경도감 간행의 한글 경전 등에 대해 살펴보았다. 이번에는 고려시대의 구결불경과 언해불전의 연관성 그리고 『석보상절』 등의 의역 위주 문헌과 간경도감본 등 직역 위주 문헌의 실제 예를 비교·검토함으로써 각 문헌별 번역의 특성을 살펴보고자 한다.

5.1.

예문 [1]은 순독구결이 현토되어 있는 구결『능엄경』(13세기 후반)과 같은 내용이 실려 있는『능엄경언해』(1462년)를 대비한 것이다. 구결이 현토(懸吐)된 남풍현 교수 소장(소곡본)의 고려시대『능엄경』1권의 앞부분과 훈민정음 창제 후 같은 내용을 정음으로 번역해서 실어 놓은『능엄경언해』1권을 비교·고찰한 것으로 김영배(2002)를 참고하였다. 남풍현 교수 소장의 구결『능엄경』은 급남(及南)이 찬(撰)한『수능엄경요해서』를 가진 것으로 중국판의 복각본이다. 남풍현(1995)에서는 구결 현토의 시기가 14세기 초일 것으로 추정하였다. 예문 (1)은『능엄경』의 경 본문에 한자 약체자로 순독구결이 현토된 구결문과 간경도감본『능엄경언해』의 경 본문 정음구결문 및 언해문을 대비한 것이다. (2)는 계환(戒環) 요해(要解)에 순독구결이 현토된 구결문과 간경도감본『능엄경언해』의 요해 정음구결문 및 그 언해문의 차례로 대비한 것이다.

『능엄경언해』의 정음구결문과 언해문이 구결『능엄경』의 전통을 그대로 계승하고 있음을 확인할 수 있다. 경 본문과 요해문 모두 마찬가지다. 이는 훈민정음 창제 이후에 간행된 불경언해서들이 앞 시대 구결불경들의 전통을 잇고 있음을 보여 주는 것이다.

[1]

(1)　　　　호라　　　이　　　　　　　　　　　　호샤
ㄱ) 如是我聞／소　一時佛↘　在室羅筏城祇桓精舍↙全
　　　　　　　　　<박동섭본『능엄경』1 : 3ㄴ, 본문 구결문>

ㄴ) 如是롤 我聞ㅎ숩오니 一時예 佛이 在室羅筏城祇桓精舍ㅎ샤
　　　　　　　　　<『능엄경언해』1 : 22 ㄴ, 경 본문 정음구결문>

ㄷ) 이 ᄀᆞᆮᄒᆞ몰 내 듣ᄌᆞ오니 ᄒᆞᄢᅴ 부톄 室羅筏城 祇桓精舍애 겨샤

　　　　　　　<『능엄경언해』 1 : 22ㄴ~23ㄱ, 경 본문 언해문>

(2)
　ㄱ) 如是之法ㄴ 我從佛聞ᅳノㄱㅎ 此ㄱ 集者ㄴ 依佛立言ノㅎㅌ

　　　證法ㄴ 有所授而已言丁 不必他說ㄴㅅㅅ

　　　一時之語刀 亦因佛立ㄴㅎ 諸經ㅎ 通用故ᄊ

　　　不定指也ノㄴㅌㅅ 室羅筏ㄱ 亦曰舍衛ㅅ丷ㅊㅌ

　　　祇桓ㄱ 猶云祇樹也ㅣㅌㅅ

　　　　　　　<박동섭본『능엄경』 1 : 3ㄴ, 요해 구결문>

　ㄴ) 如是之法을 我從佛聞ᄒᆞᅀᆞ오라 ᄒᆞ니 此ᄂᆞᆫ 集者ㅣ 依佛立言ᄒᆞ니
　　　證法이 有所授而已라 不必他說이니라
　　　一時之語도 亦因佛立ᄒᆞ니 諸經에 通用故로
　　　不定指也ᄒᆞ니라 室羅筏ᄋᆞᆫ 亦曰舍衛라
　　　祇桓ᄋᆞᆫ 猶云祇樹也ㅣ라

　　　　　　　<『능엄경언해』 1 : 23ㄱ, 요해 정음구결문>

　ㄷ) 이 ᄀᆞᆮᄒᆞᆫ 法을 내 부텨를 조ᄍᆞ와 듣ᄌᆞ오라 ᄒᆞ니 이ᄂᆞᆫ 모도 사
　　　ᄅᆞ미 부텨를 브트ᄌᆞ와 마롤 셰니 法이 심기샨 ᄃᆡ 이쇼믈 證홀
　　　ᄯᆞᄅᆞ미라 구틔여 다ᄅᆞᆫ 말 ᄒᆞ옳디 아니니라 ᄒᆞᄢᅴ라 혼 말도 ᄯᅩ
　　　부텨를 브트ᄌᆞ와 셰니 諸經에 通히 ᄡᅳᄂᆞᆫ 젼ᄎᆞ로 一定ᄒᆞ야 ᄀᆞᄅᆞ치
　　　디 아니ᄒᆞ니라 室羅筏은 ᄯᅩ 닐오ᄃᆡ 舍衛라 祇桓은 祇樹ㅣ라
　　　닐옴 ᄀᆞᆮᄒᆞ니라

　　　　　　　<『능엄경언해』 1 : 23ㄱ~23ㄴ, 요해 언해문>

5.2.

예문 [2]는 『석보상절』(1447년), 『월인석보』(1459년), 『법화경언해』(1463년)의 번역 양상을 비교·검토한 것이다. 『법화경』 권1의 「방편품(方便品)」에 나오는 이른바 열 종류의 여시(如是)에 대한 부분이다.41)

[2]

ㄱ) 所謂諸法의 如是相과 如是性과 如是體와 如是力과 如是作과 如是因과 如是緣과 如是果와 如是報와 如是本末究竟等이라
<『법화경언해』 1 : 145ㄴ~146ㄱ, 경 본문 정음 구결문>

ㄴ) 諸法이라 혼 거슨 이런 相과 이런 性과 이런 體와 이런 力과 이런 作과 이런 因과 이런 緣과 이런 果와 이런 報와 이런 本末究竟둘히라
<『석보상절』 13 : 40ㄴ~41ㄱ>

ㄷ) 니르논 諸法의 如是相과 如是性과 如是體와 如是力과 如是作과 如是因과 如是緣과 如是果와 如是報와 如是本末究竟둘히라
<『월인석보』 11 : 100ㄱ~100ㄴ>

ㄹ) 닐온 諸法의 이 곧훈 相과 이 곧훈 性과 이 곧훈 體와 이 곧훈 力과 이 곧훈 作과 이 곧훈 因과 이 곧훈 緣과 이 곧훈 果와 이 곧훈 報와 이 곧훈 本末究竟等이라
<『법화경언해』 1 : 146ㄴ, 본문 언해문>

『석보상절』은 오늘날의 번역에 견주어도 전혀 손색이 없을 정도의 자유역(自由譯)이다. 이 글의 다음에 이어지는 십여시(十如是)에 대한 요해 부분과 더불어 번역의 태도 및 번역어가 여타의 언해본과는 선을 그을 수 있을 정

---

41) 십여시(十如是)의 요해 부분에 대한 비교 연구는 김영배(2002) 참조.

도로 다르다.『월인석보』는 정음구결이 현토된 원문이 실리지 않았음에도 불구하고『법화경언해』정음구결문의 내용과 흡사히 옮겨져 있다. 이런 현상은『석보상절』,『월인석보』등 여타 '불전언해본'들에서 두루 확인된다.

5.3.

예문 [3]은『아미타경』의 경 본문에 대한 번역을『월인석보』(1459년), 활자본『아미타경언해』(?1461년), 목판본『아미타경언해』(1464년) 등의 차례로 살펴본 것이다.

[3]
(1)
ㄱ) 七重行樹왜 皆是四寶ㅣ니 周帀圍繞홀씨
<목판본『아미타경언해』6ㄴ, 경 본문 정음구결문>

ㄴ) 七重行樹왜 다 네 가짓 보비니 두루 둘어 범그러 이실씨
<『월인석보』7 : 63ㄴ~64ㄱ>

ㄷ) 七重行樹왜 다 네 가짓 보비니 두루 둘어 범그러 이실씨
<활자본『아미타경언해』6ㄱ, 경 본문 언해문>

ㄹ) 七重行樹왜 다 네 가짓 보비니 두루 둘어실씨
<목판본『아미타경언해』7ㄱ, 경 본문 언해문>

(2)
ㄱ) 非是算數之所能知며 諸菩薩衆도 亦復如是ᄒᆞ니
<목판본『아미타경언해』14ㄱ, 경 본문 정음구결문>

ㄴ) 算으로 몯내 혜여 알리며 菩薩衆도 쏘 이ᄀ티 ᄒ니

<『월인석보』 7 : 69ㄱ>

ㄷ) 算數ㅣ 능히 아롫디 아니며 諸菩薩衆도 쏘 이 ᄀᆮᄒ니

<활자본『아미타경언해』 12ㄴ, 경 본문 언해문>

ㄹ) 算數ㅣ 능히 아롫디 아니며 諸菩薩衆도 쏘 이 ᄀᆮᄒ니

<목판본『아미타경언해』 14ㄱ~14ㄴ, 경 본문 언해문>

앞의『법화경』 번역에서와 같이 3책의 번역에 큰 차이가 없다.『월인 석보』의 경우 정음구결문이 없음에도 두 언해본과 비슷한 양상을 보이 는데, 이는 대역(對譯)의 한쪽인 구결『아미타경』이 함께 실리지 않았을 뿐 전 시대부터 행해지던 전통이 이어진 번역, 곧 구결 현토가 반영된 축자(逐字) 위주의 번역임을 짐작케 하는 부분이다.

5.4.

예문 [4]는『석보상절』 권20에 있는 내용이다.『법화경』 권6의 제23, 「약왕보 살본사품(藥王菩薩本事品)」의 본문을 정음으로 옮긴 것이다. 언해본의 경 본문 속에는 쌍행으로 배열된 협주가 나온다. 두루 아는 대로 협주는 번역자나 번 안자가 독자의 이해를 돕기 위해 설명을 가한 주석(註釋)에 해당된다. 당연히 고유의 말을 많이 사용할 수밖에 없고, 이런 이유로 국어사 연구자들에게는 소중한 자료가 되고 있다.『석보상절』이나『월인석보』에 나오는 협주의 대부 분은『법화경』을 요해(要解)한 송(宋)나라 계환(戒環)의 요해 부분을 정음으로 옮긴 것이다. 물론 순수하게 협주 고유의 기능을 가진 것도 있다.

협주(夾註)의 내용 중 상당 부분이『법화경』 계환(戒環)의 요해(要解) 부분

과 일치한다는 사실은 아래의 비교를 통해서 확인이 된다.『석보상절』에서는 요해(要解) 중 일부를 협주로 하였고,『월인석보』에서는 요해(要解) 전체를 협주로 하고 있다.42)

[4]

ㄱ) 그 모미 블 브투믈 一千二百 힌 디난 後에ᅀᅡ 그 모미 다 브트니라
<『석보상절』 20 : 13ㄱ>

ㄴ) 그 모미 千二百歲롤 브튼 後에ᅀᅡ 다ᄋᆞ니라 [六根 六塵이 一切
ᄉᆞᄆᆞᆺ게 훌씬 千二百歲예ᅀᅡ 모미 다ᄋᆞ니라]
<『월인석보』 18 : 33ㄱ~33ㄴ>

ㄷ) 其身이 火然호미 千二百歲러니 過是已後에ᅀᅡ 其身이 乃盡ᄒᆞ니라
<『법화경언해』 6 : 145ㄴ~146ㄱ, 경 본문 정음구결문>

ㄹ) 그 모미 블 브투미 千二百歲러니 이 디난 後에ᅀᅡ 그 모미 다ᄋᆞ니라
<『법화경언해』 6 : 146ㄱ, 경 본문 언해문>

ㅁ) 直使六根六塵이 一切洞徹케 ᄒᆞ실씬 故로 千二百歲예ᅀᅡ 其身이 乃
盡ᄒᆞ시니라
<『법화경언해』 6 : 146ㄱ, 계환 요해 정음구결문>

ㅂ) 바ᄅᆞ 六根 六塵이 一切 ᄉᆞᄆᆞᆺ게 ᄒᆞ실씬 千二百歲예ᅀᅡ 그 모미 다
ᄋᆞ시니라
<『법화경언해』 6 : 146ㄱ, 계환 요해 언해문>

간경도감본은 가능한 한 원문에 충실한 번역, 이른바 '등량(等量)의 이식(移植)'에 역점을 둔 직역 위주의 번역을 했다.『석보상절』의 번역에 비

─────────
42)『석보상절』권20과『월인석보』및『법화경언해』의 대응 관계는 앞의 제3장 참조.

하면『법화경언해』등 간경도감에서 간행된 책들은 대부분 축자역 위주로 번역했음을 알 수 있다. 경 본문의 어휘들 중에는 번역의 과정을 거치지 않고 그대로 옮겨진 예가 상당수 보이고, 문장은 전체적으로 정음 구결이 현토되어 있는 구결문의 바탕 위에서 번역이 행해진 것임을 확인할 수 있다.

5.5.

이상의 비교·고찰에서 본 대로 훈민정음 창제 이후에 조성된 번역 불전 중 경(經) 원문을 함께 두지 않은『석보상절』은 비교적 자유로운 번역이 행해졌음을 알 수 있다. 한자어로 되어 있는 경(經) 본문의 어휘들을 대부분 쉬운 우리말로 옮겨 적었다. 한자에 익숙하지 않은 이들도 쉽게 읽을 수 있게 하였다. 그러나 이후 간행된『월인석보』는 원문을 함께 두지 않았음에도 간경도감본 책들과 큰 차이가 없다. 직역(直譯)에 가깝다. 이는『석보상절』의 번역 양식인 자유역(自由譯)에서 점차 직역(直譯) 위주의 번역으로 전환하고 있음을 의미한다. 원문 구결문을 앞에 두고 번역을 행한 이른바 '언해'라는 번역 형식으로 넘어가는 과도기적 형태인 것이다.

『월인석보』이후에 간행된 간경도감본 등의 언해본에서는 더 이상 자유역의 모습은 볼 수 없다. 이러한 현상은 당시 번역 작업이 왕실을 중심으로 이루어져 대부분 관판본인 데에다, 번역 및 출판 환경의 특수성으로 인해 다른 유형의 번역(飜譯)이 가능하지 않았기 때문으로 보인다. 불교 관련 문헌의 출판이 비록 왕실을 중심으로 행해진 일이기는 하지만, 유신(儒臣)들의 반대가 만만치 않았던 당시 상황에서는 어떤 형태이건 제약이 불가피했다. 따라서 시간과 노력이 많이 드는 의역보다는 이미 널리 유통되고 있던 구결 현토 경전에 기대어 비교적 손쉽게 행할 수 있는 번역, 곧 직역 위주 번역이 선택될 수밖에 없었을 것이다. 이 점이 간경도감 간행의 불전언해가 직역 위주로 진행된 가장 큰 이유였고, 이런 현상은 꽤 오랫동안 지속되었다. 당시로서는 피하기 어려웠던 이러한 선택이 불전 번역의 큰 흐름으로 자리 잡게 된 것이다.

6. 맺는말

6.1.

지금까지 조선 전기의 번역 불서들을 대상으로 당시의 번역에서 보이는 전통 계승의 문제, 번역의 양상 그리고 불경 간행 전문 국가기관인 간경도감의 운영 체제 등에 대해서 살펴보았다. 아울러 언해의 과정을 정리하고, 간경도감에서 간행된 9건의 언해불서들을 대상으로 번역 체제 및 번역의 특성 등을 고찰하였다. 또한 훈민정음 창제 직후 간행된 『석보상절』(1447년) 등의 책과 이후 간경도감에서 간행된 책들을 대상으로 번역 양식의 변화 문제 등을 비교·고찰하였다. 논의한 내용을 요약·정리하면 다음과 같다.

6.2.

불교 전래 이래 역경 사업은 끊임없이 계속되었고, 그 초기의 모습은 구결이 현토된 구결불경의 모습으로 나타났다. 이 구결현토가 가능했다는 것은 7세기경에 이르러 한자의 음(音)과 훈(訓)이 비로소 우리말로 확정되었음을 시사(示唆)하는 것이기도 하다. 이에 의지해서 이후 적지 않은 구결불경들이 조성되었다. 이러한 구결불경은 초기의 부호구결(또는 점토구결)에서 점차 자토구결로 확대되었다. 13세기부터는 한자 약체자가 현토된 순독구결의 양상을 보이기도 한다. 이러한 역경의 결과가 훈민정음 창제 이후 자연스레 언해불경으로 이어졌다. 언해불경은 구결불경의 전통을 계승한 국문자 초기의 한글 경전이었다.

6.3.

훈민정음 창제 이후 왕실을 중심으로 불서에 대한 국어역이 활발하게 전개되었다. 훈민정음 창제 직후에 간행된 『석보상절』은 비교적 자유로운 번역 형태인 의역(意譯)에 가깝지만 이후에 간행된 책들은 시간이 지날수록 직역 위주로 바뀐다. 간경도감 설치 이후에 간행된 경전들은 간행의 형태에 주목할 만한 변화가 생겼다. 이때 만들어진 경전들 중 직역 위주의 경전을 흔히 언해불경이라 부른다. 언해불경은 문자 창제 초기의 우리말의 모습을 알 수 있는 중요한 문헌 자료로 널리 이용되고 있다. 국어사 연구자들은 우리말의 중세시기에 대한 연구를 대부분 불경언해에 의존할 정도로 언해불경은 국어사 자료로서 이용 가치가 크다. 불교 경전에 실려 전하는 언어가 당시의 국어 자료로 널리 이용되고 있는 것이다.

따라서 불경언해로 인해 형성된 '언해'라는 번역 양식은 훈민정음 창제 후 한문불경을 우리말로 옮기기 위한 강렬한 욕구에서 창안된 독특한 번역 양식이요, 인출 양식인 셈이다. 다만 경계해야 할 점은 당시에 간행된 불교 관련 문헌 중 대역의 형식을 띠지 않은 책인『석보상절』등 한두 문헌을 제외하면, 대부분 직역 위주의 번역이어서 생생한 일상어의 반영과는 다소 거리가 있다는 사실이다. 언해가 우리 나름의 독특한 번역 양식으로 자리 잡기는 했지만, 경(經) 원문의 한자어를 그대로 옮긴 예가 많고 번역어투라는 한계를 가지고 있다. 비록 새로 창제된 정음이 한자와 병기(倂記)되어 있다고 하더라도 당시 일반 민중이나 불교 신도들이 어떻게 이용하였을까 하는 점은 여전히 의문으로 남는다. 그럼에도 불구하고 이런 양상이 문자 창제 초기의 불가피한 선택이었을 것이라는 점을 감안하다면, 언해불경은 우리 문자로 조성된 최초의 한글경전이라는 점에서, 그리고 국어사 연구의 소중한 자료로서 그 가치가 크다.

6.4.

간경도감은 세조대인 1461년에 설치된 후, 예종대를 거쳐 성종대인 1471년에 폐지될 때까지 겨우 10년 남짓 존속했던 국가기관이었다. 조선 왕조 500년의 역사에 비한다면 매우 짧은 기간이다. 하지만 그 기간 동안 이루어 낸 업적으로 본다면 국어사 연구 및 번역 문화 연구에서 차지하는 비중은 크다. 유교를 치국의 주요 이념으로 내세웠던 왕조의 초기에 유신(儒臣)들의 반대를 무릅쓰고 양적으로 방대하고 질적으로 우수한 불교 문헌을 국가기관을 통해 그토록 체계적으로 만들어 냈다는 사실은 관련 학계뿐만 아니라 일반의 관심을 끌기에 충분하다.

간경도감은 왕실의 지원과 비호 속에서 역경 사업을 진행했으나, 다른 한편으로는 '경전 간행'이라는 본래의 궤도를 일탈한 점과 세조에 지나치게 의존한 점 때문에 세조 사후 성종조에 폐지되었다. 하지만 오늘날 전해지는 불서, 특히 언해불전을 통해 우리는 당시에 진행된 일련의 사업이 우리나라 불교문화는 물론 번역 및 출판문화의 진전에 큰 획을 그은 중대한 업적이었음을 확인할 수 있다. 간경도감 이후에는 자성대비를 비롯한 왕비들과 학조 등의 승려에 의해 부분적으로 역경 사업이 진행되었고, 16세기 이후에는 간경도감 간행 불전언해들의 중간(重刊)과 복각(覆刻) 그리고 개판(開板)이 이어졌다. 다만 더 이상 중앙의 지원을 받을 수가 없어서 개인이나 지방 사찰로 간행 주체가 바뀌었다.

6.5.

이렇듯 간경도감은 훈민정음 창제 초기의 의역 위주 번역에서 직역 위주 번역이라는 새로운 번역 양식을 만드는 데 기여했고, 이러한 번역 형식은 15세기는 물론이거니와 16세기 이후 근대에 이르기까지 우리나라 번역 문화의 주된 흐름을 형성했다. 새로운 문자를 이용한 번역 사업이 불교 경전의 한글화 사업으로 정착되면서 국문자인 훈민정음 사용의 확산 및 번역 문화의 창안과 보급에 기여하게 된 것이다.

제6장 아미타경언해(阿彌陀經諺解)

1. 머리말

1.1.

『아미타경언해(阿彌陀經諺解)』[1)]는 조선조 세조 10년(1464년)에 간경도감(刊經都監)에서 간행된 불경언해서이다. 갖은 이름은 '불설아미타경언해(佛說阿彌陀經諺解)'이다. 요진(姚秦)의 구마라집(鳩摩羅什)이 한역(漢譯)·편찬한 『佛說阿彌陀經』(弘始 4년, 402년)[2)]에 세조가 직접 구결(口訣)을 달고 정음으로 번역하여 간행한 1권 1책의 목판본(木板本)이다.

현전 복각본[3)]들의 내제(內題) 다음 칸 아래쪽 역기란(譯記欄)에 공통적으

---

1) 15세기에 간행된 다른 언해본 책들과 마찬가지로 이 책 역시 서명(書名) 어디에도 '언해'라는 표현은 없다. 하지만 원전(原典)의 표기 문자가 한자인 고서(古書)의 한글 번역본 책명 뒤에 '언해'를 넣어서 부르는 학계 일반의 관행에 따라 이렇게 쓴다.

2) 정확히 말하면 『아미타경언해』의 저본(底本)은 수(隋)나라의 천태대사(天台大師) 지의(智顗 : 538~597년)가 주석(註釋)을 붙인 한문본 『불설아미타경』이다. 그렇지만 언해본은 이 중 구마라집(鳩摩羅什 : 344~413년) 한역의 경(經) 본문에만 정음으로 구결을 달고 번역을 했기 때문에 구마라집 한역본인 『불설아미타경』을 저본(底本)이라고 한 것이다. 천태대사의 주석은 번역하지 않고, 언해문 다음에 원문인 한문으로 부기(附記)해 놓았다. 중간본 중 하나인 대둔사본은 천태대사의 주석(註釋) 없이 경(經) 원문 구결문과 언해만으로 되어 있다.

로 보이는 '어제역해(御製譯解)'라는 역자 기명(記名)과 『아미타경언해』에 실려 있는 내용이 일부의 언어 사실만을 달리하여 『월인석보』 권7에도 번역·편입되어 있는 점 등을 보면, 세조가 직접 구결을 달고 번역한 책(冊)임을 알 수 있다. 이는 『불설아미타경』이 단권(單卷)의 번역본(언해본)으로 간행되기에 앞서, 왕위에 오르기 전의 수양대군(首陽大君)에 의해 조성된 『석보상절』(1447년) 권7이나, 왕위에 오른 후 간행한 『월인석보』(1459년) 권7(61ㄴ~77ㄴ)에 실려 있는 점으로도 알 수 있다.4)

이렇듯 『아미타경언해』는 훈민정음 창제 직후인 15세기 중엽부터 간행되기 시작하여 19세기 말까지 450여 년 동안 수차례에 걸쳐 복각본 및 중간본들의 인간(印刊)이 이어졌다. 『불설아미타경』은 한문으로 된 저경(底經)의 원문을 모두 합쳐 봐야 겨우 10여 장(張)에 지나지 않을 정도로 적은 분량의 소책자(小冊子)이다. 그럼에도 불구하고 언해본의 간행이 거듭된 것은, 조선조 불교에서 정토신앙(淨土信仰)이 차지하는 비중이나 정토신앙에서 『아미타경』이 가지는 경전(經典)으로서의 가치와 내용 때문일 것이다. 아울러 국어학도들에게는 원간본 및 중간본들에 실려 전하는 언어 사실로 인해 국어사 연구의 중요한 대상이 되어 왔다. 연대(年代)를 달

---

3) 여기서 굳이 복각본이라고 전제한 것은 현전 유일의 원간본 책인 구인사(救仁寺)본에 역기(譯記)가 없기 때문이다. 역기란(譯記欄)이 비어 있는 것은 인출의 시기와 관련된다. 곧 간경도감 폐지 이후에 원간(原刊)의 판목(板木)에서 쇄출(刷出)된 후쇄본임을 보여 주는 것이다.

4) 이에 대해서는 김영배(1997 : 37)에 주목할 만한 설명이 있다. 이를 요약해서 옮기면 다음과 같다.

"『아미타경언해』의 활자본과 목판본이 간행되기에 앞서, 그 번역의 대부분은 수양대군이 엮은 『석보상절』에 이미 편입되어 있었고(이 대목이 실린 『석보상절』 권7은 현재 전하지 않음), 세조가 되어 『월인천강지곡』과 합편해서 『월인석보』로 간행하니, 『아미타경』은 『월인석보』 권7 61장 후면에서 끝(77장)까지 수록되어 있다. 이에 해당되는 『월인천강지곡』은 『월인석보』 권7(55ㄴ~61ㄴ)의 기(其)200에서 기(其)211까지 12장(章)이다. 이런 까닭으로 해서 활자본이나 목판본 모두 『불설아미타경』이란 내제 밑에 '어제역해(御製譯解)'라는 번역자 관련의 기록이 있게 된 것이다."

리하여 간행된 중간본(重刊本)들, 특히 판형(版形)과 언해 체제를 바꾸고, 언어 사실의 변화 등을 반영하여 새롭게 편찬한 이른바 개찬(改撰) 중간 본들은 한국어의 변천을 살피는 데 적지 않은 도움을 주고 있다.

　『불설아미타경언해』5)는 『능엄경언해』6)와 더불어 세조 당대에도 두 차례나 인간된 책 중의 하나이다. 이는 『석보상절』이나 『월인석보』 속에 편입되어 있는 내용의 것은 제외하고 단독으로 간행된 책만을 가리키는 데, 하나는 세조 7년(1461년) 경에 간행된 것으로 추정되는 활자본(活字本)인 을해자본(乙亥字本) 『아미타경언해』7)이고, 다른 하나는 세조 10년(1464년)에 간경도감에서 간행된 목판본 『아미타경언해』이다. 간경도감본은 판식에 서만 약간의 차이를 보일 뿐 언어 사실에서는 활자본과 별반 차이가 없 다. 안병희(1980 : 378) 등의 선행 연구를 통해 널리 알려진 대로 표현이 달 라진 1곳, 불교용어의 한자음 표기가 달라진 2곳 등 세 군데 정도에서 차이를 보일 뿐이다.8)

1.2.

　오늘날 전해지는 『아미타경언해』 중 간경도감에서 간행된 원간본 계 통의 책으로는 충북 단양의 구인사(救仁寺)에서 소장하고 있는 책이 유일 본으로 알려져 있다. 하지만 이 책은 원간 초쇄본(初刷本)은 아닌 듯하다.

---

5)　이하 『불설아미타경언해』를 『아미타경언해』로 약칭한다.
6)　『능엄경언해』 역시 세조 7년(1461년)에 교서관(校書館)에서 활자본 10권 10책으로 먼저 간행된 후, 이를 교정하여 세조 8년(1462년)에 간경도감에서 목판본 10권 10책 으로 재간행한 바 있다.
7)　활자본(活字本) 『아미타경언해』의 서지사항과 언어 사실은 안병희(1980), 최은규(1993) 참조. 최은규(1993)의 해제를 가지고 영인된 책은 일부 장차(張次)의 순서가 바뀌어 있 으나, 김영배 외(1997)에서 이를 바로잡았다.
8)　목판본 『아미타경언해』에서 표현 및 표기가 달라진 곳에 대한 구체적인 내용은 김 무봉(1997ㄴ : 64) 등 참조.

이 책에는 복각된 중간본들에서 흔히 볼 수 있는 '御製譯解'라는 역해자(譯解者) 기명이 삭제되어 있기 때문이다. 이렇듯 역기란(譯記欄)이 비어 있는 이유는 간경도감 폐지와 관련이 있는 것으로, 이러한 책들이 간경도감 폐지 이후에 원간의 판목에서 쇄출한 후쇄본이라는 것은 안병희(1979) 이후 널리 알려진 사실이다. 1990년에 처음 발굴·공개된 바 있는 이 책은 공개될 당시에는 최영란 소장(所藏)이었으나, 지금은 단양 소재(所在) 구인사(救仁寺) 소장으로 바뀌었다. 보물 제1050호로 지정되어 있다. 이 책이 후쇄본이기는 하지만 원간본의 언어 사실과 판식을 그대로 보여 주고 있는 현전 최고본(最古本)이어서 국어사 연구를 위해서는 원간 당시의 자료로 이용해도 큰 무리는 없을 듯하다. 다만 일반에 널리 공개되지 않아서 연구자들은 현전하는 복각본(覆刻本) 중 가장 먼저 인출된 책으로 보이는 쌍계사본(1558년)을 통해 원간본의 언어 사실에 접근해 왔다. 이 책 간행 이후 18세기 중반까지 다수의 복각본들이 주로 지방의 사찰 등에서 인간(印刊)되었다. 이들 복각본들은 부분적으로 탈각(脫刻)이나 오각(誤刻), 방점 표기의 부정확함 등이 있다고 하더라도, 언어 자료만은 그러한 흠결(欠缺)을 지닌 채, 원간 당시의 것으로 이용할 수 있을 것이다. 다만 일부 복각본 중에는 다른 문건이 합철(合綴)되어 있는 것도 있어서 이용에 주의를 요한다.

그런가 하면 간경도감본과는 언해 체제나 언어 사실이 전면 달라진 책도 있다. 대표적인 책으로는 17세기 초에 간행된 것으로 짐작되는 해남 대둔사본(大芚寺本)이 있다. 이 책은 2008년 2월 19일 일본에서 국내에 돌아와 지금은 동국대 도서관에 소장되어 있다. 언해 체제와 판식 등에 큰 변화가 있을 뿐만 아니라, 간행 당시의 언어로 번역이 되어 있는 등 개편에 의해 조성된 이른바 개찬본(改撰本)에 해당된다.

18세기 중반 이후에 간행된 책들은 원간본 간행 이후 3~4세기라는 짧지 않은 시간의 흐름이 있어서인지 언해 체제의 변개는 물론, 번역어에도 언해 당시의 언어가 반영되어 있다. 이는 당시 『아미타경언해』를 수지(受持)·독송(讀誦)하던 사람들의 우리 문자에 대한 인식이나, 언해 경전 편찬자들이 실제 사용하던 언어가 반영되어 그렇게 된 것으로 보인다. 그 즈음에 이르러 경전을 독송하거나 그 뜻을 새기고자 하는 사람들에 맞추어 언해불경을 새로이 편찬해야 할 필요성이 대두되었고, 그 결과 이루어진 판본이 오늘날 전해지는 한자음역만 있는 판본(밀양 표충사 간본, 1898년)이거나 일산문고본(18세기 중엽 간행 추정)처럼 전면적인 개편이 가해진 판본일 것이다.

앞에서 밝힌 대로 현전 간본 중 간경도감본 이후 18세기 중엽까지 간행된 책들은 대부분 간경도감본을 판밑으로 한 복각본들이다. 그러나 18세기 중반 이후 간행된 책들은 경의 본문에 해당되는 원천언어(源泉言語, Source Language)만 간경도감본과 같은 요진(姚秦) 구마라집(鳩摩羅什) 한역(漢譯)의 『불설아미타경』을 저본으로 했을 뿐, 판식이나 언어 사실은 많이 달라져 있다. 이 책들에 실려 전하는 언어들은 간경도감본(刊經都監本, 1464년)에 견인된 것으로 보이는 표기가 일부 없지 않으나, 대체로 18세기 중반 이후의 표기 및 음운, 문법 등의 변화를 반영하고 있다. 이때 간행된 중간본(重刊本) 중 오늘에 전하는 책으로는 일산문고본 등 3종이 있다. 국립도서관 일산문고에 소장되어 있어서 일산문고본으로 불리는[9] 이 책에는 간기가 없어 자세한 간행 경위나 정확한 간행 연대는 알 수가 없다. 하지만 경(經)의 원문 일부와 언해문이 전재(轉載)되어 있는 해인사본 『염불보권문』[10]의 간행 연대인 건륭(乾隆) 41년(四十一年) 병신(丙申, 1776년)과 언

---

9) 일산문고본 『아미타경언해』에 대한 자세한 논의는 김무봉(1999ㄴ) 참조. 충남대학교 도서관에도 같은 판본의 책이 소장되어 있는 것을 나중에 알게 되었지만, 이미 한 차례 발표한 논문이 있어서 여기서는 이 이름으로 부르기로 한다.
10) 해인사본 『염불보권문』의 서지사항은 김영배(1996) 참조.

어 사실 등 몇몇 정황을 종합하면 18세기 중반 무렵에 간행된 것으로 보인
다. 다른 두 책은 모두 19세기 후반에 간행된 것인데, 하나는 고종 8년(1871년)
양주 덕사에서 간행된 책이고, 다른 하나는 고종 35년(1898년) 밀양 표충
사에서 간행된 책이다.

2. 판본(板本) 및 경(經)의 성격

2.1.

여기서는 현전하는 『아미타경언해』의 판본과 형태서지, 한문본의 성
격 및 내용 등을 살펴보고자 한다. 『아미타경언해』 현전본들을 계통별로
나누어 정리하면 다음과 같다.

[1] 교서관(校書館) 활자본(活字本), ?1461년 간행, 을해자(乙亥字), 성암
고서박물관 소장, 25장 1책, 구결에 방점이 찍혀 있음

[2] 간경도감(刊經都監) 목판본(木版本), 1464년 간행, 후쇄본(後刷本), 단
양(丹陽) 구인사(救仁寺) 소장, 29장 1책

간경도감 간행 목판본인 『아미타경언해』의 복각본(覆刻本)

1) 나주 쌍계사본,11) 명종 13년(1558년) 간행, 30장 1책
동국대 도서관 소장(귀213.16 - 아39ㄱㅅ)
2) 고성 운흥사본, 숙종 28년(1702년) 간행, 30장 1책, 쌍계사본의 복각

---

11) 쌍계사본의 간행지는 이 책 30장 앞면 6행의 간기에 '嘉靖戊午春全羅道羅州德龍山双
溪寺開刊'이라 되어 있으므로 나주의 '德龍山双溪寺'이다. 이를 잘못 읽은 책이 있으
므로 주의를 요한다.

국립도서관 일산문고, 서울대 규장각 소장(가람古294.3355 - Am576)

3) 대구 동화사본,12) 영조 29년(1753년) 간행, 총 51장 1책 동국대 도
서관 4책(D213.16 - 아39ㄱㄷ3 등), 서울대 규장각 2책(古294.335 -
B872a, 일사古 - 294.3355 - B872b), 연세대도서관, 국립도서관 위
창문고(위창古 - 1788), 성암고서박물관, 충남대 도서관(고서 子.釋
家類 159), 일본 천리대(天理大) 도서관 각 1책.

* 동화사본 중 일부에는 팔공산(八公山) 수도사(修道寺) 간행의 「왕
랑반혼전(王郞返魂傳)」, 「임종정념결(臨終正念訣)」, 「부모효양문(父
母孝養文)」(1741년) 등의 후쇄본이 합철되어 있음

[3] 개찬본(改撰本)

1) 한자와 한자음역이 있는 구결문에 당시 언어로 번역한 언해문이
있는 책(번역된 언해문에는 한자어의 경우 한자 없이 독음만 표
기), 해남 대둔사본, 17세기 초반(1623년경) 간행 추정, 변상도 포
함 총 22장 1책 일본 고마자와대학 → 동국대 도서관 소장
(D213.16 - 구31불)

2) 한자 구결문 한 행(行)과 정음으로 주음된 구결문 한 행(行)씩 일
대일로 짝을 이룬 구결문 전체를 앞쪽에 두고, 뒤쪽에 당시 언어
로 번역한 언해문 전체를 둔 책.

간행지 미상, 간행 연대 미상(18세기 중반으로 추정), 총 21장 1책
국립도서관 일산문고 소장(일산古 1745 - 9), 충남대 도서관(고서
子.釋家類 319)

* 해인사본 염불보권문(1776년)에 일산문고본의 경(經) 원문 일부
(구결 제외)와 언해문 전문 전재(구결문과 한자 음역문 제외)

3) 한자음역만 있는 책

밀양 표충사본, 고종 35년(1898년) 간행, 총 39장 1책 국립도서관
위창(韋滄)문고(위창古1788 - 8), 동국대 도서관 소장(D213.16 - 아

---

12) 동화사본(1753년)은 전하는 책마다 편철 내용에 차이가 있어서 이용에 적잖은 주의
를 해야 한다. 어떤 책은 중심 내용이라고 할 『아미타경언해』의 구결문과 언해문이
빠진 채 '불설아미타경간행서' 5장, '왕랑반혼전' 8.5장, 시주질 및 간기 1.5장, '임종
정념결' 및 '부모효양문' 7장 등 '간행 서문'을 제외하면 아예 다른 내용들로 채워진
경우도 있다. 상세한 내용은 김영배(1997 : 44~46), 김무봉(2008ㄱ : 11) 참조.

39ㄱ표)

4) 한자음역에 한글 구결이 있는 책

양주 덕사본, 고종 8년(1871년) 간행, 총 12장 1책 서울대 규장각

(古1730 - 7), 동국대 도서관 소장(D213.16 - 아39ㄱㄱ)

위의 이본들 중 [3]의 개찬본 항목은 구결문 및 번역 당시의 언어로 옮긴 언해문이 있는 책(1, 2)과 한자 음역(音譯) 및 한자 음역에 한글 구결이 있는 책(3, 4)으로 다시 나눌 수 있을 것이다. 하지만 여기서는 한데 묶었다.

[3]의 개찬본들 중에서 1)의 대둔사본 『아미타경언해』의 실재(實在) 가능성은 일찍이 김영배(1997 : 54)의 각주 15)에서 제기(提起)된 바 있다. 그 논의에서 『아미타경언해』의 여러 이본(異本)들에 대한 소개가 있었는데, 대둔사본에 대한 언급은 "이 책의 일본 반출 당사자이며, 반출 이후 한 동안 소장자이기도 했던 일본인 에다 도시오(江田俊雄) 교수의 논문을 통해서 전래 사실을 알게 되었으나 찾지 못했다."라는 내용이다.13) 이 책이 바로 에다 도시오 교수가 소개한 간년(刊年) 미상의 책 4본 중 '阿彌陀經B'로 명명된 그 책이었다. 그런데 2008년 3월초 동국대학교 중앙도서관에 의해 이 책이 공개되었다. 이 책은 동국대의 전신(前身)인 중앙불교전문학교 소장본(所藏本)이었는데, 당시 이 학교의 교수로 있던 에다 도시오(江田俊雄)가 귀국 때 가져갔던 것으로 보인다. 에다 교수 사후(死後) 유족들에 의해 에다교수의 장서(藏書)가 생전에 재직했던 일본의 고마자와(駒澤)대학에 기증되었고, 그 책들 가운데 이 대둔사본 『아미타경언해』가

---

13) 김영배(1997)의 54쪽 내용과 각주 15)를 보면 "에다 도시오(江田俊雄, 1934/1977 : 349)에서 간년(刊年) 미상으로 소개한 이본(異本) 중에는 '阿彌陀經B'로 분류된 전라도 해남 대둔사 개판(開版)의 연대 미상 판본이 있다고 했으나, 여러 고서목록에서 아직 찾지 못했으며 …"라고 한 부분이 있는데, 여기서 지적한 연대 미상의 판본이 바로 일본에서 환수된 대둔사본 『아미타경언해』인 것이다. 인용된 글은 본문과 각주의 내용 중 필요한 부분을 발췌하여 필자가 정리한 것임을 밝혀 둔다.

있었던 것이다. 고마자와대학 도서관측은 이 책에 중앙불교전문학교의
장서인(藏書印)이 있는 것을 보고, 중앙불교전문학교의 후신(後身)인 동국
대에 반환하여 다시 우리나라에 돌아왔고, 동국대 도서관에 의해 일반에
알려지게 된 것이다.[14]

　대둔사본『아미타경언해』의 국내 환수 이후 일반에 공개된 당시에 책
의 반입 경위와 간단한 형태서지, 그리고 간행 연대에 대한 추정이 관련
학자들의 자문을 받아서 이루어진 바 있다. 책 반환 사실의 공개 당시에
언론에 소개된 연대 추정 내용과 그 근거를 요약하면 다음과 같다.[15]

　　이 책을 전남 해남 대둔산 대둔사(대흥사)에서 1623년경에 판각된 것
　　으로 추정하고, 그 근거로 다음의 사항들을 제시했다.

　　1) 추정의 근거는 1623년 해남 대둔사에서 판각된『대방광불화엄경입
　　　 부사의해탈경계보현행원품』의 간기(刊記)에 공양승으로 표기되어 있
　　　 는 찰안(察眼)이 대둔사본『아미타경언해』의 각수자(刻手者) 명에 비
　　　 구(比丘) 찰안(察眼)으로 적혀 있는 점.
　　2) 이 책의 본문 뒤에 장철(張綴)되어 있는 진언(眞言) 부분의 한글 음
　　　 토(音吐)와 판구 등이『대방광불화엄경입부사의해탈경계보현행원품』
　　　 의 것과 일치한다는 점.
　　3) 이 책의 맨 앞에 장철(張綴)되어 있는 '아미타불 설법 변상도'가 명
　　　 종 19년(1564년)에 패엽사(唄葉寺)에서 판각된『묘법연화경』의 것을
　　　 묘사한 점 등이다.

　그런데 이 책을 소개한 동국대 도서관의 상세서지(등록번호 : D31537, 청
구기호 : D213.16-구31불)에는 간행 연대를 1650년경이라고 해 놓았다. 공개

---

14) 필자는 동국대 중앙도서관의 호의로 이 책을 볼 수 있었다. 이 책의 국어사적 가치
　 를 밝힐 수 있도록 편의를 제공해 준 동국대 도서관에 감사의 뜻을 전한다.
15) 대둔사본『아미타경언해』에 관련된 이러한 일련의 견해가 논문 형식으로 발표된 것
　 은 아니다.

당시에 추정했던 연대보다는 다소 늦은 시기이다. 간행 연대에 대한 이러한 차이는 이 책의 맨 뒷장인 21장 뒷면 10행 하단의 간기(刊記) 부분에 간행 연대에 대한 정보가 없이 간행지만 나와 있기 때문일 것이다. 아울러 언어 사실을 제외한 형태서지 측면에서의 고찰 결과이기도 하다.[16]

이상의 여러 판본 중 활자본의 서지와 언어 사실은 안병희(1980), 최은 규(1993)에 자세한 논의가 있고, 간경도감본 및 그 복각본 등 각 중간본(重刊本)들의 형태서지와 현전 상황 등은 김영배(1997)에서 집중적으로 다루어진 바 있다. 자세한 내용은 그 논의를 참고하기 바란다. 한자음역에 한글 구결이 있는 양주 덕사본에 대해서는 김무봉(1997ㄴ)에서 간경도감본과의 구결 비교를 통한 고찰이 있었고, 18세기 중반에 간행된 책인 일산 문고본에 대해서는 김무봉(1999ㄴ)에, 17세기 초반에 간행된 책인 대둔사본에 대해서는 김무봉(2009ㄴ)에 자세한 내용이 있다.

2.2.

앞에서 밝힌 대로 『아미타경언해』의 저본은 구마라집(鳩摩羅什) 한역(漢譯)의 『佛說阿彌陀經』(姚秦 弘始 四年, 402년)에 수(隋)나라의 천태대사(天台大師) 지의(智顗)(538~597년)가 주석을 붙인 한문본 『佛說阿彌陀經』이다. 언해본은 경(經)의 본문(本文)에만 정음으로 구결을 달고 한글로 번역을 하였다.

구인사 소장인 원간본(후쇄본)의 서지사항은 다음과 같다.

---

16) 이런 이유에서 대둔사본 『아미타경언해』의 형태서지와 언어 사실 등에 대한 연구의 필요성이 대두되었고, 필자는 김무봉(2009ㄴ)에서 대둔사본의 형태서지와 언해 체제, 그리고 언어 사실 등을 원간본인 간경도감본과 비교해서 살펴본 바 있다.

권두서명 : 佛說阿彌陀經

판심서명 : 阿彌陀經

책크기 : 분권(分卷)을 하지 않은 29장 1책의 목판본
세로 30.4cm × 가로 18.7cm

판   식 : 사주쌍변(四周雙邊)

판   심 : 상하 대흑구 내향흑어미

행   관 : 반엽(半葉)은 매면(每面) 유계(有界) 8행, 본문 구결문은 큰 글
자 19자, 구결문의 정음구결은 쌍행인데, 방점이 찍혀 있지
않다. 언해문은 한 글자 내려서 중간 글자 18자, 흑어미 표시
가 없는 협주(夾註) 역시 18자이나, 작은 글자 쌍행(雙行)이다.

간   기 : 天順八年甲申歲朝鮮國刊經都監奉敎雕造 / 忠毅校尉行忠佐衛中
部副司正臣安惠書

기   타 : 문화재 지정 - 보물 제1050호

2.3.

이 책의 한문본인 한역본『佛說阿彌陀經』은 다음과 같은 책들이 있는
것으로 알려져 있다.

(ㄱ) 불설아미타경(佛說阿彌陀經) 1권. 구마라집(鳩摩羅什)역, 요진(姚秦)
홍시(弘始) 4년(402년)

(ㄴ) 소무량수경(小無量數經) 1권. 구나발타라(求那跋陀羅)역, 송(宋) 효
강(孝康) 연간(424~454년), 부전(不傳)

(ㄷ) 칭찬정토불섭경(稱讚淨土佛攝經) 1권. 현장(玄裝)역, 당(唐) 영휘(永
徽) 원년(650년)

위의 (ㄱ, ㄷ)은『高麗大藏經』과『大正新修大藏經』에서 찾을 수 있다.[17]

---

17) 김영배(1997 : 35~36)에서는『고려대장경』과『대정신수대장경』에 실려 있는『아
미타경』의 경(經) 원문(原文)과 쌍계사본『아미타경언해』(1558년)의 구결이 현토

高麗大藏經 제11, pp.185~189 동국대학교 영인, 1959.

大正新修大藏經 제12, pp.346~348, 大正新修大藏經 刊行委員會, 1923/1967.

다만 (ㄴ)은 그 일부만이 '拔一切業障根本得生淨土神呪'로 전한다(『大正
新修大藏經』第12 p.351).

『아미타경』은 정토교(淨土敎)의 근본 경전[所依經典] 중 하나로, '무량수
경(無量壽經)' 및 '관무량수경(觀無量壽經)'과 더불어 정토(淨土) '3부경(三部經)'
이라고 불린다. '무량수경'을 '대경(大經)'이라고 하는 데 대해서 '아미타
경'을 '소경(小經)', 또는 '미타경'이라 하기도 한다. 한편으로는 경 가운데
나오는 구절을 따서 '일체제불소호념경(一切諸佛所護念經)', 또는 이를 줄여
서 '호념경(護念經)'이라고도 한다. 이들 경전에서는 일반 범부들도 '칭명
염불(稱名念佛)'이나 '관상법(觀想法)'에 의한 수행으로 능히 극락세계에 왕
생(往生)할 수 있다고 설한다.[18]

2.4.

'아미타경'의 범어(梵語) 원전명은 'Sukhavatī - vyūha nama - mahayan-asūtra'
이다. 한역(漢譯)으로는 '낙유장엄경(樂有莊嚴經, 극락장엄이라고 부르는 대승경
전)'이라고 한다. '아미타경'의 별칭으로는 흔히 '무문자설경(無問自說經,
Udāna)'을 쓰기도 한다. 대부분의 불교 경전은 제자가 먼저 질문하면 석
존이 그에 대해 답변하는 데서 교설(敎說)이 시작되고, 이후 문답(問答)하
는 형식으로 이루어진다. 그런데 이 책은 제자의 질문이 없는데도 석존
이 스스로 물음을 전제하면서 일방적으로 교설하는 형식이다. 성문제자

된 경(經) 원문(原文)을 대교(對校)하여 일부 차이를 보이는 글자를 제시한 바 있
다. 위의 내용도 그 논의에서 가져왔다.

18) 김명실(1997) 등 참조.

(聲聞弟子) 가운데 지혜 제일인 사리불(舍利弗)을 상대로 해서 수많은 법회 대중에게 극락국토의 장엄상과 아미타불의 공덕을 찬탄하고, 염불왕생 법(念佛往生法)에 대해 교시한다.

법회에는 많은 장로(長老), 아라한(阿羅漢), 문수보살(文殊菩薩) 등 대보살중 (大菩薩衆)은 물론이거니와 석제환인(釋提桓因) 등 여러 천인(天人)들이 모여 있다. 그런데도 특히 사리불(舍利弗)을 대표로 삼아, 성문제자들을 대상으 로 교설한 것은 그들의 지혜로는 타방현재불(他方現在佛)인 극락세계의 아 미타불에 대해 짐작조차 하지 못할 것이기 때문이다. 따라서 먼저 질문 형식으로 교설을 시작하고, 이어서 설명 형식으로 답변하는 방법을 취한 것이다. 경의 내용을 요약하면 다음과 같다.

석가모니 부처께서 기원정사(祇園精舍)에 머무를 때, 장로(長老)인 사리 불(舍利弗) 등을 위해 서방(西方)의 아미타불(阿彌陀佛) 및 그 국토인 극락 세계(極樂世界)의 위치와 공덕·장엄에 대해 설명하고, 극락왕생하기 위 한 방안에 대해 교설한 것이다. 극락세계는 서방으로 십만 억 불국토(佛 國土)를 지난 곳에 있는데, 그곳은 아무런 괴로움이 없고, 오로지 모든 즐 거움을 다 누리고 있어서 극락이라고 부른다고 하여 극락세계의 위치와 의미를 교시한다. 그런 다음 극락세계의 장엄(莊嚴)을 매우 아름답게 묘 사하여 듣는 이로 하여금 환희심을 불러일으키게 한다. 이를테면, 가로 수, 연못, 누각 등이 칠보(七寶)를 비롯한 보석으로 장식되어 있고, 하늘 음악과 꽃비가 내린다. 또한 새들이 진리를 노래하고, 바람이 나무와 그 물 방울을 흔들면 백천(百千) 가지 악기가 연주되는 것 같으며, 사람들은 그 소리를 들을 때마다 삼보(三寶)를 생각하게 된다. 또한 그곳에는 지옥· 아귀·축생의 삼악도(三惡道)라는 이름조차 없다고 전한다.

그곳에 있는 아미타불은 지혜와 자비의 광명이 한량없고[無量光], 수명 이 한량없는[無量壽] 부처님으로서, 이미 성불하신 지 10겁(十劫)이 지났 다. 극락에 태어나는 중생들도 한량없는 광명과 수명을 얻는다. 이와 같 은 극락정토에 왕생(往生)하기 위해서는 자력(自力)의 작은 선근(善根)으로는 어려우니, 중생으로서는 염불수행을 해야 가능하다는 것이다. 아미타불의 명호(名號)를 하루, 나아가 이레 동안 일심으로 외우면, 임종 때 아미타불과 여러 보살들이 와서 극락세계로 맞아 간다.

또한 6방(동·서·남·북, 상·하)의 많은 불·보살이 석가모니 부처의 말씀이 진실한 것임을 증명하며, 아미타불의 불가사의(不可思議)한 공덕을 찬탄하니, 염불하는 중생들은 이 경전을 믿고 받아 지녀서 왕생극락을 발원하라고 한다. 그러면 모든 부처께서 호념(護念)할 것이라는 교설이다.

『아미타경』을 내용에 따라 삼분과(三分科 : 序分, 正宗分, 流通分)로 나누면 다음과 같다.

<서분(序分)>
1) 가르침의 장소와 청중(聽衆)

<정종분(正宗分)>
1) 극락세계와 아미타불
   극락세계의 장엄한 모습과 무량공덕의 아미타불
2) 염불(念佛) 수행(修行)으로 극락세계에 태어남
   염불 수행으로 왕생(往生)함, 모든 부처의 증명으로 믿음을 권함

<유통분(流通分)>
1) 가르침을 듣고 기뻐하며 떠남
   사리불(舍利弗)과 모든 비구(比丘)와 일체 세간(世間)의 천인(天人)과 아수라(阿脩羅)들이 석존의 가르침을 듣고 기뻐하며 예수(禮數)하고 떠남

3. 표기법[19)]

3.1.

이 책은 같은 해에 간행된 『선종영가집언해』(1월), 『금강경언해』(4월), 『반야심경언해』(4월)에 비해 앞선 시기의 표기법을 보이고 있는데, 이는 『월인석보』(1459년)나 활자본 『아미타경언해』(?1461)의 영향을 입었기 때문이다.

이미 앞에서 지적한 대로 『아미타경』은 정토 삼부경의 하나로, 석존이 성문제자 가운데 지혜 제일이라고 하는 사리불에게 일방적으로 교설하는 형식으로 되어 있는 무문자설경(無問自說經)이다. 따라서 설화자가 석존의 말씀을 전하는 내용이 많아 주체존대 선어말어미 '-으시/으샤-'의 쓰임이 빈번하고, 화자인 석존의 말씀을 우리말로 옮김에 따라 화자에 의해 구사되는 '-니라'형의 종결어미와 설화자에 의한 '-시ᄂ니라'형 종결어미가 많다.

목판본 『아미타경언해』는 같은 해에 간행된 다른 문헌에는 쓰이지 않던 'ㅸ'과 'ㆆ'이 나타나고, 협주의 시작과 끝에 흑어미 표지를 두지 않으며, 방점 표기에서 어말의 거성(去聲)을 그대로 유지하는 등[20)] 활자본의 영향을 입은 표기가 보인다.[21)] 그러나 구결문의 정음구결에 방점을 찍지 않고, 언해문의 협주에 한글 작은 글자[小活字]를 사용하는 등 전반적인 체재는 간경도감본의 형태를 따르고 있다. 여기서는 같은 해에 간행된 다른 불경언해서들과 비교하면서 표기의 특성 등을 살펴보려고 한다.

---

19) 이 표기법의 많은 부분은 김무봉(1997ㄱ)에서 가져왔고, 일부의 내용은 보완했다.
20) 『반야심경언해』, 『아미타경언해』 등의 방점 표기에 대해서는 정우영(1996) 참조.
21) 이 외에 구결문과 언해문 사이에 ○ 표시를 두지 않고, 협주 뒤에 한문 주해가 올 경우나 한문 주해와 주해 사이에 ○ 표시를 둔 것도 활자본의 영향 때문일 것이다.

3.2. ㅸ

'ㅸ'은 훈민정음의 초성 17자에는 포함되지 않았으나, 『훈민정음』 해례본의 '예의' 및 '제자해'에서 순경음으로 규정된 이후, 『용비어천가』(1447년) 등의 정음 초기 문헌에 더러 보이고, 간경도감 간행의 언해서에는 『능엄경언해』(1462년)의 '직벽[磔](5 : 72ㄴ)'이나 『목우자수심결언해』(1467년)에 몇몇 예가 보일 뿐이다. 그러나 이 책에서는 용언 활용형과 겸양법 선어말어미 '-ᅀᆞᆸ-, -ᄌᆞᆸ-'의 통합형에서 일반적인 쓰임을 보인다. 그 목록은 다음과 같다.

> (1) ㄱ. 즐거ᄫᆞᆯ씨라<5ㄴ>, 고ᄫᅳᆫ<9ㄱ>, 썰븐[難]<27ㄴ>, 어려븐<28ㄴ>[22]
>
> ㄴ. ᄒᆞᅀᆞᄫᆞ니<1ㄴ>, 디니ᅀᆞᄫᅡ<17ㄴ>, ᄒᆞᅀᆞᄫᅩᆷ<18ㄴ>, 듣ᄌᆞᄫᆞ니<2ㄱ>, 듣ᄌᆞᄫᅩᆫ<25ㄱ>, 일쿨ᄌᆞᄫᅡ<27ㄴ>, 받ᄌᆞᄫᅡ<29ㄱ>
>
> ㄷ. ᄃᆞ외오<9ㄱ>, ᄃᆞ욀씨니<15ㄴ>, ᄃᆞ외야<25ㄴ>

이 책에서 'ㅸ'이 나타날 수 있는 환경에서는 모두 'ㅸ'이 실현되었다. 특히 (1ㄱ)의 '썰ᄫᅳ-'은 『월인석보』(1459년)와 이 책 외에 다른 문헌에서는 그 용례를 찾을 수 없는 희귀어 중의 하나이다. 다만 『용비어천가』(10 : 1ㄱ, 98장)에서 한 차례 용례가 보일 뿐, 그 이후 쓰임이 없는 'ᄃᆞ뵈-'는 여기서도 (1ㄷ)과 같이 'ᄃᆞ외-'로 실현되었다.

하지만 같은 해에 간행된 다른 문헌에서와는 달리 이 책에서 'ㅸ'의 쓰임이 정음 초기 문헌과 같은 양상을 보이는 것은 앞에서 이미 설명한 대로 『아미타경』이 이 책에 앞서 『석보상절』(1447년)이나 『월인석보』(1459년)에 이미 번역되어 실려 있었기 때문일 것이다. 또한 이 책보다 먼저 간행

---

22) 이 논의에서 < > 속에 있는 앞의 숫자는 장차를 표시하고, 뒤쪽 'ㄱ'은 장의 앞면, 'ㄴ'은 뒷면을 가리킨다.

된 활자본 『아미타경언해』(?1461년)에서도 영향을 받은 것으로 생각된다.

3.3. ㆆ

'ㆆ'은 훈민정음 초성체계에서는 후음(喉音)의 전청자(全淸字)로 영모(影母)에 해당되지만 해례본의 용자례(用字例)에는 빠져 있어서 불완전(不完全)한 모습을 보여 준다. 정음 초기 문헌에서 주로 동국정운 한자음 영모자(影母字)의 표기와 종성 'ㅡㄹ' 다음에서 입성 표시 글자로 쓰였고, 고유어 표기에서는 동명사 어미 'ㅡㄹ'과 수의적으로 교체되던 'ㅡㅭ'에 사용되었다. 정음 초기 문헌 이래 단독으로 쓰인 예는 없고, 사이글자로의 쓰임도 『용비어천가』나 「훈민정음 언해본」 이후 극히 제한적이다. 간경도감본에서는 동국정운 한자음 표기에 널리 쓰였으나, 고유어 표기에서는 동명사 어미 'ㅡㄹ' 다음에서 몇몇 용례만을 볼 수 있다. 그러나 이 책에서는 동명사 어미 'ㅡㄹ' 다음에서 폭넓은 쓰임을 보여 주고 있다. 같은 해에 간행된 문헌 중 『선종영가집언해』에서는 후행하는 체언의 초성이 한자어 무성자음인 경우에만 'ㅡㅭ'로 나타나고 『금강경언해』, 『반야심경언해』, 『오대산 상원사 중창 권선문』에는 모두 'ㅡㄹ'로만 실현되었다.

> (2) ㄱ. 護念ᅙᆢᆳ 経이라<19ㄴ, 20ㄴ, 21ㄴ, 22ㄴ, 23ㄴ, 25ㄱ>
> 　　ㄴ. 아롫디 아니며<14ㄴ>, 닐옳디니라<16ㄱ>, 發願홇디니<16ㄴ>
> 　　ㄷ. 命終홇 제 / 命終홀 쩨<17ㄴ>, 나고져 홇 사ᄅᆞ면<26ㄴ>
> 　　ㄹ. 밥 머긇 삐<9ㄱ>
> 　　ㅁ. 念僧홀 므ᅀᅳ몰<12ㄴ>
> 　　ㅂ. 모ᄃᆞ릴씨니라<16ㄴ>, 아니홀씨라<3ㄱ>
> 　　ㅅ. 應 ᅙᅳᆼ<3ㄱ>, 薩 삻<4ㄱ>

이 책에서 동명사 어미 '-ㄹ'은 대부분 '-ᇙ'으로 실현되어 'ㆆ'의 쓰임이 많은 편이다. (2ㄱ)은 '-ᇙ'의 후행 요소가 한자어 무성자음인 경우이고, (2ㄴ)은 '-ᇙ'이 후행의 '디(<ᄃ+이)', 또는 '디-(<ᄃ+이-)'와 통합된 형태인데, 이 책에는 용례가 많이 보인다. (2ㄷ)은 '-ᇙ'+'치음의 전청자형'이다. 이 책에서는 그 출현 환경이 제한적이어서 위의 두 용례만 보인다. 그러나 같은 장에서 '-ᇙ+전청자형'인 '-홇 제'와 '-ㄹ+전탁자형'인 '-홀 쩨'가 병기되기도 했다. (2ㄹ)은 후행 요소가 합용병서인 경우인데 '-ᇙ'으로 실현되었다. (2ㅁ)은 후행 요소가 불청불탁자인 경우 '-ㄹ'이 쓰인 예이다. (2ㅂ)은 동명사 어미 '-ㄹ'과 의존명사 'ㅅ'의 통합형인데, 정음 초기 문헌부터 '-ㄹ쎠/ㄹ씨'로 나타난다.[23] (2ㅅ)은 동국정운 한자음에서의 용례를 보인 것이다.

3.4. ㅿ

유성마찰음 'ㅿ'은 훈민정음 초성체계에서는 불청불탁(不淸不濁)의 반치음으로 일모(日母)에 해당된다. 15세기 문헌에 두루 나타나며 16세기 중반까지 쓰였다. 이 책에서는 'ㅿ'이 출현할 수 있는 환경에서는 모두 'ㅿ'으로 실현되었는데, 이런 현상은 같은 해에 간행된 다른 문헌에서도 마찬가지다. 이 책에서 'ㅿ'의 목록을 보이면 다음과 같다. 모두 모음 사이에서('V-V')의 용례이다.

(3) ㄱ. ᄆᅀᆞᆷ<12ㄴ>, ᄆᅀᆞᄆᆞ로<17ㄴ> ; 믈ᄀᆞᅀᅢ<19ㄱ>

---

23) 동명사 어미 '-ᇙ'과 의존명사 'ㅅ'의 통합형 중 '-ᇙ술'은 『능엄경언해』 등에서 더러 보이나, '-ᇙ식'나 '-ᇙ시'는 문증(文證)되지 않는다. 다만, 활자본 『능엄경언해』 권5에 'ᄆᅀᆞᆷ 얼윓씨라(凝心)<27ㄱ 4행 끝>'처럼 '-ᇙ씨'형이 보이기도 하지만 매우 드문 경우이다.

ㄴ. 지숀<11ㄱ> ; 지스산<11ㄴ>

ㄷ. ᄒᆞᅀᆞᄫᆞ니<1ㄴ> ; ᄒᆞᅀᆞ고<9ㄱ, 29ㄱ>, ᄒᆞᅀᆞ거뇨<13ㄱ> ; ᄒᆞᅀᆞᄫᅩᆷ
   <18ㄴ>, 디니ᅀᆞᄫᅡ<17ㄴ>

ㄹ. 말 드러ᅀᅡ<14ㄱ>

(3ㄱ)은 체언 어간 내부 모음 사이에 나타난 'ㅿ'의 용례와 체언과 조사 통합형에 나타난 'ㅿ'의 용례이다. (3ㄴ)은 용언 어간과 모음으로 시작하는 선어말어미 및 매개모음을 선접한 선어말어미 통합형에서의 용례이고, (3ㄷ)은 겸양법 선어말어미 '－ᅀᆞᆸ－'의 통합형에서의 용례이다. (3ㄹ)은 첨사 'ᅀᅡ'가 쓰인 예이다.

3.5. 사이글자

사이글자는 체언이 결합할 때 음성 환경에 따라 체언 사이에 끼어드는 자음 글자이다. 『용비어천가』(1447년)에는 'ㄱ, ㄷ, ㅂ, ㅅ, ㅿ, ㆆ'의 6자가 쓰였고, 「훈민정음 언해본」(1459년 이전 간행)에는 'ㄱ, ㄷ, ㅂ, ㅸ, ㅅ, ㆆ'의 6자가 쓰였다. 『석보상절』(1447년)에는 'ㅅ'이 주로 쓰였으나 'ㄱ, ㄷ'이 쓰인 예도 있다. 『월인석보』(1459년)에는 'ㅅ' 외에 'ㄱ, ㄷ, ㅂ, ㆆ'이 쓰였고, 『몽산화상법어약록언해』(?1459년)에는 'ㅅ' 외에 'ㄷ, ㆆ'이 쓰였다. 『아미타경언해』(1464년)와 같은 해에 간행된 『선종영가집언해』, 『금강경언해』, 『반야심경언해』에는 'ㅅ'으로 통일되었다. 다만 『반야심경언해』에는 'ㄹ' 다음에 'ㆆ'이 쓰인 한 예가 있다.[24]

이 책에서는 사이글자와 구 구성의 속격에서 모두 'ㅅ'으로 통일되었다.

---

24) 『반야심경언해』에서 'ㄹ' 다음에 사이글자로 'ㆆ'이 쓰인 것으로는 'ᄙᅙ 사교미라<11ㄴ>, ᄙᅙ 사교묜<19ㄱ>' 등이 있다.

(4) ㄱ. 菩薩ㅅ 中에<4ㄴ>, 부텻 싸홀<5ㄴ>, 네 가짓 보비니<7ㄱ>, 하
　　 눖 풍류ᄒ고<9ㄱ>, 븘 곳고리라<10ㄴ>, 부텻 나라해<11ㄱ>,
　　 부텻 光明이<13ㄱ>, 부텻 목숨과<13ㄴ>, 하눖 힝뎌기<29ㄱ>,
　　 부텻 니ᄅ샤몰<29ㄱ>
　　ㄴ. 버텄길훌[階道]<7ㄴ>, 술윗띠[車輪]<8ㄱ>, 믌ᄀᅀᅢ<19ㄱ>

위의 예에서 보듯 이 책에는 사이글자가 출현할 수 있는 환경이 매우
제한적이다. 대부분 '부텨' 또는 '보살(菩薩)'이 선행어가 되는 구 구성이
다. (4ㄱ), (4ㄴ) 모두에서 'ㅅ' 외에 다른 표기는 없다. 'ㅅ'이 출현할 수
있는 환경이 제한적이고, 같은 해에 간행된 불경언해 중『반야심경언해』
를 제외한 다른 문헌에서는 사이글자 표기에서 'ㅅ' 외의 글자가 쓰인
예가 없다. 이러한 사실로 미루어 간경도감본에 이르러 비로소 'ㅅ'으로
사이글자의 통일이 이루어졌다고 할 수 있을 것이다.

3.6. 초성 병서 표기

3.6.1.

『아미타경언해』는 29장 분량의 소책자(小冊子)인데다 언해문이 중활자(中
活字)로 되어 있고, 협주(夾註)가 많지 않아서 연구자들이 자료로 삼을 어사
(語辭)의 선택에 많은 어려움을 겪는다. 특히 '－ㅭ＋전청자형' 표기가 널리
쓰인 관계로 각자병서의 예는 드물다. 훈민정음 창제 초기의 문헌에 보이는
각자병서 8자(ㄲ, ㄸ, ㅃ, ㅉ, ㅆ, ㆅ, ㅇㅇ, ㄴㄴ) 중 이 책에는 'ㅉ, ㅆ'만이 쓰였다.

(5) ㄱ. 命終홀 쩨<17ㄴ> / 命終ᄒᆶ 제<17ㄴ>
　　ㄴ. 다쐐/여쐐<17ㄴ>, 볼써<26ㄱ> : 클씨라<3ㄱ>, 주길씨니<3ㄱ>,
　　　ᄀᆞ줄씨니라<15ㄱ>

(5)의 예와 같이 각자병서는 주로 동명사 어미 '-ㄹ' 통합형에서 볼 수 있고, 그 외 명사나 부사에서 한두 가지의 예를 볼 수 있으나 매우 드문 편이다.

3.6.2.

합용병서의 경우, 훈민정음 초기 문헌에 보이는 'ㅅㄱ, ㅅㄷ, ㅅㅂ, ㅅ；ㅂㄷ, ㅂㅅ, ㅂㅈ, ㅂㅌ；ㅄㄱ, ㅄㄷ' 중 'ㅅ'계열의 'ㅅㄱ, ㅅㄷ', 'ㅂ'계열의 'ㅂㄷ', 'ㅄ'계열의 'ㅄㄱ' 등이 보인다.

> (6) ㄱ. <ㅅㄱ> : 낄-[布]<7ㄴ>, 꾸미-[飾]<8ㄱ>, 가꼴-[顚到]<17ㄴ>,
> 엶-[難]<27ㄴ>
> <ㅅㄷ> : 쪼[並]<4ㄱ>, 따ㅎ[地]<5ㄴ>
> ㄴ. <ㅂㄷ> : 뜯[意]<15ㄱ>, 술윗띠[車輪]<8ㄱ>
> ㄷ. <ㅄㄱ> : 쩨니[食]<9ㄱ>, 훈쪠[一時]<2ㄱ>

3.7. 종성 표기

『아미타경언해』의 종성 표기는 『훈민정음』 해례본의 종성 규정을 충실히 따르고 있다. 8종성 외에 다른 표기는 보이지 않는다. 다만 'ㅈ'의 용례(곶<9ㄱ>)가 한 군데 있어서 시선을 끄는데, 이는 활자본의 표기를 그대로 가져왔기 때문일 것이다. 오히려 『월인석보』에는 '곳<7：65ㄴ>'으로 적혀 있다.

> (7) ㄱ. 낫(<낮) : 밤낫 여슷 쁴로[晝夜六時]<9ㄱ>
> 닛-(<닞-) : 護持ᄒᆞ야 닛디 아니홀씨라<19ㄴ>
> ㄴ. 믿(<밑) : 믿나라해 도라와[還到本國]<9ㄱ>

ㄷ. 놉-(<높-) : 德이 놉고 나히 늘글씨라<3ㄱ>

ㄹ. 업-(<없-) : 오히려 업거니<11ㄱ>

ㅁ. 섯-(<셨-) : 훈 모슨모로 섯디 아니ᄒᆞ면[一心不亂]<17ㄴ>

겻-(<겨-) : 受苦를 겻ᄂ다 ᄒᆞ논 ᄠᅳ디라<28ㄱ>

ㅂ. 衣裓은 곳 담는 그르시라<9ㄱ>

(7ㄱ)은 기저형에서는 말음으로 'ㅈ'을 가지나 자음으로 시작되는 음절이나 휴지 앞에서 'ㅅ'으로 교체된 것이다. (7ㄴ)은 'ㅌ', (7ㄷ)은 'ㅍ', (7ㄹ)은 'ㅄ', (7ㅁ)은 'ㅆ'을 가지나 모두 대표음 'ㄷ, ㅂ, ㅅ' 등으로 교체되었다.

3.8. 주격과 서술격 표기

중세 국어 문헌에서 주격과 서술격은 선행 체언 말음의 음운론적 조건에 따라 그 기저형 '-이'와 '이-'의 교체형이 대체로 동일(同一)한 양상으로 실현되었다. 문헌에 따라서는 구결문과 언해문의 주격과 서술격 표기 양상이 조금씩 달라진 것도 있는데, 이는 구결문의 의고성에 말미암는 것이다. 『아미타경언해』의 주격 및 서술격 표기 양상은 다른 15세기 문헌들과 대체로 일치한다.

3.8.1.

주격조사의 표기는 구결문과 언해문 모두에서 '이, ㅣ, ∅'로 실현되었다. 구결문에서는 '∅' 형태가 출현할 만한 환경이 드물어서 단 하나의 용례만 보인다. '수(水)'의 동국정운 한자음이 '水(:쉉)'여서 '水(:쉉)' 다음의 주격조사 자리에 '∅'가 실현된 것이다.

(8) ㄱ. 이 : 구결문 一時佛이<1ㄴ>

    언해문 ᄀᆞ문ᄒᆞᆫ 보ᄅᆞ미<12ㄱ>

ㄴ. ㅣ : 구결문 彼佛國土ㅣ<14ㄱ>

    언해문 曼陀羅花ㅣ 듣거든<9ㄱ>

ㄷ. ∅ : 구결문 八功德水 充滿其中ᄒᆞ고<7ㄱ>

    언해문 八功德水 그 中에 ᄀᆞ둑ᄒᆞ고<7ㄴ>

    킈 술윗ᄢᅴ ᄀᆞᆮᄒᆞ더<8ㄱ>

    그 소리 五根과 五力과<10ㄴ>

주격조사는 그 예가 많지 않지만 한자어와 고유어 뒤에서 모두 '이, ㅣ, ∅'로 실현되었다. 또 'ㅣ'가 /i, j/ 이외의 체언 말음과 결합할 때 선행 체언의 중성에 합철된 예도 더러 보인다.

이때 체언이 평성이면 성조가 상성으로 바뀌지만 거성이거나 상성이면 아무런 변동도 일어나지 않는다.

(9) ㄱ. 부 : 톄(<부톄+ㅣ)<2ㄱ>, :네(<너+ㅣ)<11ㄱ> : 주격 cf. 네

    (<너+ㅣ)<13ㄱ> : 속격

ㄴ. ·내 (<·나+ㅣ)<18ㄱ>

(9ㄱ)의 '부 : 톄'는 '부텨[佛體]'에 주격조사 'ㅣ'가 통합되어 하강 이중모음을 이룬 예인데, 체언 말음절이 평성이므로 주격조사와 통합 시 성조가 상성으로 바뀐 것이다. '네'는 2인칭 대명사 '너[汝]'에 주격조사와 속격조사 'ㅣ'가 통합된 형태이다. 주격조사 통합에서는 상성으로 성조가 바뀌지만 속격조사와 통합에서는 성조에 아무런 변동도 일어나지 않는다. (9ㄴ)의 '·나[我]'는 원래 거성(去聲)이었으므로 주격조사와의 통합에서 아무런 변화도 일어나지 않는다.

3.8.2.

이 책에서 서술격조사도 음운론적 조건에 따른 교체가 주격조사와 같은 양상으로 나타난다. 특히 서술격조사의 용례는 주격조사에 비해 많은 편이고, 구결문과 언해문 모두에서 같은 양상의 교체형을 볼 수 있다. 구결문에서도 'Ø'의 실현이 보인다.

> (10) ㄱ. 이 : 구결문 故名極樂이니라<6ㄱ>
>   언해문 極樂이라 ᄒᆞᄂᆞ니라<6ㄴ>
>   ㄴ. ㅣ : 구결문 號爲阿彌陀ㅣ시니라<13ㄱ>
>   언해문 號ㅣ 阿彌陀ㅣ시니라<13ㄴ>
>   ㄷ. Ø : 구결문 非是算數之所能知며<14ㄱ>, 所能知之오<14ㄴ>
>   언해문 恒河앳 몰애니<19ㄱ>

특기할 것은 'ᄃᆞ, ᄉᆞ' 등의 의존명사와 서술격조사 'ㅣ'의 통합 시에 체언의 모음인 'ᆞ'가 탈락된다. 이런 현상은 다른 불경언해서에서도 마찬가지다.

> (11) ㄱ. 닐옳디니라<16ㄱ>, 信홇디니<19ㄴ>
>   ㄴ. 주길씨니<3ㄱ>, 즐거볼씨라<5ㄴ>

3.9. 모음조화 표기

중세국어 시기에는 형태소 내부나 경계에서 양모음은 양모음끼리, 음모음은 음모음끼리 어울리는 현상, 이른바 모음조화 현상이 있었는데, 이 책에서는 이러한 현상이 비교적 잘 지켜졌다. 보조사 'ㄴ'과의 통합에 있어서나 대격조사, 처격조사와의 통합에서도 상당히 규칙적이다. 그러나 다음의 예는 이 책에서의 조사 통합이 양모음 쪽으로 우세했음을 보여 주는 예가 될 것이다. 이는 간경도감 간행의 언해서들에 공통되는 현상이다.

> (12) ㄱ. 應ᄋᆫ<3ㄱ>, 부텨를<13ㄱ>, 分ᄋᆫ<15ㄴ>
>   ㄴ. 世界를<20ㄱ>

3.10. 한자음 표기

구결이 현토된 경 본문의 한자에는 주음을 하지 않고 국한 혼용문인 언해문과 협주의 한자에만 독음을 달았다. 언해문의 한자는 중활자(中活字)인데, 한글 독음은 오른쪽 아래에 소활자로 적었고, 협주는 한글과 한자를 혼용하였는데, 한자에는 같은 크기의 소활자로 주음하였다. 한자음은 다른 간경도감본 언해서와 마찬가지로 동국정운음이다. 『동국정운』(1447년)에 없는 불교용어 중에는 몇 차례 변개된 것이 있는데, 이 책에 있는 '般若<15ㄱ, 방샹>, 解脫<15ㄱ, 행뢇>, 三藐<25ㄴ, 삼막>'의 주음도 『법화경언해』이후의 음으로 바뀌어 있다.[25] 이를 정리하면 다음과 같다.

> (13) ㄱ. 般若 반 : 샹   『석보상절』, 『월인석보』, 활자본 『아미타경언
>   해』, 목판본 『능엄경언해』, 『금강경삼가해언해』,
>   『남명집언해』
>   · 밣 : 샹   『법화경언해』, 『금강경언해』, 『반야심경언해』,
>   목판본 『아미타경언해』
>   ㄴ. 解脫 : 행 · 뢇   『석보상절』
>   : 갱 · 뢇   『월인석보』, 『몽산법어언해』, 활자본 『아미타
>   경언해』, 활자 · 목판본 『능엄경언해』, 『금강경

---

25) 불경언해에 나오는 불교용어의 한자음에 대해서는 안병희(1980), 최세화(1991) 참조.

		삼가해언해』, 『남명집언해』
: 항 · 톓		『법화경언해』, 목판본 『아미타경언해』, 『금강 경언해』
ㄷ. 三藐	삼 · 막	『석보상절』, 활자본『아미타경언해』, 목판본『능 엄경언해』
	삼 · 먁	『법화경언해』, 『금강경언해』, 『반야심경언해』, 목판본 『아미타경언해』

3.11. 방점

이 책의 언해문에는 점획형으로 된 방점이 찍혀 있다. 활자본에는 정음구결에도 방점이 찍혀 있으나 활자본 『능엄경언해』(1461년) 이후 구결문의 방점은 사라졌다. 그러나 목판본『아미타경언해』의 방점은 같은 해에 간행된 다른 불경언해서들의 방점 표기와는 달리 앞선 시기의 표기가 반영되어 있다. 주격조사의 방점이 대부분 거성을 유지하고 있을 뿐 아니라, 어말의 거평(去平)교체가 아직 일어나지 않아서 이 역시 활자본의 방점 표기에서 영향을 입은 것으로 본다.[26]

> (14) : 엇 · 데<16ㄴ>   cf. : 엇데<선종영가집언해 하 : 22ㄱ>, <금강경 언해 : 10ㄴ>

3.12. 희귀어

이 책에는 15세기 문헌뿐만 아니라, 이후 문헌에서도 그 용례가 드문 희귀어가 몇몇 있다.

---

26) 『선종영가집언해』와 『금강경언해』의 용례는 정우영(1996) 참조.

(15) ㄱ. 버텼길[階道]<7ㄴ> → 섬돌길. 층계길.

　　ㄴ. 술윗띠[車輪]<8ㄱ> / 술위띠<능엄 8 : 125ㄱ> → 수레바퀴

　　ㄷ. 갓갓[種種]<10ㄱ> → 가지가지

　　ㄹ. 엻-[難]<27ㄴ> → 꺼림칙하다. 어렵다.

　(15ㄱ)~(15ㄷ)은 합성어이다. 특히 (15ㄱ)은 다른 곳에서의 쓰임이 없는
유일한 용례이다.

3.13. 기타

　앞에서 밝힌 대로『아미타경언해』는 설화자(說話者)가 석존(釋尊)의 말씀
을 전하고, 석존이 사리불(舍利弗)에게 교설하는 형식으로 되어 있다. 따
라서 (16ㄱ)과 같이 주체존대 선어말어미 '-으시/으샤-'의 쓰임이 빈번
하고, 종결어미는 (16ㄴ)처럼 주로 '-니라'형 구성으로 되어 있다.

(16) ㄱ. 그쁴 부톄 長老 舍利弗ᄃ려 니르샤딕<5ㄱ~ㄴ>

　　　그 짜해 부톄 겨샤딕 일후미 阿彌陀ㅣ시니<5ㄴ>

　　ㄴ. 法王子ᄂᆫ 佛子ㅣ라 호미 ᄀᆮᄒᆞ니라<4ㄴ>

　　　이제 現ᄒᆞ야 겨샤 說法ᄒᆞ시ᄂᆞ니라<5ㄴ>

　　　이ᄀᆮ티 功德莊嚴이 이러 잇ᄂᆞ니라<8ㄱ~ㄴ>

　『아미타경언해』의 구결문과 언해문의 구성은 같은 해에 간행된 다른
판본들과 차이를 두고 있다. 동명사 어미 '-ㄹ'과 무성자음이 통합된 경
우『선종영가집언해』,『반야심경언해』등은 구결문에서 '-ㄹ+전청자
형'으로 실현되고, 언해문에서는 '-ㄹ+전탁자형'으로 실현된 데 비해,
이 책은 구결문과 언해문 모두에서 '-ㄹ+전탁자형'으로 실현되었다.

(17) ㄱ. 두루 둘어실씨(周帀圍遶호실씨)<7ㄱ>

ㄴ. ᄀ린ᄃᆡ 업스실씨(無所障礙ᄒ실씨)<13ㄴ>, 無量無邊阿僧祇劫일씨
(無量無邊阿僧祇劫일씨)<13ㄴ>

4. 맺는말

4.1.

지금까지 『아미타경언해』의 판본(板本), 형태서지(形態書誌), 경(經)의 성격, 표기 사실 등에 대해 살펴보았다. 널리 알려진 책이고 언해본에 대한 역주서 등이 여러 권 나와 있기 때문에 새로운 사실을 밝히기보다는 선행 연구의 성과를 요약·정리하는 데 비중을 두었다. 『아미타경언해』는 훈민정음 창제 직후인 세조대에만 두 차례에 걸쳐 인간(印刊)되었다. 하나는 1461년경에 을해자(乙亥字)로 간행된 활자본 『아미타경언해』이고, 다른 하나는 3년 후 간경도감에서 세 군데 정도의 수정을 거쳐 다시 간행된 목판본 『아미타경언해』이다. 앞의 두 책 간행 이후에도 수차례에 걸쳐 복각(覆刻) 및 개찬(改撰)의 책들이 간행되었다. 그만큼 독자들의 수요(需要)가 많았다는 방증(傍證)일 것이다. 게다가 같은 내용이 활자본보다 앞서 간행된 『월인석보』(1459년) 권7에 번역·수록되어 있고, 현재 전하지는 않지만 『석보상절』(1447년) 권7에도 실려 있었을 것으로 짐작이 된다. 이런 이유로 『아미타경언해』는 세조가 직접 구결을 달아서 번역한 것으로 보는 것이다. 복각본들의 내제 아래쪽 역기란(譯記欄)에 '御製譯解'라 한 것도 이런 저간의 사정을 반영한 것으로 본다.

4.2.

이 책은 15세기 중엽부터 19세기 말까지 400여 년 동안 수차례에 걸쳐 중간(重刊)되었다. 15세기 중엽부터 18세기 중엽까지는 주로 간경도감(刊經都監)본의 복각(覆刻) 간행이 이어졌고, 이후에 지방 사찰 등에서 간행된 책들은 판식(板式)과 언해 체제는 물론 언어 사실 등이 달라진 개찬본(改撰本)들이다. 『아미타경언해』가 비록 소책자라고 하더라도 개찬본들에는 각기 그 시대의 언어가 반영되어 있어서 국어사 연구자들에게 많은 도움을 주고 있다.

간경도감에서 간행된 『아미타경언해』의 초쇄본은 현재 전하지 않는 듯, 아직 공개된 적이 없다. 다만 역기(譯記)가 삭제된 한 책(보물 제1050호)이 단양의 구인사(救仁寺)에 전하는 바, 이는 원간본의 판목에서 나중에 쇄출(刷出)된 후쇄본(後刷本)으로 판단한다. 원간 후쇄본이라고 할지라도 언어 사실 등을 연구하는 데는 별 무리가 없을 듯하다. 이후 간행된 책들은 나주 쌍계사 등 주로 지방의 사찰에서 간행되었다. 현재 동국대 도서관 등 몇몇 도서관에는 여러 책들이 전하는데, 이를 복각본과 개찬본으로 나누어 정리했다. 동화사본 등 일부의 판본에는 「왕랑반혼전」, 「임종정념결」, 「부모효양문」 등 다른 내용의 문건이 합철되어 있어서 이용에 주의를 요한다.

4.3.

『아미타경언해』의 한문본은 요진(姚秦) 홍시(弘始) 4년(402년)에 구마라집(鳩摩羅什)이 한역(漢譯)한 『佛說阿彌陀經』이다. 이 책은 정토교(淨土敎)의 근본 경전[所依經典] 중 하나로 '무량수경(無量壽經), 관무량수경(觀無量壽經)'과 더불어 정토(淨土) 3부경(三部經)이라고 불린다. 그런데 우리가 연구 텍스트로 하고 있는 『아미타경언해』의 저본(底本)은 수(隋)나라의 천태대사(天台大師) 지의(智顗 : 538~597년)가 주석(註釋)을 붙인 한문본 『불설아미타경』이다. 언해본은 구마라집(鳩摩羅什) 한역의 경(經) 본문에 정음으로 구결을 달아 번역을 하고, 천태대사의 주석은 번역 없이 언해문 다음에 원문으로 부기(附記)해 놓았다.

『아미타경』은 무문자설경(無問自說經, udāna)이다. 대부분의 불교 경전은 제자가 먼저 질문하면 석존이 그에 대해 답변하는 데서 교설(敎說)이 시작되고, 이후 문답(問答)하는 형식으로 이루어진다. 그런데 이 경전은 제자의 질문이 없는데도 석존이 스스로 묻고 일방적(一方的)으로 교설하는 형식이다. 성문제자(聲聞弟子) 가운데 지혜 제일인 사리불(舍利弗)을 상대로 해서 수많은 법회(法會) 대중에게 극락국토의 장엄상(莊嚴相)과 아미타불의 공덕을 찬탄하고, 염불왕생법(念佛往生法)에 대해 교시(敎示)하는 내용이다.

경의 구성은 서분(序分)에서 가르침의 장소와 청중(聽衆)에 대해 설명하고, 정종분(正宗分)에서는 극락세계의 장엄한 모습과 무량공덕의 아미타불(阿彌陀佛) 찬탄 그리고 염불(念佛) 수행(修行)으로 극락세계에서 왕생(往生)할 것을 설하고 있다. 또한 염불하는 중생들에게 이 경전을 믿고 받아 지녀서 왕생극락을 발원하라고 부탁한다. 유통분(流通分)에서는 사리불(舍利弗)과 모든 비구(比丘)와 일체 세간(世間)의 천인(天人)과 아수라(阿脩羅)들이 석존의 가르침을 듣고, 기뻐하며 예수(禮數)하고 떠난다는 내용이다.

4.4.

대부분의 불교 경전과는 다른 교설 형식에 따라 『아미타경언해』의 번역 양식도 여타 언해본들과는 다소 차이가 있다. 설화자(說話者)가 석존의 교설을 전하는 내용이 많아 '주체존대 선어말어미' '-으시/으샤-'의 쓰임이 빈번하고, 화자(話者)인 석존의 교설을 우리말로 옮김에 따라 화자에 의해 구사되는 '-니라'형의 종결어미와 설화자(說話者)에 의한 '-시ᄂᆞ니라'형 종결어미가 많다.

또 이 책의 표기법은 같은 해(1464년)에 간행된 『선종영가집언해』(1월), 『금강경언해』(4월), 『반야심경언해』(4월)에 비해 앞선 시기의 표기법을 보이고 있다. 당시에 다른 문헌에는 쓰이지 않던 'ㅸ'이나 'ㆆ'의 쓰임이 많은 편이고, 협주의 시작과 끝에 흑어미 표지를 두지 않으며, 방점 표기에서 어말의 거성(去聲)을 그대로 유지하는 등 활자본의 영향을 입은 표기가 일부 보인다. 반면 구결문의 정음구결에 방점을 찍지 않고, 언해문의 협주에 한글 소활자(小活字)를 사용하는 등 전반적인 체제는 간경도감본의 형태를 따르고 있다. 그렇지만 구결문과 언해문 사이를 구분하는 ○ 표시를 두지 않고, 협주 뒤에 한문 주해가 올 경우나, 한문 주해와 주해 사이에 ○ 표시를 둔 것은 활자본의 영향 때문일 것이다.

선행 연구와 앞에서의 고찰을 통해 우리는 목판본 『아미타경언해』에 보이는 언어가 활자본의 영향권에서 벗어나지 않았음을 확인할 수 있었다. 언해 체제나 분량에 다소 차이가 있을 뿐 목판본에는 활자본의 언어가 대부분 그대로 이어져 있다. 그리고 이러한 현상은 『아미타경언해』가 단행본 책으로 간행되기 이전에 이미 번역·편입이 되어 있던 『석보상절』과 『월인석보』의 영향에 의해 그렇게 된 것으로 본다. 이는 『아미타경언해』의 구결 작성자 및 번역자가 앞의 두 책을 직접 저술한 세조(世祖)라는 사실에서 뚜렷이 드러난다.

제7장 금강반야바라밀경언해(金剛般若波羅蜜經諺解)

1. 머리말

1.1.

『금강경언해』는 조선조 세조 10년(1464년)[1]에 간경도감[2]에서 간행된 불경언해서이다. 요진(姚秦)의 구마라집(鳩摩羅什 : 344~413년)이 한역(漢譯) 편찬한 한문본 『金剛經』의 경 본문과 육조대사(六祖大師) 혜능(惠能)의 『金剛經六祖解(口訣)』에 세조가 정음으로 구결을 달고, 한계희(韓繼禧)가 번역을 하여 간행하였다. 목판본 단권[3]으로 된 책이다. 그러니까 『금강경언해』의 저

---

1) 이 해에 간경도감에서 간행된 불경언해서는 『선종영가집언해(禪宗永嘉集諺解)』, 『아미타경언해(阿彌陀經諺解)』, 『금강경언해(金剛經諺解)』, 『반야심경언해(般若心經諺解)』 등 모두 4종이다 특히 『금강경언해』와 『반야심경언해』는 「진금강경심경전(進金剛經心經箋)」과 간행 관여자의 열함(列銜)이 일치한다. 따라서 <금강>과 <반야> 두 책은 같은 시기에 간경도감에서 간행된 것임을 알 수 있다. 책명(冊名)을 줄여서 부를 때는 <금강>처럼 약칭할 것이다. 이하 같다.
2) 책의 앞쪽에 편철되어 있는 조조관(雕造官)의 열함(列銜)을 통해 이 책이 '간경도감(刊經都監)'에서 간행되었다는 사실과 직제(職制)에 따른 간행 관여자의 규모가 어느 정도인지를 알 수 있다. 도제조(都提調) 1인, 제조(提調) 8인, 부제조(副提調) 2인, 사(使) 3인, 부사(副使) 4인, 판관(判官) 2인 등 도합 20명이다. 또한 책 뒤에 편철되어 있는 「번역광전사실(飜譯廣轉事實)」에 의해 직제에 따라 관여한 이 외에 효령대군(孝寧大君), 해초(海超) 등이 교정에 참여하였음을 알 수 있다.

본은 육조 혜능의 『금강경육조해』인 것이다. 간행 연대 역시 도제조(都提調) 황수신(黃守身)의 「진금강경심경전(1464년 4월 7일자 작성 기록)」과 효령대군, 해초, 김수온, 한계희, 노사신 등의 「발문」에 의해 알 수 있다.4) 「발문」과 「번역광전사실(飜譯廣轉事實)」에는 간행 경위 등 책의 조성에 관련된 내용이 소상하게 나와 있다.

책의 갖은 이름은 『금강반야바라밀경언해』 또는 『금강경육조해언해』이다. 이 책의 내제는 '金剛般若波羅蜜經'이고, 서외제 및 판심제는 '金剛經'이라 적혀 있다. 도서의 목록서명만으로는 『금강경삼가해』5) 및 한문본 『금강경』과 구별이 되지 않는다.6) 이런 점 때문에 국어학계에서는 서지학적 명칭 대신 『금강경언해』란 별칭을 사용해 왔다. 간행 동기는 「발문」 뒤에 장철(張綴)되어 있는 「번역광전사실(飜譯廣轉事實)」을 통해 짐작할 수 있다.

---

3) 현전하는 중간본(重刊本) 중 연산조 본 계통(간년 미상)인 일사문고 소장의 권하 영본(零本) 1책, 김민영 소장의 2본, 선조 8년(萬曆 3년, 1575년)에 간행된 1권 2책, 간년 미상의 석판본(石版本) 권상 영본 1책 등은 2책으로 분책되어 있으나, 원간본은 단권으로 간행되었던 듯하다. 이는 황수신의 「진금강경심경전(進金剛經心經箋)」에 보이는 '… 臣黃守身等, 謹將新雕印, 翻譯金剛經一卷·心經一卷, 粧潢投進 … (… 신 황수신 등은 삼가 새로 만든 인자로 『금강경』 1권과 『심경』 1권을 번역하고 장정하여 올리려 하니 …)'와 원간본 계통의 후쇄본으로 보이는 연산군 1년(弘治 8년, 1495년) 간행의 선본(善本)으로 확인이 된다. 이 책은 단권으로 되어 있다. 또 현전 판본 중 어떤 것에서도 권두, 권말 서명 및 판심서명에 분권(分卷)을 명기(明記)한 내용이 없다.

4) 이는 세조실록 32권 18장, 갑신년(甲申年, 1464년) 2월 8일 '辛卯條'의 공조 판서 김수온(金守溫), 인순부 윤 한계희, 도승지 노사신 등에게 명하여 『금강경』을 번역하게 하였다. (命工曹判書 金守溫 仁順府尹 韓繼禧 都承旨 盧思愼 等 譯金剛經)'는 기사(記事)로도 확인이 된다.

5) 『금강경삼가해』의 서외제 및 내제 역시 '金剛般若波羅蜜經'이다. 다만, 판심제는 '金剛經三家解'라 되어 있어서 구분이 된다.

6) 고서(古書)의 목록서명은 주로 권두서명을 대상으로 하기 때문이다. 『금강경언해』 등 고서의 서명(書名)에서 제기되는 문제와 그 해결의 방법은 안병희(1982)에서 논의된 바 있다.

1.2.

『금강경언해』는 영광 불갑사본(佛甲寺本)이 원간 초쇄본으로는 유일본으로 전하고,[7] 후쇄본도 일부 전한다. 현전하는 중간본(重刊本)들은 판본에 따라 본문을 제외한 부분(금강심경전·조조관·육조해서·후서·발문·번역광전사실 등)의 편차에 약간씩 차이가 있거나 일부가 삭제되어 있다. 원간 초쇄본인 불갑사본은 '본문(전체 153장)'의 일부가 떨어져 나가 132장만 남아 있고, '육조구결후서(전체 15장)'도 9장만 남아 있다. 그 외 '교조조'나 '진전문' 등이 결락(缺落)된 낙장본(落張本)이다. 그럼에도 불구하고 구결 작성자와 번역자가 모두 명기되어 있는 원간 초쇄본이라는 점에서 가치가 크다.

몇 년 전에 당시 김민영 소장의 책 3본이 새로이 소개된 바 있다.[8] 두 책은 상권만 전하는 낙질본(落帙本)인데, 학계에 처음 공개되었다는 점에서 의미가 있다. 그중 하나는 간경도감본의 후쇄본으로, 정확한 인출(印出) 연대는 미상이나 연산군 대에 인출된 책이 아닐까 추정한다. 학계에 처음 공개되는 판본이다. 또 하나는 역시 원간본 계통이지만 복각(覆刻) 간행된 책이다. 상권만 전하는 영본(零本)이다. 명종 20년(1565년) 전라도 무량사(無量寺)에서 개간(改刊)한 판본이다. 이 역시 처음 소개된 책이다. 상·하 두 권이 다 있는 나머지 하나는 다음에 언급할 전라도 완주 고산의 안심사본이다. 안심사본은 정확히 말하면 한용운(韓龍雲) 보각본(補刻本, 1933년)인데, 지금까지 소개된 책 4본이 있으니, 이로써 1본이 더 보태진 셈이다.

---

7) 불갑사본을 원간 초쇄본으로 추정하는 근거는 내제 다음 행과 그 다음 행에 각각 구결 작성자(御定口訣)와 번역자(嘉靖大夫仁順府尹臣韓繼禧奉敎譯)가 명기되어 있기 때문이다.

8) 김민영 소장의 책은 2007년 10월 30일~11월 10일까지 동국대학교 중앙도서관에서 있었던 "불서(佛書)를 통해서 본 조선시대 스님의 일상(김민영 소장 귀중불서 특별전)"을 통해 일반에 공개되었다. 현재는 이 책들의 소장처에 변화가 생겼다.

편차(編次)에 차이는 있지만 원간본의 체제를 비교적 잘 따르고 있는 책은 선조 8년(萬曆 3년, 1575년)에 전라도 완주 고산의 안심(安心) 광제원(廣濟院, 안심사)에서 간행된 복각본이다. 이 책은 1933년 한용운에 의해 더러는 신각(新刻)되고 더러는 수보(修補)되어 오늘에 전하는 것으로,[9] 오랜 세월 보관하는 과정에서 판목(版木)이 손상을 입어 마멸(磨滅)되거나 탈획(脫劃)된 부분이 적지 않다. 또 보각(補刻) 과정의 매목(埋木) 작업 중 어그러진 부분도 있다. 그 결과 인쇄가 흐리거나 해독이 안 되는 부분이 상당히 보인다. 그러나 다른 중간본들과는 달리 「발문」과 「번역광전사실」까지 있고, 원간 초쇄본(初刷本)의 발굴이 늦어서 오랫동안 이 책이 널리 이용되어 왔다. 안심사본을 이용하는 이들을 위해 이 글 말미의 '[표 1] 교정 일람표'에 오자(誤字), 탈획자(脫劃字) 등을 바로잡고, 완결(刓缺)된 부분이나 해독이 어려운 부분을 복원(復原)해 두었다. 이용에 도움이 되었으면 한다.

1.3.

『금강경언해』는 다른 간경도감 간행의 언해서들과 마찬가지로 한역(漢譯) 『금강경』의 경(經) 본문과 「육조해(六祖解)」의 적당한 곳을 나누어 단락을 만든 후, 정음으로 구결을 달아 한글로 번역을 한 대역(對譯) 불전(佛典)이다. 번역 양식에 대해서는 관점에 따라 여러 가지 분류가 가능하겠지만, 크게 의역(意譯, literary translation)인 자유역(自由譯, free translation)과 직역(直譯, literal translation)인 축자역(逐字譯, word-for-word translation)으로 나눌 수 있을 것이다.[10] 간경도감 간행의 언해불전들은 모두 『금강경언해』와 같은 대역의

---

9) 선조 연간에 복각 간행된 책은 현재 보이지 않고, 우리가 활용하고 있는 판본은 1933년에 수보(修補) 간행된 것이므로, 안심사 판본의 보각본(補刻本)이라고 해야 정확한 판명(版名)이 될 것이다. 보각(補刻) 간행(刊行)의 경위에 대해서는 한용운 (1931, 1933)에 상세한 내용이 있다.

방법을 취하고 있는데, 이는 원문인 한문본에 매우 충실한 번역이다. 이런 이유로 중세국어 시기의 대역 번역문들은 당시 실제 사용하고 있었던 국어보다 훨씬 옛 모습을 띠었던 것으로 보인다. 아울러 구결문에 의한 대역이어서 의고적(擬古的)이면서 문어적(文語的)이기까지 하다. 간경도감 간행의 언해본들은 대체로 대역 번역의 특징인 한자어의 과도한 사용과 명사구의 나열이 두드러지고, 한문 문장의 영향으로 경어법 구사가 매우 제한적이다. 이러한 경향은 고려조 이후 널리 유통되어 왔던 구결 현토 불경의 전통이 이어진 것으로, 이 책 역시 앞 시대 구결 불경의 영향을 많이 받은 것으로 판단한다.[11] 언해 불경의 이러한 전통은 20세기 초 백용성(白龍城) 선사의 『詳譯科解 金剛經』 초판(1926년)이 나올 때까지 이어졌다.

2. 저본(底本) 고찰

『금강경언해』의 원전은 육조(六祖) 혜능(惠能)의 『금강경육조해(金剛經六祖解)』, 곧 육조의 구결(口訣)인데, 이는 구마라집이 한역(漢譯)한 『금강경』에 혜능이 구결을 단 것이다. 『금강경육조해』가 이루어지기까지의 과정과 『금강경오가해』 및 『금강경삼가해』에 대해서 간단히 살펴보기로 한다. 『금강경』[12]은 당(唐) 현장(玄奘)이 번역한 대반야경(大般若經) 육백 권 중 제577권 대반야 4처(處) 16회(會)의 제9회에 해당하는 「능단금강분(能斷金剛分)」

---

10) 번역 양식 등에 대해서는 안병희(1973) 참조.
11) 안병희(1973), 김영배·김무봉(1998) 참조.
12) 여기서 지칭하는 『금강경』은 한문본을 말하며, 인도의 당대 경전은 산스크리트경이라 칭하기로 한다. 최대림(1990), 무비(1992) 등을 참조하였다.

을 말하는 것으로, 그 내용이 삼백송(三百頌) 정도의 분량이어서 「삼백송
(三百頌) 반야경(般若經)」이라고도 한다.

그 구체적인 명칭은 『금강반야바라밀경』 또는 『능단금강반야바라밀경
(能斷金剛般若波羅蜜經)』으로, 이 이름은 산스크리트 경전(經典)인 『Vajracchedikā-
prajñā-pāramitā-Sūtra』를 한문으로 옮긴 것이다.

『금강경』은 대승불교(大乘佛敎) 초기에 만들어진 가장 순수하고 대표적
인 경전이다. 경(經)의 성립 시기는 서기 150~200년 무렵으로 보고 있다.
부처님 성도(成道) 후 21년째부터 21년 동안 교설한 가장 방대한 분량의
600권 반야경전(般若經典) 중에서도 핵심이라고 할 만한 귀중한 경전이
다.13)

『금강경』의 산스크리트 경전이 성립된 배경은 다음과 같다. 부처님이
사위국(舍衛國)의 기수급고독원(祇樹給孤獨園)에 머무를 때, 수많은 제자와
비구들을 위하여 10대 제자의 하나인 수보리(須菩提) 장로와 공(空, śūnya)에
대해서 문답하였는데, 역시 10대 제자의 하나인 다문제일(多聞第一)의 아
난존자(阿難尊者)가 듣고, 들은 그대로를 엮은 것이다. 경의 내용은 처음에
는 경계(境界)의 공(空)함을 설하고, 다음에는 혜(慧)의 공함을 설하고, 뒤에
보살공(菩薩空)을 밝혔다.14) 따라서 이 경전은 공혜(空慧)로써 체(體)를 삼고
일체법(一切法) 무아(無我)의 이치를 요지(要旨)로 삼고 있다.15) 제명(題名)으

---

13) 무비(1992) 참조.
14) 『금강경』은 '공사상(空思想)'을 설하고 있음에도 '공(空)'이라는 술어를 쓰고 있지
   않은데, 이는 '공(空)'이라는 술어가 확립되기 이전에 이 경이 이루어졌기 때문일
   것이다. 또 이 경전에는 소승(小乘)·대승(大乘)이라는 의식도 명확치 않은데, 이
   역시 경전이 대승불교 초기에 성립되었기 때문으로 보인다. 다만 『금강경언해』 6장
   앞면 6~7행의 '수보리(須菩提)'에 대한 설명에 '須菩提'는 범어(梵語)이고, 이것이
   당나라 말로는 '공(空)'을 안다는 뜻'이라는 육조(六祖)의 설명을 붙여 놓았다. 이
   런 이유로 '공(空)'이라는 술어가 한 차례 나온다. 하지만 이는 '공(空)'에 대한 설
   명이 아니라, 오히려 '수보리'와 '공'의 관련성을 상징하는 표현이 되었다.
15) 최대림(1990) 참조.

로의 뜻은 『금강경언해』의 첫머리에 나오는 육조대사 혜능의 서(序)에 잘 나타나 있다.

곧, '금강석같이 단단하고 예리(銳利)한 지혜(智慧)로써 의심이나 집착을 끊어버리고, 피안(彼岸)에 도달하는 길'이라는 의미로 풀이를 한 것이다.

한역본 『금강경』 중 오늘에 전하는 것으로는 아래의 7종(種)이 있다.16)

> 1) 鳩摩羅什 역 『금강반야바라밀경』 1권, 後秦 弘始 4년(402년)
> 2) 菩提流支 역 『금강반야바라밀경』 1권, 北魏 永平 2년(509년)
> 3) 眞 諦 역 『금강반야바라밀경』 1권, 陳 天嘉 3년(562년)
> 4) 達磨笈多 역 『금강능단반야바라밀경』 1권, 隋 開皇 10년(590년)
> 5) 玄 奘 역 『능단금강반야바라밀경』 1권, 唐 貞觀 22년(648년)
> 6) 玄 奘 역 『능단 금강분』 1권, 唐 顯慶 5년(660년)~龍朔 3년(663년)
> 7) 義 淨 역 『능단금강반야바라밀경』 1권, 唐 長安 3년(703년)

『금강경』이 우리나라에 유입된 시기는 삼국시대 불교가 전래된 초기 단계로 보이며, 고려 중기 보조국사(普照國師) 지눌(知訥 : 1158~1210년)이 불교를 배우고자 하는 사람들의 입법(立法)을 위하여 이 경을 읽게 한 뒤부터 널리 유통되었다고 한다. 주석서로는 원효(元曉)의 「금강경소(金剛經疏)」를 비롯하여 수십 종의 소(疏)나 사기(私記) 등이 편찬되었으며, 주석서·해설서 등 관계 문건만도 100여 종(種)이 넘을 정도다. 조계 선종(曹溪禪宗)을 표방하는 한국 불교에서는 『금강경』을 소의(所依) 경전으로 삼고 있다.17)

『금강경오가해(金剛經五家解)』는 구마라집의 한역본 『금강경』에다가 다

---

16) 이 중 구마라집(鳩摩羅什)의 『금강반야바라밀경』 1권이 현전 한역본 중 최고의 것으로 한자문화권에서 『금강경』이라고 하면 주로 이 책을 가리킨다.

17) 대한불교조계종에서는 2009년 1월 20일 표준판 『금강경』 한문본과 한글 번역본을 편찬·간행한 바 있다.

섯 명의 대사가 선적(禪的)인 측면에서 주석을 가한 것으로, 그 내용이 선
리(禪理)로 설명되어 있기 때문에 『금강경』의 진의(眞義)와 선(禪)의 근본을
이해하는 데 많은 도움을 준다. 다섯 스님과 그 주석서는 당(唐) 규봉종밀
(圭峰宗密)의 찬요(纂要), 당(唐) 육조혜능(六祖惠能)의 구결(口訣),[18] 양(梁) 쌍림
부대사(雙林傳大士)의 송(頌), 송(宋) 야보도천(冶父道川)의 착어(著語), 송(宋) 예
장종경(豫章宗鏡)의 제강(提綱)」 등이다. 그런데 이 『금강경오가해』의 편집
자에 대해서는 두 가지 견해가 있다.[19] 그 하나는 조선 초기의 고승 함
허당(涵虛堂) 득통(得通)이라는 견해이고, 다른 하나는 득통 이전부터 중국
에서 누군가에 의해 편집되어 전해 왔다는 설이다. 편집자 문제는 그렇
다고 해도 현재 우리가 볼 수 있는 『금강경오가해』는 득통이 다섯 스님
의 견해와 주석을 모아 만든 것이고(太宗 15년, 永樂 13년, 1415년), 다시 오가
(五家)의 주석 중 어려운 부분을 대교(對校)해서 해석을 붙이고, 다른 판본
들과 비교하여 탈자・중복자・오자 등을 바로잡아 만든 것이 득통의 『금
강경오가해설의(金剛經五家解說誼)』이다.

　주로 주석을 가한 곳은 『금강경』의 본문과 야보와 종경의 저술에 대
해서이고 나머지는 오자(誤字)의 정정(訂正)에 국한하였다. 득통의 행장기
를 통해 『금강경오가해설의』가 만들어진 것은 1417년(태종 17년) 경으로
짐작되나, 『금강경오가해』에 득통의 설의(說誼)가 편입된 시기는 운홍사
판(雲興寺版) 『금강경오가해설의』의 어제발(御製跋)에 의해 세조 3년(1457년)
임을 알 수 있다. 이것이 곧 『금강경오가해설의』 2권 1책이다.

　『금강경삼가해』는[20] 『금강경오가해』 중 「야보(冶父)의 송(頌)」, 「종경(宗

---

18) 앞에서 이미 언급한 대로 『금강경언해』의 저본은 혜능의 육조해(六祖解, 口訣)인 것
　　이다.
19) 이종익(1974), 고익진(1974), 이지관(1974), 김운학(1980) 참조.
20) 『금강경삼가해』에 대해서는 김영배(1975ㄷ), 안병희(1979), 심재완(1981), 김주필
　　(1993) 등을 참조하였다.

鏡의 제강(提綱)」, 「득통(得通)의 설의(說誼)」를 뽑아 구결을 달고 번역한 5권 5책의 불경언해서이다. 「삼가의 해」 앞에 『금강경』의 본문을 『금강경언해』에서 정음으로 현토한 그대로 싣고 있다. 간행 경위는 책 뒤의 한계희(韓繼禧)・강희맹(姜希孟)의 발(跋)에 소상히 적혀 있다.[21]

세종 28년(1446년) 이후 세종이 『금강경오가해』 중 「야보송(冶父頌)」, 「종경제강(宗鏡提綱)」의 번역을 기도할 때 득통(得通)이 지은 「야보종경화설의(冶父宗鏡話說誼)」를 보고(1448년) 이를 매우 칭찬하여 「남명천계송(南明泉繼頌)」과 함께 『석보상절(釋譜詳節)』의 끝에 편입시키고자 세자(世子, 文宗)와 수양대군(首陽大君, 世祖)에게 번역을 명하여 간행의 단초를 열었다. 이때 번역의 초고가 완성되었으나 교정을 못했고, 「남명천계송」은 번역을 30여 수(首)밖에 하지 못했다. 곧이어 세종의 승하(세종 32년, 1450년)로 간행 작업이 미루어지다가 5대 34년이 지난 성종 13년(1482년)에 이르러 세조비인 자성대비(慈聖大妃)가 위업을 이어받아 학조(學祖)에 의해 완간(完刊, 300본)을 보게 된 것이다.[22]

---

21) 이 책의 본문 맨 뒤에 한계희(韓繼禧), 강희맹(姜希孟)의 발문(跋文) 원문과 이를 한글로 옮긴 번역문을 실어 두었다.

22) 이때 『남명집언해(南明集諺解)』 500본도 함께 간행되었다. 『금강경삼가해』의 한계희・강희맹 발(跋)은 『남명집언해』에도 같은 내용이 같은 활자로 실려 있다. 그러나 판식(版式)은 서로 달라서 전자(前者)가 각면(各面) 유계(有界) 12간(間) 24행(行), 1행 21자인데 비해, 후자(後者)는 각면 유계 10간 20행, 1행 19자이다. 이는 판광(版匡)의 차이에 따른 것으로 보인다.

3. 판본(板本) 및 체제

3.1.

　『금강경언해』의 원간본은 최근에 발굴·공개된 영광 불갑사본이 간경도감 간행의 초쇄본으로는 현전 유일본으로 전하고, 원간본 계통[23]의 후쇄본으로 보이는 3종,[24] 복각본 1종(순창 무량사 개판본, 영본) 그리고 원간본 계통의 후쇄본과 비슷한 체제로 되어 있는 석판본 1종(영본) 등이 오늘에 전한다. 중간본(重刊本)은 안심사본으로 불리는 복각본 1종 5본과 20세기 초에 강재희(姜在喜)에 의해 음역 및 번역된 판본이 전한다. 이 중 안심사본은 한용운에 의해 보각·간행된 보각본(1933년)이다. 강재희에 의해 조성된 판본은 1908년의 음역본 1종 1본과 같은 강재희에 의해 1912년에 번역된 1종 3본이 전해지고 있다.

　복각본인 안심사본은 눈에 띄는 변개(變改) 없이 판식(版式) 등에서 원간본의 모습을 그대로 간직하고 있다. 그러나 원간본의 1권 1책이 1권 2책으로 분책되었고, 본문을 제외한 부분의 편차에서는 상당한 차이를 보인다. 이미 앞에서 언급한 대로 이 책은 한용운에 의해 수보(修補)·간행(刊行)되어 오늘에 전하는 것으로 현재는 동국대 도서관에 2본, 서울대 도서관에 2본 등이 있고, 최근 김민영 소장본이 공개된 바 있다.

　이를 정리하면 다음과 같다.

---

23) 여기서 '원간본 계통'이라고 하는 까닭은 이 책이 원간본의 후쇄본이지만 효령대군(孝寧大君) 등의 「발문」이나 「번역광전사실」이 삭제되고 대신 학조(學祖)의 「발문」이 장철(張綴)되어 있기 때문이다. 「발문」과 「번역광전사실」이 삭제된 이유에 대해서는 안병희(1979)에서 간경도감 폐지와 관련지어 설명된 바 있다.

24) 이 원간본 계통의 책으로는 연산군 1년(1495년) 간행의 단권(單卷, 선본)과 간년 미상의 권하 영본(零本) 1책(일사문고 소장) 그리고 최근에 공개된 인출 연대 미상의 김민영 소장본 등이 있다.

(1) 원간본

ㄱ. 영광 불갑사 소장본 : 간경도감 초쇄본, 불분권(不分卷) 1책, 낙
   장본(본문과 후서만 있으나, 일부 결락)

ㄴ. 연산조본(연산군 1년, 弘治 8년, 1495) : 원간본의 후쇄본(後刷本),
   단권, 학조의 발문이 있음, 발(跋)과 번역광전사실(飜譯廣轉事實)
   없음, 임형택(林熒澤) 교수 소장

ㄷ. 간년 미상본(원간 후쇄본 추정) : 권상 1책, 영본 김민영 소장

ㄹ. 연산조본 계통(간년 미상) : 권하 1책(91장 이후), 영본 서울대 일
   사문고 소장 <一蓑>古貴 294.332−B872gf

ㅁ. 석판본 (간년 미상) : 권상 1책(진금강경심경전, 조조관, 六祖解序
   있음), 영본 동국대 도서관 소장 213.13−금11ㅎ

(2) 중간본

ㄱ. 무량사본(명종 20년, 嘉靖 44년, 1565)
   복각본, 제일분(第一分)∼제십사분(第十四分)까지, 김민영 소장

ㄴ. 안심사본(선조 8년, 萬曆 3년, 1575) : 복각본25) → 보각본(1933) 1권
   2책
   ① 동국대 도서관 소장   213.13−금11ㅂ13
   ② 동국대 도서관 소장   213.13−금11ㅎ3
   ③ 서울대 가람문고 소장   <가람> 294.332−B872gg−V.1−2
   ④ 서울대 규장각 소장   <古>1730−36
   ⑤ 김민영 소장

ㄷ. 강재희 번역 목판본(隆熙 6년, 1912)
   ① 국립중앙도서관 소장
   ② 동국대 도서관 소장   213.13 금 11ㄱㅈ
   ③ 서울대 규장각 소장   <古>1730−55

ㄹ. 강재희 음역 목판본(隆熙 2년, 1908)
   동국대 도서관 소장   213.13 금 11ㅇㅇ

---

25) 안심사본 중 ①에는 「진금강경심경전(進金剛經心經箋)」 첫 장이 낙장이고, ②에는 「교
   조조(敎雕造)」가 없다.

3.2.

위의 판본 중 가장 오래된 책은 물론 원간 초쇄본인 불갑사본이다. 그러나 이 책은 본문 132장과 후서의 일부(4, 5, 6, 7, 12, 13장 낙장. 개장(改裝) 때 34-35, 40-41장이 서로 바뀜)만이 있는 낙장본이다.

1) 원간본인 불갑사 소장본의 형태서지는 다음과 같다.[26]

권수제는 '金剛般若波羅蜜經'이고, 판심제는 '金剛經'이다. 불분권 1책의 목판본으로 책의 크기는 세로 33.3cm, 가로 20.2cm이다. 판식은 사주쌍변(四周雙邊)이고, 반엽의 광곽은 세로 22cm, 가로 15.3cm이다. 매면 유계 8행, 매행의 글자 수는 19자이다. 판심은 대흑구 상하내향흑어미이다.

2) 원간본의 모습을 비교적 온전히 간직하고 있는 책은 임형택 교수 소장의 연산군 1년(1495년) 간행본이다.[27] 이 책은 '발(跋)'과 '번역광전사실(飜譯廣轉事實)'은 없지만 원간의 후쇄본으로 훼손 없이 거의 완전한 상태로 보존되어 있다.

간단히 체제를 살펴보면 다음과 같다. 외제(外題)는 '金剛經', 내제(內題)는 '金剛般若波羅蜜經'이고, 책 크기는 세로 30.5cm, 가로 20.2cm, 반곽(半郭)은 세로 21.8cm, 가로 15.2cm이다. 판식(版式)은 안심사본과 동일하고, 판심(版心)과 판심제(版心題)도 일치한다. 용지(用紙)는 저지(楮紙)이며 본문의 장수(張數)는 152장이다.

이 책이 원간본의 후쇄본으로 연산군(燕山君) 1년(1495년)에 간행된 것임은 '육조후서(六祖後序)' 뒤의 '학조발(學祖跋)'에 뚜렷이 나타난다.[28] 또 내

---

26) 이 책의 형태서지에 대해서는 문화관광부 한국어세계화재단 간행의 '100대 한글 문화유산 정비사업' 결과보고서인 한국어세계화재단(2004 : 139~141) 및 김성주 외(2006 : 36~37)를 참조하였다. 특히 김성주 외(2006)는 불갑사본 『금강경언해』 및 『금강경』에 대한 이해에 많은 도움이 되었다.

27) 오래 전의 일이지만 필자는 임형택 교수의 호의로 실책을 살필 수 있었다. 여기에 적어서 사의를 표한다.

제 다음의 역자와 구결 작성자 기명행(記名行)이 공백으로 되어 있다.[29] 학조의 '발(跋)'은 이른바 '인경목활자'[30]가 처음으로 사용된 것인데, 동일한 발문이 판식(版式)만을 달리한 채 『선종영가집언해』 및 『반야심경언해』에도 실려 있다. 합철 순서는 '진금강경심경전(進金剛經心經箋, 1ㄱ~3ㄱ), 조조관(雕造官, 1ㄱ~2ㄱ), 금강경서(金剛經序, 1ㄱ~9ㄱ), 금강경계청(金剛經啓請)·정구업진언(淨口業眞言)·안토지진언(安土地眞言)·보공양진언(普供養眞言)·청팔금강사보살(請八金剛四菩薩)·발원문(發願文)·운하범(云何梵)·개경게(開經偈) 등(9ㄴ~11ㄱ), 본문(本文, 1ㄱ~152ㄴ), 다라니(陀羅尼, 153ㄱ), 금강경후서(金剛經後序, 1ㄱ~15ㄴ), 학조발(學祖跋, 1ㄱ~3ㄱ)'의 순이다.

3) 최근에 공개된 김민영 소장본은 상권만 현전하는 1책의 영본(零本)이어서 정확한 간행 연대는 미상이다. 다만 책의 인면(印面)이나 지질 등을 보면 원간 후쇄본일 것으로 추정된다. 연산군 대에 인간된 것이 아닌가 한다. 형태서지는 다음과 같다. 책의 크기는 세로 27.8cm, 가로 19.0cm이고, 반곽(半郭)은 세로 21.3cm, 가로 14.6cm이다. 변란은 사주쌍변(四周雙邊), 판식(版式)은 유계(有界)이고, 반엽(半葉)은 8행 19자, 주(注)는 쌍행(雙行)이다. 판심(版心)은 중흑구(中黑口), 상하내향흑어미이다.

4) 앞 2)의 책과 비슷한 권하 영본 1책이 서울대 일사문고에 소장되어 있는데, 이 책은 전자(前者)와 달리 분책되어 있고, '후서(後序)' 뒤에 학조(學祖)의 '발문(跋文)'은 없다. 위의 책과 같은 계통의 후쇄본이거나, 위의

---

28) … 『법화경』·『능엄경』 각 50건, 『금강경육조해』·『심경』·『영가집』 각 60건, 『석보상절』 20건을 번역하여 인출하시고, 다시 한자로 된 『금강경오가해』 50건과 『육경합부』 300건을 간인하시어 명복을 비는 일에 도움이 되게 하시었다. … 홍치 8년(1495년) 가을 8월 하한, 황악산인 학조 삼가 발문을 쓰다. (… 印飜譯『法華經』·『楞嚴經』各五十件, 『金剛經六祖解』·『心經』·『永嘉集』各六十件, 『釋譜詳節』二十件, 又印漢字『金剛經五家解』五十件, 『六經合部』三百件, 以資冥釐. … 弘治八年 秋八月 下澣 黃岳山人 學祖 敬跋) <학조 발문>

29) 간경도감 간행의 언해서에서 역자와 구결 작성자 기명행(記名行)의 삭제가 인출 연대 추정에 유력한 기준이 된다는 점에 대해서는 안병희(1979)의 주 14) 참조.

30) '인경목활자(印經木活字)'에 대해서는 천혜봉(千惠鳳, 1965) 참조.

책을 판밑[版下]으로 한 복각본으로 추정되는데 간기(刊記)가 없어 정확한 간행 연대는 알 수가 없다.[31] 분책(分冊)은 제책 과정에서 장정자가 분책하였거나 개장(改裝) 때에 그렇게 한 것으로 보인다. 이러한 분책의 기준이 된 것은 『금강경오가해』 중 일부 판본에서 행해진 방식의 원용(援用)이었을 것으로 생각된다.

이 책은 본문 뒤에 '다라니(陀羅尼)' 이외에는 '간기'와 '발문' 등이 없다. 다만 '금강경후서'가 장철되어 있을 뿐이다. 본문의 잔존 장수는 91장에서 152장까지이다. 표지에는 '金剛經 坤'이라는 제첨(題籤)이 붙어 있다. 목록에 의하면 책 크기는 세로 28cm, 가로 19.4cm이고, 반곽(半郭)은 세로 21.4cm, 가로 14.7cm이다. 판식(版式)은 다른 판본과 일치한다. 특기(特記)할 만한 것은 본문 뒤의 '금강경후서' 제8장이 있어야 할 곳에 '금강경서'의 제8장이 잘못 장철되어 있는 점이다. 이것은 복각이나 제책 과정의 와오(訛誤)에 의한 것으로, 이른바 난정본(亂丁本)이다.[32]

5) 최근에 공개된 김민영 소장 불서 중 『금강경언해』는 앞에서 언급한 대로 모두 3본이 있다. 이 중 순창 무량사에서 간행된 책은 목판에서 인출한 1책의 복각본으로 학계에는 처음 소개되는 판본이다. 내용 중 제일분(第一分)에서 제십사분(第十四分)까지 상권만 있는 영본 1책이다. 책의 상태를 보면, 영본으로 현전하는 서울대 일사문고본의 책과 같은 계통이 아닌가 한다. 책의 크기는 세로 26.6cm, 가로 19.7cm이고, 반곽은 세로 21cm, 가로 14.8cm이다. 판식은 사주쌍변이고, 반엽은 매면(每面) 유계, 8행

---

31) 이 책의 표지 우측 하단(下端)에 '圓應'이라고 쓴 법명(法名)으로 보이는 글자가 있는데, 원응은 조선 중기 선조~인조 연간에 전라도 고산(高山)에서 활동했던 스님이다. 만일 표지에 적힌 '원응'이 이 승려의 법호가 맞다면, 그가 비록 중간(重刊) 관계자가 아니고 소장자라고 하더라도 지역 연고가 안심사본이 간행된 고산(高山)이라는 점에서 간행 연대(刊行年代) 및 간행지(刊行地) 등에 얽힌 문제를 푸는 데 어떤 단서(端緒)가 되지 않을까 한다.

32) 이 점은 필자가 실책(實冊)으로 확인하지 못하고 규장각의 대출용 복사본과 마이크로필름만으로 살폈기에 혹 착오가 있을 수도 있다.

19자이다. 주는 쌍행이다. 판심은 대흑구 상하내향흑어미이다. 전간기(箋刊記)의 '嘉靖四十四年乙丑五月日 淳昌地龜岳山無量寺開刊'에 의해 간행연도(1565년)와 간행지(무량사)를 알 수 있다.

6)『금강경언해』중 가장 널리 유포되어 있는 책은 선조 8년(1575년)에 간행된 안심사본이다. 본문 뒤의 간기(刊記)에 '萬曆三年乙亥 全羅道高山雲梯縣大雄山報恩慈福安心廣濟院 重刊 留鎭'이라 한 것으로 간행 연도(1575년)와 간행지(안심사)를 알 수 있다. 이 책은 원간본의 복각본인데, 장철 순서는 원간본과 다르지만 판식 등 그 외의 체제는 모두 일치한다. 연산조본에 없던 효령대군(孝寧大君) 등의 '발문'과 '번역광전사실'도 편철되어 있다. 소장처 등은 전술한 바와 같다.

안심사본『금강경언해』의 형태서지는 다음과 같다.[33]

이 책은 2책으로 분책되어 있고[34] 표지에는 보판(補版) 제책 시 이루어진 것으로 보이는 '金剛經'이라는 제첨(題簽)이 붙어 있다.

책 크기는 5본 모두 비슷하다. 대체로 책 크기는 세로 28.5cm, 가로 19cm 정도이며, 판식은 사주쌍변(四周雙邊), 반곽(半郭)의 크기는 세로 20.5cm, 가로 15cm 정도이다. 판심(版心)은 상하내향흑어미(上下內向黑魚尾)이고, 판심제(版心題)는 '金剛經'이다. 2책 중 권상은 1분(分) '법회인유분(法會因由分)'에서 14분 '이상적별분(離相寂滅分)'까지 90장, 권하는 15분 '지경공덕분(持經功德分)'에서 32분 '응화비진분(應化非眞分)'까지 62장이다.[35]

---

33) 이 책의 형태서지는 김무봉(1993ㄴ)을 참조하였다.

34) 주 3)에서 밝힌 바와 같이 중간본 중 일부에서 분권(分卷)된 경우가 있으나 이는 분권이라기보다는 중간(重刊) 제책 시 장정자(裝幀者)에 의해 행해진 분책(分冊)으로 보아야 할 것 같다.

35)『금강경언해』의 과분장(科分章)은 양(梁)나라 소명태자(昭明太子)의 삼십이분장(三十二分章)을 그대로 따르고 있다. 이와 같은 분단(分段)의 관례는「금강경」의 원본이라고 할 수 있는 산스크리트 경전에서도 마찬가지인데, 내용 개요를 중심으로 하여 나눈 것으로 내용을 일목요연하게 해 주는 구실을 한다. 그런데 제2분이 한문본『금강경』에서는 주로「선현기청분(善現起請分)」인데『금강경언해』에서는「선

7) 20세기 초에 간행된 것으로는 강재희(姜在喜)가 음역한 음역본(音譯本, 1908년) 1종 1본과 번역본(1912년) 1종 3본이 각각 전한다. 음역본은 경 본문만을 대상으로 하여 한문 원문과 그에 대한 한자음역을 나란히 두고 있다. 번역본은 경 본문과 '육조해'를 대상으로 하여, 각각 경과 육조해의 원문, 한자음역, 번역문을 옆으로 나란하게 두었다. 번역본은 언해본의 범주를 크게 벗어나지 않았다. 동국대 도서관 소장의 책을 중심으로 서지사항을 살펴보면 다음과 같다. 음역본은 36장 1책의 목판본 단권[선장본(線裝本)]으로 되어 있다. 책 크기는 세로 32.5cm, 가로 19.5cm이고, 반곽은 세로 24cm, 가로 16.5cm이다. 판식은 사주쌍변이고, 매면은 유계 10행 21자, 주는 쌍행이다. 판심은 흑어미 표시가 위쪽에만 있어서 상내향흑어미이고, 판심제는 '金剛經'인데 흑어미 바로 밑에 두었다.

번역본의 경우, 다른 도서관 소장본은 불분권(不分卷) 1책의 목판본이지만 동국대 소장본은 2권 2책으로 분책되어 있다. 책의 크기는 세로 27cm, 가로 18.5cm, 반곽은 세로 20.5cm, 가로 14.5cm이다. 판식은 사주단변, 매면 유계 12행 24자, 주는 쌍행이다. 판심은 흑어미 표시가 위쪽에만 있어서 상내향이엽화문어미이고, 판심제는 '金剛經'인데 화문어미 바로 위에 두었다. 책 뒤에 김홍수(金興洙)의 발문(跋文)이 있어서 간행과 관련된 저간의 사정을 알 수 있다.

8) 근대 이후 간행된 책 중에 석판본(石版本) 1종이 있는데, 체제는 연산조본과 같은 원간본 계통이다. 동국대 도서관에 권상 영본 1책만이 현전한다. 간행 연대를 안병희(1979)는 해방 직후, 동국대 도서관 발행의 고서

현계청분(善現啓請分)」으로 되어 있다. 경전에서 '기청(起請)'과 '계청(啓請)'이 혼용되는 예는 흔히 보이는 일이지만 『금강경언해』는 무엇을 전거(典據)해서 그렇게 하였는지는 확인할 길이 없다. 다만 제2분의 내용이 '선현(善現, 수보리)이 법을 청함'인 것으로 보아 '계청'(독경하기 전에 불·보살의 강림을 청함)보다는 '기청'(서원을 세워 불·보살이 살펴보시기를 청함)이 합당한 의미를 지닌 말이 아닐까 한다.

목록(1981)은 1920년경으로 추정하였다. 석판본인 이 책은 서외제가 '般若經'이라 되어 있다. 책 크기는 세로 26.5cm, 가로 18.2cm, 반곽(半郭)은 세로 21.3cm, 가로 14.9cm이다. 판심은 상하내향흑어미(上下內向黑魚尾)이고 간행 장수는 106장이다. 지질(紙質)은 양지(洋紙)이다. 1977년 대제각에서 동국대 도서관 소장의 이 석판본을 저본으로 한 영인본을 간행한 바가 있고, 1992년 홍문각에서 이 책(권상)과 일사문고 소장의 권하를 묶어 『금강경언해』 1권 1책을 영인·간행하였다.

3.3.

오늘날 우리가 활용할 수 있는 『금강경언해』는 3.1.에서 제시한 바와 같다. 여기서는 간단한 형태서지와 언해 체제에 대해서 살펴보고자 한다. 『금강경언해』의 판식은 원간본이나 중간본 모두 별다른 차이가 없다. 이를 간단히 정리하면 다음과 같다.

행관(行款)은 매면(每面) 유계(有界) 8행(八行)이다. 매행(每行)의 자수(字數)는 경의 본문과 육조의 해(口訣), 그리고 언해문이 서로 다르다. 경(經)의 본문 및 육조(六祖)의 해(口訣)는 1칸(間) 구결도 쌍행(雙行)이다. 경의 본문은 큰 글자[大字]로 행(行)의 처음 위치에서 시작하는 19자이고, 육조의 구결은 중간 글자[中字]로 경 본문보다 1자 내려서 시작하며, 언해문은 작은 글자[小字]로, 경 본문에 대한 언해인 경우는 처음 위치에서 시작하여 쌍행의 각 행마다 19자, 육조해(六祖解)의 언해는 역시 1자 내려서 시작하는데 쌍행의 각 행마다 18자씩이다.[36] 그런데 서(序)나 후서(後序)의 언해는 행(行)

---

36) 이 책의 각 행별 글자 수는 언제나 동일한 것은 아니어서 대체로 경 본문은 정음 구결을 포함해서 19자이지만 20자인 경우(104ㄱ : 6행)가 있고, 경 본문에 대한 언해문의 글자 수 역시 주로 19자이지만 간혹 20자인 경우(54ㄴ : 4~5행)가 있다.

의 처음 위치에서 시작하여 19자이다. 현토한 정음(正音) 구결자(口訣字)는 언해문의 글자 크기와 같은 작은 글자[小字]이다.

언해할 때 경(經) 본문인 경우에는 한 구절이 끝난 다음에 정음으로 구결을 단 후 원권[ㅇ] 표시를 하고 그에 대한 언해문을 두었으며, 육조해는 한 단락이 끝난 다음에 역시 정음으로 구결을 단 후 구결 뒤에 원권[ㅇ] 표시를 하고 그에 대한 언해문을 두었다.

국한문 혼용으로 된 언해문의 한자에는 동국정운 한자음이 주음되어 있다. 언해문 중 난해한 한자어 및 불교용어에 협주가 들어가는데, 이는 축자역의 한 특징이다. 그 표시는 '【 】'로 하였으며, 다른 간경도감 간행의 불경언해서처럼 협주의 끝 부분이 언해문 단락의 마지막인 경우는 '】' 표시를 생략하였다. 방점도 다른 간경도감 간행의 언해서들과 일치하여 경(經) 본문이나 '육조구결(六祖口訣)'에 현토한 정음자에는 찍지 않고 언해문에만 찍었다.

최근에 발굴된 원간 초쇄본마저 온전한 형태가 아니어서 원간본의 체제를 정확히 알기는 어렵다. 다만 후쇄본이나 복각본 등을 통하여 미루어 짐작할 뿐이다. 김무봉 외(1993)는 현전하는 후쇄본 및 복각본 등을 통해 원간본의 체제를 가상(假想)하여 재구성한 후, 그 내용을 현대어로 옮긴 바 있는데, 이를 안심사본과 비교하면 장철 및 편차의 차이를 알 수 있다. 복각본인 안심사본은 본문을 제외한 부분의 편철에서 원간본과 적지 않은 차이를 보인다. 원간 초쇄본이 비록 낙장본이지만 그 책을 통해서 살펴본 편차는 전술한 김무봉 외(1993)와 별반 차이가 없는 것으로 보인다. 원간본의 편차를 제시하면 다음과 같다.37)

---

37) ( )안은 판심제(版心題)이다. '육조구결후서(六祖口訣後序)'는 두 부분으로 나뉘는데 (구결문 6ㄴ5를 경계로 한 앞부분과 뒷부분, 언해문 13ㄴ5를 경계로 한 앞부분과 뒷부분), 앞부분은 육조(六祖)가 쓰고, 뒷부분은 송(宋)의 천태라적(天台羅適)이 원풍(元豊) 7년(1084년)에 쓴 것이다. 이는 '육조구결후서'에 천태라적의 해설(解說)

(3) 원간본의 편차

편 철 순 서	장차
進金剛心經箋(金剛心經箋)	1ㄱ~3ㄱ
敎雕造(雕造官)	1ㄱ~2ㄱ
六祖解序(金剛經序)	1ㄱ~9ㄱ
金剛經啓請(金剛經序)	9ㄴ
淨口業眞言(金剛經序)	9ㄴ
安土地眞言(金剛經序)	9ㄴ
普供養眞言(金剛經序)	10ㄱ
請八金剛四菩薩(金剛經序)	10ㄱ
發願文·云何梵(金剛經序)	10ㄴ
開經偈(金剛經序)	11ㄱ
金剛般若波羅蜜經(金剛經) 제1분~제32분	1ㄱ~152ㄴ
陀羅尼(金剛經)	153ㄱ
六祖口訣後序(金剛經後序)	1ㄱ~15ㄴ
跋(金剛經跋)	1ㄱ~ 9ㄱ
飜譯廣轉事實(金剛經事實)	1ㄱ~ 4ㄴ

4. 『금강경언해』의 번역 과정

4.1.

『금강경언해』 등 간경도감 간행의 국역불서들은[38] 그 언해 체제에서 몇 가지 공통된 특징을 보인다. 경(經) 본문(本文)은 경의 적당한 곳을 끊어서 단락(段落)을 나눈 후 큰 글자[大字]인 경 본문에 구결을 달아 구결문을 두었다. 본문에 대한 언해는 작은 글자[小字] 쌍행으로 이루어졌다. 요해(要解) 등이 있을 경우에는 중간 글자[中字]로 본문보다 한 칸 내려서 구

이 더해진 것으로 생각한다.
38) 간경도감 간행 국역불서들의 목록은 앞의 제5장에 제시한 바 있다.

결문을 만든 후 역시 언해문을 두었다. 구결문과 언해문 사이에는 원권 [ㅇ] 표시를 하여 구분하였다. 협주가 있는 경우에는 위쪽과 아래쪽에 흑어미 표시를 하였다. 모두 독자들의 읽기의 편의를 배려한 번역 양식으로 보인다. 이를 간단히 요약하면 다음과 같다.39)

1) 간경도감본 국역불서들은 모두 목판본이다.
2) 한자에는 동국정운 한자음이 주음되어 있는데, 한자는 큰 글자[大字], 주음은 작은 글자[小字]로 하였다.
3) 한글로 된 구결에는 방점을 찍지 않았다. 이 점이 간경도감 이전에 간행된 문헌들과 다른 점이다. 구결은 모두 雙행이다.
4) 언해문은 한글 작은 글자[小字]로 하였다.
5) 한자어 주음은 구결문에는 없고 언해문에만 하였다.
6) 협주의 시작과 끝에는 흑어미가 있다. 다만 『아미타경언해』, 『목우자수심결언해』, 『사법어언해』에는 없다.
7) 본문과 언해문 사이에 원권[ㅇ] 표시를 하여 구분했다.

해례본 이후에 간행된 정음문헌들은 모두 국한 혼용문(混用文)이다. 한자에는 정음(正音)의 주음(注音)이 있는 경우도 있고, 주음 없이 한자만으로 되어 있는 것도 있다. 그런가 하면 정음에 한자를 병기한 표기도 보인다. 한자음의 정음 주음은 『동국정운(東國正韻)』에 바탕을 둔 이른바 '동국정운음(東國正韻音)'이다. 초기의 국한 혼용 문헌에 보이는 한자 및 한자음 표기의 방법은 세 가지 유형이다.40)

(4) ㄱ. 블근새 그를 므러 寢室 이페 안ᄌᆞ니 聖子 革命에 帝祜ᄅᆞᆯ 뵈ᅀᆞᆸᄫᅵ니
<용비어천가 제7장>

---

39) 간경도감본 국역불서의 언해 체제 등에 대한 것은 앞의 제5장에서 상세히 설명하였기 때문에 부분적으로 겹치는 내용도 있다.
40) 방점 표기는 생략한다.

ㄴ. 외巍외巍 셕釋가迦뿛佛 무無량量무無변邊 공功득德을 겁劫겁劫

　　에 어느 다 술븡리

<월인천강지곡 상권 其1>

ㄷ. 부톄 目목連련이도려 니른샤디 네 迦강毗뼁羅랑國귁에 가아 아

　　바넚긔와 주마넚긔와

<석보상절 제6권 1ㄱ>

(4ㄱ)은 한자와 한글을 혼용 표기하되, 한자의 독음을 주음하지 않은 문장의 예이다. 『상원사어첩』(1464년), 『두시언해』(1481년) 등이 이에 해당된다. 해당 문헌이 주로 한시문인 점으로 미루어 한자에 익숙한 이들, 곧 식자(識者)들이 주된 독자층이어서 주음을 하지 않더라도 해독이 가능하다는 전제에 의한 표기 방안으로 보인다. (4ㄴ)은 한자에 동국정운 한자음을 주음하되, 한글을 큰 글자[大字]로 쓰고 한자를 작은 글자[小字]로 부기(附記)한 예이다. 이 책 외에 다른 문헌에서의 예는 없다. 세종이 직접 찬술한 문헌이어서 정음 창제자로서의 입장과 자긍이 반영된 표기 방법일 것이다. (4ㄷ)은 한자를 큰 글자[大字]로 하고 동국정운 한자음을 정음 작은 글자[小字]로 부기한 형식이다. 『석보상절』 이후에 간행된 대부분의 문헌이 이 유형에 해당된다. 불교 문헌의 주된 독자층을 대상으로 했으나, 불전 번역에 대한 유신들의 반대 등 현실과 타협한 불가피한 표기 방법이다. 『동국정운』 한자음은 『진언권공·삼단시식문언해』와 『육조법보단경언해』(1496년) 이후 폐지되어 현실 한자음 표기로 바뀐다.

4.2.

번역은 대체로 다음과 같은 절차로 진행되었다. 우선 한문 문장에 구두

(句讀)를 확정하고 정음으로 구결을 달아 구결문(口訣文)을 만드는 일에서 시작된다. 한문 문장의 번역에서 원문에 구결을 다는 이른바 구결 현토(懸吐)는 중요하고도 비중 있는 일이다. 구결을 제대로 달았다는 사실은 원전에 대한 이해가 올바로 이루어졌다는 사실의 반영이면서, 번역을 제대로 할 수 있는 준비가 되었음을 보여 주는 것이기도 하다. 그래서 구결 확정부터를 번역의 범주로 보는 것이다. 세조대에 간행된 불교경전이나 유교경서에는 왕이나 왕실이 직접 나서서 구결을 확정했다는 기록이 권두서명 아래쪽의 구결 작성자 기명행(記名行)과 발문 등 곳곳에서 확인된다.

구결 현토가 끝나면 내용 전체를 우리말로 옮기는데, 내용의 적당한 곳을 끊어서 단락을 만들고 단락을 중심으로 번역을 했다. 대문을 나누거나 글자의 크기를 결정하는 일에도 세심한 배려를 잊지 않아서 책마다 가독성(可讀性)을 높이는 방향으로 약간씩의 변개가 있었다. 이렇게 하여 번역이 완성되었다고 하더라도 그것은 아직 원고본에 지나지 않는다. 간행에 이르기 위해서는 몇 단계를 더 거쳐야 했다. 인쇄·출판 문화가 지금과는 많이 달랐기 때문에 그 과정도 좀 더 복잡했다. 활자본, 목판본, 목활자본 등 간본에 따라 인출 과정이 달랐고, 책이 간행된 다음에 교정41)을 다시 하는 등 교정에 철저를 기한 점 역시 특기할 만하다. 대체로 이러한 과정을 거쳐야 번역과 인출이 완성된다.

---

41) 고서의 교정은 두 가지 방법으로 이루어졌다. 하나는 지금처럼 인쇄 과정에서 원고와 대조하여 잘못된 부분을 바로잡는 일이고, 하나는 인출 후 잘못되거나 빠진 곳을 고치는 일이다. 인출(印出) 후의 교정인 경우 붓으로 가획(加劃)하거나 칼로 탈획(脫劃)을 하는 비교적 간단한 방법이 쓰이기도 하고, 잘못된 글자를 오려내고 다시 쓰거나 새로 인쇄하여 붙이는 복잡한 방법이 동원되기도 했다. 그런가 하면 잘못된 글자의 옆에 새로 써넣는 경우도 있고 교정의 인기(印記)를 두기도 했다. 고서의 교정에 대해서는 안병희(1974) 참조.

4.3.

앞에서 지적한 대로 간경도감본 언해 불전의 번역 방식은 대체로 경 (經)이나 경소(經疏)의 내용 일부를 나누어 단락[大文]을 만든 후 정음으로 구결을 달아 번역하는 이른바 대역의 방법을 취했다. 번역문의 한자에는 동국정운 한자음을 주음(注音)하였는데 이는 당시 언어 정책의 일면을 짐 작할 수 있는 단서가 되기도 한다. 간경도감본 언해불서에는 구결문의 정음구결에 방점을 찍지 않아서 간경도감 설치 이전에 간행된 언해불서 들과 구분하기도 하였다. 또한 언해의 과정은 물론 교정도 매우 엄격하 게 이루어졌음을 알 수 있는 기록들이 전한다. 그중 언해의 과정을 소상 히 보여 주는 기록이 있다. 『능엄경언해』 권10의 '어제발(御製跋)' 4장에 나와 있는 내용이다.[42] 이는 『능엄경언해』의 출판에 관련된 내용이지만 그 당시 불전언해가 얼마나 엄격한 과정을 거쳐서 이루어졌는지를 알 수 있는 좋은 자료가 된다.

『능엄경언해』의 '어제발'에 나오는 기록에 맞추어 『금강경언해』의 번 역과정을 정리하면 아래와 같다. 간행 관여자는 '진전문, 조조관, 발, 번 역광전사실' 등에 나오는 명단을 중심으로 작성했다.

---

42) 제2장에서 소개한 내용이지만 독자들의 이해를 돕기 위해 여기에 다시 싣는다.
上이 입겨출 ᄃᆞ릇샤 慧覺尊者ᄭᅴ 마기와시ᄂᆞᆯ 貞嬪韓氏等이 唱準ᄒᆞ야ᄂᆞᆯ 工曹參判臣韓繼
禧 前尙州牧使臣金守溫ᄋᆞᆫ 飜譯ᄒᆞ고 議政府檢詳臣朴楗 護軍臣尹弼商 世子文學臣盧思愼
吏曹佐郞臣鄭孝常ᄋᆞᆫ 相考ᄒᆞ고 永順君臣溥ᄂᆞᆫ 例一定ᄒᆞ고 司瞻寺尹臣曹變安 監察臣趙祉
ᄂᆞᆫ 國韻 쓰고 慧覺尊者信眉 入選思智 學悅 學祖ᄂᆞᆫ 飜譯 正희온 後에 御覽ᄒᆞ샤 一定커
시ᄂᆞᆯ 典言曹氏 豆大ᄂᆞᆫ 御前에 飜譯 닑ᄉᆞ오니라 <『능엄경언해』 권10 어제발4>

(5) 언해본 간행 과정

1	한문경전에 구결을 단다.	世祖
2	어전에서 구결을 받아 적는다.	貞嬪 韓氏
3	현토된 구결을 소리 내어 읽으면서 확인한다.	慧瑗, 道然, 戒淵, 信志, 道成, 覺珠, 淑儀 朴氏 등
4	정음으로 번역한다.	韓繼禧 등
5	번역된 문장을 교정한다.	孝寧大君, 海超, 弘一, 明信, 演熙, 貞心 등
6	동국정운음으로 한자음을 단다.	曹變安
7	여러 경전에서 고증한다.	金守溫, 姜希孟, 盧思愼, 朴楗, 崔灝, 趙祉, 安愈, 金季昌
8	번역한 글을 쓴다.	典言 曹氏, 安忠彦, 張末同, 河雲敬, 李元良, 吳命山, 張終孫, 安哲貞, 洪仲山, 鄭孝常, 金龍守, 洪自孝, 百守和, 金斤, 崔順仝, 金兌守, 丁壽萬, 金孝之, 李枝 등
9	소리 내어 읽으면서 교정한다.	張治孫, 金今音, 朴成林, 陳繼終, 金孝敏, 李致和, 崔順義, 楊壽, 許孟孫, 尹哲山, 金善 등

5. 번역의 새로운 모형 제시

5.1.

훈민정음 창제 초기에 동일한 원전을 대상으로 하여 두 번 이상 번역
이 이루어진 경우가 몇몇 있다. 널리 알려진 대로 불전의 경우에는 『법
화경』에 대한 『석보상절』(1447년), 『월인석보』(1459년), 『법화경언해』(1463년)
가 그러하고, 『아미타경』에 대한 『석보상절』, 『월인석보』, 『아미타경언
해』(활자본 : ?1461년, 목판본 : 1464년)가 그러하다. 유서(儒書)의 경우에는 원전
『소학(小學)』에 대한 『번역소학』(1518년)과 『소학언해』(1587년)가 그러하다.
역학서(譯學書)로는 『박통사』에 대한 『번역박통사』(1510년대)와 『박통사언
해』(1677년)가 그러하고, 『노걸대』에 대한 『번역노걸대』(1510년대)와 『노걸

대언해』(1670년)가 그러하다.

이 중 3차례에 걸쳐 번역된 책이 두 종인데, 그 하나가 『법화경』이다. 한문본 『법화경』을 저본으로 한 한글 번역으로 『석보상절』(1447년), 『월인 석보』(1459년), 『법화경언해』(1463년) 등 전후 3차례 번역이 된 것이다. 또 하나는 『아미타경』의 번역이다. 한문본 『아미타경』을 저본으로 한 한글 번역인데, 이 역시 『월인석보』(1459년), 활자본 『아미타경언해』(?1461년), 목 판본 『아미타경언해』(1464년) 등 3차례에 걸쳐 번역되었다. 이들 번역의 비교·검토를 통해 우리는 각 문헌별 번역의 특성을 찾을 수 있다. 동일 한 원전을 대상으로 한 이와 같은 각 문헌별 번역의 특성에 대한 비교· 검토는 이미 앞의 제5장에서 이루어진 바 있다.

5.2.

그러면 저경(低經) 한문본 『금강경』에 대한 15세기 번역인 『금강경언해』 와 현대에 와서 이루어진 번역 『금강경』의 성격에 대해 살펴보기로 하 자. 저경이 육조해(口訣)이므로 경 본문과 육조해로 나누어 살필 것이다. 육조해 부분에 대한 현대어역은 『금강경오가해』를 대상으로 할 것이다. 우선 경 본문 부분의 언해가 어떠한 특성을 가지고 있는지부터 보기로 한다.

(6) 경 본문의 번역

  ㄱ. 如是롤 我聞ᄒᅀᆞ오니 一時예 佛이 在舍衛國祇樹給孤獨園ᄒᆞ샤 與
    大比丘衆千二百五十人과 俱ㅣ러시니
                              〈『금강경언해』경 본문 정음구결문 1ㄱ~3ㄱ〉

  ㄴ. 이 ᄀᆞᆮᄒᆞ몰 내 들ᄌᆞ오니 一時예 부톄 舍衛國祇樹給孤獨園에 겨샤

큰 比丘衆千二百五十人과 ᄒᆞᆫ더 겨시더니

<『금강경언해』 경 본문 언해문 1ㄱ~3ㄱ>

ㄷ. 이와 같음을 내가 들(었)으니 한때에 부처님이 사위국(舍衛國)의
기수급고독원(祇樹給孤獨園)에 계시어 큰 비구(比丘) 대중(大衆)
천이백오십 명과 함께 계시더니

<김무봉 외(1993), ‘『역주 금강경언해』(언해의 현대어역)’ 중에서>

ㄹ. 이와 같이 내가 들었다. 한때 부처님께서는 사위국의 기수급고
독원에서 큰 비구들 천이백오십인과 함께 계시었다.

<무비(1994), ‘『금강경강의』(의역)’ 중에서>

앞의 1.3.에서 언급한 대로 훈민정음이 창제된 15세기 중엽 이래 19세기
까지 한문본『금강경』의 국어 번역본은 간경도감본『금강경언해』계통
하나뿐이었다. 그 이후에 간행된 언해본들은 간경도감본의 후쇄본(後刷本),
또는 복각본(覆刻本)이어서 간경도감본『금강경언해』의 틀을 벗어나지 못
했다. 당연히 20세기 초까지『금강경』에 대한 번역은 정음구결문을 바탕
으로 한 축자역(逐字譯)이 하나의 확정된 번역인 것처럼 여겨졌다. 예문 (6ㄱ)
은 구결문이고, 예문 (6ㄴ)은 언해문인데, 번역문인 언해문은 구결문에
견인되어 원문에 가까운 한문투 번역이 되었다. 직역 위주 번역문의 특
징으로 한자어의 과도한 사용을 들 수 있는데, 여기서도 예외가 아니다.
또 하나는 어구 ‘여시아문(如是我聞)’에 대한 구결문이 ‘如是ᄅᆞᆯ 我聞ᄒᆞᅀᆞ오
니’로 되어 있어서 부사구 ‘이 ᄀᆞ티’로 번역될 수 있는 구절이 명사구
‘이 ᄀᆞᆮᄒᆞᄆᆞᆯ’로 번역이 된 사실이다. 20세기 이후에 이루어진 자유역도 그
이전까지의 직역에 영향을 받은 듯 대다수의 번역서들이 ‘여시아문(如是
我聞)’에 대한 번역을 “나는 이와 같이 들었다.”가 아닌, “이와 같이 나는
들었다.”로 하고 있다. 한문 원전에 대한 축자역 위주 번역 문장의 경우

원전(原典)에 경어법에 대한 정보가 드러나 있지 않아서[43] 번역 시 경어법 구사에 문제가 제기되곤 했는데, 이 책은 존대법과 겸양법이 적절하게 사용되어 있다. 이는 구결 작성 단계에서부터 불전(佛典)에 대한 이해가 상당하였음을 보여 주는 것이다. 예문 (6ㄹ)은 현대에 이루어진 의역인데, 대부분의 번역서들이 이 부분에 관한 한 큰 차이가 없다. 앞에서 살핀 바를 토대로 현대어역을 하면 다음과 같은 안(案)을 만들어 볼 수 있지 않을까 한다.

(7) 나는 이와 같이 들었다. 한때 부처님께서는 사위국(舍衛國)의 기수 급고독원(祇樹給孤獨園)에 큰(훌륭한) 비구 대중 천이백오십 명과 함께 계셨다.

5.3.

앞에서 밝힌 대로 『금강경언해』는 육조해를 저본(底本)으로 한 언해불서(諺解佛書)이다. 따라서 경 본문은 물론, 육조해에 대한 언해 역시 대역(對譯)으로 이루어졌다. 이번에는 해에 대한 번역을 살펴보고자 한다.

(8) 육조해(六祖解) 번역
ㄱ. 如者는 指義오 是者는 定詞ㅣ니 阿難이 自稱호디 如是之法을 我從佛聞이라 ᄒᆞ니 明不自說也ㅣ니
〈『금강경언해』 육조해 구결문 1ㄱ〉

ㄴ. 如는 ᄀᆞᄅᆞ치는 ᄠᅳ디오 是는 一定혼 마리니 阿難이 제개 닐오디 이 ᄀᆞᆮ혼 法을 내 부텨를 졷ᄌᆞ와 드로라 ᄒᆞ니 내 말 아닌돌 불기니
〈『금강경언해』 육조해 언해문 1ㄴ〉

43) 안병희(1973) 참조.

ㄷ. '여(如)'는 가리키는 뜻이요, '시(是)'는 일정(一定)한 말이다. 아난
(阿難)이 스스로 이르기를, "이와 같은 법을 내가 부처님을 좇아
들었노라."라고 하니 (이것은) 나(아난)의 말이 아닌 것을 밝힌
것이다.
  <김무봉 외(1993),『역주 금강경언해』(언해의 현대어역) 중에서>

ㄹ. 如는 가리키는 뜻이고 是란 결정된 말이라, 아난이 스스로 일컬
어 "이와 같은 법을 나는 부처님으로부터 들었다." 함은 자기가
말하지 않음을 밝힘이니라.
  <무비(1992),『금강경오가해』 중 육조해 번역(의역) 편에서>

 이 부분 해(解)에 대한 언해는 주소(註疏)의 번역이라는 저본의 성격 때
문인지, 직역 위주의 번역임에도 한자어 사용을 배제하고 가능한 한 풀
어 쓰는 형식을 취했다. 설화자(說話者)에 해당하는 혜능의 해설에 대한
번역이라는 사실이 반영된 것으로 보인다. 특히 '자(自)'에 대한 번역을
상황에 따라 높임말인 '즈갸'와 예삿말인 '나'로 번역한 것 등은 오히려
의역에 가깝게 보인다. 그러나 구결문의 ' ~ 정사(定詞)'를 ' ~ 일정(一定)
혼 말 ~'로 번역한 것이나, 구결문의 어미 '-호디'가 언해문에 그대로
반영되는 등으로 볼 때, 직역의 특성이 그대로 드러나 있다. 이러한 점을
감안하여 아래에 현대어역 모형을 제시하고자 한다.

 (9) '여(如)'는 가리킨다는 뜻이요, '시(是)'는 지정(指定)한다는 말이다.
  아난(阿難)이 스스로 "이와 같은 법을 내가 부처님을 좇아 들었다."
  라고 하니 (이것은) 자신(아난)의 말이 아님을 밝힌 것이다.

6. 어학적 고찰

6.1. '뷩'과 'ㆆ'

『금강경언해』[44]에는 고유어 표기에 '뷩'과 'ㆆ'이 쓰인 예가 없다. '뷩' 은 (10)과 같이 '오, 우, ㅇ'으로 바뀌고, 이전 문헌들에서 '-ㄹ' 또는 '- ㅭ'으로 적히던 동명사 어미는 전부 '-ㄹ'로 표기되었다. 이 책에서 'ㆆ' 은 동국정운 한자음 표기에서만 볼 수 있다.

'뷩'은 훈민정음 창제 당시에 음소 존속의 마지막 단계에서 포착되어, <해례>, <용가> 등에서 가장 예스런 어형으로 적히고, <석상>, <월 곡>, <훈언>, <몽산>, <월석> 등 세종·세조대 문헌들에서 조금 변화 된 양상으로 실현되었다. 『능엄경언해』(1462년)에서는 거의 전면적으로 폐지되어,[45] 15세기 자음체계 중 가장 먼저 변한 음소가 되었다.

> (10) 술오디<3ㄴ>, 듣ㅈㅗ오니<1ㄱ> ; 어즈러워<11ㄱ> : 더러우며<74ㄱ>,
> 더러움<13ㄱ> ; 메왓고<6ㄴ>, 니르와다<16ㄴ> ; 눗가이<36ㄱ> :
> 누으샤미[臥]<143ㄴ> 등

'뷩'을 표기 문자로 채택하고 있는 문헌에서 (10)은 각각 "술뷩디, 듣ㅈ 뷩니 : 어즈러뷩 : 더러뷩며, 더러뷩 : 메봣고, 니르봐다 ; 눗가뷩" 등으로 표기되었다. 우리는 이런 대비를 통해, '뵬·붕>오, 붜>워, 봉·뵹>우, 봐>와, 뷩>이'로 변화되었음을 알 수 있다. <금강>에는 이런 일반적인

---

44) 이하 <금강>으로 줄인다. 이 밖에도 출전은 주로 약칭을 쓰기로 한다.
45) 예외적으로 '지벽[礫]<능엄5 : 72ㄱ,ㄴ>'이 쓰이기도 했다. 『능엄경언해』 권5의 72 장 앞뒷면에는 '지벽[礫]'이 세 차례 나오는데, '디샛 지벽을, 디샛 지벽올, 디샛 지 벽기'처럼 '지벽' 다음에 오는 목적격조사가 '올/을'로 다르게 표기되어 있는가 하 면, 모음으로 시작하는 조사와 통합할 때 분철하기도 하고 연철하기도 했다.

변화 유형과는 달리 '누으샤미(<누ᄫ샤미)'처럼 '봉>으'로의 특이한 변화를 보이는 어형도 있다.

'ㆆ'은 주로 동국정운 한자음 표기에 사용되었다. 고유어 표기에서는 초성에 쓰인 적이 없고, 사이글자 표기와 동명사 어미 '-ㄹ'과 수의적으로 교체되던 '-ㅭ'에서 제한적으로 사용되었었다. <금강>에서 'ㆆ'은 (11ㄷ)과 같이 동국정운 한자음의 초성이나 종성에 쓰였으나, 동명사 어미 '-ㅭ'의 사용이 없어서 이 책에 용례가 없다. '-ㅭ'은 (11ㄱ, ㄴ)의 예와 같이 '-ㄹ'로만 나타난다.

> (11) ㄱ. 볼껏<29ㄴ>, 허롤띠라<85ㄴ>, 歇홀쩍<11ㄱ>, 비홀싸ᄅ미<43ㄱ>,
>   닐까<43ㄱ>, 업슬씨<24ㄴ> : ᄃ외욜길히니<서9ㄱ>, 슬허ᅙ실
>   저긔<사실3ㄴ>
> ㄴ. 니를쑨ᄒ고<서9ㄱ>, ᄇ릴ᄦ<83ㄴ>, 너길ᄆ숨<9ㄴ>, 解脫홀 理
>   <83ㄱ>, 다올 時節이<후서11ㄴ> : 法 드르리(聽法者ㅣ)<127ㄴ>
> ㄷ. 阿ᇢ<41ㄴ>, 一훓<18ㄱ>

(11ㄱ)의 '-ㄹ+아·설·순·치음의 전탁자형' 표기가 이전 문헌에서는 '-ㅭ+아·설·순·치음의 전청자형'으로 표기되어, "볿것, 허롫디라, 歇훓적, 비홇사ᄅ미, 냻가"와 같이 실현되기도 하였다. 하지만 동명사 어미 '-ㄹ'과 의존명사 'ㅅ'의 통합형어미 '-ㄹ씨' 등은 '-ㅭ시' 같은 대당형이 없어서 정음 초기 문헌부터 '-ㄹ씨'로만 표기되었었다.

<금강>에는 앞의 '-ㄹ+전탁자형' 표기나 '-ㅭ+전청자형' 표기로 적힐 수 있음에도 이들과는 달리 'ᄃ외욜길, 슬허ᅙ실적' 같은 새로운 형태의 표기가 보이는데,[46] 이러한 표기 형태는 (11ㄴ)의 예들과 함께 『원각경언해』(1465년)부터 새로운 표기 형태로 통일되었다. (11ㄴ)의 동명사

---

46) 이 두 예는 이전 문헌들에서 'ᄃ외욜낄~ᄃ외욣길'과 '슬허ᅙ실쩍~슬허ᅙ싫적'의 두 유형으로 표기되었다.

어미 '-ㄹ'의 표기는, 「훈민정음 언해본」에서는 'ㅅ'와의 통합형어미를 빼고는 후행음절 초성의 음운 환경과 무관하게 '-ㅭ'이 쓰였다. 그 밖의 문헌에서는 '-ㄹ', 또는 '-ㅭ'으로 혼기되는 등 약간씩 다른 양상을 보이다가, <금강>에 이르러 '-ㄹ'로만 표기하기에 이른 것이다. 후행 요소의 초성이 병서이거나 불청불탁음, 또는 한자로 표기될 때는 '-ㄹ'로 적되, 동명사 어미 '-ㄹ' 뒤에 의존명사 '이'가 올 때는 '리'로 적었다.

6.2. 초성 병서 표기

정음 초기 문헌과 비교해 볼 때, <금강>에는 각자병서 8가지(ㄲ, ㄸ, ㅃ, ㅉ, ㅆ, ㆅ, ㆀ, ㅥ) 중 3가지(ㅃ, ㆀ, ㅥ)가 나타나지 않으며, 합용병서는 10가지 (ㅺ, ㅼ, ㅽ, ㅾ ; ㅲ, ㅄ, ㅵ, ㅳ ; ㅴ, ㅄ) 중 3가지(ㅼ, ㅳ, ㅄ)가 나타나지 않는다.

6.2.1. 각자병서

이전 문헌들에서 각자병서로 쓰이던 'ㅆ, ㆅ'은 전청자인 'ㅅ, ㅎ'으로 혼기 된 예가 나타나지만, 정음 초기 문헌에서 쓰이던 'ㆀ, ㅥ', 문헌적 용례가 드문 'ㅃ' 등은 여기서 쓰이지 않았다.

> (12) ㄱ. 싸·홈[積]<25ㄱ>, ·쓰·며[寫]<59ㄱ>, ·혀[引]<138ㄴ>, 도ᄅ
> ·혀[反]<후서13ㄴ> : 몰·애·와 ·사·화[與沙爭ᄒᆞ야]<후서14
> ㄴ>, 알·피 혀·고[前引ᄒᆞ고]<후서10ㄴ>
>
> ㄴ. 分別·홀·꼳<28ㄱ>, 허·롤띠·라[壞]<85ㄴ>, 마쯧·올·씨
> [契]<107ㄴ>, 일·쯕[曾]<80ㄱ>, 불·쎠[已]<121ㄴ>, :말쏨
> <32ㄱ> : 十年쓰·쇠·예<후서14ㄴ> : 미·욤<35ㄱ>
>
> ㄷ. 부텨ᄃᆞ외·욜·길히·니<서9ㄱ>, 슬·허·ᄒᆞ·실저·긔<사실3ㄴ>

(12ㄱ)의 용례 중 '몰애와 사화'에 나타나는 활용형 '사화[爭]'의 어간 '사호-'는 <용가>, <석상> 등에서는 '싸호-'로만, <능엄>, <법화>에서는 '사호-'로도 실현되었다. '혀고[引]'의 어간 '혀-'는 정음 초기문헌부터 'ᅘᅧ-'와 혼기되었다.

(12ㄴ)의 용례 중 'ᄆᆡ욤'은 <석상>, <능엄> 등에 'ᄆᆡᅇᅭᆷ'으로 적히었고, <금강>에서 쓰이지 않은 'ㅃ, ㅥ' 중, 'ㅃ'은 『훈민정음』 제자해에 전탁자로 제시되었으나, 정음문헌에 용례가 매우 드물다. 'ㅥ'은 『훈민정음』 해례에는 제시되지 않았으나, <석상>, <훈언>, <능엄> 등에서 어간말음 'ㆆ'과 후행음 'ㄴ'이 결합할 때 비음동화를 반영한 표기로 초기 문헌에서만 제한적으로 사용되었다.

이 책에서는 이기문(1963 : 123)의 지적대로 '동명사 어미 -ㄹ+각자병서'가 전반적으로 철저히 시행되긴 하였으나, 예외적으로 (12ㄷ)과 같이 발음 현실을 표기에 반영시키지 않은 새로운 표기도 보인다. '-ㄹ+전청자형' 표기는 언해서들의 구결문에서 먼저 시행되어 '-ㄹ+전탁자형' 표기인 언해문과 불일치를 보이다가 『원각경언해』부터 전면 시행되어 구결문과 언해문 모두에서 표기의 통일을 이루었다.

6.2.2. 합용병서

15세기 정음문헌에 보이는 10가지 합용병서 중 'ㅼ, ㅵ' 등은 <금강>에 보이지 않는다. 예문 (13)은 이 책에 나타난 합용병서의 목록인데, 한 어사에 여러 용례가 있을 때는 하나씩만 제시한다.

(13) <ㅺ>(5회) ·ᄭᅵ·며[覺]<38ㄱ>, ᄭᅵ·오ᅀᆞ·오시·니·라<사실3ㄴ>,
스ᇰᄭᅦ<107ㄴ>, ·ᄭᅮᆷ[夢]<151ㄴ>, 스ᇰ·ᄭᅴ<57ㄴ>
<ㅼ>(5회) -ᄯᅡ·녀(·ᄒᆞ물·며 非法·이ᄯᅡ·녀<39ㄴ>), -ᄯᅡ·니

잇·가(·ㅎ몰·며 그 몰·애삔·니잇·가<62ㄴ>), 쓰
ㄹ·미니·라[耳]<후서9ㄴ>, 짜·해[地]<6ㄴ>, ·쏘
<21ㄴ>

<ㅽ>(2회) :쏜(오·직 文字 : 쏜 讀誦·ㅎᄂ·니<서6ㄱ>, 니ᄅ·
실 : 쏘니·어신·뎡<41ㄴ>), 쏠·리<후서12ㄱ>

<ㅼ>(0회) 없음

<ㅳ>(7회) ·ᄠᅥ·왜[垢]<5ㄴ>, ·ᄠᅥ디·디[落]<발2ㄴ>, ᄠᅥ·러디·
디[墮]<9ㄱ>, ·ᄢᅦ·래[筏]<39ㄴ>, :건·네ᄣᅱ·여[超]<122
ㄴ>, ᄣᅱ·여[超]<8ㄱ>, ·ᄠᅳ디·오[義]<1ㄴ>

<ㅄ>(3회) ·ᄡᅳ·디[用]<서6ㄴ>, ·힘·ᄡᅥ[力]<후서14ㄴ>, ·힘
ᄡᅴ·우시·고[勉]<사실3ㄴ>

<ㅄ>(3회) 거·슬·ᄡᅳᆫ[戾]<35ㄴ>, 마·초·ᄡᅥ[考證]<발2ㄴ>, ·ᄡᅳ·
즐쩨[解]<79ㄴ>

<ㅴ>(1회) :건·네ᄣᅱ·여[超]<후서14ㄱ>

<ㅵ>(4회) ·ᄣᅥ:듀미[墜]<16ㄴ>, ·ᄢᅴ·몟[隙]<11ㄱ>, ㅂ·릴·
ᄣᅵ[時]<83ㄴ>, 혼·ᄢᅴ[齊]<44ㄱ>

<ㅶ>(0회) 없음

합용병서의 음가에 대해서는 여기서 따로 다루지 않는다. <석상>에
서 실현되던 'ㅼ'은 보이지 않으며, 'ㅶ'은 비록 나타나진 않으나 당시에
간행된 문헌들과 이후 문헌에서 실현된 점을 보면, 이 문헌에 보이지 않
는 것은 경의 내용 때문이거나 언해자 개인의 취향 등에 따른 우연한 공
백일 뿐 문자가 소멸된 것은 아니다.[47]

(13)은 15세기 중엽 무렵에 간행된 정음 초기 문헌의 초성 합용병서 표
기와 같아서 당시 표준어를 형성하는 동일 언어권 내에 있었음이 확인
된다. 다만 <용가>, <석상>, <월석>, <법화>, <삼강> 등에서 'ᄣᅥ디-
[墜]'로 나타나던 어휘가 <금강>에서는 <능엄>, <법화>, <몽법>, <원

---

47) 참고로 15세기 국어에서 'ㅵ' 초성 합용병서 어휘는 10개 미만으로 'ᄣᅢ[時], ᄣᅧ오-
[彈], ᄢᅵ-[溢], 넘ᄣᅧ-[溢], ᄣᅵᄅ-[刺], ᄣᅵ리이-[被刺], ᄣᆞ리-[破]' 등이 있다.

각>, <두언> 등 비교적 후기 문헌에서 나타나는 '뻐디-<16ㄴ>'의 형태로 실현되었다는 점이 특이하다. '건네뛰-[超]'와 동의 관계에 있는 '건네뷔-'가 <금강>에만 유일하게 나타난다는 점도 특기할 만하다.

6.3. 한자음 표기

<금강>의 한자음 표기는 경(經) 본문과 육조(六祖) 구결의 한문 원문에는 주음(注音)이 없다. 언해문에서는 (14ㄱ)과 같이 한자를 앞에 적고, 그 뒤에 동국정운 한자음으로 음을 달았다. 개음절로 끝날 때라도 음가 없는 'ㅇ'을 받쳐 쓴 점 등은 정음 초기 문헌과 같으나,[48] '趣·츙'에 후행하는 처격조사로 '예'가 아닌 '에'를 취한 점이 특이하다. 동국정운 한자음을 쓰는 다른 문헌에서는 '趣·츙예'가 일반적이었다.

> (14) ㄱ. 慈쫑悲빙喜흼 : 횡捨 : 샹<103ㄱ>
>
> ㄴ. 諸졍趣·츙·에<서8ㄴ, 후서10ㄴ> cf. 趣·츙·예<석상9 : 12ㄴ, 월석9 : 32ㄱ, 능엄1 : 8ㄴ>

처격 '에'의 사용은 <금강>의 경우가 정상적이다. 선행 체언이 'ㅣ 후행중모음'이 아닌데도 '예'가 사용된 것은 '취(趣)'의 당시 현실한자음 '췌'에 영향을 받았기 때문일 것이다. 이는 처격의 이례(異例)라고 할 것이다.[49]

---

48) 한자음 표기에 있어서 <용가>와 <월곡>은 세종·세조대의 여타 문헌과는 다른 모습을 보인다. <용가>에는 주음(注音)이 달려 있지 않으나 몇몇 용례를 보면, 그 독음(讀音)은 동국정운 한자음을 전제로 하였음을 알 수 있다. <월곡>은 동국정운 한자음을 앞에, 한자는 그 다음에 적되, 개음절 한자의 경우에 한자음 밑에 음가 없는 'ㅇ'을 종성으로 받쳐 적지 않았다.

49) 최세화(1965/1987 : 230~247) 참조.

언해(諺解)에서 한자의 독음(讀音)을 동국정운 한자음으로 적던 세종·세조대의 표기원칙은『불정심다라니경언해』와『영험약초언해』(1485년)에서 마지막 모습을 보였다. 이후『구급간이방언해』(1489년)에서는 현실 한자음이 상당수 언해 부분에 등장하고,『육조법보단경언해』와『시식권공언해』(1496년) 이후에는 한자에 현실 한자음을 병기(竝記)하는 새로운 표기원칙이 등장했다.

한자의 독음을 동국정운 한자음으로 표기한 세종·세조대 문헌이라 하더라도 불교용어의 경우에는 몇 차례에 걸쳐 한자음의 변개(變改)가 있었음이 (15)~(17)의 자료 비교로써 드러난다.

(15) '解脫'의 '解'

ㄱ. ·행 <석상23 : 9ㄴ>

ㄴ. : 갱 <월석17 : 48ㄱ>, 활자본 <능엄6 : 22ㄱ>, 목판본 <능엄 6 : 25ㄴ>

ㄷ. : 행 <법화6 : 8ㄴ> cf. : 행<금강 : 131ㄱ>

(16) '般若'의 '般'

ㄱ. 반 <석상23 : 15ㄱ>, 목판본 <능엄1 : 20ㄱ>

ㄴ. ·밣 <법화5 : 188ㄴ> cf. ·밣<금강서 : 9ㄱ, 발문 : 2ㄱ, 66ㄱ>

(17) '阿耨多羅三藐三菩提'의 '藐'

ㄱ. ·막 <석상23 : 9ㄴ>, 목판본 <능엄6 : 80ㄱ>

ㄴ. ·먁 <법화5 : 177ㄴ> cf. ·먁<금강 : 40ㄴ, 140ㄴ>

예문 (15)에 의하면 '解'자의 동국정운 한자음이 <석상>(1447년)에는 '·행'로 적혔는데, <월석>(1459년)과 목판본 <능엄>(1462년)에서는 ' : 갱'로 바뀌었다. 그런가 하면 <법화>(1463년)에서는 ' : 행'로 변개(變改)되었고, <금강>에도 <법화>와 같이 ' : 행'로 되어 있다.

예문 (16)에 의하면 '般'자는 <석상>과 목판본 <능엄>에서 '반'으로 적혔다가, <법화>에서는 '·밣'로 바뀌었다. <금강>에도 <법화>와 같은 '·밣'로 되어 있다.

예문 (17)에 의하면 '藐'은 <석상>부터 목판본 <능엄>까지 '·막'으로 적혔다. <법화>에서는 '·먁'으로 바뀌었고, <금강>에도 <법화>와 같이 '·먁'으로 되어 있다.

위에서 살펴본 대로 불교용어 중 몇몇은 간행 시기에 따라 동국정운 한자음이 바뀌는 현상, 이른바 한자음의 변개가 보인다. 변개 이유가 무엇이었든 문헌별로 표기된 한자음을 정리해 보면, 간행 연대 추정의 유력한 근거가 된다. '解脫'의 경우에는 두 차례, '般若'와 '阿耨多羅三藐三菩提'는 각각 한 차례씩 교정이 있었음을 알 수 있다. 동국정운 한자음의 이러한 변개의 원인에 대해서는 아직까지 구체적으로 밝혀진 것이 없다.[50] <금강>의 한자음 표기는 전반적으로 동국정운 한자음 표기라는 원칙을 지키고 있으나, 불교용어의 경우에는 대체로 『법화경언해』에서 새로이 교정된 한자음 표기를 따르고 있다.

6.4. 종성 표기

<금강>의 종성 표기는 『훈민정음』 해례의 종성해가 규정한 'ㄱ, ㆁ, ㄷ, ㄴ, ㅂ, ㅁ, ㅅ, ㄹ'의 8종성 표기원칙을 지키고 있다. 다만, 모음과 유

---

50) 이 밖에도 <금강>에는 인명(人名) '阿難<1ㄴ>이 나오는데 '阿'의 동국정운 한자음이 '할'로 표기되어 있다. '阿'의 동국정운 한자음은 <석상>(23 : 2ㄴ), 목판본 <능엄>(5 : 6ㄱ)의 '항'에서, <법화>(4 : 47ㄴ) 이후 '할'로 바뀐 것이다. 이러한 변개는 범어(梵語)로 된 다라니(陀羅尼)의 유입과 간경도감 설치(1461) 후 불경언해 작업의 활성화 등으로 범어(梵語)나 팔리어(巴里語)에서 음차(音借)한 불교용어나 한자로 조어된 용어의 주음에 대한 새로운 조명의 결과, 보다 원음에 충실하고자 한 노력의 결과 그렇게 된 것이 아닌가 한다.

성후두마찰음 'ㅇ' 사이에서 'ㅿ'이 'ㅅ'과 수의 교체되어 9종성으로 실현되기도 한다.

(18) ㄱ. : ㄱ : 없-[無邊]<27ㄴ(2회), 145ㄴ>, : ㄱ : 없-<서5ㄴ 등 다수>
　　 ㄴ. 봇・애碎[<144ㄱ>, : ㄷᇰ오・몰[愛]<9ㄱ>, : ㄷᇰ・온ᄆ숨[愛心]
　　　 <83ㄱ>

(18ㄱ)의 'ㄱ없-'은 형태음소적 표기법을 택한 <용가>와 <월곡>에서는 철저하게 표기된 반면, <석상>에서는 'ㄱ없-'으로 표기하여 8종성 표기에 충실하였고, 기타 세종・세조대 문헌에서는 'ㅿ ~ ㅅ'종성으로 수의교체되는 표기 경향을 보이고 있다. 그 원인은 어디에 있었을까?

이는 '무변(無邊)'에 대응하는 우리말 'ㄱ없-'의 표기에 일관된 기준이 마련되지 못한 데에 그 원인이 있었던 것이 아닌가 한다. 하나는 언어 표현의 문법적 단위에 대한 인식이 불명확했던 데 그 원인이 있고, 다른 하나는 종성 표기 기준이 이중성(二重性)을 띠었던 데 원인이 있다.

첫째, '무변(無邊)'에 대한 우리말을 표기에 반영할 때, 언해한 이(표기자)가 때로는 이를 구(句, phrase)로 인식('ㄱ'과 '없-'사이에 단어 경계가 있는 것으로, 곧 '#ㄱ#없-#')하기도 하고, 때로는 복합어(複合語)로 인식(단어 경계가 앞뒤에, 곧 '#ㄱ없-#')하기도 한 것이다. 이는 현대어에서도 구(句)와 복합어(複合語)의 기준이 분명하지 않아서 때로 표기에 혼란이 따르는 것과 같은 현상이다.

둘째, 『훈민정음』 해례의 종성해가 규정한 이른바 '八終聲可足用' 법(法)을 종성 표기법의 근간으로 삼도록 하였으나, 세종・세조대 문헌 중 특히 간경도감에서 간행한 문헌들에서는 실제 발음 현실을 표기에 반영하려는 흔적들이 보인다. (18ㄱ)의 'ㄱ없-'과 (18ㄴ)에 제시된 것과 같은 예들이며, (18ㄱ)의 'ㄱ없-'은 8종성가족용법에 따른 표기인 것이다.

결국 앞의 기준처럼 기저형 인식의 차이에 의한 것과 뒤의 기준에 따른 표기 제약으로 인해 '죶없-', 또는 '죷없-'과 같이 ㅿ-ㅅ으로 수의적(隨意的) 교체를 반영한 표기가 되었다. 'ㅿ, ㅇ' 같은 발음 현실, 즉 유성후두마찰음 'ㅇ' 앞에서 'ㅿ'이 종성으로 실현되던 발음 현실은 제한된 어휘와 음성 환경에서 대체로 15세기 말까지 존재하다가 16세기 이후로는 소멸되어 ㅿ종성이 후행 음절의 초성으로만 실현되기에 이른다.

다음은 15세기 국어의 음절말 자음 'ㅅ-ㄷ'의 구어 현실을 엿볼 수 있는 자료이다.

> (19) ㄱ. 내 부텨를 <u>죶ᄌᆞ와</u> 드로라 ᄒᆞ니(我從佛聞이라ᄒᆞ니)<1ㄴ>
>   能히 <u>믿ᄌᆞ오리</u> 업스시며(無有能及者ᄒᆞ시며)<8ㄱ>
>   부텻ᄠᅳ데 이대 <u>마쫑ᄋᆞᆯ씨</u>(善契佛意故로)<107ㄴ>
>   ㄴ. 諸佛을 <u>좃ᄌᆞᄫᅡ</u><석상13：60ㄱ>, <u>조쫑와</u><능엄1：42ㄴ>
>   <u>믿ᄌᆞ올</u>(及)<법화3：33ㄴ>
>   <u>묻ᄌᆞ와든</u>(問)<76ㄱ>, <u>무쫑ᄫᆞᆫ대</u>(問)<월석10：18ㄱ>

(19ㄱ)의 '죶ᄌᆞ와, 믿ᄌᆞ오리, 마쫑ᄋᆞᆯ씨'의 어간은 각각 '죷-(從), 및-(及), 맞-(契)'이고, 15세기 국어로는 '8종성가족용'법에 따라 '좃ᄌᆞ와, 믿ᄌᆞ오리, 맛ᄌᆞᆯ씨'로 표기하는 것이 일반적이었다.

위의 예외적 표기에 대하여 어떤 음운론적 해석을 내릴 수 있을까? 우리는 15세기 국어에서 'ㅅ, ㅈ, ㅊ'은 음절말에서 'ㅅ'으로 중화(中和)되었으나 'ㄷ'과는 음운론적 대립을 하였다는 종래의 주장(이기문 : 1961/2005, 허웅 : 1965)에서 한 걸음 더 나아가, 음절말에서 'ㅅ, ㅈ, ㅊ'은 휴지(休止)와 무성자음 앞에서 'ㅅ'으로 중화되었을 뿐만 아니라 'ㄷ'으로도 중화(中和)되어 다같이 불파음(不破音) 'ㄷ[ᵗ]'으로 실현되었다고 보는 것이 온당하지 않을까 한다. (19ㄱ, ㄴ)을 정리해 보면 ① 좃ᄌᆞ와=조쫑와=죶ᄌᆞ와 ② 믿

줍-=믿줍- ③맛줍-=마쭙-, 묻줍-=무쭙- 등과 같은 등식이 성립
될 수 있으며, 종래의 주장대로 '-ㅅ'이 내파적 [s]라면 된소리를 나타내
는 'ㅉ'이 성립될 수 없고 후행무성음 'ㅈ'이 된소리화하기 위해서는 '-
ㅅ=-ㄷ=[tº]'이지 않을 수 없으므로 결국 음절말음 'ㅅ'은 'ㄷ'과 함께
'ㄷ[tº]'로 불파(不破)되었다고 보아야 할 것이다.

　당시로선 예외라고 할 (19ㄱ) 같은 표기는 당시의 구어 현실이 반영된
표음적(表音的, 音素的) 표기이다.[51] 반면 (19ㄴ)은 어간의 기저형 인식에서
비롯되어 경위체계(經緯體系)를 지키려는(지춘수 : 1964) 종성 표기의 대원칙
에 기댄 형태음소적인 표기이다. 이전 시대에는 음절말에서 'ㅅ-ㄷ'이
음운론적으로 대립하였으나, 적어도 15세기 후반기에는 'ㄷ[tº]'로 중화되
었다고 본다. 후자와 같은 종성 표기법을 철저히 지킨 결과 종성의 'ㅅ
-ㄷ'이 엄격히 구별된 표기로 나타난 것일 뿐 종성 'ㅅ-ㄷ' 구별 표기
가 음운론적으로 대립하였기 때문은 아닌 것이다.

6.5. 주격과 서술격 표기

　15세기 국어에서 주격과 서술격조사의 기저형 '-이'와 '이-'는, 음운
론적 조건에 따른 교체형이 대체로 같은 양상으로 표시되었는데, <금
강>에서의 구체적 실현을 언해와 구결문에서의 경우로 나누어 살펴보
기로 한다.

---

51) 이익섭(1991 : 34~47)은 15세기 후반 표기법이 철저히 표음적(음소적) 표기법인
　　것만은 아니며, 형태소에 대한 고려가 높았다는 점을 주장한 바 있다.

6.5.1. 주격조사

주격 표지의 조사는 선행 체언을 표기하는 문자의 차이(한글 또는 한자)
에 따라 달랐는데, 언해에서 체언이 한글일 때는 '이, ㅣ, Ø(생략)'로, 한
자일 때는 '이, ㅣ'로 실현되었다.

> (20) ㄱ. 이 : ᄆᆞᅀᆞ・미<11ㄱ>, 일・후・미<96ㄱ>
>　　 ㄴ. ㅣ : ・내 能・히 世界롤 셰요라<115ㄱ>, 부:톄 比丘와 ~ 흔
>　　　　　 더 겨실씨<3ㄴ>, 부:톄 니ᄅᆞ샤더<109ㄱ>, :네 이제
>　　　　　 仔細히 드르라<11ㄴ>, :네 오논 뉘예<108ㄴ>
>　　 ㄷ. Ø : 몰・애 하려 몯하려<62ㄴ> cf. 몰・애・롤<120ㄱ>

주격 '이'는 (20ㄱ)과 같이 체언 말음이 자음일 때 실현되고, 'ㅣ'는 체
언 말음이 /i, j/ 이외의 모음일 때 그것과 통합되어 (20ㄴ)과 같이 'ㅣ' 하
강중모음을 이룬다. 체언 말음이 /i, j/로 끝날 때에는 (20ㄷ)과 같이 주격조
사가 문장 표면에서 생략(Ø)되었다. 15세기 국어 문헌에는 (20ㄴ, ㄷ)과
같은 경우에 체언 말음이 평성(무점)이면 상성(2점)으로 나타났으나, 거성(1점)
이거나 상성(2점)이면 성조(방점 표기)에 아무런 변동이 일어나지 않았다.

<금강>에는 주격 표지와 관련된 성조(방점)변동의 모든 예가 발견되지
는 않는다. (20ㄴ, ㄷ)에서와 같이 체언 어간 말음이 거성(1점)인 '나, 몰애'
가 주격조사와 결합하면 '나'는 '내'로 통합되나 성조는 변동이 없고, '몰
애'는 주격조사가 생략되고 성조에도 아무런 변동이 없다. (20ㄴ)에서 주
어 '부:톄, :네'의 체언 어간 '부텨, 너'는 말음절이 평성(무점)인데, 주
격조사 'ㅣ'와 결합하여 하강중모음을 형성하였고, 평성에서 상성(2점)으
로 성조도 바뀌었다. 이런 사실은 <금강>에서의 주격조사의 표기가 15세
기 표기법의 규범과 일치함을 보여 주는 것이다.

그런데 같은 언해라도 체언이 한자일 때(한자음이 표시되든 되지 않든)에

는 주격조사의 표기 방식이 (20)과는 달랐다.

(21) ㄱ. 이 : 功공德·득·이<47ㄱ>

　　ㄴ. ㅣ : 凡뻠夫붕ㅣ<19ㄴ>, 如영來링ㅣ<8ㄱ>, 智·딩ㅣ<111ㄱ>

　　ㄷ. ∅ : 一·힗切·촁 다 恭敬ㅎᄉᆞ올씨(一切ㅣ 咸恭敬ㅎᄉᆞ올시)<8ㄱ>

(21ㄴ)의 '凡夫ㅣ'의 경우, 한글 체언이었다면 상성(2점)으로 실현되었겠으나 체언이 한자로 표기되어 있어서 구어 현실이 표기상 나타나지 않았다. '如來ㅣ, 智ㅣ'의 경우도 한글 표기에서와는 달리 주격조사가 생략(∅)되지 않고, 'ㅣ'로 표시되어 있다. 물론 체언 어간 말음이 /i, j/일 때는 (21ㄷ)처럼 생략되기도 하였으나 <금강>에서는 극히 예외적이며 오히려 이런 경우에도 (21ㄴ)처럼 생략하지 않고 'ㅣ'로 표시하는 것이 일반적이었다.

　한편 구결문에서의 양상은 언해문과 조금 차이가 난다. 구결문에서 주격조사는, 체언이 한자로 표기될 때 (22ㄱ, ㄴ)과 같이 '이, ㅣ'로 나타나는데, 다만 한자에 주음을 달지 않고, 방점도 표시하지 않은 점과 체언 말음이 /i, j/일 때라도 예외 없이 'ㅣ'가 실현된 점이 다르다.

(22) ㄱ. 이 : 佛이<1ㄴ>, 前念이<51ㄴ>

　　ㄴ. ㅣ : 比ㅣ<59ㄴ>, 如來ㅣ<4ㄱ>, 眞智ㅣ<60ㄱ>

6.5.2. 서술격조사

체언 말음이 자음일 때는 '이-'로 실현되고, 'ㅣ(i)'나 'ㅣ(j)'일 때는 주격조사의 경우 'ㅣ'로 표시된 것과는 달리 생략되었다.[52] 그 밖의 모음일

---

52) 『능엄경언해』 활자본(1461년)에서는, 이런 경우에 주격이든 서술격이든 모두 '-ㅣ' 또는 'ㅣ-'로 표시하였으나, 목판본(1462년)에서는 이 환경에서 'ㅣ-'를 생략시키는 방향으로 교정되었다(김영배(1991ㄷ) 참조).

때는 'ㅣ-'로 표기되었다. 언해문에서 체언이 한글로 표기될 때, 체언 말음이 모음이자 평성(무점)이면 상성(2점)으로 실현되었으나, 거성이나 상성이면 성조에 아무런 변동도 일어나지 않았다.

(23) ㄱ. 이- : 더러운 ᄆᆞᅀᆞ·미·며<17ㄱ>

　　 ㄴ. ㅣ- : 부:톄·라(←부텨+ㅣ·라)<21ㄱ, 78ㄱ>

　　 ㄷ. ∅- : 불·휘·라(←불·휘+∅·라)<106ㄴ>

　아래의 예문 (24)와 같은 언해문이든, (25)와 같은 구결문이든 서술격조사에 선행하는 체언을 한자로 표기할 때, 서술격조사 '이-, ㅣ-'를 표시하거나 생략(∅)한 점은 같다. 하지만 언해문에서는 한자에 주음을 달고 방점을 표시한 점, (24ㄹ)과 같이 체언 말음이 'ㅣ' 또는 'ㅣ 후행중모음'일 때도 서술격조사를 생략하지 않고 'ㅣ-'를 표시한 점이 다르고, 그리고 구결문에 한자음이나 방점 표시가 없음은 물론, (24ㄹ)과 같은 예외가 없는 점 또한 다르다.

(24) ㄱ. 이- : 覺·각·이·오<9ㄴ>

　　 ㄴ. ㅣ- : 不·붏也:양ㅣ·라<54ㄱ>, 凡뻠夫붕ㅣ·오<136ㄴ>

　　 ㄷ. ∅- : 一·힗切·쳉智·딩·오<13ㄱ>, 世·솅界·갱니·라<68 ㄱ>, 三삼菩뽕提똉·라<129ㄱ, ㄴ>

　　 ㄹ. ㅣ- : 知딩ㅣ·니<13ㄱ>, 如영來링ㅣ로·다<137ㄱ>, 如영來 링ㅣ시·니라<143ㄴ>

(25) ㄱ. 이- : 非身이라<61ㄱ>

　　 ㄴ. ㅣ- : 聖流也ㅣ니<50ㄱ>

　　 ㄷ. ∅- : 知니<12ㄴ>, 卽是如來로다<136ㄴ~137ㄱ>, 卽非世界라 <145ㄱ>

　<금강>의 주격·서술격조사 표기 양상 중 특이한 것은 한자로 적힌

체언의 말음이 /i, j/인 경우에 주격조사는 'ㅣ'를 거듭 적었으나, 서술격 조사는 일반적으로 생략하였다는 점이다. 이는 주격의 경우 '-ㅣ'가 생략되어 구절 표시가 없어지면 문성분(文成分)의 파악이 늦어지고 독해에 어려움이 따르지만, 서술격의 경우에는 'ㅣ-'가 생략되더라도 활용어미가 남아 있어서 능히 구절 표시 기능을 담당하기 때문일 것이다.

6.6. 희귀어휘 및 방점

당시에 간행된 불경언해 중 <금강>에만 특이하게 나타나는 어휘는 없다. 다만, 같은 시대 문헌들에서 쉽게 접하기 어려운 어휘가 더러 있다.

(26) ㄱ. 반ᄃᆞ기 能히 勇猛精進ᄒᆞ야 : 건·네ᄠᅱ·여 사ᄅᆞ미게 디나리니
　　　　(必能勇猛精進ᄒᆞ야 超越過人ᄒᆞ리니)<후서 14ㄱ>
　　ㄴ. 瓢風은 회로·리ᄇᆞᄅᆞ미라<11ㄱ>

(26ㄱ)의 ' : 건·네ᄠᅱ-[超]'는 ' : 건·내ᄠᅱ-/ : 건·네ᄠᅱ-[超]'와 동의어로, ' : 건·네ᄠᅱ-'<122ㄴ>형이 일반적으로 쓰인 것에 비해 <금강>에서만 나타나는 드문 예이다. 당시의 문헌에 용례가 거의 없고, 대부분의 사전에 실려 있지 않은 점으로 보아 매우 제한적으로 쓰였거나 표현의 차이에 의한 것으로 보인다. <월석>, <능엄> 등 앞선 시기의 문헌에는 자음동화가 반영되지 않은 ' : 걷 : 내ᄠᅱ-[超]'<월석1 : 52ㄴ>, ' : 걷·내ᄠᅱ-'<능엄1 : 24ㄱ, 26ㄱ> 형태가 쓰이기도 했다. 다만, 두 책에서 두 번째 글자 '내'자의 성조는 상성(上聲)과 거성(去聲)으로 서로 다르다.

(26ㄴ)의 '회로리ᄇᆞᄅᆞᆷ'은 15세기 문헌에서는 초간본『두시언해』<17 : 9ㄴ> 등의 몇 예와 <금강 : 11ㄱ>이 유일하다.

<금강>에는 방점이 사용되었는데 아래의 예처럼 경(經)의 본문이나 육조해(六祖解)에 현토(懸吐)한 정음구결에는 방점을 찍지 않았다.

> (27) ㄱ. 들 : 줍고 · 져 願 · 원樂 · 욕 · ᄒ습 · 노이 · 다(願樂欲聞ᄒ습노이다)<13ㄴ>
>
> ㄴ. : 보미 : 외 · 디 아 · 니 · 케 ᄒ · 니 · 라 (所見이 不謬也케 ᄒ니라)<139ㄱ>

<금강>은 원문의 구결에도 방점을 찍은 『월인석보』 1권 권두의 「훈민정음 언해본」, 「석보상절서」, 「월인석보서」 및 <몽산>, 활자본 <아미> 등과는 언해 체제가 다르다. 곧 정음 초기 문헌에 보이는 방식이 아니고, <능엄> 이후 문헌의 방식을 따르고 있다. 전자는 언해문뿐만 아니라 원문의 구결에도 방점을 찍었는데 정음 초기 문헌들에서 볼 수 있다. 반면, 후자는 언해문에는 찍었으나 원문 구결에는 표시하지 않는 방식이다. 15세기 후반에 간행된 대부분의 정음문헌들이 그런 방식을 택했다. <금강>은 후자의 방식을 따른 것으로 간경도감 간행의 언해서들 이후에 조성된 문헌들에서 볼 수 있는 형식이다.

6.7. 기타

이상에서 우리는 <금강>에 나타난 표기법을 개괄적으로 살피고 그 국어사적인 의미를 찾아보았다. <금강>은 대체로 15세기 후반에 나온 문헌들의 일반적인 표기법에서 벗어나지 않았다. 특이 모습을 띠는 형태 몇 가지를 보이면 다음과 같다.

> (28) ㄱ. · 즉재<6ㄴ, 7ㄱ, 76ㄱ(2)>~ · 즉자 · 히<57ㄴ>

ㄴ. 므슴올<82ㄱ>, 맛당올<151ㄴ>, 내죵애<103ㄱ, 133ㄴ>

ㄷ. 스스을<47ㄱ, 90ㄱ>, 스스이시니<57ㄴ>, 스스의<58ㄱ> : 이에
   <87ㄴ> : 버으로미<76ㄴ> : 具足이시니이다<125ㄱ>,   업스시
   니잇가<129ㄱ>

ㄹ. 譬喩ᄒ시더니라<120ㄱ>

(28ㄱ)의 '즉자히(卽)'는 정음 초기 문헌에서 많이 쓰였는데, 여기에서는 'ㅎ'약화 탈락 축약형 어휘인 'ᆞ즉재'가 4 : 1 정도로 많다. 성조는 'ᆞ즉 : 재'가 아니고, 'ᆞ즉재'이다(최세화 : 1976 참조). (28ㄴ)의 분철표기 예는, <금강>을 비롯한 15세기 문헌들이 거의 연철표기를 하고 있는 점을 감안하면 특이한 예이다. 종성의 'ㆁ'은 정음 초기 문헌에서는 체언 종성이나 후행 음절 초성으로 적히던 것으로, (28ㄷ)의 예들을 제외하면 'ㆁ'은 종성화 표기로 통일되어 가고 있는 중이다. (28ㄹ)은 선어말어미 '-시더-'의 서열(序列)에 관계된 예이다. 15세기 문헌에서는 '-더시-'(ᄌ걋 ᄆᆞᅀᆞ미 닉더시니라<월석1 : 52ㄴ>)형, 즉 시제가 선행하는 것이 더 일반적이었는데, <금강>에는 새로운 서열의 예가 나타난 것이다. 이 밖에 모음조화 표기가 정음 초기 문헌에 비해 문란해져 가는 모습[53] 등의 예가 보인다.

7. 맺는말

7.1.

국문자인 훈민정음이 창제된 후 왕실 및 간경도감을 중심으로 많은

---

53) 善 : 쎤根ᄀᆞᆫ올<33ㄱ>~善 : 쎤根ᄀᆞᆫ을<35ㄱ>, 시수ᄆᆞ로(洗)<5ㄴ>~시숌(洗)<5ㄴ> 등이 그 예가 될 것이다.

불교 경전들이 한글로 번역되었다. 우리는 이들 경전, 곧 한문을 원천언어(源泉言語)로 하고 있는 불교 경전의 국어역을 '불전언해(佛典諺解)'라고 불러 왔다. 이때 간행된 언해 경전들은 문자 창제 초기인 15세기 중·후반 한국어의 모습을 비교적 잘 간직하고 있는 매우 소중한 국어사 자료들이다. 아울러 한문경전의 대역(對譯) 성격을 띤 '언해'라는 독특한 번역 양식은 그 당시 출판문화의 특징을 보여 주는 표징(標徵)이 되기도 한다. 그러한 자료 중의 하나가 『금강경언해』(1464년)이다.

이 논의는 책의 성격, 번역의 과정 및 특징, 언어 사실 등 『금강경언해』에 관련된 전반적인 내용을 살펴서 책의 가치를 밝히는 데 목적을 두고 진행했다. 이 책은 간경도감에서 간행되었는데, 저본이 된 것은 선종(禪宗)의 6대 조사 혜능의 '육조해'이다. 『금강경』은 불교 전래 이래 우리나라 불교에서 널리 유통되어, 많은 역주서 및 주석서가 간행된 바 있다. 그러나 20세기 초 백용성(白龍城) 선사가 <詳譯科解 金剛經>(1926년)을 간행하기 전까지 이 책 및 같은 계통의 언해서들이 『금강경』 번역서의 대부분을 차지했다. 따라서 15세기 후반에 간행된 『금강경언해』가 이 경전의 번역에서 차지하는 비중이 얼마나 큰 것이었는지, 그리고 언해본 『금강경』의 성격이 어떠했는지 등에 대해 확인하였다. 이 책에는 '금강심경전·조조관·육조해서·후서·발문·번역광전사실' 등 책의 조성 및 간행에 관련된 기록이 있어서 책의 조성 경위와 편찬에 참여한 인물 등을 살피는 데 많은 도움이 된다. 이 기록들은 어떤 것은 한문 원문만 있고, 어떤 것은 구결문과 언해문이 모두 있어서 적절히 활용할 수 있다.

7.2.

『금강경언해』의 특성을 알기 위해, 제2절에서는 한문본 책의 성격 및 언해본 책의 저본(底本)에 대해 살펴보았다. 제3절에서는 판본 및 언해의 체제를 정리했다. 특히 최근에 새로이 공개된 책 두 본을 소개하고, 기존에 알려졌던 책과의 연관성을 밝혔다. 제4절에서는 간경도감 간행 언해 불전들의 번역 과정과 언해의 특성을 논의했다. 특히『금강경언해』의 진전문, 조조관의 열함, 발문, 번역광전사실 등『금강경』의 번역과 관련된 절차 전반에 대해 정리하고, 그 내용을 밝혔다. 제5절에서는 훈민정음 창제 이후에 간행되었던 언해불서를 대상으로 하여 번역의 특징을 정리해 보았다. 보다 나은 번역의 방법을 찾는 시도와 함께 새로운 번역의 모형을 제시했다. 제6절에서는 이 책의 언어 사실을 살펴서 이 책과 같은 해에 간행된『선종영가집언해』등 다른 3책과 비교하고, 이를 토대로 15세기 후반 언어의 일단을 확인했다.

7.3.

『금강경언해』의 번역과 현대에 와서 번역된 책들의 같은 점과 다른 점을 살펴보고, 언해본의 현대어역 및 현대에 이루어진 번역과 비교해 보았다. 그리고 이러한 번역들의 장점을 살린 새로운 번역의 모형을 제시했다. 좋은 번역은 원문인 원천언어의 뜻을 온전히 살리면서도 가장 적확한 목표언어로 재현시키는 일일 것이다. 불경 번역의 경우에는 지난날 행했던 언해본의 장점은 그것대로 살리면서 현대적인 언어로 조율 및 보완을 해 나간다면 무망(無望)한 일이 아닐 것이다. 이때 한역 이전의 원전인 산스크리트본도 참작하고, 경전은 독송(讀誦)이 중요하다는 점을 감안하여,

운율을 살려서 옮긴다면 보다 정밀한 번역이 될 수 있을 것이다.

7.4.

언어 사실을 중심으로 이 책이 보이는 국어사 자료로서의 특징을 살펴서 언어 사료적 가치를 밝혔다. 이 책에 실려 전하는 언어는 한양(漢陽) 중심의 중앙어(中央語)가 반영된 것이고, 문어투(文語套)인 데에다 한자어 표현이 많다. 비록 그렇다고 해도 같은 해에 간행된 『선종영가집언해』, 『아미타경언해』, 『반야심경언해』 등과 함께 당시 언어의 실상을 전해 주는 책이면서, 15세기 중·후반 한국어의 특징을 간직하고 있는 소중한 자료라는 사실을 확인하였다. 이 책 역시 다른 간경도감본 불경언해서들과 마찬가지로 번역에서는 대역의 방법을 취했다. 이는 원문인 한문본에 매우 충실한 번역이다. 이런 대역 번역문들은 그 당시 실제 사용하고 있었던 언어보다 훨씬 앞선 시대의 모습을 반영하게 된다. 아울러 구결문에 의한 번역이어서 의고적(擬古的)이기까지 하다. 대역 번역의 특징인 원문의 과도한 사용으로 명사구의 나열이 두드러지고, 한문 문장의 영향으로 경어법 구사가 매우 제한적이다. 대신 국가기관에서 간행한 관판본(官版本) 책답게 완벽에 가까울 정도로 출판과 관련된 흠결이 적다. 원고 작성에서 장정에 이르기까지 관리가 매우 엄격했음을 보이는 내용이다. 구결문과 언해문 모두에서 제반 표기가 정연하고, 체제나 내용 구성 등도 매우 치밀하다. 그만큼 심혈을 기울여서 조성한 책이라는 사실의 입증이다.

[표 1] 『금강경언해』 (안심사본) 교정 일람표*

張	面	行	字	內　容	備　考
序3	ㄱ	3-8	1-6		補
3	ㄴ	1-3	1-6		補
5	ㄱ, ㄴ	全		(新 版)	補
6	ㄱ, ㄴ	全		(新 版)	補
7	ㄴ	4-8	15-19 (雙行)		補
7	ㄴ	7-8	1-2 (雙行)		補
7	ㄴ	3	19ㄱ	믜 → 믄	
7	ㄴ	3	18-19ㄴ	이베	
7	ㄴ	7	3ㄴ	꾜 → 뇨	
7	ㄴ	8	3ㄱ	보	
7	ㄴ	8	3ㄴ 14ㄴ	파 겨	
8	ㄱ, ㄴ	全		(新 版)	補
8	ㄴ	6	3ㄱ	샤	
9	ㄱ	2	6ㄱ	ᄴ	
後序10	ㄴ	5	1ㄱ	입 → 업	
10	ㄴ	6	13ㄱ	ㅣ	
10	ㄴ	7	18ㄱ	시 → ᄭᅵ	
11	ㄴ	1	15-16ㄱ	비룬	
11	ㄴ	6	17ㄴ	서 → 시	
11	ㄴ	8	17-18ㄴ	능히	
12	ㄱ	8	4ㄱ	샹	
13	ㄱ	2	9ㄱ	외 → 와	
13	ㄱ	4	18ㄴ	아 → 이	

---

* 교정은 정음(正音) 구결(口訣)과 언해문에 국한하였다. 면란(面欄)의 'ㄱ, ㄴ' 중 'ㄱ'은 장(張)의 앞면, 'ㄴ'은 뒷면을 가리키고, 자란(字欄)의 'ㄱ, ㄴ' 중 'ㄱ'은 쌍행(雙行) 중 우행(右行), 'ㄴ'은 좌행(左行)을 가리킨다. 내용란의 '新版'은 한용운(1933:65~68)에 의해 판목(版木) 전체가 새로 만들어진 것, 곧 신각(新刻)을 말한다. 비고란의 '補'자 는 한용운이 수보(修補)한 부분이다. 방점은 꼭 필요한 경우가 아니면 생략하였다.

張	面	行	字	內 容	備 考
14	ㄱ	6	5ㄱ	니 → 나	
14	ㄱ	7	5ㄱ	아 → 야	
14	ㄴ	2	2ㄱ	지 → 자	
14	ㄴ	3	18ㄱ	시 → 사	
14	ㄴ	5	5ㄱ	아 → 야	
14	ㄴ	7	2ㄴ	해	
15	ㄱ	8	11ㄱ	리 → 라	
15	ㄴ	1	5ㄱ	지	
15	ㄴ	2	10ㄱ	리 → 러	
經2	ㄴ	5	6ㄱ	기 → 거	
2	ㄴ	6	14ㄴ	니	
2	ㄴ	7	14ㄱ, ㄴ	각 이	
2	ㄴ	8	8ㄴ	이 → 아	
3	ㄱ	1	13ㄱ	허	
3	ㄴ	2	8ㄴ	거 → 겨	
4	ㄴ	1	8ㄴ	시 → 사	
5	ㄴ	3	13–18 ㄱ, ㄴ	가샤몬부텻쁘 ᄒ샤請청ᄒ야	
5	ㄴ	4	1ㄴ	기 → 가	
6	ㄴ	2	18ㄱ	씨 → 싸	
7	ㄴ	8	3ㄱ	ᅀᅳ → 스	
7	ㄴ	8	4ㄴ	히	
8	ㄱ	1	11ㄱ	어 → 이	
8	ㄱ	5	14ㄴ	올	
9	ㄱ	7	13ㄴ	외 → 와	
9	ㄴ	7	7ㄴ	겅 → 경	
9	ㄴ	8	8ㄱ	니 → 너	
10	ㄴ	6	1–2	住 ᄒ며	
11	ㄴ	1	13ㄱ	이 → 여	
12	ㄱ	7	5ㄴ	띠	
13	ㄱ, ㄴ	全		(新 版)	補
13	ㄱ	1, 2	14ㄱ, 9ㄴ	삼 → 삼	

張	面	行	字	內　容	備　考
13	ㄴ	8	1-5ㄴ	라ᅀᅩᆯ씨라	
14	ㄱ, ㄴ	全		(新 版)	補
14	ㄱ	3	15ㄴ	아 → 이	
14	ㄴ	7	3ㄱ	어 → 이	
15	ㄱ, ㄴ	全		(新 版)	補
15	ㄱ	1	18ㄴ	니 → 디	
15	ㄴ	1	13ㄴ	괴 → 과	
16	ㄱ, ㄴ	全		(新 版)	補
16	ㄴ	5	12ㄴ	의 → 이	
16	ㄴ	8	9ㄱ	랑 → 랑	
16	ㄴ	8	18ㄱ	샤 → 사	
18	ㄱ	8	1ㄴ	흐 → 후	
19	ㄴ	4	1ㄱ	면	
20	ㄱ	1	14ㄱ	희 → 회	
21	ㄱ	7	1ㄱ	민 → 면	
21	ㄴ	8	12ㄱ	니 → 나	
22	ㄱ	2	3ㄴ	임 → 업	
22	ㄱ	6	5ㄱ, ㄴ	버, ᄃ	
22	ㄴ	8	1 - 2 ㄱ, ㄴ	졍ᄒ 티아	
24	ㄴ	6	5ㄱ	둔	
24	ㄴ	8	18ㄱ 1ㄴ	입 → 업 케 → 게	
25	ㄱ	3	8ㄴ	민 → 면	
27	ㄴ	7	8ㄱ, ㄴ	미, 니 → 며, 너	
28	ㄱ	1 4	6ㄴ 8ㄴ	려 가	
29	ㄱ, ㄴ	全		(新 版)	補
30	ㄱ, ㄴ	全		(新 版)	補
30	ㄱ	4	5ㄴ 17-18ㄴ	히 → 하 서리 → 시러	
31	ㄱ, ㄴ	全		(新 版)	補
31	ㄱ	6	1ㄴ	나 → 니	

張	面	行	字	內　容	備　考
31	ㄴ	1	13ㄱ	운 → 움	
32	ㄱ, ㄴ	全		(新　版)	補
32	ㄱ	1	7ㄴ	입 → 업	
32	ㄴ	3	3ㄴ	머 → 버	
33	ㄱ	4	7ㄱ	쎼	
35	ㄱ	6	10ㄱ	시 → 샤	
35	ㄴ	7	11ㄴ	뎨	
35	ㄴ	8	12ㄴ	머 → 며	
37	ㄴ	7	2ㄱ 6ㄴ	거 → 겨 입 → 업	
38	ㄱ	6	18ㄱ	ㅣ	
38	ㄱ	8	4ㄱ 1ㄴ	애 입 → 업	
39	ㄱ	5	1ㄴ	ㄹ → 리	
39	ㄴ	4	17ㄴ	디 → 디	
40	ㄱ	5	13ㄴ	어 → 여	
40	ㄴ	3	2ㄱ	어 → 여	
41	ㄴ	5	1ㄱ	사 → 샤	
42	ㄱ	2	4ㄴ	미 → 머	
42	ㄱ	3	12ㄴ	거 → 겨	
43	ㄱ	5	3ㄱ	산 → 샨	
44	ㄴ	2	13ㄱ	시 → 사	
44	ㄴ	2	2ㄴ	어 → 여	
45	ㄱ	2	1ㄱ	러 → 려	
45	ㄴ	3	12ㄱ	히 → 하	
45	ㄴ	4	13ㄴ	이 → 아	
46	ㄱ	2	19ㄱ	시 → 사	
47	ㄱ	2	1ㄱ	치 → 차	
48	ㄴ	4	9-13ㄴ	가락곧ᄒᆞ니	
48	ㄴ	5	10-13ㄱ	라곤그리	
50	ㄱ	2	2-3ㄴ	라술	
50	ㄴ	3	11ㄱ	디	
52	ㄱ	5-6	1-3ㄱ, ㄴ	故ㅣ어뇨, 故로名	

張	面	行	字	內 容	備 考
52	ㄱ	7-8	1-4ㄱ, ㄴ	이숤념을, 라ᄒᆞᄂᆞ녀, 니이다世, 일후미오	
52	ㄴ	1	1-4ㄱ, ㄴ	업슬씨이, 항那낭含	
52	ㄴ	7	9ㄱ	이 → 아	
53	ㄱ	1	5ㄱ	이 → 아	
53	ㄱ	2	14-16ㄴ	일후미	
55	ㄱ	7	16ㄱ	에 → 예	
55	ㄱ	7	18ㄴ	건 → 건	
56	ㄴ	2	2ㄱ	먼 → 면	
57	ㄱ	1	19ㄱ, ㄴ 雙行		補
57	ㄴ	5	17ㄱ	소	
57	ㄴ	8	17ㄱ	이 → 아	
59	ㄴ	5	1-2ㄴ	무슴	
59	ㄴ	7-8	1-2		補
60	ㄱ	1-3	1-2		補
60	ㄴ	2 3	5-7ㄴ 8-10ㄱ 18ㄴ	므던히 아니오 무	
60	ㄴ	5 6	1-6ㄱ 1ㄴ	심이라ᄒᆞ다가 보	
64	ㄱ	6-8	1-4ㄱ, ㄴ	ᄒᆞ리라○, 이經경을, 과得득혼, 혼무ᅀᅳ몰, 눙히여러, 업슨무ᅀᅳ	
64	ㄴ	1-6	1-3ㄱ, ㄴ	링ㅅ全, 더부텻, 슨무슴, 部뽕ㅣ, 와무ᅀᅳ, 聲셩과, 주거三, 이시리, ᄒᆞ야이, 무ᅀᅳ몰, 네眞진, ᄻᅌᅡ羅랑	
64	ㄴ	3	6ㄱ	디 → 다	
65	ㄱ	2	14ㄴ	미 → 며	
65	ㄱ	3	14ㄱ	니 → 녀	
66	ㄱ	3	14ㄴ	네 → 데	
66	ㄱ	5	12ㄴ	어 → 여	
66	ㄴ	5	1ㄱ	곧	

張	面	行	字	內 容	備 考
68	ㄱ	2	13ㄱ	잇 → 엇	
69	ㄴ	1	5ㄴ	올 → 을	
70	ㄴ	5	5ㄱ	디 → 다	
71	ㄴ	7	11ㄴ	디 → 더	
73	ㄱ	2	2ㄱ	라	
73	ㄴ	2	9ㄴ	이	
73	ㄴ	5	13ㄱ	샤 → 샹	
73	ㄴ	6	1ㄱ	이 → 히	
75	ㄱ, ㄴ	全		(新 版)	補
76	ㄱ, ㄴ	全		(新 版)	補
76	ㄱ	8	4ㄱ	어 → 이	
76	ㄱ	8	9ㄱ	기 → 가	
76	ㄴ	2	16ㄱ	즥 → 직	
76	ㄴ	6	3ㄱ	러 → 라	
77	ㄴ	8	3ㄴ	센 → 셴	
83	ㄱ	6	1ㄱ	이 → 아	
83	ㄴ	1	1ㄱ	니 → 나	
83	ㄴ	2	4ㄱ	빼	
83	ㄴ	7-8	1-2ㄱ, ㄴ	ㅣ라, 이菩, 住뚱, 야ㅡ	
84	ㄴ	5	3ㄱ	내	
85	ㄱ, ㄴ	全		(新 版)	補
85	ㄴ	4	14ㄴ	이 → 아	
86	ㄱ, ㄴ	全		(新 版)	補
86	ㄴ	8	3ㄱ	티 → 타	
87	ㄱ, ㄴ	全		(新 版)	補
87	ㄴ	4	12ㄱ	흠 → 홈	
87	ㄴ	7	1ㄴ	ㄴ	
88	ㄱ, ㄴ	全		(新 版)	補
88	ㄴ	1	18ㄴ	미 → 머	
89	ㄱ	8	4ㄱ	디 → 다	
89	ㄴ	6	13ㄱ	리 → 라	
90	ㄱ	2	12ㄱ	아 → 야	
93	ㄱ	1-8	13-18		補

張	面	行	字	內　容	備　考
			(雙行)		
93	ㄱ	1	8ㄴ	○ → 히	
93	ㄱ	2	10-13 ㄱ, ㄴ	일우릴씨 씸히기픈	
93	ㄱ	3-4	7-8 (雙行)		補
93	ㄴ	1-8	13-18 (雙行)		補
93	ㄴ	1	13ㄴ	ㅅ	
94	ㄴ	2	17ㄱ	티	
96	ㄱ	3	5ㄴ	미 → 마	
96	ㄴ	5	4ㄱ	이	
99	ㄱ	4	1ㄱ	눌	
100	ㄱ	8	18ㄴ	미	
105	ㄴ	7	16ㄴ	나 → 니	
107	ㄱ	5	2ㄱ	타	
107	ㄴ	6	5ㄴ	입 → 업	
109	ㄴ	1	16ㄴ	댄	
109	ㄴ	3	4ㄱ	근	
114	ㄱ	2	10ㄴ	올 → 을	
115	ㄴ	2 6	18ㄴ 6ㄱ	이 흥	
116	ㄱ	1	18ㄱ	이 → 어	
116	ㄱ	4	1-2ㄱ	어미 → 여마	
121	ㄴ	5	1ㄴ 17-18ㄴ	호 아ᄂ	
121	ㄴ	8	1-2		補
123	ㄱ, ㄴ	全		(新　版)	補
123	ㄱ	7	7ㄴ	아 → 이	
124	ㄱ	8	2-3ㄴ	닷고	
124	ㄴ	1	17ㄱ	놋 → 돗	
124	ㄴ	8	2ㄱ	이 → 어	
125	ㄴ	6	12ㄴ	아 → 이	
126	ㄱ	7-8	1-6ㄱ, ㄴ	흥ᄂ다너기디, 뇨흥다가사ᄅ, 호미잇ᄂ니라, 오몰能능히아	

張	面	行	字	內　容	備　考
126	ㄴ	1	1-3ㄱ, ㄴ	여說ㅕ, 순디라	
127	ㄱ	5-8	17-18 ㄱ, ㄴ	뼝ᄃ, ᄉ매, 能ᄂᆼ, 링ᄂᆞᆫ, 논마, 업스, 곧디, 說ㅕ	
127	ㄴ	2	11ㄱ	미 → 며	
127	ㄴ	3	18ㄱ	리	
127	ㄴ	5	16ㄱ	이 → 아	
128	ㄱ ㄴ	4 5	9ㄴ 10ㄴ	사 → 샤 리 → 라	
129	ㄱ	1-5	16-18 ㄱ, ㄴ		補
131	ㄱ	1-8	8-18 (雙行)		補
131	ㄴ	1-8	8-18 (雙行)		補
132	ㄱ	1	15 (雙行)		補
132	ㄱ	1 2	18 17ㄴ	· → ㅂ 라	
132	ㄱ	1	18 (雙行)		補
133	ㄱ	7-8	1-4ㄱ, ㄴ	令衆生ᄋᆞ로, 웡山산의, 숭萬먼里	
133	ㄴ	1-8	1-3ㄱ, ㄴ	광이ㅡ, 숭彌밍, 씹六륙, 世솅界, ㄹ건댄, 각一힗, 숭彌밍, 시니가, 無뭉量, 因힌이, 항般밣, 경文문, 成쎵佛, 이能ᄂᆼ, 뚤아롤, 가줄비	
133	ㄴ	2	15ㄴ	니 → 나	
133	ㄴ	6	14ㄱ	네	
135	ㄱ	1-8	14-18 (雙行)		補
135	ㄴ	1-8	14-18 (雙行)		補
136	ㄱ	8	16ㄴ	으 → 오	
138	ㄱ	6	16ㄱ	지 → 저	
138	ㄱ	6	2ㄴ	릴 → 럴	

張	面	行	字	內 容	備 考
139	ㄴ	5	5ㄱ	리 → 라	
141	ㄱ	7	2ㄴ	이 → 아	
142	ㄱ	1	19ㄱ	이 → 여	
142	ㄱ	4, 5	4ㄱ, 17ㄱ	잇 → 엇	
142	ㄱ	6	6ㄱ 8ㄴ	어 → 여 니	
144	ㄱ	2	11ㄴ	어 → 여	
144	ㄴ	5	14ㄴ	닛 → 낫	
145	ㄴ	2	14ㄱ	ㅏ → ㅣ	
147	ㄱ	2	7ㄴ	면 → 면	
150	ㄴ	7	6ㄱ	아 → 야	
跋2	ㄴ	7	15ㄴ	켜 → 겨	
事3	ㄴ	1 6	12ㄴ 15ㄱ	아 → 이 오	
3	ㄴ	7	11ㄱ	메	
4	ㄱ	4	12ㄱ 12ㄴ 16ㄴ	쏘 스 ㅎ	
4	ㄱ	5	12ㄱ, ㄴ	쑤, 눖	
4	ㄱ	8	1ㄱ	리 → 라	

제8장 반야바라밀다심경언해(般若波羅蜜多心經諺解)

1. 머리말

1.1.

『반야바라밀다심경(般若波羅蜜多心經)』은 당(唐)나라의 삼장법사(三藏法師) 현장(玄奘)이 번역한 한역(漢譯, 唐 貞觀 23년, 649년) 불전이다.[1] 이 책은 인도(印度)에서 대승불교(大乘佛敎) 초기에 만들어진 것으로, 대승불교의 독특한 사상을 담고 있는 중요한 경전(經典) 중의 하나이다. 현장은 육백 부(部)에 이르는 방대한 양의『대반야경』을 만들어 유통시켰다. 그리고 육백 부의 경전에서 가장 핵심이 되는 내용을 뽑아 간결하게 요약해서 다시 한 권의 책을 만들었다. 그 한 권의 책이 바로 이『반야바라밀다심경』이다.[2]

---

1) 두루 아는 대로 한역(漢譯)『반야바라밀다심경』이 현장(玄奘) 번역의 책만 있는 것은 아니다. 제명(題名)을 달리하고 내용이 조금씩 다른 책 수종(數種)이 현전한다. 대표적인 것으로는 5세기 초에 구마라집(鳩摩羅什)이 한역한『마하반야바라밀대명주경』등의 책이 있다. 그 외의 내용은 제2절에서 다룰 것이다.
2) 현장법사 한역(漢譯)의『반야바라밀다심경』은 모두 260자(字)로 되어 있다. 제명(題名)은 첫 머리에 '마하(摩訶)'를 포함시킨 경우가 있는가 하면, 빼기도 하여 열 자(字), 또는 여덟 자(字)로 서로 다르다. 우리가 연구의 대상으로 하고 있는 책인 1464년 간행의『반야바라밀다심경언해(般若波羅蜜多心經諺解)』에는 어디에도 '마하

14행(行) 54구(句) 260자(字)에 『대반야경』 육백 부의 정요(精要)를 모두 담은 것이다. 이 경전(經典)은 대부분의 불교 의식이나 법회에서 독송(讀誦)되고 있으므로, 불교 신자가 아닌 사람도 웬만큼은 알고 있을 정도로 널리 알려져 있다.

이 책에 담겨 있는 내용의 심오함으로 인해 중국에서는 구마라집(鳩摩羅什)의 『마하반야바라밀대명주경(摩訶般若波羅蜜大明呪經)』(402~413년) 이후 여러 책이 찬술되어 수종의 한역본(漢譯本)이 현전한다. 위에서 말한 현장(玄奘)의 책도 그중의 하나이다. 이렇듯 여러 종류의 한역 이본들이 조성된 것은 물론, 주석서(註釋書)의 저술도 잇달았다. 인도에서는 말할 것도 없고, 중국이나 일본, 우리나라에서도 많은 주석서들이 나왔다.3) 우리나라에서는 신라의 고승(高僧) 원측(圓測)에 의해 『반야심경소(般若心經疏)』가 만들어진 후에 동일한 제명(題名)으로 원효(元曉)가 풀이한 주석서 등 몇몇 책이 저술된 것으로 알려져 있으나,4) 이 중 일부만이 오늘에 전한다.5) 이러한 노력의 바탕 위에서 일찍이 한문경전의 국어역이 시도되었고, 그 최초의 번역본이 바로 『반야바라밀다심경언해(般若波羅蜜多心經諺解)』인 것이다.

(摩訶)'를 쓰고 있지 않으므로, 이 논의에서의 제명은 갖추어 부를 경우 『반야바라밀다심경(般若波羅蜜多心經)』이라 하고, 줄여서 부를 때는 『반야심경(般若心經)』, 또는 『심경(心經)』이라 할 것이다.

3) 특히 중국에는 수십 종의 주석서가 전하는 것으로 알려져 있다.

4) 원효의 『반야심경소(般若心經疏)』는 현재 전하지 않고, 원측의 『반야심경소(般若心經疏)』는 『만속장경(卍續藏經)』에 지은이가 당(唐)나라의 원측(圓測)으로 되어 있다고 한다. 이는 '원측'이 입당(入唐)하여 활동한 바 있어서 그렇게 된 것으로 보인다. 김영배(1995 : 93~94) 참조.

5) 한역 이본 및 주석서 등에 대한 자세한 내용은 김영배(1995), 한정섭(1995), 혜담(1997) 등 참조.

1.2.

한문본『반야심경』을 우리 문자로 번역한 최초의 책인『반야바라밀다심경언해』는 조선 세조 10년(天順 8년, 1464년)에 간경도감(刊經都監)에서 간행되었다. 그런데 이 언해본의 저본(底本)은 엄밀하게 말해 현장의『반야심경』이 아니고, 송(宋)나라의 사문(沙門) 중희(仲希)의 주해본(註解本)인『반야심경소현정기(般若心經略疏顯正記)』이다. 이 책은 당나라 현장법사의 한역『반야바라밀다심경』에 역시 같은 당나라의 법장(法藏) 현수(賢首)대사가 약소(略疏)를 붙여『반야바라밀다심경약소(般若波羅蜜多心經略疏)』(唐 長安 2년, 702년)를 짓고, 여기에다 다시 송나라의 중희가 주해를 더하여 만든 책이다. 이렇게 하여 조성된 책이 바로『반야심경소현정기』(宋 慶曆 4년, 1044년)인 것이다. 주해본인 이『반야심경소현정기』6)에 세조가 직접 정음으로 구결을 달고 효령대군(孝寧大君)과 황수신(黃守身), 한계희(韓繼禧) 등이 번역을 하여, 목판본 1권 1책으로 간행을 하였다. 그런데 언해가 이루어진 부분은 현장의 경 '본문'과 법장의 '약소'이고, 중희의 주석(註釋)인 '현정기(顯正記)' 부분은 제외되었다. 중희의 주석은, 해당하는 경 본문의 언해문 다음이나, 약소 구결문과 약소 언해문 사이에 한자 협주(夾註) 형식으로 실려 있을 뿐, 이를 언해하지는 않았다.

1.3.

언해본의 간행 및 번역에 관련된 사항은『반야심경언해』7)와 같이 간행된 책인『금강경언해』의 책머리에, 동일한 내용으로 실려 있는 간경도

---

6)『반야심경소현정기』라고 한 이 명칭은 언해본 책의 본문 첫머리에 있는 제명(題名)이다. 제명 바로 다음에 중희가 술(述)한 병서(幷序)가 나온다.
7) 갖은 이름은『반야바라밀다심경언해』이지만, 통상적으로는 줄인 이름인『반야심경언해』, 또는『심경언해』라고 부른다. 앞으로의 논의에서는 줄인 이름으로도 부를 것이다.

감 도제조(都提調) 황수신의 '진금강경심경전(進金剛經心經箋)'을 통해서 자세히 살필 수 있다. 또한 『반야심경언해』의 끝에 실려 있는 한계희의 발문(跋文)으로도 짐작할 수 있다.[8]

『반야심경언해』는 세조 10년(1464년) 간경도감에서 간행된 이후 그 후쇄본의 쇄출(刷出) 및 복각 간행이 몇 차례 걸쳐 이루어진 듯하다. 현재 원간 초쇄본으로 보이는 책 2본을 비롯하여 후쇄본 1종 및 복각본 2종이 전해지고 있다. 우리는 이 책들 중 1994년에 공개되어 보물 제1211호로 지정된 바 있는 소요산(逍遙山) 자재암(自在庵) 소장본을 연구의 대상으로 삼았다.[9] 이 책이 공개된 당시에 동악어문학회 연구진에 의해 역주 및 국어학적 논의가 행해진 바 있다.[10] 그러나 당시 연구에서 미처 챙기지 못했던 부분도 있고, 일부 오류도 보여서 보정(補正)의 필요성이 생겼다. 이번의 연구를 통해 해결하고자 한다.

이 논의의 제2절에서는 한문경전의 성격 및 언해의 저본(底本)에 대해 살피고, 제3절에서는 판본 및 언해 체제 등에 대해 정리할 것이다. 제4절에서는 표기법과 문법 등을 주로 논의할 것이다.

---

8) 『반야바라밀다심경언해』의 간행일은 '진전문(進箋文)'의 날짜와 '심경발(心經跋)'의 날짜가 서로 다르다. 이는 간행일이라기보다 각각 원고를 쓴 날이 될 것이다. 황수신(黃守身)의 '진전문'에는 '天順 八年 四月 初七日'로 되어 있고, 한계희(韓繼禧)의 '심경발'에는 '天順 八年 二月 仲澣'으로 되어 있다. 두 달 가까이 차이가 난다. 판밑 원고의 작성은 2월 중한(仲澣)에 되었고, 책의 간행은 4월에 이루어졌음을 짐작할 수 있게 해 주는 내용이다.
9) 소중한 책을 일반에 공개하고, 필자 등으로 하여금 연구와 역주(譯註)를 할 수 있게 해 준 당시 소요산 자재암(自在庵)의 주지스님께 여기에 적어서 감사의 뜻을 표한다.
10) 김영배·장영길(1995) 참조.

2. 한문본『반야심경』의 성격 및 언해의 저본

2.1.

한역『반야심경』으로는 아래 예문 (1)의 책들이 알려져 있다. 물론 '산스크리트어'로 된 책도 'Prajñā-pāramitā-hṛdaya-sūtra(프라즈냐 파라미타 흐릿다야 수우트라)'라는 이름으로 전한다고 한다. 한역본『반야심경』은 대체로 7~9종이 전하는 것으로 소개되어 있으나, 책마다 조금씩 차이가 있다. 이 중 8종을 가려 간행 연대순으로 그 목록을 보이면 다음과 같다.[11]

(1) ㄱ. 마하반야바라밀대명주경(摩訶般若波羅蜜大明呪經), 구마라집 역,
  402~413년

　ㄴ. 반야바라밀다심경(般若波羅蜜多心經), 현장(玄奘) 역, 649년

　ㄷ. 불설반야바라밀다심경(佛說般若波羅蜜多心經), 의정(義淨) 역,
  당대(唐代)

　ㄹ. 보변지장반야바라밀다심경(普遍智藏般若波羅蜜多心經), 법월(法月)
  역, 738년

　ㅁ. 반야바라밀다심경(般若波羅蜜多心經), 반야(般若)·이언(利言) 역,
  790년

　ㅂ. 반야바라밀다심경(般若波羅蜜多心經), 지혜륜(智慧輪) 역, 859년

　ㅅ. 반야바라밀다심경(般若波羅蜜多心經), 법성(法成) 역, 847~859년
  (敦煌出土)

　ㅇ. 불설성불모반야바라밀다경(佛說聖佛母般若波羅蜜多經), 시호(施護)
  역, 982년

이미 알고 있는 대로 이 책들 중『반야심경언해』경(經) 본문의 저본이

---

11) 현전하는 한문본『반야심경』의 목록 작성은 김영배(1995), 한정섭(1995), 혜담(1997) 등을 참고하였다. 하지만 책마다 조금씩 차이가 있어서 겹치는 부분만 종합해서 싣고, 그렇지 않은 부분은 다른 자료들을 참고해서 정리했다.

되는 책은 (1ㄴ)의 현장(玄奘) 한역본(漢譯本)이다.

2.2.

위에서 밝힌 대로 우리가 연구의 대상으로 삼고 있는 『반야심경언해』 본문(本文)의 원전인 『반야바라밀다심경』은 당(唐) 현장(玄奘)이 한역한 책이다. 그런데 현장의 『반야심경』은 구성 형식이 다른 불교 경전들과 얼마간 차이가 있다. 곧 경전의 일반적인 체제에서 벗어나 있다는 점이다. 경전의 체제는 대체로 서분(序分), 정종분(正宗分), 유통분(流通分)의 순으로 되어 있는데, 이 책에는 서분(序分)과 유통분(流通分)은 빠져 있다. 본문이라고 할 정종분(正宗分)만 있다. 그래서 내용도 입의분(入義分), 파사분(破邪分), 공능분(功能分), 총결분(總結分) 등 본문만 있는 구성이다. 이는 광본(廣本)과 약본(略本)의 두 종류 『반야심경』 중 약본(略本)을 저본으로 했기 때문이다.12)

또 불교 의식이나 법회 등의 독송에 쓰고 있는 『반야심경』의 제명(題名)에 '마하(摩訶)'가 들어가 있는 점은 현장의 책과도 다른 점이다. 이는 현장본보다 먼저 한역된 구마라집 한역(漢譯)의 『마하반야바라밀대명주경』에서 차용한 것일 가능성이 높다.13)

이 경전의 명칭은 산스크리트본에 의하면 'Prajñā-pāramitā-hṛdaya-sūtra(프라즈냐 파라미타 흐릿다야 수우트라)'라 되어 있고, 이를 한역(漢譯)한 이름이 '般若波羅蜜多心經'이다. 산스크리트어 명칭과 한역 명칭을 종합하여 우리말로 옮기면 '최상의 지혜를 완성하기 위한 핵심을 설한 경전'이란 뜻

---

12) 『반야바라밀다심경』의 성격이나 경전의 형식 등에 대해서는 혜담(1997) 참조. 혜담(1997 : 17)에 의하면 위 예문 (1)에 있는 한문본 중 구마라집의 『마하반야바라밀대명주경』과 현장의 『반야바라밀다심경』만이 약본(略本)이고 나머지는 광본(廣本)이라고 한다.
13) 이에 대한 자세한 내용은 혜담(1997 : 22) 참조.

으로 요약할 수 있을 것 같다.14) 이에 대한 법장(法藏)의 견해는『반야심경소현정기(般若心經疏顯正記)』병서(倂序)에 잘 드러나 있다. 법장이 경의 내용을 중심으로 해서 생각의 일단을 밝힌 것으로 보인다. 이를 약소 구결문, 언해문, 현대어역의 순으로 옮기면 다음과 같다.

(2) ㄱ. [구결문]

般若心經者는 實謂曜昏衢之高炬ㅣ며 濟苦海之迅航이라 拯物導迷엔 莫斯ㅣ 爲最니라 然則般若는 以神鑑으로 爲體오 波羅蜜多는 以到彼岸으로 爲功이오 心은 顯要妙所歸오 經은 乃貫穿言敎ㅣ니 從法就喩ᄒ며 詮旨爲目ᄒᆞᆯᄊᆡ 故로 云호ᄃᆡ 般若波羅蜜多心經이라 ᄒᆞ시니라

<6ㄱ : 5~7ㄴ : 3>

ㄴ. [언해문]

般若心經은 眞實로 닐오ᄃᆡ 어드운 길ᄒᆞᆯ 비취ᄂᆞᆫ 노ᄑᆞᆫ 홰며 受苦ㅅ 바ᄅᆞᆯ 건네ᄂᆞᆫ ᄲᆞᄅᆞᆫ 빈라 物을 거리며 迷惑ᄋᆞᆯ 引導호매 이에 더으니 업스니라 그러면 般若ᄂᆞᆫ 神奇히 비취요ᄆᆞ로 體 삼고 波羅蜜多ᄂᆞᆫ 뎌 ᄀᆞᅀᅢ 가ᄆᆞ로 功 삼고 心은 조ᅀᆞᆯ외며 微妙호미 간 고ᄃᆞᆯ 나토고 經은 言敎ᄅᆞᆯ ᄢᅦᆯᄊᆡ니 法을 브터 가ᄌᆞᆯ뵤매 나ᅀᅡ가며 ᄠᅳᆮ 닐오ᄆᆞ로 일훔 홀ᄊᆡ 이런ᄃᆞ로 니ᄅᆞ샤ᄃᆡ 般若波羅蜜多心經이라 ᄒᆞ시니라

<8ㄱ : 8~8ㄴ : 5>

ㄷ. [현대어역]

반야심경(般若心經)은 진실(眞實)로 이르되, "어두운 길을 비추는 높은 횃불이며, 수고(受苦)의 바다를 건너게 하는 빠른 배이다." (라고 하니) 물(物)을 건지며 미혹(迷惑)을 인도(引導)함에는 이에서 더한 것이 없느니라. 그러면 반야(般若)는 신기(神奇)하게 비춤으로 체(體)를 삼고, 바라밀다(波羅蜜多)는 저 가(언덕)에 감으로 공(功)을 삼고, 심(心)은 종요로우며 미묘(微妙)함이 간 곳을 나타내고, 경(經)은 언교(言敎)를 꿰는 것이

---

14) 김영배(1995 : 91~92), 혜담(1997 : 21~32) 참조. 그 외 경전의 내용에 관련된 사항은 무비(2005), 성법(2006), 성열(1990) 등 참조.

니, 법(法)을 따라 견줌에 나아가며, 뜻을 이르는 것으로 이름을 지어
이르시되, '반야바라밀다심경(般若波羅蜜多心經)'이라고 하신 것이다.

<김무봉(2009ㄱ : 56~58)>

2.3.

그러면 수십 종에 달하는 주해서들 중 법장의 '약소'와 중희의 '현정
기'가 언해의 저본으로 선택된 이유는 무엇이었을까. 우리는 이에 대한
답을 한계희(韓繼禧) 작성의 '심경발(心經跋)'에서 찾을 수 있다. 곧 법장의
'약소'가 '홀로 종지(宗旨)를 터득했음'과 중희의 '현정기'를 이용하여 '장
소(藏疏)를 나누는 등 분절(分節)의 편의를 취했다'는 사실이다.

(3) ㄱ. [심경 발문 원문]
自譯此經, 逮唐迄今, 造疏著解, 代各有人, 法藏之註, 獨得其宗, 上命孝
寧大君補, 率臣繼禧, 就爲宣譯. 又得大宋沙門仲希所述『顯正記』, 科
分藏疏, 逐句消釋, 極爲明備, 據疏分節, 釐入各文之下, 但希所據本, 非
今所行, 時有不同.

<심경 발문 1ㄱ : 6~1ㄴ : 8>

ㄴ. [심경 발문 번역문]
이 경전을 번역한 이래 당나라를 거쳐 지금에 이르기까지 주소(注
疏)를 짓고 의해(義解)를 저술한 사람은 각 시대마다 있었으나, 오직
법장(法藏)의 주석만이 그 종지(宗旨)를 터득했다고 하겠다. 이에 주
상께서는 효령대군 보(補)에게 신 계희를 인솔하여 그것을 읽고 번
역하라 명하시었다. 또 송나라 승려 중희(仲希)가 찬술한 『현정기(顯
正記)』를 입수하여, 붙여진 소를 조목에 따라 나누고 경구(經句)를
따라가며 어려운 부분을 완전히 풀어내어 지극히 명쾌하게 갖추어
지도록 하고, 소(疏)에 따라 절을 나누어 각 경문(經文) 밑에 바로잡
아 넣었다. 다만 중희가 저본으로 삼은 책이 지금은 읽히는 책이

아닌데, 시대가 다르기 때문이다.

<심경 발문 번역문 중에서>

또 '심경발(心經跋)'에는 『반야심경언해』의 간행 동기를 알 수 있는 언급이 있다. 이 발문을 통해 언해의 동기 등 저간의 사정을 짐작할 수 있다. 곧 '승려들이 일상으로 대하면서도 그 뜻을 제대로 알지 못하는 것을 왕이 애석하게 여김'이라고 하였다.

(4) ㄱ. [심경 발문 원문]

惟. 我主上殿下, 以此經, 緇素常習, 故特令敷譯, 蓋憫晨昏致誦而不知其所以誦, 卽釋迦如來, 哀此衆生終日游相而不知其相之意也. 其開覺人天入佛知見之旨, 聖聖同揆, 嗚呼, 至哉!

<심경발 2ㄱ : 2～2ㄱ : 8>

ㄴ. [심경 발문 번역문]

아! 우리 주상전하께서는 승려와 속인이 항상 이 경전을 익히는 것이기 때문에 특별히 펴서 번역할 것을 명하셨으니, 대개 아침저녁으로 독송하지만 그 독송하는 바를 알지 못하는 것을 안타깝게 여기셨기 때문이다. 이는 곧 석가여래께서 중생들이 종일토록 상(相)에 노닐면서도 그 상(相)의 의미를 알지 못하는 것을 애석하게 여기신 것이라 하겠다. 인천(人天)을 깨치어 부처님의 지혜와 견식에 들게 하려는 뜻은 모든 성인이 똑같이 헤아리는 생각일러니, 아아, 지극하시도다!

<심경 발문 번역문 중에서>

3. 판본 및 체제

3.1.

현전하는 『반야심경언해』는 모두 네 종류이다. 크게는 원간본(原刊本)과 중간본(重刊本)으로 나눌 수 있을 것이다. 원간본을 다시 두 종류로 나눌 수 있는데, 하나는 원간 초쇄본(初刷本)으로 구분되는 이른바 초간본(初刊本)이고, 다른 하나는 학조(學祖)의 발문이 첨부된 원간 후쇄본(後刷本)이다. 이 두 종류의 책은 원간본 및 원간본 계통으로 정리할 수 있을 것이다. 전자(前者)의 간행 연대는 1464년(세조 10년)이고, 후자(後者)는 1495년(연산군 1년)이다.

중간본(重刊本) 역시 두 종류가 있는데 모두 복각본(覆刻本)이다. 하나는 명종(明宗) 8년(1553년)에 황해도 황주(黃州)의 토자비산(土慈悲山) 심원사(深源寺)에서 간행한 책이고, 다른 하나는 명종(明宗) 20년(1565년)에 전남 순창(淳昌)의 구악산(龜岳山) 무량사(無量寺)에서 간행한 책이다. 굳이 분류한다면 원간본 및 원간본 계통의 책은 중앙에서 간행되어 관판(官版)의 성격을 띠고, 중간본은 지방의 사찰판(寺刹板)이다.

네 종류의 판본에 대해 상술하면 다음과 같다.15)

    (5) 원간 초쇄본
      ㄱ. 일사본(一簑本)
        간행 연대 : 세조 10년(天順 8년, 1464년)
        간행처 : 간경도감(刊經都監)
        책크기 : 28cm × 19cm
        반　곽 : 21.4cm × 14.7cm

---

15) 이 목록의 작성은 김영배(1995)를 토대로 하였다. 다만 그 논의에서 다뤄지지 않은 내용의 것은 필자가 관련 자료를 실사한 결과이다.

소장처 : 서울대 규장각 일사문고[一簑古貴 294.332－B872ba] 소장

편　차 : 언해 본문 1~67장, 심경발 1~2장 등 합 69장

기　타 : 보물 제771호, 일지사 영인 소개(1973)

ㄴ. 소요산(逍遙山) 자재암본(自在庵本)

간행 연대 : 세조 10년(天順 8년, 1464년)

간행처 : 간경도감(刊經都監)

책크기 : 32.5cm × 19cm

반　곽 : 21.8cm × 15.8cm

소장처 : 동두천시 소요산 자재암(自在庵) 소장

편　차 : 금강심경전 1~3장,16) 조조관 1~2장, 언해 본문 1~67장,
　　　　심경발 1~2장 등 합 74장

기　타 : 보물 제1211호, 김영배・장영길 역주 및 영인 공개(1995)

(6) 원간 후쇄본

ㄱ. 홍치판본(弘治板本)17)

간행 연대 : 연산군 1년(弘治 8년, 1495년)

간행처 : 왕실(王室)

책크기 : 25.5cm × 19cm

반　곽 : 21.4cm × 14.8cm

---

16) '자재암본'에는 다른 책에서 볼 수 없는 '진전문(進箋文)'이 있다. 이 '진전문'은 같
은 형식과 내용으로 같은 해에 간행된 책인『금강경언해』에도 실려 있다. 이 책 뒤
에 부록으로 이를 번역하여 실을 것이다. 아울러 발문(跋文)인 심경발(心經跋)도
함께 번역해서 실을 것이다. 이 '진전문'이『금강경언해』에도 실려 있고, 또 두 책
이 함께 간행되었음은 다음의 구절을 통해 알 수 있다. " … 臣黃守身等謹將新雕印翻
譯金剛經一卷心經一卷粧潢投 … (… 신 황수신 등은 삼가 새로 만든 인자(印字)로 금
강경(金剛經) 한 권, 심경(心經) 한 권을 번역하고 장정하여 바치오니 …)."
17) 이 책의 간행과 관련된 사항은 책 말미에 첨부되어 있는 학조의 발문(跋文)에 상세
하다. 같은 해에 원간본의 판목에서 다시 인출・간행된『선종영가집언해』,『금강경
언해』등의 책에도 동일한 발문이 매행(每行)의 글자 수만 달리한 채 수록되어 있
다. 이 발문을 통해 당시에 간행된 책과 간행 부수 등을 알 수 있다. 그 내용은 다
음과 같다. (… 於是 擇經律論中 開人眼目者 印出飜譯 法華經楞嚴經各五十件 金剛經六祖
解心經永嘉集各六十件 釋譜詳節二十件 又印漢字金剛經五家解五十件 六經合部三百件 …).
김영배・김무봉(1998) 참조. 이 책의 본문 맨 뒤에 원문과 함께 번역문을 싣는다.

소장자 : 고(故) 최범술(崔凡述) → 김민영(金敏榮)18)

편　차 : 언해 본문 1~67장, 학조발 1~3장 등 합 70장

기　타 : 보물 제1708호, 불서보급사 영인 소개(1972년)

(7) 복각본 1

ㄱ. 심원사판(深源寺板)

간행 연대 : 명종 8년(嘉靖 32년, 1553년)

간행처 : 황해도 황주군 토자비산(土慈悲山) 심원사(深源寺)

책크기 : 30.3cm × 18.8cm

반　곽 : 21.5cm × 15.8cm

소장처 : 서울대 규장각(奎章閣) 소장(고 1730 - 44)

편　차 : 언해 본문 1~67장, 간기 1장 등 합 68장

(8) 복각본 2

ㄱ. 무량사판(無量寺板)

간행 연대 : 명종 20년(嘉靖 44년, 1565년)

간행처 : 전남 순창군 구악산(龜岳山) 무량사(無量寺)

책크기 : 28.5cm × 19cm

반　곽 : 20.5cm × 14.9cm

소장처 : 고(故) 조명기(趙明基) → 모(某) 미술관(美術館) 소장

편　차 : 미상(공개하지 않음)

3.2.

이 네 종류의 책 중 우리가 연구 및 역주(譯註)의 대상으로 한 책은 초
간본인 소요산 자재암본(自在庵本)이다. 자재암본의 자세한 형태서지는 다

---

18) 필자는 홍치판 『반야심경언해』를 김민영(金敏榮) 소장의 책들을 열람하던 중에 접
　할 수 있었다. 이 책은 고(故) 최범술(崔凡述) 구장본이었으나, 지금은 김민영 소장
　으로 소장자의 이동이 있었다.

음과 같다.

    (5ㄴ´) 자재암본(自在庵本)의 자세한 형태서지
        내   제 : 般若心經疏顯正記
        판심제 : 진전문－金剛心經箋, 조조관 열함－雕造官, 본문－心經,
                    발－心經跋
        책크기 : 32.5cm × 19cm
        반   곽 : 21.8cm × 15.8cm
        판   식 : 4주 쌍변
        판   심 : 상하 대흑구 내향 흑어미
        행   관 : 유계 8행, 본문은 큰 글자 매행 19자, 약소는 중간 글자
                    18자, 주해는 작은 글자 쌍행 18자, 언해는 작은 글자
                    쌍행 18·19자, 정음구결은 작은 글자 쌍행.

   이 책의 편찬 양식은 좀 독특한 편이다. 이는 중희의 현정기(顯定記)에 의해 장소(藏疏)를 나눈 후 글귀마다 해석하고, 소(疏)에 따라 분절(分節)해서 각각 본문(本文) 밑에 넣었기 때문일 것이다. 경 원문인 본문(本文)은 큰 글자, 약소(略疏)는 중간 글자, 중희의 주해는 대체로 본문 구결문과 언해문 사이, 약소(略疏) 구결문과 언해문 사이에 쌍행의 작은 글자로 썼다. 물론 주해는 번역하지 않고, 한자 작은 글자로 적었다. 원문은 행(行)의 첫머리에서 시작하고, 약소는 한 글자 내려서 썼는데, 언해는 경 원문의 것과 약소의 것 모두 쌍행으로 현토된 정음구결문 다음에 한자로 된 주해를 두고, 그 밑에 쌍행의 작은 글자로 적어 내려갔다. 언해문의 맨 앞부분에는 대체로 큰 ○ 표시를 하여 구분하고, 한자 쌍행으로 된 주해의 맨 앞에는 작은 ○ 표시를 두어 구분했다. 다만 원문 구결문 다음에 주해 없이 바로 언해문이 이어지는 경우에는 ○ 표시를 생략하기도 하고, 작은 ○ 표시를 둔 경우도 있다.

구성은 대체로 경 원문에 정음으로 구결을 단 구결문을 앞에 놓고, 그 뒤에 한문으로 된 쌍행의 주해를 둔 후, 주해 다음에 언해문을 배치하였다. 그러고는 다시 해당 원문에 딸린 약소 구결문을 두고, 약소 구결문 다음에 다시 한문 주해를 배치한 후 언해를 하였다. 경(經)에 대한 약소(略疏)가 아니고, 형식에 대한 설명의 방법으로 약소를 단 경우에는 주소(註疏)를 한 이가 설화자의 자격으로 개입(해설)을 하는데, 이 구절의 앞에는 △ 표시를 하여 구분하는 등 자못 복잡하면서도 독자를 배려한 구조로 되어 있다. 그런가 하면 어려운 불교용어나 한자어에 대한 풀이는 협주(夾註)의 형식을 취해서 이해를 도왔다. 협주의 시작과 끝에는 흑어미 '【 】' 표시를 하여 구분했다. 다른 간경도감본들과 마찬가지로 협주가 끝나는 곳이 언해문의 마지막이면 마감하는 뒤쪽 흑어미 '】' 표시를 생략했다.

이 책은 모두 74장으로 되어 있다. 맨 앞부터 진금강경심경전(進金剛經心經箋) 3장, 조조관(雕造官) 열함(列銜) 2장, 반야심경소현정기(般若心經疏顯正記) 병서(幷序) 1~14까지 14장, 언해 본문 15~67까지 53장, 심경발(心經跋) 2장 등이다. 판심서명도 부문마다 다르게 되어 있어서 '金剛心經箋 - 雕造官 - 心經 - 心經跋' 등이다. 언해문은 다른 언해서들과 마찬가지로 한자와 정음을 함께 썼다. 한자에는 동국정운 한자음이 병기(倂記)되어 있다. 한자음을 포함하여 언해문에 방점이 있는데, 구결문의 쌍행으로 된 정음구결에는 방점이 없다. 이는 정음 초기 문헌 중에서는 상대적으로 후대의 것으로 분류되는 한 기준이 되기도 한다.

4. 어학적 고찰

4.1. 표기법

『반야심경언해』는 같은 해에 간경도감에서 간행된 책인 『선종영가집언해』, 『아미타경언해』, 『금강경언해』 등에 견주어 볼 때 어떤 부분은 유사한 표기 양상을 보이고, 어떤 부분에서는 변화된 표기 형태를 보인다. 전체적으로는 앞의 다른 세 책에 비해 상대적으로 후대의 표기법에 가깝다. 이 책의 국어사 자료로서의 특징을 살피면 다음과 같다.

1) 방점 표기

언해문에는 정음과 한자가 함께 쓰였는데, 한자에는 동국정운(東國正韻) 한자음을 병기(倂記)했다. 방점은 언해문의 정음과 동국정운 한자음에만 표기하고, 본문과 약소 구결문의 쌍행(雙行)으로 된 정음구결에는 표기하지 않았다. 정음구결에 방점을 찍지 않은 문헌은 활자본 『능엄경언해』(1461년) 이후에 간행된 책들에서 공통적으로 볼 수 있다. 또한 간경도감본 전부는 방점이 없는 구결이 쌍행으로 되어 있다.

2) 한자음 표기

언해문의 한자에만 정음으로 독음(讀音)을 달았다. 동국정운 한자음이다. 하지만 구결이 달린 경(經)의 원문과 약소의 한자에는 한자음 독음이 없다. 한자음 독음이 언해문에만 달린 문헌은 활자본 『아미타경언해』(?1461), 활자본 『능엄경언해』(1461년) 이후에 간행된 책들이다. 간경도감 간행의 언해본들은 전부 여기에 해당된다.

3) ᄫ

‘ᄫ’은 고유어 표기에 쓰이지 않았다. 이 책에는 겸양법 선어말어미의 쓰임이 없어서 ‘ᄫ’이 분포할 만한 환경이 드물기는 하지만, 어휘 내부에서는 물론 용언 활용형에서도 쓰임이 없다. 아래의 예에서와 같이 ‘ᄫ’은 ‘오, 우’로 바뀌어 실현되었다.

(9) ㄱ. 어드운<8ㄴ>, 즐거운<24ㄴ>, 더러운<41ㄱ>, 두려우며<56ㄴ>,
조ᄉᆞᄅᆞ외며<8ㄴ> 등
ㄴ. ᄃᆞ외ᄃᆞᆺ<40ㄴ>, ᄃᆞ외야<67ㄱ>, ᄀᆞᆯ오리<62ㄱ>
ㄷ. 셔욼<66ㄴ>, 글워리니<67ㄱ>

4) ㆆ

‘ㆆ’은 주로 한자음 표기에 사용되었다. 고유어 표기에서는 아래 (10ㄱ)과 같이 사이글자로 쓰인 예가 있을 뿐이다. 『반야심경언해』보다 앞선 시기의 문헌에 보이던 관형사형 어미와 명사 통합형 ‘-ᇙ+전청자형’ 표기는 이 책에서 ‘-ㄹ+전탁자형’ 표기로 바뀌었다.

(10) ㄱ. 다ᄉᆞᄉᆞᆫ 그ᇙ 사교미라<11ㄴ> / 그ᇙ 사교ᄆᆞᆫ 이 ᄒᆞ마 心經일씨<19ㄱ>
ㄴ. 아롤 꼬디 아닐씨<65ㄴ>
ㄷ. 홀띠니<33ㄴ>, 아니홀띠니라<65ㄴ>

5) ㅿ

‘ㅿ’은 대부분의 출현 환경에서 그대로 쓰였다. 어휘 내부에서는 물론, 체언의 곡용과 용언의 활용 등 형태소 경계에서도 그대로 실현되었다.

이 문헌에는 (11ㄹ)과 같이 강세 보조사 'ᅀᅡ'의 쓰임이 빈번한 편이다.

(11) ㄱ. 처ᅀᅥ믄<19ㄴ>, ᄆᆞᅀᆞᆷ<55ㄱ>, 두ᅀᅥ번<67ㄱ>, ᄒᆞ오ᅀᅡ<62ㄱ>
ㄴ. ᄀᆞᅀᅵ<34ㄴ> / ᄀᆞᅀᅢ<66ㄱ> / ᄀᆞᅀᆞᆯ<57ㄱ>
ㄷ. 니ᅀᅥ<25ㄴ>, 아ᅀᅡ<34ㄴ>, 지ᅀᅩ미니<44ㄱ>, 나ᅀᅡ가<19ㄴ>
ㄹ. -ᄒᆞ야ᅀᅡ<28ㄱ>, 브터ᅀᅡ<34ㄱ>

6) 각자병서

이 문헌에 각자병서는 'ㄲ, ㄸ, ㅆ, ㆅ'이 보인다. 'ㅃ, ㆀ, ㅥ'은 쓰이지 않았다. (12ㄱ, ㄴ)은 훈민정음 초기 문헌에 흔히 보이던 각자병서 표기이고, (12ㄷ-ㅁ)은 동명사 어미 '-ㄹ' 다음에서 실현된 각자병서 표기이다.

(12) ㄱ. 말ᄊᆞ미<8ㄱ>
ㄴ. 두르ᅘᅧ-[廻]<11ㄴ>, 드위ᅘᅧ-[飜]<17ㄴ>, ᅘᅧ-[引]<41ㄱ>
ㄷ. 아롤 꼬디<65ㄴ>
ㄹ. 홀띠니<33ㄴ>
ㅁ. 갈씨라<66ㄱ>, 뫼홀씨니<23ㄱ>, 두플씨니<23ㄱ>

7) 합용병서

합용병서는 'ㅼ, ㅽ ; ㅳ, ㅄ ; ㅴ' 등이 쓰였으나 'ㅺ, ᄮ, ㅶ, ㅷ, ㅵ'은 보이지 않는다. 'ᄮ'은 다른 간경도감본에서도 그 예가 없으니 'ᄮ'을 제외한 그 외는 해당하는 어휘가 없어서 그렇게 된 공백이다. 목록은 다음과 같다.

(13) ㄱ. <ㅼ> : ᄯᅩ<20ㄱ>, ᄯᅡᇂ<36ㄴ>, ᄯᆞ롬<62ㄱ>
ㄴ. <ㅽ> : ᄲᆞᄅᆞ-[速]<8ㄴ> / ᄲᆞᆯ리<66ㄱ>, ᄲᅮᆫ<51ㄴ>
ㄷ. <ㅳ> : 건내ᄠᅱ-[速]<62ㄱ>, ᄠᅳᆮ[義]<33ㄴ>
ㄹ. <ㅄ> : ᄡᅳ-[用]<21ㄴ>

ㅁ. <ㅄ> : 쌔-[貫穿]<8ㄴ>, 훈쁴[俱]<36ㄴ>

8) 종성 표기

이 문헌의 종성 표기는 훈민정음 해례의 종성 규정에 충실하다. 8종성 이외의 다른 예는 없다. 『금강경언해』 등 다른 간경도감본 문헌에 흔히 보이는 'ㅿ'이 여기서는 쓰이지 않았다.

(14) ㄱ. 긋-(<귷-[斷]) : 긋ᄂᆞ니<51ㄱ>, 닛-(<닞-[忘]) : 닛고<7ㄴ>,
    둣-(<둏-[愛]) : 둣오니<63ㄴ>
ㄴ. 낟-(<낱-[現]) : 낟고<34ㄱ>
ㄷ. 깁-(<깊-[深]) : 깁고<12ㄱ>
ㄹ. 숫(<숗[炭]) : 숫 ᄃᆞ외둣<40ㄴ>, 닷-(<닦-[修]) : 닷ᄂᆞ니<51ㄱ>,
    업-(<없-[無]) : 업디<11ㄴ>

이 책에는 공손법 선어말어미 '-ㅇ이-'의 쓰임이 없어서 초성에 쓰인 'ㆁ'의 예는 드물다. 하지만 종성에 'ㆁ'이 올 경우에 분철하기도 하고 연철하기도 했다. 각각 하나씩의 예가 있다.

(15) ㄱ. 즁ᄉᆡᆼ이 지츠로<67ㄱ>
ㄴ. 관(管)온 대로이니<67ㄴ>

9) 사이글자 표기

사이글자 표기는 대부분 'ㅅ'으로 단일화되었다. 그러나 아래 (16ㄴ)의 경우처럼 예외적으로 'ㄹ' 종성으로 끝나는 체언 다음에 'ㆆ'이 쓰인 경우가 있다.

(16) ㄱ. 呪ㅅ 말(呪詞)<64ㄱ>, 經文ㅅ 뜯<33ㄴ>, 菩提ㅅ 果德<14ㄴ>,
　　　　後ㅅ 卽說<19ㄴ>
　　ㄴ. 긇 사교미라<11ㄴ> / 긇 사교ᄆᆞᆫ<19ㄱ>

10) 한자음 표기[19]

『반야심경언해』에는 한자어를 정음만으로 표기한 예가 상당수 보인
다. 이 어휘들은 훈민정음 초기 문헌부터 주로 정음으로 적었던 어휘들
인데, 당시에 이미 한자어라는 인식이 엷었음을 보여 주는 예이다. 특히
'잢간'과 '부텨'는 초기 문헌부터 정음으로 적었다. '샹녜'는 '常例'와 혼
기(混記)되기도 했으나, 명사와 부사 모두에서 주로 자음동화(子音同化)된
형태인 '샹녜'로 적었다. 이 책에는 한자 '衆生'과 정음 '즁ᄉᆡᆼ'이 둘 다 쓰
였는데, 이는 가리키는 대상에 따라 구분한 것이다. '모든 생명 가진 것'
을 가리키던 처음의 의미에서 축소되어 '짐승'인 '금수(禽獸)'를 한정해서
지칭할 때는 '즁ᄉᆡᆼ'<67ㄱ>을 쓰고, 불교에서 말하는 '부처의 구원의 대상'
또는 '모든 생명 가진 것'을 가리키는 원래의 뜻이나 '사람'을 가리킬 때
는 한자 '衆生'<21ㄴ>으로 표기해서 서로를 구분했다.

(17) ㄱ. 샹·녜(常例)<7ㄴ>, :잢간(暫間)<8ㄱ>, 쟝·ᄎᆞ(將次)<11ㄴ>,
　　　　부텨(佛體)<62ㄱ>, 즁ᄉᆡᆼ(衆生)<67ㄱ>
　　ㄴ. 常例<석상9 : 33ㄴ>, 將次<두언11 : 1ㄱ>, 衆生<월석1 : 5ㄱ>

그런가 하면 같은 시기에 간행된 다른 문헌에서는 일부 정음으로 적
히기도 했으나, 이 책에서는 주로 한자만으로 적힌 어휘가 있다.

---

19) 자세한 내용은 정우영(1995ㄱ : 108~111) 참조.

(18) ㄱ. 迷惑(몡·혹)<8ㄴ>, 受苦(:쓩:콩)<8ㄴ>, 爲ᄒ-(·윙ᄒ-)<19ㄴ>,
　　　衆生(·즁싱)<21ㄴ>, 至極(·징·끅)<17ㄴ>, 眞實(진·씷)<7ㄴ>
　　ㄴ. 미혹ᄒ-<석상9:36ㄴ>, 슈고로이<두초20:27ㄱ>, 위ᄒ-<석
　　　상6:24ㄱ>, 즁싱<석상6:5ㄱ>, 지극<번소8:13ㄴ>, 진실로
　　　<번소8:7ㄱ>

　당시의 문헌에 한자로 적혀 있는 (18ㄱ)의 '迷惑'은 '마음이 흐리거나
정신이 헷갈려 갈팡질팡 헤맴'이라는 의미를 가진 현대어 '미혹'의 뜻으
로 썼고, 정음으로 적은 (18ㄴ)의 '미혹ᄒ-'는 '미련하고 어리석다'의 의
미, 곧 현대어 '미욱하-'의 뜻으로 써서 서로를 구분했다. 한자 '受苦'와
정음 '슈고' 중에서는 '受苦'의 쓰임이 월등히 많은 편이다. 정음 초기 문
헌에서 '슈고'는 부사파생어인 '슈고로이' 등 매우 한정적으로 쓰였는데,
후대의 문헌으로 갈수록 정음 표기인 '슈고'가 더 많이 보인다. '爲ᄒ-'
와 '위ᄒ-' 중에서는 한자 표기 '爲ᄒ-'의 쓰임이 많은 편이다. 이 어휘
역시 후대의 문헌으로 갈수록 정음 표기가 더 많아진다. '衆生'과 '즁싱'
은 구분해서 썼다. '모든 생명 가진 것'을 가리키던 처음의 의미에서 축
소되어 '짐승'인 '금수(禽獸)'를 한정해서 지칭할 때는 정음으로 '즁싱'을
쓰고, 부처의 구원의 대상이나 사람을 가리킬 때는 한자 '衆生'으로 표기
했다. '至極'과 '지극' 중에서는 대부분 한자 '至極'을 쓰고, 16세기 초 이
후에 간행된 문헌에서 부사파생어로 쓰일 경우에만 정음 '지극'으로 표
기했다. 이 어휘 역시 후대 문헌으로 가면 정음 표기로 바뀐다. '眞實'과
'진실'도 구분해서 쓰였다. 명사나 동사파생어의 어근으로 쓰일 경우에
는 대부분 한자로 표기했으나, 부사파생어인 경우에는 드물지만 정음 표
기를 쓰고, 후대의 문헌에서는 정음 표기가 많아진다.

4.2. 문법

1) 문법의 특성 요약

대부분의 초기(初期) 불경언해서(佛經諺解書)들이 그러하듯 『반야심경언해』도 원문에 충실한 번역, 이른바 직역 위주 번역의 범주를 크게 벗어나지 않았다. 이 책의 경 본문 언해는 설화자가 독자에게 해설하는 형식을 취하고, 약소(略疏) 언해는 설화자가 독자에게 해설을 하거나 화자가 청자에게 경 본문의 대강을 밝히는 형식을 취하고 있어서, 문법 형태가 비교적 단조로운 편이다. 같은 형태의 곡용어미나 활용어미가 반복해서 출현하는가 하면, 종결어미는 주로 평서형의 '-니라'로[20] 끝맺고 있다. 또 불교용어 등의 한자 어휘에는 낯선 낱말들이 더러 보이나, 고유어에서는 이른바 희귀어나 난해어가 거의 나타나지 않는다.

이 책에는 경어법 선어말어미 중 존경법의 '-으시/으샤-' 이외에 겸양법 선어말어미 '-ᅀᆞᆸ/ᅀᆞᇦ-, -ᄌᆞᆸ/ᄌᆞᇦ-, -ᅀᆞᆸ/ᅀᆞᇦ-'이나 공손법 선어말어미 '-ᅌᅵ-, -ᅌᅵᆺ-'의 쓰임이 없고, 감동법 선어말어미는 '-도-'만 쓰이는 등의 특성을 보이고 있다. 종결어미는 평서형 중심으로 되어 있으나, 의문형, 명령형, 감탄형 구성도 간혹 볼 수 있다. 연결어미는 나열의 '-고/오', 병렬의 '-으며' 등이 주류를 이룬다. 약소(略疏) 언해는 항목 나열식 구성이 많아서 수사(數詞)의 쓰임이 활발한 편이고, 한자어를 중심으로 한 파생어의 구성은 매우 생산적이다. 여기에서는 단어의 형성, 품사, 체언의 곡용, 용언의 활용, 종결어미, 연결어미 등 『반야심경언해』의 문법적 특성이라고 할 만한 것들을 중심으로 전반적인 문법 사실을 살펴보기로 한다.[21]

---

20) 고영근(1987/2010)은 평서형 종결어미의 설명에서 '-니라'를 '-다'보다 보수성을 띤 어미로 다루었다.

2) 단어의 형성

단일어는 제외하고 복합법과 파생법에 의해 이루어진 단어들의 구성 방식을 중심으로 살펴본다.

가) 복합어

합성어 중 복합어의 용례는 드문 편이다. 다만 동사[22]의 경우에는 몇몇 예에서 다양한 합성 방법을 보여 주고 있다.

(19) ㄱ. 나ᅀᅡ가-[就]<8ㄴ, 17ㄱ, 17ㄴ, 19ㄴ, 21ㄱ, 28ㄱ, 40ㄱ, 42ㄱ …>,
흘러가-[流]<12ㄱ>, ᅘᅧ내-[引出]<41ㄱ>, 건내ᄠᅱ-[超]<62ㄱ>
ㄴ. 몯ᄒᆞ얫-<40ㄴ>, 尙ᄒᆞ얫-<66ㄴ>, 두쇼ᄃᆡ<29ㄱ>
ㄷ. 모도잡-[統]<17ㄴ>, ᄃᆞᆫ니-[游]<67ㄱ>
ㄹ. 일훔짛-[爲号]<25ㄴ>

(19ㄱ)은 '동사어간 + 부동사어미 -아/어 + 동사어간'형의 복합동사인데, 약소문(略疏文)의 성격상 '就~釋'의 구문이 많아서 '나ᅀᅡ가-'의 출현이 빈번하다. (19ㄴ)은 파생동사어간 '몯ᄒᆞ-'와 '尙ᄒᆞ-'에 부동사어미 '-야'가 오고 여기에 존재사 '잇-[有]'이 합성된 것으로 완료 상태를 표시한다.[23] '두쇼-'는 특이하게도 동사어간 '두-[置]'와 존재사 '이시-'의 '시-'가 합성한 것이다.[24] (19ㄷ)은 '동사어간 + 동사어간'형 복합동

---

21) 중세국어의 문법 현상 일반에 대해서는 허웅(1975), 고영근(1987/2010), 안병희·이광호(1990)를 참고하였다.

22) 이 책에서의 동사는 동작동사(active verb)는 물론이고 상태동사(qualitive verb)까지를 포괄하는 술어이다.

23) 복합동사 구성은 아니지만 '이시-'에서 '이'가 탈락한 'ᄃᆞ외야 실씨<25ㄴ>' 구성도 보인다.

24) 당시의 문헌에서 '두-'와 '잇-'이 합성한 용례로 '뒷논<석상9 : 11ㄴ>, 뒷관ᄃᆡ<월석21 : 118ㄴ>, 뒷다<법화3 : 97ㄱ>' 등을 볼 수 있고, '두-'와 'ㅅ-'이 합성한 용례로 '둣거니<남명 하 : 48ㄱ>, 둣ᄂᆞ니<박초 상 : 65ㄴ>' 등을 볼 수 있다. 이기문(1961/2005)

사이고25) (19ㄹ)은 '체언 + 동사어간'형 복합동사이다.

    (20) ㄱ. 값간[牛]<8ㄱ>
        ㄴ. 두쇠[再三]<67ㄱ>
        ㄷ. 녀나믄[餘]<62ㄱ>

  (20ㄱ)은 한자어에서 왔으나 한자어라는 의식이 엷어져 정음문자(正音文字)로 표기된 복합명사이고, (20ㄴ)은 수관형사끼리 결합하여 부정 수관형사가 된 것이다. (20ㄷ)은 좀 특이한 경우이다. 체언 '녀느[他]'와 '남다'의 관형사형 '나믄'이 결합하여 합성관형사가 된 것으로 보인다.26)

  나) 파생어
  파생어는 접두사에 의한 것은 드물고, 접미사 통합에 의한 예들이 많이 보인다. 특히 접미사 '-ᄒᆞ-'에 의한 동사 파생어 형성이 활발한 편이다.

    (21) 둘찻<12ㄴ, 40ㄴ>, 세찻<14ㄱ, 40ㄴ>, 네찻<14ㄴ>, 다슷찻<19ㄱ>

  (21)은 기수사(基數詞)에 접미사 '-찻'이 통합되어 서수사(序數詞)의 관형어적인 용법에 쓰인 예이다. '*ᄒᆞ나찻'은 '*ᄒᆞ나차히'와 함께 중세국어 문헌에서 문증(文證)되지 않는데, 이 책에서도 마찬가지다.

참조.
25) '돈니-'와 같은 유형의 합성어로는 '걷니-[步]', 'ᄂᆞ니-[飛]', '노니-[遊]', '사니-[生]' 등이 있는데, 이 책에 다른 용례는 없다. '돈니-'는 같은 시기에 동화되지 않은 '둔니-'로도 쓰였다.
26) 여기에서 '녀나믄'은 '십여(十餘)'의 의미가 아니고 '다른[餘他]'의 의미로 쓰였으므로 이렇게 추정한 것이다. 十餘, 十有餘, 十數의 의미로 쓰인 합성관형사는 '여라믄/여라믄'이었다(여라믄<구급 하 : 62ㄴ>, 여라믄<박초 상 : 2ㄴ>). 허웅(1975 : 105, 115) 참조.

(22) ㄱ. 글월<67ㄱ>

ㄴ. 처엄<11ㄴ, 14ㄴ, 17ㄱ, 19ㄴ, 40ㄱ, 41ㄱ>

접미사 '-왈/월(<-발)'과 '-암/엄'에 의한 파생어이다. (22ㄱ)은 명사 '글'에 접미사 '-발'이 결합한 것이다. 같은 시기에 '글왈'로도 쓰였다. 이런 유형의 파생어에는 '빗발, 횟발, 긋발' 등이 있다. (22ㄴ)은 관형사 '첫'에 접미사 '-엄'이 결합한 것인데, 명사나 부사로 쓰였다. 동사 어기 에 '-암/엄'이 결합한 파생어는 '구지람, 무덤, 주검' 등이 있으나 관형 사에 의한 것은 희소하다.

다) 체언 어기에 '-ᄒᆞ-'가 붙은 파생동사는 그 예가 상당수 보이는 데 대부분 한자어이다. 이는 『반야심경언해』가 직역 위주의 언해서이기 때문으로 생각된다. 나타나는 차례대로 보이면 다음과 같다.[27]

(23) 引導ᄒᆞ-<8ㄴ>, 微妙ᄒᆞ-<8ㄴ>, 일훔ᄒᆞ-<8ㄴ>, 重ᄒᆞ-<12ㄱ>, 觀ᄒᆞ-<14ㄴ>, 至極ᄒᆞ-<17ㄴ>, 玄微ᄒᆞ-<17ㄴ>, 證ᄒᆞ-<17ㄴ>, 滅ᄒᆞ-<19ㄴ>, 爲ᄒᆞ-<19ㄴ>, 通達ᄒᆞ-<20ㄴ>, 自在ᄒᆞ-<20ㄴ>, 求ᄒᆞ-<21ㄴ>, 空ᄒᆞ-<22ㄱ>, 得度ᄒᆞ-<22ㄴ>, 現ᄒᆞ-<22ㄴ>, 麤 ᄒᆞ-<24ㄴ>, 變ᄒᆞ-<24ㄴ>, 細ᄒᆞ-<24ㄴ>, 究竟ᄒᆞ-<24ㄴ>, 果證 ᄒᆞ-<24ㄴ>, 得ᄒᆞ-<24ㄴ>, 영노ᄒᆞ-<25ㄴ>, 因ᄒᆞ-<25ㄴ>, 疑心 ᄒᆞ-<27ㄴ>, 取ᄒᆞ-<29ㄴ>, 斷滅ᄒᆞ-<29ㄴ>, 害ᄒᆞ-<33ㄴ>, 斷ᄒᆞ- <33ㄴ>, 實ᄒᆞ-<33ㄴ>, 顯ᄒᆞ-<34ㄱ>, 卽ᄒᆞ-<34ㄴ>, ᄉᆞ랑ᄒᆞ- <34ㄴ>, 住ᄒᆞ-<36ㄴ>, 平等ᄒᆞ-<37ㄱ>, 生ᄒᆞ-<38ㄴ>, 果得ᄒᆞ- <41ㄱ>, 滅ᄒᆞ-<44ㄱ>, 增ᄒᆞ-<44ㄱ>, 緣ᄒᆞ-<44ㄴ>, 對答ᄒᆞ- <53ㄱ>, 正ᄒᆞ-<59ㄱ>, 等ᄒᆞ-<59ㄱ>, 能ᄒᆞ-<59ㄱ>, 結ᄒᆞ-<59 ㄱ>, 讚歎ᄒᆞ-<59ㄱ>, 牒ᄒᆞ-<59ㄴ>, 神奇ᄒᆞ-<59ㄴ>, 虛ᄒᆞ-<61

---

27) 중출(重出)인 경우에는 먼저 나오는 것 하나만을 제시한다. 그 외는 김무봉(2009ㄱ) 의 색인 참조.

ㄴ>, 盛ᄒᆞ-<63ㄴ>, 一定ᄒᆞ-<63ㄴ>, 眞實ᄒᆞ-<63ㄴ>, 秘密ᄒᆞ-
<65ㄴ>, 尙ᄒᆞ-<66ㄴ>, 淸白ᄒᆞ-<66ㄴ>, 簡略ᄒᆞ-<66ㄴ>

라) 부사 및 불규칙어근에 접미사 '-ᄒᆞ-'가 통합되어 파생한 어휘의
예도 일부 보인다. 주로 형용사 어간 형성인 경우에 해당된다.

(24) 몯ᄒᆞ-<17ㄴ, 19ㄴ, 20ㄱ, 29ㄴ, 40ㄴ, 53ㄱ>, 아니ᄒᆞ-<11ㄴ, 14ㄴ, 28ㄱ,
33ㄴ, 36ㄴ, 53ㄱ, 62ㄴ> : 덛덛ᄒᆞ-[常]<57ㄱ>, ᄀᆞ죽ᄒᆞ-[齊]<62ㄱ>

'아니'는 같은 시기에 명사로도 쓰였는데, 이 책에도 용례(아니롤<38ㄱ>)
가 보인다. '덛덛'과 'ᄀᆞ죽'은 품사가 불확실한 이른바 불규칙어근에 접미
사 'ᄒᆞ-'가 통합된 것으로 보여서 이 범주에 포함시킨다. 다만 '덛덛'은
형용사 '덛덛-'으로 쓰인 한 예(덛더든 거슬<능엄1 : 85ㄴ>)가 있기는 하다.

마) 사동어간 형성은 주로 어기에 접미사 '-히-, -기-, -이(ㅣ)-,
-오/우-, -호/후-, -ᄋᆞ/으-' 등의 접미사가 결합하여 이루어지는데
그 예는 다음과 같다.

(25) ㄱ. 누믈 숨기고 (隱他ᄒᆞ고)<34ㄴ>
ㄴ. 祕密般若롤 불기시니 (明秘密般若ᄒᆞ시니)<19ㄴ>
ㄷ. 일후믈 셰시니라 (立名ᄒᆞ시니라)<17ㄱ>, 等ᄒᆞᆫ 正覺ᄋᆞᆯ 뵈샤 나
토시논 견치라 (示現等正覺故ㅣ라)<62ㄱ~ㄴ>
ㄹ. 닐오디 般若돌ᄒᆞᆫ 이 나토샨 法이오 (謂般若等은 是所顯之法이
오)<17ㄱ>
ㅁ. 나롤 ᄇᆞ리고 누믈 일우는 ᄠᅳ디니 (廢己ᄒᆞ고 成他義니)<34ㄱ>
ㅂ. 이롤 마초건댄 (准此컨댄)<33ㄴ>

사동어간 형성의 접미사 '-기-'는 선행 동사의 어간 말음이 'ㅁ, ㅅ'일

때 나타나고, '-이-'는 어간 말음이 'ㅊ, ㅸ : ㅿ, ㄹ'일 때 나타난다. 어간 말음이 'ㅊ, ㅸ'이면 연철한다. 어간 말음이 'ㅿ'이면 반드시 분철하고 'ㄹ' 이면 대부분 분철한다. 또 어간 말음이 모음일 때는 '-ㅣ-'로 나타난다. 이 책에는 '-기-, -이-, -ㅣ-, -오/우-, -호-' 등의 접미사에 의한 파생동사가 보이고, '셰-'와 '불기-'의 쓰임이 비교적 흔한 편이다.

바) 피동어간 형성은 동사 어기에 접미사 '-히-'가 결합한 '자피-(<잡+히-)'가 있을 뿐이다. '-히-'는 선행 동사의 말음이 'ㅂ, ㄷ, ㄱ, ㅈ'일 때 나타나서 유기음화 된다.

(26) 둘흔 藏애 자표미오 (二ᄂᆞᆫ 藏攝이오)<11ㄴ>

사) 형용사어간 형성은 체언 어기에 접미사가 붙은 형태와 동사 어기에 접미사가 붙은 형태로 나뉘는데, 이 책에는 각각 하나씩의 용례가 있다. 동사에서 파생한 것으로는 동사 어기에 접미사 '-브-'가 결합한 '저프-(<젛+브-)' 한 예(例)만이 눈에 띈다.

(27) 밧긔 魔怨 저푸미 업스니 (外無魔怨之怖ᄒᆞ니)<55ㄴ>

형용사어간 형성 중 체언에서 파생한 것에는 체언 어기에 '-ㄹ외-(<-ㄹ ᄫᆡ-)'가 결합한 '조ᅀᆞᆯ외-'가 보인다. 중세국어에서 '조슬[要]<능엄2 : 95ㄱ>'은 명사로 쓰였다. 어기의 끝 'ㄹ'은 '-롭-' 위에서 탈락되었다.

(28) 要ᄂᆞᆫ 조ᅀᆞᆯ윌씨라<8ㄱ>

아) 파생부사도 체언 어기에 접미사가 결합한 형태와 용언 어기에 접미사가 결합한 형태로 나눌 수 있는데, 매우 생산적이어서 다양한 용례

를 보인다.

(29) ㄱ. 實로<8ㄱ>, 眞實로<8ㄱ~ㄴ>, 젼츳로<19ㄴ>

ㄴ. 그리<66ㄱ>

ㄷ. 神奇히<8ㄱ>, 微妙히<17ㄴ>, 祕密히<19ㄴ>, 正히<27ㄴ>, 純
히<41ㄱ>, 永히<57ㄱ>, 究竟히<57ㄱ>, 能히<62ㄱ>

ㄹ. 두려이[두렵-, 圓]<8ㄱ>, 져기[젹-, 少]<12ㄱ>, 볼기[붉-,
明]<19ㄴ>, 너비[넙-, 廣]<19ㄴ>, ᄀᆞ티[ᄀᆞᇀ-, 同]<22ㄴ> /
ᄀᆞ티[ᄀᆞᇀ-, 如]<59ㄱ>, 머리[멀-, 遠]<24ㄱ>, 니르리[니를-,
至]<67ㄱ>

ㄹ´. 브즈러니[브즈런-, 殷勤]<67ㄱ>

ㅁ. 오로[올-, 全]<34ㄴ>, 도로[돌-, 還]<49ㄴ>

ㅂ. 버거[벅-, 次]<20ㄱ>, ：다[다ᄋᆞ-, 皆]<23ㄱ>, 비르서[비릇-,
方]<34ㄱ>[28]

(29ㄱ)은 명사에 접사화한 조사 '-로'가 붙어서 파생된 예이고, (29ㄴ)
은 지시대명사 '이, 그, 뎌'에 연격(沿格)조사 '-리'가 결합하여 파생된 예
이다. (29ㄷ)은 파생동사어간 'ᄒᆞ-'에 접미사 '-이'가 결합하여 파생된 예
인데, 결합 시에 'ㆍ'는 탈락된다. 이 책에는 한자어의 예만 보인다. (29ㄹ)
은 용언 어기에 접미사 '-이'가 결합하여 파생된 예인데, (29ㄹ´)와 같이
체언어기 '브즈런'에 접미사 '-이'가 결합하여 부사로 파생된 특이한 용
례도 있다. (29ㅁ)은 동사어기에 접미사 '-오'가 결합하여 파생된 예로, 부
사 '오로'는 같은 시기에 '올-'의 변이형 '오올-'에서 파생된 '오ᄋᆞ로'가
쓰이기도 했다. (29ㅂ)은 동사 어기에 접사화한 부동사어미 '-아/어'가 결
합하여 파생된 예이다. 이 책에 그 용례가 많은 '：다'는 '다ᄋᆞ-'에 어미
'-아'가 결합한 것인데 활용형과 형태상으로는 구별이 되지 않는다.[29]

---

28) '비릇-'은 체언 '비릇'에서 영변화(零變化)에 의해 파생된 용언이지만 체언에 '-아/
어'가 결합하여 파생된 부사가 없으므로 용언어기에서 파생된 것으로 본다.

이 외에 동사 어기가 그대로 부사로 파생된 이른바 어간형 부사 'ᄀ초[ᄀ초-, 具]<12ㄱ>, ᄉ못[ᄉ못-, 達]<23ㄴ>'도 보인다.

자) 접사화한 부동사어미 '-어'에 의한 파생어로 조사 '-브터'도 있는데, '-브터'는 동사 '븥-[附]'에 '-어'가 결합하여 파생된 것이다. '-브터'는 흔히 대격조사와 결합한 형태로 나타나는데 이미 문법화한 (30ㄱ)과 아직 실사의 기능을 가지고 있는 (30ㄴ)으로 나눌 수 있다.

> (30) ㄱ. 舍利子 色不異空브터 아랜 (從舍利子 色不異空下ᄂᆞᆫ)<19ㄴ>, 이
>   브터 아랜 (自下ᄂᆞᆫ)<24ㄴ, 63ㄴ>
> ㄴ. 義를브터 (依義ᄒᆞ야)<17ㄱ>, ᄂᆞᄆᆞᆯ브터 (於依他)<44ㄱ>

3) 체언

가) 명사

이 책에는 명사가 곡용할 때 명사어간이 자동적으로 교체하는 이른바 'ㅎ말음체언'들이 보이는데, 이 책의 'ㅎ말음체언'은 (31ㄱ)과 같이 주로 'ㄹ' 받침을 가진 명사와 모음으로 끝나는 명사에서 두드러진다. 또 (31ㄴ)과 같이 음절말 자음의 제약에 의해 자동적 교체를 하는 명사들도 보인다. 여기서는 곡용에 의해 어형이 바뀌는 명사들을 살펴보기로 한다.

> (31) ㄱ. 둘(二)<7ㄴ>, 길(道)<8ㄴ>, ᄒᆞ나(一)<11ㄴ>, 세(三)<14ㄴ>, 네
>   (四)<11ㄴ>, 둘(等)<34ㄱ>, 우(上)<48ㄱ>, 안(內)<56ㄱ>
> ㄴ. 밧(外)<29ㄱ, 55ㄴ>, 앎(前)<17ㄴ, 53ㄱ>, ᄀᆞ(邊)<17ㄴ, 34ㄴ>,

---

29) 허웅(1975 : 81), 고영근(1987/2010 : 159) 참조. 허웅(1975 : 81)에서는 파생부사 활용형이 구분되는 것으로 '滅와 生괘 다 다아(滅生俱盡)<능엄4 : 69ㄴ>'를 제시한 바 있다.

곶(花)<67ㄱ>, 짗(羽)<67ㄱ>

비자동적 교체를 하는 명사류로는 '나모(木)<40ㄴ>'가 쓰였을 뿐이다.

나) 이 문헌에는 특이한 곡용을 하는 체언이 보인다. 명사 말음이 모음 '이'인 경우인데, 속격조사 '의'를 만나면 어간 말음 '이'가 탈락되는 어휘이다.

> (32) ㄱ. 蹄는 톳긔 그므리니<7ㄴ>
> ㄴ. 아ᄃᆞ론 어믜 일후믈 니스니라<25ㄴ> cf. 아비 나해셔 곱기곰
> 사라<월석1 : 47ㄴ>

이러한 곡용을 하는 체언에는 '아비(父), 늘그니(老人)' 등이 있다.[30]

다) 의존명사는 보편성 의존명사의 예로 '젼ᄎᆞ<11ㄴ>', '이(ᄆᆡ우니<63ㄴ>, 굴오리<62ㄱ>)', '쑨<51ㄴ>' 등이 있고, 서술성 의존명사로는 'ᄯᅡᄛᆞᆷ<62ㄱ>', 단위성 의존명사 '번<57ㄱ>' 등이 보인다. 부사성 의존명사의 예는 나타나지 않는다.

의존명사 'ᄃᆞ, ᄉᆞ'는 계사나 조사와 결합하여 통사적 기능을 나타낸다.

> (33) ㄱ. ᄯᆞᆫ혼디 아니니<27ㄴ>, ᄯᆞᆫᄒᆞᆫ둘<23ㄱ> : 브툰디라<44ㄱ> : 이런
> ᄃᆞ로<8ㄴ, 19ㄱ> : 홀띠니<33ㄴ>, 아롤띠니라<59ㄴ>
> ㄴ. ᄃᆞ외실씨라<24ㄴ>, 브틀씨오<54ㄱ> : 몯홀씨<19ㄴ>, 불기실씨
> <27ㄴ>

---

30) '어미, 아비'는 소급형이 '엄, 압'이어서 속격형이 위 (32ㄴ)과 같은 형태로 나타난다고 볼 수도 있겠으나, 공시적으로는 다른 어휘와 마찬가지로 '이'가 탈락한 형태로 다루어야 할 것이다. 그러나 '이'가 탈락하지 않은 채 속격조사와 결합한 예도 중세국어 문헌에 보이고(아비의<법화2 : 138ㄴ>), '톳기'의 속격형은 '톳기<두초24 : 25ㄴ>, <금삼4 : 36ㄴ>'로 나타나기도 한다.

(33ㄱ)에서 'ᄃ'는 동명사 어미 '-ㄴ, -ㄹ'에 후행하는데 계사나 주격
조사 앞에서는 모음 'ㆍ'를 탈락시킨다. 'ᄃ로'는 의존명사 'ᄃ'와 구격조
사 '-로'의 통합형이다. (33ㄴ)에서 'ㅅ'는 동명사 어미 '-ㄹ'에 후행하는
데 'ᄃ'와 마찬가지로 계사나 주격조사 앞에서는 모음 'ㆍ'를 탈락시킨다.
이 책에는 주격조사와의 통합은 보이지 않는다. '시, 시'가 '-ㅭ'의 영향
으로 된소리가 되어 구결문의 '-ㄹ시/ㄹ시'가 언해문에서는 모두 '-ㄹ
씨/ㄹ씨'로 바뀐다. '-ㄹ씨'는 어미화한 형태로 이 문헌에 많이 쓰였다.

라) 대명사
이 책에서 인칭대명사는 단수에서 1인칭의 '나', 2인칭의 '너', 재귀대
명사 '저', 복수에서 1인칭 '우리' 등이 보인다.

    (34) ㄱ. ·내 숨고<34ㄴ> / 나와<34ㄴ>
         ㄴ. 네 宗은<27ㄴ>
         ㄷ. :제 空혼디 아니니<27ㄴ>
         ㄹ. 우리 小乘 中에<27ㄴ>

중세국어 인칭대명사의 주격형과 속격형은 성조로 구별되었다. 1인칭
의 주격형과 속격형은 모두 '내'인데 성조는 주격형이 거성, 속격형이 평
성이었으며, 2인칭은 '네'인데 주격형은 상성, 속격형은 평성이었다. 재
귀대명사는 '제'인데 곡용은 2인칭 '네'와 같았다. 따라서 (34ㄱ), (34ㄷ)은
주격형이고, (34ㄴ)은 속격형이다. 『반야심경언해』에 다른 인칭대명사 및
의문대명사의 용례는 보이지 않는다.

    (35) ㄱ. 기픈 ᄠᅳ디 이롤 니ᄅᆞ신뎌<8ㄱ>, 이와 엇뎨 다ᄅᆞ료<27ㄴ>
         ㄴ. 뎌의 疑心을 그츠시며<29ㄴ>, 뎌와 이왜<62ㄱ>

중세국어에서는 '이, 그, 뎌'가 그대로 지시대명사로 기능하였는데, 이 책에서 '그'가 대명사로 쓰인 예는 보이지 않는다. 그 밖의 지시대명사로 '예<56ㄴ, 57ㄴ, 58ㄴ>', '이에<8ㄴ, 40ㄱ, 53ㄱ>', '뎌에<40ㄱ>' 등이 보인다.

마) 수사

서두에서 밝힌 대로 『반야심경언해』에는 항목 나열식의 설명이 많아서 수사의 쓰임이 활발한 편이다. 그 목록을 보이면 아래와 같다.

(36) ㄱ. ᄒᆞ나ㅎ<11ㄴ>, 둘ㅎ<11ㄴ>, 세ㅎ<11ㄴ>, 네ㅎ<11ㄴ>, 다ᄉᆞᆺ<12ㄱ~ㄴ>, 여슷<12ㄱ>, 닐굽<12ㄱ>, 여듧<12ㄱ>, 아홉<12ㄱ>, 열ㅎ<12ㄱ>

ㄴ. 第一<25ㄴ>, 第二<24ㄴ> ; 第三<13ㄱ>, 第四<14ㄴ>, 第五<18ㄱ>

ㄷ. ᄒᆞᆫ<17ㄱ>, 두<34ㄴ>, 세<29ㄱ>, 네<27ㄴ>, 다ᄉᆞᆺ<47ㄱ>

ㄹ. 둘찻<12ㄴ>, 세찻<14ㄱ>, 네찻<14ㄴ>, 다ᄉᆞᆺ찻<19ㄱ>[31]

ㅁ. 두ᅀᅥ<67ㄱ>

ㅂ. 二十萬<8ㄱ>, 一十四<8ㄱ>, 十二<47ㄱ>, 十八<48ㄱ>, 三<48ㄱ>, 十<62ㄱ>, 數千萬<67ㄱ>

(36ㄱ)은 기수사(基數詞)의 예이고, (36ㄴ)은 서수사(序數詞)의 예이다. 구결문의 한자어 서수사를 언해문에서는 (36ㄹ)의 예와 같이 대부분 고유어계 서수사로 옮겼다. 한자어 서수사를 고유어로 옮길 때는 고유어계 기수사 다음에 접미사 '-찻'을 통합하는 방법으로 했다. 이러한 고유어계 기수사는 관형어적 용법으로 쓰여서 수식어의 기능을 보인다. 다만

31) 앞의 예문 (21)에서 설명한 바와 같이 '*ᄒᆞ나찻'은 중세국어 문헌에서 '*ᄒᆞ나차히'와 함께 문증(文證)되지 않는다. 서수사 '첫째'의 의미를 가진 어휘가 출현할 만한 환경이 있어도 원문(原文)의 내용에 서수사가 아닌 어휘인 '一'이나 '初'가 쓰였다. 당연히 언해문에는 기수사인 'ᄒᆞ나ㅎ'를 쓰거나 '처ᅀᅥᆷ'으로 바꾸어 썼다. 원문에 한자어 기수사 '第一'이 왔을 경우에도 '第一<25ㄴ>'의 예처럼 언해문에 한자어 기수사를 그대로 써서 해당 어휘인 'ᄒᆞ나차히'나 'ᄒᆞ나찻'의 출현이 없다.

언해문에서도 '第一<25ㄴ>, 第二<24ㄴ>'의 예처럼 한자어 서수사를 그대로 쓴 경우도 있다. (36ㄷ)은 기수사에서 기원한 관형사이거나 기수사가 관형어로 쓰인 관형어적 용법의 예이고, (36ㄹ)은 기수사에 접미사 '-찻'이 통합되어 수식어로 쓰인 예이다. (36ㅁ)은 합성수사의 예이고, (36ㅂ)은 한자어계 기수사의 예로 모두 언해문에 쓰인 것이다.

4) 수식어

가) 관형사

관형사는 다시 성상관형사, 지시관형사, 수량관형사로 나눌 수 있는데, 여기서는 그 전체 목록을 제시하고 간단히 설명을 붙일 것이다.

    (37) ㄱ. 거즛<8ㄱ, 33ㄴ, 44ㄴ>
         ㄴ. 이<53ㄱ>, 그<24ㄴ, 25ㄴ>, 뎌<22ㄴ, 25ㄴ>, 엇던<62ㄱ, 66ㄱ>,
            녀나믄<62ㄱ>[32]
         ㄷ. 혼<17ㄱ>, 두<34ㄴ>, 세<29ㄱ>, 네<27ㄴ>, 다숫<47ㄱ> ; 둘
            찻<12ㄴ>, 세찻<14ㄱ>, 네찻<14ㄴ>, 다숫찻<19ㄱ> ; 두서
            <67ㄱ>, 여러<27ㄴ>

(37ㄱ)은 성상관형사의 예이고, (37ㄴ)은 지시관형사의 예이다. 원전의 성격과 직역 위주 번역의 특성이 반영되어 성상관형사의 예는 많지 않은 편이다. (37ㄷ)은 수량관형사의 예이다. 『반야심경언해』는 내용의 구성이 항목을 나열하여 설명하는 방식으로 되어 있기도 하고, 또 그 내용을 다시 숫자로 나누어 지적하며 부연 설명하는 방식이기도 해서 수사나 수량관형사의 쓰임이 흔하다. 수량관형사는 수사와 형태를 같이 하는 경우가 많은데, 전술한 수사 중 (36ㄷ-ㅁ)은 형태 그대로 수량관형사로

---

32) 합성관형사 '녀나믄'의 형성과정과 의미에 대해서는 주 26) 참조.

기능하였다.

나) 부사

부사는 성분의 의미를 제한하는 성분부사와 문장 전체의 의미를 제한
하는 문장부사로 나눈다.

나-1) 성분부사

성분부사는 후행 성분과의 의미 관계를 중심으로 다시 성상, 지시, 부
정부사로 나눌 수 있는데, (38ㄱ)에서 보는 바와 같이 이 책에는 성상부
사의 쓰임이 많은 편이다. 지시부사는 (38ㄴ)과 같이 적은 수의 용례가
보이지만, 부정부사의 쓰임은 없다. 이 책에서 부정부사인 '몯'과 '아니'
는 접미사 '-ᄒᆞ-'가 통합된 파생어로 쓰였다.

  (38) ㄱ. 다<8ㄱ>, 믄득<19ㄴ>, 져기<19ㄴ>, 곧<28ㄱ>, 오로<34ㄴ>,[33]
       모다<34ㄴ>, 비르서<36ㄴ>, 흐마<40ㄴ>, 오직<41ㄱ>, 비록<42
       ㄱ>, 두루<44ㄱ>, 어루<44ㄱ>, 도로<49ㄱ>, 몬져<51ㄱ>, 일즉
       <53ㄱ>, ᄀᆞ티<22ㄴ, 53ㄱ> / 곧히<59ㄱ>, 너비<66ㄱ>
     ㄴ. 엇뎨<27ㄴ>, 그리<66ㄱ>

나-2) 문장부사

문장부사는 문장 전체의 의미를 한정하여 주는 기능을 가진 성상의
문장부사, 곧 양태부사와 의미와 관계없이 두 문장을 연결해 주는 접속
의 문장부사로 나뉜다. (39ㄱ)은 성상 문장부사, 이른바 양태부사의 예이

---

33) 같은 시기에 '오로'와 수의변이형 '오ᄋᆞ로'가 함께 쓰였는데, '오로'는 형용사 '올-
    [全]'에서, '오ᄋᆞ로'는 오올-[全]'에서 각각 접미사 '오'에 의해 부사로 파생된 것이
    다. 후대 문헌에는 '오ᄋᆞ로'보다 '오로'가 더 많이 나타난다. 이 책에서 형용사는
    '오올-'이 쓰였고, 부사는 '오로'만 한 번 보일 뿐이다.

고, (39ㄴ)은 접속 문장부사의 예이다.

> (39) ㄱ. 實로<8ㄱ>, 眞實로<8ㄱ~ㄴ>, 반드기<24ㄴ, 33ㄴ>
>
> ㄴ. 이런드로<8ㄴ>, 그러면<8ㄴ>, 쏘<28ㄱ>, ᄒ다가<33ㄴ>, 비록
> <42ㄱ>, 그러나<14ㄱ, 42ㄱ, 61ㄴ>, 그럴씨<34ㄱ, 48ㄴ>

5) 격조사

가) 주격조사

주격 표지는 구결문과 언해문 모두에서 선행 체언 말음의 음운 조건에 따라 '이, ㅣ, Ø' 형태로 실현되었다. 다만 구결문에서는 주격조사 'Ø'가 실현될 환경에서 'ㅣ' 표기를 하기도 했는데, 이런 현상은 간경도 감 간행의 불경언해서들에서 흔히 볼 수 있는 표기 방식이다. 같은 원문의 번역인 경우, 언해문에서는 선행 체언 말음의 음운 조건에 따른 표기를 했는데, 그와 달리 구결문에만 이런 현상이 나타나는 점으로 미루어, 독자들을 위한 배려의 결과로 보는 것이다. 당시 번역에 관여했던 이들은 'Ø'가 실현될 환경임을 인식하였으면서도 의도적으로 'ㅣ' 표기를 한 것으로 짐작된다. 이는 중세국어 당시의 표기 특성 중 하나인 띄어쓰기를 하지 않는 현상에 대한 보완의 성격을 가지는 것이다. 곧 한자로 표기되는 구결문인 데에다 띄어쓰기를 하지 않아서 독자들은 어디까지가 주어부(主語部)인지 인식이 쉽지 않을 수 있다. 결국 이해에 혼란을 일으킬 수 있다. 이러한 어려움을 줄이기 위한 한 방편으로 'Ø'가 실현될 환경인데도 굳이 'ㅣ' 표기를 하여 오류를 극복하고자 한 것으로 보인다. 그만큼 간경도감의 언해본 경전 번역 작업 및 간행 작업이 전문성을 갖춘 이들에 의해 수행되었다는 사실을 보여 주는 것이기도 하다.

(40) ㄱ. 체언의 끝소리가 자음일 때 : '이'

　　　　구결문 : 色이<25ㄴ, 36ㄱ>, 空이<36ㄱ>

　　　　언해문 : 사르미<21ㄴ>, ᄆᆞᅀᆞ미<67ㄱ>

　　ㄴ. 체언의 끝소리가 '이'나 'ㅣ' 이외의 모음일 때 : 'ㅣ'

　　　　구결문 : 空假ㅣ<36ㄱ>, 忠孝ㅣ<66ㄱ>

　　　　언해문 : ·내<34ㄴ>, ː제<29ㄴ>

　　ㄷ. 체언의 끝소리가 '이'나 'ㅣ'일 때, 구결문 : 'ㅣ', 언해문 : '∅'

　　　　구결문 : 二諦ㅣ<3ㄱ>, 是二ㅣ<37ㄴ>

　　　　언해문 : 二諦 샹녜 이시며<7ㄴ> (二諦ㅣ 恒存ᄒᆞ며<3ㄱ>), 이

　　　　　　　　　둘히 둘 아니롤일후미 空相이라 ᄒᆞ시니라<38ㄱ> (是

　　　　　　　　　二ㅣ 不二롤 名爲空相이라 ᄒᆞ시니라<37ㄴ>)

　(40ㄴ)에서 언해문의 'ː제(<저+·ㅣ)'는 체언 말음절 평성이 조사 'ㅣ'와 결합하여 상성으로 성조가 바뀐 것이다. 이러한 경우 체언의 말음절이 거성이거나 상성이면 변동이 일어나지 않는다. (40ㄷ)의 언해문에서도 고유어인 경우에는 같은 조건에서 앞에서와 같은 성조 변동이 일어나는 데 이 책에는 해당하는 사례가 없다.[34]

---

34) 중세국어 시기에 흔히 보이는 예로는 '부ː톄'를 들 수 있다. '부ː톄'는 '부텨[佛]+ㅣ(주격조사)'로 분석되는데, 평성(平聲)인 '부텨'에 주격 'ㅣ'가 통합되어 상성(上聲)의 '부ː톄'로 성조 변동이 일어난 것이다.
　인칭대명사의 곡용에 따른 성조의 차이와 주격조사의 생략과 관계된 성조 변동에 대해서는 안병희·이광호(1990 : 153∼154, 162∼164)를 참조할 것.
　중세국어에서 주격조사의 생략으로 성조 변동(평성→상성)이 일어난 명사를 보이면 다음과 같다.
　ᄆᆞː디[節], ː비[梨], ᄃᆞː리[橋], 너ː희[汝等], 고ː래[鯨], 누ː의[妹], 그ː듸[2인칭대명사] 子, 公] 등.

　그런가 하면 'ː보·미<67ㄴ>'처럼 용언의 어간과 명사형어미 '옴/움'의 통합에 의해 성조가 상성으로 바뀐 예도 이 책에 보인다. 'ː보·미'를 형태 분석하면, '··보-[見]+옴(명사형어미)+이(주격조사)'가 된다. 곧 '··보-(어간, 거성)+옴(명사형어미)→ ː봄(상성)'으로 성조의 변동이 일어난다. 어간말 모음 /ㅏ, ㅓ, ㅗ, ㅜ/ 뒤에 선어말어미 '-오/우-'가 결합되어 '-오/우-'는 나타나지 않고, 성조만 상성(上聲)으로 바뀐 것이다. 이 책에서 이런 성조 변동을 하는 다른 예는 'ː감·고<66ㄱ>'를 들 수 있다. 'ː감·고'를 형태 분석하면 '··가-[到]+옴(명사형어미)+

그런가 하면 (40ㄷ)의 환경에서 구결문에서는 'Ø'로 실현되었는데, 언해문에서는 'ㅣ'로 바뀐 예외적인 표기의 경우도 볼 수 있다. 아래의 (41ㄱ)이 그에 해당된다. 협주문 중 일부에서는 (40ㄷ)과 같은 환경에서 'ㅣ'로 실현되기도 했는데, 이 역시 체언과 용언을 구별하기 위한 의도적인 표기로 생각된다. (41ㄴ)의 예가 그러하다.

(41) ㄱ. 오온 體ㅣ 空 아닌댄<34ㄱ> (擧體非空인댄<30ㄴ>)
    ㄴ. 知ㅣ 滅ᄒᆞ니<28ㄱ : 협주>

(40ㄷ)의 환경에서 구결문과 언해문 모두에서 주격조사가 생략된 것도 있다. 이는 구결 작성 단계부터 'ㅣ'를 표기하지 않았기 때문일 것이다.

(42) 理 一十四行애 다ᄋᆞ니<8ㄱ> (理盡一十四行ᄒᆞ니<5ㄱ>)

표기상의 주격조사 생략 외에 이른바 부정격(不定格) 조사(indefinite case)에 해당하는 예가 이 책에도 보인다. 특히 '없다[無]' 앞에서 두드러진다.[35]

(43) ㄱ. 因緣 젹디 아니ᄒᆞ야<11ㄴ>
    ㄴ. ᄀᆞ롬 업스실ᄊᆡ<20ㄴ>, 生滅 업스니라<44ㄱ>

보격조사가 생략된 구문도 보인다. 보격조사는 주격조사와 동일한 형태의 조사 통합을 하므로 이 논의에서 따로 다루지 않고 생략된 구문만

고('ᄒᆞ라'체의 의문보조사)'로 할 수 있는데, '가-(어간, 거성)+옴(명사형어미)
→ : 감'이 되어 역시 성조가 상성으로 바뀐 것이다.
35) 이 책에는 '없-[無]' 앞에서 주격조사가 생략된 구문이 많이 보이는데, (43ㄴ)의 경우는 주격조사가 생략된 구문으로 다루어도 문제가 없겠으나, '道업스며 果업숨돌히라<34ㄱ>, 得업다<53ㄱ>'와 같은 구문은 '없-'이 접사로서 앞의 명사와 결합한 파생어 구성이거나 '체언'과 '없-'이 복합한 복합어 구성이라고 해석해야 되지 않을까 한다.

을 제시하는데 그친다.

(44) ㄱ. 쏟 아니면<34ㄱ>
　　　ㄴ. 숫 ᄃ외둧 ᄒᆞ니라<40ㄴ>

나) 서술격조사

주격조사 통합과 같은 조건에 따라 조사 통합을 하는 것에는 서술격
조사도 있다. 이 역시 선행 체언 말음의 음운 조건에 따라 '이-, ㅣ-,
∅' 형태로 실현되었다.

(45) ㄱ. 체언의 끝소리가 자음일 때 : '이-'
　　　　　구결문 : 是大神呪等이니라<59ㄴ>
　　　　　언해문 : 知覺이라<59ㄱ>
　　　ㄴ. 체언의 끝소리가 '이'나 'ㅣ' 이외의 모음일 때 : 'ㅣ-'
　　　　　구결문 : 非幻色故ㅣ라<30ㄴ>
　　　　　언해문 : 골오리 업슨 呪ㅣ라<60ㄱ>
　　　ㄷ. 체언의 끝소리가 '이'나 'ㅣ'일 때 : '∅'
　　　　　구결문 : 敎義 一對니<13ㄴ>, 敎義롤 分二니<15ㄱ>
　　　　　언해문 : 二諦ᄂᆞᆫ 眞諦와 俗諦라<7ㄴ> / 般若ᄂᆞᆫ 이 體니<17ㄴ>

서술격조사의 경우는 주격조사와는 달리 (45ㄷ)의 환경에서 구결문과
언해문 모두에서 '∅' 형태로 실현되었다.

(46) ㄱ. 宗이 간 고돌 닐오디 趣ㅣ니 (宗之所歸日趣ㅣ니)<14ㄱ>
　　　ㄴ. 예서 닐오매 知ㅣ라 (此云知라)<58ㄱ>

(46ㄱ)은 현재의 한자음 발음을 기준으로 하면 '∅'가 실현될 환경에서
'ㅣ-'가 되었다. 이는 당시 '趣'의 동국정운 한자음이 '·츙'여서 '∅'가

실현될 만한 환경이 아니라는 데 그 이유가 있을 것이다. (46ㄴ)은 언해
문의 서술어 구성에서 선행 체언 말음이 '이'인데도 서술격조사로 'Ø'
대신 'ㅣ'가 실현되었다. 이는 표기의 오류로 보인다.

다) 대격조사

대격조사 'ㄹ'은 이형태로 '올/을, 롤/를'을 가진다. '올/을'은 선행 체언
의 말음이 자음일 경우에 오고, '롤/를'은 선행 체언의 말음이 모음일 때
온다. '올'과 '을', '롤'과 '를'의 교체는 선행 체언 말음절 모음의 종류에
따른 것이다. 곧 모음조화에 의한 교체이다. 그러나 당시에 간행된 다른
정음문헌들에서와 마찬가지로 이 책에서도 대격조사 통합 시에 모음의
종류에 따른 모음조화가 반드시 지켜지지는 않았다.

> (47) ㄱ. 障올<12ㄱ> 모몰<24ㄴ>, 色올<47ㄱ>, ᄆᆞᅀᆞ몰<47ㄱ>
> ㄴ. 일후믈<17ㄱ>, 悲願力을<24ㄴ>, 목수믈<24ㄴ> : 德올<12ㄱ>,
> 正信올<12ㄱ>, 菩提心올<12ㄱ>
> ㄷ. 蹄롤<7ㄴ>, 有롤<8ㄱ>, 이롤<8ㄱ>, 어미롤<25ㄴ>, 後롤<54ㄴ> :
> 나롤<34ㄱ>
> ㄹ. 義를<17ㄱ>, 有를<29ㄴ>
> ㅁ. 고길<7ㄴ>, 톳길<7ㄴ>, 덬<17ㄴ>, 아랠<46ㄱ>

(47ㄱ)은 대격조사로 '올'이 통합된 예인데, 모음조화에 의한 표기를
했다. (47ㄴ)은 받침이 있는 음성모음이나 '이'모음 다음에 대격조사가
통합된 예인데, 대체로 모음조화에 의한 표기를 했으나 '德올'의 예와 같
이 받침이 있는 음성모음 뒤에 '올'을 쓰기도 하고, '正信올', '菩提心올'처
럼 받침이 있는 '이'모음 다음에 '올'을 쓰기도 하는 등 모음조화에 벗어
난 표기도 보인다. 선행 체언 말음이 모음인 경우에는 (47ㄷ) 앞쪽 어휘
의 예처럼 '이(i), ㅣ(j)'나 음성모음 뒤에서도 '롤'이 쓰였다. 이렇게 '를'이

통합될 곳에 '룰'이 쓰여서 '를'은 (47ㄹ)의 두 용례뿐이다. (47ㅁ)은 모음으로 끝나는 체언 뒤에 대격조사 'ㄹ'이 통합된 예이다. '룰/를'과 수의교체형이다.

이 책에서는 대격조사가 생략된 예도 흔히 볼 수 있다.

(48) ㄱ. 쟝夫 이 經 사교매<11ㄴ>
ㄴ. 흐나훈 敎 니르와드샤미오<11ㄴ>

라) 속격조사

속격조사는 무정물(無情物)이나 유정물(有情物) 지칭의 존칭 체언 뒤에 'ㅅ'을 쓰고, 유정물 지칭의 평칭 체언 뒤에는 '이/의'와 'ㅣ'를 썼다.

(49) ㄱ. 부텻 됴훈 德올<12ㄱ>, 菩薩ㅅ 깁고 너븐 行올<12ㄱ>
ㄴ. 그뭀 버리라<19ㄴ>, 세 가짓 般若로<14ㄱ>
ㄷ. 그 사르미 어미 영노흐며 샬로미<25ㄴ>
ㄹ. 이 뎌의 아드리라<25ㄴ>
ㅁ. 제 性이 本來 空흐야<27ㄴ>

(49ㄱ)은 존칭 체언인 '부텨'와 '菩薩'의 뒤에 속격조사로 'ㅅ'을 쓴 예이고, (49ㄴ)은 무정명사인 '그믈' 및 의존명사 '가지' 뒤에 속격조사 'ㅅ'을 쓴 예이다. (49ㄷ)과 (49ㄹ)은 유정명사 다음에 각각 속격조사 '이'와 '의'를 쓴 예인데, 선행 체언 말음의 모음 종류에 따라 '이'와 '의'로 구분해서 표기를 하였다. (49ㅁ)의 '제'는 주격과 속격의 형태가 동일하나 성조는 서로 달라서 주격이면 상성, 속격이면 평성이 된다.

속격조사도 생략된 예가 있는데, 이는 선행 체언 뒤에 속격조사가 나타나지 않는 명사구 구성의 형식으로 보아야 할 것이다. (50)은 '이'나 'ㅣ'로 끝나는 체언 뒤에서 속격조사가 생략된 예이다.[36]

(50) ㄱ. 뎌 새 눈 곧홀씨<25ㄴ>

　　ㄴ. 우리 小乘 有餘位 中에도<27ㄴ>

　15세기 국어에서는 내포문인 명사절이나 관형절의 주어 뒤에 속격조사를 쓰는 것이 일반적인 현상이었다. 안병희·이광호(1990 : 175)에서는 이러한 기능을 가지는 속격조사를 주어적 속격이라고 하였다.

(51) ㄱ. 마릭 나토온 고돌 닐오딕 宗이오<14ㄱ>

　　ㄴ. 宗익 간 고돌 닐오딕 趣ㅣ니<14ㄱ>

　(51ㄱ)의 '말' 다음에 온 '익'는 관형절의 주어로 주격의 자리에 쓰인 속격이고, (51ㄴ)의 '宗' 다음에 온 '익' 역시 관형절의 주어 다음에 쓰인 속격조사이다.

　그런 반면, 이 책에는 속격의 자리에 주격을 쓴 예도 있다.

(52) 羽儀는 ᄂᆞᆫ 쥼ᄉᆡᆼ이 지츠로 威儀 사몰씨라<67ㄱ>

마) 처격조사

　이 책에서 처격조사 '애/에, 예, 익/의'는 서로 상보적 분포를 이루고 있다. '애/에'는 선행 체언 말음절 모음의 종류에 따라서 나눠진다. '예'는 선행 체언 말음절 모음이 '이(i)'나 'ㅣ(j)'인 경우에 실현되었다. '익/의'는 특수한 처격조사로 이를 처격조사로 취하는 명사는 정해져 있으나, 드물지만 동일한 명사가 '익'와 '애'를 다 취하는 경우도 있다. 그러나 이 책에서 그런 용례는 보이지 않는다.

---

36) 이 책에서 속격조사가 생략된 예는 위의 (50ㄱ, 50ㄴ)과 같이 '이'나 'ㅣ'로 끝나는 체언 뒤에서만 보인다. 따라서 이는 부정격이라기보다는 표기상의 격조사 생략으로 보아야 할 것이다.

(53) ㄱ. 뎌 ▽애<17ㄴ>, 生死애<36ㄴ>

　　ㄴ. 세 性에<44ㄱ>, 훈 念에<36ㄴ>

　　ㄷ. 智예<20ㄴ>, 位예<62ㄱ>

　　ㄹ. 알픠<42ㄴ>, 밧긔<55ㄴ>

　(53ㄱ)은 양성모음으로 끝나는 체언 뒤에 처격조사로 '애'가 통합된 예이고, (53ㄴ)은 음성모음으로 끝나는 체언 뒤에 '에'가 통합된 예이다. (53ㄷ)은 각각 'i'와 'j'로 끝나는 체언 뒤에 처격조사 '예'가 통합된 예이다. (53ㄹ)은 이른바 특이처격어[37]인 체언 뒤에 체언말 모음의 종류에 따라 각각 '이'와 '의'가 통합된 예이다.

　중세국어의 처격조사는 처소, 지향점, 시간, 원인, 비교 등의 기능을 보인다.

(54) ㄱ. 처소 : 그 中에<24ㄴ>

　　ㄴ. 지향점 : 有에 나아가<8ㄱ>

　　ㄷ. 시간 : 長安 二年에<66ㄴ>

　　ㄹ. 원인 : 障애 나매 性은 增減 업스니라<44ㄱ~ㄴ>

　　ㅁ. 비교 : 空애 다ᄅ니<27ㄴ>[38] / 凡夫에 디낟씨오<62ㄱ>

　처격의 하위 부류라고 할 수 있는 여격은 이 책에 용례가 없다. 이 책에서 처격조사가 생략된 예는 보이지 않는다. 이는 처격이 가지는 처소의 기능이 문법적 기능보다 앞서므로 생략될 경우 그 문장 성분이나 의미가 명시적으로 드러나지 못하기 때문일 것이다.[39]

---

37) 이는 고영근(2010 : 94)에서 가져 온 용어이다.

38) 중세국어에서 '다ᄅ-[異]'는 주로 격조사 '애/에, 에셔, 익게'와 보조사 '두고'를 지배하는 용언이었다. 용언의 특수한 지배에 대해서는 안병희 · 이광호(1990 : 324~326) 참조.

39) 이런 점에서 볼 때, 안병희 · 이광호(1990 : 181)에서 처격조사가 생략되면 그 문장이나 말이 적격성(適格性, well-formedness)을 잃게 된다고 지적한 점은 시사하는 바 크다.

바) 구격조사

도구나 수단을 나타내는 구격조사는 체언의 말음이 자음이면 '♀로/으로', '모음'이나 'ㄹ'이면 '로'로 나타난다. 구격조사가 생략된 예는 보이지 않는데, 이는 서술어와의 관계가 긴밀하여 생략이 불가능하기 때문일 것이다.

(55) ㄱ. 菩薩ㅅ 因行♀로<14ㄴ>, 뜯 닐오ㅁ로<8ㄴ>
ㄴ. 眞空境으로 宗삼고<14ㄴ>, 즁싱이 지츠로<67ㄱ>
ㄷ. 두 義로<14ㄴ>, 아래로<21ㄴ>, 슈小菩薩로<9ㄴ : 구결문>

(55ㄱ)은 받침이 있는 체언 어간의 말음절이 반모음 'ㅣ'가 후행하는 양성모음이거나 명사형어미 '-옴' 뒤에 구격조사 '♀로'가 통합된 예이고, (55ㄴ)은 받침이 있는 체언 어간의 말음절이 음성모음이거나 '이'인 경우에 구격조사 '으로'가 통합된 예이다. (55ㄷ)은 체언 어간 말음이 모음이거나 'ㄹ'인 경우에 구격조사 '로'가 통합된 예이다.

구격조사는 '도구격, 원인격, 향격, 자격격, 변성격' 등으로 세분되기도 하는데, 이 책에서 '변성격'이라고 할 만한 예는 없다. 나머지를 순서대로 보인다.

(56) ㄱ. 도구격 : 管으로 하늘 보다 ㅎ니<67ㄴ>
ㄴ. 원인격 : 聲聞身으로 得度ㅎ얌 직ㅎ니란<22ㄴ>
ㄷ. 향격 : 아래로 衆生 救ㅎ샤몰 브트니<21ㄴ>
ㄹ. 자격격 : 두 義로 趣 사ㅁ니라<14ㄴ>

사) 공동격조사

공동격조사 역시 선행 체언 말음의 음운 조건에 따라 '과/와' 두 가지 형태로 나타난다. 체언의 말음이 자음이면 '과', '모음'이나 'ㄹ'이면 '와'이다. 공동격조사는 '과/와'가 체언에 통합되어 나타내는 의미와 서술어와의 관계에 따라 '공동, 나열, 비교' 등의 기능을 보인다. 이 책의 원전은 600부나 되는 방대한 분량의 책에서 핵심만을 가려 뽑은 경의 본문및 본문에 대한 주석인 약소(略疏)를 붙여서 된 책이다. 따라서 차례대로항목을 나열하거나 불교용어 등을 나열하여 설명하는 형식의 구성이 많은 부분을 차지한다. 항목 나열식 구성은 수사(數詞)의 쓰임을 빈번하게하고, 용어(用語) 나열식 설명은 공동격조사에 의한 문장 구성을 활발하게 했다. 이런 이유로 이 책에는 공동격조사가 명사구 중첩 기능을 하는구접속의 나열형 구문이 많다. 공동격조사 '과/와'가 통합된 비교의 문장도 드물게 보이지만 공동의 기능을 보이는 문장은 없다.

> (57) ㄱ. 나열 : 苦와 集과 滅와 道왜 업스며<50ㄱ>
> ㄴ. 비교 : 色이 空과 다르디 아니호문<34ㄴ>[40]

나열의 공동격조사는 동일한 자격을 보이는 명사들 중 마지막 명사만이 필요한 격을 가지는 이른바 집단 곡용을 하는데, 이 책에서도 공동격조사가 쓰인 문장들 중 상당수에서 집단 곡용을 한다. 하지만 예외의 경우도 더러 있다. (58ㄱ)은 집단 곡용의 예이고, (58ㄴ)은 그렇지 않은 경우이다. 대체로 나열의 기능을 가진 구문에서는 집단 곡용을 하고, 비교의기능을 가진 구문에서는 그렇지 아니한 공통점을 보인다.

> (58) ㄱ. <u>나와 늄괘</u> 다 잇는 쁘디니<34ㄱ>, <u>色과 聲과 香과 味와 觸과</u>
> <u>法괘</u> 업스며<46ㄱ~ㄴ>, <u>色과 믐과롤</u> 다 펴시니<48ㄱ>
> ㄴ. <u>수몸과 顯홈과</u> 둘 업수미<34ㄱ>, <u>空이 色과</u> 다르디 아니호문
> <34ㄴ>

---

40) 앞의 주 38)에서 '다ᄅᆞ-'는 격조사 '애/에, 에셔, 이게'와 보조사 '두고'를 지배한다고 하였는데, 이 책에는 '이와 엇뎌 다ᄅᆞ료<27ㄴ, 28ㄱ>'형 구문과 '空이 色과 다ᄅᆞ-, 色이 空과 다ᄅᆞ-<29ㄱ, ㄴ>'형 구문이 많아서 '다ᄅᆞ-'가 주로 공동격 '과/와'를 지배한다.

비교의 공동격조사는 'ᄀᆞᆮᄒᆞ-' 앞에서 생략된 형태로 나타나는 경우가 많다.[41)]

(59) ㄱ. 쁘든 알퓌 사곰 ᄀᆞᆮᄒᆞ니라<54ㄴ>
ㄴ. 이 三科 사교미 ᄀᆞ조문 對法等論 ᄀᆞᆮᄒᆞ니라<48ㄱ>

아) 호격조사

이 책에는 호격조사의 쓰임이 드문 편이다. 당시에 쓰인 호격조사 '하, 아, 야/여' 중 이 책에는 비존칭의 호격조사 '아'가 단 한 차례 나올 뿐이다.

(60) 舍利子아<25ㄱ>

6) 보조사

국어의 조사에는 위에서 살폈던 격조사 외에 체언은 물론, 부사, 용언의 활용형, 격조사 등에 통합되어 선행하는 말의 뜻을 보다 정밀하게 해주는 기능을 하는 조사인 보조사가 있다. 중세국어 시기의 보조사 역시 현대국어에서와 같이 체언이나 부사 등에 통합되어 격을 보여 주기도 하고, 비교·대조, 단독, 출발, 도착, 강조 등의 의미를 나타내기도 한다. 이 책에도 대조의 의미를 보이는 보조사를 비롯하여, 역시, 시발, 강세, 양보, 의문, 같이, 위치 등의 의미를 나타내는 보조사 등 적지 않은 종류의 보조사가 쓰였다. 그 용례를 살펴보면 다음과 같다.

가) 대조 : ㄴ(ᄋᆞᆫ/은, ᄂᆞᆫ/는)

이 보조사는 선행어와 통합하여 비교나 대조의 의미를 나타낸다. 'ᄋᆞᆫ/

---

41) 형용사 'ᄀᆞᆮᄒᆞ-[如]'는 이 책에서 공동격 '과/와<27ㄴ, 28ㄱ, 41ㄱ>'를 지배하거나, 조사가 생략된 '이 ᄀᆞᆮᄒᆞ-<11ㄴ, 26ㄱ, 51ㄱ, 53ㄱ>' 구문을 이룬다.

은'과 '논/는'은 선행어 말음절의 받침 유무나 선행어 말음절 모음의 종류에 따른 이형태이다. 보조사 중 가장 많은 용례를 보인다. 하지만 '는'이 실현될 환경에서 모두 '논'으로 실현되었다. 따라서 언해문에는 '는'이 보이지 않고, 구결문에만 단 한 번의 쓰임이 있을 뿐이다.

> (61) ㄱ. 三藏 中엔<12ㄴ>, 아랜<24ㄴ>, 어민<25ㄴ>
>
> ㄴ. 아호븐<12ㄱ>, 揚온<14ㄱ> : 筌온<7ㄴ>, 열흔<12ㄱ>, 기푸믄
> <66ㄱ>
>
> ㄷ. 둘흔<11ㄴ>, 여들븐<12ㄱ>
>
> ㄹ. 이논<27ㄴ>, 道논<7ㄴ> : 二諦논<7ㄴ>, 有논<8ㄱ>, 宗趣논<14ㄱ>
>
> ㅁ. 般若深邃는<65ㄱ : 구결문>

(61ㄱ)은 모음으로 끝나는 선행어 다음에 기저형인 'ㄴ'이 통합된 예이고, (61ㄴ)은 받침이 있는 선행어 말음절 다음에 '온'이 통합된 예이다. 선행어 말음절의 모음이 양성모음인 경우는 물론이거니와 음성모음 다음에서도 '온'이 나타났다. 모음조화에 의한 표기를 원칙으로 하고 있지만 양성모음 표기가 월등히 많다. 체언뿐만 아니라, 명사형 다음에서도 그렇다. (61ㄷ)은 받침이 있는 음성모음의 선행어 말음절 다음에 '은'이 통합된 예이다. 그러나 (61ㄴ)의 예에서 보듯 '은'이 실현될 환경에서도 '온'이 쓰여서 용례가 적은 편이다. (61ㄹ)은 받침이 없는 선행어 말음절 다음에 '논'이 쓰인 예이다. 말음절이 양성모음이어도 '논'이 쓰여서, '는'이 쓰인 것은 (61ㅁ)처럼 구결문의 한 예에 지나지 않는다. 전체적으로 양성모음 보조사의 쓰임이 많아서 모음조화에 따른 표기라기보다 기저형을 양성모음으로 한 것이 아닐까 하는 추정을 가능하게 한다.

『반야심경언해』에서 대조보조사는 주로 '수사(數詞)'에 후행하여 설명 항목을 나누는 기능을 하거나 처격조사와 함께하여 처소 및 순서의 다

름을 표현하는 기능을 한다.

> (62) ㄱ. 흐나훈 ~ 둘혼 ~ 세훈 ~ 네훈 ~ 다스손<11ㄴ~12ㄱ>
> ㄴ. 二藏內엔<12ㄴ>, 아랜<24ㄴ>, 空中엔<48ㄱ>

나) 역시 : 도

'역시'의 의미를 나타내지만 통합된 선행어 및 서술어와의 관계에 따라서는 '강조'를 나타내기도 한다. 현대국어에서의 '도'와 형태 및 용법이 같다.

> (63) ㄱ. 잢간도 空 아뇸 아닐씨<8ㄱ>, 또 障이 다아도 더디 아니ᄒ며
> <42ㄱ>
> ㄴ. 受와 想과 行과 識도 또 이 곧ᄒ니라<26ㄱ>, 곧 이 아논 空理
> 도 또 得디 몯ᄒ릴씨<53ㄱ>
> ㄷ. 우리 小乘有餘位中에도<27ㄴ>

(63)은 보조사 '도'가 체언, 부사, 용언 활용어미, 격조사 다음에 통합된 예이다. '도'는 (63ㄴ)에서 보는 바와 같이 주격 및 대격의 위치에서 실현되면 주격조사와 대격조사가 생략되지만, (63ㄷ)처럼 처격조사를 지배할 때는 생략되지 않는다.

다) 시발(始發) : 브터

'브터'는 현대국어 '부터'의 소급형이다. 접사화한 연결어미 '-어'가 동사 '븥-[附]'에 후행하여 문법화(文法化)한 것으로 보인다. 이 책에서도 다른 중세국어 문헌에서처럼 대격조사가 선행한 '올/을브터', 또는 '롤브터' 등의 출현 예가 훨씬 많다.

> (64) ㄱ. 舍利子色不異空브터<19ㄴ>, 이브터<24ㄴ, 63ㄴ>

ㄴ. 假롤브터<37ㄱ>, 空울브터<37ㄱ>, 緣울브터<42ㄱ>, 法을브터
   <54ㄴ>

라) 강세 : ᅀᅡ

중세국어 시기에 강세를 나타내는 보조사로는 'ᅀᅡ' '곳/옷', '붓/봇' 등
이 있었으나 이 책에는 'ᅀᅡ' 외의 다른 용례는 보이지 않는다. 'ᅀᅡ'는 현
대국어의 '야'에 해당되는 조사로서 중세국어 당시에는 조사는 물론, 활
용어미 다음에서 광범위하게 쓰였다. 하지만 『반야심경언해』에는 활용
어미에 후행하는 소수의 예만 보인다.

(65) 滅ᄒ야ᅀᅡ<28ㄱ>, 滅코ᅀᅡ<28ㄱ, 29ㄴ>, 空인돌브터ᅀᅡ<34ㄱ>

마) 양보 : 인돌

보조사 '인돌'은 계사의 활용형에서 온 것으로 생각되는데 이 책에 그
용례가 많지 않다. 고영근(2010 : 103)에서는 '비특수' 보조사로 주어의 자
리에 놓인다고 하였다.

(66) 空인돌브터ᅀᅡ<34ㄱ>, 空인돌<36ㄴ>, 色인돌<36ㄴ>,呪둘힌돌<59ㄴ>

바) 의문 : 고

중세국어 시기의 의문문 체계는 현대국어의 의문문 체계와 차이를 보인
다. 그중 하나가 의문 보조사에 의한 의문문 구성이다. 의문 보조사로는
'가/아'와 '고/오'가 쓰였는데, 가부의 답변이나 설명을 요구하는 의문문의
서술어로 체언이 오는 경우, 계사의 연결 없이 바로 체언에 통합되어 의문
문을 만드는 기능을 가진다. 의문사에 호응하여 설명의문문을 만드는 설명
의문과 의문사 없이 가부의 대답을 요구하는 판정의문으로 나눌 수 있다.

설명의문문을 구성하는 보조사로는 '고/오'가 있고, 판정의문문을 구성하는
보조사로는 '가/아'가 있다. 이 책에는 설명의문을 구성하는 의문 보조사의
쓰임이 매우 드물게 나타난다. '고'에 의한 의문문 한 예(例)만 보인다.

(67) 菩提는 엇던 더 ㄱ새 감고<66ㄱ>

사) 같이 : 다히

중세국어 시기에 '같이'의 의미를 나타내는 보조사로 '다비'(다이)', '다
히', '자히' 등이 있었는데, 현대국어에서 대부분 쓰이지 않는다. 현대국
어에서 의존명사와 조사로 기능하는 '대로' 정도가 연관성이 있지만, 중
세국어 당시에도 동일한 형태로 쓰였던 단어이다. 이 보조사들은 체언이
나 동명사 어미 다음에 연결되어 '같이'의 의미를 보인다. 특히 '자히'는
동명사 어미 다음에 와서 동작이나 상태의 지속을 나타낸다. 이 책에는
'다히' 한 예만이 쓰였다.

(68) 理다히 아로미 일후미 如理智니<59ㄱ>

아) 위치 : 셔

보조사 '셔'는 '위치, 출발점, 비교'의 뜻을 가진다. 주로 명사, 부사격
조사, 부사, 연결어미 다음에 통합되어 쓰인다. 현대국어의 출발점 부사
격조사 '서'의 소급형이다. 이 책에서의 용례<17ㄴ, 21ㄱ, 25ㄴ, 57ㄴ>는 모
두 대명사 '예' 다음에 와서 '위치'를 나타내는 말로 쓰였다.

(69) 예셔 닐오매 慧니<17ㄴ>, 예셔 닐오매 覺이오<21ㄱ~ㄴ>, 예셔
飜譯엔 鵁鶄鳥ㅣ니<25ㄴ>, 예셔 닐오매 우업수미라<57ㄴ>, 예셔
닐오매 等이라<58ㄱ>

7) 용언의 교체

가) 자동적 교체

용언 어간의 자동적 교체는 대체로 명사어간의 교체와 일치한다. 이 책에서 용언 어간의 자동적 교체에 해당하는 예를 나타나는 순서대로 제시하면 다음과 같다. 여러 번 출현하는 경우에는 처음 나오는 것만 보인다.

> (70) ㄱ. 용언 어간이 자음으로 끝나는 경우 : 깊-[深]<7ㄴ>, 궂-[隔, 斷]<7ㄴ>, 닛-[忘]<7ㄴ>, 없-[無]<7ㄴ>, 낱-[顯]<8ㄱ>, 낫 -[進]<8ㄱ>, 앗-[奪]<8ㄱ>, 곶-[備]<8ㄱ>, 좇-[隨]<8ㄱ>, 두렵-[圓]<8ㄱ>, ᄉᄆᆺ-[通]<8ㄱ>, 어듭-[昏衢]<8ㄴ>, 높-[高]<8ㄴ>, 븥-[依]<11ㄴ>, 닭-[修]<12ㄱ>, 녙-[淺]<22ㄱ>, 둪-[覆]<23ㄱ>, 닛-[連]<25ㄴ>, 짓-[作]<33ㄴ>, 더렵-[垢]<38ㄴ>, 짐-[欣]<51ㄱ>, 즐겁-[樂]<63ㄱ>, 둣-[愛]<63ㄴ>, 믭-[憎]<63ㄴ>, 맞-[逢]<63ㄴ>, ᄆᆾ-[竟]<63ㄴ>
> ㄴ. 용언 어간이 모음으로 끝나는 경우 : 니르-[謂]<8ㄱ>, 샌르-[速]<8ㄴ>, 흐르-[流]<12ㄱ>, 다르-[異]<22ㄱ>

(70ㄱ)은 형태음소적 표기법에 의한 것으로, 모음 어미 앞에서는 원래대로 발음되던 'ㅌ, ㅍ, ㅈ, ㅊ' 등의 어간말 자음이 음성 환경에 따라 자음 어미 앞에서는 'ㄷ, ㅂ, ㅅ'을 가진 어간으로 교체가 된다. 겹받침을 가진 어간 'ㅄ, ㅺ'은 자음어미 앞에서 'ㅂ, ㅅ'으로, 'ㅸ'은 'ㅂ'으로, 'ㅿ'은 'ㅅ'으로 교체되는 등 8종성 이외의 자음을 가진 어간 말음은 자음 어미 앞에서 자동적 교체가 일어난다. (70ㄴ)은 '른/르'로 끝나는 용언의 어간이 자음 어미 앞에서는 변동이 없는데, 모음으로 시작하는 어미 앞에서 어간의 교체가 일어나는 예이다. 현대국어 문법에서 말하는 '르' 불규칙 활용의 직접적 소급형이다. '니르~닐ㅇ', '샌르~샐ㄹ' 등의 교체형을 볼 수 있다.[42]

나) 비자동적 교체

용언 어간이 자음으로 끝나는 예들 중에서 비자동적 교체에 해당하는 '아쳗-[厭]'<51ㄱ>, '묻-[間]'<53ㄱ> 등이 보인다. 모음어미와 매개모음을 취하는 어미 앞에서 어간말 자음 'ㄷ'이 'ㄹ'로 교체된다. 현대국어 문법에서 'ㄷ'불규칙으로 다루는 예들이다. 그밖에 비자동적 교체를 하는 예로 이른바 존재사로 불리는 '잇-/이시-'의 활용도 일부 있다.

> (71) ㄱ. 二諦 샹녜 이시며<7ㄴ>
>   ㄴ. 세히 잇느니<14ㄴ>, 세 對 잇느니<17ㄱ>, 두 가지 잇느니<22ㄱ>

(71ㄱ)의 '이시-'는 모음어미와 매개모음을 취하는 어미 앞에 오고, (71ㄴ)의 '잇-'은 자음어미 앞에 온다.

이 외에 '두-[置]'와 '이시-'의 축약형이 '두쇼디'로 나타나는 등 용언 어간의 비자동적 교체의 예가 부분적으로 보이기도 한다.

> (72) 疑心을 두쇼디<29ㄱ>

8) 종결어미

1장에서 밝힌 대로 『반야심경언해』의 경 본문 언해는 설화자(說話者)가 독자에게 해설하는 형식이다. 약소(略疏) 언해의 지문은 설화자가 독자에게 설명을 하는 형식이고, 인용절은 경 본문의 대강을 밝히는 것으로 되어 있다. 따라서 대부분의 문장은 [～ 니르샤디 " ～ -다/라" ～니라]형

---

42) 현대국어에서는 '따르-, 치르-' 등 어간의 끝음절이 '르'인 동사 중에 '으'만 탈락하는 예가 있어서 '이르-, 빠르-, 흐르-, 다르-' 등을 불규칙활용으로 다루지만, 중세국어에는 그런 예가 없어서 '르/르'가 어간의 끝음절로 들어 있는 용언을 규칙활용으로 다룬다. 고영근(2010 : 125～126) 참조.

구성이다. 이런 이유로 인용문의 종결어미는 '-다/라'인 경우가 많고, 모문의 종결어미는 '-니라'형이 주류를 이룬다. 이 책에 보이는 종결어미는 평서형, 의문형, 명령형, 감탄형의 네 유형으로 나눌 수 있다.

(73) 평서형
　ㄱ. 이런ᄃᆞ로 니ᄅᆞ샤디 '般若波羅蜜多心経이라' ᄒᆞ시니라<8ㄴ>
　ㄴ. 뎌 空 아ᄂᆞᆫ 智도 ᄯᅩ 得디 몯ᄒᆞ릴ᄊᆡ 니ᄅᆞ샤디 '知 업다' ᄒᆞ시니라
　　<51ㄴ>
　ㄷ. 곧 이 아ᄂᆞᆫ 空理도 ᄯᅩ 得디 몯ᄒᆞ릴ᄊᆡ 니ᄅᆞ샤디 '得 업다' ᄒᆞ시니
　　라<53ㄱ>
　ㄹ. 中論애 니ᄅᆞ샤디 '空ㅅ 義 잇ᄂᆞᆫ 전ᄎᆞ로 一切法이 이ᄂᆞ니라' ᄒᆞ시
　　니<34ㄱ>
　ㅁ. 비르서 究竟이 ᄃᆞ외리라<36ㄴ>

평서형 종결어미 '-다'는 서술격조사 어간 '이-'나 선어말어미 '-오/우-, -과-, -니-, -리-, -더-'의 뒤에서 '-라'로 교체된다. 이 책에서 대부분의 종결어미는 서법 형태소와 결합하여 'ᄒᆞ라'체의 부정법이나 직설원칙법을 표시하고, 드물게 추측법을 보이기도 한다. 또 약소 언해 모문의 종결어미는 경 본문이나 경을 설한 주체에 대한 존대의 표시로 대부분 존경법의 선어말어미 '-시/샤-'를 가지고 있다. 약소 언해의 인용절은 화자가 청자에게 일방적으로 진술하는 형식을 취하며 주로 부정법(不定法)을 보인다. 이 책에는 겸양법(謙讓法)이나 공손법(恭遜法)의 선어말어미는 보이지 않는다.

(74) 의문형
　ㄱ. 이와 엇뎨 다ᄅᆞ료 홀ᄊᆡ<27ㄴ, 28ㄱ>
　ㄴ. 엇뎨 이 그레 一切 다 업다 ᄒᆞ시뇨<53ㄱ>
　ㄷ. 엇뎨 이 空이 이 色ᄋᆞᆯ 滅티 아니ᄒᆞ료<53ㄱ>

ㄹ. 엇던 전추로 오직 無等 쓰롬 니르디 <u>아니호시뇨</u><62ㄱ>

ㅁ. 엇뎨 노프며 기프닐 <u>혜아리리오</u><67ㄴ>

ㅂ. 菩提는 엇던 뎌 ᄀ새 <u>갈고</u><66ㄱ>

(74ㄱ~ㅂ)은 『반야심경언해』에 나오는 의문문 문장 전체이다. 모두 의문사와 호응하는 1, 3인칭의 설명의문문이다. 경의 내용 중 난해한 부분에 대해 어떤 상황을 설정하고, 자문(自問)하여 독백하는 형식이 많다. (74ㄱ~ㅁ)은 선어말어미 '-니/리-'와 설명의 의문형어미 '-오'의 결합에 의한 의문문이고, (74ㅂ)은 체언 뒤에 의문 보조사 '고'가 통합된 의문문이다.

(75) 명령형

ㄱ. 다 업슨 쁘디니 다 알폴 마초아 <u>스랑호라</u><34ㄴ>

ㄴ. 두어 번 브즈러니 호야 略疏룰 <u>내라</u> 호니<67ㄱ~ㄴ>

이 책에서 명령형은 그 용례가 적은 편이다. 모두 '호라'체이다. 주어는 나타나지 않으나 앞뒤의 문맥에 의지하면, (75ㄱ)은 불특정의 청자이고 (75ㄴ)은 약소(略疏)를 한 법장(法藏)이다.

(76) 감탄형

ㄱ. 般若 기픈 쁘디 이룰 <u>니르신뎌</u><8ㄱ>

ㄴ. 理 一十四行애 다ᄋ니 이 <u>알리로다</u><8ㄱ>

ㄷ. 이럴써 <u>알리로다</u> 니르샤믄<59ㄴ>

중세국어의 감탄형은 감탄법어미에 의한 것과 감동법 선어말어미에 의한 것이 있는데, 이 책에는 두 유형이 다 보인다. (76ㄱ)은 감탄법어미 '-ㄴ뎌'에 의한 감탄문이다. '-ㄴ뎌'는 동명사 어미 '-ㄴ'과 의존명사 'ᄃ'의 활용형이 화석화한 것이고, (76ㄴ~76ㄷ)은 감동법 선어말어미 '-도-'에 의한 감탄형이다.

9) 연결어미

중세국어의 연결어미는 그 종류나 형태가 비교적 다양한 편이다. 그만큼 연결어미에 의한 문장 구성이 다양하고, 의미의 표현도 구체적이다. 이 책에도 여러 종류의 연결어미들이 쓰였다. 그러나 경전 언해라는 책의 특성으로 인해 용례의 폭이 넓지는 않다. 여기서는 『반야심경언해』에 보이는 연결어미들을 기능별로 유형화해서 제시하고, 책에 나오는 구체적인 사례들을 살펴볼 것이다.[43]

가) 나열(羅列)의 어미 : -고/오

나열식 설명이 많은 책 구성상의 특성으로 인해 비교적 빈번하게 접할 수 있는 어미 중의 하나이다. 앞의 문장과 뒤의 문장을 대등하게 이어 주는 '나열'의 기능을 갖는다. (77ㄴ)의 '-오'는 반모음 다음에서 실현되는 '-고'의 이형태 표기이다.

　　(77) ㄱ. 眞性을 니르고 ~ 敎룰 니르니<14ㄴ>
　　　　　ㄴ. ᄒ나훈 外道의 한 邪見을 헐오져 ᄒ샨 젼치오 둘흔 二乘을 두르혀 大乘에 들에 코져 ᄒ샨 젼치오<11ㄴ>

나) 병행(竝行)의 어미 : -며

같은 동작이나 상태의 거듭됨을 나타낸다. 앞에서 다룬 나열의 연결어미 '-고'와 비슷한 빈도로 보인다. 선어말어미 '-리-'에 후행한 '-리며'나 보조사 '셔'에 선행한 '-며셔' 등은 용례가 없다.

　　(78) ㄱ. 生티 아니ᄒ며 滅티 아니ᄒ며 더럽디 아니ᄒ며 조티 아니ᄒ며<38ㄴ>
　　　　　ㄴ. 사ᄅᆞ미 心藏이 웃드ᄆᆞ며 즈ᅀᆞᆯ외야<17ㄴ>

---

43) 연결어미의 패러다임은 안병희·이광호(1990)에서 가져 왔다.

다) 양태(樣態)의 어미 : －아/어

어미 '－아/어'는 현대국어에서와 마찬가지로 비교적 널리 쓰이고, 기능도 다양한 편이다. 하지만 주동사(主動詞)의 동작보다 앞서서 행해지는 동작의 양태를 나타내는 기능을 갖는 경우에 한하여 양태의 어미라고 부른다.

(79) ㄱ. 顯了로 ᄇᆞᆯ기 니ᄅᆞ샤 智慧 아로ᄆᆞᆯ 내야 煩惱障ᄋᆞᆯ 滅케 ᄒᆞ시고<19ㄴ>
ㄴ. 뎌 ᄠᅳ들 거두어 教 니ᄅᆞ와ᄃᆞ샤ᄆᆞᆯ 알에 ᄒᆞ노라<12ㄱ>

라) 원인(原因)의 어미 : －니, －ㄹᄊᆡ

후행절에 대한 '원인, 이유, 조건, 상황, 설명의 계속' 등을 나타낸다. 이 책에는 같은 기능을 보이는 어미 중 '－니, －ㄹᄊᆡ' 두 형태만 쓰였다. 두 형태 모두 설명문에서 '이유'를 나타내는 기능을 갖는다. 이런 유형의 문장에 흔히 쓰이는 '－매, －거늘/거늘, －관ᄃᆡ' 등은 용례가 없다.

(80) ㄱ. 舍利ᄂᆞᆫ 이 새 일후미니<25ㄴ>, 色과 ᄆᆞᅀᆞᆷ과ᄅᆞᆯ 다 펴시니<48ㄱ>
ㄴ. 二乘의 疑心이 이 둘헤 나디 아니ᄒᆞᆯᄊᆡ 나ᅀᅡ가 사기시니라<28ㄱ>

마) 조건(條件)의 어미 : －면, －ㄴ댄

조건이나 가정을 나타내는 어미로는 '－면, －ㄴ댄' 등의 쓰임이 비교적 활발한 편이다. 이 책에는 '－면, －ㄴ댄'에 기대어 조건의 의미를 나타내는 문장이 몇몇 보인다. 그러나 '－거든/거든' 등은 용례가 없다.

(81) ㄱ. 우흘 마초면 어루 알리라<48ㄱ>
ㄴ. 이ᄅᆞᆯ 마초건댄 반ᄃᆞ기 닐오ᄃᆡ 色中엔 空이 업다 ᄒᆞᆯ띠니<33ㄴ>

바) 양보(讓步)의 어미 : －나, －오ᄃᆡ/우ᄃᆡ, －ㄴᄃᆞᆯ, －거니와, －ㄹᄲᅮ니

언뎡, -아도/어도

앞말에서 어떤 사실을 인정하되, 뒷말이 앞말에 매이지 않음을 나타내는 어미이다. 앞을 긍정하고 뒤를 부정하는 양보의 기능을 갖는다. 이 책에는 양보의 문장이 매우 다양한 유형으로 나타난다. 그만큼 양보 어미의 쓰임이 활발한 편이다. '-아도/어도'는 어미 '-아/어'에 보조사 '도'가 통합된 것이다.

(82) ㄱ. 緣을 <u>조츠시나</u> 말쏘매 건난 宗은 性이 두려이 스ᄆ차 다 나ᄐ
　　　니라<8ㄱ>
　　ㄴ. ᄯᅩ 流를 <u>조초ᄃᆡ</u> 더럽디 아니ᄒᆞ며<42ㄱ>
　　ㄷ. 見思惑을 <u>그추ᄃᆡ</u> 오직 正使를 긋고<40ㄴ>
　　ㄹ. 五蘊이 다 <u>空ᄒᆞᆫ들</u> 비취여 보샤<23ㄱ>
　　ㅁ. 그러나 色은 緣을브터 <u>닐어니와</u> 眞空은 나디 아니ᄒᆞ며<42ㄱ>
　　ㅂ. 福 <u>더을ᄲᅮ니언뎡</u> 구틔여 사기디 아니홀ᄯᅵ니라<65ㄴ>
　　ㅅ. ᄯᅩ 障이 <u>다아도</u> 더디 아니ᄒᆞ며 德이 차도 더으디 아니ᄒᆞ니라
　　　<42ㄱ>, 둘히 잇디 <u>아니ᄒᆞ야도</u> 減티 아니ᄒᆞ며<44ㄱ>

사) 의도(意圖)의 어미 : -려

연결어미 '-려'는 의지나 의향을 나타내는 기능을 갖는다. 중세국어 시기에는 의도법 선어말어미 '-오/우-'가 선행하는 특성이 있다.

(83) 큰 菩提心을 發케 <u>호려</u> ᄒᆞ샨 전ᄎᆞ오<12ㄱ>

아) 원망(願望)의 어미 : -고져, -과뎌

연결어미 '-고져, -과뎌' 등은 원망이나 희구(希求)를 나타낸다. 이 책에는 스스로 동작이나 행동을 바랄 경우에 사용되는 '-고져'와 제3자의 동작이나 행동을 바랄 경우에 쓰는 '-과뎌' 등 두 가지 형태만 보인다.

(84ㄱ)의 '-오져'는 [ㄹ] 다음에서 실현되는 '고져'의 이형태 표기이다.

> (84) ㄱ. 邪見을 <u>헐오져</u> ᄒ샨 젼ᄎ오<11ㄴ>
> ㄴ. 眞宗애 <u>맛과뎌</u> ᄒ노라<66ㄱ>

자) 도달(到達)의 어미 : -게/에

어떤 동작이나 상태에 도달함을 나타낸다. 사역(使役)의 뜻도 갖는다. 좀 더 고형(古形)으로 쓰이던 '-긔/기'는 이 책에 용례가 없다. (85ㄴ)의 '-에'는 반모음 다음에서 실현되는 '-게'의 이형태 표기이다.

> (85) ㄱ. 一切 한 重ᄒ 障올 <u>긋게</u> ᄒ샨 젼ᄎ오<12ㄱ>
> ㄴ. 正見올 <u>내에</u> ᄒ샨 젼ᄎ오<11ㄴ>

차) 부정(否定) 대상의 어미 : -디

부정의 대상임을 나타낸다. 현대국어 '-지'의 소급형이다. 이 외에 '-ㄴ 동, -드란' 등도 같은 기능을 갖는 어미인데, 서술어 '모ᄅ-, 몯ᄒ-' 앞에만 온다는 통사적 제약에 때문에 제한적으로 사용된 반면, '-디'는 서술어 연결이 비교적 자유로워서 널리 쓰였다.

> (86) ㄱ. 因緣 <u>격디</u> 아니ᄒᆞ야<11ㄴ>
> ㄴ. 義 믄득 <u>나토디</u> 몯홀씨<19ㄴ>

카) 긍정(肯定) 대상의 어미 : -디위

긍정의 대상임을 강조하고 그 반대의 사태를 부정하는 기능을 갖는다. 훈민정음 초기 문헌에 보이던 '-디빙'가 나중에 '-디위, -디외, -디웨' 등으로 바뀌었으나, 이 책에는 '-디위' 한 형태만 쓰였다. 현대국어 의 '-지'와 관련이 있다.

(87) 宗온 蘊中에 人 업수믈 일후미 <u>蘊空이디위</u> 蘊이 제 空혼디 아니니
　　〈27ㄴ〉

이 책에 목적의 어미 '－라', 한도의 어미 '－드록', 더해감의 어미 '－디
옷, －ㄹ스록', 연속의 어미 '－라, －락, －ㄴ다마다' 등은 쓰이지 않았다.

10) 어휘

『반야심경언해』에는 희귀어나 난해어라고 할 만한 고유어는 별로 없
다. 다만 아래의 두 어휘는 널리 쓰이지 않는 것이기에 따로 밝혀 둔다.

(88) ㄱ. : 영·노ᄒ－(지혜롭－ / 슬기롭－)
　　　　 그 사르미 어미 : <u>영·노ᄒ며</u> 쏼로미(~聰悟~호미)〈25ㄴ〉
　　 ㄴ. 죡박(쪽박, 작은 바가지)
　　　　 蠡ᄅᆞᆼ는 <u>죡·바기오</u>〈67ㄴ〉

예문 (17)에서 이미 지적한 대로 이 책에도 다른 불경언해서와 같이
한자어 중 일부가 한자어라는 의식이 엷어져 정음으로 표기된 것들이
있다. 다시 나열하면 다음과 같다.

(89) 샹녜(常例)〈7ㄴ〉, 잢간(暫間)〈8ㄱ〉, 쟝ᄎ(將次)〈11ㄴ〉, 부텨(佛
　　 體)〈62ㄱ〉, 즁싱(衆生)〈67ㄱ〉

5. 맺는말

지금까지 세조대에 간경도감에서 간행된 불경언해서 『반야바라밀다

심경언해』를 대상으로 하여 책의 성격, 서지사항, 어학적 특성 등 서지 및 언어 사실 전반에 대해 살펴보았다. 이 책은 대승불교의 중요한 경전 중 하나인 한문본『반야심경』을 정음으로 번역한 언해본이다. 저본(底本)인 한문본의 성격은 물론, 현전하는 언해본의 특성과 형태서지, 언해 체제, 그리고 표기법과 문법 등『반야심경언해』의 서지사항과 국어사 자료로서의 가치를 밝혔다.

5.1.

『반야심경언해』는 조선조 세조 10년(1464년)에 간경도감에서 간행하였다. 언해본의 저본(底本)은 송나라의 중희(仲希)의 주해본이다. 저본인 이 책은, 당나라 현장(玄奘)의 한역(漢譯)『반야바라밀다심경』(649년)에 법장(法藏)이 약소(略疏)를 붙여『반야바라밀다심경약소』(702년)를 만들고, 여기에다 송나라의 중희가 주해를 더하여 조성한 책인『반야심경소현정기』(1044년), 바로 그 책이다. 주해본인『반야심경소현정기』에 세조가 정음으로 구결을 달고 효령대군(孝寧大君)과 황수신(黃守身), 한계희(韓繼禧) 등이 번역을 하여, 목판본 1권 1책으로 간행을 하였다.

그렇지만 언해가 이루어진 부분은 현장(玄奘)의 경 본문과 법장(法藏)의 약소이고, 중희의 주석(註釋)인 '현정기(顯正記)' 부분은 제외하였다. 중희의 주석은 해당하는 경 본문의 언해문 다음이나, 약소 구결문과 약소 언해문 사이에 한문 협주(夾註) 형식으로 실려 있다.

5.2.

언해본의 간행 및 번역에 관련된 제반 사항, 곧 저본(底本)을 중희의 '현정기'로 삼은 이유와 언해의 목적 그리고 간행 경위 등 언해본 조성에 관련된 전반적인 내용은 책 권두에 실려 있는 황수신(黃守身) 등의 진전문을 통해 살필 수 있다. 또한 『반야심경언해』의 끝에 실려 있는 한계희(韓繼禧)의 발문(跋文)으로도 짐작할 수 있다. 법장의 '약소'가 홀로 종지(宗旨)를 터득했음과 중희의 '현정기'를 이용하여 장소(藏疏)를 나누는 등 분절(分節)의 편의를 취했다는 사실이다.

『반야심경언해』는 간행된 이후 그 후쇄본의 쇄출(刷出) 및 복각 간행이 두어 차례 이루어졌다. 현재 원간 초쇄본 2본을 비롯하여 후쇄본 1종, 복각본 2종이 전해지고 있다. 이 책들 중 연구의 대상이 된 책은 1994년에 공개되어 보물 제1211호로 지정된 소요산(逍遙山) 자재암(自在庵) 소장본이다. 현전하는 이본들 각각에 대해 형태서지를 밝히고 그 특성을 정리했다. 아울러 이 책은 경 본문, 약소, 현정기 등이 함께 배치(排置)되어 있어서 다른 언해본들에 비해 복잡한 양상을 띠는데 이에 대해서도 살펴보았다. 이는 중희의 현정기(顯定記)에 의해 장소(藏疏)를 나눈 후 글귀마다 해석하고, 소(疏)에 따라 분절(分節)해서 각각 본문(本文) 밑에 넣었기 때문이다. 이런 이유로 언해 체제가 다른 언해본들보다 다소 복잡하게 보인다.

5.3.

『반야심경언해』는 간경도감에서 간행된 언해불전으로 훈민정음 창제 초기 정음 표기의 특성을 보여 주는 중요한 문헌 중의 하나이다. 그런 이유로 표기법과 문법을 분리해서 정리했다. 방점 표기와 한자음 표기 등을 보면, 이 책이 다른 간경도감 언해본들과 같은 체제와 형식으로 되어 있음을 알 수 있다. 그러나 'ㅸ, ㆆ' 등이 쓰이지 않거나 제한적으로 쓰인 점으로 보면, 간경도감본 초기의 문헌보다는 상대적으로 후기의 모습을 보인다는 사실도 확인할 수 있다. 특히 팔종성 표기는 훈민정음 해례 종성해의 규정에 충실하여 다른 문헌에서 팔종성 외에 흔히 쓰이는 'ㅿ'이 전혀 쓰이지 않은 점 등, 특기할 만한 사항이 있다. 또 'ㆆ'이 고유어 표기에 쓰이지 않았으면서도 사이글자에 용례가 있는 점도 이 문헌에서 특별한 점이다.

문법 항목에서는 이 책이 가지는 문체 및 언해상의 특성에 기인한 종결어미의 편중성을 밝히고, 경어법 선어말어미가 제한적으로 나타나는 원인 등을 구명하였다. 이 책에는 경어법 선어말어미 중 존경법의 '-으시/으샤-' 이외에 겸양법 선어말어미 '-ᄉᆞᆸ/ᄉᆞᇦ-, -ᄌᆞᆸ/ᄌᆞᇦ-, -ᅀᆞᆸ/ᅀᆞᇦ-'이나 공손법 선어말어미 '-이-, -잇-'의 쓰임이 없고, 감동법 선어말어미는 '-도-'만 나타나는 등의 특성을 보이고 있다. 이는 책의 구성이, 설화자인 약소를 주소(註疏)한 이가 경 원문의 내용에 대해 해설하는 형식의 문형 중심으로 되어 있기 때문일 것이다.

그 외 이 책의 전반적인 문법 사항은 같은 해에 간행된『선종영가집 언해』,『아미타경언해』,『금강경언해』 등과 대체로 일치하며,『오대산 상원사 중창 권선문』과도 부합한다. 불경언해서가 대부분 그러하듯 이 책도 경 본문과 약소에 대한 풀이의 성격을 띠므로 체언과 보조사의 쓰임은 단조롭다. 이에 비해 용언, 특히 연결어미의 쓰임은 활발한 편이다. 한자어를 중심으로 한 파생 용언의 형성은 매우 생산적이다.

제9장 오대산 상원사 중창 권선문
(五臺山 上院寺 重創 勸善文)

1. 머리말

1.1.

강원도의 오대산은 우리나라의 대표적인 불교 성지 중 한 곳이다. 월정사와 상원사가 자리 잡고 있을 뿐만 아니라, 중대(中臺) 사자암(獅子庵)을 비롯하여 수많은 산내 암자가 있는 한국 불교 문수신앙(文殊信仰)의 발원지이기도 하다. 개산조(開山祖) 자장율사(慈藏律師) 이래 오늘에 이르기까지 적지 않은 수의 고승 대덕이 이곳에서 배출되었다. 선지식들의 발길이 끊이지 않아서 불연(佛緣)의 흔적이 지금도 산 곳곳에 남아 있다.

이곳에는 불교 성지에 걸맞게 다수의 불교 관련 문화유산이 전해지고 있다. 산재(散在)해 있는 유형(有形)의 성보 문화재는 말할 것도 없거니와, 월정사의 성보박물관에는 목조문수동자좌상(木造文殊童子坐像)을 비롯하여 불상(佛像), 탱화(幀畵), 전적류(典籍類), 의류(衣類) 등 여러 종류의 동산(動産) 문화재들이 소장되어 있다. 그뿐만 아니라, 일제강점기에 일본으로 반출

되었다가 그곳의 관동(關東) 대진재(大震災) 때 대부분 소실되고, 일부 남아 있던 책권(冊卷)만으로 환수의 절차를 거친 소중한 사료(史料) 문화재도 지난 날 이곳에 있었다. 바로『조선왕조실록(朝鮮王朝實錄)』오대산 사고본(史庫本)이다.[1] 이는 오대산이 불교 성지로서는 말할 것도 없고, 사고 터로서도 천혜의 조건을 갖추고 있었기 때문일 것이다.

1.2.

이런 연유로 상원사와 월정사는 세조 왕실의 기도 도량[願刹] 역할을 하면서 왕실과 관련된 일화 및 문화유산을 다수 간직하고 있다. 그중 하나가 상원사를 중창(重創)할 때 세조가 보냈다는『오대산 상원사(上院寺) 어첩(御牒)』이다.[2] 이 어첩은 중창 불사에 필요한 정재(淨財) 및 물자의 시주를 권하는 내용을 담고 있는 공덕첩(功德牒)이다. 곧, 임금의 권선문(勸善文)인 것이다. 그런데 어첩이라는 이름의 이 문건에는 세조의「어첩」외에「권선문」한 편이 더 들어 있다. 상원사의 중창 불사를 관장했던 당

---

1) 옛 오대산 사고(史庫)에는『조선왕조실록』761권과『왕실의궤』380권, 기타 서책 2,469권 등 3,610권의 서책이 보관되어 있었으나, 1913년에 총독 데라우치 마사타케(寺內正毅)에 의해 일본으로 반출되었다. 그러나 대부분의 서책은 1923년 9월 관동 대지진 때 소실되고, 대출되어 있던 일부(74책)만이 화를 면했다고 한다. 그중 27책은 곧 당시의 경성제국대학으로 돌아왔고, 이후 일본 동경대에 보관되어 있던『조선왕조실록』47책은 2006년 기증 형식으로 우리나라에 돌아와 서울대 규장각(奎章閣)을 거쳐 현재는 국립 고궁박물관에 소장되어 있다. 한편 1922년 조선총독부에 의해 반출된『왕실의궤』44종 81책(다른 사고본 포함 전체 81종 167책, 이 중『진찬의궤』1종 4책은 궁내청 자체 구입)은 2011년 12월 6일에 일본으로부터 반환된 147종 1,200책(이보다 앞서 2011년 10월 19일 한·일정상회담 시 돌아온 3종 5책을 포함하면 모두 150종 1,205책) 속에 포함되어 돌아온 바 있다.

2) 필자는 2010년 6월 23일 월정사 성보박물관을 방문해서「어첩」및「권선문」의 형태 서지 및 내용 전반에 대해 살핀 바 있다. 실사의 기회를 준 월정사 및 성보박물관, 그리고 열람의 편의를 제공해 준 학예연구사들께 감사의 뜻을 밝힌다. 이 분들의 배려로 이 글을 쓸 수 있게 되었다.

대의 고승 신미(信眉)가 쓴 일종의 모연문(募緣文)이다.[3] 그런데 서외제(書外題)[4]와는 달리 신미의 '권선문'이 '어첩'의 앞에 편철(編綴)되어 있어서 주목을 받아 왔다. 이 권선문의 1면 첫 행에는 내제(內題) 격인 '五臺山上院寺重創勸善文'이 세로로 쓰여 있다.

첩장(帖裝)으로 오늘에 전해지는 이 문건을 흔히 '오대산 상원사 어첩', 또는 '오대산 상원사 중창 권선문'이라고 부른다. 첩장의 구성은 맨 앞이 신미의 '권선문', 그 다음이 세조의 '어첩' 그리고 뒤쪽에 '공덕주 열기(列記)'[5] 순으로 되어 있다. 지금은 월정사의 성보박물관 소장이다. 국보 제292호이다.

1.3.

『오대산 상원사 어첩』은 개화기에 이능화(李能和, 1918)의 소개로 학계에 알려지면서 관련 연구자들의 관심을 모았고, 이후에도 드물기는 하지만 논의가 이어졌다. 최남선(1928), 다카하시 도오루(高橋亨, 1929/1971), 양주동(1948) 등은 해제를 붙여 사진판으로 공개하기도 했다.[6] 안병희(1979)에는

---

3) 앞으로의 논의에서는 세조가 쓴 공덕첩을 '어첩'이라 하고, 신미의 모연문은 '권선문'이라고 할 것이다. 두 문건을 함께 아우를 때는 『오대산 상원사 어첩』, 또는 『오대산 상원사 중창 권선문』으로 부를 것이다.

4) 이 첩장의 서외제(書外題)는 후술할 예정인 두 첩 중 언해본의 앞쪽 표지에만 있다. 언해본의 당초문양(唐草紋樣)이 있는 붉은 색 비단 표지 위쪽 중간쯤에 세로로 쓰인 '御牒'이라는 묵서(墨書)를 이른다.

5) '어첩'이라고 표지서명이 있는 언해본 첩장(帖裝)에는 모두 17명의 공덕주 명단(세자를 제외하면 전원 여성)이 있고, 한문본 첩장에는 모두 234명의 공덕주 명단이 열기(列記)되어 있다. 한문본 첩장의 공덕주는 세자를 비롯해 모두 남성들만으로 되어 있다. 이 열기에는 왕과 세자만이 성과 이름을 썼을 뿐, 그 외에는 모두 대군, 부원군 등의 호칭이나 전·현직의 직함과 성(姓)만 쓰고 수결을 쳤다. 다만, 일부의 경우에는 수결이 누락되거나, 이름 앞에 두는 '臣'자가 빠지기도 했다. 그런가 하면 이름과 '臣'자의 순서가 뒤바뀐 경우도 있다.

6) 이 외에 『조선사』 4-4(조선사편수회, 1936년)에도 부분 복제가 있었던 것으로 전한

간략하게 국어사 자료로서의 가치에 대한 설명이 있었고, 최범훈(1985)는 전문(全文)을 활자화(活字化)하여 옮겨 싣고 주해를 시도했다는 점에서 형태서지 외에 내용에 대한 연구의 시작으로 가치 있는 작업이었다. 그런가 하면 일본의 동경외국어대학 조선어학과(朝鮮語學科) 연구실에서는 『중기조선어자료선(中期朝鮮語資料選)』(1987)에서 최남선(1928)을 전재(轉載)하여 다른 중세국어 자료와 함께 교재로 만든 바 있다.7) 이 문헌의 자료적 가치에 대한 인식의 일단을 보여 준 것으로 판단한다. 김무봉(1996ㄷ)은 형태서지와 어학적인 측면에서의 논의이고, 이호권(2005)는 『오대산 상원사 어첩』의 작성 연대 및 언해문의 교정 등에 대한 소개이다.8) 김무봉(2010)에서는 해제를 통해 김무봉(1996ㄷ)을 보완하고, 언해문을 현대어로 옮긴 후 주석을 달았다. 그 외에 공덕주로 열기된 이들도 활자화하여 실어 놓았다.9)

다. 안병희(1979) 참조.

7) 동경외국어대학 어학교육연구협의회 발행의 이 책자에는 다른 중세 한국어 자료와 함께 이 문건(文件)이 실려 있는데, 자료 제공자는 1924년에 『龍歌古語箋』을 쓴 마에마 쿄사쿠(前間恭作)이고, 제명(題名)은 '어첩(御牒)'이다. 그리고 '어첩(御牒)' 밑에 작은 글자로 '附五臺山上院寺重創勸善文'이라고 적어 놓았다.

8) 여기서 '소개'라고 한 것은 이 글이 논문 형식이 아니고, 국립국어원에서 운영하는 디지털 한글박물관의 '문헌 자료와 해제'란 종교류 항목에 해제(전문가용)로 실려 있는 내용이기 때문이다. 짧은 글이지만 주목할 만한 내용이 많아서 이 논의에 큰 도움이 되었다.

9) 이 논의를 위해 다시 살피면서 일부 내용에 오류가 있었음을 알았다. 그런가 하면 작업의 성격이 달라서 미처 다루지 못한 부분도 있었다. 여기서 이를 바로잡고 보완을 하고자 한다. 아울러 그 작업은 역주에 비중을 둔 것이고, 이 논의는 자료의 성격과 가치를 살피고자 한 논의여서 방향과 내용이 서로 다르다는 점도 밝혀 둔다. 다만, 자료의 형태서지 등 객관적 사실은 겹칠 수도 있다.

2. 문제의 제기

2.1.

이 문건은 두 첩(帖)으로 나뉘어 있다. 하나는 한문 원문과 언해문이 함께 실려 있는 문헌으로 흔히 언해본으로 부른다. 다른 하나는 한문 원문만 있는 문헌으로 이른바 한문본이다. 언해본10)은 앞뒤의 표지를 제외한 본문 부분이 모두 32면11)이고, 한문본 역시 앞뒤의 표지를 제외하면 모두 64면이다.12) 전자(前者)의 붉은 색 비단 표지 위쪽 중간쯤에는 '御牒'이라는 묵서(墨書)가 종서로 쓰여 있다.13)

그런데 두 문건을 쓴 이가 국왕과 신미로 서로 다르고, 쓴 시기 또한 각각 다를 수밖에 없는데, 비슷한 필체로 필사된 두 종류의 문건이 한 첩에 들어 있다는 것은 쉽게 납득이 가지 않는 내용이다. 이는 우리가 접하는 첩장이 글쓴이가 처음에 쓴 그 원본이 아니고, 나중에 누군가에 의해 새로 쓰여서 각각 언해본과 한문본의 두 첩으로 조성된 후 보관해 왔기 때문으로 보인다. 따라서 두 건의 권선문을 쓴 각각의 시기와 이를 언해본과 한문본의 두 첩장으로 조성한 시기는 서로 다를 수밖에 없는

---

10) 언해본은 원문 다음에 언해문이 더 들어가 있고, 세자를 제외한 공덕주들의 면면이 여성들만으로 되어 있다는 점에서 공덕주가 남성들만인 한문본과는 차이가 있다.

11) 우리가 연구 대상으로 하고 있는 문헌이 절첩장이어서 절첩(折帖) 부분을 경계로 하여 면(面) 단위로 계산을 한다. 곧 오른쪽 절첩선에서 시작하여 6행이 끝나는 왼쪽 끝까지의 부분이 1면인 것이다.

12) 이런 점을 감안하여 이하 한문 원문과 언해문이 함께 있는 권선문을 '언해본'이라 하고, 원문만 있는 권선문을 '한문본'이라 부를 것이다.

13) 이 때문에 이 문헌을 오래 전부터 '오대산 상원사 어첩', 또는 '오대산 상원사 세조 어첩'이라고 해 왔다. '어첩' 앞에 '오대산 상원사'가 들어간 이유는 '어첩'이 오대산 상원사의 중창 불사와 관련된 것이기 때문에 이를 반영하여 그렇게 된 것으로 본다. 그러나 표지 한 장을 넘기면 첫 행에 '五臺山上院寺重創勸善文'이라고 적혀 있어서 흔히 이 이름으로 부른다.

것이다.

이렇듯 「어첩」과 「권선문」을 쓴 시기는 서로 다를 수밖에 없는데, 권선문에만 쓴 날짜가 적혀 있고 어첩에는 아무런 기록이 없어서 그동안 이의 해명에 혼란이 있었다. 권선문의 경우는 언해본과 한문본 공히 한문으로 된 권선문의 말미에 적혀있는 '天順 八年 臘月 十八日'(세조 10년, 1464년 12월 18일)로 보아 그때에 이루어진 것으로 본다. 그러나 세조의 어첩은 어디에도 연대가 명기(明記)되어 있지 않아서 논란이 된 바 있다. 논의가 필요한 내용이다. 언해의 시기는 어첩과 권선문을 쓸 때 함께 한 것인지, 아니면 나중에 별도로 한 것인지 분명하지 않다.

간행 형태는 신미의 권선문과 어첩 모두 붓으로 쓴 묵서(墨書)의 필사본(筆寫本)이다. 그러니까 상원사 어첩은 정음으로 쓰인 15세기 유일의 필사본이면서, 현전 최고(最古)의 한글 필사자료라는 가치를 가진 문헌인 것이다.

2.2.

위에서 적시한 내용을 통해 알 수 있는 바와 같이 이 첩장들에는 석명(釋明)이 필요한 내용이 몇 가지 있다. 첫째는 신미의 권선문과는 달리, 문건에 아무런 연대(年代) 표기가 없어서 그동안 오해의 소지가 있었던 어첩을 쓴 시기에 대한 문제이다. 둘째는 언해본과 한문본을 별도로 조성한 이유이다. 이는 당시 문자생활의 실상을 짐작할 수 있는 단서가 될 만한 내용이다. 셋째는 두 권선문의 필체가 서로 비슷하다는 점이다. 그리고 두 종류의 권선문이 같은 첩에 묶여 있는 점도 그렇다. 어떤 연유로 그렇게 된 것인지 밝혀야 할 내용이다. 목적이 있어서 나중에 새로 필사한 후 첩장으로 만들어서 보관해 온 것으로 판단하는데, 누가, 언제, 어떤 목적으로 그렇게 조성한 것인지, 그 경위에 대한 해명이 요구된다. 넷째는 권선문과 어첩을 언해한 때가 언제인가 하는 점이다. 원문 작성과 동시에 이루어진 것인지, 아니면 나중에 별도로 행해진 것인지 살펴야 할 내용이다. 곧 어첩을 쓴 연대, 언해문을 만든 때 그리고 첩장 조성경위와 그 시기 문제 등의 해결은 이 자료의 성격과 가치를 밝히기 위해풀어야 할 과제들이다.

2.3.

언해본은 한문으로 된 부분과 정음으로 옮긴 부분 등 두 편의 권선문을 모두 합해야 6행 1면 기준으로 17면에 지나지 않는 적은 분량의 문헌이다.[14] 그중 정음으로 된 부분은 10면에 지나지 않는다. 이렇듯 적은 분량의 문건이기는 하지만 훈민정음 창제 초기에 조성된 최고(最古)의 한글필사본이다. 비록 번역 형식으로 된 문어체 중심의 문장이 대부분이고, 글의 성격상 사용된 어휘도 매우 제한적이지만, 구결문 없이 원문을 바로 옮긴 번역이어서 당시의 현실 언어가 어느 정도 반영되어 있다고 본다. 국어사 연구 자료로서 활용 가치가 높은 이유이다. 이런 이유로 이문헌이 그동안 훈민정음 창제 직후인 15세기 중반 한국어 연구에서 소중한 자료로 이용되어 왔다. 그런가 하면 두 책의 공덕주 열기에 보이는도합 250여 명에 달하는 당대의 인물들인 왕비, 세자, 세자빈, 종친은 물론, 내명부(內命婦), 외명부(外命婦)의 여러 여인들과 품계(品階) 그리고 중앙

---

14) 언해본 첩장에 있는 한문 원문과 정음으로 옮긴 언해문 부분 등 본문은 모두 17면에 지나지 않는다. 본문이 이렇듯 적은 분량이지만, 앞에서의 설명대로 본문 뒤쪽에 공덕주들을 열기한 시주질이 있어서 전체 면수는 32면이다. 한문본 역시 본문은 8면에 불과하지만 시주질이 길어서 모두 64면이다.

과 지방에서 근무하고 있거나 퇴임한 수많은 전·현직 관료들의 직함(職銜)과 수결(手決) 등은 당시의 직제(職制) 연구나 서지 연구에도 많은 도움이 되고 있다.

이 논의는 이러한 점에 착안하여 '상원사 중창 권선문'과 세조 '어첩'의 한글 문화유산으로서의 가치와 훈민정음 창제 초기에 조성된 15세기 유일의 필사 한글 자료인 언해본의 성격을 밝히는 데 목적이 있다.

3. 형태서지적 특징

3.1.

『상원사 어첩』은 현재 월정사의 성보박물관에 소장되어 있다. 어떤 보존 경로를 통해 지금에 이르게 되었는지에 대해서는 소상히 알려져 있지 않다. 좌하귀를 비롯하여 하단에 부분적으로 침윤(浸潤) 자국이 남아 있고 일부의 손상도 보이지만, 보존 상태가 양호하여 그동안 비교적 잘 관리되어 왔음을 알 수 있다. 1997년 보물 제140호(1963년 1월 21일 지정)에서 국보 제292호(1997년 1월 1일 지정)로 등급이 승격 조정되었다.15) 이 문헌의 문화재적 가치에 대한 인식의 변화가 반영된 것이다.

앞에서 간단히 소개한 대로 장정(裝幀)은 두 본의 절첩장(折帖裝, 摺本)으로 되어 있으며, 표지(表紙)의 붉은 비단 바탕에는 당초문(唐草紋)이 새겨져 있다. 두 첩 중 한문 원문과 언해문이 함께 들어 있는 첩에는 앞쪽 표지의 중간 위쪽에 '어첩(御牒)'이라는 서외제가 묵서로 필사되어 있다. 표지

---

15) 이 첩장은 일제 강점기인 1936년 2월 21일에 이미 문화재로 등재된 바 있었다. 「지정문화재목록」, 『한국관광자원총람』(1985 : 950~994), 한국관광공사 참조.

를 제외한 부분은 모두 32면이다. 뒤표지는 앞표지와 동일한 표장(表裝)으로 되어 있다. 흔히 '언해본'이라고 부른다. 다른 한 첩 역시 앞뒤 표장은 언해본과 같다. 한문만으로 되어 있고, 표지를 제외한 부분은 모두 64면이다. 서외제는 따로 없다.

두 첩 모두 표지를 제외한 부분의 용지는 두꺼우면서도 광택이 있는 담황색(淡黃色)의 장지(壯紙)이다. 크기는 세로 31.2㎝, 가로 12.2㎝이다. 변란의 상·하는 쌍변(雙邊)이고, 좌·우의 접히는 곳을 제외한 부분에 세선(細線)의 계선이 있다. 면의 광곽(匡郭) 크기는 세로 24.4㎝, 가로 12.2㎝이다. 행관(行款)은 매면(每面) 유계 6행, 매행의 글자 수는 일정치 않다. 조금씩 차이가 난다. 대체로 16∼17자 정도이지만, 적은 행은 13자이고, 많은 행은 18자이다.

이를 정리하면 다음과 같다.

장   정 : 첩장(帖裝)
서외제 : 御牒
내   제 : 五臺山上院寺重創勸善文
크   기 : 세로 31.2㎝ × 가로 12.2㎝
광   곽 : 세로 24.4㎝ × 가로 12.2㎝[16]
변   란 : 상하 쌍변(雙邊), 좌우는 세선(細線) : 접히지 않는 부분만
행   관 : 매면 유계(有界) 6행, 매행 13∼18자

두 첩장에 보이는 글자 크기와 글씨체는 비슷하다. '권선문'과 '어첩' 모두 마찬가지다. 앞에서 밝힌 대로 작성한 이와 작성 시기가 서로 다른데도 이런 양상을 보이는 것은 나중에 두 편의 내용을 한 사람이 다시

---

16) 첩장(帖裝)인 이 문헌의 광곽(匡郭)은 인쇄본과 다를 수밖에 없다. 따라서 절첩(折帖) 부분을 경계로 하여 계선 6행이 있는 해당 면(面)의 상하 변란(邊欄)과 좌우 절첩선(折帖線)까지로 한정한다.

써서 첩장을 만들었기 때문일 것이다.

한자 서체의 경우에는 한자 전래 이래 조성된 필사본 문헌이 상당하여 본으로 삼을 만한 자형(字形)이나 획형(劃形)이 적지 않았을 것이다. 본이 되는 여러 자형과 획형 가운데서 하나를 선택하여 두 문건의 자형으로 삼는 데 별다른 문제가 없었을 것이다. 그런데 언해본의 경우에는 필사된 한글 문헌으로서는 최초의 것이어서 자양(字樣)과 획형의 개발 등 적절한 서체를 만들기 위한 고심이 컸을 것으로 짐작된다. 물론 훈민정음 창제 직후에 간행되었던 활자본이나 목판본 문헌들의 출판에서도 판밑본 작성 등의 작업 과정이 선행(先行)되었기 때문에 그런 판밑본의 서체를 참고하기는 했을 것이다. 하지만 인쇄본(印刷本)이 아니고 순전히 필사로만 조성을 한다는 점에서 이 문헌의 경우에는 자형의 고안(考案) 및 도안(圖案)에 적잖이 고심을 했던 것으로 보인다. 그런 결과인지 언해문의 자양(字樣)은 해정(楷正)하면서도 세련되고, 미려(美麗)하면서도 장중하다.

이렇게 도안된 자양은 현대 한글 서체의 형성에 그대로 영향을 미친 듯 언해본에 쓰인 한글 자양은 오늘날의 서체와 견주어도 큰 차이가 없다.

3.2.

언해 체제는 언해본 중 신미가 쓴 권선문의 경우, 원문은 위에서 세 글자 정도 내려서 시작하고, 언해문은 한 글자 정도 내려서 시작했다. 그러니까 권선문의 원문은 위에서부터 3자만큼을 비우고, 네 번째 글자를 쓸 자리에서 시작을 한 것이다. 그리고는 '임금'과 관련된 어휘나 '삼보(三寶)' 등의 어휘가 나오면 행을 바꾸어 다음 행의 맨 처음에서 시작했다. 이렇게 행의 시작을 3자 정도 띄우고 하는 것은 존대(尊待)를 구사하

기 위한 방편이다. '임금'과 관련된 어휘나 '삼보' 등 존중이나 경외 대
상의 어휘가 나오면 행을 바꾸고 3글자 정도를 올려서 적는 방법을 썼던
것이다. 이른바 대두법(擡頭法)이다. 대상에 대해 경의(敬意)를 표하는 방법
인데, 문장 도중에 예우할 대상자나 관련된 어휘가 나오면 행을 바꾸어
다시 시작하면서 다른 행보다 몇 자를 높여서 시작하는 방법을 쓴 것이
다. 권선문에서는 수복강녕(壽福康寧)의 기원 대상인 국왕 '세조'에 대한
경의(敬意)로써 그와 관련된 어휘가 나오거나 '삼보'가 나오면 행을 바꾸
어 맨 위에서 다시 시작하는 방법을 썼다. 그런데 권선문의 언해에서는
약간의 차이를 두었다. 같은 대두법을 쓰되, 동일한 경배(敬拜) 대상에 대
해 똑같이 1자 정도를 올리는 데 그쳤다.

　세조의 '어첩' 역시 1행당 글자 수에 있어서는 '권선문'과 같다. 역시
대두법을 썼으나 권선문과는 다소의 차이를 보인다. 국왕이 쓴 글이기는
하지만 불제자를 자처한[17] 세조이므로 불조(佛祖)가 포함된 '삼보(三寶)'
및 국사(國師)로 예우했던 '혜각존자(慧覺尊者) 신미(信眉)'와 관련된 어휘에
대해서는 대두법을 썼다. 그러나 예우의 대상이 누구냐에 따라 차이를
두었다. 원문의 경우 어휘 '삼보'에 대해서는 1자 반 정도를 올리고, 혜
각존자와 관련된 어휘는 1자 정도를 올린 것이다. 이는 불조가 포함되어
있는 '삼보'와 승려인 '혜각존자'의 예우에 차등을 둔 것이다. 언해문의
경우에는 '삼보'에 대해서는 2자를 올리고, '혜각존자'와 관련된 어휘에
대해서는 1자 정도를 올렸다.

　한문본 역시 1행당 글자 수에 있어서는 언해본과 비슷하다. 15자에서
17자 정도이다. 여기에서도 역시 대두법을 썼다. 신미 권선문의 경우에

---

17) 이러한 사정은 '어첩'의 말미에 행을 바꾸어서 써 놓은 작성자 기명행(記名行)의
　'佛弟子承天體道烈文英武朝鮮國王李 珬(불제자 승천체도열문영무 조선국왕 이유)'를
　통해 확인할 수 있다.

는 임금과 관련된 어휘나 '삼보'에 대해 2자 정도를 올렸다. '어첩'의 경우에는 '삼보'에 대해서는 2자 정도, '혜각존자'에 대해서는 1자 정도를 올렸다.

이런 연유로 두 첩장에 보이는 '권선문'과 '어첩'의 시작은 일견 들쭉날쭉한 것으로 보이기도 한다. 그러나 당시에 두 첩을 쓴 이도 그렇거니와 글의 대상 역시 최상의 예우를 해야 했던 인물이어서 이런 사정이 그대로 반영된 것으로 본다. 이러한 대두법이 목판본이나 활자본 등의 인쇄본(印刷本)에 보이지 않는 것은 아니지만, 대체로 행을 바꾸거나 한 글자 정도 올리는 데 그쳤다.[18] 이 문헌의 경우에는 필사본이었기에 구사하기가 쉽지 않은 존대법을 글쓴이의 뜻대로 실현할 수 있었을 것이다.

3.3.

글자의 크기와 자형(字形) 그리고 내용 구성 등에 대해서 살펴보기로 한다. 한자의 경우에는 자형과 크기가 두 첩 모두는 물론, 두 첩 각각에 실려 있는 권선문과 어첩에 이르기까지 비슷하다. 다만, 원문과 언해문 모두에 공통적으로 보이는 현상은 '권선문'에 비해 '어첩'의 원문과 언해문이 보다 정자(正字)에 가깝다는 점이다.[19] 그리고 언해문의 경우에는

---

18) 예우 대상과 관련된 어휘가 나오면 행을 바꾸어 존대법을 실현하거나, 한 글자 정도 올려서 대두법을 행한 예는 『훈민정음』 해례본의 정인지 서문 등 훈민정음 창제 초기에 간행된 문헌에서 종종 볼 수 있다.

19) 신미의 '권선문'이 조금 흘려 쓴 흘림체인 데 비해, '어첩'은 정자에 가깝다. 이는 왕과 신하의 글이 함께 실릴 경우, 서체(書體)를 달리하여 구분하는 일종의 대우법으로 『훈민정음』 해례본에서도 '예의' 부분과 '해례' 부분에 차이를 둔 점으로 볼 때 왕조 시대의 관행이었던 것으로 보인다. 또한 이 첩장에는 교정을 행한 흔적이 있는데, 여기에도 주목할 만한 내용이 있다. 한문으로 기록된 부분에는 오자(誤字)가 없고 교정(校訂)을 행한 내용이 없는 반면, 언해문에만 교정을 행한 데에다, 언해문 중에서도 세조의 '어첩' 부분에만 교정을 한 것이다. 이 점 두 문건을 새로 필사하여 첩장을 조성하면서 읽을 대상을 누구로 하느냐 하는 문제 및 두 문건에

정음 글자의 왼쪽에 점획(點劃)으로 방점을 찍었다. 또한 국한(國漢) 혼용문(混用文)임에도 불구하고 같은 시기에 간행되었던 대부분의 다른 문헌들과는 달리 한자에 한자음 주음을 하지 않았다. 뒤에서 다시 논의하겠지만, 당시에는 한자의 경우 한자 밑에 동국정운 한자음으로 주음을 했었다.

앞에서 지적한 대로 두 첩의 편철 순서는 같다. 그러나 언해본은 한문본과 달리 원문 다음에 언해문이 있고, 뒤쪽의 공덕주명이 열기된 이른바 시주질(施主秩)에는 두 문건에 각각 다른 인물들이 등장해서 면수(面數)에는 차이가 있다. 정리하면 다음과 같다.

언해본부터 먼저 살피고자 한다. 1면 1행에 권두서명을 두고, 1면 2행부터 4면 끝인 6행까지가 신미 권선문의 한문 원문이다. 5면 1행에는 작성 일자를 알 수 있는 간기(刊記) 성격의 기록이 있고, 5면 2행부터 9면 6행까지 언해문이 이어진다. 10면 1행부터는 다시 어첩의 한문 원문이 나온다. 어첩의 한문 원문은 13면 2행까지 계속되고, 13면 3행부터 17면 5행까지 어첩의 언해문이 나온다. 18면의 3행과 4행의 중간 계선 부분에는 어첩을 쓴 이인 세조의 직명과 실명이 한 줄로 쓰여 있다. 그 밑에 수결(手決)을 친 후 정방형(正方形)의 옥새를 눌렀다. 주인(朱印)이다. 19면에는 자성왕비(慈聖王妃) 윤씨의 직함과 성씨(姓氏)가 역시 한 줄로 쓰여 있고, 그 밑에 정방형의 주인(朱印)을 두었다. 20면에는 세조가 상원사의 중창에 쓰라고 보낸 물자의 목록, 곧 물목(物目)과 수량이 나온다. 21면부터 31면까지는 세자와 정빈(貞嬪) 한씨를 비롯한 공덕주들의 열기(列記)가 있다. 27, 30, 32면은 아무 기재 사항이 없는 이른바 공면(空面)이다.

한문본 역시 1면 1행에 권두서명이 나오고, 1면 2행부터 4면 끝까지

대해 필사자 및 사찰에서 어떤 태도를 가졌느냐 하는 문제와 관련이 있는 것으로 시선을 끄는 부분이다. 아울러 당시 우리 문자에 대한 이해의 정도에 대해서도 짐작이 가는 내용이다.

신미의 권선문 원문이 나온다. 5면 1행에 작성일을 알 수 있는 간기 성격의 기록이 있고, 행을 바꾸어 2행 아래쪽에 언해본과는 달리 글쓴이인 '信眉'의 실명(實名) 서명이 나온다.[20] 다시 한 행을 띄우고는 중창 불사에 동참했던 것으로 알려진 학열(學悅), 학조(學祖)로 짐작되는 이의 수결이 보인다. 그 다음에는 다시 '行湛, 性敏'이라는 실명(實名) 서명이 나온다. 역시 불사에 동참했던 승려들로 짐작된다. 그런데 '性敏'이라는 인명의 바로 위에서 세조의 어첩이 시작된다. 그러니까 6면의 1행은 같은 행의 위쪽에서 어첩 본문이 시작되고 아래쪽에는 권선문의 불사 동참자로 보이는 승려의 인명이 나와서 서로 겹친다.[21] 9면의 1행까지가 어첩이다. 9면의 3행과 4행의 중간 계선 부분에는 어첩을 쓴 이인 세조의 직명(職名)과 실명(實名)이 한 줄로 쓰여 있다. 그 밑에 수결(手決)을 친 후 정방형 옥새를 눌렀다. 10면에는 세조가 상원사 중창에 쓰라고 보낸 물자의 목록이 나온다. 11면에는 세자인 황(晄)의 호칭과 수결이 있고. 수결 위에 인기(印記)를 두었다. 12~13면은 기재 사항이 없는 공면(空面)이다. 14~15면에는 효령대군(孝寧大君)을 비롯한 3명의 대군들이 공덕주로 나온다. 16면은 다시 공면이다. 17면부터 62면까지는 공덕주들이 열기되어 있다. 중간에 44~46면이 공면이고, 60면과 63~64면도 공면이다.

이를 정리하면 다음과 같다.

---

20) 신미의 실명(實名) 서명 다음에는 한 행이 비어 있다. 그리고는 그 다음 행에 학열, 학조로 짐작되는 이의 서명이 나온다. 이는 국왕으로부터 혜각존자(慧覺尊者)의 법호를 받은 것은 물론, 불자들에게 존경을 받고 있는 승려인 고승 신미에 대한 예우로 보인다.
21) 이렇듯 동일한 행간(行間)에 다른 이가 다른 시기에 쓴 문건의 내용이 겹치는 점으로 보아서도 첩장의 조성은 나중에 행해진 것임을 알 수 있다.

[언해본]

권두서명	1면 1행(五臺山上院寺重創勸善文)
권선문 – 한문 원문	1면 2행 ~ 4면 6행(끝)
작성 날짜	5면 1행(天順 八年 臘月 十八日)
권선문 – 언해문	5면 2행 ~ 9면 6행(끝)
어첩 – 한문 원문	10면 1행 ~ 13면 2행
어첩 – 언해문	13면 3행 ~ 17면 5행
세조의 직명 본명 수결 인기	18면 3, 4행 중앙 계선
자성왕비 윤씨 인기	19면 3, 4행 중앙 계선
물목(物目)과 수량	20면 1행 ~ 5행
공덕주 열기(列記)	21면 ~ 31면

* 공면(空面) : 27, 30, 32

[한문본]

권두서명	1면 1행(五臺山上院寺重創勸善文)
권선문 – 한문 원문	1면 2행 ~ 4면 6행(끝)
작성 날짜	5면 1행(天順 八年 臘月 十八日)
신미 실명의 서명	5면 2행
학열, 학조의 수결 및	
행담의 실명 서명	5면 4행 ~ 5면 6행(끝)
성민의 실명 서명	6면 1행(아래쪽)
어첩 – 한문 원문	6면 1행 ~ 9면 1행
세조의 직명, 본명, 수결, 인기	9면 3, 4행 중앙 계선
물목(物目)과 수량	10면
공덕주 열기(列記)	11면 ~ 62면

* 공면(空面) : 12, 13, 16, 44, 45, 46, 60, 63, 64

3.4.

위에서 설명한 대로 '권선문'과 '어첩' 다음에는 시주를 한 공덕주들의 직함(職銜)과 이름이 열기(列記)된 시주질(施主秩)이 이어진다. 등장하는 인물은 서로 다르다. 어첩을 내린 국왕 세조 외에 세자만이 두 첩 모두에 이름을 올렸을 뿐이다. 세자를 제외하면 겹치는 이가 없다. 언해본에는 여성 공덕주들만 보이고, 한문본에는 남성 공덕주들만 나온다. 언해본에는 세조의 비(妃)인 자성왕비를 비롯하여 세자비인 정빈(貞嬪), 공주(公主), 부부인(府夫人), 정경부인(貞敬夫人), 정부인(貞夫人), 그리고 품계(品階) 없이 이름만 올린 여인 5명 등 모두 16명의 여인들이 열기(列記)되어 있다.[22] 내명부(內命婦) 및 외명부(外命婦)의 품계가 있는 경우에는 품계와 성씨를 쓴 다음에 방형(方形)의 인기(印記)를 두었고, 품계가 없는 여인들의 경우에는 인기 없이 이름만을 썼다. 한문본 역시 어첩을 내린 세조를 제외하면 세자를 비롯하여 234명 전원이 남성들이다. 왕비도 빠졌다. 대군(大君), 부원군(府院君), 군(君) 그리고 왕실 및 중앙의 대소 신료와 함경도, 평안도를 제외한 여섯 지방의 수령(首領), 방백(方伯) 등 관료들이 열기되어 있다. 세자를 제외한 이들의 경우에는 작호(爵號)나 직함 다음에 성씨를 쓴 후 수결을 쳤다. 특이한 것은 주인(朱印)의 인기(印記)가 있는 경우에는 인기 위에 붉은 색 천으로 가림을 했다는 점이다. 아마도 인주가 번지는 것을 막기 위한 고려인 듯한데 첩장 조성 때부터 그렇게 한 것인지 나중에 이루어진 것인지 분명치 않다. 어떻든 어첩을 매우 소중하게 다루었다는 사실의 반영임이 분명하다.

---

22) 언해본에 등장하는 여성 공덕주는 모두 16명이지만, 앞에서 설명한 대로 두 첩 모두에 세자가 포함되어 있어서 세자까지 합하면 17명이 되는 셈이다.

4. '어첩' 작성 연대

4.1.

두 첩장의 맨 앞에 자리하고 있는 한문으로 된 권선문의 말미, 곧 두 첩 모두의 5면 1행에는 신미가 권선문을 작성한 날로 짐작되는 날짜, 곧 간기(刊記) 성격의 연기(年記)가 나온다. '天順 八年 臘月 十八日'이다. 세조 10년(1464년) 12월 18일에 쓰인 것임을 알 수 있다. 이 연기 뒤에는 다시 세조의 '어첩'이 이어진다. 그런데 세조의 어첩에는 쓴 날짜가 없다. 언해본의 한문 원문이나 언해문 모두에서 그렇다. 한문본에서도 마찬가지다. 이런 점 때문에 그간 어첩의 작성 시기에 대해서는 의견이 분분했다.

이에 대해 이호권(2005)에서는 실록의 기사에 나오는 사실, 곧 세조가 상원사에 물자를 보낸 날짜인 세조 11년(1465년 乙酉年) 2월 20일 이후라고 보았다. 실록의 기사 중 다음의 내용이 세조가 상원사 중창에 쓰라고 보낸 물목과 일치한다는 점에서이다.[23]

> (1) ㄱ. 僧信眉構江原道五臺山上元寺 命承政院 馳書慶尙道觀察使 給正鐵
>   一萬五千斤 中米五百石又命濟用監 給緜布二百匹 正布二百匹 內
>   需所給綿布三百匹 正布三百匹
>
> ㄴ. 승려 신미가 강원도 오대산에 상원사를 구축하니 승정원에 명하
>   여, 경상도 관찰사에 글을 보내서 정철 1만 5천 근, 중미 오백 석
>   을 주게 하였다. 또 제용감에 명하여 면포 2백 필, 정포 2백 필을

---

23) 세조가 중창에 쓰라고 '어첩'과 함께 상원사에 내린 물목(物目)은 다음과 같다. 단청 재료(彩色), 쌀 오백 석(米五百石), 무명 오백 필(綿布五百匹), 품질 좋은 베 오백 필(正布五百匹), 시우쇠 일만 오천 근(正鐵一萬五千斤) 등이다. 그리고 현재 '上院寺'로 쓰고 있는 상원사의 한자 표기를 「실록」에서는 '上元寺'라 써 놓아서 그대로 옮긴다.

주게 하였고, 내수소는 면포 3백 필, 정포 3백 필을 주게 하였다.
<세조실록 35권 15장 앞면 10~13행, 세조 11년(1465년), 2월 20일 丁酉條>

그리고 공덕주 열기에 나오는 호조판서 김국광(金國光)이 1465년(乙酉年) 4월 4일에 체직(遞職)된 사실을 들어 그 이전에 필사되었을 것으로 추정했다. 그러니까 세조 11년 2월 20일부터 4월 4일 사이에 썼다고 본 것이다.

4.2.

그런데 상원사 중창 불사가 끝나고 10년 가까운 세월이 흐른 성화(成化) 11년(1475년, 성종 6년) 정월에 세조의 요절한 세자 도원군(桃源君)의 세자비인 훗날의 인수대비(仁粹大妃)는 신미(信眉)의 속가(俗家) 동생인 영산부원군(永山府院君) 김수온(金守溫)에게 명하여 상원사 중창사적기(重創事蹟記)를 작성케 하였다. 그 기록에 의하면 상원사 중창은 학열(學悅) 등이 밤낮을 가리지 않고 전력을 다한 결과 을유년(乙酉年, 1465년) 3월에 시작해서 이듬해인 병술년(丙戌年)에 준공했음을 알 수 있다. 이로 미루어서도 세조의 어첩은 물자를 보냈던 때인 을유년(乙酉年, 1465년) 2월 20일 무렵이었을 것으로 판단한다. 세조가 보낸 불사에 필요한 자재(資材)를 받고, 곧 학열 등이 공사에 착수하여 일 년 후에 완공을 본 것이다. 이는 아래와 같은 세조 어첩의 끝 부분에 있는 내용으로도 능히 짐작이 가는 바이다.[24]

(2) ㄱ. … 我故爲師等隨喜署助所費爲宄竟之正因所謂直心菩提者也 …
－<어첩 원문 12 : 5~13 : 1>[25]

---

24) 원문이나 언해문 모두 당시에 간행된 다른 문헌들과 마찬가지로 종서(縱書)로 쓰여 있다. 띄어쓰기는 하지 않았다. 그러나 여기서는 이해를 돕기 위해 이를 횡서(橫書)로 바꾸고, 언해문은 띄어쓰기를 한다.
25) 신미의 글은 '권선문'이라 하고, 세조의 글은 '어첩'이라 한다. '원문'은 언해본의

ㄴ. … 내 이럴씨 師等을 爲ᄒ야 조차 깃거 져기 뿔 거슬 도와 究竟ᄒᆫ
正因을 밍ᄀ노니 닐온고돈 ᄆᄉᄆᆡ 菩提니라 …

-〈어첩 언해문 17 : 1~4〉

ㄷ. … 내가 이러므로 대사(大師) 등을 위하고 더불어 기뻐하여 조
금 쓸 것을 도와서 구경(究竟)한 정인(正因)을 만드니, 이른바
'곧은 마음이 곧 보리(菩提)'이니라. …

-≪현대어역≫26)

세조의 어첩은 신미 등의 승려가 국왕의 수복강녕과 왕실의 안녕을
기원하기 위해 상원사 중창의 불사를 한다는 소식을 듣고, 세조가 물자
를 보내면서 쓴 글임을 알 수 있는 내용이다.

이로써 신미의 권선문과 세조의 어첩 중 신미의 권선문이 먼저 작성
되고, 이어서 세조의 어첩이 만들어진 것임을 알게 되었다. 그런 연유로
두 첩 모두에서 신미의 권선문이 앞쪽에 편철되고 어첩이 뒤에 편철되
었을 것이다.

4.3.

필자는 김무봉(1996ㄷ : 29)에서 신미의 권선문에 나오는 (3)의 내용을 근
거로 어첩의 조성이 신미의 권선문보다 먼저인 것으로 기술하였으나, 이
는 권선문에 나오는 물목의 종류가 명확하지 않은 데서 온 착오이므로

한문으로 된 부분을 가리키고, '언해문'은 언해본의 '언해문' 부분을 가리킨다. 앞
쪽의 일련 숫자는 1면부터 시작한 면수(面數)의 차례인 면차(面次)를 이르고, 뒤의
숫자는 행수를 가리킨다.

26) 이 현대어역은 가능한 한 언해 원문의 내용을 훼손하지 않으면서 원전의 뜻을 온
전히 전하고자 하는 데 비중을 둔 현대 한국어로의 옮김이다. 이른바 '등량(等量)'의
이식(移植)'이다. 이렇듯 '등량의 이식'에 충실하면 문맥의 흐름이 다소 원활하지
못한 한계에 부닥칠 때가 있다.

이를 바로잡는다.

또한 갑신년(甲申年, 1464년) 12월에 쓴 신미의 권선문을 보면 세조가 쌀과 포화(布貨) 그리고 토목공사에 쓸 물건 등을 지원하도록 명하였다는 내용이 있어서 이에 대한 해명도 필요하다. 내용의 전후 맥락에 대한 이해가 선행되어야 해결할 수 있는 과제이다. 신미가 중심이 되어 중창 불사에 소요되는 재원을 마련하기 위해 스스로 의발(衣鉢)을 출연(出捐)하는 등 모연(募緣)의 노력을 할 즈음, 세조가 이를 알고[27] 도움을 주라고 어명(御命)을 내린 것으로 본다. 이에 신미가 권선문을 써서 아래와 같은 내용이 권선문에 들어간 것이다.

그러니까 중창 불사에 필요한 물자를 지원하라는 국왕 세조의 윤명(綸命)은 실제 물자가 도착하기 훨씬 전인 갑신년(甲申年) 12월 신미의 권선문 작성보다 앞서서 미리 내린 것이 아닐까 한다. 경상도에서 쌀 5백 석과 시우쇠 1만 5천 근 등의 물자를 보내기 위해서는 모으는 데만도 꽤 시간이 걸렸을 것이고, 상원사까지 이송하는 시간도 짧지 않았을 것이기 때문이다. 이러한 추정을 하지 않고서는 다음의 내용에 대한 이해가 가능하지 않다.

(3) ㄱ. … <u>兩殿聞之特降綸命</u> … <u>出御衣若干襲命輸米布土木之費以某等特</u>
　　　 <u>承殊遇區 〃 消埃之誠欲裨岡陵之籌幸徹 宸聰有此大施</u> …
　　　　　　　　　　　　　　　　-<권선문 원문 2 : 5~6 / 3 : 2~4 : 1>

　　ㄴ. … <u>兩殿이 듣ᄌᆞ오시고 特別히 綸命을 ᄂᆞ리오샤</u> … <u>御衣 현 불</u>

---

27) 이는 당시 요절(夭折)한 세자 도원군(桃源君)의 세자비인 한씨의 노력에 의한 것으로, 김수온의 '上院寺 重創 事蹟'(成化 11년, 성종 6년, 1475년)에 적혀 있다. 그 기록에 의하면 중창 불사의 단초(端初)는 천순(天順) 8년(1464년) 4월에 세조가 몸이 편치 않아서 열흘 정도 상원사에 머물러 있을 때로 소급된다. 그때 세자비 한씨로부터 왕실 원찰(願刹) 추천의 부탁을 받은 신미가 상원사의 중창을 제안하면서 시작된 것이다.

내시며 뿔와 布貨와 土木 뿔꺼슬 주라 ᄒ시니 우리 特別히 달이
맛나믈 받ᄌ와 죠고맛 精誠으로 뫼ᄀ튼 목수믈 돕ᄉ고져 ᄒ습
다소니 ᄒᆡᆼ혀 님긊 귀예 ᄉᄆ차 이 큰 布施 겨시니 …
-<권선문 언해문 7 : 2~3 / 7 : 6~8 : 4>

ㄷ. … 양전(兩殿)이 들으시고 특별히 윤명(綸命)을 내리셔서 … 어
의(御衣) 몇 벌을 내시며, "쌀과 포화(布貨)와 토목 공사(土木工
事)에 쓸 것을 주어라"(라고) 하시니, 우리가 특별(特別)히 달리
만남을 받들어 조그마한 정성(精誠)으로 산과 같은 (임금의) 목
숨을 돕고자 하였습니다. 다행히 임금의 귀에 들리어 이와 같은
큰 보시(布施)가 계시니 …
-≪현대어역≫

상원사의 중창 불사에 소요되는 물자를 주라고 세조가 내린 윤명을
신미의 권선문에서 'ᄒ라'체의 명령문으로 옮긴 것이다. 어명을 옮긴 글
이므로 'ᄒ라'체의 명령형으로 실현되었다. 신미가 권선문을 작성하기
이전에 이미 세조에 의해 물자 지원의 지시가 있었음을 알 수 있는 내용
이다. 이 어명에 따라 물자 지원이 이루어진 것이 그 다음해인 을유년(乙
酉年, 1465년) 2월 20일인 것이다.

이는 '권선문'과 '어첩'에 실려 있는 내용으로 확인이 되기도 한다. 신
미 등이 상원사 중창 불사를 위해 의발(衣鉢) 등을 내어 놓았다고 하는 (4)
에 대해, 세조가 이를 들었다고 한 (5)의 내용이 그것이다.

(4) ㄱ. … 上院寺尤其勝地某ᄒ竭衣鉢之貯重創於是寺以爲祝釐之所 …
-<권선문 원문 2 : 2~4>

ㄴ. … 上院寺ᄂᆞᆫ 더욱 勝ᄒᆞᆫ 싸히라 우리 衣鉢 다 내야 이 뎔를 다시
지ᅀᅥ 福 비ᅀ올 싸ᄒᆞᆯ 삼고져 ᄒ습다소니 …
-<권선문 언해문 6 : 4~7 : 1>

ㄷ. … 상원사(上院寺)는 더욱 수승(殊勝)한 땅이어서 우리들이 의발
(衣鉢)을 다 내어 이 절을 다시 지어 복(福) 빌 땅을 삼고자 하였
었습니다. …

－≪현대어역≫

신미 등이 상원사 중창 불사에 필요한 재원을 조달하기 위해 의발(衣鉢)
등을 내어 놓았다는 사실을 권선문을 통해 밝힌 내용이다. 세조는 그러한
내용을 듣고 감동하여 불사에 쓸 자재 등을 보내어 돕겠다고 한 것이다.

(5) ㄱ. … 又聞師與悅師祖師爲我盡賣衣資重創靈刹 …

－<어첩 원문 11 : 6~12 : 3>

ㄴ. … 쪼 師ㅣ 悅師와 祖師와로 날 爲ᄒᆞᅌᅣ 오슬 다 ᄑᆞ라 靈ᄒᆞᆫ 뎌롤
다시 지소려 호ᄆᆞᆯ 드로니…

－<어첩 언해문 16 : 1~16 : 4>

ㄷ. … 또 대사(大師)가 학열(學悅)스님, 학조(學祖)스님과 함께 나를 위
하여 옷을 다 팔아서 영(靈)한 절을 다시 지으려 함을 들었다. …

－≪현대어역≫

4.4.

위의 내용으로 유추해 보면 권선문과 '어첩'을 쓰게 된 경위와 그 시
기는 다음과 같이 정리할 수 있을 것이다.

국왕의 수복강녕을 위해 신미 등이 상원사의 중창 불사를 하면서, 불
사에 소요되는 재원을 마련하기 위해 의발 등을 내놓았다는 곡진한 사
연을 세조가 듣고, 그 소식에 감동하여 불사를 돕고자 물자를 지원하라
고 윤명(綸命)을 내렸다. 이에 신미가 감사의 뜻을 담아 권선문을 썼다.

그때가 권선문의 말미에 나와 있는 천순(天順) 8년(세조 10년, 1464년)인 갑신년(甲申年) 12월 18일이다. 그런데 세조가 지원하라고 한 물자 중 일부는 경상도에서, 일부는 서울에서 확보해야 했다. 양도 많고 무겁기도 한 건축 자재가 대부분인 데에다 자재 확보 지역과 불사 현장 간의 거리도 멀었다. 자재 확보와 운송에 짧지 않은 시간이 흘렀을 것이다. 두어 달이 지났고, 그때가 실록에 보이는 성화(成化) 1년(세조 11년, 1465년)인 을유년(乙酉年) 2월 20일 무렵일 것이다. 이때 세조가 물자를 내리면서 '어첩'을 쓴 것으로 본다.

따라서 신미가 권선문을 쓴 시기는 한문 권선문의 말미에 나오는 대로 세조 10년(1464년) 12월 18일의 일이고, 세조가 어첩을 쓴 것은 그 다음 해인 세조 11년(1465년) 2월 20일 경의 일일 것이다.

5. 언해본과 한문본[28]

5.1.

『오대산 상원사 어첩』은 두 종류의 첩장으로 되어 있다. 한문으로 된 신미의 권선문과 세조의 어첩을 언해하여, 언해본 한 첩, 한문본 한 첩 등 두 첩으로 나누어 만든 데에는 그만한 까닭이 있을 것이다. 그런가 하면 언해본의 형태서지도 당시에 간행되었던 다른 인쇄본 언해 문헌들과는 사뭇 다르다. 언해 형식은 물론, 한자음 표기에서도 독특한 모습을 보인다.

---

28) 여기서 언해본을 먼저 제시한 것은 언해본에만 서외제인 '御牒'이 적혀 있기 때문이다. 작성된 순서로 보면 한문 원문이 먼저이겠지만 나중에 첩장을 조성하면서 그렇게 된 것으로 본다.

언해본에는 한문으로 쓰인 권선문 원문 외에 이를 당시의 국어로 옮긴 정음 번역문, 이른바 언해문이 잇달아 나온다. 대역(對譯)의 형식을 취한 번역인 것이다. 여기서 지적해 둘 것은 당시에 책권의 형태로 간행되었던 정음문헌들, 특히 불경 관련 언해 문헌들의 대부분은 한문 원문에 정음으로 구결을 현토(懸吐)하여 구결문을 만든 후 이를 언해한 형식인 것에 비해, 이 문헌은 구결문 없이 바로 언해문을 두었다는 점이다.29) 이는 뒤에서 다시 논의하겠지만 이 문헌이 가지는 성격 때문에 그렇게 되었을 것으로 본다.30)

언해본과 한문본이 두드러지게 다른 점 중 하나는 권선문의 뒤쪽에 열기되어 있는 공덕주들의 면면이다. 앞의 3.4.에서 밝힌 바와 같이 언해본의 경우에는 국왕인 세조와 세자를 제외하면 자성왕비(慈聖王妃) 윤씨를 비롯하여 정빈(貞嬪) 한씨와 공주(公主), 부부인(府夫人), 정경부인(貞敬夫人), 정부인(貞夫人) 그리고 품계가 없는 여성 5명 등 16명 모두가 여성들이다. 이에 비하면 한문본은 어첩을 내린 세조를 제외하면 세자를 비롯하여 대군, 부원군, 군, 중앙 및 지방의 관료 등 234명 전원이 남성으로 되어 있다. 또 하나 다른 점은 언해본의 여성들은 대체로 방형의 인기를 둔데

---

29) 물론 이 문헌보다 이른 시기에 간행된 『석보상절』(1447년), 『월인석보』(1459년) 등의 책과 이 문헌보다 나중에 간행된 『불정심다라니경언해』(1485년), 『영험약초언해』(1485년) 등의 책도 구결문을 따로 두지는 않았다. 전자는 구결문은 물론 원문도 싣지 않았고, 후자는 구결문 없이 원문만을 따로 두었다. 그러나 어첩의 조성 연대인 1464년이나 1465년 무렵에 간행된 대부분의 책들은 경(經)의 원문이나 약소(略疏)에 정음으로 구결을 달아 구결문을 만든 후, 이어서 언해문을 두는 것이 일반적인 현상이었다.

30) 훈민정음 창제 이후에 언해의 형식으로 번역된 책의 대부분은 훈민정음 창제 이전에 한문으로 된 경전의 원문이나 약소에 한자 구결을 달아 읽었던 전통을 이어받아, 훈민정음 창제 후에는 정음이 현토된 구결문을 앞에 두고, 이어서 언해를 하는 방법으로 번역이 진행된 것으로 판단한다. 그런데 이 어첩은 불경들과는 달리 내용이 그다지 길지 않을 뿐만 아니라, 필사본의 특성상 따로 구결문을 두는 것이 오히려 번잡스러워서 구결문 없이 언해를 한 것으로 본다. 언해를 하나의 번역 양식으로 본 논의로는 김영배·김무봉(1998 : 307~415)이 있다.

비해, 한문본의 남성들은 수결과 인기를 함께 둔 세자를 제외하면 모두 수결을 쳤다는 점이다.

5.2.

그렇다면 왜 여성이 공덕주로 나오는 첩장에만 언해문이 있는 것일까. 아울러 굳이 두 첩으로 만들면서까지 언해문을 둔 이유는 무엇일까. 이는 언해문이 있는 첩장에만 공덕주로 여성이 등장하는 것과 연관 지어 설명할 수 있을 것이다. 비록 왕실과 내명부 및 외명부의 여인들이라고 하더라도 이들이 쉽게 이해할 수 있게 하기 위하여 언해문을 두는 배려를 한 것이 아닌가 한다. 어떤 형태의 문헌이건 문자로 기록된 것은 누군가가 읽는다는 것을 전제로 해서 만들어진다. 그런 점으로 볼 때 동일한 내용을 가지고 한문본과 언해본을 따로 만들었다는 사실과 언해본의 공덕주 열기(列記)에 여성들만이 등장한다는 사실은 이 언해본이 어떤 독자들을 배려하여 만들었는지 미루어 짐작이 가는 바다.

신미의 권선문과 세조의 어첩은 모두 중창 불사에 수희(隨喜) 동참하라는 모연의 뜻을 담고 있다. 따라서 이 글을 읽는 이 중 한자를 모르면서 정음을 깨친 이는 정음으로 뜻을 통하라는 의미를 가지고 있는 것으로 본다. 이런 점을 아울러 감안한다면 언해본은 한자를 모르는 이들을 위한 배려이고, 거기에 궁중 여성들이 공덕주로 참여하였다면, 이는 당시 내명부 및 외명부 여인들과 궁중에 있지만 품계가 없는 여인들의 문자 생활에서 정음이 어떤 역할을 했는지 짐작할 수 있게 해 준다. 이 시기에 훈민정음을 이해하고 사용한 이들이 주로 누구였는지 알 수 있는 내용이다.

두 건의 권선문이 만들어진 때는 간경도감(刊經都監)31)에서 언해본 불
경들의 간행 사업이 활발하게 전개되던 시기이다. 『선종영가집언해』, 『아
미타경언해』, 『금강경언해』, 『반야심경언해』(이상 1464년) 등과 『원각경언
해』(1465년)가 모두 이 시기에 간행되었다. 당시의 역경 사업은 세조의 강
력한 지원에 의해 가능했고, 효령대군(孝寧大君)과 같은 종친과 혜각존자
신미, 학열 등의 승려들에 의해 주도되었다. 이런 점을 감안한다면 신미
의 권선문과 세조의 어첩을 왜 굳이 언해하여 별도의 첩으로 만들었는
지 짐작이 어렵지 않다. 하나는 어첩과 권선문을 쓴 당사자가 모두 당시
에 활발하게 전개되었던 역경 사업을 주도했던 인물이라는 점이다. 다른
하나는 당시 우리 문자인 훈민정음을 이해하고 사용했던 이들이 주로
왕실이나 내·외명부 여성들이었다는 점이다. 이런 이유로 언해문을 따
로 만들고 첩장도 별도로 조성한 것으로 판단한다.

5.3.

언해본 권선문의 두드러진 특징 중 하나는 다른 불경언해서와는 달리
국한 혼용문인 이 문헌에서 정음자와 한자의 크기가 동일하다는 사실이
다. 당시에 간행되었던 대부분의 불경언해서가 한자를 큰 글자로 하고,
정음을 작은 글자로 쓴 데 비해, 이 권선문에서는 모두 동일한 크기의
글자를 쓰고 있다. 물론 인쇄한 문헌이 아니고 필사본이어서 그렇기도
하겠지만, 불경언해서를 비롯한 다른 문헌에서는 찾기 어려운 형태이다.
또 하나 지적할 것은 한자에 한자의 정음 독음을 병기하지 않았다는

---

31) 간경도감(刊經都監) 간행의 불경언해서에 대해서는 앞의 제5장 참조. 또한 근자에
    는 간경도감 간행의 불경언해서에 대한 역주(譯註) 작업도 비교적 활발하게 진행
    되고 있는 편이다. 세종대왕기념사업회 등에서 지속적으로 수행하여 적지 않은 성
    과를 거두고 있다.

사실이다. 당시에 간행되었던 대부분의 언해서들은 한자에 동국정운(東國正韻) 한자음을 병기했다. 그 방법은『월인천강지곡』과 같이 정음을 앞에 두고 그 밑에 한자를 쓰는 형태가 유일한 예로 전하고, 그 외 대부분은『석보상절』 등의 문헌에서처럼 한자를 앞세운 후, 그 밑에 정음자로 주음을 하는 방법을 취했다. 그런데『용비어천가』(1447년),『두시언해』(1481년) 등의 문헌에는 한자에 정음 주음을 하지 않았다. 독음(讀音) 없이 한자만을 쓴 것이다. 권선문 역시 한자에 따로 한자음을 두지 않았다. 여기에 나오는 한자는 주로 불교 관련 용어이거나 임금과 관련된 어휘, 또는 비교적 일상적으로 사용하는 어휘들이다. 이는 비록 한자 해득이 어려운 독자라고 하더라도 그 정도의 한자를 알고 있다는 전제가 있어서 그렇게 한 것이 아닌가 한다. 한자로 표기된 어휘의 목록을 보이면 다음과 같다.[32]

(6) ㄱ. 임금과 관련된 어휘
聖上<권선 5 : 2>, 天命<권선 5 : 2>, 民<권선 5 : 3>, 兩殿<권선 7 : 2>, 綸命<권선 7 : 3>, 御衣<권선 7 : 6>, 聖壽<권선 9 : 4>, 潛邸<어첩 14 : 2>, 世子<어첩 17 : 4>

ㄴ. 불교 관련 어휘
文殊<권선 6 : 3>, 靈異<권선 6 : 4>, 衣鉢<권선 6 : 5>, 布施<권선 8 : 4>, 三寶<권선 8 : 5, 어첩 13 : 4,5>, 法輪<권선 8 : 5>, 施主<권선 8 : 6>, 歡喜<권선 9 : 1>, 菩提心<권선 9 : 2>, 善知識 <어첩 13 : 4, 14 : 1>, 慧覺尊者<어첩 14 : 3>, 道<어첩 14 : 3>, 師<어첩 15 : 1, 16 : 2,5,6>, 劫<어첩 15 : 1>, 曰<어첩 15 : 1>, 衆生濟度<어첩 15 : 5>, 慈悲<어첩 15 : 5~6>, 悅師<어첩 16 : 2>, 祖師<어첩 16 : 2>, 師等<어첩 17 : 2>, 究竟<어첩 17 : 3>, 正曰<어첩 17 : 3>, 菩提<어첩 17 : 4>, 付囑<어첩 17 : 4>

32) 신미의 글은 <권선>이라 줄여서 쓰고, 세조의 글은 <어첩>이라 쓴다. < >의 앞쪽 숫자는 처음부터의 면차(面次)를 가리키고, 뒤쪽 숫자는 행(行)을 가리킨다.

ㄷ. 기타

東<권선 5：2>, 便安<권선 5：4>, 天地<권선 5：5>, 恩<권선
5：5, 6：1>, 江陵<권선 6：2>, 五臺<권선 6：2~3>, 上院寺
<권선 6：4~5>, 天下<권선 6：3>, 靈異<권선 6：4>, 勝혼<권
선 6：5>, 福<권선 6：6, 9：4>, 特別히<권선 7：2, 8：1>, 爲
ᄒ야<권선 7：3, 어첩 16：2, 5, 6, 17：2>, 利롤<권선 7：5>,
布貨<권선 7：6>, 土木<권선 7：6>, 精誠<권선 8：2>, 願<권선
8：6>, 德<권선 9：2>, 根源<권선 9：2>, 億萬歲<권선 9：5>, 福
利<권선 9：5>, 現在<권선 9：5>, 未來<권선 9：6>, 利益<권
선 9：6>, 世間<어첩 13：3>, 重혼<어첩 13：3>, 父母<어첩 1
3：4,5>, 安保<어첩 13：6>, 引導<어첩 14：1>, 和<어첩 14：4,
15：2>, 恒常<어첩 14：5>, 念<어첩 14：5>, 欲<어첩 14：5>,
能히<어첩 15：2>, 違타<어첩 15：2>, 病<어첩 15：3>, 床<어첩
15：3>, 百里<어첩 15：3~4>, 感動<어첩 15：6, 16：6>, 靈혼<어
첩 16：3>, 恩德<어첩 16：6>, 後子孫<어첩 17：5>

언해본과 한문본이 다르게 되어 있는 것 중 다른 하나는 신미 권선문
의 경우, 언해본에는 글쓴이인 신미에 대한 기록이 전혀 없다는 사실이
다. 이에 비해 한문본에는 권선문의 맨 끝에 한자로 '信眉'라 써 놓았다.
그리고는 한 행을 띄운 다음에 '학조(學祖)'와 '학열(學悅)'로 짐작되는 이
의 수결을 둔 후, 다음 행에 나란히 '행담(行湛)', '성민(性敏)'이라고 써 놓
았다. 이러한 기록이 언해본에는 없다. 모두 불사에 동참한 승려로 짐작
되는데, 한문본에만 썼다는 점 역시 언해본이 가지는 첩의 특성과 관련
된 것으로 본다. 언해본에는 어첩을 쓴 세조와 공덕주 열기(列記)의 세자
외에 남성의 인명이 없기 때문이다. 이런 이유로 한문본에는 썼으나 언
해본에 신미 등의 인명이 빠진 것으로 보인다.

6. 언해 시기와 첩장 조성

6.1.

현재 월정사 성보박물관에 소장되어 있는 '오대산 상원사 어첩'에는 신미의 '권선문'과 세조의 '어첩'이 함께 편철되어 있다. 하지만 두 문건이 처음부터 합편(合編)의 형태로 있었던 것은 아닌 듯하다. 왜냐하면 앞에서 살핀 대로 두 문건의 작성 시기와 쓴 이가 서로 다르기 때문이다. '상원사 중창 불사'의 두 주역이라고 할 수 있는 신미와 세조가 모두 글을 쓴 당사자이기는 하다. 하지만 하나는 중창 불사를 통해 수복강녕하기를 바라는 바로 그 기도의 대상이 되는 인물인 세조이고, 다른 하나는 그러한 불사를 추진하기 위해 널리 동참을 권하는 신미이다. 당연히 글을 쓴 시기와 글씨체는 서로 다를 수밖에 없다. 그럼에도 불구하고 두 문헌의 글씨가 비슷한 필체로 되어 있고, 같은 첩장에 함께 묶여 있다.

이로 미루어 알 수 있는 바와 같이 권선문과 어첩은 신미나 세조가 처음에 썼던 바로 그 문헌이나 그때의 진필(眞筆)은 아닐 것이다. 앞에서도 이미 지적한 대로 나중에 누군가가 어떤 목적을 가지고 새로이 필사(筆寫)하여 보관해 둔 듯하다. 두 편 모연문의 필체는 물론, 글이 실려 있는 종이의 행관(行款) 등 형태서지적 측면에서 볼 때, 따로 쓴 글의 단순한 합편이라고 하기 어렵다. 또한 앞의 3.3.에서 밝힌 바와 같이 신미가 쓴 권선문의 중창 불사 참여자 이름이 세조의 어첩 첫 행 아래쪽에 함께 있는 것도 이를 뒷받침한다. 국왕과 국왕에 의해 법호(法號)를 받은 승려의 모연문이라고 하더라도, 공문이 아닌 권선문과 공덕첩을 첩장(帖裝)으로 만들어서 보관해 온 것도 그렇다.

위의 내용을 종합해 보면 '오대산 상원사 중창 권선문'은 중창 불사와

관련된 인물에 의해 두 건의 문헌이 새롭게 필사되어 첩장으로 만들어
져 보관되어 온 것으로 판단한다. 이렇듯 불사와 관련된 권선문을 첩장
으로 만들어서 보관한 것은 누군가에게 읽게 하기 위한 것이고, 그 첩장
조성 작업을 주도한 곳이 상원사라는 점에서 대상은 신도들이 될 수밖
에 없다. 상원사에서 신도들에게 널리 읽혀서 신도들에게도 부처님의 가
피(加被)가 함께 하고, 불법의 홍포(弘布)를 위해 오래 간직하기 위한 목적
에서 첩장으로 만들어 보관해 온 것으로 판단한다.

6.2.

그렇다면 필사자가 누구인가와 첩장으로 조성한 시기가 언제인가 하
는 부분이 과제로 남는다. 또 하나는 언해문 작성 시기와 언해한 이에
대한 것이다.

언해문이 권선문과 어첩을 쓴 신미와 세조에 의해 처음부터 두 가지
형태로 조성된 것은 아니라고 판단한다. 아무리 불사에 동참하기를 권하
는 모연문이라고 해도, 한문 원문을 쓰고 난 후, 이를 번역하여 다시 언
해문으로 만드는 등 두 형태로 조성했다는 것은 쉽게 납득이 가지 않는
내용이다. 거기에다 어첩 언해문의 경우에는 교정을 가한 곳이 있는 데
반해, 권선문에는 명백한 오류에도 교정을 하지 않았다는 점이다. 임금
이 쓴 글의 언해문에만 이렇듯 철저하게 교정을 가한 것은 언해가 임금
에 의해 이루어진 것이 아니라는 사실의 반증이기도 하다. 세조는 잠저
(潛邸) 때에 이미 『석보상절(釋譜詳節)』(1447년)을 편찬할 정도로 훈민정음에
대한 이해와 신제(新制)한 국문자 사용에 누구보다 익숙했었다. 임금이
된 후에 편찬한 『월인석보(月印釋譜)』(1459년)도 이를 잘 보여 준다. 따라서

언해문이 신미와 세조에 의해 처음부터 쓰여진 것이 아니라, 어떤 목적이 있어서 새로 만들어 넣었음을 짐작하게 하는 내용이다. 무릇 모든 읽을거리는 독자를 고려해서 만들 수밖에 없다. 당시에도 마찬가지였을 것이다. 한문으로 된 두 문건에 대한 해득이 쉽지 않았던 이들을 위한 배려에서 언해본이 만들어진 것임을 짐작할 수 있다. 그리고 그 대상이 되는 이들이 여성이었음을 언해본의 공덕주 열기가 확인시켜 주기도 한다.

6.3.

언해의 시기는 언제쯤이었을까. 언해본을 보면 원문과 공덕주 열기(列記) 사이에 언해문이 있다. 그리고 언해문의 다음에 편철되어 있는 공덕주 열기의 인물들은 여성들이다. 권선문과 어첩 모두 중창 불사에 필요한 재화를 모으기 위해 쓴 글이다. 널리 공덕주를 구하는 신미의 권선문과 세조의 어첩 이후 바로 중창 불사가 시작되었고, 1년여 만에 회향(回向)할 정도로 진행이 빨랐던 점을 감안하면 한문본에 이어 연달아 언해본이 만들어졌던 것으로 보인다.

언해한 이는 불교는 물론 훈민정음에 대한 이해가 상당한 인물일 수밖에 없을 것임은 짐작이 어렵지 않다. 세조대에 간경도감본 등 언해불경의 간행 사업을 주도했던 신미나 학열이 중창 불사의 주역이기도 해서 그들의 작업이 아닌가 추측할 수 있다.[33] 하지만 짧은 문건임에도 어첩의 언해문에 교정이 많은 점으로 보아 신미나 학열은 아닌 것으로 본다. 학열은 당시 중창 불사의 실질적인 중심이었다. 그렇다면 당시까지

---

33) 상원사 중창 불사를 왕실에 권하고 주도한 이는 신미(信眉)이지만 실제 현장에서 작업을 총괄한 이는 학열(學悅)이었다. 이에 대해서는 '상원사 중창 사적' 등의 기록으로 알 수 있다.

는 아직 본격적으로 언해 사업에 참여하지 않았으면서 중창 불사에 참여하고 있던 학조가 아닐까 한다. 학조(學祖)는 이로부터 20년 내외의 세월이 흐른 후인 성종~연산군 대에 세조의 세자비였던 인수대비 한씨와 더불어 언해 사업을 주도한 바로 그 인물이다. 성종대에 간행되었던 『불정심다라니경언해』, 『영험약초언해』(성종 16년, 1485년)는 물론, 연산군 대의 『육조법보단경언해』, 『진언권공, 삼단시식문언해』(연산군 2년, 1496년) 등이 모두 학조에 의해 간행되었다. 이보다 앞서 『금강경삼가해언해』, 『남명집언해』(성종 13년, 1482년) 등의 간행에도 관여한 바 있다. 따라서 어첩과 권선문의 언해 작업도 그에 의해 이루어진 것이 아닌가 한다. 다만, 이때까지만 해도 아직 언해 사업에 적극적으로 참여하기 전(前)인 데에다, 시간이 촉박한 관계로 교정을 제대로 하지 못해 일부 정음 표기에 오류가 있었던 것으로 보인다.

두 종의 권선문을 첩장으로 만드는 작업 역시 상원사 중창 불사의 일환이었을 것이다. 불사의 마무리 작업 중 하나로 행해진 일이라고 판단한다. 당연히 불사에 주도적으로 참여했던 승려들인 신미, 학열, 학조 등이 주도했을 것이다. 그중에서도 상원사 중창 불사의 실질적인 책임자였던 학열의 주재(主宰) 아래 동참 승려들에 의해 행해졌을 가능성이 크다.

7. 어학적 고찰

앞에서 밝힌 대로 상원사 「어첩」 및 「권선문」은 세조 10년(1464년)에 작성된 권선문이다. 경전류가 아닌 모연(募緣) 목적의 권선문을 언해한 글의 특성상 한글 구결문의 작성이 없이 바로 언해가 이루어져서, 여타 언해문과는 성격을 달리 하는 부분이 있다.

우선 구결문이 없기 때문에 구결문에 견인되는 등의 제약으로부터 비교적 자유로워서, 가능한 한 쉬운 우리말로의 번역이 이루어진 것을 들수 있다. 또 대격조사 중 수의교체형 'ㄹ'의 쓰임이 빈번한 것 등 음운축약형의 잦은 출현이 그러하다. 아울러 문장의 호흡이 길고 연결어미 '-니'에 의존한 종속절이 많은 편이다. 대부분의 15세기 언해문들은 구결문의작성이 언해문에 선행하여 언해문은 구결문에 상당 부분 영향을 받았다. 따라서 같은 해에 간행된『선종영가집언해』,[34]『아미타경언해』,『금강경언해』,『반야심경언해』등과 비교해 보면 당시의 언어 사실을 살피는 데도움이 될 것이다. 특기할 만한 사실은 한자에 한자음을 따로 달지 않았다는 점과 한자와 정음자를 동일한 크기의 글자로 썼다는 점이다. 당연히 구결문 없이 원문에 바로 언해를 했다. 다만, 첩장으로 된 언해문 전부를 합해 봐야 겨우 10장 56행에 불과한 짧은 문건이어서 폭넓은 연구가 이루어지지는 못하는 아쉬움이 있다. 여기서는 표기법, 음운, 문법, 어휘 등의 언어 사실 중 특기할 만한 사항을 살펴보고자 한다. 앞에서이미 밝힌 대로 첩장(帖裝)의 서외제(書外題)와 상관없이 세조(世祖)의 공덕첩은 '어첩(御牒)'이라 하고, 신미(信眉)의 모연문은 '권선문(勸善文)'이라 부를 것이다.

7.1. 표기(表記) 및 음운(音韻)

이 자료는 국한문을 혼용하였으나 한자에는 음을 달지 않았다. 한자로 표기된 어휘와 다른 형태소와의 통합관계만 봐서는 당시의 현실음으

---

34) 이하『선종영가집언해』는 <영가>,『아미타경언해』는 <아미>,『금강경언해』는 <금강>,『반야심경언해』는 <심경>이라는 약호를 쓸 것이다.

로 읽었는지 아니면 동국정운 한자음으로 읽었는지 알 길이 없다. 당연
히 방점은 한글에만 찍혀 있다.

1) ㅸ

'ㅸ'은 훈민정음의 초성 17자에는 포함되지 않으나 『훈민정음』 해례본
의 예의 및 제자해에 순경음으로 규정된 이후, 『용비어천가』 등의 정음
초기 문헌에 더러 나타난다. 그러나 『능엄경언해』(1462년) 이후 거의 폐지
되었다. '어첩' 및 '권선문'과 같은 해에 간행된 4건의 문헌 중에는 『아미
타경언해』에만 널리 쓰였는데, 이는 이 책의 내용이 이보다 앞서 간행된
책인 『월인석보』 등에 편입되어 실려 있기도 하고,35) 목판본인 이 책보
다 4년쯤 먼저 간행된 활자본 책의 영향을 입어서 앞선 시기의 언어 사
실이 반영되어 있기 때문일 것이다. '어첩' 및 '권선문'에서는 'ㅸ'이 전
부 '오, 우, ㅇ'으로 실현되었다. 그 목록을 살피면 아래와 같다. 이후의
논의에서 꼭 필요한 경우가 아니면 방점 표시는 생략한다.36)

> (7) ㄱ. 받ㅈ오샤<권선 1 : 2>, 받ㅈ와<권선 4 : 2>, 듣ㅈ오시고<권선 3 :
>   2>, 닙스오니<권선 1 : 5~6>, 갑스올<권선 1 : 6>, 젹스오니
>   <권선 2 : 2>, 비ㅅ올<권선 2 : 6>, 비ㅅ오며<권선 5 : 4>
> ㄴ. 므거우시고<권선 2 : 1~2>
> ㄷ. 도아<권선 3 : 4> : 도와<어첩 5 : 2~3>

---

35) 여기서 『월인석보』 등이라고 한 이유는, 번역된 『아미타경』의 내용이 『월인석보』
    권7에 실려 있는데, 같은 내용이 지금은 전하지 않는 『석보상절』 권7에도 실려 있
    을 것이라는 짐작 때문이다.
36) 앞에서의 논의와 동일하게 <권선>은 신미 등의 모연문인 '권선문'의 약칭이고,
    <어첩>은 세조의 '공덕첩'을 지칭한다. < > 속에 있는 앞의 숫자는 면차(面次)
    를 표시하고, 뒤의 숫자는 행을 표시한다. 다만 면의 표시는 원문을 제외하고 언해
    문만을 대상으로 하며, 앞뒷면을 따로 하여 일련 면차를 붙인다.

이 문헌에는 위와 같이 'ᄫ'이 '오, 우, ㅇ'으로 실현된 예가 모두 보이는데, 'ᄫ>오'로의 변화는 (7ㄱ)의 예와 같이 주로 겸양법 선어말어미 '-ᅀᆸ-, -ᄌᆸ-, -ᅀᆸ-'의 통합형에서 나타난다. (7ㄴ)은 매개모음을 취하는 선어말어미 앞에서의 예이다. (7ㄷ)의 '도아'는 '돕-'의 활용형인데, <어첩>과 <권선>에서 각각 다른 형태로 실현되었다. 어떤 사정으로 'ᄫ'이 탈락된 것인지, 아니면 단순한 오기(誤記)인지 불분명하지만, 15세기 문헌에는 이러한 표기가 더러 보인다.

  (7′) ㄱ. 實로 서르 <u>도아</u> 發ᄒᆞ샨 젼ᄎ로<법화 1 : 14ㄴ>
    ㄴ. 긴 놀애롤 <u>도아</u> 보내ᄂᆞ니<두언 8 : 50ㄴ>

  2) ㆆ

  'ㆆ'은 『훈민정음』 초성체계에서는 후음(喉音)의 전청자(全淸字)로 영모(影母)에 해당된다. 해례의 용자례(用字例)에는 빠져 있다. 주로 동국정운 한자음과 사이글자의 표기에 사용되었고, 고유어 표기에서는 동명사 어미 '-ㄹ'과 수의적으로 교체되던 '-ᇙ'에 사용되었다. 동국정운 한자음이 주음되어 있는 문헌에서 영모자(影母字)의 표기에 두루 나타난다. 그러나 '어첩'과 '권선문'에는 한자음 주음이 없기 때문에 보이지 않는다. 사이글자는 『용비어천가』나 「훈민정음 언해본」 이외의 문헌에서는 대체로 'ㅅ' 단일형으로 통일되었는데, 이 문헌에서도 마찬가지다. 고유어 표기에 쓰이던 동명사 어미 '-ᇙ'은 <영가>에서는 후행하는 체언의 초성이 한자어 무성자음인 경우에만 나타나고, <아미>에서는 고유어 표기에 두루 쓰인다. 그러나 <금강>과 <심경> 및 <어첩>과 <권선>에서는 모두 '-ㄹ'로만 실현되었다.

(8) ㄱ. 여희여 날 몰리오<어첩 1 : 5>, 목수물 칠 몰리오<어첩 1 : 5~6>, 安
保케 홀 몰리오<어첩 1 : 6>, 모르릴 引導홀 몰리시니<어첩 2 : 1>

ㄴ. 뉘 갑스올 쁘디[37]<권선 1 : 6>, 福 비스올 짜홀<권선 2 : 6>

ㄷ. 土木 뿔 꺼슬<권선 3 : 6~4 : 1>, 利益게 홀띠니라<권선 5 : 6>

ㄹ. 사르미 닐올디 아니니<어첩 4 : 6~5 : 1>, 져기 뿔 거슬<어첩
5 : 2>

ㅁ. 홀씨<권선 3 : 4>, 이럴씨<어첩 5 : 1>

(8ㄱ)은 동명사 어미 '-ㄹ'의 후행 요소가 불청불탁자인 경우 '-ㄹ'로
실현된 예인데, 이 문헌에는 후행 체언의 초성이 고유어인 용례만 있고,
한자어의 경우에는 해당 어사가 없어서 문증(文證)되지 않는다. (8ㄴ)은 후
행 체언의 초성이 합용병서인 경우인데, 'ㅂ'계 앞이건 'ㅅ'계 앞이건 모
두 '-ㄹ'로 실현되었다. (8ㄷ)은 '-ㄹ+전탁자형'이다. 이전 문헌에서
'-ㅭ+전청자형'으로 실현되던 표기가 『법화경언해』(1463) 이후 '-ㄹ+
전탁자형', 또는 '-ㄹ+전청자형'으로 바뀌어 나타나는데, 이 문헌에는
두 가지 표기가 모두 보인다. (8ㄷ)의 '뿔 꺼슬'과 (8ㄹ)의 '뿔 거슬'은 <어
첩> 및 <권선>에서 각각 다르게 실현된 것인데, 이 표기는 『원각경언해』
(1465) 이후에는 '-ㄹ+전청자형'으로 단일화되었다. (8ㄹ)은 '-ㄹ+전청
자형' 표기로 실현된 예이다. (8ㅁ)은 동명사 어미 '-ㄹ'과 의존명사 'ㅅ'
의 통합형인데, 정음 초기 문헌부터 '*-ㅭ시' 같은 표기 없이[38] '-ㄹ시'
또는 '-ㄹ씨'로 실현되었다. 이 문헌에서는 예와 같이 모두 '-ㄹ씨'로 나타

---

37) 이 문헌에서 '쁘디'는 '쁜디'로 표기되어 있으나, 필사 과정에서 오사(誤寫)에 의해
그렇게 되었을 가능성이 높다. 이 외에도 원 첩장(帖裝)에는 교정을 행한 예가 몇
몇 보인다.

38) 동명사 어미 '-ㅭ'과 의존명사 'ㅅ'의 통합형 중 '-ㅭ술'은 『능엄경언해』(1462) 등
에서 더러 보이나 '*-ㅭ시'는 문증(文證)되지 않는다. '-ㅭ'과 '술' 통합형으로는
아래와 같은 예가 있다.
ㄱ. 種種히 發明홀술 일후미 妄想이니<능엄 2 : 61ㄱ>
ㄴ. 몰가 괴외히 이셔 비췰술 닐오디 微妙히 불고미오<능엄 4 : 13ㄱ~ㄴ>

난다.

'－ㅭ＋전청자형' 표기는 앞선 시기의 언어 사실을 보여 주는 <아미>를 제외하고는 다른 3건의 문헌 모두에서 '－ㄹ＋전청자형' 또는 '－ㄹ＋전탁자형으로 실현되는데, 이 문헌에서도 동명사 어미 '－ㅭ'의 표기에 나타나지 않아서 'ㆆ'의 쓰임이 없다.

3) ㅿ

유성후두마찰음 'ㅿ'은 『훈민정음』 해례에는 불청불탁(不淸不濁)의 반치음(半齒音)으로 규정되어 있는데, 15세기 문헌에 두루 나타나며 16세기 중반까지 쓰였다. 어첩 및 권선문의 'ㅿ'이 출현할 수 있는 환경에서는 모두 'ㅿ'으로 실현되었는데, 다만 후술할 수의교체형 'ᅀ~ᄉ' 중에서는 'ᄉ'만이 쓰여서 8종성 규정에 충실하려 했던 것을 알 수 있다.

그 목록을 보이면 다음과 같다.

> (9) ㄱ. ᄀᅀᆡ<권선 1 : 4>, ᄀᅀᆡ 업서<권선 5 : 5> / ᄀᆺ업수믈<권선 5 : 4>
> 지ᅀᅥ<권선 2 : 6>, 지ᅀᅵ려<권선 3 : 4> ; ᄆᅀᅮ미<어첩 2 : 4, 5 : 4>,
> ᄆᅀᆷ<어첩 4 : 5> ; ᄒᅀᆸ다소니<권선 3 : 1, 4 : 3>
> ㄴ. 미샹<어첩 2 : 4>
> ㄷ. 비ᅀᅩ올<권선 2 : 6>, 비ᅀᅩ오며<권선 5 : 4> : 두ᅀᅥ<어첩 3 : 3>

'ㅿ'이 출현할 수 있는 여러 환경 중 이 문헌에서는 ① 'v_v', ② '/j/_/j/', ③ '/r/_v'의 예만이 보인다. 다만 신미 등의 모연문은 글의 성격상 겸양법 선어말어미 '－ᅀᆸ－'의 빈번한 출현으로 그 용례가 비교적 많은 편이다. (9ㄱ)은 위 ①의 예이고, (9ㄴ)은 ②, (9ㄷ)은 ③의 예이다. 이 중 (9ㄴ)은 한자어로 어원은 '每常'이나 차용한지 오래 되어 정음으로 적은 것이

다. 따라서 엄밀히 말하면 이때의 환경은 'j/_v'이다. (9ㄷ)은 'ㅅ>ㅿ'의
변화 뒤에 'ㄹ'이 탈락된 형태이다. (9ㄱ)은 각각 체언과 조사, 용언 어간
과 어미, 용언 어간과 선어말어미 등의 통합형과 형태소 내부 모음 간에
서의 'ㅿ'의 용례이다. '지ᅀᅥ', '지ᅀᅩ려'는 동사 '짓-[作]'의 활용형인데,
이 문헌에서 자음이나 휴지 앞에서의 용례는 보이지 않는다. (9ㄷ)은 각
각 '빌-[祝]', '둘ᅀᅥ'에서 'ㄹ'이 탈락한 형태이다.

4) 사이글자

사이글자는 체언이 결합할 때 음성 환경에 따라 체언 사이에 끼어드
는 자음 글자이다. 『용비어천가』에는 'ㄱ, ㄷ, ㅂ, ㅅ, ㅿ, ㆆ'의 6자가 쓰
였고, 「훈민정음 언해본」에는 'ㄱ, ㄷ, ㅂ, ㅸ, ㅅ, ㆆ'의 6자가 쓰였으나, 『석
보상절』 이후 'ㅅ'으로 통일되었다. 그러나 이 책에는 여전히 'ㅅ'외에
잔형인 'ㄱ, ㄷ'이 보인다. 『월인석보』(1459)에서는 'ㄱ, ㄷ, ㅂ, ㆆ'이 쓰였
고, 『몽산화상법어약록언해』(?1459)에서는[39] 'ㄷ, ㆆ'이 쓰이는 등 잔존형
이 보이나, <선종>과 <금강>, <심경>에서는 'ㅅ'으로 통일되었다.[40] 다
만 <심경>에서는 'ㄹ' 다음에 'ㆆ'이 쓰인 예가 있다. <어첩> 및 <권
선>에서는 사이글자나 구 구성의 속격에서 모두 'ㅅ'으로 나타난다. 그
목록을 보이면 다음과 같다.

(10) ㄱ. 드틄길헤<어첩 2 : 4>, 오ᄂᆞᆳ나리<어첩 2 : 6>, 나랏사룸<권선
     3 : 4~5>, 늣ᄆᆞ리<어첩 4 : 1>, 님긊귀예<권선 4 : 4>
   ㄴ. 天地ㅅ 아룠 ᄠ들<권선 1 : 5>, 江陵ㅅ짯 五臺논<권선 2 : 2~3>,
     劫ㅅ 녯 日봇 아니면<어첩 3 : 1>, 德ㅅ 根源을<권선 5 : 2>

---

39) 『몽산화상법어약록언해』의 간행 연대와 언어 사실에 대해서는 앞의 제4장 참조.
40) <심경>의 표기법에 대해서는 정우영(1995ㄱ) 참조.

중세국어에서 사이글자로 쓰인 'ㅅ'과 구 구성의 속격 'ㅅ'을 구분하는 것은 쉬운 일이 아니다. 반드시 맞는다고 할 수는 없지만, (10ㄱ)은 합성어 사이에서 사이글자로 쓰인 'ㅅ'의 예이고, (10ㄴ)은 구 구성의 속격으로 쓰인 예이다. (10ㄱ) 중 '놋므리'는 '눐므리'에서 'ㄴ'을 탈락시키고, 대신 사이글자 'ㅅ'을 표기했다는 점에서 특기할 만하다.[41]

5) 초성 병서 표기

(가) 각자병서

이 문헌에서 초성 각자병서의 예는 매우 드문데, 이는 각자병서가 출현할 어사가 많지 않기 때문이다. 몇 안 되는 용례는 모두 'ㅡㄹ+전탁자형' 표기에 의한 것뿐이다. 훈민정음 창제 초기의 문헌에 쓰인 8자(ㄲ, ㄸ, ㅃ, ㅉ, ㅆ, ㆅ, ㆀ, ㅥ) 중 'ㄲ, ㄸ, ㅆ' 등 3글자만 쓰였다.

> (11) ㄱ. <ㄲ> 뿔 꺼슬<권선 3 : 6~4 : 1>
> ㄴ. <ㄸ> 利益게 홀띠니라<권선 5 : 6>
> ㄷ. <ㅆ> 지소려 홀쎄<권선 3 : 4>, 이럴쎄<어첩 5 : 1>

(나) 합용병서

훈민정음 초기 문헌에 보이는 'ㅅㄱ, ㅅㄷ, ㅅㅂ, ㅅㅈ ; ㅂㄷ, ㅂㅅ, ㅂㅈ, ㅂㅌ ; ㅄㄱ, ㅄㄷ' 등 10가지 합용병서 중 'ㅄ'계열은 나타나지 않고, 'ㅅ'계열의 'ㅅㄷ'과 'ㅂ'계열의 'ㅂㄷ, ㅂㅅ'만 보일 뿐이다. 이 역시 합용병서가 출현할 만한 어사가 제한적이기 때문이다.

그 어휘 목록은 다음과 같다.

---

41) 『석보상절』에는 일부 용언 어간의 종성 'ㄵ(<ㄴㅈ)'에서 'ㄴ'을 탈락시킨 예가 있다. 帝釋 앗는 짜히어나<석상 19 : 6ㄱ>

(12) ㄱ. <ㅆㄷ> ᄯᅡㅎ[地] : 江陵ᄯᅡᇂ 五臺는<권선 2 : 2~3>, 文殊겨신 ᄯᅡ히라 <권선2 : 3~4>, 더욱 勝ᄒᆞᆫ ᄯᅡ히라<권선 2 : 5>, 福 비ᅀᆞ올 ᄯᅡ홀 삼고져<권선 2 : 6~3 : 1>

ᄯᅩ[又] : ᄂᆞᆽᄆᆞ리 그지 업다니 ᄯᅩ<어첩 4 : 1>

ㄴ. <ㅳ> ᄠᅳᆮ[志] : 뉘 갑ᄉᆞ올 ᄠᅳ디 업스리오마른<권선 1 : 6~2 : 1>

ㄷ. <ㅄ> ᄡᆞᆯ[米] : ᄡᆞᆯ와 布貨와<권선 3 : 6>

ᄡᅳ-[用] : 土木 ᄡᅳᆯ 꺼슬 주라 ᄒᆞ시니<권선 3 : 6~4 : 1>, 져기 ᄡᅳᆯ 거슬 도와<어첩 5 : 2~3>, 날 爲ᄒᆞ야 ᄆᆞᅀᆞᆷ ᄡᅮᆷ과<어첩 4 : 5>

6) 종성 표기

이 문헌의 종성 표기는『훈민정음』해례의 종성 규정을 충실히 따르고 있다. 몇 안 되는 종성 표기에서 'ㄱ, ㆁ, ㄷ, ㄴ, ㅂ, ㅁ, ㅅ, ㄹ' 외에 어떤 것도 쓰인 예가 없다. <선종>, <금강> 등과는 달리 모음 뒤 유성후두마찰음 'ㅇ' 앞에서 'ㅅ'과 수의적으로 교체되던 'ㅿ'이 여기서는 보이지 않는다.

(13) ㄱ. 달이 맛나<권선 4 : 1>, 아라 맛나<어첩 2 : 3>

ㄴ. 낫 바미<어첩 3 : 3>

ㄷ. 업다니<어첩 4 : 1> cf. 업스며<권선 1 : 4~5>, 업시<권선 1 : 5>

ㄹ. ᄀᆞᆺ업수믈<권선 5 : 4> cf. ᄀᆞᅀᅵ 업서<권선 5 : 5>, 네 ᄀᆞᅀᅵ<권선 1 : 4>

(13ㄱ, ㄴ)은 기저형에서는 그 말음으로 'ㅈ'을 가지나, 자음으로 시작되는 음절 앞이나 휴지 앞에서 'ㅅ'으로 바뀐 예이다. (13ㄷ)은 (13ㄱ, ㄴ)과 같은 환경에서 'ㅄ'이 'ㅂ'으로 교체된 표기이다. (13ㄹ)은 <선종>, <금강> 등에서 'ᄀᆞᇫ없-'으로 실현되기도 하였으나, 이 문헌에서는 'ᄀᆞᆺ없-'

으로 표기되었다. 이 표기는 『용비어천가』, 『월인천강지곡』 등 형태음소적 표기법에 충실한 문헌에서는 ‘ᄀᆞᇫ없-’으로 실현되었으나, 『석보상절』 이후의 문헌에서는 ‘ㅿ ~ ㅅ’ 수의교체형으로 나타난다. 이는 한자어 ‘무강(無疆)’ 또는 ‘무변(無邊)’에 대응하는 우리말 표현에서 실제의 발음 현실을 표기에 반영하느냐, 반영하지 않느냐에 따른 혼란상으로 보인다. 그러나 이 문헌에서는 ‘ᄀᆞᅀᅵ’ 외에도 ‘지ᅀᅥ<권선 2 : 6>, 지ᅀᆞ려<권선 3 : 4>’ 등이 보이는 것으로 보아, 8종성법에 충실하려 했던 듯하다.

정음 초기의 문헌에서 ‘ㆁ’을 받침으로 가진 명사는 모음으로 시작되는 조사와 통합될 때 연철하기도 하고 분철하기도 했는데, 이 문헌에서는 연철했다.

(14) ㄱ. 쥬이<권선 1 : 6> / cf. 쥬ᇰ내<권선 3 : 3>
ㄴ. 欲굴허에<어첩 2 : 5~6>

7) 주격과 서술격 표기

15세기 문헌에서 주격과 서술격 표기는 그 기저형 ‘-이’와 ‘이-’가 선행 체언 말음절이나 말음의 음운론적 조건에 따라 각각 다르게 실현되었다. 대부분의 15세기 문헌은 한글 구결문과 언해문이 함께 하였는데, 구결문과 언해문의 주격과 서술격 표기는 부분적으로 차이가 나기도 한다. 이는 구결문의 의고성에 말미암은 것인데, <어첩>과 <권선>에는 언해문만 있어서 ‘이, ㅣ, ∅’가 모두 보인다.

(가) 주격조사

이 문헌에서 주격조사의 쓰임은 선행 체언이 한자일 때나 한글일 때 모두 ‘이, ㅣ, ∅’로 실현되었다. 다음의 용례 중 앞은 고유어 체언 뒤에서의 주격조사 통합의 예이고, 뒤는 한자어 체언 뒤에서의 경우이다.

(15) ㄱ. 이 : 네 <u>ᄀᆞᅀᅵ</u> 便安ᄒᆞ야<권선 1 : 4> ; 뫼만ᄒᆞᆫ <u>恩이</u> 므거우시고<권선 2 : 1~2>

ㄴ. ㅣ : ·<u>내</u> (← 나 + ㅣ) 반ᄃᆞ기 도아<권선 3 : 4>, ·<u>뉘</u> 갑ᄉᆞ올 ᄡᅳ디<권선 1 : 6> ; <u>三寶ㅣ</u> 일로 더욱 노ᄑᆞ며<권선 4 : 5>, <u>道ㅣ</u> 마ᄌᆞ며<어첩 2 : 3~4>

ㄷ. ∅ : ·<u>우리</u> 特別히 달이 맛나ᄫᆞᆯ 받ᄌᆞ와<권선 4 : 1~2>, :<u>즁·내</u> 날 爲ᄒᆞ야<권선 3 : 3> ; 福利 ᄀᆞᅀᅵ 업서<권선 5 : 5>

주격조사는 그 용례가 많지 않지만 한자어와 고유어 어휘 뒤에서 모두 ‘이, ㅣ, ∅’로 실현되었다. (15ㄱ)은 자음으로 끝나는 체언 뒤에서 ‘이(i)’로 실현된 예인데, 이 문헌에서는 다른 주격형에 비해 그 용례가 많은 편이다. (15ㄴ)은 체언 말음절이 ‘이(i)’나 ‘ㅣ(j)’이외의 모음으로 끝날 때 주격조사가 ‘ㅣ(j)’로 실현된 예인데, 그 용례가 흔치 않다. ‘내’는 대명사 ‘나(余)’에 주격조사 ‘ㅣ’가 통합되어 하강 이중모음을 이룬 예인데, 주격형과 속격형이 모두 ‘내’이나 성조(聲調)가 거성(去聲)이므로 주격으로 쓰였음을 알 수 있다. 이 문헌에서 대명사 ‘나’의 속격형은 보이지 않는다. 다른 15세기 문헌에서 속격형은 평성(平聲)의 ‘내’이다. ‘뉘’ 역시 거성이므로 ‘누’의 주격형이다. 속격형은 상성으로 표기된다. (15ㄷ)은 체언 말음절이 모음 ‘이’나 ‘ㅣ’로 끝난 경우 주격조사가 생략된 예이다. ‘·우·리’에서 말음절 ‘리’가 거성이므로 주격조사가 성조 변동 없이 ‘∅’로 실현된 것이다.[42] 다만 이 문헌에서 ‘·우리’의 말음절 ‘리’가 평성인 것은 오기(誤記)로 생각된다.[43] 또 ‘:즁·내’는 말음절 ‘내’가 거성이므로 주격

42) 이 문헌에는 ‘우리’의 용례가 더러 있는데, 주격으로 쓰인 것은 위의 (9ㄷ) 뿐이고, 나머지는 모두 속격으로 쓰였다. 속격으로 쓰인 예는 다음과 같다.
<u>우리</u> 聖上이<권선 1 : 2>, <u>우리</u> 衣鉢 다 내야<권선 2 : 5~6>

43) 이 문헌에는 방점 표기가 다소 불안정한데, 대표적인 것이 바로 ‘우리’의 경우이다.

조사가 생략되고, 하강이중모음을 이룬 것이다. 15세기 문헌에서 체언 말음절이 '이(i)'나 'ㅣ(j)'로 끝나고 평성이면 성조가 변하여 상성이 된다.

(나) 서술격조사

이 문헌에서 서술격조사의 실현은 주격조사와 같은 양상으로 나타난다. 선행 체언 말음절이나 말음의 음운론적 조건에 따라 각각 '이, ㅣ, ∅'로 실현되었다.

예문 중 앞은 고유어 체언 뒤에 서술격조사가 통합된 예이고, 뒤는 한자어 체언 뒤에서의 경우이다.

(16) ㄱ. 이 : 文殊 겨신 짜히라<권선 2 : 3~4> : 일훔난 山이며<권선
　　　　　 2 : 3>
　　 ㄴ. ㅣ : (용례 없음) : 님금과 善知識괘니<어첩 1 : 4>
　　 ㄷ. ∅ : 녯 日벗 아니면<어첩 3 : 1> : 고돈 ᄆᆞᅀᆞ미 菩提니라<어첩 5 :
　　　　　 3~4>

(16ㄱ)은 선행 체언의 말음이 자음인 경우의 예이고, (16ㄴ)은 선행 체언의 말음절이 '이(i)'나 'ㅣ(j)' 이외의 모음인 경우의 예인데, 이 문헌에서 고유어의 예는 보이지 않는다. (16ㄷ)은 선행 체언의 말음절이 '이(i)'인 경우의 예이다. 이 문헌에서 체언의 말음이 'ㅣ(j)'인 서술격의 예는 보이지 않는다.

8) 모음조화

현대국어에서도 그렇지만 중세국어 시기에는 형태소 내부, 또는 조사

이에 대해서는 최범훈(1985 : 634) 참조.

나 어미의 통합에서 양성모음은 양성모음끼리, 음성모음은 음성모음끼리 어울리는 현상, 이른바 모음조화 현상을 보였는데, 이 문헌에서도 대체로 잘 지켜지고 있는 편이다. 하지만 형태소 경계, 곧 조사와의 통합에서 잘 지켜지지 않은 경우가 있다. 음성모음으로 끝나는 체언 다음인데도 양성모음의 조사가 통합되는 예를 어렵지 않게 볼 수 있다. 이러한 양성모음 우위의 조사 통합은 당시의 문헌에서 흔히 접할 수 있는 현상인데, 조사 통합에서 기저형이 양성모음이 아닐까 하는 생각이 들 만큼 일반화된 현상이기도 하다. 여기서는 보조사 'ㄴ'과 대격조사 'ㄹ'을 중심으로 살펴보고자 한다.

(가) 보조사 'ㄴ'

보조사 'ㄴ'은 선행 체언 말음의 음운론적 조건에 따라 몇 가지 이형태를 가진다. 우선 체언의 말음이 자음일 때는 모음 'ᄋᆞ/으'가 개재되어 'ᄋᆞᆫ/은'이 되고, 모음일 때는 'ㄴ' 또는 'ㄴ'의 중가형 'ᄂᆞᆫ/는'으로 나타나는데, 이 문헌에서는 '은'과 '는'이 보이지 않는다. 아래는 이 문헌에 나타난 보조사의 목록이다.

> (17) ㄱ. ㄴ : 미츠닌<권선 5 : 1>, 우흐론<권선 5 : 3>, 아래론<권선 5 : 4>
>
> ㄴ. ᄂᆞᆫ : 五臺ᄂᆞᆫ<권선 2 : 2~3>, 上院寺ᄂᆞᆫ<권선 2 : 4~5>, 三寶ᄂᆞᆫ <어첩 1 : 5>, 父母ᄂᆞᆫ<어첩 1 : 5>
>
> ㄷ. ᄋᆞᆫ : 님금ᄋᆞᆫ<어첩 1 : 6>, 善知識ᄋᆞᆫ<어첩 2 : 1>

(17ㄱ)의 밑줄 친 보조사는 각각 '는' 또는 'ᄂᆞᆫ'으로 실현될 수 있겠으나, 여기서는 기저형인 'ㄴ'의 통합으로 '는/ᄂᆞᆫ'의 실현이 이루어지지 않았다. (17ㄴ)은 받침이 없는 선행 체언 말음이 양성모음이어서 뒤에 'ᄂᆞᆫ'

이 통합된 예이다. (17ㄷ)의 두 예는 실현 환경으로는 모두 '은'이 되어야 하나, 이 문헌, 특히 <어첩>에서는 양성 모음인 '온'이 왔다.

(나) 대격조사

대격조사 'ㄹ' 역시 선행 체언 말음 또는 말음절 모음의 음운론적 조건에 따라 몇 가지 이형태를 갖는다. 체언 말음이 자음이면 '♀/으'가 개재되어 '올/을'이 되고, 말음절이 모음이면 'ㄹ' 또는 'ㄹ'에 '올/을'이 중가된 '룰/를'이 나타나는데, 이 문헌에서는 대체로 이 규정이 잘 지켜졌으나, 몇몇 모음조화에 어긋난 예를 볼 수 있다.

<어첩> 및 <권선>에는 여러 문법 형태소 중 대격조사의 용례가 많은 편이다. (18)에서는 그 중 예외적으로 쓰인 것만을 살펴보려고 한다.

> (18) ㄱ. : 날<권선 3 : 3, 어첩 4 : 2,5>, 모르릴<어첩 2 : 1>
>   ㄴ. 목수믈<권선 4 : 3> / 목수몰<어첩 1 : 5>
>   菩提心을<권선 5 : 2> / 正日인올<어첩 5 : 3>
>   ㄷ. 師等올<어첩 5 : 2>
>   ㄹ. 뎌를<권선 3 : 4> / 뎌롤<어첩 4 : 3>

(18ㄱ)은 '룰'로 실현되어야 할 환경에서 기저형인 'ㄹ'이 쓰인 예이다. 특기할 것은 이 경우에 거성인 '내[我]'의 대격형이 모두 상성으로 실현된 점이다. (18ㄴ)은 같은 환경인데도 <어첩>과 <권선>에서 각각 다르게 실현된 예이다. '권선문'에서는 대격조사의 경우 모음조화가 잘 지켜지고 있으나, '어첩'에서의 모음조화 파괴는 (18ㄷ, 18ㄹ)의 예와 더불어 주목을 요한다. (18ㄷ)은 '권선문'에서의 용례는 보이지 않으나 모음조화 규정에서 벗어나 있다. (18ㄹ)은 같은 어휘 '뎔[寺]'의 대격형이 <어첩>에서는 <권선>과 다르게 표기되어 있다. 보조사와 마찬가지로 양성모음

형태가 우위를 보인다.

이 외에 처격, 속격, 구격, 의도법 선어말어미, 부사형어미, 매개모음 등에서도 모음조화는 대체로 잘 지켜졌다. 그러나 다음과 같은 예외도 있다.

(19) 師의 功이 아니아<어첩 3 : 1> / 師ᄋᆡ 날 爲ᄒᆞ야 ᄆᆞᅀᆞᆷ ᄡᅳᆷ과<어첩 4 : 5>

(19)는 같은 어휘 '사(師)'의 속격형인데 양성과 음성으로 각각 달리 실현된 예이다.

9) 어간 'ᄒᆞ-'와 어미의 결합

어간 'ᄒᆞ-'와 어미의 결합에서 어미의 초성이 무성자음 'ㄱ, ㄷ'으로 시작되면 반드시 축약형 'ㅋ, ㅌ'으로 실현되었다. 이 문헌에서 'ᄒᆞ-'와 'ㅂ, ㅈ'이 연접한 용례는 없다.

(20) ㄱ. 安保케 ᄒᆞᆯ 몰리오<어첩 1 : 6>, 아니케 ᄒᆞ야<어첩 2 : 6> cf. 잇게 ᄒᆞ니<어첩 2 : 6>
ㄴ. 和애 違타 듣고<어첩 3 : 2~3>

다만 어간 'ᄒᆞ-'에 선행하는 체언의 말음이 무성자음이면 'ᄒᆞ-'가 생략되었다.

(20´) 利益게 ᄒᆞᆯ띠니라<권선 5 : 6>

10) 어간과 어미의 통합

어간과 어미의 통합에서 'ㄹ' 다음에 'ㄱ'이 약화된 표기와 'ㄴ'과 'ㅿ'
앞에서 'ㄹ'이 탈락한 예가 보인다.

(21) ㄱ. 億萬歲예 길에 ᄒᆞ야<권선 5 : 5>
ㄴ. 究意ᄒᆞᆫ 正田ᄋᆞᆯ 밍ᄀᆞ노니<어첩 5 : 3>
ㄷ. 비ᅀᆞ오-<권선 2 : 6, 5 : 4>, 두ᅀᅥ<어첩 3 : 3>

11) 중성 표기

이 문헌에 실현된 중성 글자는 단일자가 11자이고, 합용자는 /w/계 二
字合用中聲字 1자, / j /계 二字合用中聲字 7자, /w/계 三字合用中聲字 1자
등 9자이다.

(22) 단일자 ㅏ ㅑ ㅓ ㅕ ㅗ ㅛ ㅜ ㅠ ㅡ ㅣ · (11자)
합용자 ㅘ (/w/계 二字合用中聲字)(1자)
ㅐ ㅔ ㅖ ㅚ ㅟ ㅢ ·ㅣ (/j/계 二字合用中聲字)(7자)
ㅙ (/w/계 三字合用中聲字)(1자)

이 문헌은 한문 원문을 가능한 한 쉬운 우리말로 옮기고, 대격조사와
보조사의 표기에서 자유교체형을 자주 쓰는 등의 특징을 보이고 있다.
그러나 그 외의 표기법에서는 예외가 거의 없을 정도로 당시의 표기법
을 충실히 따르고 있다. 이는 구결문의 작성이 없어서 번역은 비교적 자
유롭게 이루어졌다고 하더라도 첩장 조성의 과정에서 교정이 있었거나,
아니면 모연문 작성자나 필사자가 세심한 주의를 기울였기 때문으로 생
각된다.

7.2. 문법적 특성

중세국어 시기의 문장은 대체로 복문이 많은데, 이 문헌도 예외가 아니어서 연결어미 '-니'에 기댄 문장 접속이 주류를 이루고 있다. 따라서 종결어미의 형태가 다양하지 못하고 극히 단조롭다. 선어말어미는 글의 성격상 겸양법 선어말어미의 쓰임이 흔한 반면 공손법 선어말어미 '-이-, -잇-'의 쓰임은 없다. 여기서는 단어의 형성, 곡용, 활용, 어휘 등의 특성을 중심으로 살펴보고자 한다.

1) 이 문헌은 짧은 모연문이어서 단일어는 물론이거니와 합성어 구성도 그리 다양한 편은 아니다. 특히 복합어 구성에서 동사는 전무하고 명사와 수사, 형용사에 몇몇 예가 보일 뿐이다.

(23) ㄱ. 아룺믚<권선 1 : 5>, 나랏사롬<권선 3 : 4~5>, 님긊귀<권선 4 : 4>,
　　　 드틄길ㅎ<어첩 2 : 4>, 오눐날<어첩 2 : 6>, 눗믈<어첩 4 : 1>
　　ㄴ. 낫바미<어첩 3 : 3>
　　ㄷ. 두서<어첩 3 : 3>
　　ㄹ. 그지없-<어첩 4 : 1>, ᄀᆞᆺ없-<권선 5 : 4>

(23ㄱ, ㄴ)은 복합명사이다. 이 중 (23ㄱ)은 선행명사가 후행명사를 수식하는 형식이다. 따라서 구(句) 구성으로 인식될 가능성이 큰 어휘들이다. (23ㄱ)의 '눗믈'은 '눖믈'에서 'ㄴ'이 탈락한 형태이다. (23ㄴ)은 직접구성요소가 각각 대등한 관계를 가지는 복합명사이다. (23ㄷ)은 복합수사인데 'ㅿ' 앞에서 'ㄹ'이 탈락되었다. 문장에서는 주로 관형어의 기능을한다. (23ㄹ)의 전자는 명사 '그지'와 형용사 '없-'이 합성하여 복합형용사를 구성한 예이고, 후자는 명사 'ᄀᆞᆺ'과 형용사 '없-'이 합성한 것이다. 각각 '무변(無邊)'과 '무강(無疆)'에 대응하는 말이다.

2) 이 문헌에서 파생어 형성은 복합어에 비해 생산적이다. 접미사 'ᄒ-'에 의한 동사, 형용사 형성이 다수 보이고, '-이, -혀'에 의한 파생부사 형성도 더러 보인다. 또 '-우-'와 '-히-'에 의한 사동어간 형성도 있고, 접미사 '만ᄒ-'에 의한 파생형용사 형성의 예도 있다. 접미사 '-ᄒ다'에 의한 파생 용언 형성의 어휘를 나타나는 차례대로 보이면 다음과 같다.44)

> (24) 便安ᄒ-<권선 1 : 4>, 靈異ᄒ-<권선 2 : 4>, 勝ᄒ-<권선 2 : 5>
> 爲ᄒ-<권선 3 : 3, 어첩 4 : 2, 5, 6, 5 : 2>, 願ᄒ-<권선 4 : 6>, 利
> 益ᄒ-<권선 5 : 6>, 重ᄒ-<어첩 1 : 3>, 安保ᄒ-<어첩 1 : 6>, 引
> 導ᄒ-<어첩 2 : 1>, 和ᄒ-<어첩 2 : 4>, 違ᄒ-<어첩 3 : 2>, 濟度
> ᄒ-<어첩 3 : 5>, 感動ᄒ-<어첩3 : 6, 4 : 6>, 靈ᄒ-<어첩 4 : 3>,
> 究竟ᄒ-<어첩 5 : 3>, 付囑ᄒ-<어첩 5 : 4>

위와 같이 'ᄒ-'에 의해 구성되는 동사, 형용사는 꽤 많은 편이다. 이를 통해서 우리는 이 문헌이 가지는 특징을 하나 정리할 수 있다. 앞에서도 말한 바와 같이 이 문헌에서는 우리말로 바꿀 수 있는 말은 가능한 한 바꾸되, 바꿀 수 없어서 한자어를 썼을 경우는 한자를 그대로 쓰고 있다는 사실이다. 다만 '민샹'(每常)처럼 차용한 지 오래 되어 우리말처럼 된 것은 정음으로 적었다.

3) 파생부사는 주로 형용사 어기에 접미사 '-이'가 결합하여 이루어졌으나 명사에 '-혀'가 결합한 예도 있고, 동사 어기에 접사화한 부동사 어미 '-아'가 결합하여 파생된 예도 있다.

---

44) 이 논의에서 동작동사와 상태동사는 구분하지 않는다.

(25) ㄱ. 特別히<권선 3 : 2, 4 : 1>, 能히<어첩 3 : 2>

ㄴ. 키<권선 1 : 2>, 업시<권선 1 : 5>, 번드기<권선 2 : 4>, 반드
기<권선 3 : 4>, 달이<권선 4 : 1>, 너비<권선 4 : 6>, ᄀ티<어
첩 3 : 2>, 져기<어첩 5 : 2>, 기리<어첩 5 : 5>

ㄷ. 힝혀<권선 4 : 3>

ㄹ. : 다<다ᄋ +아, 共, 竭, 悉)<권선 1 : 5, 2 : 5, 5 : 1>

위 (25ㄱ)은 어간 'ᄒ-'가 접미사 '-이'와 결합할 때 'ㆍ'가 탈락하면
서 '히'로 실현되었으나 접미사는 '-이'이다. 이 문헌에서도 그렇지만
15세기 문헌에서는 주로 한자어의 예만 보인다. (25ㄴ)의 '키'도 형용사
'크-'가 '-이'와 결합하면서 'ㅡ'가 탈락한 것이다. 파생부사 '번드기'
와 '반드기'는 각각 형용사 '번득ᄒ-'와 '반득ᄒ-'가 접미사 '*-이'와
결합할 때 'ᄒ-'가 탈락된 형태이다. '달이'는 '다ᄅ-'와 접미사 '-이'
가 결합한 것인데, 'ㆍ'가 탈락하고 설측음화에 의해 '달이'가 된 것이다.
(25ㄷ)은 한자어 '幸'의 우리말 음 '힝'에 접미사 '-혀'가 결합하여 부사
로 파생된 것이다. '幸'이 우리말로 적힌 것은 차용된 후 오랜 시간이 지
나면서 한자어라는 의식이 엷어져 우리말처럼 되었기 때문일 것이다.
(25ㄹ)은 동사 어기에 접사화한 부동사어미 '-아'가 결합하여 파생된 정
도부사이다.

4) 사동어간 형성의 접미사 중 이 문헌에는 '-히-'와 '-오/우-'가
보인다. 이 문헌에서의 사동은 주로 통사론적 사동에 의존하고 있다.

(26) ㄱ. 綸命을 <u>ᄂ리오샤</u><권선 3 : 3>

ㄴ. 기리 後子孫애 <u>드리우노라</u><어첩 5 : 5>

ㄷ. 利룰 <u>너표려</u> ᄒ시고<권선 3 : 5>

(26ㄱ, ㄴ)은 각각 사동접미사 '-오/우-'에 의한 사동 형성이고, (26ㄷ)은 어기 '넙-'에 접미사 '-히-'가 결합하여 유기음화된 것이다.

5) 명사 어기에 접미사 '만ᄒ-'가 결합하여 형용사가 된 예가 있다.

    (27) <u>뫼만ᄒ</u>-<권선 2 : 1>, <u>터럭만ᄒ</u>-<권선 2 : 2>

6) 위에서 제시한 예들 외에 복합어 구성으로 보아야 할지, 아니면 구(句) 구성으로 보아야할지 난해한 어휘가 있어서 소개한다. 다른 문헌에 그 용례가 없어서 더 논의가 필요할 것 같다.

    (28) 조ᄒᆞᆫ 念을 ᄀ져 <u>欲굴허</u>에 디디 아니케 ᄒ야<어첩 2 : 5~6>

'欲굴헝'은 '欲坑'에 대응하는 우리말 표현인바, 속격 표지 없이 선행 체언인 '欲'이 후행 체언 '굴헝'을 꾸며 '욕망의 구렁텅이'라는 의미를 갖는 어사이다.

7) 이 문헌에는 명사가 곡용을 할 때 명사어간이 자동적으로 교체하는 이른바 'ㅎ말음체언'이 보이고, 음절말 자음의 제약 때문에 자동적 교체를 보여 주는 명사도 있다. 그런가 하면 비자동적 교체를 하는 'ᄆᆞᄅ[宗]'와 같은 어사도 있다.

    (29) ㄱ. 'ㅎ'말음체언의 예
            나라ㅎ<권선 1 : 2~3>, 네ㅎ<권선 1 : 4>, 쇼ㅎ<권선 1 : 6>,
            뫼ㅎ<권선 2 : 1>, 짜ㅎ<권선 2 : 4,5,6>, 우ㅎ<권선 5 : 3>, 길
            ㅎ<어첩 2 : 4>

ㄴ. 음절말 자음교체의 예

ㄱ쇠<권선 1 : 4, 5 : 5> / 곳업수믈<권선 5 : 4>, 맛나[遇]<권
선 4 : 1>, 낫바미[晝夜]<어첩 3 : 3>, 밧긔[外]<어첩 3 : 4> cf.
城 밧 흰흔 짜해<석상 6 : 27ㄴ>

ㄷ. 비자동적 교체의 예

몰리-[宗]<어첩 1 : 5,6, 2 : 1>

(29ㄱ)의 '네ㅎ[四]', '뫼ㅎ[山]'와 (29ㄴ)의 '밨[外]' 등은 이 문헌에 곡용형
과 교체형이 나타나지는 않는다. 그러나 용례가 없을 뿐이지 같은 환경
에 쓰이면 각각 곡용형과 교체형으로 실현될 것이므로 적어 놓았다.

8) 의존명사 'ㅅ'와 'ᄃ'는 동명사 어미 '-ㄹ'에 후행하여 주격조사나
서술격조사와 통합될 때 'ㆍ'가 탈락되는데, 이 문헌에서 'ㅅ'와의 통합
형은 없고, 'ᄃ'와의 통합형만 보인다. 'ㅅ'와의 통합형은 어미화한 '-ㄹ
씨'만 보인다.

(30) ㄱ. 사ᄅ미 닐올디 아니니<어첩 4 : 6~5 : 1>, 利益게 홀띠니라
<권선 5 : 6>
ㄴ. 뎌를 지ᅟᅭ려 홀씨<권선 3 : 4>, 내 이럴씨<어첩 5 : 1>

(30ㄱ)은 의존명사 'ᄃ'가 각각 주격조사 및 서술격조사와 통합하여 각
각 주어와 서술어의 기능을 보여 주는 예이고, (30ㄴ)은 어미화한 '-ㄹ
씨'가 '이유'를 나타내는 어미로 쓰인 것이다.

9) 중세국어 시기의 문장이 상당히 길다는 사실은 주지하는 바이지만,
이 문헌에서는 그 정도가 매우 심하다. 이는 구결문의 작성 없이 언해가
이루어졌기 때문으로 생각되는데, 접속어미 '-니'에 기대어 상당히 길

어진 문형들을 계속 접하게 된다. 따라서 <어첩> 및 <권선>은 문장 구성이 상당히 복잡하게 되어 있는 문헌 중의 하나임을 알 수 있다.

모두 10장(張) 56행(行) 774자(字)[45]로 되어 있는 이 문헌에서 종결어미는 평서형 다섯, 의문형 셋 그리고 인용문으로 되어 있는 세 문장 등 모두 열한 개 유형이 있을 뿐이다. 이 중 인용문 속에 들어있는 문장도 하나는 직접인용의 성격을 띠고 있으나, 완전한 종결의 형식을 갖추고 있지는 않다. 나머지 두 문장은 간접인용의 성격을 띠고 있는 명령형과 평서형이다.

(31) ㄱ. 江陵쌨 五臺는 天下애 일훔난 山이며 文殊 겨신 짜히라<권선 2 : 2~4>

ㄴ. 上院寺는 더욱 勝흔 짜히라<권선 2 : 4~5>

ㄷ. 現在와 未來왜 다 利益게 홀띠니라<권선 5 : 5~6>

ㄹ. 닐온 고돈 무슴미 菩提니라<어첩 5 : 3~4>

ㅁ. 이에 世子롤 付囑ᄒᆞ야 기리 後子孫애 드리우노라 <어첩 5 : 4~5>

평서형은 (31)의 예에서 보는 것처럼 서술격조사 어간 '이-'에 '-라'가 통합된 유형 두 문장과 종결 평서형에만 나타나는 선어말어미 '-니-'와 종결어미 '-라'가 통합되어 이룬 평서형 종결어미 '-니라'에 의한 두 문장, 그리고 시상 및 의도법 선어말어미가 통합된 '-노-'와 결합한 유형 한 문장 등이다.

(32) ㄱ. 師의 功이 아니아<어첩 3 : 1>

ㄴ. 엇뎨 能히 이ᄀᆞ티 마즈리오<어첩 3 : 1, 2>

ㄷ. 衆生 濟度ᄒᆞ시논 큰 慈悲예 엇디 ᄒᆞ시료<어첩 3 : 5, 6>

---

45) 언해문만을 대상으로 한 이 문헌의 구성은 다음과 같다.
「권선문」은 5장 29행인데, 각 장의 글자 수는 1장 77자, 2장 89자, 3장 78자, 4장 91자, 5장 79자 등 모두 414자이고, 「어첩」은 5장 27행인데 각 장의 글자 수는 1장 58자, 2장 83자, 3장 96자, 4장 56자, 5장 67자 등 모두 360자이다.

(32)는 이 문헌에 나오는 의문형 문장들이다. (32ㄱ)은 체언에 의문 보조사 '-가/아'가 결합된 '-ᄒ라'체의 판정의문문이고, (32ㄴ)은 선어말어미 '-리-'와 의문형 종결어미 '-고/오'가 결합하여 'ᄒ라'체의 설명의문문을 구성한 것이다. (32ㄷ)은 선어말어미 '-리-'와 의문형 종결어미 '-고/오'가 결합하여 구성한 추측의 설명의문문이다. 부정 진술을 함의하는 독백(獨白) 형식의 수사의문이다.

> (33) ㄱ. 綸命을 ᄂ리오샤 니ᄅ샤ᄃ "중내 날 爲ᄒ야 뎌를 지소려 홀씬
>   내 반ᄃ기 도아 나랏사롬과로 利를 너푤려" ᄒ시고, 御衣 현 불
>   내시며, "뿔와 布貨와 土木 뿔 꺼슬 주라" ᄒ시니<권선 3 : 3~
>   4 : 1>
>   ㄴ. 이제 '내 和애 違타' 듣고<어첩 3 : 2~3>

(33ㄱ)의 인용문은 상당히 복잡한 문장(文章)이다. 의도형 연결어미 '-려'가 통합된 '너푤려' 다음에 종결어미 없이 바로 주절의 서술어가 왔다. 그리고 이어지는 문장도 어디서부터가 대화이고 어디서부터가 지문인지 구분이 명확하지 않다. '주-[輸]'라는 동사 어간과 명령형 어미 '-라'가 있는 것으로 보아 '뿔와'부터가 대화일 것이다. (33ㄴ)은 간접인용문의 성격을 띤 평서형이다.

10) 이 문헌에 나오는 한자어는 크게 두 갈래로 나뉜다. 하나는 불교용어이고, 하나는 임금과 관련된 용어이다. 대부분 한자로 적혀 있다. 앞에서 언급한 바와 같이 고유어로 바꿀 수 있는 말은 가능한 한 바꾸었으나 바꾸기 어려운 몇몇 어휘들은 그대로 한자를 쓰고 있다. 앞 5.3.의 예문 (6ㄱ) 임금과 관련된 어휘, (6ㄴ) 불교 관련 어휘가 이에 해당된다.

또한 이 자료는 두 편의 짧은 모연문이지만 15세기 문헌에서 잘 쓰이

지 않은 어휘가 두엇 보인다.

(34) ㄱ. 다술-[乂] 동사. 다스리다. 만흔 民이 <u>다스라</u><권선 1:3>
ㄴ. 헤다히-[犇來] 동사. 헤매어 다니다. 두어 百里 밧긔 <u>헤다혀오</u>
니<어첩 3:3~4>

8. 맺는말

8.1.

지금까지 절첩장인『오대산 상원사 중창 권선문』을 대상으로 하여 아직까지 해명이 되지 않은 몇몇 문제에 대해 논의했다. 이 첩장에는 두 건의 권선문(勸善文)이 나란히 실려 있는데, 하나는 세조의 글이고, 다른 하나는 신미의 글이다. 내용은 서로 비슷하다. 상원사의 중창 불사를 맞아 임금의 수복강녕을 빌고, 백성들에게 부처의 가피가 두루 미쳐서 오래도록 복리(福利)가 함께 하기를 바란다는 것이다. 중창 불사에 동참을 권유하는 모연(募緣) 공덕첩이다.

이 논의에서는 두 본으로 나뉘어 있는 첩의 이름을 각각 '언해본'과 '한문본'으로 구분해서 다루었다. 각 첩은 신미의 '권선문', 세조의 '어첩', '공덕주 열기(列記)' 등의 순으로 편철되어 있다. 두 첩장의 본문 다음에는 정재를 시주한 공덕주들의 열기(列記)가 나온다. 등장하는 인물들은 서로 다르다. 세자(世子) 황(晄)만이 양쪽에 모두 이름을 올렸을 뿐이다. 언해본의 공덕주들은 모두 여성이고, 한문본의 공덕주들은 모두 남성들이다.

8.2.

논의한 내용을 차례대로 요약하면 다음과 같다.

첩장으로 되어 있는 두 본의 형태서지는 물론, 원문 및 언해문의 내용 전반에 대해 살폈다. 논의에서는 자료에 대한 새로운 해석과 판단으로 해결하지 못했던 과제의 대부분을 풀었다.

첫째, 어첩을 쓴 시기의 문제이다. 신미의 권선문에는 원문의 말미에 작성일로 보이는 연기(年記)가 있어서 작성 연대[세조 10년(1464년) 12월 18일]를 아는 데 별 문제가 없다. 그런데 어첩에는 아무런 기록이 없다. 이런 이유로 그동안 작성 연대 추정에 다소의 혼란이 있었다. 이에 대해 신미의 '권선문'과 '어첩'의 편철 순서,『조선왕조실록』, 김수온(金守溫)이 쓴「상원사 중창 사적기」(1475년),「어첩」과「권선문」의 내용 등을 통해 확인한 결과는 아래와 같다.

신미 등이 상원사의 중창 불사를 하면서 소요되는 재원을 마련하기 위해 의발(衣鉢) 등을 내놓았다는 사연을 세조가 듣고, 그 소식에 감동하여 불사를 돕고자 물자를 지원하라고 윤명(綸命)을 내렸다. 이에 신미가 감사의 뜻을 담아 권선문을 썼다. 그때가 세조 10년(1464년) 12월 18일이다. 물자 중 일부는 경상도에서, 일부는 서울에서 확보되었다. 양이 많고 무겁기도 한 데에다 거리도 멀었다. 자재 확보와 운송에 시간이 걸렸다. 물자가 현장에 당도하기까지 시간이 흘렀고, 이때가 바로 실록에 보이는 세조 11년(1465년) 을유년 2월 20일 무렵일 것이다. 이때 세조가 물자를 내리면서 어첩을 쓴 것이다. 불사는 그해 3월에 시작하여 이듬해에 끝난 것으로 되어 있다. 따라서 신미의 권선문과 세조의 어첩은 작성 시기가 서로 다를 수밖에 없고, 이런 이유로 첩장의 편철 순서도 신미의 글이 먼저 실리게 된 것이다.

둘째, 언해본과 한문본을 별도로 조성한 이유이다. 이 문헌은 중창 불사에 많은 이들이 동참해 주기를 바라는 모연의 글이다. 하지만 전달 수단이 용이치 않았던 당시에 유일하다고 할 수 있는 매체는 문자였다. 그런데 읽어야 할 대상이 한자보다는 새로 창제된 문자에 더 익숙할 수도 있다. 그 당시에 많은 불경들을 언해한 것과 무관하지 않을 것이다. 어떤 목적이 있을 수도 있다. 언해본의 뒤에는 공덕주로, 세자를 제외하면 모두 여인들이 등장한다. 언해본에 여인들이 공덕주로 열기된 것은 시사하는 바가 있다. 당시 정음에 대한 이해와 이 문자 사용의 당사자들이 어떤 이들인가를 알 수 있는 내용이다.

또 하나는 「권선문」과 「어첩」을 언해한 시기의 문제이다. 언해문에는 오류가 꽤 보이는데, 신미와 세조는 모두 정음 사용에 능통했고, 특히 언해 사업에 밝은 이들이었기 때문에 원문을 쓴 이인 신미와 세조가 직접 언해한 글은 아니라고 판단했다.

언해의 시기부터 보면, '권선문'과 '어첩' 모두 중창 불사에 필요한 재화를 모으기 위해 쓴 글이라는 점에 착안했다. 불사 동참을 권유하는 신미의 '권선문'과 세조의 '어첩' 조성 이후 바로 중창 불사가 시작되었고, 1년여 만에 회향(回向)할 정도로 진행이 빨랐던 점을 감안하면 한문본에 이어 연달아 언해본이 만들어진 것으로 보았다.

언해한 이는, 불교는 물론 훈민정음에 대한 이해가 웬만큼 있는 이일 수밖에 없었을 것임은 짐작이 어렵지 않다. 그러나 언해에 익숙한 인물은 아니었던 것으로 판단했다. 언해문에 오류가 적지 않기 때문이다. 그러면서도 상원사 중창 불사와 관련된 이일 가능성이 높다. 상원사 불사와 가장 깊이 관련된 왕실 여인은 나중에 인수대비가 된 세자비 한씨다. 한씨는 이로부터 20년 안팎의 세월이 지난 후 당시의 고승인 학조(學祖)와 더불어 언해 사업을 주도했다. 그런 점을 감안해서 이때 권선문과 어첩을 언해한 이를 학조로 보았다. 학열은 중창 불사를 직접 주관했을 뿐만 아니라, 이보다 앞서 언해 사업에 관여한 경험이 있다. 따라서 당시까지는 언해 사업에 적극적으로 참여하기 전인 학조일 가능성이 높다.

셋째, 각각 다른 이가 다른 시기에 쓴 두 건의 권선문이 같은 첩장으로 조성된 이유에 대해서 살펴보았다. 두 권선문의 필체가 서로 비슷한데에다 같은 첩에 묶여 있다. 어떤 목적을 가지고 나중에 한 사람이 새로 필사한 후 첩장으로 만들어서 보관해 온 것이다. 누가, 언제, 어떤 목적으로 그렇게 한 것인지 그 경위에 대해 살폈다.

두 종의 권선문을 첩장으로 만드는 작업 역시 상원사 중창 불사의 일환이었을 것이다. 임금과 백성들을 모두 위하는 일이라는 명분이 있는 불사였다. 그리고 임금의 공덕첩이다. 보관하여 많은 이들에게 보이고, 또한 길이 간직할 목적에서 행한 일일 것이다. 당연히 불사에 주도적으로 참여했던 승려들인 신미, 학열, 학조 등이 주도했을 것이다.

8.3.

이 문헌은 세조 10년(1464년)에 쓰인 것으로 당시의 언어 사실을 알 수 있는 몇 안 되는 자료 중 하나이다. 이 서찰이 쓰인 해에 간경도감에서 『선종영가집언해』, 『아미타경언해』, 『금강경언해』, 『반야심경언해』 등이 간행되었는데, 모두 불전 원문에 한글로 구결을 달고 번역을 한 이른바 불경언해서들이다. 그러나 「어첩」 및 「권선문」은 먼저 쓰인 것으로 생각되는 한문 서찰에 구결문의 작성 없이 언해가 이루어져서 구결문의 제약으로부터 비교적 자유로운 편이다. 구결문이 없어서 당시의 실용 언어가 어느 정도 반영되어 있는 반면, 문장의 호흡이 길고 뜻의 전달이 잘

안 되는 등의 문제점도 발견된다.

표기법이나 음운에서는 같은 해에 간행된 다른 언해서들과 큰 차이가 없다. 문장은 종결어미에 의한 구성은 적고, 어미 '-니'에 의존한 종속절이 대부분이다. 그리고 글을 쓴 세조나 신미 등의 신분이 반영된 듯 임금과 관련된 어휘나 불교 관련 어휘가 많다.

그 밖의 언어 사실은 본문에서의 설명으로 대신한다. 특기할 것은 단어의 구성에서 접미사 'ㅎ-'에 의한 파생어 형성이 생산적이고, 선어말어미는 겸양법 선어말어미의 쓰임이 많은 반면, 공손법 선어말어미는 쓰이지 않았다는 점이다. 이 문헌에서 접미사 '-ㅎ다'에 의한 파생어와 불교용어, 임금 관련 용어 외에 대부분의 한자어는 고유어로 옮겨졌다. 이는 언해에서 쉬운 우리말로의 번역에 노력한 결과가 반영된 것으로 생각된다. 다만 편지를 쓴 두 사람 모두 당시 불경언해를 주도했던 인물이어서 언어 사실에서 관판본의 불경언해서들과 크게 다른 점은 없다.

8.4.

상원사 중창과 관련해서 쓴 신미의 '권선문'과 세조의 '어첩'은 이제 첩장으로 조성되어 월정사의 성보박물관에 소장되어 있다. 적지 않은 연구자들이 이 문헌에 대해 논의한 바 있으나, 처음 조성할 때의 그 원본이 아니어서 연구에 어려움이 있었다. 이 논의는 이러한 점에 비중을 두어 자료 자체에 실려 전하는 내용과 당시에 이 자료에 대해 언급한 실록과 사적(事蹟) 등 다른 문헌의 도움을 받아서 많은 부분을 정리했다. 이로써 이 문헌의 한글 문화유산으로서의 성격과 훈민정음 창제 초기에 조성된 15세기 유일의 한글 필사 자료로서의 가치를 어느 정도 밝혔다고 본다. 논의 과정에서 근거로 삼을 만한 자료가 드물었기 때문에 전후의 정황으로 미루어 판단한 내용은 오류가 될 수도 있겠으나, 새로운 해석을 시도했다는 데 의미를 두고자 한다. 그래도 여전히 미해결로 남는 과제는 나중에 새로 필사하여 조성했다는 '권선문' 및 '어첩'의 본문이 어떤 과정을 거쳐 수많은 공덕주들이 서명한 열기, 이른바 시주질(施主秩)과 한 첩장에 묶였느냐 하는 점이다. 후속 연구가 요구되는 이유이다.

제10장 불정심다라니경언해(佛頂心陀羅尼經諺解)

1. 머리말

1.1.

『불정심다라니경언해』는 조선조 성종(成宗) 16년(成化 21년, 乙巳, 1485년) 2월에, 당시의 고승(高僧)이었던 학조(學祖)가 간행한 불경언해서이다. 3권 1책으로 되어 있는데, 각 권의 권명(卷名)은 서로 조금씩 다르다. 책에 실려 있는 내용을 반영하여 명칭을 달리 붙인 때문일 것이다. 언해 경위 및 편찬자 등에 대해서는, 원문(原文)과 언해문(諺解文) 사이에 장철(張綴)되어 있는 24장 앞뒷면의 학조 발(跋)을 통해 어느 정도 짐작할 수 있다.[1] 발문을 쓴 학조가 바로 책의 편찬·간행자이고, 인수왕대비(仁粹王大妃)의 뜻에 의하여 간행된 책임을 밝히고 있다.

이보다 앞서 간경도감(刊經都監) 등에서 간행된 책들이 주로 대승경전류(大乘經典類)의 언해본이거나 선 수행(禪修行) 지침서들의 언해본인 데 비

---

1) 책의 간행 경위 등에 대해서는, 원문 뒤에 첨부되어 있는 학조(學祖)의 발문(跋文)에 의해 어느 정도 알 수 있다. 이 책의 본문 맨 뒤에 부록으로 학조의 발문 원문 및 이를 한글로 옮긴 번역문을 실어 놓았다.

해, 다라니경(陀羅尼經)의 언해서인 이 책[2]은 다른 언해본들과는 많은 차이를 보인다. 우선 언해 체제와 판식 등에서 큰 차이가 난다. 다른 언해서들은 대체로 경(經)의 원문(原文)이나 경소(經疏)의 내용을 중심으로 대문(大文)을 나누어 단락(段落)을 짓고, 이어서 원문에 구결을 달아 구결문(口訣文)을 만든 후 번역을 했다. 이른바 언해(諺解)를 행한 것이다. 언해의 방법은 대역(對譯)의 형식을 취했다. 그런데 이 책에는 구결문이 없다. 앞쪽(1장ㄱ~22장ㄴ)에[3] 구결문 없이 변상도(變相圖)와 경(經)의 원문을 두고, 뒤쪽에 언해문을 별도로 두었다. 다만, 우리가 연구의 원전으로 삼고 있는 서울대 중앙도서관 소장의 이희승 선생 구장본에는 이 책을 이용했던 이가 현토(懸吐)한 것으로 보이는 한자 약체자(略體字)로 된 자토(字吐) 구결이 있다. 그러나 이는 언해를 진행하는 과정에서 작성하는 구결문과는 성격이 다르다. 나중에 누군가가 기입(記入)해 넣은 것으로 보인다.

또한 인간(印刊) 양식도 달라서, 경의 원문과 변상도가 있는 앞부분은 목판본(木版本)인데 비해, 언해문이 있는 뒷부분은 을해자(乙亥字)로 된 활자본(活字本)이라는 점이다. 앞부분이 목판본인 이유는 각 면(面)을 둘로 나눈 상단(上段) 부분에 하단(下段)의 내용을 형상화(形象化)한 변상도(變相圖)를 두고 있기 때문일 것이다. 곧 하단에 있는 경 원문의 내용을 상단에서 그림으로 보이느라 상대적으로 도판(圖板) 작업이 쉬운 목판 인쇄를 이용한 것으로 보인다.

어떻든 출판 양식이 달라서 그러했겠지만 판식 등의 언해 체제는 말할 것도 없고, 번역 양상도 종전의 언해서들과는 사뭇 다르다. 원문 부분과 언해문 부분을 각각 따로 만들어서 합편(合編)한 것이라고 해도 과연

---

2) 이하 『불정심다라니경언해』를 필요에 따라 '이 책', 또는 '이 경전'이라 부를 것이다.
3) 장차(張次) 다음의 'ㄱ'은 장(張)의 앞면을 가리키고, 'ㄴ'은 뒷면을 가리킨다. 이하 같다.

이 아닐 정도로 많은 차이가 난다. 처음부터 그런 의도를 가지고 만든 것인지 단정할 수는 없지만 분리하면 별책(別冊)이 될 수 있을 정도이다. 실제로 숙종(肅宗) 37년(1711년)에 전라도 순창군(淳昌郡) 회문산(廻門山) 신광사(新光寺)에서 간행된 책(동국대학교 도서관 소장, D213.19 불73ㅅ)은 언해문 없이, 원간본과 동일한 판식의 원문만으로 장책(粧冊)되어 있다. 그 책의 형태는 원간본 『불정심다라니경언해』에서 뒤쪽에 있는 언해문 부분을 삭제하고, 원문 부분만을 따로 떼어내 복각 인출(印出)한 후, 장정(裝幀)을 한 분책의 모습이다. 원간본과 비교하면 판심(版心)에 변개(變改)가 있어서 판심서명(版心書名)이 새로이 들어가는 등 다소의 변화가 있기는 하지만, 이는 복각본 판각 당시의 변형 정도로 보인다.

1.2.

저본(底本)인 한문본의 편찬자와 간행자 등에 관련된 정보는 별로 없다. 국내에서 한문 원문만으로 유통되는 경전 중 현전하는 간본이 다수 있기는 하지만, 언해된 책의 저본이 어떠한 책인지에 대해서는 따로 기록이 없고, 이 책의 어디에서도 단서가 될 만한 근거가 없다. 다만 학조의 발문에 의해 한문본이 당(唐)나라에서 편찬되었던 당나라본[唐本]임을 짐작할 수 있을 뿐이다.[4]

그런데 이 경전의 한문본에 실려 있는 것과 같은 내용의 경(經)이 우리나라에 전해진 것은 좀 오래된 듯하다. 고려시대인 13세기 초에 당대(當代)의 권세가(權勢家)였던 최충헌(崔忠獻)과 그의 아들인 우(瑀), 향(珦) 삼부자

---

4) -이에 공인(工人)에게 명하시어 당본(唐本)을 본으로 삼아 정밀하게 따지고 해서(楷書)의 정자(正字)로 베껴 간인(刊印)함으로써, 이 책이 오래도록 전승되게 하셨다. (爰命工人 効唐本 詳密而圖之 楷正而寫之 鏤而刊之 以壽其傳)- <학조의 발문 : 24ㄱ>

(三父子)의 호신(護身)을 위해 간행한 책인 휴대용[수진본(袖珍本)] 첩장(帖裝)
소자본(小字本) 『불정심관세음보살대다라니경(佛頂心觀世音菩薩大陀羅經)』(이원
기 소장, 보물 제691호) 3권(卷) 1첩(帖)5)의 내용이 이 책『불정심다라니경언해』
의 한문 원문 부분과 일치한다. 이로 미루어 한문본이 우리나라에 유통
된 시기와 한문본의 이름이 '불정심관세음보살대다라니경'으로도 불렸
음을 알 수 있다. 이보다 조금 뒤에 같은 이름의 책이 간행된 기록도 있
어서 이를 뒷받침한다.6)

그런가 하면『불정심다라니경언해』원간본의 소장자였던 이희승 선
생의 해제(1958년)에 의하면, 표지에 '관음경(觀音經)'이라는 서외제(書外題)가
있었다고 한다.7) 이런 이유로 이 책을 저본으로 한 영인본의 서명이 '언
해 관음경(諺解 觀音經)'으로 되어 있지만『관음경』과는 별개의 책이다. 또
한 조선 후기에 간행된 한문본 책의 서명 중에는 '다라니경(陀羅尼經)'이
라고8) 된 책도 보인다. 이 한문본『다라니경(陀羅尼經)』은 책의 내용 때문
인지 우리나라에서 널리 유통되었던 듯하다.9) 이렇듯 많은 책들이 이름

---

5) 이 첩장본(帖裝本)의 도판(圖版) 등 일부 내용에 대해서는 천혜봉(1990ㄴ : 190) 참조.
6) 이보다 조금 뒤에도 같은 이름의 책이 간행된 기록이 있다. 고려 충렬왕 22년(丙申,
   1296년)의 일이다. 김두종(1973 : 103) 참조.
7) 이에 대해 이희승(1958년)의 해제에서는 다음과 같이 정리하고 있다.

   "이 영인본의 저본인 필자 소장본의 표지에는 '董音經'이라 묵서(墨書)하였으니, 이
   불정심경은 관음경의 일부가 아닌가 여겨진다. 그런데 관음경은 요진(姚秦)의 구마
   라집(鳩摩羅什)이 한역한 「법화경」 중에서 관세음보살(觀世音菩薩) 보문품(普門品)만
   을 분리하여 한 경(經)으로 한 것이니, 관세음보살이 중생의 제난(諸難)을 잘 구하
   여 소원을 이루어 주며, 또 33신(身)으로 양상과 자태를 달리하여 나타나서, 구호의
   대상이 되는 수난자(受難者)에 적응(適應)한 법을 설하는 것이 상례라 한다."
8) '다라니경(陀羅尼經)'은 다라니를 문자로 옮겨 놓은 경전(經典)이다. '다라니(陀羅尼)'
   는 범문(梵文)을 번역하지 않고 음(音) 그대로 읽거나 외우는 것을 이른다. 총지(摠
   持) 또는 능지(能持)라고도 한다. 곧, 모든 악법(惡法)을 막거나 버리고 선법(善法)을
   지킨다는 뜻이다. 번역을 하지 않는 이유는 원문 전체의 뜻이 한정(限定)되는 것을
   피하기 위함과 밀어(密語)라고 하여 다른 이에게는 비밀히 한다는 뜻이 있다. 흔히
   짧은 구절을 '진언(眞言)'이나 '주(呪)'라 하고, 긴 구절로 된 것을 '다라니(陀羅尼)',
   또는 '대주(大呪)'라고 한다.

을 달리하여 오늘에 전해지고 있다. 어떻든 한문본인『불정심다라니경』
은 오늘날 동국대 도서관 등에 여러 책이 전한다.

또한 다른 언해본들에서처럼 이 책 역시 어디에서도 '언해'라는 표현
은 찾을 수 없다. 그럼에도 불구하고 학계에서는 한문본과 한글본의 책
이 같이 전해질 경우, 대체로 갑오경장(甲午更張) 이전에 간행된 정음(正音)
문헌 중 한글로 번역의 과정을 거친 책에 대해서는 한문본 책명 다음에
'언해'라는 용어를 써서 한문본과 구분해 왔다.10)『불정심다라니경언해』
도 마찬가지다. 언해된 부분이 원문과 별도로 있음에도 불구하고, 한문
원문 부분과 동일(同一)한 제명(題名)을 언해문 앞에 그대로 쓰고 있다.

1.3.

앞에서 밝힌 대로『불정심다라니경언해』는 조선조 성종(成宗) 16년(1485년)
2월의 원간본(原刊本) 간행 이후 수차례에 걸쳐 중간(重刊)되었다. 초간(初刊)
이 왕실의 원력(願力)에 의해 조성된 것인 데 비해, 이후에 중간된 책들은
대부분 지방의 사찰에서 간행된 이른바 사찰판본(寺刹板本)이다. 이러한
중간본들은 거의가 원간을 판밑으로 한 복각본(覆刻本)들이다. 국립중앙
도서관, 서울대 규장각 한국학연구원, 동국대 중앙도서관 등에 수종이
현전한다. 드물기는 하지만 경의 일부만을 음역(音譯)한 책도 있다. 19세기
말(高宗 13년, 1876년)에 간행된 양주(楊州) 천마산(天摩山) 보정사(寶晶寺) 간행
의 책은 상권의 처음부터 두 번째 단락이라고 할 수 있는 모다라니(姥陀
羅尼)까지만 음역을 했다. 또한 1569년 무등산 안심사(安心寺)에서 간행된

---

9) 마음을 오롯이 하여 읽고 지니면 재액(災厄)을 막거나 피할 수 있다는 믿음을 주는
   경전이기 때문이다.
10) '언해(諺解)'의 개념 및 언해 경위, 언해본의 성격 등에 대해서는 앞의 제2장 참조.

책은 모다라니만 음역이 되어 있다. 그 밖의 부분은 원문에 구두점만을 찍었다. 독송(讀誦)의 중요성이 강조된 때문으로 판단한다. 이 중 널리 이용되는 판본은 고 이희승 선생 구장본(舊藏本)이다. 1958년 정양사에서 이희승 선생의 해제를 붙여 영인된 후, 1974년 아세아문화사에서 재차 영인하여 일반에 널리 알려진 바 있다.

1.4.

『불정심다라니경언해』의 표기법은 같은 해(1485년)에 간행된 국역불서 『영험약초언해(靈驗略抄諺解)』[11]와 비슷한 양상을 보인다. 두 책 모두 15세기 후반의 언어 사실이 반영되어 있다. 우리말 표기에서 'ㅸ'과 'ㆆ'은 쓰이지 않고, 'ㅿ'과 'ㆁ'은 널리 쓰였다. 각자병서로는 드물게도 'ㅆ, ㅉ'이 쓰였다. 사이글자는 'ㅅ'으로 통일되었다. 그런가 하면 용언 어간 'ㅎ-'가 무성자음 /ㄱ, ㄷ/ 등으로 시작되는 어미 '-거나, -거든, -고져, -더니, -게, -디'와 만날 경우, 대부분 격음화된 형태인 축약형으로 표기되었다. 두 책의 한자에는 동국정운(東國正韻) 한자음이 주음(注音)되어 있는데, 이 책들은 동국정운 한자음(漢字音)이 주음된 15세기 마지막 문헌이 될 것이다. 비록 일부에서의 예이기는 하지만 이 책이 보여 주는 정음 표기의 특징 중 하나는, 한자어인 경우 이를 한자로 적지 않고 정음(正音)으로 쓴 예가 몇몇 보인다는 점이다. 이는 한자어라는 인식이 이때 벌써 엷어졌음을 보여 주는 것으로 판단한다. 『불정심다라니경언해』의 문장 구성은 상권의 앞부분과 하권의 예화(例話) 부분은 석존(釋尊)과 관세음보

---

11) 『영험약초언해』 역시 『불정심다라니경언해』의 편찬·간행자인 당대(當代)의 고승 (高僧) 학조(學祖)에 의해 을해자(乙亥字)로 간행되었다. '대비심다라니(大悲心陀羅尼), 수구즉득다라니(隨求卽得陀羅尼), 대불정다라니(大佛頂陀羅尼), 불정존승다라니(佛頂尊勝陀羅尼)' 등 네 가지 다라니의 영험담(靈驗談)을 모아서 번역한 책이다.

살(觀世音菩薩)이 대화를 나누는 형식이고, 그 외에는 주로 경전의 편찬자인 설화자(說話者)가 『불정심다라니경』의 수지(受持)와 독송(讀誦)을 권(勸)하는, 이른바 설득하는 내용의 문장 구성으로 되어 있다. 이 다라니경을 몸에 지니고 정성을 다해 읽으면 갖가지 재앙(災殃)을 피할 수 있을 것이라고 권설(勸說)하는 내용으로 된 문장들이다.

1.5.

이 책은 15세기 이후 수차례에 걸쳐 중간(重刊)되었다. 왕실(王室)에서 인간(印刊)을 주도했던 초간본(初刊本)과는 달리, 불자(佛者)들이 널리 수지(受持)·독송(讀誦)하면서, 나중에는 지방의 사찰을 중심으로 유포(流布)의 범위를 넓혀 간 듯하다. 언해본은 물론, 한문본도 여러 책이 현전한다. 조선시대 우리나라 불교문화의 한 단면을 보여 주는 좋은 자료가 되고 있다.12) 한편으로는 15세기 후반 한국어의 모습을 간직하고 있는 몇 안 되는 국어사 자료 중 하나이기도 하다. 그런 이유로 같은 해에 간행된 『영험약초언해』와 함께 당시 한국어의 모습을 살필 수 있는 중요한 국어사 자료로 다뤄지고 있다. 논의를 통해 문헌의 가치를 규명해 보고자 한다. 제2절에서는 형태서지(形態書誌)와 현전 이본의 현황 그리고 경(經)의 성격과 내용 등을 살필 것이고, 제3절에서는 표기법 등 언어적 특징을 살펴서 이 책의 특성과 국어사 자료로서의 가치를 밝힐 것이다.

---

12) 『불정심다라니경』은 밀교(密教)의 경전인데, 앞에서 언급한 것처럼 이 경전을 온 마음으로 읽고 지니면 재액(災厄)을 막고 피할 수 있다는 믿음을 주었기 때문에 널리 유통되었던 것이 아닌가 한다. 이에 대해서는 학조(學祖)의 발문에서도 밝히고 있다.

2. 형태서지 및 경(經)의 성격

2.1.

『불정심다라니경언해』는 초간(初刊) 이후 수차례에 걸쳐 중간(重刊)되었다. 대부분 초간본을 판밑으로 한 복각본(覆刻本)들이다. 현전하는 판본만도 상당수에 이른다. 여기서는 이 책의 형태서지(形態書誌)와 간본(刊本)의 현황, 그리고 경(經)의 성격 및 내용 등을 살피려고 한다. 우선『불정심다라니경언해』의 간단한 서지사항을 정리하면 다음과 같다.

원간본은 현재 두 본(本)이 전하는 것으로 알려져 있다. 하나는 보물 제1108호로 지정되어 있는 호림(湖林)박물관 소장본이고, 다른 하나는 이희승 선생 구장본(舊藏本)이었으나, 지금은 서울대학교 중앙도서관의 귀중본실에 소장되어 있는 책(일석貴 294.333 B872)이다. 이 논의는 주로 일반에 공개된 바 있는 서울대 중앙도서관 소장의 책을13) 대상으로 할 것이다. 따라서 서지사항은 주로 원간본인 그 책을 중심으로 하여 기술하고자 한다.

2.2.

이 책은 3권 1책으로 구성되어 있다. 상권은 불정심다라니경(佛頂心陀羅

---

13) 이 책은 원 소장자였던 이희승 선생의 해제를 붙여 1958년 정양사에서 『아미타경언해』 고성 운흥사본(1702년)과 함께 영인이 되었으며, 이를 바탕으로 1974년 아세아문화사에서 재차 영인하였다. 그런데 앞의 주 7)에서 이미 언급한 대로 이 책 『불정심다라니경언해』를 영인한 영인본에는 서명(書名)이 '언해(諺解) 관음경(觀音經)'으로 되어 있다. 이에 대해 이희승 선생은 해제에서 소장하고 있는 책의 표지에 '관음경(觀音經)'이라는 묵서(墨書)가 있어서 그렇게 붙였다는 설명을 두었다. 그러나 이 책은 관음경과는 별개의 것이다.

尼經), 중권은 불정심요병구산방(佛頂心療病救産方), 하권은 불정심구난신험
경(佛頂心救難神驗經)이다.14) 각 권의 내용을 반영하여 권명(卷名)이 서로 조
금씩 다르게 되어 있다. 1.1.에서의 지적대로 이 책의 언해 체제는 독특
하다. 여타의 언해서들이 구결문을 앞쪽에 두고, 바로 이어서 그 구결문
을 정음(正音)으로 옮긴 대역(對譯)의 형식을 취한 데 비해, 이 책은 구결문
없이 언해문만을 책의 뒤쪽에 별도로 두었다. 그것도 원문과 언해문을
완전히 분리하여 앞쪽에는 변상도(變相圖)와 한문 원문만을 두고, 뒤쪽에
언해문을 별도로 배치했다.

　대부분의 불전언해서들은 경(經)이나 경소(經疏)의 내용을 중심으로 해
서 단락을 짓고, 구결을 현토(懸吐)하여 구결문을 만든 뒤에 비로소 언해
를 했다. 곧, 대역(對譯)의 형식인 셈이다. 그런데 이 책은 형식이 다르다.
원문에 대당(對當)되는 언해문이 원문의 뒤쪽에 별도로 있다. 구결문은
없다. 그렇다고 해도 번역된 내용까지 당시 번역의 일반적인 상궤(常軌)
에서 벗어난 것은 아니다. 언해된 글의 문체(文體)는 대체로 구결문에 견
인되어 직역투(直譯套)의 문장으로 되어 있는 것이 일반적인 현상이다. 그
런데 비록 구결문이 없다고 해도 이 책 역시 직역투 번역의 한계를 뛰어
넘은 것은 아니다. 구결문이 겉으로 드러나지 않았을 뿐, 번역의 한 과정
으로서 구결문을 전제(前提)한 채 언해가 이루어진 것으로 판단한다. 다
음의 문장이 이러한 현상을 보여 주는 한 예가 될 것이다.

---

14) 이 언해서의 책권이 3권 1책이라고 해도 초간 당시부터 분책(分冊)을 염두에 둔
　　장책(粧冊)은 아니었던 듯하다. 각 권의 내용이 그리 많지 않을 뿐만 아니라, 장차
　　도 권에 따라 나눠지지 않고 일련 장차(一連張次)로 되어 있어서, 분권(分卷)이 장
　　(張)의 중간에서 이루어지기 때문이다. 판심에도 권차 표시는 없다. 각 권의 내용
　　이 서로 조금씩 달라서 내용이 달라지는 부분을 경계로 하여 분권(分卷)한 것으로
　　보인다. 앞에서의 지적대로 오히려 원문인 한문 부분과 언해문 부분을 합편(合編)
　　한 형식에 가깝다.

(1) ㄱ. 爾時觀世音菩薩而白釋迦牟尼佛言是我前身不可思議福德因緣欲令利
益一切衆生起大悲心能斷一切繫縛能滅一切怖畏一切衆生蒙此威神
悉能離苦解脫 <원문 : 1ㄱ~ㄴ>

ㄴ. 그쁴 觀世音菩薩이 釋迦牟尼佛끠 술오샤딘 "이 내 前身이 思議 몯
홀 福德 因緣으로 一切 衆生을 利益게 코져 ᄒᆞ야 大悲心을 니르와
다 一切 미얼쿄몰 그츠며 一切 저포몰 업게 호니 一切 衆生이 이
威神을 니버 다 苦롤 여희여 버스리이다" <언해문 : 25ㄱ>

이 부분은 경(經)의 서분(序分) 부분으로 관세음보살(觀世音菩薩)이 석가모
니(釋迦牟尼) 부처께 고(告)하는 내용인데, 직접 인용의 형식으로 번역을 했
다. 이러한 번역 양상은 당시에 간행되었던 대부분의 대역(對譯) 언해불
서들에서 공통적으로 보이는 현상이다. 그런데 구결문이 없는 이 언해서
에도 그대로 적용이 되고 있다. 앞에서의 설명대로 비록 구결문을 따로
두지는 않았다고 하더라도 번역의 단계에서 구결문이 전제가 되었기 때
문일 것이다.

2.3.

책의 각 장(張)은 좀 독특한 체제로 되어 있다. 반엽(半葉)의 매면(每面)마
다[15] 윗단(段)에는 아래쪽에 있는 내용을 형상화(形象化)한 그림이 목판화
로 새겨져 있다. 이른바 변상도(變相圖)이다. 변상도의 적당한 곳에 네모
테두리를 하고 아래쪽에 있는 경(經)의 내용 중 핵심에 해당하는 어휘나
구절을 써 두었다. 원문과 변상도가 있는 앞쪽은 목판본이고, 언해문이
있는 뒤쪽은 『두시언해』와 같은 을해자(乙亥字)의 활자본이다. 변상도는

---

15) 이 책은 선장본(線裝本)으로 판심(版心)이 접혀 있어서 반엽(半葉) 단위로 변상도
가 그려진 것처럼 보이지만 실상은 전엽(全葉) 그림인 것이다.

맨 앞장의 앞면과 뒷면의 세로로 절반에 걸쳐 관세음보살상(觀世音菩薩像)
이 전면화(全面畵)로 판각(板刻)되어 있고, 뒷면의 세로로 절반 정도에 패기
(牌記)가 있다. 경(經)의 원문이 있는 부분은 전엽(全葉) 반면화(半面畵)이다.
우리가 보는 부분은 나빗간을 중심으로 접혀 있어서 반엽화(半葉畵)처럼
보이기도 하지만 전엽화(全葉畵)인 것이다. 원문의 맨 뒷면에는 다시 신장
(神將)인 위타천(韋馱天)을 새긴 위타천상도(韋馱天像圖)가 전면화로 판각되어
있다. 그 뒤에 학조(學祖)의 발문이 있어서 간행과 관련된 시기나 경위(經
緯)를 어느 정도 짐작할 수 있으나, 간기(刊記)는 없다. 발문 뒤에 언해문
이 장철되어 있다.

　원간본의 책 편차(編次)는 다음과 같다.

변상도(變相圖 : 觀世音菩薩像)와 패기(牌記)
불정심다라니경 권 상 원문　　　　　　　　1장 앞면 1행~9장 뒷면 4행
불정심요병구산방 권 중 원문　　　　　　9장 뒷면 5행~13장 뒷면 끝
불정심구난신험경 권 하 원문　　　　　　14장 앞면 1행~22장 뒷면 6행
일자정륜왕다라니(一字頂輪王陀羅尼)　　22장 뒷면 7행~8행
자재왕치온독다라니(自在王治瘟毒陀羅尼) 23장 앞면 1행~2행
변상도(韋馱天像圖 : 童眞菩薩像)　　　　23장 뒷면
학조(學祖)의 발문(跋文)　　　　　　　　24장 앞면 1행~뒷면 8행
　　　　　　　　　　　　　　　　　　<이상 원문 부분 : 목판본>
불정심다라니경 권 상 언해문　　　　　　25장 앞면 1행~30장 앞면 12행
불정심요병구산방 권 중 언해문　　　　　30장 앞면 13행~32장 뒷면 9행
불정심구난신험경 권 하 언해문　　　　　32장 뒷면 10행~37장 뒷면 끝행
　　　　　　　　　　　　　　　　　　<이상 언해문 부분 : 활자본>

　원간본의 서지사항을 살피면 다음과 같다. 판식(板式)은 원문과 변상도
가 있는 목판본(木版本)의 앞부분과 언해문이 있는 활자본(活字本)의 뒷부
분이 서로 다르다. 상단(上段)에 변상도가 판각(板刻)되어 있기 때문에 원

문이 있는 앞부분을 목판본으로 조성한 것으로 본다. 그래서 판식(板式)
이나 행관(行款) 등이 다르게 되어 있는 것이다.

> 책크기 : 30.8㎝ × 18.3㎝
> 권수제 : 佛頂心陀羅尼經
> 권말제 : 佛頂心經
> 판심제 : 원문 부분 - 없음
> 　　　　　언해문 부분 - 佛頂
> 판　심 : 원문 부분 - 上 下向黑魚尾(黑口없음)
> 　　　　　언해문 부분 - 大黑口 上下內向黑魚尾
> 판　식 : 원문 부분 - 4주 쌍변(雙邊)
> 　　　　　언해문 부분 - 4주 단변(單邊)
> 반　곽 : 21㎝ × 14.7㎝
> 행　관 : 원문 : 상단(上段) - 변상도(變相圖)
> 　　　　　　　　하단(下段) - 유계(有界) 8행 9자
> 　　　　　언해문 : 유계(有界) 14행 17자
> 주(註) 표시 : 흑어미(黑魚尾)[16]
> 종　이 : 저지(楮紙)

위의 편차와 서지사항의 일별(一瞥)에서 보는 바와 같이『불정심다라니
경언해』는 원문과 언해문을 서로 분리해서 편찬하였기 때문에 판식에서
도 차이가 난다. 목판본인 원문 부분의 위쪽에 있는 변상도는 매우 우아
하면서도 정치(精緻)한 느낌을 주고,[17] 한문 원문은 격조 있는 해서체(楷書
體)로 단아(端雅)하면서도 힘이 있어 보인다. 변상도의 아래쪽과 경계를

---

16) 이 책에서는 불교용어나 한자어 등 설명이 필요한 곳에는 주(注)를 달았는데, 주를
다는 방식은 언해문과 동일한 크기의 활자를 한 줄로 쓰되, 주의 위쪽과 아래쪽에
흑어미 ' 【 】 ' 표시를 두어 구분했다.
17) 이에 대해 천혜봉(1990ㄴ : 172)은 "교(巧)를 극(極)한 섬세·우아성을 보여 주고
있어서 판화 미술의 백미(白眉)라 일컬어 추호도 손색이 없는 것이다."라고 판화
미술의 가치를 평가하고 있다.

이루는 한문 원문 부분의 상단(上端)에 하향(下向) 흑어미를 두고, 판심서명은 따로 두지 않았다. 흑어미에서 조금 내려 온 위치에 장차(張次)를 두었다. 아래쪽에는 흑어미가 없다. 언해문 부분은 을해자(乙亥字)의 미려(美麗)한 활자로 되어 있다. 언해문의 활자는 작은 글자인데, 한자와 한글의 글자 크기가 같다. 한자에는 같은 크기의 활자로 동국정운 한자음이 주음되어 있고, 한글과 한자의 음역(音譯)에만 방점이 점획(點劃)으로 찍혀 있다. 판심서명은 상하내향흑어미의 위쪽 흑어미 바로 아래에 한자로 '佛頂'이라고 적었다.

2.4.

이 책은 조선조 성종(成宗) 16년(1485년) 2월에 인수왕대비(仁粹王大妃) 한씨(韓氏)의 뜻에 따라 당시의 고승인 학조(學祖)에 의해 처음 간행되었다. 이러한 사실은 원문과 언해문 사이에 있는 학조의 발문에 기록되어 있다. 곧, 이 책은 성종(成宗)의 연수(延壽)와 마원(魔怨)의 소진(消殄)을 위하고, 창생(蒼生)을 시름과 궁핍으로부터 구제하기 위한 의도에서, 그리고 자녀들로 하여금 생산(生産)의 어려움에서 벗어나게 하려는 데 뜻을 두고 간행한 책이다. 아래 학조의 발문을 보면 그러한 의도의 일단을 읽을 수 있다.[18]

(2) ㄱ. 我仁粹王大妃殿下, 爲主上殿下, 睿算靈長, 消殄魔怨, 爰命工人, 効唐本, 詳密而圖之, 楷正而寫之, 鏤而刊之, 以壽其傳. 蓋益自利他, 使人人而樂誦; 推己及人, 令箇箇而知歸, 拯蒼生於憂逼之際, 復子女於生産之難.

<학조의 발문 : 24ㄱ~ㄴ>

---

18) 이 책의 본문 맨 뒤에 부록으로 학조의 발문(跋文) 전문(全文)과 이를 한글로 옮긴 번역문을 실어 두었다.

ㄴ. 우리 인수왕대비전하께서 주상전하를 위하여 영장(靈長)의 뛰어
난 헤아림으로 마원(魔怨)을 다 없애고자, 이에 공인(工人)에게
명하시어 당본(唐本)19)을 본으로 삼아 정밀하게 따지고, 해서(楷
書)의 정자(正字)로 베껴 활자로 간인(刊印)함으로써, 이 책이 오
래도록 전승되게 하셨다. … 그리하여 넉넉함과 부족함 사이에
허덕이는 창생(蒼生)을 구제하고, 생산의 어려움에 있는 자녀들
을 제자리로 돌려놓으셨다.

<학조의 발문 번역문 중에서>

앞의 1.3.에서 지적한 대로 이 책의 원간본은 현재 두 책이 전한다. 하
나는 이희승 선생 구장본으로 지금은 서울대 중앙도서관에 소장되어 있
는 책이고, 다른 하나는 호림(湖林)박물관에 소장되어 있는 책이다. 호림
박물관 소장의 책은 보물 제1108호로 지정되어 있다. 초간(初刊)이 왕실의
원력(願力)에 의해 조성된 것인 데 비해, 이후에 중간(重刊)된 책들은 대부
분 지방의 사찰에서 간행된 이른바 사찰판본(寺刹板本)이다. 이러한 중간
본들은 거의가 원간을 판밑으로 한 복각본(覆刻本)들이다.

현전하는 원간 및 중간의 책들은 다음과 같다. 한문본 중에는 언해본
중 원문이 있는 앞부분만을 분책하여 별책으로 만든 것처럼 보이는 복
각 판본(순창 신광사본)도 있고, 경의 일부 내용을 한글로 음역(音譯)한 책도
있어서 참고로 제시한다.

---

19) 이때 인수왕대비가 보았던 당본(唐本)이 명(明)나라 헌종(憲宗) 13년(成化 13년,
1477년)에 조성된 책인 이른바 '성화판(成化板)'이라는 주장이 있었다. 2006년 10
월 원주시 치악산 명주사 소재 고판화박물관의 '2006 중국 고판화 특별전-판화의
원류를 찾아' 전시회 도록을 통해서다. 성화판(成化板) 『불정심다라니경』 중 한 책
이 이 고판화박물관에 소장되어 있는데, 소장본(所藏本) 책을 전시하면서 소개한
내용이다. 이 책은 현재 강원도의 유형문화재로 지정되어 있다. 이 경전은 밀교
(密敎) 경전인데 중국에서는 당대(唐代) 이후에 밀교가 점점 쇠퇴하여 이 경전을
구하기가 힘들었다고 한다. 이러한 내용은 학조(學祖)의 발문에도 일부 언급되어
있다.

[1] 원간본 : 서울대 중앙도서관 (일석貴 294.333 B872) 소장

　　　　　　호림박물관(湖林博物館) 소장(보물 제1108호)

[2] 중간본(복각본)

　1) 평안도 대청산 해탈암본(解脫庵本), 명종(明宗) 16년(1561년) 간행

　　간기 : 嘉靖四十年辛酉六月日平安道祥原地大靑山解脫菴開板

　　국립중앙도서관(古 1741 – 21) 소장, 고 이겸로님(산기 3 – 335) 소장

　2) 경북 상주 봉불암본(奉佛庵本), 인조(仁祖) 9년(1631년) 간행

　　간기 : 崇禎四年辛未四月日刊留于慶尙道尙州牧地奉佛庵

　　　　＊ 뒤에 <佛說高王觀世音經> 첨부

　　서울대 규장각 가람문고(가람古 294.333 – B872g) 소장

　　서울대 규장각 소장 <古>1730 – 12

　　국립중앙도서관 소장 <古> 1745 – 26

　3) 부산 동래 범어사본(梵魚寺本), 인조(仁祖) 22년(1644년) 간행

　　국립중앙도서관(한 21 – 197) 소장

[3] 한문본

　1) 무등산 안심사본(安心寺本), 선조(宣祖) 2년(1569년) 간행

　　간기 : 隆慶三年己巳仲夏全羅道同卜無等山安心寺重刊

　　　　＊ 모다라니(姥陀羅尼) 부분만 한글로 음역(音譯)하고, 그 밖
　　　　　의 부분은 원문에 중권점(中圈點)과 우권점(右圈點) 등
　　　　　구두점(句讀點)만을 두었다.[20]

　　서울대 규장각 소장 <古> 1730 – 59, 서울대 규장각 소장
　　<古>1730 – 59A

　　동국대학교 중앙도서관(D213.19제79ㅇ3) 소장

　　　　＊ 안심사본은 제진언집(諸眞言集)과 합편되어 있어서 서명
　　　　　이 '제진언집'인 책도 있다.[21]

---

20) 한문본에서 일부 다라니에 한글 음역(音譯)을 두거나 원문에 구두점을 둔 것은 독송
　(讀誦)의 편의를 위한 것으로, 독송이 중시되는 다라니의 특성을 보여 주는 예이다.

2) 전라도 순창군 회문산 신광사본(新光寺本), 숙종(肅宗) 37년(1711년)
   간행
   간기 : 康熙五年辛卯九月日淳昌郡回門山新光寺開板
   동국대학교 중앙도서관(D213.19 불73ㅅ) 소장

3) 경기도 양주 천마산(天摩山) 보정사본(寶晶寺本), 고462쪽 종(高宗)
   13년(1876년) 간행
   　　* 상권의 처음부터 두 번째 단락인 모다라니(姥陀羅尼)까
   　　　지만 음역(音譯)
   동국대학교 중앙도서관(D213.19 불73ㅂ) 소장

이상의 여러 판본 중 서울대 중앙도서관 소장의 원간본은 원 소장자
였던 이희승 선생이 또 다른 소장(所藏) 고서(古書)였던 고성 운흥사본(雲興
寺本)『아미타경언해』(1702년)와 합편으로 영인·간행(1958년)한 바 있다. 그
영인본에 이희승 선생이 간단한 해제(解題)를 붙였는데, 이후 이 책에 대
한 논의는 주로 그 해제에 기대어 진행되었다. 그러나 해제의 내용이 소
략(疏略)하여 전모를 알기 어려운 아쉬움이 있다. 단편적으로 이 책을 소
개한 것으로는 안병희(1979)와 김영배·김무봉(1998)이 있다.

2.5.

앞에서 밝힌 대로『불정심다라니경』은 '다라니(陁羅尼)'를 적은 경전의
하나이다. '다라니'는 밀교(密敎)의 경전이다. 이 경전은, 온 마음을 기울
여서 읽고 지니면 재액(災厄)을 피할 수 있다는 믿음에서 널리 유통되었

---

21) 안심사(安心寺) 판본의 책을 언해본으로 다룬 논의가 있으나, 필자가 살펴본 바로
   는 언해본이 아니고 한문본이다. 다만, 핵심 내용이라고 할 수 있는 모다라니(姥陀
   羅尼) 부분이 한글로 음역(音譯)이 되어 있고, 그 외의 부분은 원문에 구두점이 있
   을 뿐이다.

다고 한다. '불정(佛頂)'은 석가모니불(釋迦牟尼佛) 정수리의 공덕을 인격화 (人格化)하여 숭배하는 대상으로 삼은 것이다. 따라서 모든 불상(佛像) 중에 가장 소중히 여기는 대상이다. '심(心)'은 의식(意識) 작용(作用)의 본체(本體) 이며, 일반상(一般相)을 인지(認知)하는 정신작용이다. '다라니(陀羅尼)'는 범 문(梵文)을 번역하지 않고 음(音) 그대로 읽거나 외우는 것을 이른다. 총지 (摠持) 또는 능지(能持)라고도 한다. 진언을 외워서 모든 법을 가진다는 뜻 이다. 곧, 모든 악법(惡法)을 막거나 버리고 선법(善法)을 지킨다는 뜻이다. 번역을 하지 않는 이유는 원문 전체의 뜻이 한정되는 것을 피하기 위함 과 밀어(密語)라고 하여 다른 이에게 비밀히 한다는 뜻이 있다. 글자 하나 하나가 무한한 의미와 위력을 가지고 있다고 한다. 흔히 짧은 구절로 된 것은 '진언(眞言)'이나 '주(呪)'라 하고, 긴 구절로 된 것은 '다라니(陀羅尼)', 또는 '대주(大呪)'라고 한다. '다라니경(陀羅尼經)'은 '다라니'를 문자로 옮겨 놓은 경전이다. 따라서 '불정심다라니경(佛頂心陀羅尼經)'은 부처의 으뜸이 되고 핵심이 되는 경전인 것이다.

2.6.

『불정심다라니경언해』 상·중·하 3권의 내용은 서로 조금씩 다르다. 이렇게 조금씩 다른 각 권의 내용을 반영하여 권명(卷名)도 차이가 있다. 상 권(上卷)은 불정심다라니경(佛頂心陀羅尼經), 중권(中卷)은 불정심요병구산방(佛 頂心療病救産方), 하권(下卷)은 불정심구난신험경(佛頂心救難神驗經)이다.

상권은 이 책 '불정심다라니경'의 내용이 어떠한 것인지를 알려 주고, 중생이 번뇌(煩惱)의 고통에서 벗어나 마음의 안락(安樂)을 얻기 위해서 어 떻게 해야 하는가를 설(說)하는 내용으로 되어 있다. 그 방법으로 앞부분에는 관세음보살(觀世音菩薩)이 석존(釋尊)께 고하는 형식을 취하고 있다. 그리고는 관세음보살로 하여금 중생들을 안락하게 하고, 번뇌를 막게 하기 위하여 모다라니(姥陀羅尼)를 독송하게 하는 형식이다. 이후에는 이 책의 원고를 썼거나 편찬한 이에 해당하는 설화자가 이 다라니의 내용을 독자인 중생에게 설명하고, 중생이 번뇌를 피하거나 막기 위하여 이 '다라니'를 송지(誦持)하라고 권설(勸說)하는 내용으로 되어 있다. 이 경전에서 독자인 중생은 선남자(善男子)와 선여인(善女人)으로 설정되어 있다.

이 경전은 관세음보살이 중생들의 고통(苦痛), 중죄(重罪), 악업(惡業)을 없애고 이익과 안락을 주기 위하여 이 다라니를 설한다는 배경 설명으로, 이 경전의 가치를 말하고, 독송하는 형식으로 모다라니를 소개했다. '모다라니'는 관세음보살이 말세(末世)의 중생을 위하여 설한 진언이라고 한다.

경전의 앞부분을 보면 관세음보살이 석가모니불(釋迦牟尼佛)께 고(告)하는 형식을 빌려 이 경전의 편찬 목적 및 가치를 밝히고 있는데, 그 일부 내용을 보면 다음과 같다.

> (3) "… 일체의 중생에게 이익이 되게 하고자 한 것입니다. 대비심(大悲心)을 일으켜서 모든 얽매임을 끊으며, 모든 두려움을 없게 하니, 일체 중생이 이러한 위신(威神)을 입고 다 고통을 여의어 벗어날 것입니다."
>
> (중략)
>
> "… 고통 받는 중생을 위하여 액(厄)을 덜어 주며, 난(難)을 당해 고통 받는 중생을 구하는 무애자재심왕지인(無碍自在心王智印)[22] 대다라니법(大陀羅尼法)을 말하겠습니다. 일체의 고통 받는 중생을 구하여 (고통에서) 빼어 내되, 모든 병을 덜어 주며 악업(惡業)이 중(重)한 죄를 없게 하겠습니다. 일체의 여러 선지(善智)를 이루며, 모든 마음의 원(願)을 빨리

---

22) '무애자재(無碍自在)'는 장애(障碍)가 없는 자유를 말하는 것이고, '심왕(心王)'은 의식(意識) 작용(作用)의 본체(本體)를 이른다. '지인(智印)'은 사람이 '인(印)'이 있으면 나라에 들어갈 수 있는 것과 같이, 반야(般若)의 지(智)로써 인(印)을 삼는다면 실상(實相)의 이(理)에 들어갈 수 있다고 하여 '지인(智印)'이라고 하는 것이다.

채워서 일체 중생에게 이익이 되게 하고, 안락(安樂)하게 하여 번뇌를 막
게 하고 싶습니다."

<상권 : 25ㄱ~ㄴ>

서분(序分)에 해당하는 이 부분의 내용을 보면 『불정심다라니경』의 성
격과 경전의 가치를 단박에 알아차릴 수 있을 정도로 경전의 핵심을 밝
히고 있다. 그 아래의 내용은 이러한 가치를 가진 '다라니'이므로 송지(誦
持)하라고 권설하라는 것이다. 그리하면 여러 불·보살의 가피(加被)를 입
어 모든 재액(災厄)을 물리치고 안락을 누리며, 소원을 이룰 수 있을 것이
라는 교설이다.

중권에는 경전의 독자인 선남자, 선여인을 대상으로 임산부가 해산(解
産)할 때 이 다라니를 외우면 무사히 출산할 수 있을 것이라는 내용이 주
를 이루고 있다. 또한 온갖 심신(心身)의 병마(病魔)와 고통의 예를 들고,
그 해소 방법으로서의 이 다라니의 역할과 효험(效驗)에 대해서도 설명하
고 있다. 심신의 병마를 극복하거나 치료를 위한 처방을 제시한 것이다.
말 그대로 요병(療病)과 구산(救産)을 위한 처방문(處方文)으로서 '다라니경'
의 효험이다. 경전에서는 그 내용을 이렇게 요약하여 제시하고 있다.

(4) "만약 사람이 선지식(善知識)을 만나 짐짓 달래어 권해서 이 다라니
경(陀羅尼經) 상·중·하 3권을 쓰면, 대장경(大藏經)에 맞춰서 이 공덕(功
德)을 갖추어 이룰 것이다. 사람이 열두 장(藏) 대존경(大尊經)을 만들고
자마황금(紫磨黃金)으로 불상(佛像)을 주성(鑄成)하여 이루는 것과 같으니,
이 다라니경을 공양한 위신력(威神力)도 또한 이와 같을 것이다."

<중권 : 32ㄱ~ㄴ>

하권에서는 이 다라니를 지니면 어떠한 위험이 와도 극복할 수 있는
신통력을 가지거나 영험을 보게 된다는 사실을 몇 가지 예화를 들어서

소개하고 있다. 곧, 다라니의 효험에 대한 설명이다. 권명(卷名) 그대로 이 다라니를 송지(誦持)한 덕분에 얻은 구난(救難)과 신험(神驗)의 기록이다.

(5) "만약 선남자, 선여인이 능히 이 경전 세 권을 써서 부처의 집에 오색(五色) 재전(裁剪 : 자투리)으로 주머니를 기워 넣으며, 혹 몸을 좇아 공양하는 이는, 이 사람이 만약 머무르거나 눕거나 위험한 곳에 있으면, 언제나 신장(神將)인 백천(百千)의 나라연(那羅延)[23] 금강밀적(金剛密跡)[24]과 대력(大力) 무변(無邊)의 아타발구라신(阿吒鈦拘羅神)[25]이 몸에 검륜(劍輪)을 가지고 밤낮을 좇아 호위(護衛)할 것이다. 그렇게 하여 난(難)을 덜지 아니한 이가 없으며, 재액(災厄)을 구하지 아니한 이가 없으며, 사(邪)를 끊지 아니한 이가 없으리라."

<하권 : 36ㄱ~ㄴ>

마지막에는 이러한 예화를 통해 느낀 바가 큰 중생들에게, 이 경전의 수지(受持)와 독송(讀誦)의 봉행(奉行)을 권하는 내용으로 결론을 삼는다. 제시하면 아래와 같다.

(5´) "그러므로 알라. 이 경의 공덕이 끝이 없으니, 기뻐하여 신수(信受)하고 머리에 얹어서 봉행(奉行)할지니라."

<하권 : 37ㄴ>

---

23) '나라연(那羅延)'은 '견고(堅固)하다'는 뜻이다. 또는 힘이 아주 뛰어난 천상(天上)의 역사(力士)를 이르기도 한다.
24) '금강밀적(金剛密跡)'은 손에 금강저(金剛杵)를 들고 큰 위엄을 나타내어 불법(佛法)을 수호하는 천신(天神)들을 통틀어 이르는 말이다. '밀적(密迹)'은 항상 부처를 모시고 부처의 비밀한 사적을 기억한다는 뜻에서 붙여진 이름이다. 곧, 금강역사(金剛力士)를 이른다.
25) '아타발구라신(阿吒鈦拘羅神)'은 밀교(密敎)의 16 대야차대장(大夜叉大將)의 하나인 광신귀신대장(曠神鬼神大將)을 이른다. 곧, 대원수명왕(大元帥明王)을 말한다. 그가 말하는 다라니를 외우는 이는 온갖 어려움에서 자기의 원(願)대로 벗어난다고 한다.

3. 어학적 고찰

3.1.

앞에서 언급한 대로 『불정심다라니경언해』는 구결문 없이 언해문만 있는 책이다. 언해문은 작은 활자로 되어 있다. 정음과 한자가 모두 같은 크기의 소활자(小活字)이다. 한자음 역시 한자와 같은 크기의 소활자(小活字)로 되어 있다. 한자에는 동국정운 한자음이 주음되어 있다. 한자음과 정음에는 점획(點劃)으로 방점이 찍혀 있다. 어려운 한자어나 불교용어에는 주(注)를 달아서 이해를 도왔다. '주(注)'의 위와 아래에는 흑어미(黑魚尾) 표시를 하여 일반 문장과 구분했다.

이 책의 원고를 썼거나 책을 편찬한 이인 설화자는 상권의 앞부분에서 관세음보살과 석존이 대화하는 형식을 빌려 경전의 성격을 밝히고 있다. 이 부분 대화를 비롯한 문장의 구성은 비록 구결문이 없다고 하더라도 축자역(逐字譯), 곧 직역(直譯)의 형식을 벗어나지 않았다. 앞의 2.2.에서 언급한 대로 구결문이 겉에 드러나 있지는 않지만, 구결문을 전제한 번역의 글이어서 그렇게 된 것으로 판단한다.

어떻든 이 책에는 '다라니'를 '송지(誦持)'하면 거기에 따르는 과보(果報)가 있을 것이라고 믿음을 주는 내용이 많다. 이러한 '다라니' 경전의 특성으로 인해 종결형식은 추측법의 평서형 종결어미 '-ᄒᆞ리라'의 출현이 빈번한 편이다.

이 책은 15세기 후반인 1485년에 간행된 책이다. 언어 사실에서는 같은 해에 같은 체제로 간행된 책인 『영험약초언해』와 더불어 당시 표기법의 특성을 보인다. 'ㅸ'이나 'ㆆ'이 쓰이지 않고, 'ㅿ'이나 'ㆁ'이 쓰이는 등의 모습을 볼 수 있다. 그런 한편으로 『월인천강지곡』(1447년)에서처럼 유성자음 다음에서 분철한 예가 일부 있는가 하면, 『원각경언해』(1465년) 이후 보이지 않던 'ㅆ'과 'ㅉ'이 쓰이기도 했다. 사이글자는 'ㅅ'으로 통일되었다. 용언 어간 'ㅎ-'가 무성자음 /ㄱ, ㄷ/ 등으로 시작되는 어미 '-거나, -거든, -고져, -더니, -게, -디'와 만날 경우, 대부분 격음화된 형태인 축약형으로 표기하였다.

일부에서의 예이기는 하지만 이 책이 보여 주는 정음 표기의 특징 중 하나는, 한자어인 경우 이를 한자로 적지 않고 정음(正音)으로 쓴 예가 몇몇 있다는 점이다. 이는 한자어라는 인식이 이때 벌써 엷어졌음을 보여 주는 것으로 판단한다.

여기서는 같은 시기에 간행된 다른 불경언해서들과 비교하면서 이 책의 어학적 특성, 특히 표기법 등을 살피고자 한다.

3.2. 각 권별(卷別) 화법(話法)의 특성

이 책은 한문본 '다라니경'을 우리말로 옮긴 언해본이다. 3권 1책으로 되어 있는데, 각 권의 내용은 조금씩 다르다. 그리고 권별(卷別) 내용에 따라 권명(卷名)을 달리했고, 각 권의 구성도 약간씩 다르다. 각 권별로 화법(話法)의 특성을 살피면 아래와 같다.

> (6) ㄱ. "됴타 됴타 善男子 善女人이여 내 나라해 나도다" ᄒᆞ시고 護持
> 호ᄆᆞᆯ 눈ᄌᆞᅀᆞ ᄀᆞ티ᄒᆞ샤 어엿비 너기샤ᄆᆞᆯ 마디 아니ᄒᆞ시리라 이
> 陁羅尼 功德이 그지업스니 ᄒᆞ물며 사ᄅᆞ미 보거나 듣거나 스거
> 나 디니거나 供養커나 ᄒᆞ면 그 福ᄋᆞᆫ 닐어 혜아리디 몯ᄒᆞ리라
> <상권 : 28ㄱ>
>
> ㄴ. ᄒᆞ다가 善男子 善女人이 과글이 가슴알ᄑᆞᆯ 어더 니르도 몯ᄒᆞᄂᆞᆫ

사ᄅᆞ물 쏘 朱砂로 이 陁羅尼와 秘字印을 써 靑木香과 됴ᄒᆞᆫ 茱萸
로 글혼 므레 섯거 숨끼면 一切病患이 됴티 아니ᄒᆞ니 업스리라

＜중권 : 31ㄱ~ㄴ＞

ㄷ. 녜 罽賓陁國에 病이 流行ᄒᆞ야 ᄒᆞᆫ 나라해 ᄀᆞ득ᄒᆞ니 病 어든 사ᄅᆞ
미 ᄒᆞᄅᆞ 이틀 디내디 아니ᄒᆞ야 다 죽더니 (후략)

＜하권 : 32ㄴ＞

상권(上卷)은 경의 내용에 대한 설화자(說話者)의 설명으로 되어 있다. 관
세음보살이 중생들의 온갖 번뇌를 없애고 이익과 안락(安樂)을 주기 위하
여 이 다라니를 설(說)한다는 내용으로 이 경전의 가치를 말한 후, (6ㄱ)에
서처럼 이와 같은 복덕(福德)이 있을 것이니, 중생들에게 이 '다라니'를
송지(誦持)하라고 권설(勸說)하는 내용이 주를 이룬다.

중권(中卷)은 (6ㄴ)의 예처럼 요병(療病)과 구산(救産)을 위한 처방문(處方文)
으로서 '다라니경'의 효험(效驗)에 대한 설명이다. 대화 없이 설화자가 주
로 청자에게 설명하는 형식으로 되어 있다. 이 책에서 설화자의 상대인
청자, 또는 독자로 설정된 사람은 선남자, 선여인이다.

하권(下卷)에서는 (6ㄷ)과 같이 이 다라니를 송지(誦持)한 덕분에 얻은 구
난(救難)과 신험(神驗)의 예화를 들고, 그런 신험이 있으므로 중생들에게
이 경전을 수지(受持)・독송(讀誦)하여 봉행(奉行)하라고 권(勸)하는 내용으로
되어 있다. 대부분 설화자가 일방적(一方的)으로 설명하는 형식을 띠고 있
는데, 하권의 예화(例話) 부분은 삽화(揷話)의 성격상 대화체가 많다.

3.3. 문장 종결형식

이 책은 '다라니'의 언해인데, 다라니 경전의 특성은 중생들이 '다라

니'의 영험을 믿고 송지(誦持)하면 재액을 물리칠 수 있을 것이라고 믿음
주는 내용이 많을 수밖에 없다. 이러한 까닭으로 이 책의 종결형식은 추
측법의 평서형 종결어미 '-ᄒᆞ리라'의 출현이 빈번한 편이다. 이 경전의
분량이 많은 것은 아니지만, 그렇다고 다른 종결형식이 없는 것은 아니
다. 그러나 대부분의 문장은 추측법으로 끝맺음을 한다.

(7) ㄱ. 이 陁羅尼經을 ᄒᆞᆫ 닐굽 遍을 외오면 願이 이디 몯ᄒᆞ니 업스며 ᄯᅩ
　　 一切 사ᄅᆞ미 ᄃᆞ소믈 得ᄒᆞ야 一切 惡趣예 ᄠᅥ러디디 아니ᄒᆞ리라

<상 : 29ㄴ>

　　ㄴ. 그ᄢᅴ ᄒᆞᆫ 이웃 나라햇 長者ㅣ 지븨 와 무러 닐오디 "長者ᄂᆞᆫ 엇디
　　 樂디 아니ᄒᆞ뇨"

<하 : 33ㄱ~ㄴ>

　　ㄷ. 샐리 朱砂로 이 頂輪王秘字印을 ᄡᅥ 香水예 슴ᄢᅵ면 곧 주근 아기
　　 ᄅᆞᆯ 미러 ᄂᆞ리오리니 샐리 므레 ᄇᆞ리라

<중 : 30ㄴ~31ㄱ>

　　ㄹ. (…전략…) 授記ᄒᆞ시고 니ᄅᆞ샤디 "됴타 됴타 善男子 善女人이여
　　 내 나라해 나도다" ᄒᆞ시고

<상 : 28ㄱ>

　　ㅁ. "(…전략…) 一切 衆生을 利益 安樂ᄒᆞ야 煩惱ᄅᆞᆯ 막게 ᄒᆞ야지이다
　　 願ᄒᆞᅀᆞ온딘 慈悲로 어엿비 너기샤 드르쇼셔"

<상 : 25ㄴ>

(7ㄱ)은 추측법의 평서형 종결어미 '-리라'에 의해 완성된 문장이다.
이 경의 편찬자인 설화자가 청자인 선남자, 선여인에게 이르는 말이다.
경전을 암송(暗誦)하면 악취(惡趣)에 떨어지지 않을 것이라는 예언이다. 이

책은 대부분 이러한 종결형식으로 되어 있다. (7ㄴ)은 이웃 나라의 장자 (長者)와 대화하는 내용이다. 대화 가운데 묻고 대답하는 내용이 나오는 데, 묻는 말인 경우, 이처럼 의문형 종결형식을 취하고 있다. 예화(例話)로 구성된 하권에 몇몇 예가 보인다. 대체로 1인칭 및 3인칭 설명의문형이다. (7ㄷ)은 '-ᄒ라'체의 명령형 종결형식이다. 이 책에 예가 드문 편인데, 요병(療病)과 구산(救産)의 비법(秘法)을 전하는 중권을 비롯한 몇몇 곳에 이러한 문장이 보인다. (7ㄹ)은 설화자의 설명에 나오는 부분인데, 이 '다라니'경을 외우고 염(念)하면 불·보살들이 수기(授記)한 후에 전할 것이라는 말의 내용이다. 이 책에 다른 예로는 '-리로다'형 구성이 두엇26) 정도 더 있는 감탄형 종결형식이다. (7ㅁ)은 역시 이 책에 그 예가 드문 'ᄒ쇼셔'체의 소망을 나타내는 평서형 종결형식이다.27) 마지막 문장은 'ᄒ쇼셔'체의 명령형 종결형식이다.

3.4. ㅸ

'ㅸ'은 훈민정음의 초성 17자에는 포함되어 있지 않다. 그러나 『훈민정음』 해례본의 예의 및 제자해에 순경음으로 규정된 후 『용비어천가』(1447년), 『석보상절』(1447년), 『월인천강지곡』(1447년), 『몽산법어언해』(?1459년), 『월인석보』(1459년) 등의 정음 초기 문헌에 쓰인 바 있다. 간경도감 간행의 언해서 중에는 『능엄경언해』(1462년), 『아미타경언해』(1464년),28) 『목우자수심결

---

26) 아래와 같은 예가 이에 해당된다.
   '그럴ᄉᆡ 쎠 供養ᄒ오미 어루 다 니르디 몯홀둘 <u>알리로다</u>'<하 : 33ㄱ>, '加被ᄒᄂᆞᆫ 功德은 다 니르디 <u>몯ᄒ리로다</u>'<하 : 37ㄴ>

27) 종결어미 '-지이다'는 앞에 '-거/어-, -아/어-' 등의 선행을 요구하는데, 이를 'ᄒ쇼셔'체 '청원의 명령법'으로 본 견해(안병희·이광호, 1990 : 247~248)와 '소망 평서형'으로 보는 견해(고영근, 1987/2010 : 333~334)가 있다.

28) 『아미타경언해』(1464년)에는 'ㅸ'이 나타날 수 있는 환경에서는 모두 이 음운이 실

언해』(1467년) 등에 몇몇 예가 보인다. 그러나 이 책에서는 용언 활용형과 겸양법 선어말어미 등에서 예외 없이 '오, 우'로 바뀌었다.

> (8) ㄱ. 술오샤ᄃᆡ<25ㄱ>, ᄭᅮ므로왼<27ㄱ>, 요괴ᄅᆞ왼<29ㄱ> / 智慧ᄅᆞ왼
> <30ㄴ>, 셜위<30ㄴ>, 두리운<31ㄴ>, 法다오ᄃᆡ<34ㄴ>, 가온ᄃᆡ
> <35ㄴ>, 어려운<36ㄱ>, ᄃᆞ외니라<36ㄱ>, 어드운<37ㄱ>
> ㄴ. -ᄒᆞᅀᆞ온ᄃᆞᆫ<25ㄴ>, 보ᅀᆞ와<31ㄴ>, 닙ᄉᆞ와<35ㄴ>, 저ᅀᆞ와<37ㄴ>,
> 연쯔와<37ㄴ>
> ㄷ. 글왈<32ㄴ>

이 책에서 'ᄫ'은 쓰이지 않았다. (8ㄱ)의 예에서처럼 용언 활용형은 말할 것도 없고, (8ㄴ)의 겸양법 선어말어미에서도 마찬가지다. 모두 '오, 우'로 바뀌었다. 'ᄫ>ㅇ' 형태는 이 문헌에 해당하는 어휘가 없다. '연쯔와'는 '엱ᄌᆞ와'의 연철표기이다. (8ㄷ)은 '*글ᄫᅡᆯ'이었을 가능성이 있으나 초기 문헌부터 'ᄫ'이 실현되지 않았다.

3.5. ㆆ

'ㆆ'은 정음 초기 문헌에서 주로 동국정운 한자음의 영모자(影母字) 표기와 종성 'ㄹ' 다음에 와서 입성 표시 글자로 사용되었다. 고유어 표기에서는 사이글자나 동명사 어미 '-ㄹ'과 수의적으로 교체되던 '-ㆆ'에 제한적으로 사용되었다. 그러나 이 문헌에서 사이글자 표기는 'ㅅ'으로 통일되었고, 동명사 어미는 모두 '-ㄹ'로만 실현되어 'ㆆ'이 쓰이지 않았다.

현되었다. 앞의 제6장에서 이미 설명한 대로 이는 앞서서 간행된 책인 『석보상절』 (1447년) 권7, 『월인석보』(1459년) 권7, 활자본 『아미타경언해』(?1461년) 등의 영향을 받아서 그렇게 된 것으로 본다.

(9) ㄱ. 懺悔홀 고디<27ㄱ>, 미둘 디<29ㄱ>, 나홀 시절에<30ㄴ>, 命終
　　　　홀 제<31ㄴ>

　　ㄴ. 홀딘댄<29ㄱ>, 아롤디니라<34ㄱ>, 奉行홀디니라<37ㄴ>

　　ㄷ. 아니홀 쬐ᄒᆞ야<36ㄴ>

　　ㄹ. 그럴ᄉᆡ<33ㄱ, 34ㄱ, 37ㄴ>, 올ᄉᆡ<35ㄴ>

　　ㅁ. 因힌<25ㄱ>, 佛뿛<25ㄱ>

위의 예에서 보는 바와 같이 이 책에서 동명사 어미는 대부분 '-ㄹ+
전청자형' 등으로 실현되어 'ㆆ'의 쓰임이 없다. (9ㄱ)은 '-ㄹ'의 후행 요
소가 무성자음인 경우이고, (9ㄴ)은 '-ㄹ'이 후행의 '디-(<ᄃᆞ+이-)'와
통합된 형태이다.[29] (9ㄷ)은 동명사 어미 '-ㄹ' 뒤에 합용병서가 온 경우
이다. (9ㄹ)은 동명사 어미 '-ㄹ'과 의존명사 'ᄉᆞ'의 통합형인데, 정음 초
기 문헌에는 '-ㅭ씨/ㄹ씨'로 나타났었다.[30] 그러나 이 문헌에는 이 형태
'-ㄹᄉᆡ'만이 쓰였을 뿐이다. (9ㅁ)은 동국정운 한자음 영모자(影母字) 표기
의 용례이다.

3.6. ㅿ

유성마찰음 'ㅿ'은 훈민정음 초성체계에서는 불청불탁(不淸不濁)의 반치
음이다. 일모(日母)에 해당된다. 정음 초기 문헌부터 쓰이기 시작하여 15세
기 문헌에 두루 나타나며, 16세기 중반까지 쓰였다. 이 책에서는 'ㅿ'이
출현할 수 있는 환경에서는 모두 실현되었다. 다만, 간경도감 간행의 책

---

29) 『석보상절』(1447년) 등에 나타나던 동명사 어미 '-ㅭ디'형이 '-ㄹ디'형으로 교체
　　된 시기는 주로 『능엄경언해』(1462년) 이후가 된다.
30) 동명사 어미 '-ㅭ'과 의존명사 'ᄉᆞ'의 통합형 중 '-ㅭ술'은 『능엄경언해』<2 : 61ㄱ,
　　4 : 13ㄱ~ㄴ>에서 볼 수 있으나, '-ㅭᄉᆡ'나 '-ㅭ시'는 정음 초기 문헌부터 쓰이지
　　않은 듯 문증(文證)되지 않는다.

에 보이는 종성에서의 예는 이 책에 없다. 이런 현상은 같은 해에 간행
된 다른 문헌에서도 마찬가지다. 8종성 표기에 충실했기 때문으로 보인
다. 이 책에서 'ㅿ'의 목록을 보이면 다음과 같다. 모두 모음 간에서(V-V)
의 용례이다.

> (10) ㄱ. ᄆᆞᅀᆞ미<27ㄴ>, 아ᅀᆞᆷ<31ㄴ>, 마ᅀᆞᆫ<31ㄴ>, ᄉᆡ예<31ㄴ>, 눈쩔
>   ᅀᆞ<28ㄱ>, 믌ᄀᆞᅀᅢ<35ㄱ>
> ㄴ. 지ᅀᅥ<27ㄱ>, ᄃᆞᅀᅩ몰<29ㄴ>
> ㄷ. ᄒᆞ오ᅀᅡ<29ㄴ>, 그ᅀᅳ기<32ㄱ>
> ㄹ. 供養ᄒᆞᅀᆞ오니<26ㄴ>, 보ᅀᆞ오디<27ㄴ>, 向ᄒᆞᅀᆞ와<27ㄴ>, 저ᅀᆞ
>   와<37ㄴ>
> ㅁ. ᄀᆞᆺ업슨<27ㄱ> / ᄀᆞᆽ업슬쎠<금강경언해 145ㄴ> cf. 믌ᄀᆞᅀᅢ<35ㄱ>

(10ㄱ)은 체언 어간 내부 모음 간에 나타난 'ㅿ'의 용례와 체언과 조사
통합형에 나타난 'ㅿ'의 용례이다. (10ㄴ)은 용언 활용형과 명사형어미
통합형에서의 용례이고, (10ㄷ)은 부사의 내부에 쓰인 용례이다. (10ㄹ)은
겸양법 선어말어미 '-ᅀᆞᆸ-' 통합형에서의 용례이다. 이 문헌 당시에는
'ㅸ'이 쓰이지 않아서 '-ᅀᆞ오-'의 형태로 나타난다. '저ᅀᆞ오-'는 /ㅿ/
앞에서 /ㄹ/ 이 탈락된 형태이다. (10ㅁ)은 이보다 앞선 문헌인 『금강경언
해』(1464년) 등에서는 'ᄀᆞᆽ-'으로 표기되었고, 이 책에서도 조사 통합형인
경우에 '믌ᄀᆞᅀᅢ<35ㄱ>'로 실현된 점에 비추어 볼 때 'ᄀᆞᆺ없-'은 8종성
규정에 충실한 표기의 예로 보인다.

3.7. 사이글자

사이글자는 체언이 결합할 때 음성 환경에 따라 체언 사이에 끼어드

는 자음 글자이다. 『용비어천가』(1447년)에는 'ㄱ, ㄷ, ㅂ, ㅅ, ㅿ, ㆆ'의 6자가 쓰였고, 「훈민정음 언해본」(1459년 이전 간행)에는 'ㄱ, ㄷ, ㅂ, ㅸ, ㅅ, ㆆ'의 6자가 쓰였다. 『석보상절』에 이르러 'ㅅ'으로 통일을 이룬 듯하나 'ㄱ, ㄷ'이 쓰인 예도 있다. 뒤에 간행된 『월인석보』(1459년)에는 'ㅅ' 외에 'ㄱ, ㄷ, ㅂ, ㆆ'이 쓰였고, 『몽산화상법어약록언해』(?1459년)에는 'ㅅ' 외에 'ㄷ, ㆆ'이 쓰였으나, 『아미타경언해』(1464년)와 같은 해에 간행된 『선종영가집언해』, 『금강경언해』, 『반야심경언해』 등에서는 'ㅅ'으로 통일되었다. 다만 『반야심경언해』에는 'ㄹ' 다음에 'ㆆ'이 쓰인 예가 있다.[31]

이 책에서는 사이글자와 구 구성의 속격에서 모두 'ㅅ'으로 통일되었다.

> (11) ㄱ. 우흿 조흔<31ㄴ>, 父母ㅅ 기픈<27ㄴ>, 부텻 알퓌<28ㄴ>, 부텻
> 三昧<30ㄱ>, 덦님자히<36ㄴ>, 아릿 因緣을<33ㄴ>, 轉輪王ㅅ
> 福<29ㄴ>
> ㄴ. ᄒᆞ롯바ᄆᆡ<27ㄱ>, 西ㅅ녁<32ㄴ>, 잢간도<32ㄴ>, 믌ᄀᆞᇫ애<35ㄱ>,
> 늜믈<35ㄴ>, 덦돈<36ㄴ>

(11ㄱ)은 구 구성의 속격에서 'ㅅ'이 실현된 예이고, (11ㄴ)은 합성어 사이에 사이글자로 'ㅅ'이 온 예이다. 두 경우 모두에서 'ㅅ' 외의 어떤 표기도 눈에 띄지 않는다. 이 책에는 속격의 'ㅅ'이 출현할 만한 환경이 많다. 고유어와 고유어 사이, 한자어와 한자어 사이, 고유어와 한자어 사이에서 모두 볼 수 있다. 간경도감에서 간행된 불경언해 중 『반야심경언해』(1464년)를 제외한 다른 문헌에서는 오로지 'ㅅ'만을 썼다. 이러한 사실로 미루어 간경도감 간행 문헌에 이르러 사이글자가 'ㅅ'으로 통일되었고, 간경도감 이후에 간행된 책인 이 문헌 역시 예외가 아니다.

---

31) 『반야심경언해』에서 'ㄹ' 다음에 사이글자로 'ㆆ'이 쓰인 것으로는 '긼<11ㄴ, 19ㄱ>'
   이 있다.

3.8. 초성 병서 표기

3.8.1.

각자병서 표기는 『원각경언해』(1465년) 이래 폐지되었다. 그러나 이 책에는 예외적으로 훈민정음 창제 초기의 문헌에 보이는 각자병서 8자(ㄲ, ㄸ, ㅃ, ㅉ, ㅆ, ㆅ, ᅇ, ᄔ) 가운데 'ㅉ, ㅆ'의 용례가 보인다.

(12) ㄱ. 써<27ㄴ, 30ㄴ, 34ㄱ, 36ㄱ>, 쓰면<32ㄱ>, 쑤믈<33ㄴ>, 쓰게<34ㄱ> cf. 스거나<28ㄱ, 28ㄴ>
ㄴ. 눈ᄍᆞᅀᆞ<28ㄱ>, 연ᄍᆞ와<37ㄴ>

(12)의 예와 같이 이 문헌에서 각자병서는 주로 동사 어간 '쓰-[書]'의 활용형에서 볼 수 있다. 그 외에는 각각 명사와 동사에서 각자병서가 쓰인 두 어휘의 예를 더 볼 수 있다. (12ㄱ)의 '쓰-'는 같은 책에서 '스-[書]'로 나타나기도 한다. (12ㄴ)의 '눈ᄍᆞᅀᆞ[眼睛]'는 『능엄경언해』(1462년) 등에도 나오는 어휘인데, 주로 이런 형태로 표기되었다. 『영험약초언해』(1485년)에도 같은 표기가 나온다. '연ᄍᆞ와[戴]'는 '엱ᄌᆞ와'의 연철표기이다.

3.8.2.

이 책에는 합용병서의 용례도 몇몇 눈에 띈다. 훈민정음 초기 문헌에 보이던 'ᄭ, ᄯ, ᄲ, ᄮ ; ᄠ, ᄡ, ᄧ, ᄩ ; ᄢ, ᄣ' 중 'ㅅ'계열의 'ᄭ, ᄯ, ᄲ,' 'ㅂ'계열의 'ᄠ, ᄡ, ᄧ', 'ᄡ'계열의 'ᄢ' 등이 보인다.

(13) ㄱ. <ᄭ> : 釋迦牟尼佛ᄭᅴ<25ㄱ> / 부텻긔<30ㄱ>, ᄭᅵ디<27ㄱ>, ᄭᅮ미<29ㄱ>, 숨ᄭᅵ면<30ㄴ>, ᄆᆞᅀᆞᆷᄭᆞ장<33ㄱ>, ᄭᅬᄒᆞ야

<36ㄴ>

<ᄯ> : ᄯᅡ히<27ㄱ>, ᄯᆞ롤<30ㄴ>, ᄯᅩ<30ㄴ, 32ㄱ>, ᄯᆞ리<35ㄱ>

<ᄲ> : ᄲᅧᆯ리<25ㄴ, 30ㄴ, 31ㄴ, 33ㄱ>, ᄲᅡ혀ᄃᆡ<25ㄴ>

ㄴ. <ᄠ> : 술위ᄠᅵ<27ㄴ>, ᄠᅥ나디<28ㄴ, 34ㄱ>, ᄠᅥ러디디<29ㄴ>, ᄠᅳ뎻<30ㄱ>

<ᄡ> : ᄡᅮ려<36ㄴ>

<ᄧ> : ᄆᆞᅀᆞᆷᄧᅩ긔<31ㄴ>

ㄷ. <ᄢ> : 그ᄢᅴ<25ㄱ, 25ㄴ, 26ㄴ, 33ㄱ>, ᄢᅮᆯ<35ㄱ>, ᄢᅮ어<36ㄴ>, ᄒᆞᆫᄢᅴ<36ㄴ>, ᄢᅱ이고<36ㄴ>

(13ㄱ)에 보이는 '부텻긔'는 명사 '부텨' 다음에 여격조사 'ㅅ긔'가 통합된 형태이다. 여격조사 'ㅅ긔'의 'ㅅ'은 존대자질을 가진 체언 다음에 오는 관형격조사인데, 여기에 다시 여격조사 '-긔'가 통합된 형태이다. 이 형태는 정음 초기 문헌에서부터 존대자질을 가진 체언 다음에 와서 여격조사로 기능했다. 현대국어 높임의 여격조사 '-께'의 직접적 소급 형태이다. 당시에는 이 예처럼 정음으로 적힌 체언 다음에서는 분철한 형태인 '-ㅅ긔'가 쓰였고, 한자로 적힌 체언 다음에서는 '-ᄭᅴ'가 쓰였다.

'ᄆᆞᅀᆞᆷᄭᆞ장'도 'ᄆᆞᅀᆞᇝᄀᆞ장'과 함께 나타나는 경우가 많다. 여기서의 'ㅅ'은 무정명사 다음에 오는 관형격조사이고, 'ᄀᆞ장'은 'ᄭᅳᇀ'의 의미를 가진 명사인데, 두 형태가 통합된 'ᄭᆞ장'은 문법화하여 현대국어의 접미사 '-껏'의 기능을 가진다. 이 형태는 『석보상절』(1447년) 이래 16세기에도 널리 쓰였다. 'ᄮ, ᄩ, ᄣ'은 이 문헌에 해당하는 어휘가 없다. 'ᄮ'은 『석보상절』 등 초기의 문헌에만 주로 나타난다.

3.9. 종성 표기

『불정심다라니경언해』의 종성 표기는『훈민정음』해례본의 종성 규정
을 충실히 따르고 있다. 8종성 외에 다른 표기는 보이지 않는다.『용비어
천가』(1447년) 이래 간경도감 간행의 언해 문헌들에 종종 보이던 'ᅑ 없-' 등도
이 문헌에서는 모두 'ᄌ 없-'으로 표기되었다. 곧, 유성후두마찰음 'ㅇ[ɦ]'
앞에서 'ㅅ'과 교체되던 'ㅿ'이 이 문헌에서는 실현되지 않았다.

> (14) ㄱ. 갑-(<갚-) 이제 와 원슈를 <u>갑고져</u> ᄒ다니<35ㄴ>
> ㄴ. 못-(<몿-) 請ᄒ야 쑤믈 <u>못디</u> 아니ᄒ야셔<33ㄴ>
> 　　 굿-(<긏-) 邪를 <u>굿디</u> 아니ᄒ니 업스리라<36ㄱ>
> 　　 ᄂ못(<ᄂ몾) 五色 지젼으로 <u>ᄂ못</u> 기워 녀흐며<36ㄱ>
> ㄷ. 업-(<없) 미둘디 <u>업거든</u><29ㄱ> cf. 반ᄃ기 겨지븨 모믈 <u>옮겨</u>
> 　　<28ㄴ>[32]
> ㄹ. 앗-(<앉-) 寶蓮花애 <u>앗거든</u><28ㄴ>
> ㅁ. 얇(<얇) 잢간도 <u>얇뒤헤</u> 뼈나디 아니ᄒ야<34ㄱ>
> ㅂ. ᄌ 없-(<ᅑ 없-) 觀世音菩薩이 <u>ᄌ 업슨</u> 大神力과<29ㄱ>

(14ㄱ)은 기저형에서 음절 말음으로 'ㅍ'을 가지는 어휘가 자음으로 시
작되는 음절이나 휴지 앞의 환경에서 대표음 'ㅂ'으로의 교체를 반영한
표기인 것이다. (14ㄴ)은 'ㅊ', (14ㄷ)은 'ㅄ', (14ㄹ)은 'ㄵ', (14ㅁ)은 'ㄼ'이
자음으로 시작되는 음절이나 휴지 앞에서 모두 대표음 'ㅅ, ㅂ'으로 교체
된 예이다. 중화(中和)를 반영한 표기이다. 이 문헌에서 여덟 종성 외에
다른 종성은 쓰이지 않았다. (14ㅂ)은 앞에서의 설명대로 8종성 표기의

---

32) 중세국어 당시에 종성에 합용병서가 올 경우, 자음으로 시작되는 음절 앞이나 휴
지 앞에서 대표음 하나만 적거나 8종성에 해당하는 자음으로 바꾸어 표기하는 것
이 일반적인 현상이었다. 그러나 '옮-[轉]'은 이 예의 경우처럼 예외적으로 허용되
었다. 당시의 겹받침이 유성자음이기 때문일 것으로 추정한다. 드물기는 하지만『두
시언해』(1481년)에 '옮도다<20 : 26ㄴ>'가 쓰이기도 했다.

예외 중 하나였는데, 여기서는 해례의 규정에 충실한 것으로 본다.

3.10. 주격과 서술격 표기

이 책에서 주격과 서술격은 선행 체언 말음의 음운론적 조건에 따라 그 기저형인 '이'와 '이-'의 교체형이 대체로 동일한 양상으로 실현되었다. 주격조사는 '이, ㅣ, ∅'로 실현되었고, 서술격조사는 '이-, ㅣ-'로 실현되었다. 서술격조사에서 '∅'는 해당하는 어휘가 없어서 빈칸이다. 구결문이 있는 문헌 중에는 구결문과 언해문의 주격과 서술격 표기 양상이 조금씩 다른 경우도 있는데, 구결문이 없는 이 책의 주격 및 서술격 표기 양상은 다른 15세기 문헌들과 대체로 일치한다. 하지만 고유어와 한자어에서 부분적으로 다른 예가 있다.

3.10.1.

주격조사의 표기는 '이, ㅣ, ∅'로 실현되었다. 다만, 한자로 적힌 경우 선행 체언의 말음이 '이, ㅣ'인데도 주격조사에 '-ㅣ'가 실현된 경우가 많다.

> (15) ㄱ. 이 : 한자어 - 一切 衆生이 이 威神을 니버<25ㄱ>
> 　　　　　　　고유어 - <u>무슨미</u> 散亂티 아니후야<27ㄴ> / <u>쳔량이</u> 그지
> 　　　　　　　업수디<33ㄱ>
> 　　　ㄴ. ㅣ : 한자어 - 녜 波羅奈國에 훈 長者ㅣ 이쇼디<33ㄱ>
> 　　　　　　　고유어 - <u>:네</u> 큰 慈悲로 썰리 니루라<25ㄴ>
> 　　　ㄷ. ∅ : 고유어 - <u>어미</u> 보고 믄득 목 노하 구장 우러<35ㄱ> / <u>아</u>
> 　　　　　　　<u>희</u> 어미로 죽거나<30ㄴ>
> 　　　ㄹ. ∅→ㅣ : 한자어 - 이 陁羅尼ㅣ 十惡 五逆과<26ㄴ>, 그지 업순

俱眠ㅣ<29ㄴ>, 沙彌ㅣ<37ㄴ> / 百千萬罪ㅣ 다 업스리
라<26ㄴ>, 闡提ㅣ 法 아닌 法 니르며<26ㄴ>, 胎ㅣ ᄒ
야디여<30ㄴ>

위의 예에서 보는 바와 같이 주격조사는 대체로 '이, ㅣ, ∅'로 실현되었
다. 그러나 체언이 한자로 적힌 경우에는 부분적으로 다른 양상을 보이기
도 한다. (15ㄱ)에는 종성이 있는 고유어 'ᄆᆞᅀᆞᆷ'과 한자어이지만 정음으로
표기한 '쳔량'에 주격조사 '-이'가 통합된 예가 있는데, '쳔량'<錢糧> 다음
에서 분철표기를 했다.33) 이 책에서는 선행 체언의 말음이 'ㄴ, ㄹ, ㆁ'일
경우에 모음으로 시작하는 조사와 통합되면 분철표기를 하기도 했다. (15ㄹ)
은 한자어인 경우인데, 체언의 음절 말음이 /i, j/ 인데도 주격조사에 'ㅣ'가
표기된 예이다. 이는 한자 어휘가 나열된 문장에서 주격조사 표시가 없으
면 주어와 다른 문장 성분과의 구분이 모호해질 수 있고, 이로 인해 야기
될 문장 해독의 혼란을 막고자 한 방편으로 보인다. 이 문헌에는 구결문을
두지 않았지만, 두었다면 구결문에도 이런 표기가 있었을 것으로 판단한
다. 이 무렵에 간행된 책에서 흔히 볼 수 있는 현상이다.34)

주격조사 통합에서 성조의 변동이 수반되는 경우가 있다. 체언이 평
성이면 (15ㄴ)의 고유어 예처럼 주격조사 '-ㅣ'와의 통합으로 성조(聲調)
가 상성(上聲)으로 바뀌지만, 거성(去聲)이거나 상성이면 아무런 변화도 일
어나지 않는다. 단독으로 쓰일 경우, 1인칭 대명사 '내[我]'는 거성이고, 2인
칭 대명사 '너[汝]'는 평성이다.

---

33) '쳔량(錢糧)'은 살림살이에 드는 돈과 양식, 또는 재물을 이르는 말인데, 정음 초기
문헌부터 한글로 적었다. 여기서 분철표기를 한 것은 비록 한글로 적었지만 한자
기원의 어휘라는 인식이 작용하여, 그렇게 된 것이 아닌가 한다.

34) 이런 양상은 간경도감본 중 『금강경언해』(1464년)의 구결문에 이미 나타나고, 이
보다 나중에 간행된 『육조법보단경언해』(1496년)에는 구결문과 언해문 모두에서
공통적으로 나타난다. '금강경언해'의 예에 대해서는 김무봉(1993ㄴ : 92~94) 참
조, '육조법보단경언해'의 예에 대해서는 김무봉(2006ㄱ : 117~118) 참조.

(15′) ㄱ. : 네(<너＋・ㅣ) <25ㄴ> : 주격(상성) / 네(<너＋ㅣ) <35ㄱ> :
속격(평성)
(：네 ・큰 慈쭝悲빙・로 섈・리 니르・라 / 네 三삼生싱 前
쪈・엣 원슛 지・비니)
ㄴ. ・내(<・나＋・ㅣ) <25ㄱ> : 주격(거성) / 내(<・나＋ㅣ) <25
ㄱ> : 속격(평성)
(・내 ・이제 受・쓩苦：콩・ㅎ・논 衆・즁生싱・을 爲・윙・
ㅎ・야 / 내 前쪈身신・이 思ᄉᆞ議・읭 ：몯・홀)

(15′ㄱ)의 '네'는 2인칭 대명사 '너[汝]'에 주격조사와 속격조사 'ㅣ'가 통
합된 형태이다. 주격조사와 통합될 때는 상성으로 성조가 바뀌었으나, 속
격조사와 통합에서는 성조에 아무런 변화가 없다. (15′ㄴ)의 '・・내[我]'는
단독형이 거성(去聲)이므로 주격조사와의 통합에서 성조에 변화가 없다.

3.10.2.

서술격조사도 음운론적 조건에 따른 교체가 주격조사와 같은 양상으
로 나타난다. 하지만 이 문헌에서 서술격조사는 용례가 매우 드문 편이
다. 고유어 뒤에서의 '∅-'와 한자어 뒤에서의 'ㅣ-, ∅-'는 해당하는
사례가 없어서 빈칸이다.

(16) ㄱ. 이 : 한자어 - 엇던 모딘 <u>因緣이어뇨</u><35ㄱ>
고유어 - 이제 ᄒᆞ마 <u>열다스시니</u><33ㄴ>
ㄴ. ㅣ : 고유어 - <u>鱔魚논 ᄇᆡ얌댱에라</u><31ㄱ>

의존명사 'ᄃᆞ, ᄉᆞ'는 서술격조사와 통합될 때 체언의 끝소리 '・ᆞ'가 탈
락되는데, 이 문헌에 몇몇 예가 보인다. 이런 현상은 다른 불경언해서에
서도 마찬가지다.

(16′) ㄱ. 아롤디니라<34ㄱ>, 奉行홀디니라<37ㄴ>
　　 ㄴ. 그칠시라<27ㄱ>

(16′)는 동명사 어미 ‘-ㄹ’ 다음에서 의존명사 ‘ᄃᆞ’, ‘ᄉᆞ’가 서술격조사 ‘ㅣ-’와 통합된 형태이다. 선행 체언과 서술격 조사가 통합되면서 선행 체언의 끝소리 모음 ‘ㆍ’가 탈락된 것이다. (16′ㄱ)의 ‘-ㄹ디니라’는 어미화하여 당위(當爲)를 나타내는 종결어미로 쓰이기도 했다.

3.11. 분철표기

15세기에 간행된 정음문헌들의 곡용형과 활용형 표기 방식은 대부분 연철이었다. 다만 『월인천강지곡』(1447년)에서는 선행 체언의 말음이 ‘ㄴ, ㄹ, ㅁ, ㅿ’ 등 유성자음일 때 모음으로 시작되는 조사와 통합하면 분철표기를 했다. 용언의 경우에는 어간 말음 ‘ㄴ, ㅁ’이 어미 ‘-아’와 만나면 분철표기를 했다. 이는 『월인천강지곡』의 편찬자인 세종의 형태소에 대한 인식이 반영된 표기일 것이다. 이후에 간행된 책들에서도 이러한 환경에서 분철표기한 예가 더러 보인다. 이 책 『불정심다라니경언해』에는 체언의 경우 조사와의 통합에서 분철한 예가 있는데, 일부는 어원이 한자어인 경우이다. 비록 정음으로 적었다고 하더라도 한자어와 국어를 혼용할 경우 분철했던 습관이 반영된 것으로 판단한다. 이 책에서의 분철 조건 역시 『월인천강지곡』의 경우와 상사하다. 선행 체언의 말음이 ‘ㄴ, ㄹ, ㅇ’일 경우에 분철표기를 했다.

(17) ㄱ. 돈을<36ㄴ, 37ㄴ>, 지젼으로<36ㄱ>, 두 번이러니<34ㄴ>, 세 번
　　　 을<35ㄱ>
　　 ㄴ. 시졀에<34ㄴ>

ㄷ. 즁이<35ㄱ>, 쳔량이<33ㄱ>

(17ㄱ)은 체언의 말음이 'ㄴ'인 경우 조사와의 통합에서 분철한 예이다. '지젼'은 한자어 '裁剪'에서 온 말로 짐작되고, '번(番)' 역시 한자어이므로 두 예는 한자로 적힌 체언 뒤에 모음으로 시작하는 조사가 오면 분철표기를 하던 현상이 반영된 것으로 보인다. (17ㄴ)의 '시졀(時節)'과 (17ㄷ)의 '쳔량(錢糧)'도 마찬가지다.

3.12. 음운 축약 표기

이 책에는 용언 어간 'ᄒ-'가 무성자음 /ㄱ, ㄷ/ 등으로 시작되는 어미 '-거나, -거든, -고져, -더니, -게, -디' 등과 통합될 때, 대부분 격음화가 반영된 형태인 축약형으로 표기하였다.

(18) ㄱ. 아니커나<29ㄱ>, 住커나<36ㄱ>
　　 ㄴ. 죽거나 커든<30ㄴ>, 아니커든<31ㄱ>
　　 ㄷ. 利益게 코져<25ㄱ>, 코져<29ㄱ>
　　 ㄹ. 몯ᄒ야 터니<35ㄱ>
　　 ㅁ. ᄉ랑케 ᄒ며<30ㄴ>, 供養케 ᄒ시니<33ㄱ>
　　 ㅂ. 편안티<29ㄱ>, 害티<32ㄴ>, 關티<34ㄱ>, 救티<36ㄱ>, 損티<37ㄱ>

(18)의 예문은 이 문헌만의 특별한 현상이다. 이러한 음운 현상의 반영이 부분적으로 다른 문헌에 보이지 않는 것은 아니지만 여기에 유독 용례가 많다. 독송(讀誦)을 중시하는 '다라니경'의 특성이 반영되어 있기 때문으로 보인다.

3.13. 한자어의 정음(正音) 표기

앞에서 밝힌 대로 이 책에는 한자어를 정음으로 적은 어휘들이 몇몇 보인다. 이 어휘들은 『석보상절』(1447년)을 비롯한 정음 초기 문헌에서부터 이미 정음으로 적혔던 어휘도 있고, 이 문헌 이전에는 한자로 적혔던 어휘였는데, 이 문헌에서 처음으로 정음 표기된 어휘도 있다. 그 목록을 보이면 다음과 같다.

> (19) ㄱ. 샹녜(<常例)<29ㄱ,ㄴ>, 시절(<時節)<34ㄴ>, 양ᄌᆞ(<樣姿/樣子)<30
> ㄴ>, 편안(<便安)<29ㄱ>, 원슈(<怨讐)<35ㄴ>, 요괴(<妖怪/饒
> 怪)<29ㄱ>, ᄉᆞ랑(<思量)<30ㄴ, 32ㄱ, 34ㄴ>, 쳔량(<錢糧)<32ㄱ,
> 33ㄱ>, 침로(<侵勞)<32ㄴ>
> ㄴ. 지젼(<裁剪)<36ㄱ>

예문 (19ㄱ)에 나오는 어휘들은 정음 초기 문헌부터 한자와 정음으로 병기(倂記)되던 말들이다. '샹녜'는 한자어 '상례(常例)'에서 온 말인데, 정음 초기 문헌부터 자음동화가 반영된 표기인 '샹녜'로 나타났다. 일찍이 우리말화하여 한자어라는 인식이 엷었음을 보여 주는 것이다. 그 외의 어휘들도 마찬가지다. (19ㄴ)의 '지젼(<裁剪)'은 '옷감의 자투리'를 이르는 한자말인데, 이 문헌의 한자 원문에는 '지젼[雜綵]'으로 적혔다. 여기에 처음 보이고 이후에는 더러 쓰였다.

3.14. 어휘

이 책에는 15세기에 간행된 다른 문헌에 잘 쓰이지 않던 어휘가 몇몇 보인다. 일부 어휘는 이 책 이후에 널리 쓰이기도 했다. 정리하면 다음과 같다.

(20) ㄱ. 大悲心을 니르와다 一切 <u>미얼쿄몰</u> 그츠며 一切 저포몰 업게 호
　　　니<25ㄱ>

　　ㄴ. 鱔魚는 <u>빈얌댱에라</u><31ㄱ>

　　ㄷ. 西方앳 흔 <u>우훔</u> 조흔 홀굴 샐리 가져다가<31ㄴ>

　　ㄹ. 이 사르미 <u>ᄆᆞᆷ뾱긔</u> 노코 니벳는 옷ᄀᆞ외로 두프면<31ㄴ>

　　ㅁ. 그ᄢᅵ 長者의 夫妻 깃거 <u>봄뇌요미</u> 그지업서<34ㄱ>

　　ㅂ. 오늘로브터 <u>永永히</u> 너와 원슈ᄒᆞ디 아니호리라<35ㄴ>

　　ㅅ. 이 經 三卷을 써 부텻 지븨 <u>五色</u> <u>지전으로</u> ᄂᆞᆺ 기워 녀흐며
　　　<36ㄱ>

　　ㅇ. 그ᄢᅵ 뎘 님자히 <u>뷔이고</u><36ㄴ>

　(20ㄱ)은 '미얼키-[繫縛]'의 활용형인데, 그 용례가 드물다. (20ㄴ)의 '비
얌댱어'는 '뱀장어'와 비슷하게 생긴 '드렁허릿과'의 민물고기이다. (20ㄷ)
의 '우훔'은 '움큼'을 이른다. (20ㄹ)의 'ᄆᆞᆷ뾱'은 '심장(心臟)'을 이르는데,
'ᄆᆞᆷ[心]#뾱[臟]'으로 분석된다. (20ㅁ)의 '봄뇌-[踊躍]'는 '뛰어놀-'의
의미이다. (20ㅂ)의 '永永히'는 이후 문헌에서 정음 표기로 바뀌어 '영영,
영원히'의 의미로 널리 쓰였다. (20ㅅ)의 '지전'은 앞의 (19ㄴ)에서 언급한
대로 한자어 '재전(裁剪)'에서 온 말인데, 이 경전의 원문에는 '지전[雜綵]'
으로 적혔다. 당시 문헌에 용례가 드물다. (20ㅇ)의 '뷔이고'는 '꾸어주-'의
의미이다. '뷔-[使借]'에 사동접미사 '-이-'가 통합된 형태이다.

4. 맺는말

4.1.

　지금까지 『불정심다라니경언해』의 형태서지(形態書誌)와 각 판본의 현

황, 그리고 경(經)의 성격과 내용, 언어적 특성 등에 대해 살펴보았다. 이러한 과정을 통해 이 책의 성격과 국어사 자료로서의 가치를 밝혔다. 이 책은 조선조 성종(成宗) 16년(成化 21년, 1485년) 을사(乙巳) 2월에, 고승(高僧) 학조(學祖)가 간행한 불경언해서이다. 3권 1책으로 되어 있는데, 각 권에 실려 있는 내용을 반영하여 명칭을 붙였기 때문에 권명(卷名)은 서로 조금씩 다르다. 언해 경위 및 편찬자 등에 대해서는, 원문과 언해문 사이에 장철(張綴)되어 있는 학조의 발문(跋文)을 통해 어느 정도 짐작할 수 있었다. 그리고 앞에서의 고찰을 통해서 그 전반적인 현황을 확인할 수 있었다.

4.2.

이 책은 15세기에 간행된 다른 언해서들과는 많은 차이를 보인다. 다른 언해서들은 대체로 경(經)의 원문(原文)이나 경소(經疏)의 내용을 중심으로 해서 한 대문(大文)씩 단락(段落)을 짓고, 이어서 원문에 정음으로 구결을 달아 구결문(口訣文)을 만든 후 번역을 했다. 언해의 방법은 대역(對譯)의 형식을 취했다. 그런데 이 책에는 구결문이 없다. 전반부에 구결문 없이 각 면마다 변상도(變相圖)와 경(經)의 원문을 두고, 후반부에 언해문을 별도로 두었다. 또한 인간(印刊) 양식도 달라서, 앞부분은 목판본(木版本)인데 비해, 뒷부분은 을해자(乙亥字)로 된 활자본이다. 앞부분이 목판본인 이유는 각 면의 상단(上段)에 경(經)의 내용을 형상화(形象化)한 변상도를 두고 있기 때문일 것이다. 상대적으로 도판(圖板) 작업이 쉬운 목판 인쇄를 이용한 것으로 짐작된다. 그만큼 인쇄 기술이 다양해졌음을 보여 주는 내용이다.

4.3.

저본(底本)인 한문본은 당(唐)나라에서 편찬된 당본(唐本)이다. 그런데 이 경전의 원문에 실려 있는 것과 같은 내용의 경이 우리나라에 전해진 것은 좀 오래된 듯하다. 고려시대인 13세기 초에 최충헌(崔忠獻)과 그의 아들 등 삼부자(三父子)의 호신(護身)을 위해 간행한 책인 수진본(袖珍本)『불정심관세음보살대다라니경(佛頂心觀世音菩薩大陀羅尼經)』3권 1첩(帖)의 내용이 이 책『불정심다라니경언해』의 한문 원문 부분과 일치한다. 이로 미루어 한문본이 우리나라에 유통된 시기와 한문본의 이름이 '불정심관세음보살대다라니경'으로도 불렸음을 알 수 있다.

이 책 간행 당시에 인수왕대비가 보았던 당본(唐本)이 명(明)나라 헌종(憲宗) 13년(成化 13년, 1477년)에 조성된 책인 이른바 '성화판(成化板)'이라는 주장이 원주시의 고판화박물관에 의해 제기된 바 있다. 이 경전은 밀교(密敎) 경전인데 중국에서는 당대(唐代) 이후에 밀교가 점점 쇠퇴하여 이 경전을 구하기가 힘들었다고 한다. 이러한 내용은 발문에도 일부 언급되어 있다.

4.4.

이 책은 초간(初刊) 간행된 이후 수차례에 걸쳐 중간(重刊)되었다. 초간(初刊)이 왕실의 원력(願力)에 의해 조성된 책인 데 비해, 이후에 중간된 책들은 대부분 지방의 사찰에서 간행된 이른바 사찰판본(寺刹板本)이다. 이러한 중간본들은 거의가 원간을 판밑으로 한 복각본(覆刻本)이다. 국립중앙도서관, 서울대 중앙도서관, 호림박물관, 규장각 한국학연구원, 동국대 중앙도서관 등에 수종이 현전한다. 이 중 널리 이용되는 판본은 역시 원

간본인 고 이희승 선생 구장본(舊藏本)이다. 지금은 서울대 중앙도서관에
소장되어 있다.

4.5.

앞에서 언급한 대로 『불정심다라니경언해』는 구결문 없이 언해문만
둔 책이다. 언해문은 작은 활자로 되어 있다. 정음과 한자가 모두 같은
크기의 소활자(小活字)이다. 한자음 역시 한자와 같은 크기의 소활자(小活
字)로 되어 있다. 한자에는 동국정운 한자음이 주음(注音)되어 있다. 이 책
은 동국정운 한자음이 주음된 15세기 마지막 문헌이 될 것이다. 한자음
과 정음에는 점획(點劃)으로 방점이 찍혀 있다. 어려운 한자어나 불교용
어에는 주(注)를 달아서 이해를 도왔다. '주(注)'의 위와 아래에는 흑어미
(黑魚尾) 표시를 하여 일반 문장과 구분했다.
  문장 구성은 상권의 앞부분과 하권의 예화(例話) 부분은 석존(釋尊)과 관
세음보살(觀世音菩薩)이 대화를 나누는 형식이고, 그 외에는 주로 설화자(說
話者)가 『불정심다라니경』의 수지(受持)와 독송(讀誦)을 권하는, 이른바 설
득하는 내용의 문장으로 구성되어 있다. 이 다라니경을 몸에 지니고 정
성을 다해 읽으면 갖가지 재앙(災殃)을 피할 수 있을 것이라고 권설하는
내용으로 된 문장들이다. 이 책의 원고를 썼거나 책을 편찬한 사람인 설
화자는 상권의 앞부분에서 관세음보살과 석존이 대화하는 형식을 빌려
경전의 성격을 설명하고 있다. 이 부분 대화를 비롯한 문장의 구성은 비
록 구결문이 없다고 하더라도 축자역(逐字譯), 곧 직역(直譯)의 형식을 벗어
나지 않았다. 구결문이 겉에 드러나 있지는 않지만, 구결문을 전제한 번
역의 글이어서 그렇게 된 것으로 판단한다. 이 책에는 '다라니'를 '송지

(誦持)'하면 거기에 따르는 과보(果報)가 있을 것이라고 믿음을 주는 내용
이 많다. 이러한 '다라니' 경전의 특성으로 인해 종결형식은 추측법의 평
서형 종결어미 '-ᄒ리라'의 출현이 빈번한 편이다. 따라서 대부분의 문
장 종결형식은 추측법의 평서형이다.

4.6.

언어 사실에서는 같은 해에 같은 체제로 간행된 책인 『영험약초언해』
와 더불어 당시 표기법의 특성을 보인다. 'ㅸ'이나 'ㆆ' 등은 보이지 않
고, 'ㅿ'이나 'ㆁ'이 널리 쓰이는 등의 모습을 볼 수 있다. 그런 한편으로
『월인천강지곡』(1447년)에서처럼 유성자음 다음에서 분철한 예가 일부 있
는가 하면, 『원각경언해』(1465년) 이후 보이지 않던 'ㅆ'과 'ㅉ'이 쓰이기
도 했다. 사이글자는 'ㅅ'으로 통일되었다. 용언 어간 'ᄒ-'가 무성자음
/ㄱ, ㄷ/ 등으로 시작되는 어미 '-거나, -거든, -고져, -더니, -게, -
디' 등과 만날 경우, 대부분 격음화 된 형태인 축약형으로 표기하였다.
일부에서의 예이기는 하지만 이 책이 보여 주는 정음 표기의 특징 중
하나는, 한자어인 경우 이를 한자로 적지 않고 정음(正音)으로 쓴 예가 몇
몇 있다는 점이다. 이는 한자어라는 인식이 이때 벌써 엷어졌음을 보여
주는 것이다. 15세기에 간행된 다른 불경언해서들과 비교하면서 이 책의
어학적 특성, 특히 문장 구성 및 표기법 등을 중심으로 이 책의 국어사
자료로서의 가치를 살폈다.

4.7.

이 책은 15세기 이후 수차례에 걸쳐 중간(重刊)되었다. 언해본은 물론, 한문본도 여러 책이 현전한다. 조선시대 우리나라 불교문화의 한 면을 보여 주는 자료가 될 수 있을 것이다. 그런가 하면 15세기 후반의 한국어의 모습을 간직하고 있는 몇 안 되는 책 중의 하나여서 중세국어 시기의 중요한 국어사 자료로 다루어져 왔다. 같은 해에 간행된『영험약초언해』와 함께 우리는 이 책을 통해 당시 한국어의 실상을 어느 정도 짐작할 수 있었다.

제11장 영험약초언해(靈驗略抄諺解)

1. 머리말

1.1.

『영험약초(靈驗略抄)』[1]는 「대비심다라니(大悲心陀羅尼)」, 「수구즉득다라니(隨求卽得陀羅尼)」, 「대불정다라니(大佛頂陀羅尼)」, 「불정존승다라니(佛頂尊勝陀羅尼)」 등 네 편의 진언(眞言)[2]을 대상으로 하여, 이 진언들이 나타낸 이적(異蹟)과 영험한 일들을 적어 놓은 책이다. 그러니까 『영험약초언해』는 네 편

---

1) 뒤에서 밝히겠지만 '영험약초언해'는 단행본(單行本)이 아니다. 그러나 이 논의에서는 편의상 단행본으로 다루고, 단행본의 책권(冊卷)에 표시하는 '겹낫표'를 쓸 것이다. 두루 아는 대로 15세기에 간행된 이른바 언해본 중 서명에 '언해'를 명기한 책은 없다. 하지만 여기서는 국어학계의 관행대로 언해된 책의 서명 다음에 '언해'를 붙여서 쓰기로 한다.

2) '진언(眞言)'은 범문(梵文)을 번역하지 않고 음(音) 그대로 적어서 외우는 어구(語句), 곧 주문(呪文)을 이른다. 번역을 하지 않는 이유는 원문 전체의 뜻이 한정되는 것을 피하기 위함과 밀어(密語)라고 하여 다른 이에게 비밀히 한다는 뜻이 있다. 아울러 신성성(神聖性)을 온전히 간직하기 위함도 있는 것으로 알려져 있다. 흔히 짧은 구절로 된 것을 '진언'이나 '주(呪)'라 하고, 긴 구절로 된 것을 '다라니(陀羅尼)', 또는 '대주(大呪)'라고 하여 구분하기도 한다. 한역(漢譯)으로는 '총지(總持)' 또는 '능지(能持)'라고 부른다. 그러나 이 논의에서는 보다 보편적인 의미로 쓰이는 '진언'이라는 용어를 그대로 쓰고자 한다.

의 진언과 관련된 영험담(靈驗談)을 불경(佛經)에서 가려 뽑아 한문으로 적은 후, 이를 언해한 책인 것이다.

학계 일반에서는 관행적으로 『영험약초』, 또는 『영험약초언해』라 부르면서, 단행본(單行本) 책인 듯이 쓰고 있지만, 초간(初刊)의 경우에 국한한다면 적확한 용어가 아니다. 초간 '영험약초언해'는 단행본의 형태가 아니기 때문이다. 하지만 복각본(覆刻本) 중에는 한문 원문과 언해문이 함께 있는 단행본도 있고, 언해문만으로 된 단행본도 있어서 지금까지 그렇게 불러 왔다. 엄밀한 의미에서 『영험약초언해』라고 하면, 이는 복각한 중간본(重刊本)을 포함하여 단행본으로 인출된 책들을 이른다. 원간본이 공개되기 전까지는 단행본 형태인 중간본을 널리 이용했었으므로 그렇게 불러 왔던 것이다. 초간인 원간본의 경우에는 한문으로 된 원문 부분과 이를 정음으로 옮긴 언해문 부분이 『오대진언(五大眞言)』(1485년)이라는 진언집의 뒤쪽에 함께 편철되어 있을 뿐, 단행본으로 간행된 책은 전해지는 것이 없다. 이런 저간의 사정을 전제하고, 여기서는 원간본을 중심으로 논의를 진행하고자 한다.

이 책의 편찬 양식은 독특해서 15세기 중엽 이후에 간행된 다른 불교 관련 언해서들과는 차이를 보인다. 편찬 양식 중 눈에 띄는 것은 원문 전체와 언해문 전체를 분리해서 실었다는 점과 구결문(口訣文)을 두지 않았다는 사실이다. 구결문 없이 한문으로 된 원문 네 편을 앞쪽에 두고, 후기 및 학조의 발문을 중간에 실은 후, 그 다음에 다시 언해문(諺解文)을 차례로 둔 형식이다. 원문과 언해문의 사이에 『오대진언』의 편찬자인 학조(學祖)의 발문(跋文)이 들어 있지만 원문과 언해문의 판심(版心) 서명은 '五大'로 동일하다. 다만 한문으로 된 원문과는 달리 언해문의 장차(張次)를 1장부터 다시 시작했다는 점이 다르다. 또한 한문은 목판본(木版本)이고, 언해문은 을해자(乙亥字)로 된 활자본(活字本)인 점도 다르다. 언해문은 나중에 따로 번역하여 넣었음을 짐작케 하는 내용이다. 이러한 편찬 양식을 가지고 출판된 책으로는 같은 해에 간행된 『불정심다라니경언해』가 있다.[3] 다른 점은 『불정심다라니경언해』가 단행본 간행인데 비해, 원간본 『영험약초언해』는 그렇지 않다는 점이다.

비록 원간본 계통의 책 중 단행본으로 간행된 것이 없다고 하더라도 여기에서는 논의의 편의를 위해 단행본으로 다루면서 한문으로 된 원문 부분은 '한문 부분'이라 부르고, 언해문 부분은 '언해 부분'이라 부를 것이다. 원간본은 오대산(五臺山) 월정사(月精寺) 성보박물관 소장의 책이 선본(善本)으로 전한다.[4] 이 책은 1984년 오대산 상원사(上院寺) 목조문수동자좌상(木造文殊童子坐像)의 복장(腹藏) 유물 23점 가운데 하나로 발굴되었다. 당시에 함께 발굴되었던 다른 복장 성물(聖物)들과 함께 보물 제793호로 지정되어 현재는 월정사의 성보박물관에 소장되어 있다. 함께 발굴되어 일괄 지정된 문화재들의 일련 차서에 의해 보물 제793-5호가 되었다.[5]

이 책의 원간(原刊) 연대는 성화(成化) 21년(성종 16년, 1485년)이다. 원간본 간행 연대 등과 관련된 사실은 '영험약초'가 실려 전하는 『오대진언』의 학조 발(跋)에 의해 알 수 있다.[6]

---

3) 『불정심다라니경언해』의 내용 및 편찬 양식 등에 대한 자세한 내용은 김무봉(2008ㄱ) 참조.
4) 이 책은 원래 상원사 '목조문수동자좌상'의 복장 성물(聖物) 중 하나로 진장(珍藏)되어 있다가 발굴·공개된 책이다. 지금은 월정사 성보박물관에 옮겨져 소장되어 있지만, 원래 소장되어 있던 곳을 밝혀서 부르는 것이 호칭의 혼란을 줄이는 방법이므로 이 논의에서는 '상원사본'이라고 부를 것이다.
5) 상원사본 『오대진언』의 실사를 위해 필자는 2011년 4월 9일 월정사(月精寺) 성보박물관을 방문해서 실책을 보고 내용 전반에 대해 조사를 한 바 있다. 실사의 기회를 준 월정사 및 성보박물관 학예연구사들께 감사의 뜻을 밝힌다. 이 분들의 도움으로 이 연구를 할 수 있었다.
6) 『오대진언』의 한문본 '영험약초'와 언해본 '영험약초'의 사이에 있는 학조(學祖) 발(跋)의 마지막 구절인 간기(刊記) "成化 二十一年 乙巳 孟夏 山人 臣 學祖 敬跋"<발:2ㄴ 1행>에 의해서이다.

1.2.

앞에서 적시한 대로『영험약초언해』가 실려 전하는 책은 크게 두 계
통으로 나눌 수 있다. 하나는『오대진언』의 뒤에 한문 원문 부분과 언해
문 부분을 함께 편철한 원간본 계통의 책7)이고, 다른 하나는 '오대진언'
부분 없이 '영험약초' 부분만을 따로 떼어 내 한문 원문 부분과 언해문
부분을 함께 묶어서 간행한 단행본 형태의 복각본이거나, 언해문 부분만
분책하여 단행본의 형태로 간행한 소백산(小伯山) 철암(哲庵) 판본과 같은
복각본 책이다.8)

내용이 짧아서 그러했겠지만 한문만으로 된 단행본 책은 따로 전하는
것이 없다. 언해문 부분 없이 한문 부분만으로 된 것은 모두『오대진언』
에 편철되어 있을 뿐이다. 이로 미루어 처음부터 한문만으로 된 단행본
의 간행은 없었던 것으로 판단한다. 원간 간행 당시부터 범문(梵文)으로
된 진언을 정음자(正音字)와 한자로 음역(音譯)한 책인『오대진언』의 뒤쪽
에 그 일부로 편철하여 간행한 책(冊)임을 알 수 있다. 이렇듯 '영험약초'
가『오대진언』에 합철되어 있는 것은『오대진언』이라는 책의 성격 때문
이다. 앞에서의 설명대로 이 책에는 한문으로 된 '영험약초'가 여섯 편에
달하는 진언의 뒷부분에 편철되어 있는데, '영험약초'에서 '영험담' 생성
의 원천으로 삼고 있는 네 편의 진언은 바로 앞쪽에 수록되어 있는 '오
대진언'인 것이다.9) 이런 이유로 '오대진언'의 뒤에 다시 진언의 영험함

---

7) '원간본 계통'의 책은 원간본 및 그 복각본들을 아울러 이른다. 그러나 복각본 중에
   언해 부분 '영험약초'까지 실은 책은 없다. 모두 한문 부분 '영험약초' 부분만 실어
   놓은 것이다.
8) 동국대 도서관에는 복각 간행된 책(嘉靖 29년, 1550년 소백산 철암 개판) 중 한문
   부분과 언해 부분을 함께 묶은 책(D 貴 213.19 영93 c2)과 언해 부분만 있는 단행
   본(DR 213.19 영93)이 모두 전한다. 다만 두 책의 인간(印刊) 시기는 정확하지 않
   다. 전하는 여러 책 중에 복각 초간본으로 보이는 책이 있는가 하면, 그 후쇄본으로
   보이는 책도 있다.

을 보이는 한문본 '영험약초'를 두고, 그 다음에 후기(後記)와 발문(跋文)을 둔 후, 장차를 달리하여 '영험약초' 부분만을 언해해서 실은 것으로 본다. 이 책이 이른바 『영험약초언해』인 것이다.

언해본 『영험약초』 중 명종 5년(1550)에 소백산 철암에서 간행한 책은 '오대진언' 없이 '영험약초'의 한문 원문 부분과 언해문 부분을 함께 복각하여 단행본으로 간행하였거나, 언해문 부분만을 복각하여 단행본의 형태로 간행한 책이다. 학계에서는 오랫동안 이 책을 통해 언해본 『영험약초』를 이해해 왔다. 하지만 1984년에 오대산 상원사의 『오대진언』이 발굴되면서 원간본에 대해서도 알 수 있게 되었다. 학조의 발(跋)을 통해 원간의 연대 및 간행과 관련된 소상한 저간의 사정도 알 수 있게 된 것이다. 이것이 '영험약초'에 대한 논의에서 '오대진언' 부분을 함께 다룰 수밖에 없는 이유이다.

1.3.

이처럼 원간본 '영험약초'는 『오대진언』의 말미에 한문본과 언해본이 합철되어 전한다. 비록 짧은 글이지만 15세기 후반의 한국어의 모습을 간직하고 있는 몇 안 되는 소중한 문헌 중 하나이다. 이보다 3년 정도 앞서서 간행된 『금강경삼가해언해』, 『남명집언해』 등의 책은 물론, 같은 해에 간행된 『불정심다라니경언해』 등의 불경언해서를 통해 우리는 15세기 후반 한국어의 실상을 어느 정도 짐작할 수 있다. 이러한 이유로 이 책 역시 중세국어 시기의 매우 중요한 국어사 자료 중 하나로 그 가치를

---

9) 『영험약초』에서 대상으로 하는 진언(眞言)의 편수는 4편으로 『오대진언』의 5편과 차이가 나는데, 이는 「관세음보살사십이수진언(觀世音菩薩四十二首眞言)」, 「신묘장구대다라니(神妙章句大陁羅尼)」, 「관자재보살근본다라니(觀自在菩薩根本陁羅尼)」 등이 모두 「대비심다라니(大悲心陀羅尼)」 안에 들어 있기 때문이다.

인정받아 왔다. 논의를 통해 책의 성격은 물론, 국어사 자료로서의 가치를 살펴보고자 한다. 제2절에서는 『영험약초언해』의 형태서지(形態書誌) 그리고 책의 성격과 내용 등을 살필 것이고, 제3절에서는 표기법 등 언어적 특성을 살펴서 이 책의 불교 문화재로서의 가치와 국어사 자료로서의 가치를 아울러 밝힐 것이다.

2. 책의 성격 및 형태서지

2.1.

『오대진언(五大眞言)』은 조선조 성종 16년(成化 21, 乙巳, 1485년)에 인수대비(仁粹大妃) 한씨(韓氏)가 일반 민중들의 진언 송습(誦習)을 위해, 범문(梵文)의 한자 대역에 다시 정음자(正音字)로 음역(音譯)을 붙여서 간행한 1권 1책의 목판본이다.[10] '오대진언'이라 되어 있지만 실제로는 「사십이수진언(四十二首眞言)」, 「신묘장구대다라니(神妙章句大陁羅尼)」, 「수구즉득다라니(隨求卽得陁羅尼)」, 「대불정다라니(大佛頂陁羅尼)」, 「불정존승다라니(佛頂尊勝陁羅尼)」 등의 다섯 편과 「관자재보살근본다라니(觀自在菩薩根本陁羅尼)」 한 편이 더 있어서 모두 6편을 수록해 놓은 책이다.[11]

---

10) 『오대진언』은 목판본으로 되어 있지만, 앞 1.1.에서의 설명대로 『영험약초』 언해 부분은 을해자(乙亥字)로 된 활자본(活字本)이다.

11) 여섯 편 진언의 갖은 이름을 차례대로 보이면 다음과 같다.
　　① 관세음보살사십이수진언(觀世音菩薩四十二首眞言)
　　② 천수천안관자재보살광대원만무애대비심신묘장구대다라니(千手千眼觀自在菩薩廣大圓滿無礙大悲心神妙章句大陁羅尼)
　　③ 천수천안관자재보살근본다라니(千手千眼觀自在菩薩根本陁羅尼)
　　④ 불설금강정유가최승비밀성불수구즉득신변가지성취다라니(佛說金剛頂瑜伽最勝祕密成佛隨求卽得神變加持成就陁羅尼)

이 책의 체제는 진언을 범자(梵字)로 적어서 맨 오른쪽에 놓고, 왼쪽에 행(行)을 나란히 하여 정음자(正音字) 음역(音譯)을 둔 후, 다시 그 왼쪽에 한자를 배치하는 방법을 취했다. 책의 체제를 보면 3행씩 짝을 맞추어 범자, 정음자, 한자의 순서로 진언을 병치(竝置)할 수 있도록 판식(板式)의 조정이 있었음을 알 수 있다. 진언만 있는 부분은 유계(有界) 9행으로 하고, 진언의 제목과 주(註)가 있는 「사십이수진언」 부분은 42개 진언마다 각각의 제목과 주가 있는 2행을 제외한 그 나머지 6행에 진언을 나란히 실을 수 있도록 해당 면(面)을 유계 8행으로 한 점 등이 그러하다. 모두 '민중의 송습(誦習)을 위함'이라는 간행의 목적에 부합하는 방안이라고 본다.

맨 뒤에 있는 「불정존승다라니」 한 편을 제외한 나머지 다섯 편의 한역자(漢譯者)는 당(唐)나라 승려 불공(不空)이다. 다만 마지막에 있는 「불정존승다라니」 한 편만은 인도 계빈국(罽賓國)의 승려 불타파리(佛陀波利)가 한 것으로 전한다. 이 한자 진언을 정음 진언으로 옮긴이는 발문을 쓴 학조가 아닐까 한다. 범자 진언이 되었건, 한자 진언이 되었건 진언을 정음으로 옮기는 불사(佛事)는 쉬운 일이 아니었을 것이다. 범자와 한자 모두에 능통한 실력자가 아니면 가능할 수 없는 일이다. 당연히 당대의 학승(學僧)인 학조일 가능성이 높다.

각 진언의 구성은 다음과 같다. 1, 2장에는 천수천안관자재보살광대원만무애대비심대다라니 계청(千手千眼觀自在菩薩廣大圓滿無碍大悲心大陀羅尼 啓請)이 있고, 3장 앞면부터 23장 뒷면까지는 「사십이수진언」이 실려 있다. 이 부분은 다른 다섯 편의 진언들과는 달리 42수(首)에 달하는 진언을 차례로 배열하였으되, 각 면(面)의 위로부터 1/3쯤 되는 곳까지 해당 진언을 암송(暗誦)할 때의 손 모양을 그린 수인도(手印圖)를 두었다. 24장 앞면 첫

⑤ 대불정다라니(大佛頂陀羅尼)
⑥ 불정존승다라니(佛頂尊勝陀羅尼)

행부터 29장 앞면 3행까지는 「신묘장구대다라니」가 있다. 이 진언을 포
함한 다섯 편에는 수인도 없이 진언만을 두었다. 29장 앞면 5행부터 32장
앞면 6행까지는 「관자재보살근본다라니」가 있다. 32장 앞면의 7행부터
59장 앞면 7행까지는 「수구즉득다라니」가 있고, 59장 앞면의 9행부터 92장
뒷면 3행까지 「대불정다라니」가 있다. 그리고 92장 뒷면의 4행부터 97장
뒷면 2행까지 「불정존승다라니」를 두었다.

이 논의와 관련하여 특기할 만한 내용은 이 책의 98장 앞면 1행부터
106장 뒷면 끝까지 한문으로 된 『영험약초』가 수록되어 있는 점이다.
107장 앞면에는 쓴 이가 불분명한 후기(後記) 성격의 글이 있고, 다시 2장
에 걸쳐 학조의 발문이 있다.12) 원간본으로 알려진 상원사본(上院寺本)에
는 발문의 뒤에 18장에 달하는 언해본 『영험약초』가 장차(張次)를 1장부
터 다시 시작하여 실려 있다.13) 판심서명은 앞에 실려 있는 『오대진언』
과 동일한 '五大'이다.

상원사본 『오대진언』의 장차를 정리하면 다음과 같다.

[1] 『오대진언』의 장차 - '영험약초'를 중심으로 구성
1) 대비심대다라니14)
　　대비심대다라니 계청(大悲心大陀羅尼 啓請) 1장 앞면 1행~2장
　　뒷면 6행
　① 사십이수진언(四十二首眞言) : 3장 앞면 1행~23장 뒷면 8행
　　(윗부분에 手印圖 있음)

---

12) 이 책의 본문 맨 뒤에 '후기(後記)'와 학조의 '발문(跋文)'을 번역하여 실어 놓았다.
13) 상원사본 『오대진언』에 대해서는 안주호(2003, 2004) 등 참조.
14) 이 부분에 대해서는 정리가 필요할 듯하다. 앞에서 이미 언급했지만 '오대진언'에
　　는 총 6편의 진언이 실려 있다. 하지만 '오대진언'이라고 부를 때의 다섯 편은 이
　　들 중 1)-③의 '관자재보살근본다라니'를 제외한 5편이다. 또 앞 주9)에서의 설명
　　대로 '영험약초'에서는 이 중 1)-①의 '관세음보살사십이수진언'과 1)-②의 '신묘
　　장구대다라니', 그리고 1)-③의 '관자재보살근본다라니'를 묶어 '대비심대다라니'
　　하나로 다룬 것이다.

② 신묘장구대다라니(神妙章句大陁羅尼) : 24장 앞면 1행~29장 앞면 3행
③ 관자재보살근본다라니(觀自在菩薩根本陁羅尼) : 29장 앞면 5행~
　　32장 앞면 6행
2) 수구즉득다라니(隨求卽得陁羅尼) : 32장 앞면 7행~59장 앞면 7행
3) 대불정다라니(大佛頂陁羅尼) : 59장 앞면 9행~92장 뒷면 3행
4) 불정존승다라니(佛頂尊勝陁羅尼) : 92장 뒷면 4행~97장 뒷면 2행
5) 영험약초 한문본 : 대비심다라니, 수구즉득다라니, 대불정다라니,
　　불정존승다라니 등의 순으로 네 편 수록, 98장 앞면 1행~106장
　　뒷면 9행
6) 영험약초 한문본 후기(後記) : 107장 앞면 일부(1~6행)
7) 학조(學祖)의 발문(跋文) 1장 앞면 1행~2장 뒷면 1행
8) 영험약초 언해본 : 대비심다라니, 수구즉득다라니, 대불정다라니,
　　불정존승다라니 등의 순으로 네 편 수록, 1장 앞면 1행~18장 뒷
　　면 2행

　각 진언별 편철(編綴) 순서는 다음과 같다. 맨 먼저 계청문(啓請文)이 있
고, 그 다음에는 '曰' 자로 끝나는 진언의 명칭이 갖은 이름으로 나온다.
그 뒤에 범자, 정음자, 한자의 순으로 진언을 적어 놓았다. 다만, '신묘장
구대다라니'와 '관자재보살근본다라니' 앞에는 계청문이 없다. 이는 '관
세음보살사십이수진언', '신묘장구대다라니', '관자재보살근본다라니' 등
연달아 나오는 3편의 진언이 '대비심대다라니' 속에 포함되어 있어서 맨
앞에 둔 계청문이 다른 두 다라니의 계청에까지 이어지기 때문일 것이다.

2.2.

　『오대진언』은 여러 종류의 이본이 현전하는데, 이 중 1984년에 상원사
의 복장 유물로 발굴된 상원사본(보물 제793-5호)을 원간본으로 보고 있

다. 원간본 중 하나인 '성암문고'의 책은 1장부터 23장까지만 있는 낙장본(落張本)이다. 따라서 뒤쪽에 편철되어 있는 '영험약초'에 대한 부분은 알 수가 없다.

그 외의 중간본으로는 국립중앙도서관 소장의 지리산 철굴본(鐵堀本, 중종 26년, 1531년)을 비롯하여 묘향산 도솔암본(兜率庵本, 중종 29년, 1534년), 황해도 심원사본(深源寺本, 중종 30년, 1535년), 풍기 철암본(哲庵本, 명종 5년, 1550년), 은진 쌍계사본(雙溪寺本, 인조 12년, 1634년) 등 수종이 간행되었던 것으로 전한다. '철암본'에는 원간본처럼 '영험약초'가 언해되어 있다.[15] 앞에서 설명한 대로 한문 부분 및 언해문 부분이 함께 있는 단행본 『영험약초』와 언해문 부분만 있는 단행본 『영험약초』도 전한다.

또 하나 주목할 만한 『오대진언』은 동국대 도서관 소장본(도서번호 貴 D 213.19 다231 ㅇ 2)이다. 책의 체제 등 전반적인 내용은 원간본에 견줘 큰 차이가 없다. 원간 후쇄본(後刷本)일 가능성이 높다. 다만, 다른 대부분의 중간본처럼 언해본 '영험약초'는 없다. 보존 상태가 좋은 편이 아니어서 판심(版心)을 중심으로 좌하(左下)귀 등 일부의 내용은 마멸로 인해 판독이 불가능했던 듯하다. 누군가에 의해 필사로 보완이 되어 있다. 그러나 새로 보완된 내용은 언어 사실이 원본과 많이 달라져 있어서 이용에 주의가 요구된다.[16] 비교적 보존 상태가 좋은 책은 충청도 은진(恩津) 쌍계사(雙溪寺) 간행의 책이다. 이 책은 이른바 숭정본(崇禎本, 崇禎 7년, 1634년 간행)이다.[17] 그 외에도 간기 미상의 책 수종이 규장각, 산기문고, 일본의 동양문고 등에 현전한다.

『오대진언』은 '진언집'이다. 민중들의 진언 송습을 목적으로 간행된

---

15) 안병희(1979) 참조.
16) 이 책은 40장과 50장이 낙장이다.
17) 이 책은 규장각과 해인사 등에 현전한다.

책이다. 띄어 읽기의 비중이 클 수밖에 없는 문헌이다. 그래서인지 당시에 간행된 다른 책들과는 달리 구두점(句讀點) 표시가 매우 정연하다. 띄어 읽기의 자리에는 반드시 둥근 고리 점, 곧 권점(圈點)을 두어 표시하는 방법을 쓰고 있다. '두점(讀點)'의 자리에는 글자의 한가운데에 권점을 두었고, 구점(句點)의 자리에는 오른쪽 권점으로 표시했다. 『오대진언』은 당시 언어 사용의 실상을 알 수 있는 좋은 자료이지만 이 논의의 주제와는 거리가 있어서 이 정도로 그친다.

2.3.

『영험약초』 원간본의 형태서지는 다음과 같다. 앞에서 밝힌 대로 한문 원문부분은 '오대진언'이 끝난 다음인 98장 앞면 1행에서 시작하여 106장 뒷면 9행에서 마무리된다. 107장 앞면 1행부터 6행까지 후기(後記)가 이어진다. 그리고는 장(張)을 바꾸어 2장에 걸쳐 학조의 발문이 있고, 언해본 '영험약초'가 1장 앞면 1행부터 18장 뒷면 2행까지 계속된다. 이를 정리하면 다음과 같다.

　　[2] 『영험약초』 부분 장차
　　　1) 영험약초 한문본 권두서명 : '靈驗略抄' 98장 앞면 1행
　　　2) 영험약초 한문본
　　　　대비심다라니(大悲心陀羅尼) : 98장 앞면 2행~100장 뒷면 2행
　　　　수구즉득다라니(隨求卽得陀羅尼) : 100장 뒷면 3행~103장 앞면 3행
　　　　대불정다라니(大佛頂陀羅尼) : 103장 앞면 4행~104장 뒷면 9행
　　　　불정존승다라니(佛頂尊勝陀羅尼) : 105장 앞면 1행~106장 뒷면 9행
　　　3) 영험약초 한문본 후기(後記) : 107장 앞면 일부(1~6행)
　　　4) 학조(學祖)의 발문(跋文) : 1장 앞면 1행~2장 뒷면 1행
　　　5) 영험약초 언해본 권두서명 : '靈驗略抄' 1장 앞면 1행

6) 영험약초 언해본

대비심다라니(大悲心陀羅尼) : 1장 앞면 2행~5장 뒷면 9행
수구즉득다라니(隨求卽得陀羅尼) : 5장 뒷면 10행~11장 앞면 1행
대불정다라니(大佛頂陀羅尼) : 11장 앞면 2행~14장 뒷면 5행
불정존승다라니(佛頂尊勝陀羅尼) : 14장 뒷면 6행~18장 뒷면 2행

2.4.

판식(板式)은 『오대진언』의 경우 진언과 수인도(手印圖) 그리고 한문 원문의 '영험약초' 등이 있는 목판본(木版本)의 앞부분과 언해문 '영험약초'가 있는 활자본(活字本)의 뒷부분이 서로 다르다. 이런 형식은 같은 해에 간행된 『불정심다라니경언해』에서도 볼 수 있다. 원간본인 상원사본을 중심으로 『영험약초』를 포함한 형태서지를 보면 다음과 같다. 책 전체는 『오대진언』을 대상으로 하지만, 구체적인 내용은 『영험약초』를 중심으로 서술할 것이다.

책크기 : 28.5cm × 17.2cm
권수제 : 원문, 언해문 모두 '靈驗略抄'
권말제 : 없음
판심제 : 원문 부분 - 五大, 언해문 부분 - 五大
판 심 : 원문 부분 - 대흑구(大黑口) 상하(上下) 내향흑어미(內向黑魚尾),
        언해문 부분 - 대흑구(大黑口) 상하(上下) 내향흑어미
판 식 : 원문 부분 - 4주 쌍변(雙邊), 언해문 부분 - 4주 쌍변(雙邊)
반 곽 : 18.4cm × 12.5cm
행 관 : 원문 - 유계(有界) 9행 16자, 언해문 - 유계(有界) 12행 14자
주(注) 표시 : 상하(上下) 내향흑어미(內向黑魚尾)[18]

---

18) 이 책에서는 불교용어나 한자어 등의 설명이 필요한 곳에는 주(注)를 달았는데, 주를 다는 방식은 언해문과 동일한 크기의 활자를 한 줄로 쓰되, 주의 위쪽과 아래쪽

　장　차 : 원문 부분 - 98장부터 106장까지, 언해문 부분 - 1장부터 18
　　　　　장까지
　종　이 : 인경지(印經紙)

　위의 편차와 서지사항의 일별(一瞥)에서 보는 바와 같이 『영험약초』는
원문과 언해문을 서로 분리해서 편철하였기 때문에 판식에서도 차이가
난다. 목판본인 한문 원문 부분은 약간 흘려서 쓴 해행서체(楷行書體)로 단
아(端雅)하면서도 힘이 있어 보인다. 대흑구의 중간쯤에 상하내향 흑어미
를 두고, 위쪽 흑어미 바로 아래쪽에 판심서명인 '五大'를 썼다. 아래쪽
흑어미 바로 위에 장차(張次)를 두었다. 활자본(活字本)인 언해문 부분은 미
려(美麗)한 을해자(乙亥字)로 되어 있다. 언해문의 활자는 중간 크기의 글자
인데, 한자와 정음자의 글자 크기가 같다. 한자에는 같은 크기의 활자로
동국정운 한자음이 주음(注音)되어 있고, 정음과 한자의 음역에만 방점이
점획(點劃)으로 찍혀 있다.

2.5.

　저 앞에서 설명한 대로 『오대진언』은 인수대비 한씨(韓氏)의 뜻에 따라
당시의 고승인 학조에 의해 처음 간행되었다. 이러한 사실은 『영험약초』
원문과 언해문 사이에 있는 학조의 발문을 통해 알 수 있다. 곧, 인수대
비가 민중들의 진언 송습을 위하여 당본(唐本) 주석서를 구해 언해한 책
(冊)이라는 것이다. 물론 목적 실현의 일차적인 대상은 '오대진언'이 되겠
지만, 독송의 결과에 해당하는 '영험약초'에도 그대로 적용된다고 본다.
아래에 있는 학조의 발문을 보면 그러한 의도의 일단을 읽을 수 있다.

─────────
에 흑어미 '【　】' 표시를 두어 구분했다.

(1) ㄱ. 我仁粹王大妃殿下, 愍世道之薄, 緩時流之急, 思所以切於時而利於
人者, 無偕於『五大眞言』, … 然此經梵漢奇奧, 讀者病之. 於是, 求
得唐本, 注諺, 重刊印而施之

<학조 발문 원문 : 1ㄱ~1ㄴ>

ㄴ. 우리 인수왕대비전하(소혜왕후)께서는 세도(世道)가 척박해짐을
안타까워하시고 시류(時流)의 급함을 늦추고자, 시대에 절박하
고 사람에게 이로운 것으로『오대진언』보다 적합한 것이 없다
고 생각하셨다. … 그러나 이 경전은 범어와 한문으로 이루어져
기이하고도 오묘했기에, 읽는 이들이 그 점을 병통으로 여기고
있었다. 이에 당본(唐本)을 구해 입수하여 우리말을 덧붙이고 거
듭 간인(刊印)해 배포하셨으니,

<학조(學祖)의 발문(跋文) 번역문 중에서>[19]

3. 어학적 고찰

3.1.

훈민정음 창제 직후에 간행되었던 불전언해서들은 경(經)이나 경소(經
疏)를 대상으로 하여 대문을 나누고, 구결을 현토(懸吐)해서 구결문을 만
든 뒤에 정음으로 옮기는 이른바 대역(對譯) 형식의 방법을 취했다. 원문
구결문과 언해문이 나란히 배치되는 방법인 것이다. 그런데 형식면에서
볼 때『영험약초언해』는 조금 차이가 있다. 원문에 대당(對當)되는 언해
문이 발문의 뒤쪽에 있고 구결문은 별도로 두지 않았다. 그렇다고 해도
번역의 내용까지 당시의 일반적인 틀에서 벗어난 것은 아니다. 언해된

---

19) 이 책의 본문 맨 뒤에 발문(跋文) 전체를 번역해서 부록으로 실어 두었다.

글의 문체(文體)는 구결문에 견인되어 직역투(直譯套) 번역의 한계를 그대로 가지고 있다. 비록 구결문이 없다고 해도 이 책 역시 기존 번역의 관행을 뛰어넘지 못했다. 구결문을 따로 두지만 않았을 뿐, 번역의 한 과정으로서 구결문을 전제(前提)하여 언해가 이루어진 때문일 것이다.

언해문은 중간 크기의 활자로 되어 있다. 정음과 한자가 모두 같은 크기의 중활자(中活字)이다. 한자음 역시 한자와 같은 크기의 중활자로 되어 있다. 한자에는 동국정운 한자음이 주음되어 있다. 이 책은 동국정운 한자음이 주음된 마지막 무렵의 문헌이 될 것이다. 한자 독음과 정음에는 점획으로 방점이 찍혀 있다. 어려운 한자어나 불교용어에는 주(注)를 달아서 이해를 도왔다. '주(注)'의 위와 아래에는 흑어미 표시를 하여 일반 문장과 구분했다.

문장은 주로 진언의 수지(受持)·독송(讀誦)을 권하는 내용으로 구성되어 있다. '다라니'를 몸에 지니고 정성을 다해 외우면 좋은 결과가 있을 것이라고 권설(勸說)하는 내용이 대부분이다. 책의 편찬자인 설화자(說話者)가 경전에서 필요한 부분을 가져와 제시한 글이어서, 인용 원문인 경전의 문답법(問答法) 문체(文體), 곧 대화체(對話體) 문장이 많다. 대화문이기 때문에 청자의 화계(話階) 등급에 따른 경어법의 구사가 활발한 편이다. 물론 의문문 형식도 보인다. 당연히 문장 종결형식은 대부분 설명법이나 추측법의 평서형과 의문형 종결형식으로 되어 있다. 따라서 추측법의 평서형 종결어미 '-ᄒᆞ리라'의 출현이 빈번하다. 아울러 송습을 권장하면서 마땅히 그렇게 할 것을 요구해서 당위를 전제로 하는 원칙법의 평서형 종결어미 '-ㄴ니라'의 쓰임도 많은 편이다.

이 문헌은 성종 때인 1485년에 간행되었다. 같은 해에 같은 체제로 간행된 책인 『불정심다라니경언해』와 더불어 당시 표기법의 특징을 보여주는 책 중의 하나이다. 우리말 표기에서는 'ᄫ'과 'ᅙ'이 보이지 않고,

‘ㅿ’과 ‘ㆁ’은 널리 쓰였다. 각자병서로는 ‘ㅆ, ㅉ’ 사용의 예가 각각 하나씩 보인다. 사이글자는 ‘ㅅ’으로 통일되었다.

비록 일부에서의 예(例)이기는 하지만 이 책이 보여 주는 정음 표기의 특징 중 하나는 한자어인 경우, 이를 한자로 적지 않고 정음(正音)으로 쓴 예가 몇몇 보인다는 점이다. 이는 한자어라는 인식이 이때 벌써 엷어졌음을 보여 주는 것으로 판단한다.

여기서는 같은 시기에 간행된 다른 불경언해서들과 비교하면서 이 책의 어학적 특성, 특히 표기법 등을 중심으로 살피려고 한다.

3.2. 화법의 특성

이 책의 구성은 네 편 모두 설화자가 경(經)에서 필요한 내용을 가려 뽑아서 제시하는 형식으로 되어 있다. 네 편의 영험담이 겨냥하는 바가 한결같다. 진언을 송습하면 일체의 재액(災厄)에서 벗어날 것이라고 권설(勸說)하는 내용이다. 독자가 제시된 경전을 읽고 각 다라니의 영험함을 지득(知得)하여 송습에 이르도록 이끄는 내용, 곧 권설하고자 하는 바가 내재(內在)된 형식이다. 특히 경전 중 예화(例話)가 들어 있는 부분을 제시하여 설득의 효과를 높이고 있다. 네 편의 구성이 대체로 같다. 각 편별로 화법(話法)의 특성을 살펴보면 다음과 같다.

> (2) ㄱ. 經에 니ᄅᆞ샤ᄃᆡ 觀世音菩薩이 부텻긔 ᄉᆞᆲ오샤ᄃᆡ "내 念호니 디나건 劫에 부톄 겨샤ᄃᆡ 일후미 千光王靜住如來러시니 … 願을 조차 往生ᄒᆞ리이다"
>
> <대비심다라니 : 1ㄱ~2ㄴ>
>
> ㄴ. 녜 摩竭陀國에 ᄒᆞᆫ 婆羅門이 이쇼ᄃᆡ 일후미 俱博이러니 … 사슴

둘홀 주기다가 주거 閻王끠 니거늘 王이 帝釋끠 술오디 "이 사
ᄅᆞ문 어느 地獄애 주리잇가" 帝釋이 니ᄅᆞ샤디 "이 사ᄅᆞ미 罪는
혜아리디 몯ᄒᆞ리로소니 ᄲᆞᆯ리 阿鼻地獄애 보내라" 獄卒이 자바
그 地獄애 녀ᄒᆞ니 …

〈수구즉득다라니 : 8ㄱ~ㄴ〉

ㄷ. 首楞嚴經에 부톄 阿難ᄃᆞ려 니ᄅᆞ샤디 "이 佛頂光聚微妙章句는 十
方 一切 諸佛을 내며 … 이 善男子ㅣ 이 父母 나흔 모매 ᄆᆞᅀᆞᆷ 通
호ᄆᆞᆯ 얻디 몯ᄒᆞ면 十方 如來ㅣ 곧 거즛마리 ᄃᆞ외시리라"

〈대불정다라니 : 11ㄱ~14ㄴ〉

ㄹ. 經에 니ᄅᆞ샤디 그ᄢᅴ 三十三天 [三十三天은 忉利天이라]善法堂會
예 ᄒᆞᆫ 天子ㅣ 이쇼디 일후미 善住ㅣ러니 天女둘콰 ᄒᆞ디 서르 노
니더니 그ᄢᅴ 善住ㅣ 곧 밦中에 드르니 소리ᄒᆞ야 닐오디 "善住ㅣ
後ㅅ 닐웨예 命終ᄒᆞᆫ 後에 瞻部洲예 나디 … 어믜 胎예셔 곧 두
누니 업스리라" ᄒᆞ야ᄂᆞᆯ

〈불정존승다라니 : 14ㄴ~15ㄱ〉

위의 일별에서 볼 수 있는 바와 같이, 책 편찬자인 설화자(說話者)가 경
에 있는 내용을 알려 주는 형식으로 되어 있다. 그중에는 예화(例話)도 들
어 있어서 높은 설득력을 가지는 경우도 있다. (2ㄱ)은 중생의 온갖 괴로
움을 없애준다는 대비신주(大悲神呪)를 암송(暗誦)해서 얻게 되는 구난(救難)
과 신험(神驗)의 예를 소개한 것이고, (2ㄴ)은 예화를 통해 중생이 소원을
빌면 즉시 성취하게 해 준다는 수구진언(隨求眞言)의 영험함을 설명한 글
이다. (2ㄷ)의 「대불정다라니」는『수능엄경』에서 가져온 것이다. 모든 악
업과 고통을 없애 주는 다라니인 불정광취미묘장구(佛頂光聚微妙章句),[20]

20) 이 다라니를 달리 '주심(呪心)'이라고도 하는데, '주심(呪心)'은 주(呪) 가운데 정요
(精要)가 되는 부분, 곧 핵심을 이른다고 해서 붙여진 이름이다. 부처님이 능엄주
(楞嚴呪)를 설하시고 난 후, 그것을 칭찬해서 '주심(呪心)'이라고 한 말에서 유래했

곧 '능엄주(楞嚴呪)'를 수지·독송하면 온갖 어려움을 극복할 수 있다는 내용으로 되어 있다. (2ㄹ)은 일체의 악도를 덜어 내어 깨끗하게 해 준다는 불정존승다라니(佛頂尊勝陁羅尼)의 영험함을 경에 나오는 예화를 통해 소개한 것이다.

각 편에서 대상으로 하는 '다라니'의 종류는 다르지만 지송(持誦)의 효험(效驗)에 대한 설명의 방식은 대체로 비슷하다. '다라니'를 통해 얻은 구난과 신험의 결과가 실려 있는 경전의 내용을 가려 뽑아 독자들에게 보이고, 독자들도 그렇게 해 보기를 권설하는 형식으로 되어 있다.

3.3. 문장 종결형식

『영험약초언해』는 책의 편찬자인 설화자가 진언의 수지(受持)와 독송(讀誦)을 권하는 내용으로 되어 있다. '다라니'를 몸에 지니고 정성을 다해 외우면 좋은 결과가 있을 것이라고 권설하는 내용의 문장들이 주류를 이룬다. 경전에서 필요한 부분을 가져와 제시한 글이어서, 경전의 내용 그대로 문답 형식의 대화체 인용 문장이 많다. 대화문이기 때문에 상대의 화계 등급에 따른 경어법의 구사가 활발한 편이다. 물론 의문형식도 많이 보인다. 당연히 문장 종결형식은 대부분 설명법이나 추측법의 평서형과 의문형으로 되어 있다.

> (3) ㄱ. "一切 罪障이 다 업스리라 이 呪 외올 사ᄅ미 열다ᄉᆞᆺ 가짓 善히
>   사로믈 얻고 열다ᄉᆞᆺ 가짓 구지 주구믈 受티 아니ᄒ리라" <3ㄴ>
>   ㄴ. 經에 니ᄅ샤ᄃ 減惡趣菩薩이 毗盧遮那佛끠 술오샤ᄃ "엇던 方便
>   으로 一切 重罪衆生을 ᄲᅡ혀 濟渡ᄒ리잇고" <5ㄴ~6ㄱ>

다고 한다.

ㄷ. 그쁴 부톄 四天王ㄷ려 니ᄅ샤ᄃ "네 이제 즈셰 드르라 내 반ᄃ
기 너 爲ᄒ야 陁羅尼 디놀 法을 펴 니ᄅ며 ᄯᅩ 短命ᄒᆫ 衆生ᄃᆯ홀
爲ᄒ야닐오리라" <17ㄱ>

ㄹ. 王이 놀라 荒唐히 너겨 罪人을 블러 根源을 무른대 罪人이 닐오
ᄃᆡ "내 아논 이리 업거니와 오직 隨求ᄅᆞᆯ 가졧노이다" <10ㄴ>

ㅁ. 觀世音菩薩이 이 呪 니ᄅ실 제 會中 無量 衆生이 시혹 四果도 得
ᄒ며 시혹 地位도 證ᄒ니 너부미 經文 곧ᄒ니라 <5ㄴ>

(3ㄱ)은 관세음보살이 부처께 사뢰는 말인데, 대비신주(大悲神呪) 암송의
결과를 예측한 글이어서 추측법의 종결어미 '−리라'로 완성했다. 이 책
에는 이러한 종결형식이 널리 쓰였다. (3ㄴ)은 멸악취보살(滅惡趣菩薩)이 비
로자나불(毗盧遮那佛)에게 묻는 형식의 글이다. 경에서 인용한 글인데 인
용한 글에 묻고 대답하는 내용이 나오면, 묻는 말인 경우 상대에 따라
이처럼 경어법을 구사하고 있다. 'ᄒ쇼셔'체의 설명의문형이다. 이 책에
는 이러한 표현의 의문 종결형식과 'ᄒ믈며'와 호응하여 반어적 의미를
띠는 수사의문문 '−ᄯ녀'형은 물론, 'ᄒ라'체의 판정의문문인 '−여'형
의문문의 출현도 많다. 역시 수사의문문이다. 강한 부정의 진술을 함의
(含意)하고 있다. (3ㄷ)은 'ᄒ라'체의 명령형 종결형식이다. 부처가 사천왕
에게 이르는 말이어서 'ᄒ라'체가 쓰였다. 이 책에는 'ᄒ쇼셔'체와 'ᄒ라'
체의 명령형이 많다. (3ㄹ)은 고대 인도의 오선나성(烏禪那城)에서 왕과 백
성 사이에 주고받은 대화 중 일부분이다. 백성이 왕에게 하는 말이어서
종결어미에 청자존대가 쓰였다. (3ㅁ)은 이 책에서 흔히 볼 수 있는 원칙
법의 평서형 종결어미이다. 대부분의 내용이 '다라니' 암송의 영험담을
말하고, 그러니까 지송하라는 당위를 담아 설명하는 글이어서 이러한 표
현이 많다.

어떻든 이 책에는 네 편의 '다라니'를 '송지(誦持)'하면 거기에 따르는

과보(果報)가 있을 것이라는 믿음을 주는 내용이 많다. 이러한 영험담을 실은 책의 특성으로 인해 추측법의 평서형 종결어미 '-ᄒᆞ리라'형의 출현이 빈번하다. 아울러 송습을 권장하면서 마땅히 그렇게 할 것을 요구해서 당위를 전제로 하는 원칙법의 평서형 종결어미 '-니라'형의 쓰임이 많은 편이다.

3.4. ㅸ

'ㅸ'은 훈민정음의 초성 17자에는 포함되지 않았다. 그러나 『훈민정음』 해례본의 '예의' 및 '제자해'에서 연서법(連書法)에 의한 순경음으로 규정된 후, 정음 초기 문헌에 쓰인 바 있다. 간경도감 간행의 언해서 중에는 『능엄경언해』(1462년간), 『아미타경언해』(1464년),[21] 『목우자수심결언해』(1467년) 등에 몇몇 예가 보인다. 그러나 이 책에서는 형태소 내부는 물론, 용언 활용형과 겸양법 선어말어미 등에서 예외 없이 'ㅗ, ㅜ, ㅇ'으로 바뀌었다.

(4) ㄱ. 두외- <3ㄱ, 8ㄴ, 9ㄴ, 14ㄴ, 15ㄱ>

　　ㄴ. 술오- <1ㄱ, 2ㄴ, 6ㄱ, 8ㄱ, 8ㄴ, 9ㄱ, 15ㄱ, 15ㄴ, 16ㄴ>, 더러이 눈<3ㄴ>, 어즈러워<4ㄱ>, 가온딋<4ㄴ>, 갓가온<7ㄱ>, ᄉᆞ랑ᄒᆞ오니<11ㄴ>, 미온<13ㄴ>

　　ㄷ. 듣ᄌᆞ온<1ㄴ>, -ᄒᆞᅀᆞ온<2ㄱ>, -ᄒᆞᅀᆞ온딘<6ㄴ, 16ㄴ>, 받ᄌᆞ와 <18ㄱ>, 가ᅀᆞ온대<18ㄱ>

---

21) 『아미타경언해』(1464년)에는 'ㅸ'이 나타날 수 있는 환경에서는 모두 이 음운이 실현되었다. 이는 『아미타경언해』의 내용이 이보다 앞서서 간행된 『월인석보』(1459년) 권7에 실려 있고, 지금은 전하지 않는 『석보상절』(1447년) 권7에도 실려 있었을 가능성이 크므로, 그 영향을 받아서 그렇게 된 것으로 본다. 또 이보다 3년쯤 전에 간행된 것으로 짐작되는 활자본 『아미타경언해』의 영향도 입었을 것이다.

이 책에서 'ㅸ'은 고유어 표기에 쓰이지 않았다. (4ㄱ)은 초기 문헌에서 용언 어간이나 접미사 등에 'ᄃᄫᅵ-/-ᄃᄫᅵ-'로 나타나나 이 책에서는 예외 없이 'ᄃ외-/-ᄃ외-'로만 실현되었다. (4ㄴ)의 예에서처럼 용언 활용형은 말할 것도 없고, (4ㄷ)의 겸양법 선어말어미에서도 마찬가지다. 모두 '오, 우, ㅇ'으로 바뀌었다.

3.5. ㆆ

'ㆆ'은 정음 초기 문헌에서 주로 동국정운 한자음의 영모자(影母字) 표기와 종성 'ㄹ' 다음에 와서 입성 표시 글자로 쓰였다. 고유어 표기에서는 사이글자나 동명사 어미 '-ㄹ'과 수의적으로 교체되던 '-ㅭ'에 제한적으로 사용되었다.22) 그러나 『영험약초언해』에서 사이글자 표기는 'ㅅ'으로 통일되었고, '-ㄹ' 동명사 어미는 모두 '-ㄹ'형으로만 실현되어 'ㆆ'이 쓰이지 않았다.

> (5) ㄱ. 命 ᄆᆞ출 제<2ㄱ>, 디닐 사ᄅᆞ미<2ㄴ>, 求홀 거슬<3ㄱ>, 홀 사ᄅᆞ
>   미<3ㄱ>, 외올 사ᄅᆞ미<4ㄱ, 4ㄴ>, 니ᄅᆞ실 제<5ㄴ>, 몯홀 고디
>   로다<9ㄱ>, 힐 제<10ㄴ>, 修行홀 사ᄅᆞᆷ둘히<14ㄱ>, 다올 제<16
>   ㄱ>, ᄲᅥ러딜 사ᄅᆞ미어든<17ㄴ>
>   ㄴ. 몯홀딘댄<3ㄱ>, 몯홀디라<5ㄱ>, 닐올딘댄<12ㄴ>
>   ㄷ. 擁護ᄒᆞ실<7ㄱ>, 그럴씨<7ㄴ>, 주실씨<13ㄴ>
>   ㄹ. 惡학 <15ㄴ>, 佛뿛 <16ㄱ>

위의 예에서 보는 바와 같이 이 책의 고유어 표기에서 동명사 어미 '-

---

22) 동명사 어미 '-ㄹ'과 '-ㅭ'의 교체에 대해서는 김무봉(1993ㄴ : 84~85), 김무봉
   (1997ㄱ : 67~68) 참조.

ㄹ'이 무성자음을 만나면 '-ㄹ'은 예외 없이 '-ㄹ+전청자형' 등으로 실현되어 'ㆆ'의 쓰임이 없다. (5ㄱ)은 '-ㄹ'의 후행 요소가 무성자음인 경우이고, (5ㄴ)은 '-ㄹ'이 후행의 'ㄷㅣ-(<ㄷㆍ+이-)'와 통합된 형태이다.[23] (5ㄷ)은 동명사 어미 '-ㄹ'과 의존명사 'ㅅ'의 통합형인데, 정음 초기 문헌에는 '-ㄹ쎠/ㄹ씨'로 나타났었다.[24] 그러나 이 문헌에는 이 형태 '-ㄹ시'만이 쓰였을 뿐이다. (5ㄹ)은 동국정운 한자음의 용례이다. 영모자(影母字) 표기와 종성 'ㄹ' 다음에 와서 입성 표시 글자로 쓰였다.

3.6. ㅿ

유성마찰음 'ㅿ'은 훈민정음 초성체계에서는 불청불탁(不淸不濁)의 반치음으로 일모자(日母字)에 해당된다. 정음 초기 문헌부터 쓰이기 시작하여 15세기 문헌에 두루 나타나며, 16세기 중반까지 쓰였다. 이 책에서는 'ㅿ'이 출현할 수 있는 환경에서는 모두 실현되었다. 다만, 간경도감 간행의 책에 보이는 종성에서의 예는 이 책에 없다. 이런 현상은 같은 해에 간행된 다른 문헌에서도 마찬가지다. 8종성 표기에 충실한 때문으로 본다. 이 책에서 'ㅿ'의 목록을 보이면 다음과 같다. 모두 모음 간에서(V-V)의 용례이다.

(6) ㄱ. 처엄<1ㄴ>, ㅁㅿㅁ로<2ㄱ>, ㅁㅿ몰<4ㄱ>, ㅁㅿ매<10ㄱ, 13ㄴ>,
　　　ㅅㅿㅣ<13ㄱ>, 여ㅿ와<15ㄴ>, ㅅㅿㅣ나<16ㄱ>

---

23) 『석보상절』(1447년) 등에 나타나던 '-ㅭ디'형이 '-ㄹ디'형으로 교체된 시기는 주로 『능엄경언해』(1462년) 이후가 된다.

24) 동명사 어미 '-ㅭ'과 의존명사 'ㅅ'의 통합형 중 '-ㅭ술'은 『능엄경언해』 등에서 더러 보이나, '-ㅭ시'나 '-ㅭ시'는 정음 초기 문헌부터 쓰이지 않은 듯 문증(文證)되지 않는다. '-ㅭ'과 '술' 통합형으로는 아래와 같은 예가 있다.

ㄱ. 種種히 發明홇술 일후미 妄想이니<능엄2:61ㄱ>
ㄴ. 몰가 괴외히 이셔 비췷술 닐오디 微妙히 붉고미오<능엄4:13ㄱ~ㄴ>

ㄴ. 일버스며<3ㄱ~ㄴ>, 지서도<7ㄱ, 13ㄴ>, 지서놀<10ㄱ>, 지서
<10ㄴ, 17ㄴ>, 니스며<13ㄱ>, 지손<16ㄱ>

ㄷ. 사르미사<7ㄱ>, 求ᄒ샤사<7ㄴ>, 得ᄒ야사<8ㄱ>, 자바샤사<11
ㄱ>, 가지샤사<11ㄱ~ㄴ>, 머구므샤사<11ㄴ>, 디니샤사<11
ㄴ>, 브트샤사<11ㄴ>, 조차사<12ㄱ>, 行ᄒ야사<12ㄱ>, 외오샤
사<12ㄴ>, 傳ᄒ샤사<12ㄴ>, 如來사<15ㄴ>

ㄹ. 念ᄒᅀ온<2ㄱ>, 願ᄒᅀ온딘<6ㄴ, 16ㄴ>, 보ᄉᆸ디<8ㄱ>, 가ᅀ온
대<18ㄱ>

(6ㄱ)은 체언 어간 내부의 모음 간에 나타난 'ᅀ'의 용례이다. (6ㄴ)은
용언 활용형에서의 용례이고, (6ㄷ)은 조사나 어미 뒤에 첨사 '사'가 통합
된 형태이다. 이 책에는 당위를 나타내는 표현이 많아서 그 용례가 많다.
(6ㄹ)은 겸양법 선어말어미 '-ᄉᆸ/ᅀᆸ-' 통합형에서의 용례이다. 이 문헌
당시에는 'ㅸ'이 쓰이지 않아서 '-ᄉᆸ/ᅀ오-'의 형태로 나타난다.

3.7. 사이글자

사이글자는 체언이 결합할 때 음성 환경에 따라 체언 사이에 끼어드
는 자음 글자이다. 『용비어천가』(1447년)에는 'ㄱ, ㄷ, ㅂ, ㅅ, ᅀ, ㆆ'의 6자
가 쓰였고, 「훈민정음 언해본」(1459년 이전 간행)에는 'ㄱ, ㄷ, ㅂ, ㅸ, ㅅ, ㆆ'
의 6자가 쓰였다. 『석보상절』에 이르러 'ㅅ'으로 통일을 이룬 듯하나 'ㄱ,
ㄷ'이 쓰인 예도 있다. 뒤에 간행된 『월인석보』(1459년)에는 'ㅅ' 외에 'ㄱ,
ㄷ, ㅂ, ㆆ'이 쓰였고, 『몽산화상법어약록언해』(?1459년)에는 'ㅅ' 외에 'ㄷ,
ㆆ'이 쓰였으나, 『아미타경언해』(1464년)와 같은 해에 간행된 『선종영가집
언해』, 『금강경언해』, 『반야심경언해』 등에서는 'ㅅ'으로 통일되었다. 다
만 『반야심경언해』에는 'ㄹ' 다음에 'ㆆ'이 쓰인 예가 있다.[25]

이 책에서는 사이글자와 구 구성의 속격에서 모두 'ㅅ'으로 통일되었다.

(7) ㄱ. 가온딧 衆生이<4ㄴ>, 부텻 모미리니<5ㄱ>, 여러 가짓 困<6ㄱ>,
　　三寶ㅅ 일훔도<6ㄱ>, 如來ㅅ 神力이<6ㄴ>, 諸佛ㅅ 智慧ㅅ 根本
　　이라<7ㄴ>, 蓮花ㅅ 우희<8ㄴ>, 佛法ㅅ 이롤<12ㄴ>, 字句ㅅ 스
　　믜<13ㄱ>, 甘露ㅅ 마시<13ㄱ>, 아릿 災殃과<14ㄱ>, 後ㅅ 닐웨
　　예<15ㄱ>, 惡道ㅅ 모물<15ㄴ>, 呪ㅅ 일후미<16ㄴ>

ㄴ. ㅎ롯바미<2ㄱ>, 잢간도<2ㄱ>, 잢간<6ㄴ>, 西ㅅ녀그로<9ㄱ>,
　　밠中에<15ㄱ>

(7ㄱ)은 구 구성의 속격으로 'ㅅ'이 실현된 예이고, (7ㄴ)은 합성어 사이에 사이글자로 'ㅅ'이 온 예이다. 두 경우 모두에서 'ㅅ' 이외의 어떤 표기도 눈에 띄지 않는다. 이 책에는 속격의 'ㅅ'이 출현할 만한 환경이 많다. 고유어와 고유어 사이, 한자어와 한자어 사이, 고유어와 한자어 사이에서 모두 볼 수 있다. (7ㄴ)의 '잢간'은 한자어 '잠간(暫間)'에서 온 말인데 훈민정음 초기 문헌부터 정음으로 적혔다. 한자어라는 인식이 엷었음을 보여 주는 것이다.

간경도감에서 간행된 불경언해 중 『반야심경언해』(1464년)를 제외한 다른 문헌에서는 'ㅅ' 이외의 사이글자 표기 용례가 없다. 이러한 사실로 미루어 간경도감 간행 문헌에 이르러 사이글자가 'ㅅ'으로 통일되었음을 알 수 있고, 간경도감 이후에 간행된 책인 이 문헌 역시 예외가 아니다.

─────────

25) 이미 제8장 4.1.의 4)에서 예로 든 바가 있지만, 『반야심경언해』에는 'ㄹ' 다음에 사이글자로 'ㆆ'이 쓰인 '다ㅅ손 긿 사교미라<11ㄴ>, 긿 사교몬 이 ㅎ마 心經일써 <19ㄱ>' 등의 예가 보인다.

3.8. 초성 병서 표기

3.8.1.

이 책에는 훈민정음 창제 초기의 문헌에 보이는 각자병서 8자(ㄲ, ㄸ, ㅃ, ㅉ, ㅆ, ㆅ, ㆀ, ㅥ) 가운데 'ㅉ, ㅆ'의 용례가 보인다.

(8) ㄱ. 써<14ㄱ> cf. 스디<4ㄱ>
　　ㄴ. 눈쪼수<4ㄱ>

(8ㄱ)의 예와 같이 이 문헌에서 각자병서 'ㅆ'은 동사 어간 '쓰-[書]'의 활용형 한 형태만을 볼 수 있다. (8ㄱ)의 '쓰-[書]'는 '스-'로 나타나기도 한다. 같은 해에 간행된 『불정심다라니경언해』에는 각자병서 'ㅆ'의 예가 많이 보인다. (8ㄴ)의 '눈쪼수[眼睛]'는 『능엄경언해』(1462년) 등에 나오는 어휘인데, 당시의 많은 문헌에 주로 이렇게 표기되어 있으나 『석보상절』이나 『월인석보』 등 이른 시기에 간행된 문헌 중에는 '눈즈수'로 표기한 예도 있다.

3.8.2.

이 책에 쓰인 합용병서의 예는 다음과 같다. 훈민정음 초기 문헌에 보이던 'ㅅㄱ, ㅅㄷ, ㅅㅂ, ㅅ；ㅄ, ㅄㅅ, ㅄㅈ, ㅄ；ㅴ, ㅵ' 중 'ㅅ'계열의 'ㅅㄱ, ㅅㄷ, ㅅㅂ', 'ㅂ'계열의 'ㅂㄷ, ㅄ', 'ㅄ'계열의 'ㅴ' 등이 보인다.

(9) ㄱ. <ㅅㄱ>：毗盧遮那佛叫<5ㄴ~6ㄱ> / 부텻긔<1ㄱ, 2ㄴ, 6ㄱ, 16ㄴ,
　　　　　　18ㄱ>, 閻王叫<8ㄱ>, 帝釋叫<8ㄱ, 8ㄴ, 15ㄱ>, 釋迦文
　　　　　　佛叫<9ㄱ>, 世尊叫<18ㄱ>
　　　<ㅅㄷ>：ᄯᅩ<2ㄱ, 10ㄱ, 13ㄱ>, 보미ᄯᅡ녀<5ㄴ>, 외오리ᄯᅡ녀<7

       ㄱ>, -ㅎ니ᄯ녀<13ㄴ>

      <ᄴ> : ᄴᅡ혀<6ㄱ, 11ㄴ>, ᄴᆞ리<8ㄱ, 8ㄴ>, ᄴᅧ에<9ㄱ>

  ㄴ. <ᄩ> : 건내ᄩᅱ여<1ㄴ>, ᄩᅥ러디-<2ㄴ, 6ㄱ, 7ㄱ, 15ㄱ, 17ㄴ>

      <ᄢ> : ᄢᅳᄂᆞᆫ<3ㄴ>

  ㄷ. <ᄠᅥ> : 이ᄢᅴ<1ㄴ>, 그ᄢᅴ<4ㄱ, 9ㄴ, 14ㄴ, 15ㄱ, 15ㄴ, 16ㄴ, 17ㄱ,

          17ㄴ, 18ㄱ>, 훈ᄢᅴ<9ㄴ, 12ㄱ>

  (9ㄱ)에서 '부텻긔'의 'ㅅ긔'는 존대 자질의 체언 다음에 오는 관형격 조사 'ㅅ'에 부사성 의존명사 '-긔'가 결합된 형태이다. '긔'에는 부사격 조사가 내재된 것으로 분석할 수 있을 것이다. 이 형태는 초기 문헌에서 부터 존대 자질의 체언 다음에 와서 높임의 여격조사로 기능했다. 현대 국어 높임의 여격조사 '-께'의 직접적 소급 형태이다. 당시에는 이 예에 서처럼 고유어 다음에서는 분철한 형태인 '-ㅅ긔'가 쓰였고, 한자어 다음에서는 '-ᄭᅴ'의 형태로 나타난다.

  이 문헌에는 때를 나타내는 말인 '이ᄢᅴ, 그ᄢᅴ, 훈ᄢᅴ' 등의 단어가 여러 차례 등장하여 'ᄢ' 합용병서의 예가 많은 편이다. 'ᄮ, ᄢ, ᄩ, ᄠᄊ' 합용병서의 경우에는 해당하는 어휘가 없다.

3.9. 종성 표기

  『영험약초언해』의 종성 표기는 『훈민정음』 해례의 종성 규정을 충실히 따르고 있다. 8종성 외에 다른 표기는 보이지 않는다.

    (10) ㄱ. 닛-(<닞-[忘]) 샹녜 외오며 디녀 잢간도 닛디 아니ᄒᆞ노이다

       <2ㄱ>

       낫(<낮[晝]) 낫 여쇄와 밤 여쇄롤<18ㄱ>

     ㄴ. 븓-(<븥-[附]) 무슨물 훈 고대 두어 다룬 ᄃᆡ 븓디 아니ᄒᆞ면

<4ㄱ>
돋(<돝[豚]) 닐온 돋과 가히와 여슷와 <15ㄴ>
ㄷ. 업-(<없-[無]) 災害 업고 편안ᄒ리니<7ㄱ> cf. 帝釋이 도라와
옮겨 여듧 地獄애<9ㄴ>

(10ㄱ)은 기저형에서 음절 말음으로 'ㅈ'을 가지는 어휘가 자음으로 시작되는 음절 앞에서 대표음 'ㅅ'으로의 교체를 반영한 표기이다. 각각 동사와 명사의 예이다. (10ㄴ)은 음절 말의 'ㅌ'이 자음으로 시작되는 음절 앞에서 'ㄷ'으로 교체된 예이다. 이 책에 동사와 명사의 예가 각각 하나씩 보인다. (10ㄷ)은 음절말의 중자음 'ᄡ'이 자음으로 시작되는 음절 앞에서 대표음으로 교체 실현된 것이다. 모두 중화(中和) 현상을 반영한 표기이다. 이 문헌에서 여덟 종성 외에 다른 종성은 쓰이지 않았다.

3.10. 주격과 서술격 표기

『영험약초언해』에서 주격과 서술격은 선행 체언 말음의 음운론적 조건에 따라 그 기저형인 '이'와 '이-'의 교체형이 다른 언해서들과 대부분 동일(同一)한 양상으로 실현되었다. 주격조사는 '이, ㅣ, Ø'로 실현되었고, 서술격조사는 '이-, ㅣ-'로 실현되었다. 서술격조사에서 'Ø-'는 해당하는 어휘가 없어서 빈칸이다. 구결문과 언해문이 함께 있는 문헌 중에는 구결문과 언해문의 주격과 서술격 표기의 양상이 조금씩 다른 경우도 있는데, 구결문이 없는 이 책의 주격 및 서술격 표기 양상은 다른 15세기 문헌들과 대체로 일치한다. 하지만 고유어와 한자어에서 부분적으로 다른 예가 있다.

3.10.1.

주격조사의 표기는 '이, ㅣ, Ø'로 실현되었다. 다만, 한자로 적힌 경우 선행 체언의 말음이 / j / 인데도 주격조사 'ㅣ'가 나타난 예가 많이 보인다.

> (11) ㄱ. 이 : 한자어 – <u>觀世音菩薩이</u> 부텻긔 솔오샤디<1ㄱ>
> 　　　　　고유어 – <u>그리</u> 어즈러워 스디 아니ᄒᆞ노라<3ㄴ~4ㄱ>
> 　　ㄴ. ㅣ : 한자어 – 여러 <u>苦ㅣ</u> 업거늘<8ㄴ>
> 　　　　　고유어 – <u>:네</u> 이제 ᄌᆞ셰 드르라<17ㄱ>
> 　　ㄷ. Ø : 고유어 – 字句ㅅ <u>스싀</u> ᄯᅩ 重疊디 아니ᄒᆞ야<13ㄱ>
> 　　ㄹ. Ø→ㅣ : 한자어 – 모매 千手千眼이 다 ᄀᆞ자 <u>十方 大地ㅣ</u> 六種
> 　　　　　　　震動ᄒᆞ며<1ㄴ>, 그럴시 <u>毗盧遮那如來ㅣ</u> 法界智中을
> 　　　　　　　브트샤<7ㄴ>

위의 예에서 보는 바와 같이 주격조사는 대체로 '이, ㅣ, Ø'로 실현되었다. 그러나 체언이 한자로 적힌 경우에는 부분적으로 다른 양상을 보이기도 한다. (11ㄱ)은 종성이 있는 한자어와 고유어에 주격조사 '이'가 통합된 예이고, (11ㄴ)은 모음으로 끝난 한자어와 고유어 체언 다음에 주격조사 'ㅣ'가 통합된 예이다. (11ㄷ)은 체언 말음이 'i'인 고유어 다음에 'Ø'가 실현된 예이다. 당시의 일반적인 현상으로는 체언의 말음이 /i, j/일 경우에 주격조사는 'Ø'가 되나, 이 책에서는 한자로 적힌 체언에 한해 예외적으로 'ㅣ'가 실현되었다. (11ㄹ)이 바로 그러한 예에 해당된다. 한자로 적힌 체언의 말음이 /i, j/ 인데도 주격조사로 'ㅣ'가 실현된 것이다. 이런 현상은 『불정심다라니경언해』도 마찬가지다. 이 문헌에서 한자로 적힌 체언의 경우, 말음이 /i, j/ 일 때 주격조사로 'Ø'가 실현된 예는 보이지 않는다. 그럴 경우에도 모두 'ㅣ' 표기를 하였다.

이는 한자어와 한자어가 이어지는 문장일 경우, 한자 사이에 주격조

사 표시가 없으면, 주어와 다른 문장 성분과의 구분이 모호해져서 야기될 수 있는 혼란을 막기 위한 방안으로 보인다. 이 문헌에는 구결문이 없지만 구결문이 있었다면 그 구결문에 이런 표기가 이루어졌을 것으로 판단한다. 이 무렵에 간행된 책에서 볼 수 있는 현상이다.[26]

중세국어 시기에는 주격조사 통합에서 성조의 변화가 수반되는 경우가 있다. 체언이 평성이면 (11ㄴ)의 고유어 예처럼 주격조사 'ㅣ'와의 통합으로 성조(聲調)가 상성(上聲)으로 바뀌지만, 거성(去聲)이거나 상성이면 아무런 변화도 일어나지 않는다. 단독으로 쓰일 경우, 1인칭 대명사 '나[我]'는 거성이고, 2인칭 대명사 '너[汝]'는 평성이다. 이 문헌에서도 중세국어 시기의 다른 문헌에서 보이는 것과 같은 양상의 성조 변화를 볼 수 있다.

> (12) ㄱ. : 네(<너 + ㅣ)<17ㄱ> : 주격(상성)
>   (: 네 · 이 · 제 · ᄌ · 셰 드르 · 라)
>   ㄴ. · 내(< · 나 + ㅣ)<12ㄴ> : 주격(거성) / 내(< · 나 + ㅣ)<1ㄴ> :
>   속격(평성)
>   (· 내 반 · ᄃᆞ기 너 爲 · 윙 · ᄒᆞ · 야 / 내 모 · 매 千쳔手 : 슝千
>   쳔眼 : 안 · 을 나 · 게 · ᄒᆞ쇼셔)
>   ㄷ. 부 : 톄(부텨 + ㅣ)<6ㄱ> : 주격(상성)
>   (부 : 톄 니ᄅᆞ · 샤디 붓 · 그룸 : 업스 · 며)

(12ㄱ)의 '네'는 2인칭 대명사 평성인 '너[汝]'에 주격조사 'ㅣ'가 통합된 형태이다. 주격조사와 통합될 때는 성조가 상성으로 바뀌나, 속격조사와 통합 시에는 성조에 아무런 변동도 일어나지 않는다. 이 책에 2인칭이 속격으로

---

26) 이런 양상은 간경도감본 중 『금강경언해』(1464년)의 구결문에 나타나고, 이보다 나중에 간행된 『육조법보단경언해』(1496년)에는 구결문과 언해문 모두에서 공통적으로 나타난다. 『금강경언해』의 예에 대해서는 김무봉(1993 : 18~21) 참조, 『육조법보단경언해』의 예에 대해서는 김무봉(2006 : 31~32) 참조.

쓰인 예는 보이지 않는다. (12ㄴ)의 ‘·내[我]’는 단독형이 거성(去聲)이었으므로, 주격조사와의 통합에서 아무런 변화가 일어나지 않았다. 속격형인 경우에는 성조가 평성으로 바뀐다. (12ㄷ)의 ‘부:톄’는 ‘부텨[佛]＋ㅣ(주격조사)’ 통합형이다. ‘부텨’는 성조가 ‘평성＋평성’인데 주격조사나 서술격조사가 통합된 ‘부:톄’, ‘부:톄－’는 ‘평성＋상성’으로 성조의 변화가 수반된다.

3.10.2.

서술격조사도 음운론적 조건에 따른 교체가 주격조사와 같은 양상으로 나타난다. 이 책에 ‘－∅라’ 형은 보이지 않는다.

> (13) ㄱ. －이라 : 한자어 － 三十三千은 忉利天이라<14ㄴ>
> 　　　　　　　고유어 － 즁의 쓰논 거시라<3ㄴ>
> 　　ㄴ. －ㅣ라 : 한자어 － 일후미 善住ㅣ러니<14ㄴ>
> 　　　　　　　고유어 － 九十九億 恒沙 諸佛이 어엿비 너기시논 젼
> 　　　　　　　　　　　 초라<5ㄱ>

의존명사 ‘ᄃᆞ, ᄉᆞ’는 서술격조사와 통합할 때 체언의 ‘·’가 탈락되는데, 이 문헌에는 ‘ᄃᆞ’에 ‘ㅣ’가 통합된 한 예가 보인다. 이런 현상은 다른 불경언해서에서도 마찬가지다.

> (14) 思議 몯ᄒᆞ며 思議 몯홀디라<5ㄱ>

3.11. 음운 축약 및 생략 표기

이 책에서는 용언 어간 ‘ᄒᆞ－’가 무성자음 /ㄱ, ㄷ/ 등으로 시작되는 어미 ‘－디, －관ᄃᆡ, －거늘, －게’ 등과 통합하면 축약형이나 생략형으로

표기하였다.

　　(15) ㄱ. 通티<3ㄴ>, 受티<3ㄴ, 4ㄴ, 9ㄴ>, 害티<13ㄱ>
　　　　 ㄴ. 엇더콴더<9ㄱ>, 盛커늘<10ㄱ>, 아니케<12ㄴ>, 조케<16ㄴ>
　　　　 ㄷ. 利益게<1ㄴ>

　예문 (15)와 같은 현상은 『불정심다라니경언해』에서도 흔히 볼 수 있는 현상이다. 이러한 음운 현상의 반영이 부분적으로 다른 문헌에 보이지 않는 것은 아니지만, 두 문헌에 유독 용례가 많다. 독송(讀誦)을 중시하는 '다라니' 관련 문헌의 특성이 반영되었기 때문으로 본다. (15ㄷ)의 '利益게'는 '利益ᄒ게'에서 '–ᄒ–'가 생략된 것이다. 당시에는 무성자음 다음에 '–ᄒ–'가 오면 'ᄒ'를 생략 표기하는 경우가 종종 있었다.

3.12. 한자어의 정음 표기

　앞에서 밝힌 대로 이 책에는 한자어 기원의 어휘를 한자 없이 정음만으로 적은 예가 몇몇 보인다. 하지만 그 용례가 많지는 않다. 이 어휘들은 『석보상절』(1447년)을 비롯한 정음 초기 문헌에서부터 이미 정음으로 적혔던 것들이다. 일찍이 우리말화하여 한자어라는 인식이 엷었음을 보여 주는 예들이다. 그 목록을 보이면 다음과 같다.

　　(16) ㄱ. 샹녜(<常例)<2ㄱ, 4ㄱ>
　　　　 ㄴ. 잢간(<暫間)<2ㄱ>
　　　　 ㄷ. 편안(<便安)<7ㄱ>
　　　　 ㄹ. 원슈(<怨讐)<11ㄴ>

　예문 (16ㄱ)에 나오는 '샹녜'는 한자어 '상례(常例)'에서 온 말인데, 정음 초기 문헌부터 자음동화가 반영된 표기인 '샹녜'로 나타난다. '즶간'도 마찬가지다. (16ㄷ)의 '편안'은 현대어와 같은 표기인데 당시에 이미 정음으로 적었음을 알 수 있다.

3.13. 어휘

이 문헌에는 15세기 무렵에 간행된 다른 문헌에 잘 쓰이지 않은 어휘가 하나 있다.

> (17) 僧祇物은 施主의 뎌레 <u>자혼</u> 즁의 쓰는 거시라<3ㄴ>

'승기물(僧祇物)'에 대해 설명한 협주에 나오는 어휘인데, 지금까지 알려진 바가 없는 새로운 단어이다. '승기물(僧祇物)'은 '절에서 재물로 하는 물건'이니 '자(資)ᄒᆞ-+오(선어말어미)+ㄴ(관형사형어미)'으로 풀이하는 것이 어떨까 한다. '자혼'을 '자(資)ᄒᆞ-'의 활용형으로 본다면, 현대어의 '자(資)하-'에 '도움이 되다'의 의미가 있으므로, '시주(施主)가 절에 도움을 준' 정도의 뜻으로 풀이하는 것이 적절할 것이다. 따라서 문장의 뜻은 "승기물(僧祇物)은 시주(施主)가 절에 도움을 준, (곧) 중이 쓰는 것(물건)이다."라고 옮길 수 있지 않을까 한다.

3.14. 기타

이 책에는 용언과 용언의 결합인 '-아/어#잇-' 통합형이 더러 보인다. 용언과 용언의 통합으로 합성어를 형성한 예인데, (18ㄱ)은 비통사적 합성어, (18ㄴ)은 통사적 합성어이다.

(18ㄱ)은 통합과정에서 본용언의 연결어미 '-어'의 생략과 음운의 축약으로 형성된 비통사적 합성어이다. (18ㄴ)의 '*-엣-'은 과거시제 선어말어미 '-았/었-'으로 문법화하는 초기 단계의 모습이다.

(18) ㄱ. 내 秘密훈 法을 뒷노니<6ㄴ>
ㄴ. 내 아논 이리 업거니와 오직 隨求롤 가젯노이다<10ㄴ>

(18ㄱ)의 '뒷노니'는 '두었느니', 또는 '두고 있느니'로 풀 수 있을 것이다. '두-(어)[置]#잇/ㅅ-[有]+ㄴ(선어말어미)+오(선어말어미)+니(연결어미)'로 분석된다. '-ㅅ-'은 '-엣-(<-어#잇-)'의 형태론적으로 제약된 이형태이다. '-어#잇-/-(어)#ㅅ-'은 동작상 중 완료상으로 '완료된 동작의 지속'을 나타낸다. (18ㄴ)의 '가젯노이다'는 '가졌나이다' 또는 '가졌습니다'로 풀 수 있을 것이다. '가지-[帶]+어(연결어미)#잇-[有]+ㄴ(직설법 선어말어미)+오(선어말어미)+이(청자존대 선어말어미)+다(평서형 종결어미)'로 분석된다.

4. 맺는말

4.1.

지금까지 조선조 성종 16년(1485년)에 간행된 불교 관련 언해 문헌인 『영험약초언해』의 형태서지 및 국어사 자료로서의 가치 등에 대해 살펴보았다. 논의를 통해 이 책의 성격과 언어적 특성 등을 어느 정도 밝혔다고 본다.

'영험약초언해'는 『오대진언(五大眞言)』의 뒤쪽에 편철되어 있는 문헌이다. 원간본인 상원사본 계통의 책 중에 『영험약초언해』만 단행본으로 출판된 것은 없다. 이 논의에서는 원간본 『오대진언』 속에 편철되어 있는 '영험약초언해'를 대상으로 하였다. 비록 단행본 형태는 아니지만 여기서는 논의의 편의를 위해 단행본으로 다루었고, 표시에 있어서도 겹낫표를 썼다.

4.2.

논의한 내용을 요약하면 다음과 같다.

1) 이 책은 15세기에 간행된 다른 언해서들과는 많은 차이를 보인다. 다른 언해서들은 대체로 경(經)의 원문(原文)이나 경소(經疏)의 내용을 중심으로 단락(段落)을 짓고, 이어서 원문에 구결을 단 구결문(口訣文)을 둔 후 번역을 했다. 언해의 방법은 대역(對譯)의 형식을 취했다. 그런데 이 책에는 구결문이 없다. 앞쪽에 구결문 없이 한문으로 된 원문을 둔 후, 후기(後記)와 학조의 발문 2장 등을 편철하고, 그 뒤에 언해문을 별도로 두었다. 또한 원문(原文)이 있는 앞부분은 목판본(木版本)인데 비해, 언해문(諺解文)이 있는 뒷부분은 을해자(乙亥字)로 된 활자본이다. 발문 뒤에 편철되어 있는 언해문의 판심서명 역시 한문본과 같이 '五大'로 되어 있지만, 장차(張次)는 언해문의 경우 1장(張)부터 다시 시작하였다. 이로 미루어 언해본은 나중에 따로 번역하여 넣었음을 알 수 있다.

2) 『영험약초(靈驗略抄)』는 「대비심다라니(大悲心陀羅尼)」, 「수구즉득다라니(隨求卽得陀羅尼)」, 「대불정다라니(大佛頂陀羅尼)」, 「불정존승다라니(佛頂尊勝陀羅尼)」 등 네 편의 진언(眞言)을 대상으로 하여, 이 진언들이 나타낸 이적(異蹟)과 영험(靈驗)한 일들을 제시한 책이다. 『영험약초언해(靈驗略抄諺解)』는 네 편의 진언과 관련된 영험담(靈驗談)을 경전(經典)에서 가려 뽑아 먼저 한문으로 적은 후 이를 언해한 책인 것이다.

3) 이 책에는 비록 구결문이 없다고 하더라도 축자역(逐字譯), 곧 직역(直譯)의 범위를 벗어나지 않았다. 구결문을 전제(前提)한 번역의 글이어서 그렇게 된 것으로 판단한다. 언어 사실에서는 같은 해에 같은 체제로 간행된 책인 『불정심다라니경언해』와 더불어 15세기 후반 표기법의 특징을 보여 준다. 15세기에 간행된 다른 불경언해서들과 비교하여 어학적 특성, 특히 문장 구성 및 표기법 등을 살펴보았다.

4) 언해문은 중간 크기의 활자로 되어 있다. 정음과 한자가 모두 같은 크기의 중활자(中活字)이다. 한자음 역시 한자와 같은 크기의 중활자로 동국정운 한자음이 주음되어 있다. 이 책은 동국정운 한자음이 주음된 마지막 무렵의 문헌이 될 것이다. 한자 독음과 정음에는 점획(點劃)으로 방점이 찍혀 있다. 어려운 한자어나 불교용어에는 주(注)를 달아서 이해를 도왔다. '주(注)'의 위와 아래에는 흑어미(黑魚尾) 표시를 하여 일반 문장과 구분했다.

언해된 문장은 네 편 진언의 수지(受持)·독송(讀誦)을 권(勸)하는 내용으로 되어 있다. 책의 편찬자인 설화자(說話者)가 경전에서 필요한 부분을 가려 뽑아 제시한 글이어서, 경전에서 흔히 볼 수 있는 문체(文體)인 문답(問答) 형식의 대화체(對話體) 문장이 많다. 대화문이기 때문에 청자의 화계 등급에 따른 경어법의 구사가 활발한 편이다. 물론 의문문 형식도 보인다. 당연히 문장 종결형식은 설명법이나 추측법의 평서형과 의문형 종결형식으로 되어 있다. 따라서 추측법의 평서형 종결어미 '-ㅎ리라'의 출현이 빈번하다. 아울러 송습을 권장하면서 마땅히 그렇게 할 것을 요구해서 당위를 전제로 하는 원칙법의 평서형 종결어미 '-니라'의 쓰임도 많은 편이다.

4.3.

이 문헌은 성종 때인 15세기 후기 표기법의 특성을 보여 주는 책 중의 하나이다. 우리말 표기에서는 'ㅸ'과 'ㆆ'이 보이지 않고, 'ㅿ'과 'ㆁ'은 널리 쓰였다. 각자병서로는 'ㅆ, ㅉ' 사용의 예가 각각 하나씩 보인다. 사이글자는 'ㅅ'으로 통일되었다.

비록 일부에서의 예이기는 하지만 이 책이 보여 주는 정음 표기의 특징 중 하나는 한자어인 경우 이를 한자로 적지 않고 정음(正音)으로 쓴 어휘가 몇몇 보인다는 점이다. 이는 한자어라는 인식이 이때 벌써 엷어졌음을 보여 주는 것이다.

4.4.

『영험약초언해』는 한문 부분 9장, 언해문 부분이 18장에 지나지 않는 매우 짧은 문헌이다. 그럼에도 불구하고 조선 초기의 불교, 특히 진언(眞言)과 관련된 우리나라 불교문화의 한 면을 보여 주는 책이기도 하다. 비록 언해된 문어투 중심의 언어가 반영된 책이라고 하더라도, 15세기 후반 국어의 모습을 담고 있는 소중한 자료 중 하나이다.

15세기에 간행된 다른 '불경언해서들'과 비교하여 국어학적 특성, 특히 문장 구성 및 표기법 등을 살펴서 이 책의 국어사 자료로서의 가치를 밝혔다.

제12장 육조법보단경언해(六祖法寶壇經諺解)

1. 머리말

『육조법보단경언해』[1]는 당(唐)나라 시대에 재세(在世)했던 혜능선사(惠能禪師, 638~713년)[2]의 어록『六祖法寶壇經』에 정음으로 구결(口訣)을 달아서 번역·간행한 3권 3책의 목활자본(木活字本) 불경언해서이다.

한문본『육조법보단경』은 선종(禪宗)의 6대 조사 혜능선사가 소주(韶州)의 조계산(曹溪山) 대범사(大梵寺)에서 설법한 법문을 문인(門人)이 집록(集錄)

---

1) 『육조법보단경언해』는 언해본『육조법보단경』을 이른다. 관련 학계에서는 오래 전부터 언해본의 책명을 쓸 때 한문본 책명 다음에 '언해'를 이어 적는 방법을 써 왔다. 이 논의에서도 그 관행에 따라 한문본 책명 다음에 '언해'를 붙여서 쓸 것이다.

2) 혜능선사(惠能禪師, 638~713년)의 법명(法名) 한자 표기 '惠能'을 많은 논저에서 '慧能'이라 적고 있으나, 우리가 연구 대상으로 하고 있는『육조법보단경언해』에는 '惠能'이라 되어 있으므로 이 논의에서는 '惠能'을 쓰기로 한다. 언해본 상권의 두 번째 갈래에는 집록자(集錄者) 법해(法海)가 쓴 약서(略序)의 구결문과 언해문이 있는데, 구결문과 언해문의 맨 앞에 나오는 선사(禪師)에 대한 소개 '大師ㅅ 名은 惠能이오 父는 盧氏니 諱는 行瑫ㅣ라<서9ㄱ: 구결문>(大師ㅅ 일후믄 惠能이오 아비는 盧氏니 일후믄 行瑫ㅣ라<서9ㄴ: 언해문>/대사(大師)의 이름은 혜능(惠能)이고, 아버지는 노씨(盧氏)이니, 이름은 행도(行瑫)이다.<현대어역>)'라고 한 내용에 근거하여 이렇게 쓰기로 한 것이다. 또한 그 약서에는 법명을 '혜능(惠能)'이라고 하게 된 경위와 글자의 의미를 밝힌 내용도 있다. 그 의미를 소개하면 다음과 같다. "惠는 法으로 衆生을 줄시오 能은 能히 부텻 이를 지슬시라<서10ㄱ~10ㄴ>/혜(惠)는 진리[法]로 중생에게 주는 것이고, 능(能)은 능히 부처의 일[事]을 짓는 것이다.<현대어역>"

하여 조성한 것으로 알려져 있다.[3] 오늘날 10여 종의 이본(異本)이 전하는
데 최고본(最古本)은 돈황 석굴 발굴본이다.[4] 흔히 돈황본(敦煌本)으로 불리
는 이 책은 천여 년 동안 석굴에 비장(秘藏)되어 있다가 20세기에 발굴·
공개되었다. 비장 기간이 긴 만큼 뒷사람들의 첨삭을 면할 수 있어서 육
조대사 당대의 가르침을 가장 잘 전하고 있는 책으로 알려져 있다.[5] 책
의 맨 앞장과 뒷장에 비교적 길게 써 놓은 내제(內題)와 권미제(卷尾題)가
책의 성격, 설법자, 설법 장소 등을 알게 해 준다.

『육조법보단경』은 이본(異本)마다 갖은 이름이 조금씩 다른데, 대체로
'육조대사법보단경', '육조선사법보단경', '육조법보단경' 등으로 불린다.
줄인 이름은 '육조단경', '법보단경', '단경' 등이다. 이 논의의 텍스트인
원간본 『육조법보단경언해』 상권의 맨 앞에 장철되어 있는 '덕이서(德異
序)'에는 '六祖法寶壇經', 복각본인 하권 권말(85장 앞면)에는 '六祖禪師法寶
壇經', 판심서명은 모두 '壇經'이라 되어 있다.[6] 다만, '육조서 9장 앞면'
에 있는 집록자(集錄者) 법해(法海)가 쓴 약서(略序)의 제명은 '六祖大師法寶
壇經'이다.

이 경전은 선종의 종지적(宗旨的) 핵심을 담고 있어서 조계 선종을 표
방해 온 한국 불교에서 널리 유통되었던 듯하다. 13세기 초에 간행된 수
선사본(修禪社本, 1207년, 知訥의 跋 첨기) 이래 수차례에 걸쳐 인간(印刊)된 책

---

3) 한문본 『육조법보단경』의 집록자에 대해서는 '법해(法海)', '신회(神會)' 등의 인물이
    거론되고 있지만, 이 논의의 직접 주제가 아니므로 선행 연구를 소개하는 것으로 대
    신한다. 심재열(1976), 정성본(1989) 등의 논저들이 참고가 될 것이다.
4) 돈황 석굴 발굴본인 이른바 돈황본 『육조단경』에 대해서는 정성본(1989), 법성
    (1995) 등 참조. 영인과 편역은 퇴옹성철(1998) 참조.
5) 이 돈황본의 내제(內題)는 '南宗頓教 最上大乘摩訶般若波羅蜜經 六祖惠能大師 於韶州大
    梵寺 施法壇經一卷'이고, 권말(卷末)에 있는 권미제(卷尾題)에는 '南宗頓教 最上大乘壇
    經法一卷'이라고 되어 있다.
6) 이 논의에서는 갖은 이름인 경우 『육조법보단경』이라 하고, 줄여서 부를 때는 <단
    경>이라 할 것이다. 번역본인 『육조법보단경언해』를 줄여서 부를 때는 주로 <단경
    언해>라고 할 것이다.

과 기록이 전한다. 수선사본 이후에는 원(元)나라 승려 몽산(蒙山) 덕이(德異)[7]에 의해 교정·찬술(1290년)되어 고려에 전래(1298년)된 후, 이를 바탕으로 고려의 혜감국사(慧鑑國師) 만항(萬恒, 1249~1319년)이 간행(1300년)한 책인 이른바 '덕이본'이 만항(萬恒) 이후에도 지속적으로 중인(重印)되었다. 그런 영향 때문인지 오늘날 전하는 한문본 『육조법보단경』의 대부분은 '덕이본'이다. 『육조법보단경언해』도 이 덕이본을 저본으로 하고 있다.

현전하는 『육조법보단경언해』 중에는 간행과 관련된 기록을 가진 문헌이 없어서 간행 경위 전반에 대해 소상히 알기는 어렵다. 다만 같은 해에 간행된 『진언권공·삼단시식문언해』[8]의 권말에 붙어 있는 발문의 내용 대부분이 『육조법보단경언해』에 관련된 것이어서, 이 발문을 통해 언해본 간행의 경위를 짐작할 수 있다. 『육조법보단경언해』가 간행되었던 당시에는 동일한 발문을 같은 시기에 간행된 다른 문헌에도 사용한 예들이 있는 것으로 미루어 짐작하면, 『시식권공언해』에 있는 발문이 지금은 원간본이 전하지 않는 이 책 하권의 말미에도 있었을 가능성이 크다.[9] 우리는 『시식권공언해』의 발문을 통해 언해본 『육조법보단경』의

---

7) 몽산(蒙山) 덕이화상은 원(元)나라 세조(世祖) 때 활동했던 선승(禪僧)인데 정확한 생몰 연대(生沒年代)는 알려져 있지 않다. 속성(俗姓)은 노씨(盧氏)이며 1230년경 강서성(江西省) 여릉도(廬陵道)의 시양(時陽) 고안현(高安縣)에서 태어났다. 입적은 그가 1298년에 상인을 통해 고려 승려 만항(萬恒, 1249~1319년)에게 『육조대사법보단경』을 보낸 것으로 보아 그 이후인 1300년대 초반일 것으로 추정한다. 1231년에 태어나 1308년에 입적한 것으로 추정한 기록도 있다.
　출가 이후 '趙州無字'의 화두(話頭)로 입참(入參)하고 환산(皖山) 정응선사(正凝禪師) 등 여러 고승들로부터 가르침을 받았다. 나중에 정응(正凝)의 뒤를 이어 선종(禪宗) 5가(家)의 하나인 임제종(臨濟宗) 양기파(楊岐派)의 법맥을 이었다고 한다. 고려의 승려들과 교류가 빈번하여 그의 저술이 우리나라에 많이 남아 있다.
8) 이 책은 『진언권공언해』로 알려져 있으나 실제로는 『진언권공언해』와 『삼단시식문언해』의 합본이다. 이를 안병희(1978ㄴ)의 해제에서는 두 책의 판심제를 합한 '공양시식', 또는 원전 발문에 쓰인 이름인 '시식권공'으로 부를 것을 제안한 바 있다. 이후 국어학계에서는 원전 발문에 쓰인 '시식권공'으로 불러 왔으므로 이 논의에서도 그대로 사용한다. 안병희(1978ㄴ) 참조.
9) 동일한 사람에 의해 편찬된 책일 경우 같은 발문을 다른 간본에 사용한 예들로 미

간행 관여자, 발행 부수, 간행 시기, 편찬자 등 간행과 관련된 제반 사실
을 추정할 수 있다. 이 발문에 의하면 언해본 『육조법보단경』은 연산군
2년(弘治 9년, 1496년) 5월에 발문을 쓴 승려인 학조[10]가 인수대비의 명을
받아 이른바 '인경목활자(印經木活字)'[11]로 300부를 간행하여 나누어 주었
다는 것이다.

『육조법보단경언해』는 상·중·하 3권 3책으로 간행되었으나 오랫동안
하권의 출현이 없어서 그 전모를 알기가 어려웠고, 이로 인해 연구의 일부
에 공백이 생기기도 하는 등 아쉬운 점이 있었다. 그러던 중 1998년 남권
희 교수의 발굴로 하권 1책이 학계에 알려진 바 있다. 그런데 이 책이 현
전하는 상·중권과 같은 계통의 것이기는 하지만, 나중에 복각·간행된
중간본(重刊本)으로 앞에서 말한 발문을 가지고 있지는 않다. 비록 복각본(覆
刻本)이어서 원간본의 간행과 관련된 기록을 확인할 수는 없으나, 이 하권
의 출현으로 우리는 『육조법보단경언해』 3권 전체의 면모를 살펴볼 수 있
게 되었다. 소중한 문화유산의 발굴이라는 차원에서도 그렇지만, 이 방면
연구의 진일보를 위한 전기가 마련되었다는 점에서 다행스러운 일이다.

지금까지의 연구에 의해 『육조법보단경언해』는 인경목활자로 조성된
15세기 마지막 불전언해서임이 드러났고, 편찬은 당대의 고승인 '학조(學
祖)'에 의해 이루어졌음이 밝혀졌다.[12] 그리고 비록 단편적이기는 하지만

루어 하권 완본이 발굴되면 그 말미에 같은 종류의 발문이 들어 있을 것으로 추정
하였으나, 이후 발굴·소개된 하권 1책이 후대에 복각된 중간본이어서 현재로서는
확인이 되지 않는다. 하지만 <단경> 언해본의 간행 경위 등을 아는 데는 『시식권공
언해』의 발문만 가지고도 별 문제가 없다. 『시식권공언해』의 발문과 관련된 사항은
후술할 것이다. 이 책의 본문 맨 뒤에 『시식권공언해』의 발문을 번역하여 원문과 함
께 실어 두었다.

10) 후술하겠지만 당대의 고승인 '학조(學祖)'임이 뚜렷하게 드러난다. 앞의 논의인 안
병희(1978ㄴ) 참조.

11) 천혜봉(1965) 참조.

12) 천혜봉(1965), 안병희(1978ㄴ) 등 참조.

국어사적 고찰도 웬만큼 성과를 거두었다고 본다.[13] 이 논의는 이러한 선행 연구의 토대 위에서 한문본『육조법보단경』의 성격, 언해본의 간행 경위 및 서지사항 그리고 국어학적 특징을 전반적이고도 깊이 있게 살피는 데 목적이 있다.

2. 한문본『육조법보단경』

『육조법보단경』은 혜능(惠能)이 문인들에게 설법했던 법문을 그의 문하 제자인 법해(法海)가 집록(集錄)한 것이다.[14] '법보(法寶)'는 불타(佛陀)의 진리를 이르고, '경전(經典)'은 불타의 가르침을 기록한 것이므로, 엄밀한 의미에서 혜능선사의 단어(壇語)[15]를 '법보단경'이라 부르는 데는 다소 무리가 따른다.[16] 오히려 '법어집', 또는 '어록'이라고 부르는 것이 적확한 명칭일 것이다. 게다가 이 경전의 찬술이 중국에서 이루어졌으므로 굳이 성격을 밝히자면 위경(僞經)에 해당된다. 그럼에도 불구하고 이 어록을 오랫동안 '법보단경'이라 부르고 받들어 온 이유는 무엇일까.

이는 이 어록에 실려 전하는 혜능의 가르침이 중국 불교 선종의 근본을 이루고 있기 때문일 것이다. 곧 선사가 천명한 남종 돈교의 선지(禪旨)가 원돈교인 '最上乘般若波羅蜜經'의 뜻과 다름이 없어서 그렇게 부른 것이다.[17] 좀 더 풀어서 말하면 이 어록에 담긴 혜능의 자서전적 일대기와

---

13) 김동소(2000ㄴ), 김양원(2000) 등 참조
14) 『육조법보단경』의 집록자에 대해서는 여러 이견이 있다. 하지만 현전하는 이본들과 선행 연구들을 검토해 보면 혜능의 고족제자(高足弟子)인 '법해(法海)'라는 설이 가장 타당해 보인다. 심재열(1976) 참조.
15) '단(壇)'은 '계단(戒壇)'을 의미하므로 '단어(壇語)'는 출가자와 재가자들을 위해 개설한 '보살계단(菩薩戒壇)'에서의 '수계설법(受戒說法)'을 가리키는 말이다. 정성본(1989) 참조.
16) 정병조(1978) 참조.

강설(講說)한 선(禪)의 요체(要諦)가 그 내용으로 인해 한국·중국·일본 등지에서 경전과 같은 존숭을 받았고, 이러한 선종의 진리를 후인들이 높이 받들어 모신다는 뜻에서 그렇게 불러 왔던 듯하다. 이는 '혜능선사(惠能禪師)'를 '성위(聖位)의 조사(祖師)'로 받들고, '법보단경'을 '남종(南宗) 돈교(頓敎)의 종지(宗旨)를 설한 성전(聖典)'으로 예우하는 일단을 보인 것이다.[18]

『육조법보단경』의 요체는 '무상계(無相戒)'와 '마하반야바라밀법(摩訶般若波羅蜜法)'이다. 풀어서 설명하면 "첫째, 마음을 찾아 밝힌 자성정(自性定), 자성혜(自性慧)와 그 수행법을 통해 생각을 여읜 무념(無念)을 종(宗)으로 삼는다. 둘째, 일체의 현상을 초월한 무상(無相)으로 체(體)를 삼는다. 셋째, 좋고 나쁜 데 집착하지 않는 무주(無住)로 근본(根本)을 삼는다."[19]는 등의 뜻으로 요약할 수 있을 것이다. 이 가르침이 선종의 핵심을 이루고 있는 까닭에 지금까지 『육조법보단경』이 선종의 최고 경전으로 존중되고, 널리 유통될 수 있었던 것이 아닐까 한다.[20]

『육조법보단경』은 최고본(最古本)인 돈황본을 비롯하여 10여 종의 이본(異本)이 현전한다. 하지만 크게는 돈황본(敦煌本) 계통, 혜흔본(惠昕本) 계통, 설숭본(契嵩本) 계통으로 나뉜다. 각 이본들은 큰 요체에서는 별 차이가 없으나 전승의 계보에 따라 달라진 듯 품(品)의 분단(分段)이나 표현 방법, 세부 내용 등에서는 다소의 차이가 보인다.

이본들을 간략하게 소개하면 다음과 같다.[21]

---

17) 법성(1995) 참조.
18) 정성본(1989) 참조.
19) 심재열(1976) 참조.
20) 『육조법보단경』의 편찬 경위, 내용, 편찬 인물 등에 대해서는 광덕(1975), 심재열(1976), 정병조(1978), 대한전통불교연구원(1989), 법성(1995), 청화(2003) 등을 참고하였다.
21) 『육조법보단경』의 이본들에 대해서는 앞의 주 20)에서 제시한 책들이 도움이 되었다. 특히 법성(1995)의 설명에 기댄 바 크다. 이본들 간의 차이를 구체적으로 제시하고 비교한 것으로는 심재열(1976) 참조.

1) 돈황본(敦煌本)

현전 최고본이다. 8세기 중엽경에 조성된 것으로 추정한다. 현재는 영국의 대영박물관에 소장되어 있다. 이 책의 내제는 앞에서 이미 언급한 대로 '南宗頓敎 最上大乘摩訶般若波羅蜜經 六祖惠能大師 於韶州大梵寺 施法壇經一卷(남종돈교 최상대승마하반야바라밀경 육조혜능대사 어소주대범사 시법단경일권)'이라 되어 있어서 <단경>의 성격과 설법자, 설법 장소 등을 알게 해 준다. 이런 제명은 돈황본에만 있다. <단경>의 초기(初期) 형태를 충실하게 전하는 것으로 보인다. 내제 옆에 나란히 '兼受無相戒 弘法弟子 法海集記(겸수무상계 홍법제자 법해집기)'라 하여 집록자의 이름이 부기되어 있는 점도 마찬가지다. 이 돈황본을 계승한 같은 계통의 이본 수종이 전한다.

2) 혜흔본(惠昕本)

원본은 오늘날 전하지 않고 흥성사본(興聖寺本)에 붙어 있는 혜흔의 서문에 의해 책의 간행지 및 간행 연대를 알 수 있다. 중국 송(宋)나라 건덕(乾德) 5년(967년)에 혜흔이 광서성(廣西省)의 나수산(羅秀山) 사영탑원(思迎塔院)에서 간행한 것이다. <단경> 저본을 두 권으로 나누고 내용을 11문으로 분단하여 찬술했다. 항목을 나눈 대강은 흥성사본과 대승사본으로 이어진다.

2-1) 흥성사본(興聖寺本)

일본 경도의 임제종 사찰인 흥성사(興聖寺)에 전해져 있는 일본 최고(最古)의 오산판본(五山版本)이다. 표제는 물론 내제와 권미제 모두 '육조단경'이다. 책의 말미에 '法海-志道-彼岸-悟眞-圓會'로 이어지는 <단경> 전수의 계보가 적혀 있다.

2-2) 대승사본(大乘寺本)

일본 이시카와현[石川縣] 가나자와시[金澤市]의 조동종 사찰인 대승사(大乘寺)에 소장되어 있는 판본이다. '도원서대승본(道元書大乘本)'이라고도 한다. 표제는 '韶州曹溪山六祖師壇經'이다. 권말에 '도원서(道元書)'라고 적힌 것으로 보아 '영평도원선사(永平道元禪師)' 계열 보관본인 듯하다. 혜흔본 계통이지만 '서천조통설' 등에 관해서는 홍성사본과 달리 서천 28조설을 취하고 있다.

3) 설숭본(契崇本)

덕이본(德異本)과 종보본(宗寶本)의 모본(模本, 母本)이 되는 판본이나 원본은 전하지 않는 듯하다. 송나라 인종 때의 이부시랑 낭간(郎簡)의 '육조법보기서'(1056년)에 의해 알려진 판본이다. 당시의 <단경>이 첨삭이 심해서 '단경찬'을 지은 설숭(契崇, 1007~1072년)에게 정정을 의뢰하니 설숭이 2년만에 '조계고본(曹溪古本)'을 얻어 이를 교정하여 3권으로 간행한 책이다.

3-1) 덕이본(德異本)

고려조 이후 우리나라에서 널리 유통되었다. 원나라의 고균비구(古筠比丘) 덕이(德異)에 의해 지원(至元) 27년(1290년) 교정된 판본이다. 전체를 10장(章)으로 나누었다. 내제는 '六祖大師法寶壇經'이고, 권미제는 '六祖禪師法寶壇經'이다. 책의 맨앞에 덕이(德異)의 서문(序文)이 있고, 이어서 법해(法海)의 약서(略序)가 나온다. 고려 충숙왕 3년(延祐 3년, 1316년) 간본(刊本)이 많이 유통되어 흔히 '고려연우병진본(高麗延祐丙辰本)'이라고도 부르기도 한다. 앞에서 말한 대로『육조법보단경언해』의 저본이다.

3-2) 종보본(宗寶本)

덕이본과 같은 설숭본 계통이다. 원나라 지원(至元) 28년(1291년) 남해풍
번보은광효사(南海風幡報恩光孝寺)의 종보(宗寶)에 의해 편찬되었다. 표제, 내
제, 권미제가 모두 '六祖大師法寶壇經'이다. 10장(章) 1권(卷)이지만 장의
이름과 편제가 덕이본과는 다소 차이가 있다.

위의 여러 판본 중 언해본 『육조법보단경』의 저본인 덕이본은 다음과
같이 구성되어 있다.

오법전의(悟法傳衣)	제일(第一)	[법을 깨닫고 법의를 받다]
석공덕정토(釋功德淨土)	제이(第二)	[공덕과 정토를 밝히다(풀어 말하다)]
정혜일체(定慧一體)	제삼(第三)	[정(定)과 혜(慧)는 일체임을 밝히다]
교수좌선(教授坐禪)	제사(第四)	[좌선이 무엇인가를 가르치다]
전향참회(傳香懺悔)	제오(第五)	[오분향과 참회법을 전하다]
참청기연(參請機緣)	제육(第六)	[제자들의 참청(參請)한 기연을 적다]
남돈북점(南頓北漸)	제칠(第七)	[남돈과 북점의 같고 다른 점을 밝히다]
당조징조(唐朝徵詔)	제팔(第八)	[당조에서 초청하다]
법문대시(法門對示)	제구(第九)	[법문을 대(對)로 보이다]
부촉유통(付囑流通)	제십(第十)	[유통을 부촉하다]

3. 언해본 『육조법보단경』

3.1. 간행 경위

『육조법보단경언해』는 연산군 2년(弘治 9년, 1496년) 5월에 인수대왕대비
(仁粹大王大妃)의 명을 받은 승려 학조에 의해 이른바 '인경목활자(印經木活字)'

로 간행되었다. 앞에서 이미 언급한 대로 이러한 사실은 같은 해에 간행된 것으로 보이는 『시식권공언해』의 권말 발문(跋文)에 의해 확인된다.22) 한편 발문에 나와 있지는 않지만 현전하는 문헌과 그 내용에 의해 『육조법보단경언해』는 모두 3권 3책으로 간행된 불전언해서임을 알 수 있다. 『시식권공언해』 발문의 내용은 대부분 『육조법보단경언해』와 관련된 것이고, 정작 『시식권공언해』에 대한 내용은 2행 반 정도에 지나지 않는다. 이 중 『육조법보단경언해』, 『시식권공언해』와 직접 관련된 내용을 보이면 다음과 같다. 이 책의 본문 맨 뒤에 원문 전체를 그대로 옮기고, 번역을 해서 실어 놓았다. 동학(同學)들의 관련 연구에 참고가 되었으면 한다.

> … 若六祖大鑑禪師, 言簡理豐, 祖席中卓然傑出, 故古人稱語錄爲經者, 良有以也. 我仁粹大王大妃殿下, … 所以命僧, 以國語翻譯『六祖壇經』, 刊造木字, 印出三百件, 頒施當世, 流傳諸後, … 且『施食』·『勸供』, … 詳校得正, 印出四百件, 頒施中外焉. 弘治九年 夏五月 日 跋
>
> (… 육조대감선사(六祖大鑑禪師)는 말씀이 간명하면서도 담긴 이치는 풍성하여 여러 조사들 가운데서도 우뚝하게 뛰어나시니, 옛사람들이 그 '어록(語錄)'을 일컬어 '경(經)'이라 한 것은 참으로 이유가 있었던 것이다.
>
> 우리 인수대왕대비전하(소혜왕후)께서는 … 그리하여 승려에게 명하시어 『육조단경』을 우리말로 번역하고 목활자를 제작하여 300건을 인출하도록 하셨다. 그리고 세상에 반포하여 후세에 전하니, … 또한 『시식(施食)』과 『권공(勸供)』은 … 때문에 상세히 교감하고 바로잡아 400건을 인출하여 나라 안팎에 반포하는 바이다. 홍치(弘治) 9년(1496년) 여름 5월 일, 발문을 쓰다.)

---

22) 동일한 발문을 같은 시기에 간행된 다른 문헌에도 사용한 예에 대해서는 안병희 (1978ㄴ) 참조.
   이 책의 본문 맨 뒤에 실려 있는 『원각경언해』와 『몽산화상법어약록언해』의 김수온 발문(성종 3년, 1472), 『금강경삼가해』와 『남명집언해』의 한계희·강희맹 발문 (성종 13년, 1482), 『선종영가집언해』, 『반야심경언해』, 『금강경언해』의 학조 발문 (연산군 1년, 1495) 등이 그 좋은 예이다. 이 발문들을 통해 우리는 동일한 발문이 같은 시기에 같은 절차를 거쳐서 간행된 여러 문헌에 함께 첨부된 사실을 확인할 수 있다. 다만 책에 따라 판식이 다른 경우는 있다.

위와 같이 『육조법보단경언해』는 『시식권공언해』를 집필하고 편찬했던 바로 그 승려에 의해 300건(件)[23]으로 인간(印刊)된 책임을 알 수 있다. 발문의 간기에 나온 대로 인출 시기는 연산군 2년(1496년)이다. 그런데 문제는 발문 작성자, 곧 책 편찬자가 명기(明記)되어 있지 않은 점인데, 이는 비슷한 시기에 중간(重刊)되어 나온 간경도감(刊經都監) 후쇄본(後刷本) 책들에서 흔히 볼 수 있는 구결(口訣) 작성자와 역자(譯者) 기명행(記名行)의 삭제와 관련이 있는 듯하다. 바로 당시의 시대 상황 때문으로 생각된다. 특히 연산군 2년은 유신(儒臣)들의 척불(斥佛) 분위기가 가장 고조된 때이다.[24] 이런 분위기 속에서 대왕대비인 소혜왕후 외에 간행 관련자들의 노출을 가능한 한 피하기 위한 방편으로 그렇게 한 듯하다. 이런 이유로 발문 작성자가 빠져 있으나 훈민정음 창제 이후 불전의 언해, 곧 간경 사업에 관여했던 승려 중 연산군 당시까지 생존하여 인수대왕대비(仁粹大王大妃), 정현왕대비(貞顯王大妃)와 함께 '인경목활자'의 조성 등 간경 불사 활동을 했던 승려는 '학조(學祖)'뿐이다. 실제로 '학조'는 『육조법보단경언해』 간행 바로 전 해인 연산군 1년에는 선왕(先王)인 성종(成宗)의 명복을 빌기 위해 성종의 계비인 정현왕대비가 내탕(內帑)을 내어 만든, 『선종영가집언해』, 『금강경언해』, 『반야심경언해』 등 간경도감(刊經都監) 후쇄본 인출의 간경 불사를 주도하고 '인경목활자(印經木活字)'로 발문을 쓴 적

---

23) 발문에 '삼백 건(三百件)'이라고 표현한 것은 이 문헌이 3권 3책으로 되어 있기 때문이다. '한 질'이라는 단위가 바로 '한 건'인 셈이다. 당시에 인간(印刊)된 책들은 어떤 간본이건 자양(字樣)이 큰 편이어서 한 문헌을 여러 책권으로 나누어 인출할 수밖에 없었다. 따라서 한 건(件)에 해당하는 책권은 단권(單卷)인 『몽산화상법어약록언해』부터 25권(卷)인 『월인석보』에 이를 정도로 차이가 컸다. 이런 실정이다 보니 계수(計數)의 편의를 위해 '한 질(帙)'을 '한 건(件)'으로 불렀을 것으로 본다.

24) -(임금이) 승정원(承政院)에 어서(御書)를 내려서 이르기를, "… 나의 뜻에 맞추어 공자의 도를 일으키고 불씨(佛氏)의 교를 쇠하게 하라."라고 하였다. (下御書于政院日 … 使副予意 興孔氏之道 衰佛氏之敎) - <연산군일기 14권 23장, 연산군 2년(1496년) 4월 11일 戊子條>

이 있다. 이로 미루어『시식권공언해』,『육조법보단경언해』의 발문을 작성하고 두 책을 편찬한 승려는 '학조'일 수밖에 없다.25)

앞에서『육조법보단경언해』의 활자를 '인경목활자'라고 했는데 이 용어는 천혜봉(1965)에서 처음 사용한 이래 학계에서 통용되고 있다. 이 활자로 만들어진 문헌 중 현전하는 것은 한문본인『천지명양수륙잡문(天地冥陽水陸雜文)』(일본 天理大學 소장)과 언해본인『시식권공』과『육조법보단경』등이다. 한문본과 언해본의 간행이 모두 같은 해인데, 간기에 의하면 한문본은 3월, 언해본은 5월에 간행되어 한문본이 2개월 정도 앞선다. 이를 안병희(1978ㄴ)에서는 언해본을 조성하기 위한 한글 목활자의 제작과 언해에 소요된 시간 때문으로 해석한 바 있다.26) '인경목활자본'은 활자(活字)가 미려(美麗)하고 정교(精巧)하다. 인쇄된 지면의 상태를 보면 묵색의 착색 정도가 비교적 양호하여 읽기에도 불편함이 덜하다. 곧 가독성(可讀性)이 높다. 다만 같은 글자라도 자획의 크기가 서로 다르고, 인쇄된 묵색의 농담(濃淡)에 다소간 차이가 있을 뿐이다. 네 귀퉁이[사우(四隅)]에 공극(空隙)이 있어서 활자본임을 짐작하게 하고, 칼로 깎아 낸 듯한 흔적이 목활자본임을 확인시켜 준다.

『육조법보단경언해』는 모두 3권 3책으로 간행되었으나 최근까지 상권과 중권 두 책만이 전해져서 그 전모를 알기가 어려웠다. 그러던 중 다행스럽게도 1998년 남권희 교수에 의해 하권 1책이 발굴·소개되어 학계의 관심을 모은 바 있다. 그러나 이 책은 원간본 간행 후 55년이 지난 1551년(嘉靖 30년, 명종 6년)에 원간본을 판밑으로 하여 뒤집어 새긴 복각본(覆刻本)

---

25) 이에 대해서는 천혜봉(1965), 안병희(1978ㄴ) 참조.

이 활자는 1495년(연산군 1년)에 간경도감 간행 불전언해본의 후쇄본 책들인『선종영가집언해』등의 '학조발(學祖跋)'이나『진언권공언해』,『육조법보단경언해』등과 같은 불전의 간행에만 사용되어 '인경목활자'로 명명(命名)된 것이다.

26) 안병희(1978ㄴ) 참조.

인 데에다 기대했던 발문이 없었다. 이 점 아쉬움이 크다. 하지만 비록 초간의 발문을 가지고 있지 않은 번각본이라고 하더라도, 방점 표기 등 일부 정밀을 요하는 표기를 제외하면 언어 사실은 원간본 그대로여서『육조법보단경언해』의 전모를 알 수 있게 되었다. 2000년에는 남권희 교수가 해제를 쓰고, 김동소 교수가 국어학적인 고찰을 하여 영인본을 내놓았다.27) 이로써『육조법보단경언해』의 전면적인 연구가 가능해진 것이다.

3.2. 서지사항

『육조법보단경언해』는 남아 있는 책이 드문 편이다. 특히 하권은 앞에서 언급한 복각본 1권만이 전해질 뿐이다. 한문본의 조성과 유통이 매우 활발했던 것에 비해 상대적으로 언해본의 인간(印刊)과 유통은 극히 한정적이었다. 우리가 텍스트로 하고 있는 '인경목활자본' 외에 조선 후기에 만들어진 필사본 1권이 더 있을 뿐 다른 책은 보기 어렵다. 필사본은 1844년에 60장 분량으로 간행되었고, 제명은 '언히뉵조대ᄉ법보단경'이다. 현재는 국립도서관에 소장되어 있다.

　현전하는 책들을 정리하면 다음과 같다.28)

　　　[원간본]
　　　권상 : 서울대학교 규장각 일사문고(고귀 294.34 - H995u) - 103장 뒷면

---

27) 남권희 교수의 해제와 김동소 교수의 정치한 논의는 하권 연구에 많은 도움이 된다. 남권희(2000), 김동소(2000ㄱ, 2000ㄴ) 참조. 김동소 교수는 이 영인본에 실려 있는 '국어학적 고찰'을 일부 고쳐서 같은 해에 발행된『국어학』35집에 재수록하였다. 본고에서는 서지사항과 관련된 논의는 영인본의 '국어학적 연구'를, 언어와 관련된 논의는『국어학』35집의 논의를 참고하였다. 그 구분은 발행 시기에 따라 전자를 '2000ㄱ'으로, 후자를 '2000ㄴ'으로 한다.
28)『육조법보단경언해』의 소장과 관련해서는 다음의 책들이 참고가 된다. 안병희(1979), 김영배 · 김무봉(1998), 박종국(2003), 한국어세계화재단(2004).

낙장, 산기문고, 성암고서 박물관, 호암미술관, 고 이동림 소장
권중 : 산기문고, 호암미술관, 이승욱, 고 이동림 소장

[중간본]
권중(복각본) : 대구 개인 소장
권하(복각본) : 대구 개인 소장

이미 앞에서 논의한 대로 원간본인 상권과 중권은 『시식권공언해』에 첨부되어 있는 발문을 통해 간행과 관련된 사항을 알 수 있고, 중간본(복각본)인 하권은 책 뒤에 있는 간기(刊記)에 중간(重刊) 간행 시기, 간행지, 각수(刻手)를 비롯하여 간행 관여자 등이 드러난다. 하권의 마지막 면인 91장 뒷면에 '嘉靖三十年 辛亥 暮春日 全州府地 淸□山 圓岩寺開板'이라는 기록이 그것이다. 이 책이 명종 6년(1551년)에 전주부 원암사에서 복각된 책이라는 사실을 전해 준다.29)

위의 현전본 중 영인·공개되어 연구자들이 이용하고 있는 책은 아래와 같다.

권상(원간본, 일사문고본)
국어학 자료선집Ⅱ, 국어학회편, 일조각(1975),
간략 해제 : 있음, 영인 내용 : 본문 1~30장
홍문각(1983), 영인 내용 : 전체, 해제 : 없음

권중(원간본, 이겸로 소장본)
인하대 인문과학연구소, 인하대 출판부(1976),

---

29) 원암사가 자리잡고 있던 산에 대해서는 다소 이견이 있다. 영인본에는 해당 글자가 비어 있어서 '淸□山'인데, 남권희 교수의 해제와 김동소 교수의 국어학적 연구(2000ㄱ)에는 '淸溪山'이라 되어 있다. 김양원(2000)에서는 『신증동국여지승람』 33권 14장과 관련 문헌의 기록을 바탕으로 하여 '淸凉山'으로 교정하였다. 필자가 확인한 불교 관련 기록(記錄)에 의하면 전주부(全州府)의 '원암사'가 있었던 곳은 '청량산(淸凉山)'이다.

　해제 : 남광우, 영인 내용 : 전체

　홍문각(1992), 해제 : 홍윤표, 영인 내용 : 전체

권하(중간본/복각본, 개인소장본)

　홍문각(2000), 서지사항 : 남권희,

　국어학적 연구 : 김동소, 영인 내용 : 전체

상·중·하 3권의 형태서지는 다음과 같다.[30] 상·중권은 고 이동림 소장본을 대상으로 하고, 하권은 현전 유일본인 복각본을 대상으로 한다.

<상·중권>

책크기 : 31.3cm × 20.6cm

제　명 : 상권은 서외제와 내제 없이 첫 장의 제1행에 '六祖法寶壇經序' 라고 되어 있고, 중권은 표지 다음의 첫장 1행에 바로 장명(章名)인 '定慧一體 第三'이 나온다.

판심제 : 壇經上, 壇經中

반　곽 : 24.2cm × 15cm

판　식 : 사주단변[활자본이어서 사우(四隅)에 공극(空隙)이 있음]

판　심 : 상하 대흑구, 상하 내향흑어미.

행　관 : 유계 8행 본문 17자

　　　　언해문 : 16자

　　　　협　주 : 작은 글자 쌍행 16자

　　　　정음구결 : 방점 없이 작은 글자 쌍행

<하권>

책크기 : 26.5cm × 20cm

제　명 : 소장자가 최근에 개장한 뒤 서외제를 '壇經下'라 하고 오른쪽 에 묵서로 '嘉靖 三十年 辛亥'라 써 놓았다.

판심제 : 壇經下

―――――――――

30) 하권은 실사하지 못하여 영인본과 남권희(2000)을 참고하였다.

반　곽 : 24cm × 16cm
판　식 : 사주단변(복각본이어서 四隅에 空隙은 없음)
판　심 : 상하대흑구, 상하내향흑어미
행　관 : 유계 8행 본문 17자
　　　　언해문 : 16자
　　　　협　주 : 작은 글자 쌍행 16자
　　　　정음구결 : 방점 없이 작은 글자 쌍행(계선이 있으나 뚜렷하지
　　　　　　　　　않음)

　　언해 양식은 경(經) 본문을 분단(分段)하여 정음 작은 글자 두 줄로 구결
을 달고 언해문을 두었다. 언해문은 한 글자 공란을 두고 시작했다. 원문
의 정음구결은 원문이 끝난 바로 밑 오른쪽 줄 아래부터 작은 글자 두
줄로 적었으나 방점은 두지 않았다. 언해문의 한자에는 오른쪽 아래에
한자와 같은 크기의 글자로 독음을 달고 방점을 찍었다. 그런데 특기할
만한 점은 한자의 주음(注音)이 당시까지 관판본 문헌에 주로 쓰이던 이
른바 동국정운 한자음이 아니고, 당시에 실제 발음되던 현실 한자음이라
는 사실이다. 이 책의 간행 이전에도 단편적으로 현실 한자음이 쓰이지
않았던 것은 아니지만, 이 문헌에서는 전면적으로 시행되었다. 언해문의
중간에 설명이 필요한 한자어나 불교용어가 나올 경우에는 작은 글자 쌍
행으로 협주를 두되, 아무런 표시가 없이 삽입했다. 해설 부분과 하권의
수탑사문(守塔沙門) 영도(令韜)의 후기도 작은 글자 쌍행으로 되어 있다.
　　『육조법보단경언해』 상·중·하 3권에 실려 있는 내용을 정리하면 다
음과 같다.

　　상권 : 서문 24장 (1ㄱ~24ㄴ)
　　　　　오법전의 제1(悟法傳衣 第一) 83장 (1ㄱ~83ㄴ2행)
　　　　　석공덕정토 제2(釋功德淨土 第二) 20장 (83ㄴ3행~103ㄱ, 103ㄴ 훼손)

중권 : 정혜일체 제3(定慧一體 第三) 13장 (1ㄱ~13ㄴ6행)

　　　　교수좌선 제4(敎授坐禪 第四) 5장 (13ㄴ7행~18ㄴ6행)

　　　　전향참회 제5(傳香懺悔 第五) 30장 (18ㄴ7행~48ㄴ3행)

　　　　참청기연 제6(參請機緣 第六) 64장 (48ㄴ4행~111ㄱ, 이하 한두

　　　　장 낙장)

하권 : 남돈북점 제7(南頓北漸 第七) 30장 (1ㄱ~30ㄴ4행)

　　　　당조징조 제8(唐朝徵詔 第八) 11장 (30ㄴ5행~40ㄴ5행)

　　　　법문대시 제9(法門對示 第九) 12장 (40ㄴ6행~52ㄱ7행)

　　　　부촉유통 제10(付囑流通 第十) 34장 (52ㄱ8행~85ㄱ, 85ㄴ : 공백)

　　　　후기(後記) 6장 (86ㄱ~91ㄴ3행)

　　　　간기(刊記) 및 각수질(刻手秩) 5행 (91ㄴ4행~91ㄴ8행)

4. 어학적 고찰

4.1.

　『육조법보단경언해』는 훈민정음이 창제·반포되고 정확히 50년 후에 만들어진 불전언해서이다. 이 책은 인수대왕대비의 주도 아래 왕실의 내탕(內帑)으로 간행되어서 관판본의 성격을 띤다. 하지만 반세기라는 시간의 경과가 반영된 듯, 정음 창제 초기에 간행된 관판 언해본들[31]과 비교하면 표기 등 몇몇 예에서 변화된 모습을 보인다. 이는 시간의 경과에 따른 음운 변화 등을 반영한 것이기도 하겠지만, 표기원칙 같은 어떤 인위적인 기준의 변화가 더 강하게 작용했기 때문이 아닐까 한다.

---

31) 여기서 이르는 '정음 창제 초기의 관판 언해본'은 『석보상절』 등의 초기 문헌부터 간경도감 간행의 언해본까지를 말한다.

우선 초기 문헌에 등장하는 '병, ᅙ' 등의 문자가 쓰이지 않고, 『원각경언해』(1465년) 이후 간행된 다른 정음문헌에서처럼32) 각자병서(各自竝書) 표기가 이 책에도 보이지 않는다는 사실을 들 수 있다. 실제로는 『원각경언해』 이후에 간행된 문헌인 『내훈언해』(1475년), 『두시언해』(1481년), 『불정심다라니경언해』(1485년), 『영험약초언해』(1485년) 등의 책과 『육조법보단경언해』 이후에 간행된 책인 『개간 법화경언해』(1500년), 『속삼강행실도』(1514년), 『번역노걸대』·『번역박통사』(1517년 이전) 등의 문헌에는 각자병서(各自竝書) 중 'ㅆ'이 보이는데, 1496년에 간행된 책인 『육조법보단경언해』에는 예외 없이 'ㅅ'으로만 나타난다. 합용병서(合用竝書)는 앞 시대와 같이 쓰였다.

종성은 8종성에 의한 표기가 대체로 지켜졌으나 'ᅀ'이 쓰인 예가 있고, 체언의 음절말 자음 중 유성자음 'ㄴ, ㄹ, ㅁ, ㆁ'은 모음으로 시작되는 조사와 통합될 때 『월인천강지곡』(1447년)에서처럼 일부에서 분철한 예가 나타난다. 그러나 무엇보다 두드러진 변화를 보이는 것은 앞에서 언급한 대로 언해문에 쓰인 한자의 주음(注音)이 바뀐 점이다. 일부 예외가 없는 것은 아니지만33) 정음 창제 후 관판(官版) 문헌에서 일관되게 지켜지던, 개신음(改新音)인 동국정운에 근거한 한자음 표기가 폐기되고, 그 당시에 실제로 사용했던 것으로 보이는 현실 한자음에 의한 주음 표기가 전면적으로, 그리고 정연하게 이루어졌다는 사실이다. 정음 초기 문헌에서 보이던 동국정운 한자음 주음 표기원칙에서 현실 한자음 주음 표기로의 일대 전환이 일어난 것이다.

---

32) 훈민정음 창제 초기에 간행된 문헌 중 순수하게 정음만으로 된 문헌은 없으므로 여기서의 정음문헌은 국한 혼용문을 가리킨다.

33) 『육조법보단경언해』보다 앞서서 간행된 책인 『구급간이방언해』(성종 20년, 1489년)는 언해문이 정음만으로 되어 있으나, 이 정음으로 된 언해문에 현실 한자음으로 표기한 예가 있다. 그러나 전면적으로 현실 한자음이 쓰인 문헌은 이 『육조법보단경언해』와 『시식권공언해』가 처음이다.

이 책은 '법어(法語)'를 언해한 불전언해서이다. 훈민정음 초기에 간행된 대부분의 불전언해서들은 단조로운 문장 구성과 제한된 어휘 사용을 보이는데, 이 책도 그런 점에서 예외가 아니다. 다만 법문(法門)을 집록(集錄)한 '법어(法語)'라는 문헌의 성격 때문에, 이 책만이 가지는 독특한 문장 구성과 그러한 문장 구성에 의한 문체적 특징이 드러나기도 한다. 물론 이러한 문체적 특성은 저본(底本)에서 기인한 것이겠지만, 다른 불전언해본들과 차이를 보이는 것만은 분명하다. 이 언해본의 문장 구성은 대부분 혜능(惠能)이 깨우침과 관련하여 주변 사람들이나 문인(門人)들에게 묻고 대답하는 이른바 문답 형식과 설화자(說話者, 집록자 또는 책 편찬자)가 중간에 끼어들어 설명을 하는 해설 형식으로 되어 있다. 묻는 이는 깨달음을 얻고, 배우기 위해 최대한 예의를 갖춘 공손한 표현을 할 수밖에 없어서 겸양법 선어말어미 '-ᅙᆞᆸ-'의 출현이 빈번하다. 또 화자(話者)인 혜능이 문인들을 부르고 설법하는 내용이 많아서 '善知識아 ~ ' 云云의 호칭과 평서형의 설명법 어미 '-니라/리라'로 끝을 맺는 종결형식의 문장이 주로 쓰였다. 그런가 하면 설화자가 주어 명사인 혜능을 높이는 표현으로 인해 존경법 선어말어미 '-으시/으샤-'의 쓰임이 잦고, 역으로 혜능이 청자일 경우 듣는 이를 높이는 공손법 선어말어미 '-이-'가 많이 쓰이는 등 대체로 경어법 문장 사용의 폭이 넓다. 또, 물음을 명료하게 하기 위해 설정한 듯한 문형인 '엇데 ~ -고/오'식의 묻고 그것에 답하는 구성으로 된 의문형 문장도 다수 보이는데, 이는 저본인 한문본『육조법보단경』에서 '何~ '로 되어 있는 문형 때문일 것이다. 이러한 점들이『육조법보단경언해』가 보이는 문체적 특성이라고 할 수 있을 것이다.

이 장에서는 앞에서 열거한 내용을 중심으로 하여『육조법보단경언해』의 표기법, 음운 현상, 문장 구성, 어휘 등을 살필 것이다. 이 책의 언어 사실에 대해 논의한 것으로는 남광우(1976), 김동소(2000ㄴ), 김양원(2000) 등

이 있다. 남광우(1976)은 중권의 해제를 통해 서지사항과 표기법 등 일부
의 언어 사실을 고찰한 것이다. 김동소(2000ㄴ)에서는 하권을 대상으로 하
여 서지사항, 표기법, 음운 현상, 어휘 등에 대해 정치한 논의가 이루어
졌다. 김양원(2000)은 상·중·하 3권을 대상으로 표기법 및 음운 현상을
폭넓게 살핀 것이다. 각각 이 책의 서지사항, 표기법, 음운 현상 등에 대
해 논의한 것인 바, 이 방면 연구에 많은 도움이 된다.[34]

4.2. 'ㅸ'과 'ㆆ'

『육조법보단경언해』에는 'ㅸ'과 'ㆆ'이 전혀 나타나지 않는다. 정음 초
기 문헌에 보이던 'ㅸ'은 이 책에서 예외 없이 'ㅗ, ㅜ, ㅇ'으로 바뀌었다.
자립형식이나 활용형 모두에서 마찬가지다. 'ㆆ'은 '-ㅭ+전청자형' 표
기가 쓰이지 않은 데에다 동국정운 한자음의 폐기로 이 문헌에 쓰인 예
가 없다.

> (1) ㄱ. 지역[礫]<하 : 23ㄱ> cf. 지벽<능엄 5 : 72ㄱ,ㄴ>[35]
> ㄴ. 두려이[圓]<중 : 91ㄴ> cf. 두려ᄫᅵ<월석 9 : 21ㄱ>
> ㄷ. -ᄒᆞᅀᆞ와<상 : 1ㄴ> cf. -ᄒᆞᅀᆞᄫᅡ<석상 9 : 31ㄴ>
> ㄹ. 더러운[汚]<중 : 76ㄴ> cf. 더러ᄫᅩᆫ<월석 2 : 59ㄴ>

'ㅸ'은 『능엄경언해』(1462년) 등 간경도감(刊經都監) 간행 문헌부터 폐지
되어 이후 문헌에서는 일부의 예외[<목우자수심결언해>(1467년) 등]를 제외
하면 거의 보이지 않는다. 『몽산법어약록언해』(?1459년)와[36] 『능엄경언해』

---

34) 남광우(1976), 김동소(2000ㄴ), 김양원(2000) 참조.
35) 'ㄱ'과 'ㄴ'은 각각 장의 앞·뒷면을 가리킨다. 출전의 서명은 < >에 약호로 쓴다.
　　방점 표기는 꼭 필요한 경우가 아니면 생략한다. 뒤에서 논의하겠지만 방점 표기
　　에 관한 한 이 책에서는 혼란한 모습을 보인다.

에 예외적으로 쓰였던 '**지벽**<능엄 5 : 72ㄱ, ㄴ>'이 여기서는 '**지역**'으로 실현되고, 이후에 간행된 문헌의 활용형에 단편적으로 쓰였던 '**ᄫ**'은 모두 '오, 우, ㅇ'으로 바뀌었다.

'ᅙ'은 정음 초기부터 국어의 초성 표기에 쓰인 적이 없고 사이글자나 동명사 어미 '−ㄹ'과 수의적으로 교체되던 '−ᇏ'에 제한적으로 사용되었는데, 이 문헌에서는 (2ㄱ~2ㄷ)처럼 '−ㄹ＋전청자형' 표기로만 나타나서 'ᅙ'의 용례가 없다. 또한 각자병서도 쓰이지 않아서 동명사 어미 '−ㄹ' 다음에 오는 무성자음들이 모두 단일자형으로 바뀌었다.

(2) ㄱ. −홀가<상 : 27ㄱ> cf. −ᇙ가<능엄4 : 38ㄴ> / −홀까<금강서 : 6ㄴ>

　ㄴ. −ㄹ디어다<상 : 55ㄴ> cf. −ᇙ디어다<몽법18ㄴ> / −ㄹ띠어다 <법화1 : 10ㄴ>

　ㄷ. −ㄹ제<상 : 1ㄴ> cf. −ᇙ제<용가 18장> / −ㄹ쩨<아미 : 17ㄴ>

동명사 어미 '−ㄹ'과 의존명사 'ᄉ'가 통합된 '−ㄹ씨'는 '−ᇙ시'와 같은 형태의 출현 없이, 정음 초기 문헌부터 '−ㄹ씨'로만 적혔는데, 이 책에서는 각자병서 폐지로 '−ㄹ싀'로 표기되어 있다.

(3) 그럴싀<상 : 64ㄴ>, 이실싀<중 : 13ㄱ>

4.3. 초성 병서 표기

이 책에는 각자병서(各自並書) 표기가 보이지 않는다. 앞에서 언급한 대로 각자병서 표기는 『원각경언해』(1465년) 이래 폐지되었으나, 『원각경언

---

36) 이 책과 관련된 '**지벽**' 등의 표기에 대해서는 김무봉(1993ㄱ) 참조.

해』 이후에 간행된 일부 문헌과 <단경언해> 이후에 간행된 일부 문헌
에 쓰인 예가 보인다. 그러나 이 문헌에서는 어떤 경우에도 나타나지 않
는다. 합용병서(合用竝書)는 10가지(ㅺ, ㅼ, ㅽ, ㅄ ; ㅳ, ㅄ, ㅶ, ㅷ ; ㅴ, ㅵ) 중 2가
지(ㅽ, ㅷ)가 보이지 않는다. 『석보상절』에서 실현되었던 'ㅽ'(싸히, 19 : 14ㄴ)
은 이후 문헌에 나타나지 않으며, 'ㅷ'은 이 문헌에 해당하는 어휘가 없
어서 목록에 빈칸을 두게 되었다.[37]

4.3.1. 각자병서

『원각경언해』 전까지는 각자병서로 적혔으나 이 책에서 단일자로 바
뀐 예를 들면 다음과 같다.

> (4) ㄱ. 말솜[言]<상 : 12ㄴ>, 스니[書]<상 : 26ㄴ>
>   ㄴ. 도르혀[却]<중 : 4ㄴ>, 드위혀[翻]<중 : 89ㄴ>
>   ㄷ. 舍홀가<상 : 27ㄱ>, 홀딘댄<상 : 25ㄱ>, 마롤디어다<상 : 55ㄴ>,
>   入定홀제<중 : 104ㄴ>, 이실식/그럴식<중 : 13ㄱ>, 좀좀홀시라
>   <상 : 3ㄱ>

각자병서는 정음 초기 문헌에 8가지(ㄲ, ㄸ, ㅃ, ㅆ, ㅉ, ㆅ, ㆀ, ㅥ)가 나타나
지만, 이 문헌에는 'ㅆ, ㆅ, ㄲ, ㄸ, ㅉ' 등이 쓰일 수 있는 어휘나 환경에
서 모두 단일자형으로 표기되었다. (4ㄱ)은 정음 초기 문헌에서 각각 '말
씀'과 '쓰니'로, (4ㄴ)은 각각 '도르혀'와 '드위혀'로 표기되었었다. (4ㄷ)은
문헌에 따라 '-ㅭ가 ~ -ㄹ까', '-ㅭ딘댄 ~ -ㄹ띤댄', '-ㅭ디어다 ~
-ㄹ띠어다', '-ㅭ제 ~ -ㄹ쩨'로 표기되고, '-ㄹ식'는 '-ㄹ씩'로만 나

---

37) 이에 대해서 김동소(2000ㄴ : 8~9)에서는 'ㅷ'의 소멸로 보았고, 김양원(2000 : 15)
   에서는 이 책보다 1년 늦게 간행된 『신선태을자금단』에서의 예[뼈나디 아니ㅎ신
   저긔(未破之時)<10ㄱ>]를 들고 이 책에 'ㅷ'이 없는 것을 우연한 공백으로 보았다.

타나던 형태이다.

4.3.2. 합용병서

이 문헌은 합용병서의 사용이 활발한 편이다. 그 목록을 보이면 아래
와 같다.

> (5) <ㅅㄱ> 거리낌[滯]<상 : 75ㄱ>, ᄭᅩ리[尾]<하 : 28ㄱ>
>   <ㅅㄷ> ᄯᅩ[又]<상 : 3ㄴ>, ᄯᅡ해[地]<중 : 54ㄴ>
>   <ㅅㅂ> ᄲᆞᆯ리[速]<상 : 31ㄴ>, 얼굴ᄲᅧᆫ[形骸]<하 : 65ㄴ>
>   <ㅅㅅ> (없음)
>   <ㅂㄷ> ᄠᅥ러듀믈[墮]<상 : 23ㄱ>, ᄠᅳ들[義]<중 : 50ㄱ>, ᄠᅱ롤[茅]<하 : 29ㄱ>
>   <ㅂㅅ> ᄡᅳ디[用]<상 : 12ㄱ>, ᄡᅵ[種]<상 : 30ㄱ>, ᄡᆞᆯ[米]<상 : 27ㄴ>
>   <ㅂㅈ> ᄧᅡᆨ[隻]<상 : 33ㄱ>, ᄧᅬᄂᆞᆫ디라[薰]<중 : 23ㄱ>
>   <ㅂㅌ> (없음)
>   <ㅂㅅㄱ> ᄢᅴ[時]<상 : 58ㄴ>, ᄢᅦ어놀[貫]<하 : 82ㄴ>
>   <ㅂㅅㄷ> ᄣᅵᆯ러라[刺]<하 : 15ㄱ>

위의 예에서 우리는 초성 합용병서의 경우 정음 초기 문헌과 비교할
때 크게 달라지지 않았음을 확인할 수 있다.

4.4. 중성 표기

이 책에는 『훈민정음』 해례본 중성해에 제시된 중성자(中聲字)가 대부
분 쓰였으나, 중성 29자 중에서 'ㆄ, ㆅ, ㆆ, ㆌ, ㆎ' 등 5자는 용례가 없다.
이 중 'ㆄ(쇠[牛] 등)'의 경우는 이 문헌에 해당 어휘가 없어서 그렇게 된
것이고, 그 외는 주로 한자음 표기에 사용되었던 중성자들이다. 특히

'ㄸ, ㅖ'는 16세기 초에 간행된 『훈몽자회』(1527년)의 한자음에 실례가 나타나는 점으로 미루어, 이 책에는 해당 한자가 없기 때문에 빈칸이 된 것으로 보인다.[38] 'ㅟ'는 이 문헌에서 한자음 표기에만 사용되었다.

　　(6) 聚 : 취落락<상 : 64ㄱ>, 宗종趣 : 취<중 : 58ㄴ>, 取 : 취次 · 츠<하 : 25ㄱ>

4.5. 종성 표기

　종성 표기는 훈민정음 종성해에 규정한 'ㄱ, ㆁ, ㄷ, ㄴ, ㅂ, ㅁ, ㅅ, ㄹ'의 8종성과 'ㅿ'이 보인다. 유성후두마찰음 'ㅇ[ɦ]' 앞에서 'ㅅ'과 수의적으로 교체되던 'ㅿ'은 '겸위싀'에서 볼 수 있다. 이러한 9종성 외에 합용병서의 'ㄳ(←ㄱㅅ), ㄺ, ㄼ, ㄿ(←ㄹㅍ)' 등이 보이고, 사이시옷과 통합 표기된 'ㄳ, ㅄ' 등도 보인다.

　　(7) ㄱ. 맛나든[逢/遇]<상 : 31ㄴ>, 긋디[斷]<중 : 3ㄱ>, 븓디[關]<중 : 50ㄱ>
　　　　ㄴ. 겸위싀[獨獠]<상 : 7ㄴ>, ᄀᆞᆽ[邊]업스니<중 : 27ㄴ> cf. ᄀᆞᆲ[邊]업스
　　　　　　시니<용가 : 125>
　　　　ㄷ. 앉고[座]<하 : 5ㄴ> : 옮디[遷]<하 : 37ㄱ> : 여듧[八]<상 : 9ㄴ>, 앒
　　　　　　[前]<중 : 51ㄴ>
　　　　ㄹ. 믌결[波浪]<상 : 58ㄱ> : 잢간[暫]<중 : 49ㄴ>, ᄆᆞᄉᆞᆳ장[盡心]<하 : 3ㄴ>

---

38) 김동소(2000ㄴ : 9)에는 'ㄸ, ㅖ'가 『훈몽자회』(1527년)의 한자음 표기에 나타난다는 보고가 있고, 김양원(2000 : 18)에는 'ㅖ'의 실제 용례를 제시한 바 있다.

4.6. 한자음 표기

　<단경언해>는 동국정운 한자음의 사용을 지양하고 당시에 실제 사용했던 현실 한자음, 이른바 전통 한자음에 바탕을 둔 주음 방식을 전면적으로 사용한 최초의 문헌이다. 김동소(2000ㄴ : 7~14)에서는 이를 '전통 한자음'이라 규정하고, 15세기에서 20세기까지의 전통 한자음 변화 유형을 8가지로 제시했다. 그리고 이런 변화는 한국어 자체의 음운 변화에 의한 것으로 해석하였다. 김양원(2000 : 26~28)에서는 <단경언해> 상·중·하 3권 모두의 한자를 찾아 이를 김동소(2000ㄴ : 10~11)의 분류기준에 따라 정리하였다. 자세한 논의는 두 선행 연구에 미루고, 여기서는 평음의 유기음화와 관련된 한자어 및 불교용어 독음의 표기 변화에 대해서만 살펴보고자 한다.

　　(8) ㄱ. 讚 : 잔嘆 : 탄<서 : 19ㄱ> / 讚 : 찬ㅎ야<중 : 53ㄴ>
　　　　ㄴ. 識 : 좀記 · 긔<서 : 14ㄴ> / 識 : 춈記 · 긔<중 : 97ㄱ>

　(8ㄱ)은 상·중·하 전권에서 모두 8회 출현하는데 '잔'으로 주음된 곳이 7회, '찬'으로 주음된 곳이 1회이다. 이로 미루어 이 시기에 유기음화가 진행된 것으로 보인다. (8ㄴ)의 용례는 많지 않지만 역시 일부 유기음화가 이 시기에 이루어진 것으로 짐작된다.[39]

　불교용어의 한자음은 동국정운 한자음이라고 하더라도 몇 차례 변개가 있었는데, 그 변화의 모습을 정리하면 다음과 같다.

　　(9) [解脫]의 [解]
　　　ㄱ. · 행<석상23 : 9ㄴ>

---

39) 김동소(2000ㄴ : 12~13) 참조.

ㄴ. : 갱<월석17 : 48ㄱ>, 활자본 <능엄6 : 22ㄱ>, 목판본 <능엄6 :
25ㄴ>

ㄷ. : 행<법화6 : 8ㄴ>, <금강 : 131ㄱ>

ㄹ. : 하<상 : 43ㄱ>, cf. 涅·녈槃반解 : 희<중 : 93ㄱ>, 見 : 견解 :
희<상 : 19ㄴ>

(10) [般若]의 [般]

ㄱ. 반<석상23 : 15ㄱ>, 목판본 <능엄1 : 20ㄱ>

ㄴ. ·밣<법화5 : 188ㄴ>, <금강 서 : 9ㄱ>

ㄷ. 반<상 : 10ㄴ>, ·반<중 : 31ㄱ>

이러한 변개는 범어(梵語)로 된 다라니(陀羅尼)의 유입과 불경언해 작업
의 활성화 등으로 범어(梵語) 및 팔리어(巴里語)에서 음차(音借)한 불교용어
나 한자로 조어한 용어의 한자음에 대한 끊임없는 관심의 결과, 보다 원
음에 가깝게 표기하고자 한 데서 온 것으로 보이나, 이 문헌에 이르러서
는 현실의 독음을 수용한 결과로 짐작된다.[40]

오늘날 쓰고 있는 불교용어로서 일반 한자어의 독음과 다르게 실현되
는 '波, 婆, 便, 布' 등이 현실 한자음이 주음된 최초의 문헌인 이 책에서
이미 일반 한자음과 다르게 주음되어 있어서 주목을 하게 된다. 불교용
어의 한자음이 일반 한자음과 다르게 실현된 것은 꽤 오래 전부터이겠
지만, 그 구체적인 모습을 처음으로 보여 주는 문헌으로서 이 책의 한자
음 표기가 시사하는 바는 크다고 할 수 있을 것이다.

(11) ㄱ. 波바羅라蜜·밀<상 : 57ㄴ> / 波파浪 : 랑<상 : 97ㄱ>

ㄴ. 婆바舍 : 샤斯ᄉ多다<하 : 71ㄱ> / 婆파<훈몽 상 : 31ㄱ>

ㄷ. 方방便·변<하 : 23ㄱ> / 便편·희<서 : 24ㄱ>

ㄹ. 布 : 보施·시<상 : 85ㄴ> / 流류布포<상 : 30ㄱ>

---

40) 김무봉(1993ㄴ : 88~89) 참조.

(11ㄴ) '婆'의 일반 한자음은 이 책에 용례가 없어서 29년 후에 간행된 책인 『훈몽자회』(1527년)에서 가져왔다. (11ㄷ)은 오늘날의 한자음이 [방편]인 점으로 미루어 후에 유기음화하여 '편(便)'으로 된 듯하다.

4.7. 방점 표기

<단경언해>의 방점 표기는 일관성이 없다. 같은 문헌 안에서의 서로 다른 표기는 말할 것도 없고, 초기의 문헌과 비교해도 차이가 많이 난다. 김동소(2000ㄴ : 14~18)과 김양원(2000 : 33~35)에서는 같은 문헌 안에서 보이는 차이와 앞 시기에 간행된 문헌과의 비교를 통해서 나타나는 차이를 검증한 바 있다. 이 문헌에서의 방점 표기는 어떤 원칙을 찾기가 어려울 정도로 혼란하다.

4.8. 사이글자

사이글자는 체언이 결합할 때 음성적 환경에 따라 체언 사이에 끼어드는 자음 글자인데, 『용비어천가』와 「훈민정음 언해본」에는 각각 'ㄱ, ㄷ, ㅂ, ㅅ, ㅿ, ㆆ'과 'ㄱ, ㄷ, ㅂ, ㅸ, ㅅ, ㆆ'의 6자가 쓰였으나, 『석보상절』에서는 'ㅅ'으로 통일되었다. 이후 문헌에서는 'ㅅ'이 주로 쓰였으나 간혹 'ㅅ' 외에 다른 글자가 쓰인 예도 있다. 이 문헌에는 예외 없이 모두 'ㅅ'으로 나타난다.

> (12) ㄱ. 믌결<상 : 58ㄱ>, 오늜날브터<중 : 32ㄱ>, 덦지블<하 : 40ㄴ>
>   ㄴ. ᄆᆞᆳ 中을브터<상 : 69ㄴ~70ㄱ>, 잢간<중 : 49ㄴ>

4.9. 분철표기

15세기에 간행된 대부분의 정음문헌은 주된 표기 방식이 연철이었다. 다만 『월인천강지곡』에는 체언의 말음이 'ㄴ, ㄹ, ㅁ, ㅿ' 등일 때 모음으로 시작되는 조사와 통합하면 분철표기했다. 용언의 경우에는 어간 말음 'ㄴ, ㅁ'이 어미 '-아'와 만나면 분철표기했다. 이 책에서는 체언의 말음이 'ㄴ, ㄹ, ㅁ, ㆁ'인 경우에만 조사와의 통합에서 일부 분철표기한 예가 보인다.

> (13) ㄱ. 자음 'ㄴ' 뒤 : 돈올<상 : 3ㄴ>, 신을<상 : 27ㄱ>, 서너번이러라
>   <하 : 88ㄴ>, 잢간이나<중 : 56ㄴ>
> ㄴ. 자음 'ㄹ' 뒤 : 덜이라<서 : 20ㄱ>
> ㄷ. 자음 'ㅁ' 뒤 : ① 분철 : 모숨으로<서 : 3ㄴ>, 사롬을<상 : 68ㄴ>,
>   일홈은<하 : 14ㄴ>
>   ② 연철 : 모ᅀᅮ미<하 : 74ㄴ>, 사ᄅᆞ미<상 : 16ㄴ>,
>   일후미<하 : 12ㄱ>
> ㄹ. 자음 'ㆁ' 뒤 : 스숭이로소이다<상 : 38ㄱ>, 즁이<중 : 108ㄱ>

(13ㄱ~ㄹ)에서 보는 바와 같이 체언의 말음이 'ㅁ'인 경우에는 연철된 예와 분철된 예가 각각 절반 정도이다. 이 문헌에 체언의 말음이 무성자음이면서 분철한 특이한 예가 하나 있는데, 하권의 '도죽을[賊]<87ㄱ>'이다. 이는 이 어휘가 한자어 '도적(盜賊)'에서 온 때문일 것이다.[41]

4.10. 주격과 서술격 표기

이 문헌에서 주격조사는 선행 체언 말음의 음운론적 조건에 따라 '이,

---

41) 김동소(2000ㄴ : 29), 김양원(2000 : 37) 참조.

ㅣ, Ø'로 실현되었다. 서술격조사도 '이-, ㅣ-, Ø-'로 실현되어 초기의 문헌과 차이가 없다. 구결문과 언해문 모두에서 동일하다. 다만 다음의 예는 예외이다.

> (14) ㄱ. <u>一切般若智ㅣ</u> 다 自性을브터 나논디라<상 : 55ㄱ>
>   (<u>一切般若智ㅣ</u> 皆從自性ㅎ야)<상 : 54ㄴ>
>   ㄴ. 곧 이 <u>偈ㅣ</u> 本性 보디 몯호믈 알오<상 : 22ㄱ>
>   (<u>便知此偈ㅣ</u> 未見本性ㅎ고)<상 : 21ㄱ>

여기서 주격조사 'ㅣ'는 'Ø'로 실현되어야 하나 군이 'ㅣ'를 적어 놓았다. 이는 앞문장과 뒷문장 사이에 아무런 표지가 없으면 자칫 해독에 혼란을 일으킬 수 있을 것이라는 점을 감안한 배려로 보인다.

같은 음운론적 조건임에도 서술격의 'ㅣ'는 'Ø'로 실현되었다. 서술격의 위치에서는 'Ø'로 실현되어도 읽는데 아무런 문제가 없을 것이기 때문이다. 이로 미루어서도 군이 격표지 'ㅣ'를 실행한 배려가 짐작이 간다.[42]

> (15) ㄱ. 곧 일후미 <u>四智菩提</u>니라<중 : 73ㄱ>
>   (<u>卽名四智菩提</u>니라)<중 : 72ㄱ>
>   ㄴ. 곧 일후미 <u>般若智</u>니라<상 : 57ㄱ~ㄴ>
>   (<u>卽名般若智</u>니라)<상 : 56ㄱ~ㄴ>

4.11. 모음조화

모음조화는 대체로 혼란한 모습을 보인다. 모음조화에 관한 한 정음

---

42) 이는 다음의 예를 통해서도 확인할 수 있다.
   훈 <u>智ㅣ</u> 能히 一萬 힛 어료믈 減ㅌ호니(<u>一智ㅣ</u> 能減萬年愚ㅌ호니)<중 : 43ㄱ>
   슝이 卷을 자바(<u>尼ㅣ</u> 乃執卷ㅎ야)<중 : 49ㄴ>
   반드기 가미 <u>理ㅣ</u> 또 덛덛ㅎ니라(必去ㅣ 理亦常然이니라)<하 : 65ㄱ~65ㄴ>

초기 문헌부터 혼란상을 보여 왔다. 이는 기저형의 실현과 밀접하게 관련되어 있어서 그런 것으로 보인다. 김동소(2000ㄴ)에서는 하권을 대상으로 연결모음 '-ᄋᆞ/으-', 목적격조사, 관형격조사, 부사격조사, 대조보조사, 선어말어미 '-오/우-', 연결어미 '-아/어', 관형사형어미 '-ᄂᆞᆫ/는' 등의 경우를 면밀히 살폈다. 비록 하권에 국한한 것이라고 해도 <단경언해>의 모음조화 양상을 파악하는 데 많은 도움이 된다.

4.12. 문장 구성

<단경언해>는 다른 불전언해본들에 비해 문장 유형이 다양한 편이다. 법어(法語)를 저본(底本)으로 하고 있는 이 문헌의 성격 때문에 나름의 독특한 문장 구성이 보인다. 그렇기는 하지만 전체적으로 보면 단조로운 문장 구성과 제한된 어휘 사용을 특징으로 하고 있는 여타의 불전언해본들과 크게 다르지 않다. 이는 불전의 원문을 분단한 후 구결을 달아서 언해한 형식, 이른바 '대역(對譯)' 형식의 번역이 가지는 한계이기도 하다. 여기서는 이 문헌이 보이는 문장 구성의 특징을 살피려고 한다.

(16) ㄱ. 大師ㅣ 니ᄅᆞ샤디, "善知識아 다 ᄆᆞᅀᆞᄆᆞᆯ 조히 ᄒᆞ야 摩訶般若波羅
蜜을 念ᄒᆞ라." ᄒᆞ시고, 大師ㅣ 良久ᄒᆞ시고(良久ᄂᆞᆫ 오래 좀좀ᄒᆞᆯ
시라), 다시 衆ᄃᆞ려 니ᄅᆞ샤디, "善知識아 ~ 알리라."
<悟法傳衣 第一, 상 : 2ㄴ~3ㄱ>

ㄴ. 슝이 卷을 자바 字ᄅᆞᆯ 무른대, 師ㅣ 니ᄅᆞ샤디, "字ᄂᆞᆫ 곧 아디 몯
거니와 ᄠᅳ드란 곧 請ᄒᆞ야 무르라." 슝이 닐오디, "字ᄅᆞᆯ 오히려
아디 몯거니 엇뎨 能히 ᄠᅳ들 알리오." 師ㅣ 니ᄅᆞ샤디, "諸佛妙
理ᄂᆞᆫ 文字애 븓디 아니ᄒᆞ니라."
<參請機緣 第六, 중 : 49ㄴ~50ㄱ>

(16)은 설법(說法)을 청(請)한 것에 대해 답하거나, 답하면서 다시 묻는 형식의 문장이다. 이 책의 문장은 대부분 이러한 구성으로 되어 있다. (16ㄱ)은 혜능이 소주(韶州)의 위자사(韋刺史) 일행에게 법문을 하는 내용이고, (16ㄴ)은 혜능이 한 비구니에게 행한 법문인데, 문답하는 형식이다. 그리고 중간에 설화자(집록자, 또는 편찬자)가 끼어들어 해설하는 형식을 취하고 있다. 이런 이유로 혜능이 문인을 부르는 "善知識아 ~ "형 문장이 많고, 문인(門人)이 묻는 유형의 문장인 "엇뎨 ~ -오/고"식의 구성을 많이 볼 수 있다. 이는 저본의 의문문 구성 "何/豈/寧~ "으로 되어 있는 문장을 번역한 것이기 때문이다.

(17) ㄱ. 秀ㅣ 스랑호ᄃᆡ, '廊下를 向ᄒᆞ야 서 뎌 和尙이 보시게 홈만 ᄀᆞᆮ디 몯ᄒᆞ도다.' ᄆᆞᆮ득 ᄒᆞ다가 '됴타' 니ᄅᆞ거시든, 곧 나 저ᅀᆞᆸ고 닐오ᄃᆡ, '이 秀의 作이이다.' ᄒᆞ고…

<悟法傳衣 第一, 상 : 15ㄱ>

ㄴ. 祖ㅣ… 무르샤ᄃᆡ, "偈ᄂᆞᆫ 이 네 지은다? 아니ᄒᆞᆫ다?" 秀ㅣ 술오ᄃᆡ, "實로 이 ~ 간대로 求ᄒᆞᄂᆞᆫ디 아니이다. ᄇᆞ라ᅀᆞ온ᄃᆞᆫ… 보시ᄂᆞ니잇가? 아니잇가?"

<悟法傳衣 第一, 상 : 19ㄱ>

ㄷ. 達이 닐오ᄃᆡ, "… 엇뎨 宗趣를 알리잇고?" 師ㅣ 니ᄅᆞ샤ᄃᆡ, "나ᄂᆞᆫ~ 사겨 닐오리라."

<參請機緣 第六, 중 : 58ㄱ~ㄴ>

(17) 역시 문답식 문형이다. (17ㄱ)은 신수(神秀)가 오조홍인(五祖弘忍)에게 인정을 받으려고 게송을 지어서 전할 방법을 생각하는 장면이고, (17ㄴ)은 홍인(弘忍)과 신수(神秀)의 대화 부분이다. (17ㄷ)은 혜능과 그의 문인(門人)인 법달(法達)의 대화 부분이다. 위에서 보는 것처럼 <단경언해>에는

의문문의 유형이 매우 다양하게 나타나고, 의문문의 문답에 등장하는 청·화자에 따라 화계(話階) 등급(等級)이 달라져서 존경법의 '-으시/으샤-', 겸양법의 '-숩-', 공손법의 '-이-' 등 경어법 선어말어미의 출현이 매우 빈번한 편이다.

종결형식 중에는 '-니라'나 '-리라'로 맺음을 하는 평서형 문장이 많이 보인다. '-니라'는 물음에 대한 답변 중 원칙이나 당위에 해당하는 진술에 나타나고, '-리라'는 미래에 대해 예측하거나 그렇게 하기를 바라는 등의 진술에서 주로 보인다.

(18) ㄱ. 샹녜 괴외ᄒᆞ야 妙用이 <u>恒沙ㅣ리라</u><하 : 38ㄴ>
이 作을 브트면 곧 本宗을 일티 <u>아니ᄒᆞ리라</u><하 : 50ㄴ>

ㄴ. ᄒᆞ다가 正ᄒᆞ면 十八正을 <u>니르왇ᄂᆞ니라</u><하 : 44ㄱ>
이롤브터 서르 ᄀᆞᄅᆞ쳐 심겨 宗旨롤 일티 <u>마롤디니라</u><하 : 52ㄱ>

4.13. 어휘

이 문헌에는 15세기에 간행된 여타의 정음문헌과 다르게 표기되어 있거나, 여기에서만 쓰인 어휘가 몇몇 보인다. 이를 정리하면 다음과 같다. 책에 나오는 차례대로 제시하면 다음과 같다.

(19) ㄱ. -ㄹ뎐 : 作法홀뎐 네 이리 ᄀᆞ자ᅀᅡ ᄒᆞ리니<서 : 12ㄴ>
ㄴ. 겻워ᅀᅵ[獦獠] : 獦獠ᄂᆞᆫ <u>겻워ᅀᅵ라</u><상 : 7ㄴ>
ㄷ. 아닔 아니며[莫非] : 여러 최ㅅ因이 <u>아닔 아니며</u>(莫非累劫之因이며)<상 : 47ㄱ>
ㄹ. 어엿비[矜恤] : 외ᄅᆞᆫ이 가난ᄒᆞ닐 <u>어엿비</u> 너교미 일후미 慧香이오(矜恤孤貧이 名慧香이오)<중 : 21ㄴ~22ㄱ>

ㅁ. ᄒᆞ가냥ᄒᆞ야[憍] : ᄒᆞ가냥ᄒᆞ야 소교미 믈 드로믈 닙디 마오(不被
憍誑染ᄒᆞ고)<중 : 24ㄴ>

ㅂ. ᄀᆞᆯ익지[了然] : 三身을 보아 ᄀᆞᆯ익지 自性을 제 알에 호리니(見三
身ᄒᆞ야 了然自悟 自性호리니)<중 : 35ㄴ>

ㅅ. 데ᄠᅳ-[浮游] : 샹녜 데ᄠᅮ미 뎌 하ᄂᆞᆳ 구룸 ᄀᆞᆮᄒᆞ니라(常浮游호미
如彼天雲ᄒᆞ니라)<중 : 38ㄴ>

ㅇ. ᄀᆞ몾[痕] : 돌해 師ㅅ 跌坐ᄒᆞ신 무릎 ᄀᆞ몾과(石에 於是有師跌坐
膝痕과)<중 : 51ㄴ>

ㅈ. ᄌᆞ셔히[諦] : 내 이제 너 爲ᄒᆞ야 니ᄅᆞ노니 ᄌᆞ셔히 信ᄒᆞ고(吾今
에 爲汝說ᄒᆞ노니 諦信ᄒᆞ고)<중 : 73ㄱ>

ㅊ. 그리나[然] : 그리나(然이나)<하 : 2ㄴ>

ㅋ. 져조니[鞫問] : 져조니(鞫問ᄒᆞ니)<하 : 87ㄱ>

위 예문 (19)에 제시한 어휘나 형태들은 이 책에서만 볼 수 있는 유일한 예이거나, 다른 문헌에서는 용례가 드문 것들이다.

(19ㄱ)의 '-ㄹ던'은 당시 대부분의 문헌에서 주로 '-ㄹ뎬'이나 '-ㄹ뗸'으로 표기했던 '조건이나 가정'을 나타내는 연결어미인데, 이 책에서는 드물게도 이렇게 적었다.

(19ㄴ)의 '겸워ᄉᆡ'는 한자어 '獦獠'를 우리말로 옮긴 것인데, 중국에서 쓰는 본래의 뜻은 '흉악한 얼굴을 한 개의 한 종류'라고 한다. 여기서는 '남쪽 오랑캐'를 지칭하는 말로, 당시 '중국 서남 지방의 사람들을 멸시(蔑視)해서 부른 말'이다.

(19ㄷ)의 '아닚 아니며'는 부정(否定)의 부정을 나타내는 표현인데, 동명사형인 '아닐' 다음에 'ㅅ'이 첨기되어 사이글자가 주격조사처럼 쓰인 예외적인 경우이다. '아님이 아니며'라는 정도의 의미로 옮길 수 있을 것이다. 드물게 보이는 예이기는 하지만, 이 책의 하권에는 '다ᇝ 없-'<하 : 78ㄱ> 같은 표현도 보인다.

(19ㄹ)의 '어옛비'는 부사 '어엿비'와 같은 뜻의 말인데, 'ㅣ'모음 역행 동화가 반영된 표기일 가능성이 있다. 다른 문헌에서는 용례를 찾기 어렵다.

(19ㅁ)의 'ㅎ가냥ㅎ-'는 '잘난 체하다', 또는 '자랑하다'는 의미를 가진 동사인데, 한자 '憍'를 이렇게 옮긴 것은 이 책이 처음이다. 다만, 16세기 초 문헌인 『번역소학』(1517년)에는 'ㅎ거냥ㅎ-'가 보이고, 『소학언해』(1586년) 등 16세기 이후 일부 자료에서는 'ㅎ건양ㅎ-/ㅎ건양ㅎ-'로 표기한 바 있다.

(19ㅂ)의 '귿잇지'는 '똑똑히' 또는 '분명히'라는 뜻을 가진 부사인데, 이 책의 예 이외에 다른 용례는 보이지 않는다.

(19ㅅ)의 '데쁘-'는 '뜨다'의 의미를 가진 동사인데, 한자어 '浮游'를 옮긴 말이다. <능엄1 : 65ㄱ> 등에 두어 차례 사용 예가 있으나 당시의 문헌에 드물게 나타나는 편이다.

(19ㅇ)의 'ᄀ못'은 '자국'이나 '흔적'을 나타내는 말이다. 이후 문헌에 매우 드물게 보인다. 현대어 '가뭇없-'과 관련성이 큰 말이다.

(19ㅈ)의 'ᄌ셔히'는 상·중·하 3권 모두에 용례가 있으나, 15세기 정음문헌 중 이 책에 처음 나오고 이후 문헌에서는 널리 쓰였다. 이보다 앞선 시기에 간행된 문헌에서는 한자가 포함된 '仔細히'를 주로 써 왔다. 'ᄌ셔히'는 '仔細히/자세히'가 우리말화한 표기로 보인다. 다만, 이 책에서는 '상세(詳細)하-'의 뜻보다는 '깊이 있-'의 뜻에 더 가까운 표현이어서 거기에 비중을 두어야 할 것으로 본다.

(19ㅊ)의 '그리나'는 '그러나'의 오각(誤刻)으로 보인다.

(19ㅋ)의 '져조-'는 '고문(拷問)하-', 또는 '심문(審問)하-/신문(訊問)하-'의 뜻으로 쓰인 말인데, 역시 당시에 용례가 매우 드문 희귀어이다. 다만, '국문(鞫問)'을 옮긴 말임을 보면 단순한 고문은 아니고, 중죄에 해당

하는 범죄를 저질렀을 경우에 해당하는 '깊이 있게 추궁하－'의 의미로 쓰인 것으로 본다. 해당하는 문장의 앞뒤 문맥을 보아도 매우 중한 범죄를 저지른 중죄인(重罪人)에 대한 추궁(追窮)이므로 그렇게 보는 것이 타당할 것이다.

5. 맺는말

5.1.

지금까지 조선조 연산군 2년(1496년)에 간행된 『육조법보단경언해』의 저본(底本), 간행 경위, 서지사항, 국어학적 특징 등에 대해 살펴보았다. 이 책의 한문본은 중국 선종(禪宗)의 육대조사 혜능(惠能)의 법문을 문인(門人)인 법해(法海)가 집록하고 뒷사람들이 첨삭·편찬하여 오늘에 전한다. 우리나라에서는 신라시대 이래 이 책의 유통과 간행이 매우 활발했던 듯하다. 특히 원나라 때의 승려 몽산(蒙山) 덕이(德異)가 편찬(1290)한 책인 '덕이본(德異本)'이 고려조에 유입(1298)되었고, 이후 고려 승려 만항(萬恒)에 의해 간행(1300)된 덕이본 『육조법보단경』이 지속적으로 중간(重刊)되었다. 언해본 『육조법보단경』의 저본(底本)도 바로 이 덕이본이다.

『육조법보단경언해』는 훈민정음 창제 후 꼭 50년 만에 인수대비(仁粹大妃)의 명을 받은 당대의 고승 학조(學祖)에 의해 3권 3책으로 인간되었다. 간행 부수는 모두 300질이다. 특기할 만한 사항은 이 책이 경전 간행만을 위해 특별히 조성된 '인경목활자(印經木活字)'로 만들어졌다는 점이다. 또 하나는 당시까지 간행된 정음문헌의 한자에 주음했던 동국정운(東國正韻) 한자음이 전면 폐지되고, 이른바 현실 한자음이 주음되었다는 사실이다. 이 논의는 이러한 점에 착안하여 『육조법보단경언해』의 저본, 간행 경위, 서지사항, 언어 사실 등의 특징을 밝힌 것이다.

5.2.

제2절에서는 한문본 『육조법보단경』의 조성과 현전 이본(異本)들에 대해서 살폈다. 한문본 『육조법보단경』은 혜능의 고족제자(高足弟子)인 법해에 의해 집록되었고, 이후 편찬 계통에 따라 부분적으로 첨삭이 있어서 판본에 따른 품(品)의 분장(分章)과 표현 방법 등 일부 내용에 다소간 차이가 있다. 최고본(最古本)인 돈황 석굴 발굴본, 이른바 돈황본은 천여 년 동안 석굴에 비장(秘藏)되어 있다가 20세기에 발굴·공개되어 육조대사 당대의 모습을 잘 간직하고 있는 것으로 알려져 있다. 현전 판본은 크게 돈황본 계통, 혜흔본 계통, 종보본 계통으로 나누는데, 각 계통별 특성을 간단하게 살펴보았다. 혜능의 법어집을 '단경(壇經)'이라고 불러온 이유에 대해서도 설명했다. 이는 이 어록에 실려 전하는 혜능선사의 가르침이 중국불교 선종의 근본을 이루고 있기 때문이다. 혜능선사가 강설(講說)한 선(禪)의 요체가 경전과 같은 존숭을 받았고, 이러한 진리를 후인들이 높이 받들어 모신다는 뜻에서 그렇게 불러왔던 것이다.

5.3.

제3절에서는 『육조법보단경』의 언해본 간행 경위와 형태서지를 밝혔다. 이 책의 현전본에는 간행당시의 간기(刊記)가 없어서 자세한 간행 경위를 알기 어려우나, 같은 시기에 간행된 책인 『시식권공언해』의 발문에

는 이 책과 관련된 기사가 대부분이라는 사실에 근거하여 동일한 발문이 이 책의 원간본 하권에도 있었을 것으로 판단했다. 이 발문에 의해 『육조법보단경언해』는 인수대왕대비가 내탕(內帑)으로 간행 경비를 부담하고, 당시의 고승 학조로 하여금 번역·간행케 한 사실을 알 수 있었다. 이 문헌에 쓰인 목활자는 경전 간행만을 위해 특별히 만들어져, 이 책 간행 1년 전인 연산군 1년(1495)에 간경도감(刊經都監) 후쇄본으로 간행된 『선종영가집언해』 등의 발문에도 사용되었었다. 현전하는 상·중권은 원간본이고, 하권은 명종 6년(1551)에 간행된 복각본이다. 각 책들의 현전 현황과 영인 사항 그리고 형태서지를 밝혔다.

5.4.

제4절에서는 이 문헌에 실려 있는 언어 사실 중 특기할 만한 내용을 살폈다. 본론에서 논의한 내용을 정리하면 다음과 같다.

1) 'ㅸ, ㆆ' 등의 문자는 이 문헌에 쓰이지 않았다.

2) 각자병서(各自竝書)는 전혀 나타나지 않고, 합용병서(合用竝書)는 'ㅺ, ㅼ, ㅽ: ㅳ, ㅄ, ㅶ: ㅴ, ㅵ' 등이 보인다. 'ㅳ'이 쓰이지 않은 것은 이 문헌에 이 글자가 쓰일 어휘가 없었기 때문이다.

3) 중성 표기는 훈민정음 창제 당시의 중성 글자들이 대부분 쓰였으나 동국정운 한자음의 폐지로 'ㆇ, ㆋ, ㆊ, ㆌ' 등 4자는 용례가 없다. 'ㅚ'는 다른 문헌에 고유어에도 쓰인 예가 있으나(쇠[牛]<월석1 : 27ㄱ>) 이 책에는 해당하는 어휘가 없어서 빈칸이다.

4) 종성 표기는 'ㄱ, ㆁ, ㄷ, ㄴ, ㅂ, ㅁ, ㅅ, ㄹ'의 8종성 외에 'ㅿ(걸위ㅿ <상 : 7ㄴ>)'이 쓰였다.

5) 한자음 표기는 정음 창제 후 관판(官版) 문헌에서 일관되게 지켜지던 개신음(改新音)인 동국정운에 의한 한자음 주음(注音) 표기가 폐지되고,

그 당시에 실제 사용했던 것으로 보이는 현실 한자음이 주음되어 있다. 평음과 유기음으로 주음되어 있는 '讚(잔/찬)'과 '讖(잠/참)'을 통해 당시에 이 글자들의 유기음화가 진행 중인 것을 알 수 있었다. 불교용어 중 '解脫'의 '解'자와 '般若'의 '般'자가 정음 초기 문헌에서부터 이 문헌에 이르기까지 어떻게 변해 왔는지를 살폈다. 또 오늘날 쓰고 있는 불교용어로서 일반적인 한자음과 다르게 실현되는 '波(바/파)', '婆(바/파)', '便(변/편)', '布(보/포)' 등이 이 문헌에 이미 다르게 주음되어 있는 사실을 살필 수 있었다.

6) 이 문헌의 방점 표기는 매우 혼란하여 같은 문헌 안에서도 서로 다르게 표기된 예가 많고, 정음 초기 문헌과 비교해 보아도 다르게 나타난 예가 상당수 보여서 어떤 원칙을 찾기가 어렵다.

7) 사이글자는 예외 없이 'ㅅ'으로 통일되었다.

8) 선행 체언이나 어간의 말음이 자음일 때, 모음으로 시작하는 조사나 어미와 만나면 대체로 연철했으나, 선행 체언의 말음이 'ㄴ, ㄹ, ㅁ, ㆁ'일 경우에는 모음 조사와의 통합에서 분철표기한 예가 일부 보인다.

9) 주격과 서술격 표기는 각각 선행 체언 말음의 음운론적 조건에 따라 '이, ㅣ, ∅'나 '이-, ㅣ-, ∅-'로 실현되었다. 언해문과 구결문 모두에서 동일하다. 다만 '이'나 'ㅣ' 다음의 주격 표기에서 'ㅣ'를 실현시킨 예가 있는데(一切般若智ㅣ<상 : 55ㄱ>, 곧 이 偈ㅣ<상 : 22ㄱ>), 이는 주격조사 표시 없이 앞뒤 문장이 이어질 때 오는 해독의 혼란을 막기 위한 것으로 보인다.

10) 이 책에서 모음조화는 혼란한 양상을 띤다.

11) 문장 구성의 유형이 비교적 다양한 편이다. 이 책의 이러한 문체적 특성은 법어라는 저본(底本)의 성격에 기인하는 것이겠지만, 이 점 다른 언해본들과 차이를 보인다. 대부분의 문장은 혜능이 깨우침과 관련하여 주변 사람들이나 문인(門人)들에게 묻고 대답하는 문답 형식과 설화자(說話者, 집록자 또는 책 편찬자)가 중간에 끼어들어 설명하는 형식으로 되어 있다. 이런 이유로 의문문의 유형이 매우 다양하다. 특히 '엇데 ~ -오/고'형이나 '엇데 ~ -잇가/잇고'형 의문문이 많이 보인다. 평서형 문장은 대체로 '-니라/리라'형 종결형식이 많다. 경어법 사용이 활발하여 존경법 선어말어미 '-으시/으샤-', 겸양법 선어말어미 '-ᅀᆞᆸ-', 공손법 선어

말어미 '-이-'의 쓰임이 잦은 편이다.

12) 이 문헌에는 15세기에 간행된 여타의 정음문헌과 다르게 표기되어 있거나 여기에서만 쓰인 독특한 형태의 어휘가 몇몇 보인다. 그 의미와 형태에 대해 살펴보았다.

[부록] 진전문과 발문

- 일러두기
  - 원문은 세로쓰기로 되어 있지만 여기서는 이를 가로쓰기로 바꾸고, 띄어쓰기와 구두점 표시를 했다.
  - 원문의 대두법(擡頭法)은 반영하지 않았다.
  - 구두점 표시는 쉼표와 마침표, 가운뎃점 등을 활용하여 일관되게 정리하였다.
  - 한자는 대표자로 입력하는 것을 원칙으로 하였으나, 고유명사는 원본의 글자를 살렸다. (예 : 『證道謌』)
  - 원문은 문단을 나누지 않았으나, 번역문은 원활한 이해를 위해 문단 구분을 하였다.
  - 원문의 표점과 번역문의 호흡은 다를 수 있다.

[부록 1]

진금강경심경전(進金剛經心經箋)*
황수신 등 진전문(黃守身 等 進箋文)

[원문] 進箋文

刊經都監都提調, 推忠佐翼功臣, 大匡輔國崇祿大夫, 議政府右議政, 南原府院君, 臣黃守身等, 謹將新雕印, 翻譯『金剛經』一卷・『心經』一卷, 糚潢投進, 臣守身等, 誠惶誠恐, 頓首頓首, 上言. 竊以道冒十方, 佛乘所以最上; 德洽四國, 王者所以宅中, 蓋欲推無外之仁, 必先藉不壞之法. 有聖薄伽梵, 演大修多羅, 妙喩金剛, 號稱般若. 入城乞食, 將發意於圓成; 著地袒肩, 乃翹誠於護念, 杜色想之六入, 斷種現之二疑, 旣執謝而情亡, 斯空澄而智現. 文成三十二品, 理攝八萬餘門, 實如來誠諦之言, 皆諸佛正徧之旨. 欽崇至道, 允屬熙朝, 剞翻宣之盛功, 待聖明而必擧? 恭惟主上承天體道烈文英武殿下, 夙資德本, 洞達眞乘, 等福慧於世雄, 配聖哲於大梵, 十善施物, 則之懿多, 能彰天縱之才. 冀覺悟於群迷, 用發揮於祕義, 特垂口訣, 責委翻筵, 要因口以曉心, 遂轉華以爲諺. 臣等, 猥以謏資, 仰承隆命, 雕造旣訖, 模印就編, 敎闡難思, 將此緣之殊勝; 曆延無極, 祝洪業之綿長. 臣守身等, 誠惶誠恐, 無任激切屛營之至. 前件『金剛經』一卷・『心經』一卷, 謹隨箋, 上進以聞.

天順八年 四月 初七日 都提調 推忠佐翼功臣 大匡輔國崇祿大夫 議政府右議政 南原府院君 臣 黃守身等 謹上箋

---

* 이 부록에 실려 있는 번역은 이종찬 교수님(전 동국대), 김갑기 교수님(전 동국대), 임종욱 교수(전 청주대)께서 해 주신 것이다. 지난날 필자 등이 연구 및 역주 작업을 할 때, 대상이 되는 책의 간행 취지 및 경위 등에 대한 이해에 도움을 주시겠다는 뜻에서였다. 특별히 여기에 적어서 감사의 뜻을 표한다. 이 책에 옮겨 실으면서는 양승목 군(동국대 석・박사 통합과정)이 표점 작업을 새롭게 하고, 원문 교열 및 문장 정리를 다시 했다. 긴 시간 고생을 해서 완성도를 높여준 데 대해 역시 고마운 뜻을 표한다.

[번역문]

간경도감 도제조 추충좌익공신 대광보국숭록대부 의정부우의정 남원부원군 신 황수신(黃守身) 등은 삼가 새로 만든 인자(印字)로 『금강경』 1권과 『심경』 1권을 번역하고 장정(裝幀)하여 올리려 하니, 신 수신 등은 참으로 황공하여 거듭 머리를 조아리며 아뢰옵니다.

적이 생각해 보건대 도(道)가 시방세계를 덮음은 불승(佛乘)이 가장 위에 있기 때문이요, 덕(德)이 사방 천하에 흡족함은 임금께서 중앙에 계시기 때문이니, 대개 가없는 인(仁)을 펴려 하신다면 반드시 먼저 무너지지 않는 진리(法)에 의지해야 합니다. 성인 박가범(薄伽梵)은 큰 수다라(修多羅, 곧 經文)를 풀어내며, 그것을 '금강(金剛)'이라 절묘하게 비유하고, '반야(般若)'라 호칭하였습니다. (부처께서) 성으로 들어가 걸식함은 장차 원만한 성취에 뜻을 낸 것이요, (수보리가) 땅에 엎드려 어깨를 드러낸 것은 여래의 호념(護念)에 지극한 정성을 보인 것으로, 색(色)과 상(想)의 육입(六入)[1]을 막고, 종(種)과 현(現)의 두 의심[二疑]를 끊으신 것입니다. 집착을 버리고 정욕을 없애고 나면 '공(空)'이 맑아지니 지혜가 드러나게 됩니다. 경문(經文)은 32품(品)으로 이루어져 있으나, 그 이치는 팔만여 가지의 법문(法門)을 담고 있으니, 실로 여래의 참된 깨달음[誠諦]에 대한 말씀이요, 모두 여러 부처의 위없는 깨달음[正徧]에 대한 종지(宗旨)라 하겠습니다.

지극한 도(道)를 삼가 공경함은 진실로 시대의 태평함에 달려있는 법, 더구나 불경을 번역하여 베푸는 성대한 공업이 성상(聖上)의 밝은 지혜를 만나고 나서야 이루어졌을 것임은 말할 것도 없습니다. 삼가 생각하건대 주상께서는 하늘을 잇고 진리를 본받아 열렬(熱烈)하신 문(文)이요, 영매(英

---

1) 색(色)과 상(想)의 육입(六入) : 일반적으로 육입(六入)은 '眼·耳·鼻·舌·身·意'을 일컫지만, 여기서는 『금강경』에서 언급되는 '有色·無色·有想·無想·非有想·非無想'을 지칭한다.

邁)하신 무(武)이십니다.[2] 전하께서는 일찍이 덕의 본바탕을 타고 나시어 참된 가르침[眞乘]에 통달하셨으니, 복덕과 지혜가 세웅(世雄, 곧 세존)과 나란하시고, 성철(聖哲)하심이 대범천왕(大梵天王)에 짝하십니다. 또 열 가지 선업[十善]을 만물에 베푸시어 (백성들이) 본받은 바가 훌륭하고도 많으니, 하늘이 내린 재능을 능히 드러나게 하십니다. 그리하여 경전의 숨은 의미[祕義]를 나타냄으로써 뭇 중생들의 미혹됨을 일깨우길 바라시어, 특별히 구결을 내려 주시고 번역의 소임을 위탁하셨으니, 이는 언어를 통해 마음이 맑게 되기를 바라심이어서 마침내 경전의 한문을 우리말로 옮기게 하셨습니다.

신 등은 외람되게도 천박한 자질로 높으신 명을 받고, 글자를 새겨 만든 뒤 그대로 인출하여 엮었습니다. 헤아리기 어려운 진리를 가르치고 열어 주시어 수승(殊勝)한 이 인연이 지어졌으니, 책력이 끝없이 넘어가듯 왕업이 길이 이어지길 축원하옵니다. 신 수신 등은 참으로 황공하여 격절(激切)하고 두려운 마음을 어찌할 수가 없습니다. 앞서 언급한 『금강경』 1권과 『심경』 1권에 삼가 전문(箋文)을 써서 올리옵니다.

천순(天順) 8년(1464년) 4월 초7일, 도제조 추충좌익공신 대광보국숭록대부 의정부우의정 남원부원군 신 황수신 등 삼가 전문을 올리다.

---

2) '승천체도열문영무왕(承天體道烈文英武王)'은 세조의 존호(尊號)이다. 세조 어보(御寶)의 인문(印文) 내용인데 여기서는 이를 풀어서 옮겼다.

[부록 2]

심경발(心經跋)
한계희 발문(韓繼禧 跋)

[원문] 韓繼禧 跋

夫當相著相者, 衆生之所以墮於煩惱; 見相非相者, 諸佛之所以證於涅槃. 由其積聚爲義, 則有陰之名; 由其識所依寓, 而生入之號; 由其取於限別, 遂立界之說, 皆因心之迷相, 轉轉遊涉, 三科之義, 所由設也. 自譯此經, 逮唐迄今, 造疏著解, 代各有人, 法藏之註, 獨得其宗, 上命孝寧大君臣補, 率臣繼禧, 就爲宣譯. 又得大宋沙門仲希所述『顯正記』, 科分藏疏, 逐句消釋, 極爲明備, 據疏分節, 釐入各文之下, 但希所據本, 非今所行, 時有不同. 大君, 與名緇, 詳加讎校, 旣克脫藁, 亟令入梓, 模印廣布. 嗚呼! 衆生顚倒, 徒知相之爲相, 而不知相之非相, 佛憫如此, 先顯五蘊, 以摠其綱, 申之以十二處, 廣之以十八界. 其曰色不異空者, 爲愚心之流也; 其曰空卽是色者, 爲愚色之人也, 無非欲使像法衆生, 空一切之相, 成萬法之智也. 惟我主上殿下, 以此經, 緇素常習, 故特令敷譯, 蓋憫晨昏致誦而不知其所以誦, 卽釋迦如來, 哀此衆生終日游相而不知其相之意也. 其開覺人天入佛知見之旨, 聖聖同揆, 嗚呼, 至哉!

天順八年 二月 仲澣 嘉靖大夫 仁順府尹 臣韓繼禧 謹跋

[번역문]

무릇 상(相)을 맞아 상(相)에 집착하는 것은 중생이 번뇌에 떨어지는 까닭이요, 상을 보고도 상이 아니라고 하는 것은 여러 부처가 열반을 증득

(證得)하는 이유이다. 겉보기의 모이고 쌓인 것으로 뜻[義]를 삼으면 숨겨진 이름이 있게 되고, 알음알이[識]의 대상에다 의지하고 말미암으면 (진리로) 드는 이름이 생기게 되고, 경계와 구별에서 취한 것을 말미암으면 마침내 경계를 세우는 말씀을 이루게 된다. 이들은 모두 마음이 모습에 미혹됨으로 인하여 이리저리 흘러 다니는 것으로, 삼과(三科)의 의(義)가 만들어진 유래이다.

이 경전이 번역된 이래 당나라를 거쳐 지금에 이르기까지 주소(注疏)를 짓고 의해(義解)를 저술한 사람은 각 시대마다 있었으나, 오직 법장(法藏)의 주석만이 그 종지(宗旨)를 터득했다고 하겠다. 이에 주상께서는 효령대군 신(臣) 보(補)에게 명하시어 신 계회와 더불어 그것을 번역하라고 하시었다. 또 송나라 사문(沙門) 중희(仲希)가 찬술한 『현정기(顯正記)』를 구하여 붙여진 소(疏)를 조목에 따라 나누고, 경구(經句)를 따라가며 완전히 풀어내니, 극히 명쾌하게 갖추어져 소에 따라 절을 나누고, 각 경문(經文) 밑에 바로잡아 넣었다. 다만 중희가 저본으로 삼은 책이 지금에는 통행(通行)되는 책이 아니고, 때로는 같지 않은 것도 있다.

효령대군께서는 이름 있는 승려들과 함께 상세하게 교감하여 탈고하고 나서, 곧바로 판목에 새기고 인출하여 널리 배포하도록 하시었다. 아아! 중생들은 전도(顚倒)되어 그저 상이 상인 줄로만 알지 상이 상이 아님은 알지 못한다. 부처께서는 이 같은 중생을 안타깝게 여기시어, 먼저 오온(五蘊)을 나타내 그 벼리를 총괄하시고, 이를 십이처(十二處)로 펴고 십팔계(十八界)로 넓히셨다. '색이 공과 다르지 않다[色不異空]'라고 말씀하신 것은 마음에 의해 어리석게 된 무리를 위한 것이요, '공이 바로 색이다[空卽是色]'라고 말씀하신 것은 색에 의해 어리석게 된 사람들을 위한 것이니, 이는 모두 진리[法]를 본받을 중생들로 하여금 일체의 상을 비워 만법(萬法)의 지혜를 이루게 하려는 것이었다.

우리 주상전하께서는, 이 경전이 승려와 속인들이 항상 익히는 것이 기에 특별히 펴서 번역하라고 하셨으니, 대개 아침저녁으로 독송(讀誦)하지만 그 독송하는 바를 알지 못하는 것을 안타깝게 여기셨기 때문이다. 이는 곧 석가여래께서 중생들이 종일토록 상에 노닐면서도 그 상의 의미를 모르는 것을 애석하게 여기신 것이라 하겠다. 인천(人天)을 깨우쳐 부처님의 지혜와 견식(見識)에 들게 하려는 뜻은 모든 성인이 똑같이 헤아리는 생각일러니, 아아 지극하도다!

천순(天順) 8년(세조 10년, 1464년) 2월 중한(仲澣), 가정대부 인순부윤 신 한계희 삼가 발문을 쓰다.

[부록 3]

몽산화상법어약록언해(蒙山和尙法語略錄諺解) 등
김수온 발문(金守溫 跋)

[원문] 金守溫 跋

我佛如來, 興于天竺, 說法度生, 爲大導士. 居後五百歲, 欲追響於後五百歲之上, 以求其淸淨圓滿之敎者, 非經則不可. 夫經之大, 有三藏十二部之異, 無非金口微言, 閨益三界者也. 我仁粹王妃殿下, 發廣大心, 立四弘願, 乃若曰: "本師能仁氏之說, 有三無差別法, 諸佛衆生, 同一妙性. 但以衆生妄相執著, 淪於六趣, 諸佛之所以爲諸佛者, 以悟此性相也; 衆生之所以爲衆生者, 以迷此性相也. 悟之迷之, 不在於他, 無眞聞見也. 若使大乘經典, 流布於世, 則人人得聞我佛之敎, 而薰發其種性, 則庶幾人得知性相之所在, 而可以報佛恩矣. 佛恩之報, 卽所以報四恩也." 於是, 命令分詣板本所在, 模印『法華經』六十件・『楞嚴經』六十件・『圓覺經』二十件・『注華嚴經』五件・『維摩經』三十件・『懺經』四十件・『心經』三百件・『六經合部』五百件・『梵網經』二十件・『地藏經』四十件・『藥師經』二十件・『恩重經』十件・『法語』二百件・『永嘉集』二百件・『大藏一覽』四十件・『南明證道歌』二百件・『金剛川老解』二百件・『楞嚴義海』六十件・『眞實珠集』二百件・『中禮文』二百件・『志磐文』一百件・『結手文』一百件・『仔夔文』五十件・『法華三昧懺』二十件・『佛祖歷代通載』三十件・『禪門拈頌』十件・『景德傳燈錄』十件・『龍龕手鑑』五十件・『六道普說』三十件, 以經計者, 凡二十九秩, 總若千件. 將以施于緇素, 使有目皆覩・有耳皆聞, 因于見聞, 以入于佛之知見, 同入於如來三無差別之境界, 而三藏之敎, 亦可以行矣. 夫自利者, 聲聞緣覺之所以爲小乘也; 利他者, 菩薩之所以爲大乘也; 二利圓成者, 如來之所以爲最上乘也. 我仁粹王妃殿下, 施諸經典, 開覺人天, 不惟自利, 又有以利他; 不惟利他, 又有以二利圓成. 則其廣大之心・無量之願, 非

聲聞小乘之心, 卽菩薩大乘之心也; 非菩薩大乘之心, 卽如來最上乘之心也. 嗚
呼, 至哉! 若其功德之本意, 則願世祖大王・睿宗大王・懿敬王, 超生淨界, 仁
城大君, 善地受生. 而因其勝采, 又有以祝大王大妃殿下壽萬歲・主上殿下壽
萬歲・王妃殿下壽萬歲, 則我仁粹王妃殿下之至願至誠, 於是乎周矣. 『恩重經』
十件, 又別爲先考左議政西原府院君諡襄節公韓確・先考妣安城府夫人洪氏,
悟無生登彼岸之願之所成. 讀此經者, 其可徒曰'此經乃仁粹王妃殿下之法施',
而仁粹王妃殿下所以爲上爲親深誠大願之所在, 其可不知也哉!

　　成化八年 夏六月 初吉 純誠佐理功臣 輔國崇祿大夫 行判中樞府事 永山府
院君 臣 金守溫 謹跋

[번역문]

　　우리 부처 여래께서는 천축(天竺)에서 일어나 법을 말씀하시고 중생을
제도하시어 거룩한 인도자[大導士]가 되셨다. 사후 오백 년, 오백 년이 지
난 뒤에 남기신 음향을 좇아 청정하고 원만한 가르침을 구하는 것은 경
전이 아니고서는 불가능하다. 경전의 방대함은 삼장(三藏) 12부의 구분이
있으나, 모두 금구(金口, 부처의 말씀)와 미언(微言, 은미한 가르침)이 아닌 것이
없으니 삼계(三界)를 윤택하고 이롭게 하는 것이라 하겠다. 우리 인수왕
비전하(곧 소혜왕후)께서 광대한 마음을 내어 사홍서원을 세우고 이렇게
말씀하셨다.

　　"본사 능인씨(本師 能仁氏, 곧 부처)의 말씀에 세 가지의 무차별법(無差別法)
이 있으니, 여러 부처님과 중생들은 오묘(奧妙)한 본성(本性)을 함께 하고
있다고 할 것이다. 다만 중생들은 망상(妄想)과 집착(執着) 때문에 육취(六
趣)에 빠지고 마는 것이니, 여러 부처님이 부처님이 될 수 있었던 바는
이러한 성상(性相, 사물의 본질과 현상)을 깨달았기 때문이요, 중생이 중생인
바는 이 성상을 깨닫지 못한 까닭이라 하겠다. 이 깨달음과 미혹됨의 원

인은 다른 데 있는 것이 아니라, 참된 보고 들음[聞見]이 없는 탓이다. 만약 대승의 경전이 세상에 널리 퍼진다면, 한 사람 한 사람 우리 부처님의 가르침을 듣고, 그 타고난 본성[種性]을 향기롭게 피어낼 것이요, 성상의 소재를 깨달아 부처님의 은혜를 갚을 수 있게 될 것이다. 부처님의 은혜를 갚는 것이야말로 바로 사은(四恩)에 보답하는 것일러라.”

　이에 경전의 판본이 있는 곳마다 명령을 내려『법화경』 60건, 『능엄경』 60건, 『원각경』 20건, 『주화엄경』 5건, 『유마경』 30건, 『참경』 40건, 『심경』 300건, 『육경합부』 500건, 『범망경』 20건, 『지장경』 40건, 『약사경』 20건, 『은중경』 10건, 『법어』 200건, 『영가집』 200건, 『대장일람』 40건, 『남명증도가』 200건, 『금강천노해』 200건, 『능엄의해』 60건, 『진실주집』 200건, 『중례문』 200건, 『지반문』 100건, 『결수문』 100건, 『자기문』 50건, 『법화삼매참』 20건, 『불조역대통재』 30건, 『선문염송』 10건, 『경덕전등록』 10건, 『용감수감』 50건, 『육도보설』 30건을 원판(補刻이나 象嵌 등 없이) 그대로 인출(印出)하게 하시니, 경전으로 세어 보면 대개 29질로 총합 약 1,000건이었다. 이를 장차 승가(僧伽)와 세속에 베풀어 눈 있는 자 모두 보게 하고, 귀 있는 자 모두 듣게 하시었다. 이렇게 보고 들은 것에 말미암아 부처의 지혜와 견식에 들어가서 여래의 세 가지 무차별 경계로 함께 드니, 삼장(三藏)의 가르침 역시 행해질 수 있는 것이다.

　스스로를 이롭게 하는 것은 성문(聲聞)과 연각(緣覺)이 소승(小乘)이 되는 까닭이고, 타인을 이롭게 하는 것은 보살(菩薩)이 대승(大乘)이 되는 까닭이며, 이 두 이로움이 원만하게 이루어지는 것이 여래가 최상승(最上乘)이 되는 까닭이다. 우리 인수왕비전하께서는 여러 경전을 베풀어 세상 사람들을 깨우쳤으니 스스로를 이롭게 한 것일 뿐 아니라, 다른 사람까지 이롭게 한 것이요, 다른 사람을 이롭게 한 것만이 아니라 두 이로움을 원만히 이루신 것이다. 그러니 그 광대하신 마음과 한량없는 기원은 성문

(聲聞) 같은 소승의 마음이 아니라 보살 같은 대승의 마음이며, 보살 같은 대승의 마음이 아니라 바로 여래 같은 최상승의 마음이라 할 것이다.

아아, 지극하도다! 그 공덕의 본뜻은 세조대왕, 예종대왕, 의경왕께서 극락정토에 태어나고 인성대군께서 좋은 땅에서 생명을 받기를 기원한 것이었다. 그 승채(勝采)로 인하여 대왕대비전하의 만수무강과 주상전하의 만수무강, 왕비전하의 만수무강을 축원하는 뜻도 있었으니, 우리 인수왕비전하의 지극한 기원과 지극한 정성이 이렇듯 골고루 미쳤다. 『은중경』 10건은 따로 선고(先考)이신 좌의정 서원부원군 시호 양절공 한확(韓確)과 선고비(先考妣)이신 안성부부인 홍씨(洪氏)께서 무생(無生)의 진리를 깨달아 피안에 오르기를 기원하여 만든 것이다. 이 경전을 읽는 자가 그저 '이 경전은 인수왕비전하의 법시(法施)이다.'라고만 말할 것이면, 인수왕비전하의 조상과 부모를 위한 깊은 정성과 크나큰 발원이 그 속에 있음을 모르는 것이라고 할진저!

성화(成化) 8년(성종 3년, 1472년) 여름 유월 초하루, 순정좌리공신 보국숭록대부 행판중추부사 영산부원군 신 김수온 삼가 발문을 쓰다.

[부록 4]

남명집언해 · 금강경삼가해언해
(南明集諺解 · 金剛經三家解諺解)
한계희 · 강희맹 발문(韓繼禧 · 姜希孟 跋)

[원문] 韓繼禧 跋

昔世宗莊獻大王, 嘗欲以國語, 翻譯『金剛經五家解』之冶父「頌」·宗鏡「提綱」·得通「說誼」及『證道謌南明繼頌』, 以入『釋譜』, 命文宗大王及世祖大王共撰之, 而親加睿裁焉. 于時, 冶父宗鏡二解·得通「說誼」, 草藁已成而未暇校定,『南明』纔譯三十餘首, 俱未就緒, 遺命文宗·世祖終事. 文宗享國日淺, 世祖繼之, 遵奉遺敎, 首先『釋譜』刊板流通, 又印施親購得中朝『證道謌』彦琪註, 與宏德·祖庭註, 幷『金剛經五家解』, 及諸經. 第以諸佛性宗·如來心印, 深妙難思, 不可識識智知文詮言論, 又以遺囑重大, 不可草草, 故先譯『楞嚴經』·『法華經六祖解』·『金剛經』·『圓覺經』·『心經』·『永嘉集』等經, 印施中外, 亦無非靈承遺意. 而抑欲爲此張本廣演最勝經敎, 講究許多深妙義理, 極其爛熟然後, 弘宣諸佛祖無上了義, 普令一切見自佛性焉, 蓋難其事而重先命也. 方擬措手, 弓劍遽遺, 嗚呼, 痛哉! 恭惟我慈聖大王大妃殿下, 慈悲廣大, 誠孝罔極, 懼佛祖之法印堙晦·三聖之誓願未伸, 乃命禪德學祖, 更校『金剛三解』譯, 及續譯『南明』. 旣訖, 命印『三家解』三百本,『南明』五百本, 廣施諸刹, 普令塵墨一切含靈見聞受持, 咸使成就第一希有功德, 如佛所說. 於是, 世宗神道設敎弘誓願海, 文宗·世祖, 大忠大孝, 繼述之事, 始極完而無憾, 以一大事因緣, 列聖在天, 成等正覺, 宗圖永固, 歷年無窮, 吁, 至矣哉!

成化十八年 七月 日 推忠定難 翊戴純誠明亮經濟佐理功臣 崇祿大夫 議政府左贊成 西平君 臣 韓繼禧 奉敎謹跋

[번역문]

　지난날 세종장헌대왕께서는 일찍이 『금강경오가해』에 실린 야보(冶父)의 「송(頌)」, 종경(宗鏡)의 「제강(提綱)」, 득통(得通)의 「설의(說誼)」와 『증도가남명계송(證道謌南明繼頌)』을 우리말로 번역하여 『석보상절』에 넣고자, 문종대왕과 세조대왕에게 함께 찬술하라 명하시고 친히 재가(裁可)하셨다. 당시 야보와 종경 두 주해와 득통의 「설의」는 초고가 이미 완성되었지만 미처 교정할 겨를이 없었고, 『남명집』은 고작 30여 수를 번역해 놓았을 뿐 모두 마무리되지 못했던 터라, 세종께서는 문종과 세조에게 이 일을 끝맺으라는 유명(遺命)을 남기셨다.

　문종께서는 재위하신 기간이 짧으셨기에 세조께서 이를 계승하셨다. 그 유훈을 따라 우선 『석보상절』을 간행하여 유통시켰고, 또 친히 중국에서 사들인 『증도가』에 대한 언기(彦琪)의 주석과 굉덕(宏德)·조정(祖庭)의 주석, 『금강경오가해』와 여러 경전 등을 간인하여 배포하셨다. 여러 부처의 성종(性宗)과 여래의 심인(心印)은 심히 오묘하고 헤아리기 어려워 식(識, 곧 八識)으로 인식하거나 지(智, 곧 世俗智)로 알거나 글로 설명하거나 말로 풀어낼 수 없을뿐더러, 남기신 부탁의 중대함은 대강대강 처리할 수 있는 것이 아니었다. 그리하여 먼저 『능엄경』, 『법화경육조해』, 『금강경』, 『원각경』, 『심경』, 『영가집』 등의 경전을 번역하고 중앙과 지방에 간인해 배포하였으니, 또한 유지를 영민하게 계승하지 아니함이 없었다. 게다가 이 장본(張本, 곧 책)들이 널리 퍼져 가장 훌륭한 경전의 가르침이 되게 하고자 수많은 깊고 오묘한 뜻과 이치를 강구하고, 그것을 완전히 익힌 뒤에야 여러 부처와 조사(祖師)의 위없는 진리를 널리 펴서 모든 중생이 자신의 불성(佛性)을 보도록 하였다. 그러하니 그 사업을 어렵게 여기고 선왕의 유명(遺命)을 지중(至重)하게 받들지 아니할 수 있었겠느냐.

그러나 바야흐로 착수하여 진행하려는 차에 갑자기 붕어하시니, 아아 가슴이 미어지누나!

삼가 생각하건대 우리 자성대왕대비전하(곧 정희왕후)께서는 자비로움이 광대하고 효성스러움이 망극하시어, 부처님과 조사들의 법인(法印)이 감추어지고 삼성(三聖)의 서원(誓願)이 펴지지 못할까 염려하셨다. 이에 선승 학조(學祖)에게 『금강경삼가해』의 번역을 다시 교열하게 하고, 『남명집』을 이어 번역하라 명하셨다. 일이 마무리되자 『금강경삼가해』는 300부, 『남명집』은 500부를 간인하여 여러 사찰에 두루 보급하였다. 널리 무수한[塵墨] 일체의 함령(含靈)이 보고 들어 마음에 간직하게 하여 모두 가장 드문 공덕을 성취하도록 하셨으니, 부처께서 말씀하신 바와 같았다.

이에 세종께서 돌아가시며 남기셨던 바다처럼 깊고 넓은 서원[弘誓願海]은 문종과 세조의 큰 충정과 큰 효성으로, 이어받아 제술(製述)하는 일이 비로소 지극히 완미(完美)하여 유감이 없게 되었다. 일대사인연(一大事因緣)³⁾으로 열성(列聖)께서 하늘에 계셔서 등정각(等正覺)을 이루시고, 종묘의 앞날[宗圖]이 오래도록 공고하여 해를 거듭할수록 무궁하리니, 아아 지극하도다!

성화(成化) 18년(성종 13년, 1482년) 7월 일, 추충정난 익대순성명량경제좌리공신 숭록대부 의정부좌찬성 서평군 신 한계희 교지를 받들어 삼가 발문을 쓰다.

---

3) 일대사인연(一大事因緣) : 직역하면 '하나의 큰 사업으로 인연을 맺는 것'이라는 뜻으로, 부처가 중생을 구제하기 위해 세상에 나타나 교화한 것을 이른다.

[원문] 姜希孟 跋

歲在丙寅春, 昭憲王后, 奄棄宮壺, 世宗大王, 悲悼哀傷, 以爲饒益冥禧無上
轉經, 乃於萬幾之暇, 留神釋典. 爾時, 文宗在東宮, 世祖在潛邸, 曁諸宗英昵,
承世宗慈訓, 紬繹諸經, 以爲『金剛經』諸解中冶父・宗鏡, 直是了義頓敎法文,
『南明繼頌』, 禪家活語, 俱是離文字底說話, 單提直指之妙, 舍此而無以他求.
歲戊辰春, 又得涵虛堂・信如所撰『冶父宗鏡話說誼』, 上大加稱賞, 命世祖翻
譯, 親加睿裁, 又親譯『南明』三十餘篇, 命世祖畢譯, 將入『釋譜』之末書, 未脫
藁, 而歲庚午春, 世宗賓天, 遺命文宗・世祖終其事. 世祖服膺遺敎, 未敢蹔舍,
嘗赴京師, 購得『證道謌彦琪註』, 乃還爾後, 屬時屯艱, 未遑他及. 逮我世祖,
克靖大難, 化家爲國, 迅續大平于前烈, 凡繼志述事之事, 無微不擧, 又能弘揚
佛法, 大闡玄敎, 首先刊印『釋譜』, 廣施流通, 凡海藏眞詮, 靡不轉閱間取法文
之要者. 如『楞嚴經』・『法華經六祖解』・『金剛經』・『圓覺經』・『心經』・『永
嘉集』等經, 重加諺譯, 使人人易曉, 蓋莫非崇正法而重遺囑也. 向所謂翻譯『金
剛經』諸解・『證道謌繼頌』等篇, 獨未之及焉者, 豈非諸佛祖無上了義, 直是劍
刃上說話, 纔涉擬議商量, 落在第二窠臼, 蓋鄭重而未敢卽就也歟? 歲戊子秋,
世祖有漏緣盡, 八音遽遏, 嗚呼, 慟哉! 厥後十有五載壬寅, 恭惟慈聖大王大妃
殿下, 宿種善根, 開發心花, 追念烈聖之洪願, 思繼遺緖之未終, 乃命禪德臣學
祖, 重校『金剛經』冶父・宗鏡「話」・涵虛堂得通「說誼」, 目曰『金剛經三家解』.
續成御譯『南明』, 旣訖, 命內需司, 模印廣施, 演福利於無窮, 命臣希孟跋之.
臣希孟竊惟, 理絶言詮, 强演權敎者, 非實; 機分頓漸, 獲悟眞宗者, 亦希. 今夫
因指以見月, 執指以爲月, 終無見月之理; 因筌以得魚, 執筌以爲魚, 寧有得魚
之時? 必也筌・指雙忘, 月可見而魚可得矣. 雖然, 如是直得魚月亦忘, 忘其所
忘然後, 般若智光, 自然呈露矣. 黃面老子, 杜口毗耶, 默何所默; 始從鹿苑, 說
何所說? 要知黃葉止啼, 實是大權方便. 若有過量漢, 憑斯所施法文, 由粗以入
精, 遡流以究源, 直透三關, 入佛知見, 則雖曰彌天葛藤, 換成菩提淨樹, 滿口
雌黃, 還同般若眞詮, 可也. 如斯功德, 塵墨所難窮, 鄰虛所難盡, 以是勝緣, 列
聖在天靈駕, 誕登彼岸, 優游常寂土, 及與法界含靈, 同成佛顆, 宗祚永固, 四
境寧謐, 詎不偉歟?

時大歲壬寅 孟秋 仲浣 推忠定難 翊戴純誠明亮佐理功臣 崇政大夫 議政府
右贊成兼知經筵春秋館事 晋山君 臣 姜希孟 奉敎謹跋

[번역문]

병인년(1446) 봄, 소헌왕후께서 승하하셨다. 세종대왕께서는 몹시 슬퍼
하시고 상심하시며 명복을 비는 데는 경전을 독송하는 것보다 나은 것
이 없다 하시고, 정사를 돌보는 틈틈이 불경에 마음을 쏟으셨다. 이때 문
종께서는 동궁(東宮)에, 세조께서는 잠저(潛邸)에 계셨는데, 왕실의 재주 있
는 종친들과 함께 세종의 가르침을 받들어 여러 불경을 풀어내셨다.『금강
경』의 여러 주해 가운데서는 야보(冶父)와 종경(宗鏡)이 바로 진리이자 돈
교(頓敎)의 법문이요,『남명계송』에 있는 선가(禪家)의 활어(活語)들도 마찬
가지로 문자와 언어를 내세우지 않는 것이라고 여기셨다. 그리고 이들이
야말로 '단 하나 전하신 직지의 묘함[單提直指之妙]'으로 이를 버리고 달리
구할 것은 없다고 하셨다.

무진년(1448) 봄, 함허당(涵虛堂)과 신여(神如)가 찬술한『야보종경화설의
(冶父宗鏡話說誼)』를 입수하니, 주상께서 크게 칭찬하시고 기뻐하시며 세조
에게 이를 번역하라 명하시고 친히 재가하셨다. 또 몸소『남명집』의 30여
편을 번역하시고, 세조에게 이를『석보상절』의 마지막에 넣을 수 있도록
번역을 마무리하라 명하셨다. 그러나 미처 탈고(脫稿)하지 못한 경오년
(1450) 봄, 세종께서는 문종과 세조에게 그 사업을 끝맺으라는 유명을 남
기시고 승하하셨다.

세조께서는 이 유훈(遺訓)을 가슴에 새기고 잠시도 잊지 않으시어 일찍
이 중국의 경사(京師)에 가『증도가언기주』를 사들이셨다. 그러나 돌아오
신 후 시세(時世)가 어려워 다른 일을 할 겨를이 없으셨고, 우리 세조께서

큰 환란을 평정해 내고 임금에 즉위하시어 선열의 태평성대를 이은 때
가 되어서야 선왕의 사업을 잇는 일에 다시 뜻을 두셨다. 작은 것도 거
론치 않는 바가 없으시어 불법을 널리 드날리고 현묘(玄妙)한 가르침을
크게 펼칠 수 있었으며, 가장 먼저 『석보상절』을 간인하여 널리 배포하
고 유통시켜 진리를 차별 없이 베푸시니 읽어가면서 법문의 요지를 간
취(看取)하지 못하는 이가 없었다. 『능엄경』, 『법화경육조해』, 『금강경』, 『원
각경』, 『심경』, 『영가집』 등의 경전을 거듭 우리말로 번역하여 한 사람
한 사람 쉽게 깨우치도록 하셨으니, 정법(正法)을 숭상하고 유촉(遺囑)을
중하게 여기기로 이보다 더할 수가 없었다. 일전에 이른바 『금강경』의
여러 주해와 『증도가계송』 등을 번역한 책이 이에 미치지 못했던 것은,
여러 부처와 조사의 위없는 진리란 바로 '칼날 위의 일에 대한 이야기'[4]
일 터 조금이라도 따져 보고 헤아리려 하면 제2의 굴레[第二䐗臼]에 떨어
지고 마니 대개 정중하지만 감히 나아가 성취하지는 못했기 때문 아니
겠는가?

무자년(1468) 가을, 세조께서 속인(俗人)으로서의 인연이 다하여 갑자기
승하하셨다. 아아, 가슴 아픈 일이로다! 그로부터 15년이 지난 임인년
(1482), 삼가 생각하건대 자성대왕대비전하[곧 정희왕후]께서는 오래도록 선
한 일의 뿌리를 심으시며, 지혜로운 마음[心花]을 피워 내시어 돌아가신
선왕들의 큰 서원을 추념하시고, 미완의 유업(遺業)을 계승하기로 결심하
셨다. 이에 선사(禪師) 학조(學祖)에게 『금강경』에 대한 야보와 종경의 「화
(話)」와 함허당 득통의 「설의(說誼)」를 다시 교열하라 명하시고, 이를 가리
켜 『금강경삼가해』라 하셨다. 이어 선왕께서 번역하신 『남명집』을 완성

---

4) 칼날 위의 일에 대한 이야기 : 원문은 '劍刃上說話'이다. 그 요지는 의미를 생각하려
　하는 순간, 이미 진리에서 멀어져 버린다는 것이다. 『임제록(臨濟錄)』에서 그 연원을
　찾을 수 있는데, 해당 부분은 다음과 같다. "上堂, 僧問 : "如何是劍刃上事?" 師云 :
　"禍事禍事." 僧擬議, 師便打."

하신 후, 내수사(內需司)에 이를 모인(模印)하여 널리 배포하라 명하시어 복리(福利)가 끝없이 퍼져 나가게 하셨다. 그리고 소신 희맹에게 발문을 쓰라 명하셨다.

신 희맹은 가만히 생각해 보건대, 진리는 언어의 설명을 뛰어넘어 있으니, 억지로 권교(權敎, 방편적 가르침)를 펴는 자는 참이 아니요, 근기(根機)는 돈오(頓悟)와 점수(漸修)로 나뉘어 있으니 참된 종지(宗旨)를 깨닫는 자는 드물다. 지금 손가락으로 달을 보이려 하면 손가락을 붙잡고 달이라 하니 달을 보여 주려는 이치가 끝내 없어지고, 통발로 고기를 잡으려 하면 통발을 붙들고 고기라 하니 어찌 고기를 잡을 때가 있겠는가? 기필코 통발과 손가락을 모두 잊어야 달을 볼 수 있고, 고기를 잡을 수 있을 것이다. 그러나 이처럼 고기와 달을 곧바로 얻었다는 것도 잊고, 그 잊었다는 사실조차 잊어야만, 반야지(般若智)의 광명이 자연스레 드러날 것이다. 석가모니께서 비야리(毗耶離)에서 입을 다문[5] 침묵은 어떠한 침묵이었으며, 녹야원(鹿野苑)에서 처음으로 하신 설법은 어떠한 설법이었는가? 요컨대 아이의 울음을 그치게 한 누런 버들잎[6]이 실은 큰 권도(權道)이자 방편이라는 것을 알아야 하는 것이다.

만약 과량한(過量漢, 뛰어난 사람)이 그 베푸신 법문에 의지하되, 거친 것으로부터 정미(精微)한 데로 들어가고 흘러가는 것을 거슬러 올라, 근원을 궁구하고 삼관(三關)을 곧바로 넘어 부처의 지혜[佛知見]에 들어간다면, 비록 하늘까지 칡덩굴과 등나무가 얽혀 있다 해도 깨끗한 보리수로 변할 것이요, 온 입에 자황(雌黃)을 문 듯 금방 바뀌어 반야(般若)의 참된 깨

---

5) 비야리(毗耶離)에서 입을 다문 : 원문은 '杜口毗耶'이다. 본문에서는 주체가 석가모니로 되어 있으나, 『유마경(維摩經)』에 따르면 비야리에서 침묵으로 '不二法門'를 설법한 이는 유마힐이다.

6) 아이의 울음을 그치게 한 누런 버들잎 : 원문은 '黃葉止啼'로 선가(禪家)에서 자주 사용되는 표현이다. 부처가 중생을 교화하는 방편이 버드나무의 누런 잎을 황금으로 바꾸어 어린 아이의 울음을 그치게 하는 것과 같다고 비유한 데 바탕을 두고 있다.

달음으로 함께 돌아갈 수 있을 것이다. 이와 같은 공덕은 진묵겁(塵墨劫)으로도 다하기 어렵고 인허(鄰虛)로도 다하기 힘든 바이다. 이런 아름다운 인연으로 하늘에 계신 열성(列聖)의 영가(靈駕)가 피안에 올라 상적토(常寂土)에서 노닐고, 법계의 함령(含靈)들이 함께 성불하며, 종묘(宗廟)가 길이 공고해지고, 사방의 경계가 평안해지니, 어찌 위대하다 하지 않겠는가?

대세 임인년(성종 13년, 1482년) 초가을 중완(仲浣, 20일), 추충정난 익대순성명량좌리공신 숭정대부 의정부우찬성 겸지경연춘추관사 진산군 신 강희맹 교지를 받들어 삼가 발문을 쓰다.

[부록 5]

불정심다라니경언해(佛頂心陀羅尼經諺解)
학조 발문(學祖 跋)

[원문] 學祖 跋

一代所說, 不出顯密二教, 顯教則尋文解義, 昭廓心地; 密教則專心誦持, 禳殄災厄. 密教固多秩, 而『佛頂心陀羅尼經』, 最爲樞要, 神蹤異跡, 世非一二數, 故人多尙之, 而板本堙沒, 世罕得而奉持焉. 我仁粹王大妃殿下, 爲主上殿下, 睿算靈長, 消殄魔怨, 爰命工人, 効唐本, 詳密而圖之, 楷正而寫之, 鏤而刊之, 以壽其傳. 蓋益自利他, 使人人而樂誦; 推己及人, 令箇箇而知歸, 拯蒼生於憂逼之際, 復子女於生産之難. 於是, 自在之業, 普應於根緣, 圓通普門, 廣闢於人寰, 功猶極神, 盡大地, 以生善德, 無不被, 窮未來而莫算. 然則我殿下, 能事之究竟, 圓滿之果海, 固不可得而思議也.
　成化二十一年 乙巳 春二月 比丘 臣 學祖 謹跋

[번역문]

　일대(一代)에 말씀하신 바는 현(顯)과 밀(密)의 두 가르침을 벗어나지 않는다. 현교(顯敎)란 글을 연구하고 그 뜻을 풀어내어 마음의 바탕[心地]을 밝히고 넓히는 것이요, 밀교(密敎)는 온 마음으로 독송 수지(讀誦受持)하여 재액(災厄)을 물리치는 것이다. 밀교에 실로 많은 책[秩]이 있지만, 『불정심다라니경』이 가장 핵심적이고 중요하다고 할 것이다. 그 신묘한 자취와 기이한 종적이 대대로 비일비재하여 많은 사람들이 이 경전을 존숭해왔으나, 판본이 인멸되어 세간에서는 드물게 구하여 받들어 지니고 있다.

우리 인수왕대비전하(곧 소혜왕후)께서는 주상전하를 위해 영장(靈長)을 슬기롭게 헤아리고 마원(魔怨)을 없애고자 하셨다. 이에 공인(工人)에게 명하시어 당본(唐本)을 본으로 삼아 정밀하게 따지고 해서(楷書)의 정자(正字)로 베껴 간인(刊印)함으로써, 이 책이 오래도록 전승되게 하셨다. 이는 스스로에게 도움이 되고 남에게도 이로운 일로 사람마다 독송(讀誦)을 즐겁게 여기도록 하신 것이요, 자신을 돌아보아 남을 살피는 일로 한 사람 한 사람 귀의할 바를 알게 하신 것이다. 그리하여 넉넉함과 부족함 사이에 허덕이는 창생(蒼生)을 구제하고, 생산의 어려움에 있는 자녀들을 제자리로 돌려놓으셨다.

이에 자재(自在, 번뇌의 속박을 벗어나 장애가 없는 것)의 업이 근연(根緣, 본성과 환경)에 두루 보응(普應)하고, 원만한 깨달음과 보문(普門)의 가르침이 세상에 널리 펼쳐졌다. 그러하니 그 공덕이 극히 신묘하여 대지를 뒤덮고, 선덕(善德)을 낳아 가피(加被)를 입지 않음이 없어 미래가 다하여도 헤아릴 수 없을 것이다. 그런즉 우리 전하께서 능숙하게 불사를 완수하시고 원만하게 바다 같은 공덕을 이룩하심은 참으로 사람의 생각과 언어로 미칠 수 없는 것이라고 하겠다.

성화(成化) 21년(성종 16년, 1485년) 을사 봄 2월, 비구 신 학조 삼가 발문을 쓰다.

[부록 6]

영험약초언해(靈驗略抄諺解)
학조 발문(學祖 跋)

[원문] 學祖 跋

夫天下之機緣萬品, 而良醫之處方亦異, 故我覺王, 從一法界, 而運出塵沙之法門. 門門可入, 凡有知者, 罔不隨機而得益, 然入門有遲速, 觀行有難易, 莫非導士方便善巧之如何耳. 時當末運, 人根由之, 擬禪那, 則高推聖境; 論義學, 則甘稱下劣, 由是, 方袍圓頂, 盡爲風塵之客; 白衣高賓, 永作那落之徒. 我仁粹王大妃殿下, 恐世道之薄, 緩時流之急, 思所以切於時而利於人者, 無偕於『五大眞言』, 不專禪定, 不探義理, 而但令持誦, 則獲福一如經說, 叔世利人之方, 莫斯爲最也. 然此經梵漢奇奧, 讀者病之. 於是, 求得唐本, 注諺, 重刊印而施之, 庶使便於誦習而無利鈍之差, 逸於佩守而莫貴賤之異, 奉持猶簡而冥資則悉均. 箇箇得趣向之分, 人人違菩提之岸, 功被四生, 見聞躋解脫之境; 德及存亡, 幽顯返常樂之鄕. 以至祖宗先靈, 咸資妙援, 抑亦主上殿下, 睿算天長, 金枝繁茂, 玉葉昌盛. 諷誦之時, 咸稱壽祺, 持念之際, 必曰崗陵, 『五大』之驗昭昭, 衆口之宣歷歷, 衆殿下能事之已圓, 於是乎知矣!
成化二十一年 乙巳 孟夏 山人 臣 學祖 敬跋

[번역문]

천하의 기연(機緣)이란 만 가지 품별이 있어 훌륭한 의사의 처방도 그에 따라 달라지기 마련이다. 때문에 우리 부처님[覺王]께서 하나의 법계

(法界)로부터 수많은 법문(法門)을 끌어내셨으니, 그 문은 하나하나 다 들어갈 만하여 지각이 있는 이라면 모두 그 근기(根機)에 따라 도움을 얻을 수 있었다. 그러나 법문으로 들어섬에 있는 더디고 빠름의 차이, 진리를 보고 실천함에 생기는 어렵고 쉬움의 차이는 이끌어 주는 사람의 방편이 얼마나 훌륭하고 공교로운가에 달려 있을 수밖에 없었다.

시세(時勢)는 말운(末運)에 처하고 사람의 근기(根機)도 그 영향을 받아 선나(禪那)를 지향하면 성스러운 경지라며 높이 추켜세우면서도, 교의(敎義)를 논하면 수준이 낮고 뒤떨어진다는 평가를 감수해야 했다. 이런 까닭에 가사(袈裟)를 걸치고 머리를 깎은 승려는 죄다 속세의 손이 되고, 일반 백성이든 고관대작이든 영원히 지옥에 떨어질 무리가 될 지경이다.

우리 인수왕대비전하(곧 소혜왕후)께서는 세도(世道)가 척박해짐을 안타까워하시고 시류(時流)의 급함을 늦추고자, 시대에 절박하고 사람에게 이로운 것으로『오대진언』보다 적합한 것이 없다고 생각하셨다. 선정(禪定)에 전력하지 않아도 의리를 탐구하지 않아도 다만 수지(受持)·독송(讀誦)하게 하면 경전에서 설파하는 것과 똑같은 복을 얻을 수 있으니, 말세에 사람들을 이롭게 하는 방편으로 이보다 더 나은 것이 없다고 판단하신 것이다. 그러나 이 경전은 범어(梵語)와 한문(漢文)으로 이루어져 기이하고도 오묘했기에, 읽는 이들이 그 점을 병통으로 여기고 있었다. 이에 당본(唐本)을 구해 입수하여 우리말을 덧붙이고 거듭 간인(刊印)해 배포하셨으니, 편하게 외우고 익히도록 하여 예리함과 둔함의 격차가 무의미해지고, 자유롭게 지니도록 하여 귀천의 차별이 없어지며, 봉지(奉持)하는 것이 더욱 간편해져 명자(冥資, 죽은 이에게 내리는 資級)가 모두 균등하게 되기를 바라신 것이다. 그리하여 개개인이 지향하는 분(分)을 얻고, 사람마다 깨달음[菩提]의 경지로 돌아가게 되었다. 공업은 사생(四生)에 가피(加被)하여 견문이 해탈의 경지로 올라서고, 덕망은 생사에 미치어 유현(幽顯, 저승

과 이승)이 상락(常樂)의 공간으로 돌아가게 되었다. 이로써 조종(祖宗)의 영
령께서 모두 오묘한 구원을 받으시고, 또 주상전하께서는 슬기로운 헤아
림이 하늘 같이 깊어지시고, 왕실의 자손[金枝玉葉]이 무성하게 번창하게
될 것이다. 독송할 때면 모두가 수복(壽福)을 일컫고, 염송할 제면 반드시
강릉(崗陵)의 축원을 담으니, 『오대진언』의 영험함이 환하고 밝으며 중생
의 입에 퍼져 나감이 역력하다고 할 것이다. 전하께서 불사를 잘 다스리
어 원만하게 완수하심을 여기서 알 수 있을진저!

　성화(成化) 21년(성종 16년, 1485년) 을사 초여름, 산인(山人) 신 학조(學祖) 삼
가 발문을 쓰다.

[부록 7]

영가집언해(永嘉集諺解) 등
학조 발문(學祖 跋)

[원문] 學祖 跋

　我佛如來之垂敎也, 指萬化而歸一心, 卽一心而明自性. 且性之爲體, 湛寂虛玄, 杳絶名相, 以大悲故, 隨順機宜, 乃彰名號, 或稱眞如, 或稱實相, 或稱般若, 或稱如來藏焉. 一法千名, 應緣立號, 其實皆一道也. 聖人覺之, 謂之菩提; 群生昧之, 謂之煩惱, 聖人以其所覺而闢其所昧. 於是, 無像而像, 現百千之容儀; 無說而說, 出大千之經卷. 機分異類, 說有殊途, 要其所歸, 無越乎三藏; 示其所修, 則不過戒定慧而已. 戒者, 所以軌範身口; 定慧者, 所謂融冶性情, 自邇陟遐, 何莫由斯道焉? 弘治甲寅, 我成宗大王, 方隆至治之時, 奄棄臣民, 一國遑遑, 如喪考妣. 我王大妃殿下, 號攀躄踊, 五內摧裂, 凡所以追遠薦福者, 無所不用其極. 於是, 擇經律論中開人眼目者, 印出 飜譯『法華經』·『楞嚴經』各五十件, 『金剛經六祖解』·『心經』·『永嘉集』各六十件, 『釋譜詳節』二十件, 又印漢字『金剛經五家解』五十件, 『六經合部』三百件, 以資冥氃. 及至鍊祥, 集卅三之淨侶, 轉讀以落之, 遍施林泉之徒, 皆得硏窮其義, 演暢無言之旨, 開闡普眼之經, 不二門之廣闢, 導泣歧之迷客; 法性海之汪洋, 拯探月之癡猿, 駈四生十類, 共到常樂之鄕. 我先王在天之靈, 乘此廓大之緣, 無爲而爲, 卽千差而踏著靈源; 不成而成, 當萬有而暗蹈大方, 不離一塵, 闊步如來廣大刹, 則我殿下追慕薦拔之能事, 畢矣. 嗚呼, 至哉! 若夫人人本有, 底一卷經, 徒求諸文字語言之間, 而不以心得, 則不幾於磨甎作鏡·以指爲月者耶? 何況我殿下, 作此殊因, 普施法侶, 用薦冥遊於大寂滅海, 其爲願王, 豈在語言文句而已哉? 所以包含遠大之旨, 固不可得而思議, 後之學者, 當以此爲警策焉, 則斷知黃葉竟非錢矣.

　弘治八年 秋八月 下澣 黃岳山人 學祖 敬跋

[번역문]

우리 부처 여래께서 베푸신 가르침이란, 수많은 변화[萬化]를 가리켜 한 마음[一心]으로 돌아가게 하고, 한 마음에 나아가 본래의 불성[自性]을 밝히는 것이라 하겠다. 그런데 자성(自性)의 체(體)됨은 깊고도 고요하며, 텅 빈 듯 현묘하여 이름[名]과 모습[相]을 아주 초절(超絶)한 것이어서, (부처께서) 큰 자비심으로 기의(機宜)에 따라 그 명호(名號)를 나타내시어 어떤 경우에는 '진여(眞如)', 또 어떤 경우에는 '실상(實相)', 또 '반야(般若)', '여래장(如來藏)' 등으로 불리게 되었다. 하나의 법에 붙은 천 가지 이름은 그 기연(機緣)에 대응하여 칭호를 붙인 것으로 실은 모두 하나의 도(道)라 할 것이다.

성인이 이를 깨닫는 것을 보리(菩提)라 하고, 중생이 이에 몽매(蒙昧)한 것을 번뇌라 하니, 성인은 그가 깨달은 바로 몽매한 바를 깨우친다. 이 과정에서 모습[像] 없는 모습이 수백수천의 용모와 거동으로 나타나고, 말씀[說] 없는 말씀이 대천(大千)의 경권(經卷)으로 나오는바, 근기(根機)가 각각의 부류에 따라 나뉘어 말씀에도 다른 길이 있는 것이다. 하지만 그 귀결되는 바를 간추리면 삼장(三藏)을 벗어나지 않고, 그 수행하는 바를 보자면 계(戒)·정(定)·혜(慧)에 불과할 따름이다. 경계한다는 것은 몸과 입을 반듯하게 하는 것이요, 선정(禪定)과 지혜라 함은 이른바 성정(性情)을 조화롭게 다스리는 것이니, 가까운 데서 먼 곳에 오르기까지 어찌 이 도리를 경유하지 않을 수 있겠는가?

홍치(弘治) 갑인년(1494), 우리 성종대왕께서 바야흐로 지치(至治)의 시대에 오르려 할 즈음 갑자기 신하와 백성을 버리시니, 온 나라가 부모를 여읜 것처럼 어쩔 줄 몰라 하였다. 우리 왕대비전하(곧 정현왕후)께서는 부르짖으며, 상여를 부여잡고 가슴을 치며, 발을 구름에 오장이 다 끊어지고 찢어지는 듯하셨으니, 추념하고 명복을 비는 것에 지극하지 않은 바가 없었던 것이다. 이에 경전, 율법, 의론 가운데 사람의 안목을 일깨워 주는 것을 골라 번역된 『법화경』·『능엄경』 각 50건, 『금강경육조해』·『심경』·『영가집』 각 60건, 『석보상절』 20건을 인출해 내시고, 다시 한자로 된 『금강경오가해』 50건과 『육경합부』 300건을 간인하시어 명복을 비는 일에 도움이 되게 하시었다. 연상(練祥)[7]을 지낼 때에 이르러, 33명의 승려를 모아 독송하게 함으로써 이 사업을 완수하시었다. 그리고 재야의 승도들에게 널리 배포하여 모두가 그 뜻을 궁구할 수 있었으니, 무언(無言)의 종지(宗旨)를 풀어내고 누구나 볼 수 있는[普眼] 경전을 연 것이었다. 활짝 연 불이문(不二門)으로 갈림길에서 울고 있는 길 잃은 손을 인도하고, 넘실대는 법성해(法性海)로 달을 찾는 어리석은 원숭이를 건져내듯, 사생십류(四生十類)의 모든 중생을 이끌고 다 함께 항상 즐거운 땅[常樂之鄕]에 다다른 것이라고 할 것이다. 그리하여 우리 하늘에 계신 선왕(先王)의 영령이 이 넓고 큰 인연을 타서 함[爲] 없는 함이 천차만별로 나아가 영령의 근원을 눈앞에 드러내고, 이룸[成] 없는 이룸이 만물을 만나 세상에 보이지 않는 작용을 하여 한 톨의 먼지도 버려두지 않아서 여래의 광대한 땅을 활보하시면, 우리 전하께서 추모하고 천도하시는 사업이 완수될 것이다.

아아, 지극하도다! 한 사람 한 사람의 본유(本有)가 한 권의 경전에 이르러 그저 문자와 언어 사이에서 깨달음을 구하고 마음으로 얻지 못한다면, 벽돌을 갈아 거울을 만들겠다는 것이나 손가락을 달이라고 여기는 것과 같지 않겠는가? 더구나 우리 전하께서는 이 특수한 인연을 만들어 승려에게 보시하고 이로써 대적멸의 바다에서 노닐 명복을 비셨으니, 부처의 됨됨이 어찌 언어와 문구에 있을 뿐이겠는가? 원대한 뜻을 품으신

---

7) 연상(練祥) : 즉 소상(小祥). 원문에는 '鍊祥'이라 되어 있으나 바로잡았다.

바가 참으로 불가사의이시니, 후대의 학자가 이를 경책(警策)으로 삼는다
면 누런 잎이 결국 돈이 아니었다는 것[8]을 확실히 알게 될 것이다.

홍치(弘治) 8년(연산군 1년, 1495년) 가을 8월 하한(下澣), 황악산인 학조 삼
가 발문을 쓰다.

---

8) 누런 잎이 결국 돈이 아니었다는 것 : '黃葉止啼'의 비유를 가리키는 표현이다. 자세
   한 내용은 앞의 주6) 참조.

[부록 8]

육조법보단경언해(六祖法寶壇經諺解)
진언권공(眞言勸供) · 삼단시식문(三壇施食文)
학조 발문(學祖 跋)

[원문] 學祖 跋

無私一着, 箇箇圓成; 迷倒妄計, 向外空尋. 祖祖間生, 指出當人衣中之寶,
令直下薦取, 其語巧妙明白簡易, 如淸天白日, 爭奈時人當面蹉過? 若六祖大鑑
禪師, 言簡理豐, 祖席中卓然傑出, 故古人稱語錄爲經者, 良有以也. 我仁粹大
王大妃殿下, 嘆時流之急, 縛着名相, 煩煎域內, 不知世外有淸涼, 底一段光明.
所以命僧, 以國語翻譯『六祖壇經』, 刊造木字, 印出三百件, 頒施當世, 流傳諸
後, 使人人皆得披閱, 反省自家, 廓大之面目. 其爲願王, 豈文言口議之所能髣髴
者哉? 當與法性, 相爲終始, 究竟至於無窮無盡之域者, 無疑也歟! 且『施食』 · 『勸
供』, 日用常行之法事, 或衍或倒, 文理不序, 學者病之, 詳校得正, 印出四百件,
頒施中外焉.

弘治九年 夏五月 日 跋

[번역문]

한 가지에 사사로이 집착하지 않으면 하나하나 다 원만하게 성취할
수 있고, 망령된 헤아림에 미혹(迷惑)되어 빠지면 밖으로 헛되이 찾는 법

이다. 역대의 조사(祖師)들이 더러 세상에 나서 당대 사람들의 옷 속에 숨겨진 보물9)을 끄집어내어 아래까지도 모두 그것을 취하도록 함에, 그 말씀이 교묘하면서도 명백하고 간단한 것이 맑은 하늘에 뜬 밝은 해와 같다고 하지만, 지금의 사람들이 당면한 어긋남[蹉過]을 어찌 하겠는가? 육조대감선사(六祖大鑑禪師)는 말씀이 간명하면서도 담긴 이치는 풍성하여 여러 조사들 가운데서도 우뚝하게 뛰어나시니, 옛사람들이 그 '어록(語錄)'을 일컬어 '경(經)'이라 한 것은 참으로 이유가 있었던 것이다.

우리 인수대왕대비전하(소혜왕후)께서는 시류(時流)가 급박해지면서 이름[名]과 모습[相]에 얽매이고 집착하여 온 나라 사람이 번뇌하고 애태우면서도 속세 밖에 한 줄기 광명이 비치는 청량한 곳이 있음을 알지 못하는 것을 한탄하셨다. 그리하여 승 학조(學祖)에게 명하시어 『육조단경』을 우리말로 번역하고 목활자를 제작하여 300건을 인출하도록 하셨다. 그리고 세상에 반포하여 후세에 전하니, 모든 사람이 펼쳐 읽고 자신을 돌이켜 살펴보아 그 면목을 확장할 수 있도록 하신 것이었다.

부처[願王]의 됨됨이를 어찌 글로 풀어내고 입으로 의논하여 방불(髣髴)할 수 있는 것이랴? 법성(法性)과 더불어 서로 종시(終始)를 삼아야 마침내 무궁무진의 경지에 이르게 된다는 것은 의심의 여지가 없으리라! 또한 『시식(施食)』과 『권공(勸供)』은 날마다 활용되고 항상 행해지는 법사(法事)인데도, 글자가 덧붙기도 하고 뒤바뀌기도 하여 문리(文理)가 정돈되어있지 않아 배우는 자들이 이를 병통으로 여겼다. 때문에 상세히 교감하고 바로잡아 400건을 인출하여 나라 안팎에 반포하는 바이다.

홍치(弘治) 9년(연산군 2년, 1496년) 여름 5월 일, 발문을 쓰다.

---

9) 옷 속에 숨겨진 보물 : 원문은 '衣中之寶'이다. 『법화경』의 「五百弟子授記品」에 나오는 '貧人繫珠'의 비유를 말한다.

●●●● **참고문헌**

강신항(1957), 「이조초 불경언해경위에 대하여」, 『국어연구』 1호, 국어연구회. 강신항 (1987/2003)에 재수록.

강신항(1987/2003), 『(수정 증보) 훈민정음 연구』, 성균관대학교 출판부.

강창석(1996), 「한글의 제자원리와 글자꼴」, 『새국어생활』 제6권 2호, 국립국어연구원.

고영근(1987/2010), 『표준 중세국어 문법론(제3판)』, 집문당.

고영근(1991), 「삼강행실도의 번역연대」, 『김영배선생 회갑기념논총』, 경운출판사.

고영근(1993), 「석보상절·월인천강지곡·월인석보」, 『국어사 자료와 국어학의 연구』, 문학과 지성사.

고익진(1974), 「함허의 금강경오가해 설의에 대하여」, 『불교학보』 11, 동국대 불교문화 연구소.

곽충구(1991), 「근대국어 시기의 방언특징과 방언분화」, 제21회 동양학 학술회의 발표 문, 단국대 동양학 연구소.

광 덕(1975), 『육조단경』, 불광출판사.

권덕규(1923), 『조선어문경위』, 광문사.

권상로(1954), 「몽산법어 해제」, 『몽산화상법어약록언해』(영인본), 통문관.

김기종(2010), 『월인천강지곡의 저경과 문학적 성격』, 보고사.

김동소(2000ㄱ), 「육조법보단경언해 하권의 국어학적 연구」, 『육조법보단경언해(하)』(영 인본), 홍문각.

김동소(2000ㄴ), 「육조법보단경언해 하권 연구」, 『국어학』 35집, 국어학회.

김두종(1974), 『한국고인쇄기술사』, 탐구당.

김명실(1997), 「아미타경과 정토신앙」, 『아미타경언해의 국어학적 연구』, 법보신문사.

김무봉(1993ㄱ), 「몽산화상법어약록언해의 국어사적 고찰」, 『동악어문론집』 제28집, 동 악어문학회.

김무봉(1993ㄴ), 「금강경언해의 서지 및 어학적 고찰」, 『국어국문학논문집』 제16집, 동 국대 국어국문학과.

김무봉(1993ㄷ), 「몽산화상육도보설 언해본 해제」, 『국어국문학논문집』 제16집, 동국대학교 국어국문학과.

김무봉(1995ㄱ), 「선종영가집언해 권상 해제」, 『선종영가집해』(영인본), 홍문각.

김무봉(1995ㄴ), 「반야심경언해 연구(문법)」, 『반야심경언해의 국어학적 연구』(동악어문학회 학술총서 3), 대흥기획.

김무봉(1996ㄱ), 「조선 전기의 불경언해 사업」, 『불교어문론집』 창간호, 한국불교문학사연구회.

김무봉(1996ㄴ), 「염불보권문의 문법」, 『염불보권문의 국어학적 연구』, 동악어문학회.

김무봉(1996ㄷ), 「상원사 어첩 및 중창 권선문의 국어사적 고찰」, 『동악어문론집』 제31집, 동악어문학회.

김무봉(1997ㄱ), 「아미타경언해의 표기법」, 『아미타경언해의 국어학적 연구』, 법보신문사.

김무봉(1997ㄴ), 「아미타경언해의 비교 연구 I」, 『동악어문론집』 32집, 동악어문학회.

김무봉(1998ㄱ), 「고행록의 문법」, 『동악어문론집』 33집, 동악어문학회.

김무봉(1998ㄴ), 「세종시대의 언해」, 『세종문화사대계 1』, 세종대왕기념사업회.

김무봉(1999ㄱ), 「15세기 국어사 자료 연구」, 『동악어문론집』 34집, 동악어문학회.

김무봉(1999ㄴ), 「아미타경언해(일산문고본)의 국어학적 고찰」, 『동악어문론집』 35집, 동악어문학회.

김무봉(2000ㄱ), 「불교언어 연구」, 『한국문학연구』 22집, 동국대 한국문학연구소.

김무봉(2000ㄴ), 「장수경언해 연구」, 『동악어문론집』 36집, 동악어문학회.

김무봉(2001), 「장수경언해(동국대 도서관 소장본) 연구」, 『동악어문론집』 38집, 동악어문학회.

김무봉(2002ㄱ), 『역주 몽산화상법어약록언해』, 세종대왕기념사업회.

김무봉(2002ㄴ), 『역주 법화경언해 권5』, 세종대왕기념사업회.

김무봉(2004ㄱ), 「조선시대 간경도감 간행의 한글 경전 연구」, 『한국사상과 문화』 제23집, 한국사상과 문화학회.

김무봉(2004ㄴ), 「불전언해의 몇 가지 문제」, 『불교학연구』 제9호, 불교학연구회.

김무봉(2005), 『역주 원각경언해 권6』, 세종대왕기념사업회.

김무봉(2006ㄱ), 「육조법보단경 언해 연구」, 『불교학연구』 제14집, 불교학연구회.

김무봉(2006ㄴ), 「훈민정음 원본의 출판 문화재적 가치 연구」, 『한국사상과 문화』 제34집, 한국사상문화학회.

김무봉(2006ㄷ), 『역주 육조법보단경언해 상』, 세종대왕기념사업회.

김무봉(2007ㄱ), 『역주 육조법보단경언해 하』, 세종대왕기념사업회.

김무봉(2007ㄴ), 「금강경언해의 번역에 관련된 몇 가지 문제」, 『한국사상과 문화』 제40집, 한국사상문화학회.

김무봉(2008ㄱ), 『역주 불설아미타경언해·불정심다라니경언해』, 세종대왕기념사업회.

김무봉(2008ㄴ), 「불정심다라니경언해 연구」, 『한국사상과 문화』 제45집, 한국사상문화학회.

김무봉(2009ㄱ), 『역주 반야바라밀다심경언해』, 세종대왕기념사업회.

김무봉(2009ㄴ), 「아미타경언해의 비교 연구 Ⅱ」, 『한국사상과 문화』 50집, 한국사상문화학회.

김무봉(2010), 『역주 상원사 중창 권선문·영험약초·오대진언』, 세종대왕기념사업회.

김무봉(2011ㄱ), 「영험약초언해 연구」, 『한국어문학연구』 57집, 한국어문학연구학회.

김무봉(2011ㄴ), 「상원사 중창권선문의 조성 경위에 대한 연구」, 『불교학연구』 30집, 불교학연구회.

김무봉(2012ㄱ), 「조선 전기 언해 사업의 현황과 사회 문화적 의의」, 『한국어문학연구』 58집, 한국어문학연구학회.

김무봉(2012ㄴ), 『역주 석보상절 제20』, 세종대왕기념사업회.

김무봉(2013ㄱ), 「석보상절 권 20 연구 ―서지와 언어를 중심으로―」, 『불교학연구』 34집, 불교학연구회.

김무봉(2013ㄴ), 「백련초해연구 ―이본과 시의 성격을 중심으로―」, 『한국사상과 문화』 70집, 한국사상문화학회.

김무봉(2013ㄷ), 『역주 칠대만법·권념요록』, 세종대왕기념사업회.

김무봉 외(1993), 『금강경언해 주해』, 동악어문학회.

김무봉 외(2002), 『불교문학과 불교언어』, 이회문화사.

김무봉 외(2005), 『불교문학연구의 모색과 전망』, 동국대 한국문학연구소, 역락.

김무봉 외(2013), 『역주 백련초해』, 세종대왕기념사업회.

김민수(1955), 「석보상절 해제」, 『한글』 112, 한글학회.

김민수(1957), 『주해 훈민정음』, 통문관.

김상현(1996), 「추동기와 그 이본 화엄경 문답」, 『한국학보』 제84집, 일지사.

김성주(2014), 「석보상절 제3의 저경과 번역」, 『국어사연구』 18, 국어사학회.

김성주(2015), 「석보상절 권11과 월인석보 권21의 한문과 언해문의 대응 양상」, 『국어사연구』 20, 국어사학회.

김성주 외(2006), 『금강경언해』, 신구문화사.

김양원(2000), 「육조법보단경언해의 표기법과 음운에 대한 연구」, 동국대학교 석사학위

논문.

김영배(1972), 『석보상절 23·24 주해』, 일조각.

김영배(1973), 「석보상절 제13 저경고」, 『수련어문논집』 창간호, 부산여자대학 국어교육과.

김영배(1974), 「석보상절 제9와 월인석보 제9 −그 대교를 중심으로−」, 『수련어문논집』 2, 부산여자대학 국어교육과.

김영배(1975ㄱ), 「석보상절 제19에 대하여 −월인석보와 법화경언해와의 비교를 중심으로−」, 『부산여대 논문집』 2, 부산여자대학.

김영배(1975ㄴ), 「석보상절 해제」, 『국어국문학논문집』 9−10(합병호), 동국대 국어국문학과.

김영배(1975ㄷ), 「금강경삼가해 제1에 대하여」, 『수련어문논집』 3, 부산여대 국어교육과.

김영배(1986), 『석보상절』(상·하), 동국대 불전간행위원회.

김영배(1991ㄱ), 「불경언해와 중세국어」, 『불교문학연구입문』 2, 동화출판사.

김영배(1991ㄴ), 「이륜행실도의 원간본과 중간본의 비교」, 『동방학지』 71·72집, 연세대.

김영배(1991ㄷ), 「乙亥字本 능엄경언해 권3에 대하여」, 『국어학』 21, 국어학회.

김영배(1992), 「선가귀감 언해본 해제」, 『동악어문론집』 27집, 동악어문학회.

김영배(1993), 「중세국어 산문의 현대역에 대하여」, 『동악어문론집』 제28집, 동악어문학회.

김영배(1995), 「반야심경언해 연구(서지)」, 『반야심경언해의 국어학적 연구』(동악어문학회 학술총서 3), 대홍기획.

김영배(1996), 「염불보권문 해제」, 『염불보권문의 국어학적 연구』, 동악어문학회.

김영배(1997), 「아미타경언해 해제」, 『아미타경언해의 국어학적 연구』, 법보신문사.

김영배(2000ㄱ), 「연구 자료의 영인 −훈민정음의 경우−」, 『새국어생활』 제10권 3호, 국립국어연구원.

김영배(2000ㄴ), 『국어사자료연구 −불전언해 중심−』, 월인.

김영배(2002), 「조선초기의 불경」, 『대각사상』 제5집, 대각사상연구원.

김영배(2003), 『역주 법화경언해』 권6, 세종대왕기념사업회.

김영배(2009), 『석보상절 제23·24 연구』, 동국대학교 출판부.

김영배·김무봉(1998), 「세종시대의 언해」, 『세종문화사대계』 1(어학·문학편), 세종대왕기념사업회.

김영배·장영길(1995), 『반야심경언해의 국어학적 연구』(동악어문학회 학술총서 3), 대홍기획.

김영배 외(1996), 『염불보권문의 국어학적 연구』, 동악어문학회.

김영배 외(1997), 『아미타경언해의 국어학적 연구』, 법보신문사.

김영배 외(1999), 『한산 이씨 고행록의 어문학적 연구』, 태학사.

김완진(1983), 「한국어 문체의 발달」, 『한국어문의 제문제』, 일지사.

김운학(1980), 『신역 금강경오가해』, 현암사.

김윤경(1938/1954), 『(4판)조선문자급어학사』, 동국문화사.

김일근(1976), 「명황계감과 그 언해본의 정체」, 『도남 조윤제박사 고희기념 논문집』, 형 설출판사.

김정수(1990), 『한글의 역사와 미래』, 열화당.

김주원(1984), 「18세기 경상도방언을 반영하는 불서에 대하여」, 『목천 유창균박사 환갑 기념논문집』, 계명대학교 출판부.

김주원(2005), 「훈민정음 해례본의 뒷면 글 내용과 그에 관련된 몇 문제」, 『국어학』 제 45집, 국어학회.

김주필(1993), 「금강경삼가해」, 『국어사 자료와 국어학의 연구』, 문학과 지성사.

남경란(1999), 「오대진언 · 영험약초의 국어학적 연구」, 『한국전통문화연구』 13집, 대구 효성가톨릭대학.

남광우(1959), 「ᄫᅠᅀᅠ 논고」, 『중앙대학교 논문집』 제4집, 중앙대.

남광우(1960/1997), 『고어사전』(보정판), 일조각. 『교학 고어사전』, 교학사.

남광우(1976), 「육조법보단경언해 중권 해제」, 『육조법보단경언해 중권』(영인본), 인하대 학교 출판부.

남권희(1991), 「몽산화상육도보설 언해본의 서지적 고찰」, 『어문총록』 제25호, 경북어문 학회.

남권희(1994), 「고려 석독구결 자료 <금광명경> 권3의 소개」, 구결연구회 발표요지.

남권희(1998), 「자료소개」, 국어사연구회 하계발표회 발표요지.

남권희(2000), 「육조법보단경언해 권하의 서지사항」, 『육조법보단경언해(하)』(영인본), 홍문각.

남풍현(1980), 「구결과 토」, 『국어학』 9, 국어학회.

남풍현(1988), 「석독구결의 기원에 대하여」, 『국어국문학』 100, 국어국문학회.

남풍현(1990), 「이두 · 구결」, 『국어연구 어디까지 왔나』, 동아출판사.

남풍현(1995), 「박동섭본 능엄경의 해제」, 『고려시대 능엄경(영인본)』, 태학사.

남풍현(2013), 「동대사 소장 신라화엄경사경과 그 석독구결에 대하여」, 『구결연구』 제30집, 구결학회.

목정배(1974), 「한국 금강경 유통고」, 『불교학보』 11, 동국대 불교문화연구소.

무　비(1992), 『금강경오가해』, 불광출판사.

무　비(1994), 『금강경강의』, 불광출판사.

무　비(2005), 『반야심경』, 조계종출판사.

박병채(1980), 「몽산화상법어약록언해 해제」, 『몽산화상법어약록언해』(영인본), 아세아 문화사.

박병천(2000), 『한글판본체 연구』, 일지사.

박영진(2005), 「훈민정음 해례본의 발견 경위에 대한 재고」, 『한글 새소식』 395호, 한글 학회.

박정숙(1996), 「세조대 간경도감의 설치와 불전」, 『부대 사학』 20, 부산대 사학과.

박종국(1976), 『훈민정음』, 정음사.

박종국(1984), 『세종대왕과 훈민정음』, 세종대왕기념사업회.

박종국(1987), 「몽산화상법어약록언해 해제」, 『세종학연구』 2, 세종대왕기념사업회.

박종국(2003), 『한글문헌 해제』, 세종대왕기념사업회.

박종덕(2006), 「훈민정음 해례본의 유출 과정 연구」, 『한국어학』 제31집, 한국어학회.

박창원(2005), 『훈민정음』, 신구문화사.

박희선(1987), 『금강경』, 서울출판사.

방종현(1946), 『해석 훈민정음』, 진학출판협회.

백두현(1991), 「몽산화상육도보설의 국어학적 연구」, 『어문론총』 제25호, 경북어문학회.

법　성(1995), 『육조법보단경해의』, 큰수레.

석진오(1988), 『금강경연구』, 고려원.

성　법(2006), 『마음 깨달음 그리고 반야심경』, 민족사.

성　열(1990), 『반야심경의 세계』, 진영사.

손보기(1971), 『한국의 고활자』, 한국도서관학연구회, 보진재.

손보기(1986), 『세종 시대의 인쇄 출판』, 세종대왕기념사업회.

송홍길(1995), 『금강경과 반야심경의 신해석』, 특허문화사.

심재열(1976), 『육조단경 강의』, 보련각.

심재완(1959), 「해설 석보상절 제11」, 『어문학자료총간』 제1집, 대구 어문학회.

심재완(1969), 「몽산화상법어약록언해고 －그 원간연대와 이본에 대하여－」, 『동양문화』 제10집, 동양문화연구소.

심재완(1981), 「금강경삼가해 해제」, 『금강경삼가해』(영인본), 『민족문화자료총서』 1, 영 남대 민족문화연구소(영남대 출판부).

안병희(1972ㄱ), 「육조대사법보단경언해 해제」, 『국어학자료선집 Ⅱ』, 일조각.

안병희(1972ㄴ), 「임진란 직전 국어사자료에 관한 이삼 문제」, 『진단학보』 33, 진단학회,

안병희(1992ㄴ)에 재수록.

안병희(1973), 「중세국어 연구자료의 성격에 대한 연구」, 『어학연구』 9 - 1, 서울대 어학
      연구소.

안병희(1974), 「석보상절의 교정에 대하여」, 『국어학』 2, 국어학회.

안병희(1975), 「고서의 지배문서에 대하여」, 『도서관보』 제11집, 서울대 도서관.

안병희(1976), 「구결과 한문훈독에 대하여」, 『진단학보』 41, 진단학회.

안병희(1977), 『중세국어 구결의 연구』, 일지사.

안병희(1978ㄱ), 「촌가구급방의 향명에 대하여」, 『언어학』 3, 한국언어학회.

안병희(1978ㄴ), 「진언권공 · 삼단시식문언해 해제」, 『진언권공 · 삼단시식문언해』(영인본),
      『국학자료총서』 제2집, 명지대 국어국문학과(명지대 출판부 간행).

안병희(1979), 「중세어의 한글 자료에 대한 종합적인 고찰」, 『규장각』 3, 서울대 도서관.
      안병희(1992ㄴ)에 재수록.

안병희(1980), 「'아미타경언해활자본'에 대하여」, 『난정 남광우박사 화갑기념논총』, 일
      조각. 안병희(1992ㄴ)에 재수록.

안병희(1982), 「국어사 자료의 서명과 권책에 대하여」, 『관악어문연구』 7, 서울대 국어
      국문학과.

안병희(1983), 「세조의 경서구결에 대하여」, 『규장각』 7, 서울대 도서관.

안병희(1985), 「언해의 사적 고찰」, 『민족문화』 11, 민족문화추진회.

안병희(1986), 「훈민정음해례본의 복원에 대하여」, 『국어학 신연구』 III, 탑출판사.

안병희(1987ㄱ), 「한글판 오대진언에 대하여」, 『한글』 195호, 한글학회. 안병희(1992ㄴ)
      에 재수록.

안병희(1987ㄴ), 「균여의 방언본 저술에 대하여」, 『국어학』 16, 국어학회.

안병희(1990), 「훈민정음 언해의 두어 문제」, 『벽사 이우성선생 정년퇴임기념 국어국문
      학논총』, 여강출판사.

안병희(1992ㄱ), 「초기 불경언해와 한글」, 『한글 창제와 불교』, 영축불교문화연구원 제4
      회 정례학술회의 발표요지. 안병희(2009)에 재수록.

안병희(1992ㄴ), 『국어사자료연구』, 문학과 지성사.

안병희(1997), 「훈민정음해례본과 그 복제에 대하여」, 『진단학보』 제84집, 진단학회.

안병희(1998), 「법화경언해의 서지」, 『서지학보』 22, 한국서지학회. 안병희(2009)에 재
      수록.

안병희(2002), 「훈민정음(해례본) 3제」, 『진단학보』 제93집, 진단학회.

안병희(2009), 『국어사 문헌 연구』, 신구문화사.

안병희·이광호(1990), 『중세국어문법론』, 학연사.

안주호(2003), 「상원사본 오대진언의 표기법 연구」, 『언어학』 11-1, 대한언어학회.

안주호(2004), 「오대진언에 나타난 표기의 특징 연구」, 『한국어학』 25, 한국어학회.

안춘근(1991), 『옛책』, 대원사.

양주동(1948), 『詳註 국문학 고전독본』, 박문출판사.

운허용하(1961), 『불교사전』, 동국역경원.

유창돈(1964), 『이조어사전』, 연세대 출판부.

이근수(1979), 『조선조의 어문정책』, 홍익대학교 출판부.

이기문(1959), 「16세기 국어의 연구」, 『문리논집』 4, 고려대 문리과대학.

이기문(1961/2005), 『(신정판) 국어사개설』, 태학사.

이기문(1962), 「중세국어의 특수어간 교체에 대하여」, 『진단학보』 23호, 진단학회.

이기문(1963), 『국어 표기법의 역사적 연구』, 『한국연구총서』 제18집, 한국연구원.

이기문(1972), 『국어음운사연구(국어학총서 3)』, 국어학회.

이능화(1918), 『조선불교통사』, 신문관.

이동림(1959ㄱ), 『주해 석보상절』, 동국대학교 출판부.

이동림(1959ㄴ), 「월인석보와 관계 불경의 고찰」, 『백성욱박사 송수기념 불교학논문집』, 간행위원회.

이동림(1972), 「훈민정음과 동국정운」, 『문화비평』 4권 1호, 아한학회.

이동림(1973), 「언문자모 속소위 반절 27자 책정 근거」, 『무애 양주동박사 고희 기념 논문집』, 탐구당.

이동림(1974ㄱ), 「훈민정음 창제 경위에 대하여」, 『국어국문학논문집』 제8집, 동국대학교 국어국문학과.

이동림(1974ㄴ), 「훈민정음 창제경위에 대하여 -俗所謂 反切 二十七字와 相關해서-」, 『국어국문학』 64, 국어국문학회.

이동림(1975), 「훈민정음의 창제경위에 대하여 -'諺文字母二十七字'는 最初原案이다-」, 『국어국문학 논문집』 9·10, 동국대 국어국문학과.

이동림(1980), 「언문과 훈민정음의 관계」, 『연암 현평효박사 회갑기념 논총』, 형설출판사.

이동림(1993), 「국문자모의 두 가지 서열에 대한 해명」, 『춘허 성원경박사 회갑기념 한중음운학논총』 I, 서광학술자료사.

이병주(1967), 「석보상절 제23·24 해제」, 『동악어문론집』 제5집, 동악어문학회.

이봉춘(1978), 「조선 전기 불전언해와 그 사상에 대한 연구」, 동국대학교 석사학위논문.

이상백(1957), 『한글의 기원 -훈민정음 해설-』, 국립박물관 총서 甲第三, 통문관.

이상혁(2004), 『조선 후기 훈민정음 연구의 역사적 변천』, 역락.

이숭녕(1966), 「15세기문헌의 문체론적 고찰 ―월인석보와 법화경언해의 비교에서―」, 『가람이병기박사송수기념논문집』.

이숭녕(1970), 「이조 초기 역대 왕실의 출판 정책의 고찰」, 『한글』 146호, 한글학회.

이숭녕(1986), 「신미의 역경 사업에 관한 연구」, 『논문집』 제25집, 학술원.

이승재(1992), 『고려시대의 이두』, 태학사.

이승재(1993), 「여말선초의 구결자료」, 『국어사 자료와 국어학의 연구』, 문학과 지성사.

이승재(2001), 「주본 화엄경 권 제22의 각필 부호구결에 대하여」, 『구결연구』 제7집, 구결학회.

이승재(2005), 「각필 부점구결의 의의와 연구 방법」, 『각필구결의 해독과 번역 Ⅰ』, 태학사.

이영자(1974), 「龍城解 詳譯科解 金剛經에 대하여」, 『불교학보』 11, 동국대 불교문화연구소.

이운허(1990), 『법화경』, 동국대학교 역경원.

이유기(2002), 『역주 남명집언해(하)』, 세종대왕기념사업회.

이유기(2003), 『역주 법화경언해』 권7, 세종대왕기념사업회.

이유기・육효창(1999), 『선종영가집언해(상)의 국어학적 연구』, 태학사.

이익섭(1991), 「국어사와 표기법」, 『국어사 논의에 있어서의 몇 가지 문제』, 한국정신문화연구원 어문연구실.

이재창(1982), 『불교경전개설』(현대불교신서 46), 동국대 불전간행위원회.

이종익(1974), 「한국불교 조계종과 금강경오가해」, 『불교학보』 11, 동국대 불교문화연구소.

이지관(1974), 「금강경 주해 및 私記에 대한 고찰」, 『불교학보』 11, 동국대 불교문화연구소.

이현희(1997), 「훈민정음」, 『새국어생활』 제7권 4호, 국립국어연구원.

이호권(1993), 「법화경언해」, 『국어사 자료와 국어학의 연구』, 문학과 지성사.

이호권(2001), 『석보상절의 서지와 언어』, 태학사.

이호권(2005), 「오대산 상원사 중창 권선문 전문가용 해제」, 디지털 한글박물관 학술정보관 종교류편 자료실, 국립국어원.

이희승(1958), 「해제 관음경・아미타경」, 『언해 관음경・아미타경』(영인본), 정양사.

장세경(1995), 『역주 월인석보』 제17・18, 세종대왕기념사업회.

장영길(1995), 「반야심경언해 연구(음운)」, 『반야심경언해의 국어학적 연구』(동악어문학회 학술총서 3), 대흥기획.

전해주(2001), 『화엄경 여래출현품』, 민족사.

정병조(1978), 『육조단경』, 한국불교연구원.

정상훈(1996), 「'아미타경언해'에 대하여」, 『불교어문논집』 창간호, 한국불교문학사연구회.

정성본(1989), 「육조단경의 성립과 제문제」, 『육조단경의 세계(제9회 국제불교학술회의 발표집)』, 대한전통불교연구원.

정성본(2003), 『반야심경』, 한국선문화연구원.

정우영(1992), 「용비어천가의 표기사적 고찰」, 『靑河 김형수박사 화갑기념논총』, 형설출판사.

정우영(1995ㄱ), 「반야심경언해 연구(표기)」, 『반야심경언해의 국어학적 연구』(동악어문학회 학술총서 3), 대흥기획.

정우영(1995ㄴ), 「15세기 국어 문헌 자료의 표기법 연구」, 동국대학교 박사학위논문.

정우영(1996), 「반야심경언해의 표기법에 대한 음운론적 고찰II」, 『동악어문론집』 31집, 동악어문학회.

정우영(2001), 「훈민정음 한문본의 낙장 복원에 대한 재론」, 『국어국문학』 제129집, 국어국문학회.

정우영(2002), 『역주 원각경언해(서)』, 세종대왕기념사업회.

정재영(2001), 「성암 고서박물관 소장 진본화엄경 권20에 대하여」, 『구결연구』 제7집, 구결학회.

정진원(1990), 「설화자의 입장으로 살핀 석보상절 6의 경어법」, 『홍익어문』 9, 홍익대학교 국어국문학과.

정 철(1954), 「원본 훈민정음의 보존 경위에 대하여」, 『국어국문학』 제9집, 국어국문학회.

지춘수(1964), 「종성 8자 제한에 있어서 ㄷ, ㅅ 설정에 대한 고찰」, 『국어국문학』 27, 국어국문학회.

천병식(1985), 『석보상절 제3 주해』, 아세아문화사.

천혜봉(1965), 「燕山朝의 '印經 木活字'에 대하여」, 『조명기박사 화갑기념 불교사학논총』, 동국대학교 도서관.

천혜봉(1976), 『한국고인쇄사』, 한국도서관학연구회, 국립중앙도서관.

천혜봉(1989), 『고인쇄』, 대원사.

천혜봉(1990ㄱ), 「우리나라 최초의 한글 동활자본 석보상절 (제20권)」, 『가나아트』 12(1990년 3·4월호), 가나아트 갤러리.

천혜봉(1990ㄴ), 『한국전적인쇄사』, 범우사.

청 화(2003), 『육조단경』, 광륜출판사.

최남선(1928), 『영인 오대산 어첩』(영인본).

최대림(1990), 『금강경』, 홍신문화사.

최범훈(1985), 「오대산 상원사 어첩 중창권선문에 대하여」, 『국어문학』 제25집, 전북대
　　　　학교 국어국문학회.

최세화(1965), 「처격 /－예/ 고」, 『동악어문론집』 3, 동악어문학회. 최세화(1987)에 재수록.

최세화(1976), 『15세기국어의 중모음 연구』, 아세아문화사.

최세화(1987), 『국어학논고』, 동국대학교 출판부.

최세화(1991), 「한역반야심경음역어의 독송음에 대하여」, 『이기영박사 고희기념논총』,
　　　　한국불교연구원.

최세화(1997), 「훈민정음 낙장의 복원에 대하여」, 『국어학』 제29집, 국어학회.

최은규(1993), 「활자본 ≪아미타경언해≫ 해제」, 계간 『서지학보』 제10호, 한국서지학회.

최현배(1942/1961), 『고친 한글갈』, 정음사.

퇴옹성철(1998), 『돈황본 육조단경』, 장경각.

한기두(1985), 「休休庵坐禪文 연구」, 『한국 문화와 원불교 사상 : 文山 김삼용박사 화갑
　　　　기념논총』, 원광대 출판국.

한상길(2009), 『오대산 월정사』, 대한불교진흥원.

한영균(1993), 「능엄경언해」, 『국어사 자료와 국어학의 연구』, 문학과 지성사.

한용운(1931), 「국보적 한글 경판의 발견 경로」, 『불교』 87호, 불교사.

한용운(1933), 「한글경 인출을 마치고」, 『불교』 103호, 불교사.

한재영(1993), 「원각경언해」, 『국어사 자료와 국어학의 연구』, 문학과 지성사.

한정섭(1995), 『반야심경강의』, 불교대학 교재편찬위원회.

허　웅(1965), 『국어 음운학』(개고 신판), 정음사.

허　웅(1975), 『우리옛말본』, 샘문화사.

현　봉(2008), 『선에서 본 반야심경』(개정판), 불광출판사.

현　해(2002), 『오대산 － 월정사·상원사』, 월정사.

혜　담(1997), 『신 반야심경강의』, 불교시대사.

홍기문(1946), 『정음발달사』, 서울신문사출판국.

홍윤표 (1992), 「금강경언해 해제」, 『금강경언해』(영인본), 홍문각.

홍윤표(1984), 『칠대만법 해제』(영인본), 홍문각.

홍윤표(1993), 『국어사 문헌자료 연구(근대편 1)』, 태학사.

홍윤표(1994), 『근대국어연구(Ⅰ)』, 태학사.

가산불교문화연구원(1998~2015), 『가산불교대사림』 1~15권.

국립중앙박물관(2000), 『겨레의 글 한글』.

국사편찬위원회(1973), 『朝鮮王朝實錄(영인본)』, 탐구당.

대한전통불교연구원(1989), 『육조단경의 세계(제9회 국제불교학술회의 발표집)』, 대한전통불교연구원.

대한출판문화협회(1993), 『한국의 책 문화 특별전 −출판 인쇄 1300년−』, 국립중앙박물관·동아일보사.

동국대 불교문화연구소(1964), 『제3회 韓國大藏會 이조전기국역불서전관목록』.

동국대 불교문화연구소(1976), 『한국불교찬술문헌총록』, 동국대 출판부.

동국대 중앙도서관(1981), 『고서목록』.

동국역경원(1985), 『한글 대장경』.

세종대왕기념사업회(2003), 『훈민정음』(영인본).

아세아문화사(1974), 『언해 아미타경·언해 관음경』(영인본).

아세아문화사(1980), 『몽산화상법어약록언해』(영인본).

월정사 성보박물관(2002), 『월정사 성보박물관 도록』, 월정사 성보박물관.

인하대학교 출판부(1976), 『육조법보단경언해』 중권(영인본).

일조각(1975), 『국어학자료선집』 Ⅱ, 국어학회편.

일지사(1973), 『반야바라밀다심경언해』(영인본).

조선사편수회(1936), 「오대산 어첩(영인)」, 『조선사』 4−4, 서울.

한국관광공사(1985), 「지정문화재목록」, 『한국관광자원총람』.

한국어세계화재단(2004), 『100대 한글문화유산정비사업 2004년 결과 보고서』, 문화관광부 한국어세계화재단.

한국정신문화연구원(1990), 『한국민족문화대백과사전』.

한글학회(1992), 『우리말큰사전』, 어문각.

한글학회(1997), 『훈민정음』(영인본), 해성사.

홍문각(1983), 『육조법보단경언해』 상권(영인본).

홍문각(1992), 『육조법보단경언해』 중권(영인본).

홍문각(2000), 『육조법보단경언해』 하권(영인본).

江田俊雄(1934), 「朝鮮語譯佛典に就いて」, 『青丘學叢』 15號, 青丘學會. 江田俊雄(1977)에 재수록.

江田俊雄(1936ㄱ), 「釋譜詳節と 月印千江之曲と 月印釋譜」, 『朝鮮』 255. 천병식(1985)에 번역 재수록.

江田俊雄(1936ㄴ), 「李朝刊經都監と其の刊行佛典」. 江田俊雄(1977)에 재수록.

江田俊雄(1977), 『朝鮮佛教史の研究』, 國書刊行會, 日本 東京.

高橋亨(1929/1971), 『李朝佛教』(영인본), 보연각.

今西龍(1930), 「月印千江之曲と 釋譜詳節とに 就いて」, 『朝鮮』 185, 32-43쪽.

小野玄妙(1932), 『佛書解說大辭典』, 大東出版社, 日本 東京.

小倉進平(1940), 『增訂 朝鮮語學史』, 刀江書院, 日本 東京.

小倉進平(1964), 『增訂 補注 朝鮮語學史』, 刀江書院, 日本 東京.

小澤憲珠(1974), 「금강반야경의 범본과 한역본」, 『불교학보』 11, 동국대 불교문화연구소.

中村完(1963), 「蒙山法語の 中期朝鮮語」, 『朝鮮學報』 第27輯, 日本.

志部昭平(1983), 「乙亥字本 楞嚴經諺解に ついて」, 『朝鮮學報』 第106輯, 日本.

東京外國語大學校(1987), 『中期朝鮮語資料選』.

世界聖典刊行委員會(1933/1954(증정판)/1967(4판)), 『望月佛教大辭典』, 日本 東京.

●●● 찾 아 보 기

빙발암본   147, 173

ㅅ···

술기잡-[捉敗]   161
사각본(私刻本)   55, 167, 195
사간원(司諫院)   196, 198
사고(史庫)   388
사교과(四敎科)   202
사기(私記)   275
사대부(士大夫)   53, 95
사동   436
사동어간 형성   351, 436
사동접미사   437
사례(師禮)   149, 177, 379
사리공(舍利孔)   31
사리불(舍利弗)   214, 249, 250, 263, 266
사리영응기(舍利靈應記)   35, 38, 48, 64, 69
사문(沙門)   329
사법어언해(四法語諺解)   70, 202, 223
사생십류(四生十類)   594
사서언해(四書諺解)   91
사성법(四聲法)   54
사성통해서(四聲通解序)   61
사십이수진언(四十二首眞言)   496, 497
사역(使役)   382
사영탑원(思迎塔院)   533
사옹원(司饔院)   198
사용례   53, 121
사우(四隅)   538, 541
사위국(舍衛國)   216, 274, 295
사은(四恩)   577
사이글자   39, 155, 158, 169, 170, 178,

179, 255, 256, 298, 344, 424, 425,
468, 474, 475, 513, 514, 553, 564
사이시옷   550
사적(事蹟)   445
사주단변(四周單邊)   102
사주쌍변(四周雙邊)   280
사찰판본(寺刹板本)   336, 451, 460, 487
사천왕   509
사침안정법(四針眼訂法)   19
사타가(闍陀伽)   27
사회 문화적   49, 83, 85, 93, 94
사회상   90, 94
산문   26, 29, 114, 115
산문체   26
산스크리트 경전(經典)   274, 283
산스크리트어   141, 331, 332
삼맥[三貘]   262
삼강행실도   35, 36, 91
삼강행실도언해(三綱行實圖諺解)   71
삼관(三關)   585
삼국사기(三國史記)   183
삼국시대   50, 51
삼국유사(三國遺事)   183
삼단시식문언해(三壇施食文諺解)   71
삼매(三昧)   109
삼백송(三百頌)   274
삼보(三寶)   249, 396, 397
삼부경   251
삼분과(三分科)   250
삼악도(三惡道)   249
삼장(三藏)   577, 593
삼장법사(三藏法師)   327
삼황내문(三皇內文)   49
삽화(揷話)   469

저자 ┃ 김무봉(金武峰)

1955년 충북 추풍령 출생
동국대 국어국문학과 졸업
동국대 대학원에서 석사·박사과정 수료, 문학박사(국어학 전공)
현재 동국대 국어국문학과 교수
한국어문학연구학회 회장 등을 지냄

「중세국어의 선어말어미 -ㅅ-에 대한 연구」, 「중세국어의 동명사 연구」 등 30여 편의
논문과 『세종문화사대계 1』(공저), 『역주 몽산화상법어약록언해』(단독), 『역주 석보상절
제20』(단독) 등 20여 권의 저역서 및 10여 권의 교육정책 연구 보고서가 있다.

훈민정음, 그리고 불경 언해

인 쇄 2015년 12월 22일
발 행 2015년 12월 30일
지은이 김무봉
펴낸이 이대현
편 집 오정대
디자인 이홍주
펴낸곳 도서출판 역락
　　　　서울 서초구 동광로 46길 6-6 문창빌딩 2층
　　　　전화 02-3409-2058(영업부), 3409-2060(편집부)
　　　　팩시밀리 02-3409-2059
　　　　이메일 youkrack@hanmail.net
　　　　역락블로그 http://blog.naver.com/youkrack3888

등 록 1999년 4월 19일 제303-2002-000014호
ISBN 979-11-5686-287-1 93710

정 가 46,000원

* 파본은 구입처에서 바꾸어 드립니다.

이 도서의 국립중앙도서관 출판예정도서목록(CIP)은 서지정보유통지원시스템 홈페이지(http://seoji.nl.go.kr)와 국
가자료공동목록시스템(http://www.nl.go.kr/kolisnet)에서 이용하실 수 있습니다.(CIP제어번호 : CIP2015035504)